地球の歩き方 A01 2020～2021 年版

ヨーロッパ

初めてでも自分流の旅が実現できる

詳細マニュアル

EUROPE

Bus Information

地球の歩き方編集室

本書掲載都市&関連書籍

A01ヨーロッパ編では上記の都市を取り上げています。より詳しい情報は下記の掲載タイトルをご参照ください。
関連タイトルは「地球の歩き方」ホームページ（URL www.arukikata.co.jp/guidebook）からも検索できます。

イギリス
A02 イギリス
A03 ロンドン
A04 湖水地方&スコットランド
aruco 02 ロンドン
Plat 04 ロンドン

フランス
A06 フランス
A07 パリ&近郊の町
A08 南仏プロヴァンス コート・ダジュール&モナコ
aruco 01 パリ
aruco 36 フランス
Plat 01 パリ

オランダ・ベルギー
A19 オランダ ベルギー ルクセンブルク
aruco 16 ベルギー
aruco 32 オランダ

ドイツ
A14 ドイツ
A15 南ドイツ フランクフルト／ミュンヘン／ロマンティック街道／古城街道
A16 ベルリンと北ドイツ ハンブルク・ドレスデン・ライプツィヒ
aruco 28 ドイツ
Plat 06 ドイツ

オーストリア
A16 ウィーンとオーストリア
aruco 17 ウィーン ブダペスト

チェコ
A19 チェコ ポーランド スロヴァキア
aruco 15 チェコ

クロアチア
A34 クロアチア スロヴェニア
aruco 20 クロアチア スロヴェニア

ギリシア
A23 ギリシアとエーゲ海の島々&キプロス

イタリア
A09 イタリア
A10 ローマ
A11 ミラノ、ヴェネツィアと湖水地方
A12 フィレンツェとトスカーナ
A13 南イタリアとシチリア
aruco 18 イタリア

スペイン
A20 スペイン
A21 マドリードとアンダルシア&鉄道とバスで行く世界遺産
A22 バルセロナ&近郊の町 イビサ島／マヨルカ島
aruco 21 スペイン

ポルトガル
A23 ポルトガル
aruco 37 ポルトガル

北欧
A23 フィンランド、デンマーク、ノルウェー
A23 北欧
aruco 26 フィンランド エストニア
Plat 15 フィンランド

5

歩き方の使い方

掲載地域の市外局番

掲載地域の観光情報サイト

掲載地域の交通情報サイト

本書で用いられる記号・略号
住 住所
電 電話番号
Mail eメールアドレス
URL ウェブサイトのアドレス
（http://は省略）
開 開館時間
休 休業日
料 料金、入場料

QRコード
スマートホンやタブレットのQRコードリーダーで読み取ってリンク先にアクセスするとアプリのダウンロード画面へと進みます。機種やOS等により利用できない場合もあります。

町歩き情報
ホテルやレストランの多いエリア等町歩きに役立つ情報を掲載しています。

France
ストラスブール
Strasbourg

パリ
ストラスブール

- 市外局番　03
- 公式サイト　URL www.otstrasbourg.fr
- 市内交通　URL www.cts-strasbourg.eu

紹介している地区の場所を指します。

観光案内所
ストラスブールの⊖(市庁舎内)
MAP P.252B
住 17 Place de la Cathédrale
電 03.88.52.28.28
URL www.otstrasbourg.fr
開 11:00〜17:00　休 無休

市内交通
ストラスブールのトラム、市内バス
料 1回券€1.70　24時間券€4.30

アプリ
ストラスブール市交通局
iPhone　Android

ストラスブールは幾たびかドイツ領シュトラスブルクになった。木組みの建物、1本だけの尖塔が天を射る大聖堂、ザワークラウトの上にジャガイモとベーコンがのった名物料理シュークルート。どれもみんなドイツ的だ。そしてこの地方で現在でも話される言葉、アルザス語はドイツ語の方言である。

クレベール広場

旧市街の北東にある欧州議会

町の中心は旧市街　おもな見どころはほとんど旧市街に集まっている。ストラスブールの旧市街は、イル川の本流と支流に取り囲まれている。駅を出てRue du Maire Kussを進むと、すぐにイル川河岸に出る。キュス橋Pont Kussを渡り、しばらく歩くとノートルダム大聖堂の塔が見えてくる。塔の展望台に出れば遠くはドイツの黒い森まで見渡せる。
プティット・フランス　イル川の本流が4つに分かれる地帯はプティット・フランスPetite France（小さなフランス）と呼ばれ、白

252　　　　　　　　　　　　　　　　　　　　　　　　　※記号・表記説明用のサンプルです

地図記号 ＆ アイコン

- ❶ 観光案内所
- Ⓗ ホテル
- Ⓡ レストラン
- Ⓢ ショップ
- 🚉 鉄道駅
- 🚌 バスターミナル
- ⛴ 埠頭、フェリー乗り場
- ✈ 空港
- 🚏 バス停
- ✉ 郵便局
- 🎭 劇場、音楽ホール
- Ⓜ Ⓤ 地下鉄駅
- Ⓢ 近郊列車の駅
- ✝ 教会

■本書の特徴
　本書はヨーロッパ旅行の基礎知識やプランニング、町歩き情報など、旅のノウハウに特化した、徹底自分自身の手で旅を創るためのガイドブックです。ホテルやレストランの具体的な情報はありません。

■掲載情報のご利用に当たって
　編集室では、できるだけ最新で正確な情報を掲載するように努めていますが、現地の規則や手続きなどがしばしば変更されたり、またその解釈に見解の相違が生じることもあります。このような理由に基づく場合、または弊社に重大な過失がない場合は、本書を利用して生じた損失や不都合などについて、弊社は責任を負いかねますのでご了承ください。また、本書をお使いいただく際は、掲載されて

いる情報やアドバイスがご自身の状況や立場に適しているか、すべてご自身の責任でご判断のうえでご利用ください。

■現地取材および調査時期
　本書は2019年9月〜12月の調査をもとに編集しています。具体的で役立つデータを記載していますが、時間の経過とともに変更が出てくることをお含みおきのうえでご利用ください。特に料金はシーズンによる変動も大きく、毎年10%程度値上がりする傾向にあります。祭りやコンベンションなどのイベントにより料金や営業時間が変更されることもあります。なお、掲載の料金には原則として税、サービス料などは含まれません。また、日本の消費税については税8%を含んだ総額表示です。掲載施設の営業については、現地の回答をもとにしていますが、祭りやイベント時

【見どころ】

The British Museum

大英博物館　ヨーロッパはもちろん
世界を代表する博物館。古代エジプ
トやギリシア、オリエントなどの古代
遺跡の発掘品から東洋美術まで古
今東西のあらゆる美術工芸品が収
蔵されている。

Map P.195A3・4 ── 掲載物件の
本書地図位置

Data P.439 ── 巻末にある
データページ

URLwww.british
museum.org ── 掲載物件の公
式ウェブサイト

Map Link
QRコードをスマートホンやタブレットで読み込む
と、OpenStreetMapの地図で物件の位置が示
されます。専用アプリでも表示可能です。

【巻末データページ】
（観光スポットなど）

大英博物館 The British Museum
🚇地下鉄トテナム・コート・ロード駅Tottenham Court Road下車
🏠Great Russell St., WC1B 3DG
📞(020) 73238181　**URL**www.britishmuseum.org
🕐ギャラリー10:00～17:30（金～20:30）
　（特定の時間にしか開かないところもある）
　グレートコート9:00～18:00（金～20:30）
🚫1/1、12/24～26　💴寄付歓迎　特別展は有料
オーディオガイド（日本語あり）£6　学生£5.50
オーディオガイドの貸出は閉館の1時間前まで

🏠住所
📞電話番号
URLウェブサイトのアドレス
　（http://は省略）
🕐開館時間
🚫休業日
💴料金、入場料

※記号・表記説明用のサンプルです

【巻末データページ】
（アクセス情報）

アムステルダム Amsterdam
ロンドン（イギリス）から
✈ヒースロー空港など主要空港から約1時間
ブリュッセル（ベルギー）から
🚆ミディ駅からタリスで1時間50分
パリ（フランス）から
🚆北駅からタリスで3時間18分

✈飛行機
🚆鉄道
🚌バス
🚢飛行機

※記号・表記説明用のサンプルです

期の変更は記載していません。施設によっては予告なく休
業や時間短縮することがあり、特にクリスマスやイースター
（2020年は4月12日）などには多くの施設が休業します。
■発行後の情報の更新と訂正について
　本書に掲載している情報で、発行後に変更されたものに
ついては、『地球の歩き方』ホームページの「ガイドブック更
新情報掲示板」で、可能なかぎり最新のデータに更新して
います（ホテル、レストラン料金の変更は除く）。旅立つ前
に、ぜひ最新情報をご確認ください。
URLbook.arukikata.co.jp/support
■投稿記事について（読者投稿応募の詳細→P.42）
　本書はヨーロッパを旅した読者の投稿を貴重な情報と考
え、スペースの許すかぎり掲載しています。投稿記事マークが

あり文章の終わりに（　）で氏名があるものはすべて読者
の体験談です。個人の感性やそのときどきの体験が、次の
旅行者への指針となるとの観点から、文章はできるだけ原
文に忠実に掲載しています。なお投稿年の春は2～5月、夏
は6～9月、秋は10～11月、12月と1月についてはその旨明記し
てあります。
■博物館、美術館の展示
　博物館や美術館では展示物をほかの施設に貸し出した
り、補修などのために非公開にすることもあります。記載さ
れている展示物は予告なく変更することもあります。

この本は、
初めて 自分で手配して ヨーロッパに行ってみよう
という旅人を応援するガイドブックです

ヨーロッパって EU のこと？
EU なのにユーロじゃないってアリ？
という、素朴な疑問。

パスポートを取ったり、保険の手続きをしたりという事務的なこと
今どきの旅に欠かせないモバイルの持ち方
Airbnb のような民泊術
1 円でもソンは許さん！　という意気込みの両替のコツ
航空会社のアライアンスやら LCC………。
そんな複雑にみえるモロモロのこと
事前に知っておかなきゃいけない、A・B・C を
ていねいに、ていねいに、くどいほど解説したガイドブックです。

陸続きのヨーロッパ！
（イギリスもユーロトンネルで、ある意味つながっているといえます）
行きたいところ、行けそうなところ
ざっくりひとまとめにして、鉄道網はお得なパスを含めてページを割きました。
これで、自分流のオリジナリティあふれる旅ができちゃいます。

交通の要であり、町としても見どころが多いところ
ロンドン、パリ、ウィーン、ベルリン、マドリッド、ローマ
は、数日滞在してほしい起点の町として、市内交通も充実させています。
旅の始まりを、このうちのどこかに定めましょう。

足を延ばしてみたい、ほかの町に滞在したいというときのために
エディンバラやバルセロナなど、サブ都市もいくつか収録しました。
サブ都市の情報は多くはありませんが
2 都市目ならば旅のコツも掴んでいるはず。
必要なポイントはコンパクトにまとまっているので
滞在に不自由はないでしょう。

例えば、町の最初に掲載しているのは町の概略が理解できる地図。
「観光案内所」「中心地」「繁華街」「ホテルの多い場所」など
旅に必要なことがひと目でわかるようになっています。

行ってほしい観光ポイント、食べてほしい地元グルメ
写真を見てビビッときたら行ってみてください。
紹介物件は市内のところもありますが
日帰りできないところもあり
最寄りの町の情報がない場合もあります。
それでも、ぜったい行ってほしい魅力的なスポットです。
データと行き方は巻末に、
地図ポイントはスマホで見られるように QR コードが付いています。

各町のホテルやレストランは、
掲載リストや地図の中に書かれた物件をヒントにしましょう。
レストランなら地図にあるインフォメーションに行ってオススメを聞いたり、
ホテルなら地図に書いてある「ホテルの多い場所」を手がかりに
予約サイトで手配することもできます。
本書には、営業時間や料金など
具体的な情報は掲載していません。

それでも、ちゃんと宿泊できて、おいしい食事ができるように
旅のヒントがまとまっています。

どうぞ、このガイドブックを上手に使って
オリジナリティあふれる、すてきな旅を作ってください。
ヨーロッパの思い出が、宝物になりますように！

地球の歩き方編集室

巻頭特集

ヨーロッパ 旅の魅力

行かなきゃわからないMYヨーロッパ

目指せ!「1週間で5万円」のヒント

7 days Travel Plan

My Favorite Churches

私の教会「とっておき」

Sainte Chapelle

サント・シャペル　シテ島にある、パリ最古のステンドグラスで名高い教会。受
難のキリストが身につけた荊棘の冠、聖十字架の破片、聖血など、ルイ9世が
コンスタンティノープルの皇帝から買った聖遺物を納めるために造らせ、1248年
に完成した。鳥籠のような構造にすることで壁が最小限になり、ステンドグラス
で埋め尽くすことに成功した。礼拝堂は2層に分かれ、下部は王家の使用人の
ためのスペースで、低いリブ・ヴォールトを列柱が支える強固な造りとなっている。
ルイ9世の宮殿から直接通り抜けられるように設計された。ステンドグラスがあ
るのは上階の礼拝堂。15の窓に1113景もの場面が描かれている。創世記のア
ダムとイブの場面もある。

DATA→P.443

サグラダ・ファミリア聖堂　アントニ・ガウディの代表作。いまだ建築中だが2010年にローマ法王がミサを行い、教会として正式に機能している。高い天井の内部は、柱が森のように重なり合う不思議な空間。　DATA→P.466

Sagrada Família

ヴィースの巡礼教会　「鎖でつながれた奇跡のキリスト像」を安置するために造られた教会。天井や壁一面に施された美しいフレスコ画と漆喰のスタッコ細工の工芸が見事。聖人や天使の表情も、どこか人間的でユニーク。　DATA→P.474

Wieskirche

Duomo di Monreale

モンレアーレ大聖堂　教会内部は、聖書の場面が精緻なモザイクで表現されている。『ノアの方舟』などよく知られた場面もあるので、一つひとつ読み解いてみるのも楽しい。威厳のあるキリストの姿がかっこいい！　DATA→P.474

Kaiser-Wilhelm-Gedächtniskirche

カイザー・ヴィルヘルム記念教会　ベルリン大空襲により破壊された鐘楼を残し、隣接して新しい教会が建てられた。第2次世界大戦を忘れないためのベルリンの象徴。新教会の祭壇を囲む2万枚もの青色のガラスが幻想的。　DATA→P.451

Light Art Festivals

夜を彩る光の祭典

Festival of Lights, Berlin

ベルリン光の祭典　ベルリンで行われる光の祭典は2005年から毎年開かれており、すっかり恒例のイベントとなった。ブランデンブルク門やベルリン大聖堂といったベルリンを代表する見どころがドイツ内外のアーティストたちによる独創的なイルミネーションによって彩られ、町は幻想的な雰囲気に包まれる。イルミネーションは毎年決まったテーマがあり、例えば2017年のテーマは「明日を作るCreating Tomorrow」。期間中はイルミネーションを眺めるウオーキングツアーが催行されるほか、町を巡回するツアーバスや馬車、自転車タクシー、さらにシュプレー川を航行するボートなどが運航される。2020年は10月上旬〜中旬に開催の予定。

DATA→P.474

グランプラス・音と光のショー　世界で最も美しい広場ともいわれるブリュッセルのグランプラスでは、11月末から1月初めにかけて、音と光のショーが毎日行われ、プロジェクション・マッピングなどが見られる。　DATA→P.474

Le Spectacle Son et Lumière

グロウ・アイントホーフェン　オランダ南部の町アイントホーフェンで毎年11月中旬の8日間行われる光の祭典。町の中心部を一周するウオーキングルート上に、30人を超すライト・アーティストによる作品が展示される。　DATA→P.474

GLOW Eindhoven

Amsterdam Light Festival

アムステルダム・ライト・フェスティバル　11月末～1月中旬にかけて行われる。プロジェクション・マッピングやインインスタレーションなどさまざまな作品がアムステルダムの町を彩る。ボートの上から見る作品もある。　DATA→P.474

Fête des Lumières, Lyon

リヨン光の祭典　毎年12月に4日間かけて行われる。町のシンボルであるフルヴィエール大聖堂をはじめ、約350の建築物がイルミネーションに包まれる。また、町のあちこちで50を超える光の作品が展示される。　DATA→P.474

Castles on Hills

丘の上の名城

Schloss Neuschwanstein

ノイシュヴァンシュタイン城　バイエルン王ルートヴィヒ2世によって1869年に
建造が始まった城で、ロマンティック街道の終点。ヨーロッパの数ある城のな
かでも、特に優雅で美しいとされ、おとぎの国から出てきたような姿から、カリ
フォルニアやパリ、香港ディズニーランドにある眠りの森の美女の城のモデルに
もなっている。装飾的美しさとは裏腹に、実用的な城としての機能はなく、ルー
トヴィヒ2世の個人的な趣味や中世への憧れを具現化するために建てられたも
の。繊細な彫刻が美しい寝室や黄金に彩られた王座の広間など、内装も非常
に凝ったもので、ワーグナーのオペラの名場面を描いた壁画があるほか、オペラ
に出てくる洞窟を再現した部屋まである。

DATA→P.453

ホーエンツォレルン城　ドイツ皇帝を輩出した屈指の名門貴族、ホーエンツォレルン家発祥の地に建っており、現在もドイツ最後の皇帝の直系子孫が居住している。城内には数々の歴史遺産や財宝が展示されている。　DATA→P.455

Burg Hohenzollern

セゴビアのアルカサル　城が多いスペインのカスティーリャ地方のなかでも特に美しいと評判の名城。グラナダを陥落させ、コロンブスの航海に出資したイサベル1世はこの地で戴冠を受けており、城内には玉座も残る。　DATA→P.465

Alcázar de Segovia

Palácio Nacional da Pena

ペーナ宮殿　ポルトガルの王侯貴族がこぞって別荘や離宮を建てたシントラでも、とりわけ独創的な宮殿。1838～59年にかけて建てられており、ノイシュヴァンシュタイン城とかなり建設時期が近い。　DATA→P.468

Zámek Český Krumlov

チェスキー・クルムロフ城　町を見下ろすように建つチェスキー・クルムロフのシンボル。13世紀の創建後、幾度も増築を重ねており、さまざまな建築様式が混じり合う。なかでもルネッサンス様式のピンク色をした塔が印象的。　DATA→P.458

Europoean Natural Beauty

ヨーロッパの自然

Lysefjord

リーセフィヨルド　ノルウェー西部では、何百年も前に氷河によって浸食されて
形成されたフィヨルドを見ることができ、ノルウェー観光のハイライトになってい
る。数多いフィヨルドのなかでも代表的なものは5大フィヨルドと呼ばれ、北か
ら順にガイランゲルフィヨルド、ノールフィヨルド、ソグネフィヨルド、ハダンゲル
フィヨルド、リーセフィヨルド。リーセフィヨルドは5大フィヨルドのなかでは最も
南に位置し、スタヴァンゲルから日帰りで行くことができる。ここは高さ600m
の岸壁プレーケストーレンPreikestolenがあることで知られる。ナイフで切り取
ったような垂直の壁は迫力満点。片道2時間かけて登らなければ見られないが、
ここから眺めるフィヨルドはまさに絶景だ。

DATA→P.473

ゴルナーグラート　長大な氷河と孤高の山マッターホルンが見られるスイス屈指の眺めを誇る展望台。ツェルマットからゴルナーグラート鉄道に乗って行くことができ、車窓からの風景もすばらしい。　DATA→P.457

Gornergrat

セブン・シスターズ　イングランド南部イーストボーン周辺の海岸線は白亜の崖が続いており、特に美しい7つの連続する崖は、セブン・シスターズと名付けられている。周囲は自然公園になっており、散策が楽しい。　DATA→P.440

Seven Sisters

Grotta Azzurra

青の洞窟　ナポリ湾の沖合、カプリ島にある洞窟。海面下の穴から入った太陽光が海水を通して洞窟内部を照らすため、洞窟全体が幻想的な青い光に満ちる。入口は狭く、手こぎの小さなボートに乗って中に入る。　DATA→P.464

Nacionalni park "Plitvička jezera"

プリトゥヴィツェ湖群国立公園　エメラルド色に輝く湖と数多くの滝が多くの人を惹きつけて止まない国立公園。大小16ある湖は最も高いものと低いもので160mの標高差があり、階段状の滝がそれぞれの湖を結んでいる。　DATA→P.460

Bird's-eye views
高いところからの絶景

Tour Montparnasse

モンパルナス・タワー　パリで最も美しい夜景が眺められるといわれる59階建て、高さ210mの高層ビル。1972年に建てられたときにはヨーロッパで最も高く、現在でもフランスで2番目の高さを誇る。おもにオフィスビルとして使われているが、56階（レストランとカフェ）と59階（屋上テラス）は一般に開放されている。ヨーロッパ最高速といわれるエレベーターに乗れば38秒で56階までいくことができ、そこから屋上へは階段で。屋上テラスからは天気がよければ40km先までの視界が開け、エッフェル塔を含むパリの代表的な建物のすべてを眼下に収めることができる。夕暮れからライトアップが始まる時間にかけてが最も美しい時間帯として特に人気。

DATA→P.474

ロンドン・アイ　テムズ河沿いに建てられた高さ135mの大観覧車。ロンドンの町を30分かけてゆっくり眺めることができ、とりわけ間近にある国会議事堂の眺めがよい。夜は観覧車自体もライトアップされ美しい。　DATA→P.439

London Eye

サン・ピエトロ大聖堂　ローマの眺望が楽しめる大聖堂のクーポラだが、上る途中でクーポラの装飾を間近に見たり、大聖堂内部を上から見下ろしたりと、大聖堂を別の角度から見ることができるのも魅力のひとつ。　DATA→P.461

Basilica di San Pietro

Montjuïc

モンジュイックの丘　バルセロナの南西部にそびえる標高173mの丘で、徒歩のほか、ロープウェイやケーブルカーでも行ける。丘の頂上には18世紀建造の要塞、モンジュイック城が建ち、市街を一望できる。　DATA→P.466

A'DAM Toren

アダム・タワー　アムステルダム中央駅からフェリーで対岸に渡った先にあり、21階はスカイデッキと呼ばれる展望階になっている。ここのブランコは、ヨーロッパで最も高い場所にあり、スリルと絶景が楽しめる。　DATA→P.474

Spectaculous Festivals

見逃せないヨーロッパの祭り

Das Festspiel "Der Meistertrunk"

マイスタートルンクの祭り　ロマンティック街道のなかで、最も美しい町といわれるローテンブルクは、まさにおとぎの世界。そんなローテンブルクで開かれるマイスタートルンクの祭りでは、17世紀の三十年戦争時にこの町で実際に起こったとされる事件に題材を取った物語がテーマだ。ローテンブルクはスウェーデン軍の手に落ち、市参事会員を全員斬首にしようとしていたが、スウェーデンの将軍が、大ジョッキに注がれたワインを一気に飲み干すことができる者がいたら処刑は止めると発言。この言葉を受けて町の老市長が挑戦し、見事に飲み干して市参事会員は救われたという話だ。祭りでは実際に事件が起きた場所で劇が行われ、臨場感は抜群。当時の衣装に身を包んだ仮装行列も行われる。
5月29日〜6月1日（'20）　ローテンブルク　→P.453

Major Seasonal Festivals

1 ヴェネツィアのカーニバル　2月8〜25日（'20）　ヴェネツィア →P.463
2 サン・ホセの火祭り　3月15〜19日（毎年）　バレンシア →P.466
3 ニースのカーニヴァル　2月15〜29日（'20）　ニース →P.446
4 パンプローナの牛追い　7月6〜14日（毎年）　パンプローナ →P.474
5 ミリタリー・タトゥー　8月7〜29日（'20）　エディンバラ →P.442
6 オクトーバーフェスト　9月19日〜10月4日（'20）　ミュンヘン →P.452
7 クリスマスマーケット　11月下旬〜12月下旬　ドレスデン →P.452　ベルリン →P.451
8 トマト祭り　8月26日（'20）　ブニョール →P.474
9 セント・パトリックス・デイ　3月17日（毎年）　ダブリン →P.474

23

Travelling around Europe

長距離移動の節約術

Eurailpass

ユーレイルパス　鉄道発祥の地ヨーロッパは、陸続きということもあって国境をまたいで列車が運行されている。物価が高いこともあり、鉄道運賃はそれなりに高い。そんなヨーロッパで活躍するのが「ユーレイルグローバルパス」。決められた期間内に鉄道が乗り放題になる旅行者向けの鉄道パスだ。例えば、1ヵ月のうち任意の4日分利用できるユーレイルグローバルパスフレキシー（2等）なら€246（大人料金）。ドイツやオーストリアなどでは多くの高速列車も乗り放題になるので、長距離移動に非常に心強い。ただし最近は各国の鉄道会社が「早割」「プロモーション料金」などを導入しており、割引料金になることも。長距離移動の回数が少ないなら、こちらのほうがお得。

→P.154

on Budget

LCC 時期によってはかなりの距離を数千円で飛ぶことができる。2019年10月のパリ〜マドリッド間は最安値で8400円から。LCC以外の航空会社でも格安の料金を出していることがあるので探してみよう。　→P.132

Low Cost Carrier-LCC

格安高速列車 フランスではOuigoという格安のTGV路線があり、€10〜。パリ〜ブリュッセル間を1往復する格安高速列車、イージー Izyも€10〜。パリ〜ミラノ間の夜行列車Thelloは、6人部屋のクシェットが€29〜。　→P.153

Budget Travel by Train

Online Booking

鉄道切符のネット購入 アドバンスAdvance (英)、シュパープライスSparpreis(独)、スーパーエコノミー Super Economy(伊)、プロモPromo (西)などと呼ばれる「早割」。時間帯が限られる場合もあるが、うまく買えればお得。　→P.153

Inter City Bus

バスでの移動 格安旅行をするなら、バスの利用も便利。国際バスを運行するユーロラインズやフリックスバスはかなり安い。パリ〜マドリッドなら4200円程度。鉄道や飛行機同様早割があるので、うまく活用しよう。　→P.176

Accommodation for

宿泊費の節約術

Youth Accommodation

安く泊まる　ドイツ文化圏やクロアチアなど旧共産圏の国々では、民泊がよく行われており、概してホテルよりも安い。一般的に「部屋」を表すツィマー Zimmer（ドイツ語圏）やSobe（スラヴ語圏）と書かれる。フランスではシャンブルドットChambre d'hôte、イギリスではB&Bがこれにあたる。場所によってはホームステイに近い体験ができるところも。これに対してホステルは、ドミトリー（相部屋）の部屋があり、料金がさらに安い。たいていキッチンがついているので自炊も可能。スーパーでスープの素とパンを買うだけでも立派な食事になる。洗濯機が使えるところも多いので、工夫次第で旅が楽に続けられる。　→P.76

Budget Traveller

目指せ!「1週間で5万円」のヒント

Private Room

個室　ホステルの基本は相部屋だが、トイレやバスルームは共同で寝室が個室という部屋も少なくない。料金は高くなるが、洗濯機やキッチンなど、節約旅行に必要な設備が使える点はメリット。　→P.76

学生寮　6〜8月の学年末休みの時期に、寮を開放し旅行者の宿泊施設にしているもの。大学は市内の中心地にあることも多く、意外に観光にも便利。ドミトリーの場合と、個室の場合がある。

Student Accommodation

Couchsurfing

無料で宿泊　無料で部屋やベッドなど貸す／借りることができるSNS。ホストと相談のうえで、どういう形で何泊するかを決めていく。通常英語でのやりとりになり、ホストと同部屋の場合も。　→P.81

Airbnb

エア・ビー・アンド・ビー　有料の民泊システムのひとつ。アパートホテルのように専用の施設の場合と、部屋貸しの場合がある。料金も設備もピンキリで、ホテルが運営していることもある。　→P.81

ゲストハウス　英国のゲストハウスやB&B、ドイツ語圏のプリヴァート・ツィマー、フランス語圏のシャンブルドットなど、昔ながらの民泊もある。一部の観光案内所でも予約が可能。　→P.77

Guesthouse

Volunteer

お手伝いで節約も　農作業やホテルの受付などのボランティアをやって、宿泊料金を割引にしてもらったり、食事を無料にしてくれるサービス。通常は長期滞在向けだが、HelpXは1泊から受け付けてくれる。

27

Budget Eats in Europe

食費の節約術

Take away, TO GO!

テイクアウト　外食が続くとおなかは重いし食費も高くつく。栄養バランスも気になるところ。パン屋さんで具だくさんのサンドイッチを見つくろったり、市場やスーパーマーケットで食材を買って食べたりすればかなりの節約になるはずだ。季節の食材を探したり、地元の人気メニューが発見できるのも楽しいもの。スーパーの惣菜コーナーでハムやチーズを切ってもらったり、パックのサラダを買ったり。中華レストランではできたての料理もテイクアウトができる。安いワインを開ければ完璧なディナーに！　キッチン付きのホステルなら、ホットメニューも思いのまま。

Sandwich

サンドイッチ　フランスならバゲット、ドイツなら丸パンなどパンはそれぞれだが具はいつもボリューム満点。魚介派なら北ヨーロッパのチェーン店ノルトゼーNordSeeもチェック！1個€3〜。

ドネルケバブ　トルコ料理のドネルケバブをパンに挟んだのはドイツが最初だともいわれ、ヨーロッパ中に広がっている。ドイツ語圏ではデナーケバブ、ギリシアではギロと呼ぶ。1個€5〜。

Döner Kebap

Wurst

ソーセージ　ドイツの国民食ソーセージ（ヴルストWurst）も定番の軽食。焼いたブラートヴルストBratwurstとゆでソーセージBrühwurstが一般的。ベルリン名物カレーヴルストは立ち売りも出る。1個€3.50〜。

Fish & Chips

フィッシュ＆チップス　イギリスやアイルランドで定番のファストフード。タラの一種であるコッドCodやハドックHaddockなど魚のフリットとフライドポテトの組み合わせ。モルトビネガーをたっぷりかけて。1個£8〜。

ピッツァ　鉄板で四角く焼いたピザを切り売りしたピッツァ・アル・ターリオPizza al Taglioが人気。好みの大きさに切って量り売りにしてくれるところも。パニーニ（プレスしたサンドイッチ）も軽食にもなる。1個€2〜。

Pizza

Falafel

ファラーフェル　ユダヤ料理として知られるファラーフェルは、ひよこ豆のコロッケ。ピタという薄いポケットパンに入れ、生野菜やフライドポテトをたっぷりプラスして食べる。ベジタリアンでもOK。1個€6〜。

Getting around City

町歩きの節約術

Bicycle Sharing

シェアサイクル　ここ数年で都市型のシェアサイクルが普及してきた。あちこちに借り出し＆返却場所があるので利用価値が高い。長い間借りると高くなるので、30分以内の短い時間で借りて返して観光して、借りて……を繰り返しながら乗り継ぐのがお得。ただしヨーロッパでは自転車でも交通ルールを厳格に守る必要があるので注意。例えば歩道の通行禁止、自転車専用レーンでも逆走禁止、信号無視厳禁などなど。また、自転車専用レーンがきちんと確保されていることが多く、走る自転車は相応のスピードを出す。流れに乗ることも大切だ。慣れるのは少し大変だが、それでもヨーロッパの町は大きくないので自転車は便利。地下鉄より爽快なのもいいところ。

on a Budget

都市観光カード　ひとつの都市に数日滞在するなら観光カードがないか調べてみよう。博物館などが無料または割引になるほか、交通機関が乗り放題になる。スマホに入れて使うアプリタイプも多く、オンライン購入が可能。

City Card

無料の博物館　イギリスでは、大英博物館など多くの博物館や美術館が無料で入場できる。ほかの国でも「○曜日は無料（割引）」「○時以降は無料（割引）」など特典があることも。調べて行かなきゃソン！

Admission Free

Hop-on Hop-off Bus Tour

乗り降り自由のバスツアー　多くの町では、観光客向けに乗り降り自由のバスが用意されている。料金は市内バスより高いが、効率よく回れるうえにおもな見どころやレストランの割引が付くなど、賢く使えば意外にお得。

Fastfood Restaurant

ファストフードのチェーン店　大手のファストフード店はどの町にもある安心スポット。深夜営業していることも多く、チェックアウト後の時間調整をしたり、充電をしたり、便利に使える。もちろんコーヒー1杯は注文してね！

Shopping Tips
ショッピングの節約術

Supermarket

スーパーマーケット　小さなサイズでお惣菜や果物が買えるスーパーは、節約旅行者の味方。スープの素のように、その土地の味を楽しめて保存のきくものは、自身の食事にもおみやげとしても使え、値段も安くて便利。イギリスのテスコTesco、フランスのカルフールCarrefour、ドイツのレーヴェRewe、イタリアのユーロスピンEurospin、スペインのメルカドーナMercadonaなど、各国のスーパーは節約旅行に欠かせない。アルディAldiやリドルLidlのように、欧州全域で展開する格安スーパーもある。

ファッション　お得な買い物なら年に2回のバーゲンが狙い目。アウトレットならフランスではパリ郊外のラ・ヴァレ・ヴィラージュ La Vallée Village、ワン・ナシオン・パリOne Nation Paris が有名。イタリアではTHE MALLが最大級。

Sale

100円ショップ的存在　1€ショップEuroshop やパウンドストレッチャー Poundstretcherといった雑貨店は旅行者の強い味方。デンマーク発のタイガー Flying Tigerのように、キッチュでかわいいデザインの格安雑貨店も人気。

Variety Store

Primark

欧州を席巻する激安ブランド　アイルランド発祥の格安ブランド。シャツやトレーナー、パンツ、ジーンズなど、ほとんどのものが1500円以下で買える。品揃えも充実しており、バッグや小物などもある。

Decathlon

旅行用品も充実　フランス発祥のアウトドアブランド。フリースやデイバッグが€5ぐらいから、靴も€10ぐらいから手に入れることができる。スーツケースなど旅行用品も充実しているので、何かあったときにも役立つ。

for Smart Travel

持っているとスマートに旅ができる…かも?

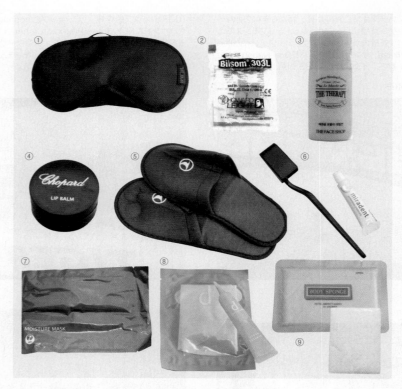

Travel Goods for Budget Traveller

トラベル小物いろいろ　機内で配られたり、ホテルに置いてあるアメニティグッ
ズは、旅行に役に立つアイテムだ。最近はアメニティを配らない航空会社も増
えているが、足りないものは補充するなど工夫をして持っておくといい。

① アイマスク　　　日の長い夏のヨーロッパでは入眠時にアイマスクがあると安眠できる
② イヤー・ウィスパー　ホテルで騒音が気になるときに
③ クリーム　　　　乾燥対策に
④ リップバーム　　ヨーロッパでは強い味方
⑤ スリッパ　　　　ないホテルが多いのであると便利
⑥ 歯ブラシ&歯磨きペースト　　　⑦ 保湿マスク
⑧ フェイスパックシート　　リラックス&リフレッシュのため
⑨ ボディタオル・スポンジ　ホテルに置いてあるものを取っておいて旅行に持って行こう

Ziploc

ジップロック　大小さまざまなジッ
プロックは、。スーパーで買った菓子
や食材、雨にぬれた折りたたみ傘な
ど、さまざまな物が入れられる優れ
もの。入手しにくい国もあるので多め
に用意しておこう。

エコバッグ　ヨーロッパではレジ袋
がないこともあるので、エコバッグ
は必需品。最初に買い物をした店で
オリジナルのエコバッグを買うのも
記念になる。小さくなるエコバッグを
日本から持っていくのもひとつの手。

Eco-friendly Shopping Bag

Green Tea Bag

緑茶　ペットボトルの水はどこでで
も手に入るが、お茶のボトルはなか
なかない。日本からティーバッグを持
って行ってボトルに入れれば水出し
のお茶が完成。暑い夏は「梅こんぶ
茶の粉末」も熱中症対策に有効だ。

Odor Eliminator

消臭スプレー　泊まった部屋の匂い
が気になるとき、衣服や靴の匂いを
カンタンに取りたいときなど、意外
にさまざまなシーンで使える。現地
でも買えるが、香りが強かったりする
ので、好みのものを持参するのがベ
ター。

マルチタップ　PCやカメラ、スマホ
など、いくつもの電子機器を持ち込
む旅では、充電が大問題。部屋で
使えるコンセントは限られるのでマル
チタップがあるといい。USB用の差
し込み口も付いているとなお便利。

Multi Tap

Mobile Charger

モバイルバッテリー　急な電池切れ
もこれがあれば心配無用。スマホのみ
なら小さなもので十分。ノートPCやタ
ブレットも充電できる大容量のものも
あるが、制限なく飛行機に持ち込める
のは2万7000mAh程度まで。

Apps for Smart Travel

アプリを活用してスマートに旅をする

Useful Apps

地図はアプリで　目的地の方向がわからなくて、道のどちら側でバスを待てば
いいのかわからない……。地下鉄の出口を出たけど案内板がなくてどちらに歩き
出したらいいかわからない……。不慣れなヨーロッパでは、ちょっとしたことで
時間のロスになってしまう。地図アプリは自分の居場所もGPSで表示してくれる。
バス会社のアプリは、今どこにバスがいるのかがわかるようになっている。観光
案内所が作ったアプリには見どころの割引など、お得なサービスが付いているこ
とも。上手に利用してスマートに歩きたい。

→P.91

旅の友達を募る　何かと割高になりがちなひとり旅。ホテルをシェアできたり、食事を一緒にできれば節約になる。旅の間いつも同じ行動は嫌だけど、ランチだけとか1泊だけならいいかも。SNSで同行者を募るというのも手。

SNS

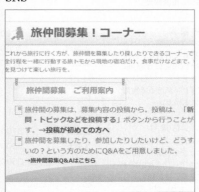

スマホ＆タブレット　海外でもそのまま使えるSIMフリーの機種も一般的。現地で使う便利アプリは出発前にインストールしたほうが節約になる。安全な接続のためにも無料Wi-Fiで暗号化通信ができるVPNを設定しておくといい。

Smart Phone & Tablet

Digital Camera

あえてカメラで　スマートホンでは撮れないようなショットを狙おう。高画質で撮れる一眼カメラでも自撮り可能なLumixGFシリーズのようなモデルもある。RicohThetaのように360度の撮影ができるカメラも臨場感バツグン。

Online Booking

予約はスマホで　人気の観光地や鉄道チケットなど、予約ができるものは旅の合間にどんどん予約しよう。シーズンや混雑状況にもよるが、たいていは前日でもOK。予約があれば長い列に並ばずスイスイ♪

7 days Travel Plan

ユーロスターで巡るロンドン&パリ

day1　ロンドンへ

羽田を早朝出発する便を利用すれば、ヒースロー空港には午後に到着する。オイスターカード（交通系ICカード）を購入して、チャージ。地下鉄で中心部まで行き、ホステルにチェックインしてから少し市内観光。

・ 交通費	1050円
・ ホステル4泊	1万4000円
・ 食費	1500円

オイスターカードのデポジット£5は、ロンドンを去るときにカードを返せば返金してもらえる

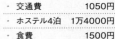

day2　ロンドン市内観光

朝はウェストミンスター寺院へ。バッキンガム宮殿の衛兵交替式はいい位置で見たいから11:00前には移動。ランチを軽く済ませたら、午後は大英博物館などイギリスが誇る博物館をはしご。夕食は本格カレー。

・ 交通費	260円
・ 入場料	3000円
・ 食費	3200円

自転車と徒歩で
交通費はほとんどかからない

day3　ストーンヘンジ日帰り

世界遺産のストーンヘンジを見に行く。ソールズベリまで列車で1時間30分。駅からはツアーバスが30〜1時間おきに出ている。謎の巨石を目にしてパワーをもらおう。ソールズベリ大聖堂も見学してロンドン帰着。

・ 交通費	8700円
・ 入場料	2500円
・ 食費	2500円

名物コーニッシュ
パスティをランチに

day4　カンタベリー日帰り

英国国教会の大本山、カンタベリー大聖堂。巡礼者が行き交う町は門前町らしいにぎわい。ショッピングも楽しんだら近郊のライへ。かわいらしい町並みはイギリスならでは。

・ 交通費	8200円
・ 入場料	1600円
・ 食費	2000円

かわいいアンティークが見つかるかも

day5　ユーロスター乗車

憧れのユーロスターで、ドーヴァー海峡を渡る。わずか2時間でパリの町へ。チェックインしたらパリの市内観光スタート。とりあえず、エッフェル塔は見ておかなくちゃ！

・ 交通費	1万1600円
・ 食費	2400円
・ ホステル1泊	3500円

ワインバーも楽しみ〜

day6　帰国の途へ

19:00過ぎの日本便を選んだので、16:00頃まではパリを満喫できる。ルーブル美術館やサント・シャペル、サクレ・クール聖堂など、前日行けなかった見どころを回る。

・ 交通費	2160円
・ 入場料	3000円
・ 食費	1200円

day7　午後日本着

・ 滞在費合計	7万2470円

マドリードとアンダルシアの世界遺産

day1 グラナダへ
成田からマドリード経由でグラナダへ。グラナダへは夜に到着。おなかがすいていたら、夕食はバルでタパスを。

・交通費	350円
・ホステル2泊	4500円
・食費	1000円

便によっては翌日到着のものも

day2 コルドバ日帰り
グラナダ市内を見学する前にコルドバへバスで日帰り。見どころが多い町だが、特に見逃せないのがメスキータ。キリスト教とイスラム教が共存する不思議な空間を心ゆくまで満喫しよう。

・交通費	2200円
・入場料	1200円
・食費	2000円

風情ある町並みを楽しんで

day3 グラナダ
アルハンブラ宮殿内のナスル宮殿は時間指定の予約制。遅れたら入れないので、余裕をもって行くこと。カテドラルと王室礼拝堂もぜひ見ておきたい。沈む夕日をサン・クリストバル展望台で眺め、バルでゆっくり過ごしてから、夜行バスでマドリードへ。

・交通費	2800円
・入場料	1800円
・食費	3000円

ナスル宮殿の予約は遅くとも前日には済ませておこう

day4 マドリード市内観光
早朝にマドリードに到着したら、午前中に王宮を見学し、サン・ミゲル市場でランチ。午後はプラド美術館やソフィア王妃芸術センターを見学したり、レティーロ公園でのんびり過ごそう。夜はタブラオでディナーとフラメンコを楽しむ。

・交通費	1000円
・ホステル2泊	4000円
・入場料	2000円
・食費	1万円

移動は地下鉄。車内はスリが出没するので荷物には注意

day5 トレド日帰り
マドリードから日帰りで、エル・グレコが愛したトレドの町を見て回る。かつての首都だけあり、大聖堂をはじめとして見応えのある教会が多い。タホ川沿いの展望台にもぜひ足を延ばそう。

・交通費	2660円
・入場料	1500円
・食費	2000円

展望台へは観光バスで行くと効率がよい

day6 帰国の途へ
成田への直行便は昼頃の出発。朝食を取ったら、そのままメトロで空港へ行こう。

・朝食	600円
・交通費	540円

day7 午前日本着

・**滞在費合計 4万5190円**

7 days Travel Plan

夜行列車でウィーンからヴェネツィアへ

day1 ウィーンへ
乗り継ぎにもよるが、日本を昼頃出発すれば、同日夜には到着する。空港から市内へは安さを優先するならSバーンだが、西駅周辺のホステルに宿泊するなら、空港バスが乗り換えなしで楽。

· 交通費	960円
· ホステル2泊	6000円
· 食費	1200円

羽田発の便なら早朝にウィーンに到着でき、時間を有効に使える

day2 ヴァッハウ渓谷へ日帰り
列車でメルクまで行き、メルク修道院を見学。その後ドナウ川遊覧船に乗って美しき青きドナウの眺めを心ゆくまで楽しもう。デュルンシュタインで途中下船して町を散策し、そこからバスでクレムスを経由してウィーンへ列車で戻る。

· 交通費	6900円
· 入場料	1500円
· 食費	3000円

ドナウ遊覧船の運航は4月中旬から10月下旬のみ

day3 ウィーン市内観光
シェーンブルン宮殿は午前中に観光。ケルントナー通り周辺でランチを済ませ、午後はリンク周辺の見どころを見て回る。アート好きなら、美術史博物館はぜひ訪れておきたい。ヴェネツィア行きの夜行列車は21:27の出発で到着は翌朝8:24。

· 交通費	6680円
· 入場料	4320円
· 食費	4000円

交通費は夜行列車でクシェット利用時。座席だとさらに安くなる

day4 ヴェネツィア市内観光
ホステルにチェックインしたら、ヴァポレットに乗ってサン・マルコ広場へ。サン・マルコ寺院やドゥカーレ宮殿を見学したら、町を散策しながら、リアルト橋などを見ていく。

· ホステル2泊	1万1000円
· 交通費	1680円
· 入場料	3360円
· 食費	4000円

ヴァポレット10回券が便利

day5 ラヴェンナへ日帰り
ラヴェンナへは鉄道でボローニャで乗り換えて片道約3時間。サン・ヴィターレ聖堂、ガッラ・プラチーディアの廟、サンタポリナーレ・ヌオーヴォ聖堂などはいずれも世界遺産。美しいモザイクを心ゆくまで鑑賞しよう。

· 交通費	4920円
· 入場料	1140円
· 食費	3000円

見学にはお得な共通券があるので、最初に購入しておくこと

day6 帰国の途へ
午後の便利用で、午前中にヴェネツィア観光してから帰国する。

· 食費	1200円

day7 午後日本着

· 滞在費合計	6万1860円

バイエルン、ボヘミア、ザクセン
過ぎ去りし王朝の栄華に触れる

day1　ミュンヘンへ
羽田発の直行便だとミュンヘンには夕方の到着。ホステルにチェックインしたら、マリエン広場へ新市庁舎のライトアップを見に行こう。

・ 交通費	1400円
・ ホステル2泊	7000円
・ 夕食	1000円

夕食はマリエン広場の屋台でソーセージなどを食べよう

day2　ノイシュヴァンシュタイン城
ミュンヘンから鉄道とバスを乗り継いでシュヴァンガウへ。ノイシュヴァンシュタイン城内はツアーでのみ見学可能。帰りがけにフュッセンの町を散策してミュンヘンに戻る。

・ 交通費	6860円
・ 入場料	1860円
・ 食費	3000円

マリエン橋は城の美しい写真が撮れるビューポイント

day3　ミュンヘン市内観光
午前中にペーター教会とレジデンツを見学。11:00と12:00には新市庁舎の仕掛け時計が動き出すので、忘れずにぜひ見ておきたい。午後はピナコテークの見学か、英国庭園をぶらぶら。夕方のバスでチェコのプラハへ行く。

・ 交通費	2400円
・ 入場料	2640円
・ 食費	4000円
・ ホステル3泊	6000円

ランチはホーフブロイハウスで白ソーセージとビール

day4　プラハ市内観光
午前中はプラハ城などヴルタヴァ川の西岸をゆっくりと見学し、午後はカレル橋を渡って旧市街へ。旧市街広場、ユダヤ人地区などを見て回る。夕食では本場チェコのビールを味わおう。

・ 交通費	510円
・ 入場料	2800円
・ 食費	3000円

おみやげに本場のボヘミアングラスはいかが？

day5　ドレスデンへ日帰り
国をまたいでドレスデンへ日帰り。直通列車で片道約2時間20分ほどと近く、早朝に出発すれば、午前中も十分観光に充てられる。ツヴィンガー宮殿やレジデンツ宮殿といったザクセン王家の栄華を伝える見どころを見て回る。

・ 交通費	4800円
・ 入場料	3360円
・ 食費	3000円

エルベ川の遊覧船もおすすめ

day6　帰国の途へ
プラハ発ミュンヘン経由の便は昼過ぎの出発。朝食を食べてから旧市街を再び少し散策してから、バスで空港へと向かう。

・ 交通費	330円

day7　午前日本着

・ 滞在費合計	5万3230円

あなたの**旅の体験談**をお送りください

「地球の歩き方」は、たくさんの旅行者からご協力をいただいて、
改訂版や新刊を制作しています。
あなたの旅の体験や貴重な情報を、これから旅に出る人たちへ分けてあげてください。
なお、お送りいただいたご投稿がガイドブックに掲載された場合は、
初回掲載本を1冊プレゼントします！

ご投稿はインターネットから！

URL www.arukikata.co.jp/guidebook/toukou.html
画像も送れるカンタン「投稿フォーム」
※左記のQRコードをスマートフォンなどで読み取ってアクセス！

または「地球の歩き方　投稿」で検索してもすぐに見つかります

 地球の歩き方　投稿 検索

▶ **投稿にあたってのお願い**

★ご投稿は、次のような《テーマ》に分けてお書きください。

《**新発見**》————ガイドブック未掲載のレストラン、ホテル、ショップなどの情報
《**旅の提案**》————未掲載の町や見どころ、新しいルートや楽しみ方などの情報
《**アドバイス**》——旅先で工夫したこと、注意したこと、トラブル体験など
《**訂正・反論**》——掲載されている記事・データの追加修正や更新、異論、反論など

> ※記入例「○○編20XX年度版△△ページ掲載の□□ホテルが移転していました……」

★**データはできるだけ正確に。**
　ホテルやレストランなどの情報は、名称、住所、電話番号、アクセスなどを正確にお書きください。
　ウェブサイトのURLや地図などは画像でご投稿いただくのもおすすめです。

★**ご自身の体験をお寄せください。**
　雑誌やインターネット上の情報などの丸写しはせず、実際の体験に基づいた具体的な情報をお
　待ちしています。

▶ **ご確認ください**

※採用されたご投稿は、必ずしも該当タイトルに掲載されるわけではありません。関連他タイトルへの掲載もありえます。
※例えば「新しい市内交通バスが発売されている」など、すでに編集部で取材・調査を終えているものと同内容のご投稿をい
　ただいた場合は、ご投稿を採用したとはみなされず掲載本をプレゼントできないケースがあります。
※当社は個人情報を第三者へ提供いたしません。また、ご記入いただきましたご自身の情報については、ご投稿内容の確認
　や掲載本の送付などの用途以外には使用いたしません。
※ご投稿の採用の可否についてのお問い合わせはご遠慮ください。
※原稿は原文を尊重しますが、スペースなどの関係で編集部でリライトする場合があります。

出発前に知っておきたい必須項目が
ざっくりよく分かる
ヨーロッパの**基礎知識**

本書で掲載している国

	EU P.44	ユーロ P.45	シェンゲン P.46	ユーレイル P.47
❶ アイスランド			●	
❷ アイルランド	●	●		●
❸ アルバニア				
❹ イギリス	※			●
❺ イタリア	●	●	●	●
❻ エストニア	●	●	●	●
❼ オランダ	●	●	●	●
❽ オーストリア	●	●	●	●
❾ キプロス	●	●		
❿ ギリシャ	●	●	●	●
⓫ クロアチア	●			●
⓬ コソヴォ		△		
⓭ スイス			●	●
⓮ スウェーデン	●		●	●
⓯ スペイン	●	●	●	●
⓰ スロヴァキア	●	●	●	●
⓱ スロヴェニア	●	●	●	●
⓲ セルビア				●
⓳ チェコ	●		●	●

	EU P.44	ユーロ P.45	シェンゲン P.46	ユーレイル P.47
⓴ デンマーク	●		●	●
㉑ ドイツ	●	●	●	●
㉒ ノルウェー			●	●
㉓ ハンガリー	●		●	●
㉔ フィンランド	●	●	●	●
㉕ フランス	●	●	●	●
㉖ ブルガリア	●			●
㉗ ベルギー	●	●	●	●
㉘ ボスニア・ヘルツェゴヴィナ				●
㉙ ポルトガル	●	●	●	●
㉚ ポーランド	●		●	●
㉛ 北マケドニア				●
㉜ マルタ	●	●	●	
㉝ モンテネグロ		△		●
㉞ ラトヴィア	●	●	●	●
㉟ リトアニア	●	●	●	●
㊱ ルクセンブルク	●	●	●	●
㊲ ルーマニア	●			●

※イギリスは2020年1月末にEUから脱退　△ユーロ正式導入国ではないが主要通貨として流通している

免税手続きで必要な基礎知識
EU（欧州連合）加盟国

本書関連ページ　荷物の種類 `P.112`　VATの払い戻し `P.118`

EUとは　欧州連合（European Union）のことでベルギーのブリュッセルに本部をおく。2020年現在、27ヵ国が加盟している。加盟国間では、輸出入の**関税が かからない。**

免税手続きは最後のEU加盟国で　原則として、**免税手続きは滞在する最後の EU加盟国で**行う。乗継便の場合は、免税手続きの商品を手荷物として機内に持ち込み、乗り継ぎの空港で免税手続きをする。

預け荷物でスルーチェックインする場合　購入商品が大きい、または乗り継ぎ時間が短い場合は出発空港で免税手続きができる場合がある。

ブリュッセルにある
EU本部

EU加盟国→EU加盟国の乗り継ぎ帰国便の場合

機内に持ち込む

ミラノ・マルペンサ空港
（イタリア＝EU加盟国）

フランクフルト空港
（ドイツ＝EU加盟国）

チェックイン　　購入品は手荷物　　免税手続き　　帰国便
　　　　　　　で機内持込み

預ける場合

ミラノ・マルペンサ空港
（イタリア＝EU加盟国）

搭乗券を　　カバンから出して　　荷物を　　帰国便
受け取る　　免税手続き　　　　預ける

> **補足**　免税手続きとは
> 海外で購入した商品には、現地の税金（日本の消費税に相当）が含まれている。ここでいう「免税手続き」とは、国外（EU域外）で使用することを条件に、この税金を旅行者に還付する制度。通常は、免税手続きの可能な店舗で、最低金額以上の商品を購入したときに適用される。国外での使用が前提なので、宿泊代や飲食代は該当しない。おみやげの場合も滞在中に商品を開封すると無効になる。また、手数料等も引かれるので全額が還付されるわけではない。

EU加盟27ヵ国	
アイルランド	ドイツ
イタリア	ハンガリー
エストニア	フィンランド
オーストリア	フランス
オランダ	ブルガリア
キプロス	ベルギー
ギリシア	ポーランド
クロアチア	ポルトガル
スウェーデン	マルタ
スペイン	ラトヴィア
スロヴァキア	リトアニア
スロヴェニア	ルーマニア
チェコ	ルクセンブルク
デンマーク	

赤字国名は本書掲載国

外貨両替や支払いで必要な基礎知識
ユーロ導入国

本書関連ページ　ユーロの基礎知識 P.94　500ユーロは実質何円か？ P.99

欧州統一通貨ユーロ　EUに加盟している28ヵ国のうち、19ヵ国で流通している。補助単位はセント。言語によって発音が違う（P.50～51、54～55参照）。

為替レートは日々変わり、店によっても違う　銀行や両替所は為替市場の動向をもとに、独自にレートを決めるため、新聞に掲載されているユーロ＝円相場が120円だとすれば、実際の両替レートは125円ぐらいの感覚でちょうどいい。もちろん店により異なる。

両替時の手数料　両替時には手数料がかかるのが一般的。フランスとスイスを回る場合、日本円→ユーロ→スイスフランと順番で両替するよりも、日本円→スイスフランとダイレクトに両替するのが得。

銀行の両替レート

ユーロ圏	イギリス	スイス	チェコ	クロアチア	デンマーク	ノルウェー
ユーロ (€)	イギリス ポンド (GBP)	スイスフラン (CHF)	コルナ (CZK)	クーナ (Kn)	クローネ (DKK)	クローネ (NOK)
121.17円	142.21円	111.27円	4.75円	16.27円	16.21円	12.16円
€1	€1.173	€0.918	€0.039	€0.134	€0.133	€0.1003

2019年12月23日現在

補足 国際表記と国内表記

通貨の表記は、国際取引に使用されるものと、現地で日常的に使われるものがある。日本円ならJPYが国際表記、¥は日常表記だ。この地図では国際表記と現地表記（　　）を併記している。両替所を利用する際に覚えておくと便利。

ユーロ導入国　赤字国名は本書掲載国

ユーロ導入19ヵ国

アイルランド
イタリア
エストニア
オーストリア
オランダ
キプロス
ギリシア
スペイン
スロヴァキア
スロヴェニア
ドイツ
フィンランド
フランス
ベルギー
ポルトガル
マルタ
ラトヴィア
リトアニア
ルクセンブルク

出入国や乗り継ぎで必要な基礎知識
シェンゲン協定 実施国

本書関連ページ　入国審査 P.116　日本へ帰国 P.118

シェンゲン協定とは　ルクセンブルクのシェンゲンで1985年に締結された協定。EU内国境の通行自由化、**出入国手続きの簡素化**を目的としており実施国間の移動は国内移動扱いとなる。旅行者にとっては、複数国訪れるときの入国審査がなくなったり、鉄道で通過する場合の**パスポートチェックが不要**になるなどメリットは多い。乗り継ぎ便の場合、トランジット空港、到着空港ともにシェンゲン国であれば、行きはトランジット空港で入国審査が行われ、帰りは出発空港で出国審査が行われる。

180日の期間内で最大90日間滞在可能　シェンゲン協定に加入し、実施している26ヵ国の滞在可能日数はあらゆる**180日の期間内で最大90日間**まで。つまり、過去180日の間にどこかの実施国に90日滞在していれば、新たにほかの加盟国に入国することはできない。

シェンゲン協定実施 26ヵ国（シェンゲン圏）

アイスランド
イタリア
エストニア
オーストリア
オランダ
ギリシア
スイス
スウェーデン
スペイン
スロヴェニア
スロヴァキア
チェコ
デンマーク
ドイツ
ノルウェー
フィンランド
ハンガリー
マルタ
フランス
ベルギー
ポーランド
ポルトガル
ラトヴィア
リトアニア
ルクセンブルク
リヒテンシュタイン

赤字国名は本書掲載国

※2021年1月よりヨーロッパ旅行情報認証システム（European Travel Information and Authorisation System 略称:ETIAS）が導入される予定です。導入後はシェンゲン条約加盟国の入国の際にETASの登録が必要となります。

ユーレイル加盟国

本書関連ページ　鉄道旅行入門 P.136　鉄道パス P.154

国境を越えて延びる鉄道網　陸路で国境を接するヨーロッパでは、鉄道も旅行の醍醐味。美しい田園風景を楽しみつつ、食堂車でのんびりするのは、日本ではなかなかできない体験だ。

鉄道パス　域外の人が国境を越えて旅をする人のためのお得なパス。ユーレイルグローバルパスの場合、**加盟33ヵ国の列車が原則乗り放題**になる。

鉄道会社　どの国も民営化が進んできたが、国を代表する鉄道会社は以下のとおり。略号を覚えておくと、どこの国の列車なのかわかって楽しい。

赤字国名は本書掲載国

ユーレイルグローバルパスが利用できる33ヵ国と鉄道会社

国	鉄道会社	国	鉄道会社	国	鉄道会社
イギリス	ナショナルレイル National Rail*	**フィンランド**	フィンランド鉄道 VR	**クロアチア**	クロアチア旅客鉄道 HŽPP
フランス	フランス国鉄 SNCF	**エストニア**	エルロン Elron	**スロヴェニア**	スロヴェニア旅客鉄道 SŽ
ドイツ	ドイツ鉄道 DB	**ラトヴィア**	ラトビア旅客鉄道 PV	**ルーマニア**	ルーマニア旅客鉄道 CFR Călători
スイス	スイス国鉄 SBB	**リトアニア**	リトアニア鉄道 LG	**ブルガリア**	ブルガリア国鉄 BDZ
ベルギー	ベルギー国鉄 SNCB	**イタリア**	トレニタリア fs	**セルビア**	セルビア鉄道 ŽS
オランダ	オランダ鉄道 NS	**スペイン**	レンフェ旅客鉄道 RENFE	**モンテネグロ**	モンテネグロ鉄道 ŽCG
ルクセンブルク	ルクセンブルク国鉄 CFL	**ポルトガル**	ポルトガル鉄道 CP	**ボスニア・ヘルツェゴヴィナ**	ボスニア・ヘルツェゴヴィナ連邦鉄道 ŽFBH / スルプスカ共和国鉄道 ŽRS
アイルランド	アイルランド鉄道 IE	**ポーランド**	PKPインターシティ PKP 地域輸送会社 PR	**北マケドニア**	マケドニア鉄道 MŽ
ノルウェー	北アイルランド鉄道 NIR	**オーストリア**	オーストリア連邦鉄道 ÖBB	**ギリシア**	ギリシア鉄道 TrainOSE
スウェーデン	ノルウェー鉄道 Vy	**チェコ**	チェコ鉄道 ČD	**トルコ**	トルコ国鉄 TCDD
デンマーク	スウェーデン鉄道 SJ	**スロヴァキア**	スロヴァキア鉄道 ZSSK		
スウェーデン	デンマーク鉄道 DSB	**ハンガリー**	ハンガリー鉄道 MÁV Start		

※ イギリスの主要鉄道路線は25社の運行会社（オペレーター）によって運営されている。統一したブランド名として「ナショナルレイル」と呼ばれている。

47

ジェネラルインフォメーション

	イギリス	フランス	ベルギー	オランダ
正式国名	グレートブリテンおよび北アイルランド連合王国 United Kingdom of Great Britain & Northern Ireland	フランス共和国 République Française	ベルギー王国 仏:Royaume de Belgique 蘭:Koninkrijk België	ネーデルラント王国 Kronkrijk der Nederlanden
国歌	God Save the Queen 「神よ女王を守り給え」	La Marseillaise ラ・マルセイエーズ	La Brabançonne ラ・ブラバンソンヌ	Het Wilhelmus ヘット・ヴィルヘルムス
面積	24万4000km²（日本の3分の2）	55万km²（海外領土を除く）	約3万528km²	4万1526km²（ヨーロッパ本土のみ）
人口	約6649万人（2018年）	約6699万人（2018年）	約1141万人（2019年）	約1721万人（2019年）
首都	ロンドン London	パリ Paris	ブリュッセル Bruxelles / Brussel	アムステルダム Amsterdam
元首	女王エリザベス2世 Queen Elizabeth II	エマニュエル・マクロン大統領 Emmanuel Macron	フィリップ国王 Philippe Léopold Louis Marie	ウィレム=アレクサンダー国王 Willem-Alexander Claus George Ferdinand
政体	立憲民主制、議院内閣制。	**EU加盟国** 共和制	**EU加盟国** 立憲君主制	**EU加盟国** 立憲君主制
民族構成	イングランド人83%、スコットランド人8%、アイルランド人3%。ほかにアフリカ、インド、カリブ海諸国の移民も多い。	フランス国籍をもつ人は民族的出自にかかわらずフランス人をみなされる。	フランデレン人約60%、ワロン人約40%。	ゲルマン系オランダ人77.4%、トルコ出身者2.3%、スリナム出身者2%、モロッコ出身者2.3%、その他16%。
宗教	英国国教会などキリスト教が72%。無信仰約15%、イスラム教3%。	カトリックが約65%、そのほかイスラム教、プロテスタント、ユダヤ教など。	カトリックが約75%、プロテスタントとその他25%。	カトリックが24%、オランダ改革派6%、無所属50%、その他20%。
言語	英語 こんにちは ハロー ありがとう サンキュー さようなら シーユー	フランス語 こんにちは ボンジュール ありがとう メルシー さようなら オールヴォワール	ブリュッセルを中心に北部がオランダ語、南部がフランス語。ドイツ語圏もある。ブリュッセルはオランダ語、フランス語併用	オランダ語 こんにちは フーデン・ダハ ありがとう ダンク・ウ（ヴェル） さようなら トット・ツィーンス

	ドイツ	オーストリア	スイス	チェコ
正式国名	ドイツ連邦共和国 Bundesrepublik Deutschland	オーストリア共和国 Republik Österreich	スイス連邦 独:Schweizerische Eidgenossenschaft 仏:Confédération Suisse 伊:Confederazione Svizzera	チェコ共和国 Česká republika
国歌	Deutschlandlied 「ドイツ人の歌」	Land der Berge, Land am Ströme 「山の国、川の国」	独:Schweizerpsalm 仏:Cantique Suisse 伊:Salmo Svizzero 「スイス聖歌」	Kde domov můj？ 「わが家何処や？」
面積	約35万7000km² （日本の約94％）	約8万3900km² （北海道よりやや大きい）	約4万1285km² （日本の約11％）	約7万8866km²
人口	約8302万人 （2019年）	約880万人 （2019年）	約842万人 （2018年）	約1061万人 （2018年）
首都	ベルリン Berlin	ウィーン Wien	ベルン Bern	プラハ Praha
元首	フランク・ヴァルター・シュタインマイヤー大統領 Frank-Walter Steinmeier	アレクサンダー・ファン・デア・ベレン大統領 Alexander Van der Bellen	ウエリ・マウラー大統領 Ueli Maurer	ミロシュ・ゼマン大統領 Miloš Zeman
政体	[EU加盟国] 16の連邦州からなる連邦共和制	[EU加盟国] 連邦共和制。9の連邦州からなる。永世中立国。	連邦共和制・永世中立国	[EU加盟国] 共和制
民族構成	ドイツ系がほとんど。ソルブ人、フリース人など少数民族も。総人口の10％弱は外国人。	約90％がゲルマン系、ほかにハンガリー系など東欧系、ユダヤ系民族で構成。	ドイツ系が最も多く65％、次いでフランス系18％、イタリア系10％、ロマンシュ系1％、その他6％。	チェコ人95.5％、その他スロヴァキア人、ウクライナ人、ドイツ人、ポーランド人、ハンガリー人、ロマなど。
宗教	キリスト教徒が約60％（カトリックとプロテスタントがほぼ半数ずつ）。ほかイスラム教、ユダヤ教。	約63％がカトリック、約4％がプロテスタント、ほかにイスラム教、ユダヤ教。	カトリック38％、プロテスタント26％、ほかにイスラム教など。	カトリックが10.3％、34.3％が無信仰、そのほか55.4％。
言語	ドイツ語 こんにちは グーデン・ターク ありがとう ダンケ さようなら チュス	ドイツ語 こんにちは グリュースゴット ありがとう ダンケ さようなら チュス	ドイツ語、フランス語、イタリア語のほか、グラウビュンデン州ではロマンシュ語が公用語として使用されている	チェコ語 こんにちは ドブリーデン ありがとう ジェクユ さようなら ナ スフレダノウ

	イギリス	フランス	ベルギー	オランダ
通貨	**通貨単位 補助単位** £ p ポンド ペンス 1£=100p≒ 142.21円 （2019年12月23日現在）	**通貨単位 補助単位** € ¢ ウーロ サンチーム ユーロ導入国 €1=100¢≒ 121.17円 （2019年12月23日現在）	**通貨単位 補助単位** € ¢ 仏:ウーロ 仏:サンチーム ユーロ導入国 €1=100¢≒ 121.17円 （2019年12月23日現在）	**通貨単位 補助単位** € ¢ ユーロ セント ユーロ導入国 €1=100¢≒ 121.17円 （2019年12月23日現在）
出入国 ＆ パスポート 残存 有効期間	観光目的なら6ヵ月以内の滞在はビザ不要。パスポートの有効残存期間は滞在日数以上でOKだが、6ヵ月以上が望ましい。	シェンゲン協定実施 パスポートの残存有効期間はフランスを含むシェンゲン協定加盟国出国予定日より3ヵ月以上の残存有効期間が必要。	シェンゲン協定実施 パスポートの残存有効期間はベルギー入国時に3ヵ月＋滞在日数以上。短期滞在の場合、日本往復フライトのEチケットかトランジット券所持を所持していること。	シェンゲン協定実施 パスポートの残存有効期間はオランダ出国時に3ヵ月以上。
税金	付加価値税（VAT）が20％課せられている。免税の対象店で買い物（£30〜、店舗により異なる）した場合に免税手続きが可能。	EU加盟国 付加価値税（TVA）が5.5〜20％課せられている。1ヵ所の買い物で1日€175.01以上の購入で免税対象となる。	EU加盟国 付加価値税（TVA/BTW）が21％（書籍と食料は6％）が課せられている。免税対象の最低購入金額はレシート1枚€50.01以上。	EU加盟国 付加価値税（BTW）が21％課せられている。レシート1枚で計€50以上の買い物をすると免税手続きができる。
チップ	タクシー 料金の10〜15％上乗せして切りのよい金額。レストラン サービス料が請求されない時は10〜15％。	タクシー 大きな荷物を積んでもらったときに計2〜5。レストラン 5〜10％程度をお札で渡すとスマート。	タクシー 料金の5％程度。荷物の積み下ろしをしてもらったときに計1〜2。レストラン サービス料が含まれているので原則不要。	タクシー 料金の10〜15％ レストラン サービス料が請求されない時は10％。
トイレ	男性用 Gents 女性用 Ladies	男性用 Hommes Messieurs 女性用 Femmes	男性用 Hommes Messiurs Heren 女性用 Femmes Dames	男性用 Herren 女性用 Dames
緊急番号	警察 999 消防 999 救急 999	警察 17 消防 18 医者付き救急車 15	警察 101 消防・救急 100または112（英語可）	警察・消防・救急 112
観光局URL	URLwww.visitbritain.com	URLjp.france.fr	URLwww.belgium-travel.jp URLwww.visitflanders.com/ja	URLwww.holland.com URLwww.hollandflanders.jp
在外公館 URL	URLwww.uk.emb-japan.go.jp	URLwww.fr.emb-japan.go.jp	URLwww.be.emb-japan.go.jp	URLwww.nl.emb-japan.go.jp

2021年1月よりシェンゲン協定加盟国では、ヨーロッパ旅行情報認証システム（ETIAS）が導入される予定です。

	ドイツ	オーストリア	スイス	チェコ
通貨	通貨単位　補助単位 €　　　　¢ オイロ　　ツェント ユーロ導入国 €1＝100¢≒ 121.17円 （2019年12月23日現在）	通貨単位　補助単位 €　　　　¢ オイロ　　ツェント ユーロ導入国 €1＝100¢≒ 121.17円 （2019年12月23日現在）	通貨単位　補助単位 CHF または　独:Rp ラッペン SFr. 仏:Ct サンチーム 伊:Ct チェンティージモ スイスフラン CHF1＝100Ct≒ 111.27円 （2019年12月23日現在）	通貨単位 Kč チェコ・コルナ 1Kč≒4.75円 （2019年12月23日現在）
出入国 & パスポート 残存 有効期間	シェンゲン協定実施 パスポートの残存有効期間はドイツを含むシェンゲン協定加盟国出国予定日より3ヵ月以上。	シェンゲン協定実施 パスポートの残存有効期間はオーストリアを含むシェンゲン協定加盟国出国予定日より3ヵ月以上。	シェンゲン協定実施 パスポートの残存有効期間はスイスを含むシェンゲン協定加盟国出国予定日より3ヵ月以上。	シェンゲン協定実施 パスポートの残存有効期間は出国時に3ヵ月以上必要。パスポートの査証欄の余白が2ページ以上必要。
税金	EU加盟国 付加価値税（MwSt.）が19％（書籍と食料は7％）課せられている。手続きすれば最大14.50％払い戻される。	EU加盟国 付加価値税（USt.）が10〜20％課せられている。1日€75.01以上の購入で手続きすれば最大13％払い戻される。	1店舗でCHF300以上の買い物をした場合、付加価値税（VAT）の一部が免税対象。EU非加盟なのでスイス出国時に手続きする。	EU加盟国 付加価値税（DPH）が10〜21％課せられている。1店舗で2001Kč以上の購入で最大17％払い戻される。
チップ	タクシー　料金の10％程度。荷物の積み下ろしがあるときは多めに。 レストラン　5〜10％程度またはおつりの小銭を残す。	タクシー　料金の10％程度。荷物の積み下ろしがあるときは多めに。 レストラン　5〜10％程度またはおつりの小銭を残す。	タクシー　チップの習慣がないので基本的に不要。 レストラン　サービス料は原則料金に含まれている。	タクシー　料金の10％程度。特別な頼みごとをしたときに渡す。 レストラン　料金の10％程度が一般的。
トイレ	男性用　Herren 　　　　Männer 女性用　Damen 　　　　Frauen	男性用　Herren 　　　　Männer 女性用　Damen 　　　　Frauen	男性用　Hommes 　　　　Heren 女性用　Femmes 　　　　Damen	男性用　Muži 　　　　Páni 女性用　Ženy 　　　　dámy
緊急番号	警察　110 消防·救急　112	警察　133 消防　122 救急　144	警察　117 消防　118 救急　144	警察　158 消防　150 救急　155 統一緊急番号　112
観光局URL	www.germany.travel/jp	www.austria.info/jp	www.myswitzerland.com/ja	www.czechtourism.com/jp
在外公館URL	www.de.emb-japan.go.jp	www.at.emb-japan.go.jp	www.ch.emb-japan.go.jp	www.cz.emb-japan.go.jp

2021年1月よりシェンゲン協定加盟国では、ヨーロッパ旅行情報認証システム（ETIAS）が導入される予定です。

ジェネラルインフォメーション

	クロアチア	ギリシア	イタリア	スペイン
正式国名	クロアチア共和国 Republika Hrvatska	ギリシア共和国 Ελληνική Δημοκρατία	イタリア共和国 Repubblica Italiana	エスパーニャ王国 Reino de España
国歌	Lijepa Naša Domovina 「われらが美しき祖国」	Ύμνος εις την Ελευθερίαν 「自由への賛歌」	Inno di Mameli 「マメリの讃歌」	Marcha Real 「スペイン王行進曲」
面積	約5万6542km² （九州の約1.5倍）	約13万1957km² （日本の約3分の1）	30万1328km² （日本の80%）	50万6000km² （日本の約1.3倍）
人口	約409万人 （2018年）	約1076万人 （2018年）	約6043万人 （2018年）	4693万人 （2019年）
首都	ザグレブ Zagreb	アテネ Αθήνα	ローマ Roma	マドリード Madrid
元首	コリンダ・グラバル=キタロヴィッチ大統領 Kolinda Grabar-Kitarović	プロコピス・パヴロプロス大統領 Προκόπης Παυλόπουλος	セルジョ・マッタレッラ大統領 Sergio Mattarella	フェリペ6世 Felipe Juan Pablo Alfonso de Todos los Santos de Borbón y Grecia
政体	**EU加盟国** 共和制	**EU加盟国** 共和制	**EU加盟国** 共和制	**EU加盟国** 議会君主制。独自の政府をもつ17の自治州からなる。
民族構成	クロアチア人90.4%、セルビア人4.4%。そのほかハンガリー人、スロヴェニア人、イタリア人、アルバニア人など。	ギリシア人91.6%、アルバニア人4.4%、そのほか4%。	ラテン系イタリア人	カスティーリャ人、ガリシア人、アンダルシア人、カタルーニャ人、バスク人など。
宗教	ローマ・カトリックが88％。そのほかセルビア正教など。	ギリシア正教	カトリックが約95%	キリスト教（カトリックが多数）
言語	クロアチア語 こんにちは ドバルダン ありがとう フヴァラ さようなら ドヴィジェーニャ	ギリシア語 こんにちは カリメーラ サス ありがとう エフハリスト さようなら アディオ	イタリア語 こんにちは ボンジョルノ ありがとう グラツィエ さようなら アリヴェデルチ	スペイン語 こんにちは オラ ありがとう グラシアス さようなら アディオス

2021年1月よりシェンゲン協定加盟国では、ヨーロッパ旅行情報認証システム（ETIAS）が導入される予定です。

	ポルトガル	デンマーク	ノルウェー	フィンランド
正式国名	ポルトガル共和国 República Portuguesa	デンマーク王国 Kongeriget Danmark	ノルウェー王国 Kongeriket Norge	フィンランド共和国 （スオミ共和国） Suomen tasavalta
国歌	A Portuguesa ア・ポルトゥゲーザ	Der er et yndigt land 「麗しき国」	Ja, vi elsker dette landet 「我らこの国を愛す」	Maamme 「わが祖国」
面積	9万1985km² （日本の約4分の1）	約4万3098km² （本土のみ）	38万5199km²	33万8435km²
人口	約1028万人 （2018年）	約580万人 （2019年）	約532万人 （2019年）	約552万人 （2019年）
首都	リスボン Lisboa	コペンハーゲン København	オスロ Oslo	ヘルシンキ Helsinki
元首	マルセロ・レベロ・デ・ソウザ大統領 Marcelo Nuno Duarte Rebelo de Sousa	女王マルグレーテ2世 Margrethe Alexandrine Þórhildur Ingrid	ハーラル5世 Harald V	サウリ・ニーニスト大統領 Sauli Väinämö Niinistö
政体	EU加盟国 共和制	EU加盟国 立憲君主制	立憲君主制	EU加盟国 共和制
民族構成	ポルトガル人	デンマーク人	ノルウェー人。北方のラップランドにはサーメの人々が住む。	フィンランド人、スウェーデン人、サーメ人。
宗教	カトリックが圧倒的多数。	国民の77.8％がプロテスタント（福音ルーテル派）。そのほかローマ・カトリックなど。	プロテスタント（福音ルーテル派）	プロテスタント（福音ルーテル派）
言語	ポルトガル語 こんにちは ボンディア ありがとう オブリガード さようなら アデウス	デンマーク語 こんにちは グッディ ありがとう タック さようなら ハイハイ	ノルウェー語 こんにちは ゴダーグ ありがとう タック さようなら ハーデ	フィンランド語 こんにちは パイヴァー ありがとう キートス さようなら ナケミーン

2021年1月よりシェンゲン協定加盟国では、ヨーロッパ旅行情報認証システム（ETIAS）が導入される予定です。

	クロアチア	ギリシア	イタリア	スペイン
通貨	通貨単位 補助単位 **Kn Lipa** クーナ リーパ 1Kn＝100Lipa≒ 16.27円 （2019年12月23日現在）	通貨単位 補助単位 **€ ¢** エヴロ レプタ ユーロ導入国 €1＝100¢≒ 121.17円 （2019年12月23日現在）	通貨単位 補助単位 **€ ¢** エウロ チェンティージモ ユーロ導入国 €1＝100¢≒ 121.17円 （2019年12月23日現在）	通貨単位 補助単位 **€ ¢** エウロ センティモ ユーロ導入国 €1＝100¢≒ 121.17円 （2019年12月23日現在）
出入国 & パスポート 残存 有効期間	パスポートの残存有効期間は出国時に3ヵ月以上。	シェンゲン協定実施 パスポートの残存有効期間は入国時に滞在日数＋90日以上が必要。	シェンゲン協定実施 パスポートの残存有効期間はイタリアを含むシェンゲン協定加盟国出国予定日より3ヵ月以上。	シェンゲン協定実施 パスポートの残存有効期間はスペインを含むシェンゲン協定加盟国出国予定日より3ヵ月以上。
税金	EU加盟国 付加価値税（PDV）が25％課せられている。1日1店舗につき740Kn以上の買い物をした場合、免税手続きができる。	EU加盟国 付加価値税（ΦΠΑ）が24％課せられている。同一店舗で€50以上の買い物をした場合、手続きすれば最大17.5％払い戻される。	EU加盟国 付加価値税（IVA）が10〜22％課せられている。同一店舗で€154.95以上の買い物をすると免税手続きができる。	EU加盟国 付加価値税（IVA）が21％（食料などは10％）課せられている。手続きすれば最大13％払い戻される。
チップ	タクシー おつりの小銭程度。 レストラン 高級店なら10％程度。	タクシー 端数の切り上げ。 レストラン サービス料込みでも5〜10％を上乗せ。	タクシー 料金の10〜15％。 レストラン サービス料が請求されない時は10％。	タクシー おつりの小銭か端数の切り上げ。 レストラン 一般に5〜10％。またはおつりの小銭か端数の切り上げ。
トイレ	男性用 Gospoda Muški 女性用 Gospođe Ženski	男性用 ΑΝΔΡΩΝ 女性用 ΓΥΝΑΙΚΩΝ	男性用 Uomini signori 女性用 Donne signore	男性用 Caballeros 女性用 Señoras
緊急番号	警察 192 消防 193 救急 194 統一緊急番号 112	警察 100 消防 199 救急 166 外国人用緊急 112	警察 113 消防 115 救急 118 統一緊急番号 112	警察・消防・救急 112
観光局URL	URLcroatia.hr/ja-JP	URLwww.visitgreece.gr	URLvisitaly.jp	URLwww.spain.info
在外公館 URL	URLwww.hr.emb-japan.go.jp	URLwww.gr.emb-japan.go.jp	URLwww.it.emb-japan.go.jp	URLwww.es.emb-japan.go.jp

	ポルトガル	デンマーク	ノルウェー	フィンランド
通貨	通貨単位　補助単位 **€**　**¢** エウロ　センティモ ユーロ導入国 €1＝100¢≒ 121.17円 （2019年12月23日現在）	通貨単位　補助単位 **DKK**　**Øre** クローネ　オーレ 1DKK＝100Øre ≒16.21円 （2019年12月23日現在）	通貨単位 **NOK** クローネ 1NOK≒12.16円 （2019年12月23日現在）	通貨単位　補助単位 **€**　**¢** ユーロ　セント ユーロ導入国 €1＝100¢≒ 121.17円 （2019年12月23日現在）
出入国 ＆ パスポート 残存 有効期間	シェンゲン協定実施 パスポートの残存有効期間はポルトガルを含むシェンゲン協定加盟国出国予定日より3ヵ月以上。査証欄の余白2ページ以上。	シェンゲン協定実施 パスポートの残存有効期間はデンマークを含むシェンゲン協定加盟国出国予定日より3ヵ月以上。	シェンゲン協定実施 パスポートの残存有効期間はノルウェーを含むシェンゲン協定加盟国出国予定日より3ヵ月以上。	シェンゲン協定実施 パスポートの残存有効期間はフィンランドを含むシェンゲン協定加盟国出国予定日より3ヵ月以上。
税金	EU加盟国 付加価値税（IVA）が6〜23％課せられている。1回の買い物で€61.35以上の購入で手続きすれば最大16％払い戻される。	EU加盟国 付加価値税（moms）が25％課せられている。1日1店舗につき300DKK以上の買い物をした場合、手続きすれば最大19％払い戻される。	EU加盟国 付加価値税（MVA）が15または25％課せられている。1日1店舗315NOK（15％の場合は290NOK）の買い物で手続きすれば最大19％払い戻される。	EU加盟国 付加価値税（ALV）が24％（食品は14％）課せられている。1店舗の買い物で1日€40以上の購入で手続きすれば最大16％払い戻される。
チップ	タクシー　おつりの小銭か端数の切り上げ。 レストラン　一般に5〜10％。またはおつりの小銭。	タクシー　特に必要ない。 レストラン　サービス料が含まれていない場合7〜10％。	タクシー　料金の端数を渡す。 レストラン　サービス料が含まれていない場合7〜10％。	サービス料金が含まれているのでチップの習慣はない。
トイレ	男性用　Homen 女性用　Senhora	男性用　maend 　　　　herrer 女性用　kvinde 　　　　Damer	男性用　man 　　　　herre 女性用　kvinne 　　　　dame	男性用　mies 　　　　man 女性用　nainen 　　　　kvinna
緊急番号	警察・消防・救急 112	警察・消防・救急 112	警察　112 消防　110 救急　113	警察・消防・救急 112
観光局URL	URL www.visitportugal.com/ja	URL www.visitdenmark.com	URL www.visitnorway.asia/jp	URL www.visitfinland.com/ja
在外公館 URL	URL www.pt.emb-japan.go.jp	URL www.dk.emb-japan.go.jp	URL www.no.emb-japan.go.jp	URL www.fi.emb-japan.go.jp

日本とヨーロッパのサイズ比較表

レディスウェア

国際基準	XXS	XS	S	M	L	XL			
🔴 日本（号）	5	7	9	11	13	15	17	19	19
🇬🇧 イギリス	4	6	8	10	12	14	16	18	20
🇪🇺 ヨーロッパ	32	34	36	38	40	42	44	46	48

レディスボトム

国際基準	XXS	XS	S	M	L	XL
🔴 日本	58-61	61-64	64-67	67-70	70-73	73-76
🇬🇧 イギリス	23	24	25	26-27	28-29	30
🇪🇺 ヨーロッパ	32	34	36	38-40	42-44	46

レディスシューズ

🔴 日本	22.0	22.5	23.0	23.5	24.0	24.5	25.0	25.5
🇬🇧 イギリス	2	2.5	3	3.5	4	4.5	5	5.5
🇪🇺 ヨーロッパ	35	35.5	36	36.5	37	37.5	38	38.5

メンズウェア

🔴 日本	S	S	S	M	L	L	LL	LL
🇬🇧 イギリス	32	34	36	38	40	42	44	46
🇪🇺 ヨーロッパ	42	44	46	48	50	52	54	56

メンズシューズ

🔴 日本	25	25.5	26	26.5	27	27.5	28	28.5
🇬🇧 イギリス	6	6.5	7	7.5	8	8.5	9	9.5
🇪🇺 ヨーロッパ	40.5	41	41.5	42	42.5	43	43.5	44

ヨーロッパのバーゲンシーズン

	1月	2月	3月	4月	5月	6月	7月	8月	9月	10月	11月	12月
🇬🇧 Sale セール												
Soldes ソルド												
Schlussverkauf シュルスフェアカウス												
Rebajas レバハス												
Saldi サルディ												

出発前に日本で用意&手続き

ヨーロッパ旅行の**準備**

準備チャート

早めの準備で失敗知らず

出発までの カウントダウン

3カ月前 → 1カ月前 → 2週間前

目的を決める
まず、何をしたいのか＆見たいのか、**マストの項目**を書きだそう。本書で見どころを探したり、基本的な観光ポイントが掲載されている**ツアーパンフレット**も参考になる。旅行会社のパンフレットはウェブサイトからもダウンロードできる。

宿泊地を決める `P.76`
航空券が決まったら、行きたい町（見どころ）リストを見ながら宿泊地を決めていこう。**日帰り旅行**を組み合わせるなど、**できるだけ連泊**にしたほうが楽。宿泊地が決まったらホテル予約を。この段階では、予定変更に備えて、**割高でもキャンセル可能なプラン**を選んだほうがいい。

パスポートの申請・受領 `P.60`
パスポートがなければ海外旅行はできない。1週間前には手元あったほうがいいので遅くとも2週間前までに申請しよう。

鉄道パス `P.154`
行きたい町（見どころ）リストを見ながら、現地の移動手段を考えよう。鉄道パスやレンタカーが必要なら手配を。

航空券を探す `P.68`
やりたいこと、行きたい町のリストからおおまかなルートを決める。**出発都市と帰国の町が違っていても航空券は買える。**予算に合うものが出ていれば仮予約を。

往復の航空券を決済
仮予約した**航空券は数日で決済しないと予約が取り消される。**無駄なルートになっていないか、より安い航空会社がないか考えて決済しよう。安いチケットの場合は予約の変更規定が厳しいので慎重に。

✓ Check!

- [ ] 航空券の日付、合ってる？深夜発に注意！
- [ ] 航空券とパスポートの氏名のスペル、完全に一致してる？
- [ ] ホテルは連続して取れてる？
- [ ] クレジットカードのキャッシング限度額も調べた？

スマホ周辺機器の準備 `P.92`
スマホ用モバイルバッテリーや変換プラグを購入する。空港でも買えるが割高なので、町の家電量販店などで買ったほうがいい。

チケットの手配 `P.82`
オペラやスポーツ観戦、音楽祭などのイベントは**ウェブサイトでチケットの手配**をしよう。オンライン決済したときのクレジットカードの提示を現地で求められることがあるので、**使用したカードは控えておく**こと。取れたチケットに合わせてホテルも予約したい。

クレジットカード `P.96`
ヨーロッパではクレジットカードの支払がメインとなる。**ブランド違いで少なくとも2枚**、できれば3枚は持っていきたい。使用するときはサインではなく、**PIN（暗証番号）**を入力することが多いので確認すること。限度額の確認もお忘れなく！

海外旅行保険 `P.66`
ヨーロッパでのトラブルに備えて、海外旅行保険に加入しておこう。また、学生なら国際学生証、ユースホステルを利用する人はYH会員証も手続きしておこう。

有給休暇を取る
目的のチケット、ホテル、航空券が確保できそうなら休暇を申請。連続休暇になるので早めに申し出よう。

顔はめ
Photo
やりたい!

絶景!
ホント?

名所
巡りへ!

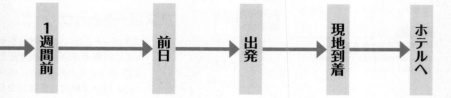

| 1週間前 | 前日 | 出発 | 現地到着 | ホテルへ |

宿泊ホテルの再検討
日程の最終調整。ホテルは**直前に安いプランが出ることがある**のでキャンセルができるプランなら乗り換えも検討しよう。

天気のチェック P.84
滞在予定地の天気をチェック。**猛暑や大雪など、ヨーロッパでも毎年のように天候異常が問題視されている**。より実態に合った服装を準備しよう。

持ち物の準備 P.87
化粧品を小分けにしたり、ウェットティッシュを買ったり。こまごましたものは直前に慌てないように。

✔ Check!
- [ ] 変換プラグは3つぐらいあると安心
- [ ] イギリスの変換プラグはヨーロッパ型と違うので注意
- [ ] 小分け用のジッパー付き袋はたくさん買った?

空港へのアクセス P.107~109
深夜早朝発は交通機関が限られるので、入念に調べて必要なら予約を。タクシーは空港間の定額料金制があり、メーターより割安。

初日のホテルまで移動の手配 P.117
現地到着が**深夜で公共交通機関がない場合**など、必要に応じて迎えを手配しておくと安心。

パッキング P.103
機内持ち込みと**預け荷物**に分けてパッキング。

レンタルWi-Fiルーター P.90
海外用レンタルWi-Fiルーターは空港で申し込むよりも、事前にウェブで手配したほうが安い。**受け取りは空港でOK**。

✔ Check!
- [ ] 深夜・早朝発の便は空港で前泊が必要か確認!
- [ ] 液体の機内持ち込み、規定をクリアしてる?
- [ ] 機内ではストールなど羽織れるものを1枚準備

アプリのダウンロード P.91
必要なアプリは事前にダウンロード、インストールしておいたほうが安くすむし、すぐ使えて便利。

現地通貨を入手 P.93
空港に着いたら日本円を現地通貨に両替。クレジットカードでキャッシングすることもできる。

SIMカード P.89
必要なら到着した空港のショップでSIMカードを買っておこう。空港からすぐ使えて便利。

当日の服装 P.85
長時間のフライトに備えてリラックスできる服装を。

✔ Check!
- [ ] 両替時、市内までの交通費用の小銭はある?
- [ ] レンタルWi-Fiルーターを起動させるのは、このタイミング(空港到着時)から

パスポートの申請

まずはパスポート（旅券）の取得。これがないと日本から出国も入国もできない。海外旅行保険も出発前に入っておきたい。

関連項目

・荷物チェックリスト　　　　P.87

URL
外務省 パスポート A to Z
URL www.mofa.go.jp/mofaj/toko/passport

用語
居所申請

郷里に帰らず、住民票も移していない場合の申請方法。東京都の場合は学生および生徒（学生証、在学証明書が必要）、おおむね6ヵ月以上の長期出張者および単身赴任者（居住を証明する会社、または雇用者の証明書が必要）の場合申請が可能。自治体によっては一時帰国者（長期海外に居住し、日本に住民登録がなく、申請する自治体に住居がある人）や船員（寄港地上陸の船員）も申請することができる。なお、未成年の場合は法定代理人の署名が必要となる。

補足
パスポート受領までの日数

都道府県や申請場所等によりパスポート受領までの日数は異なる。東京都や大阪府の場合は6営業日。遅くとも10営業日ぐらいで受領することができる。

テクニック＆アプリ
パスポート用写真をスマホで撮影してコンビニでプリント

撮影用アプリを使ってスマホで撮影し、そのデータをコンビニのコピー機でプリントすれば安上がり。
履歴書カメラ（byタウンワーク）

iPhone

Android

パスポート　パスポートとビザ

海外渡航に必須の公文書

10年用（左）と5年用（右）

パスポートとは　海外渡航をする人に国籍や身分を証明する公文書。日本からの出国時や、外国への入国時に絶対に必要になるほか、ホテルのチェックイン時に提示を求められることも多い。

5年と10年　5年間有効のものと、10年間有効のものがある。ただし、20歳未満の場合は容貌の変化が著しいことから、5年用のみ申請可能。10年用のパスポートは赤色、5年用は濃紺。パスポートにはICチップが組み込まれているので、折り曲げたり強い衝撃を与えないように取り扱いに注意したい。

ビザ　渡航先の国が入国を許可するために発行する書類。ヨーロッパの場合は一般的な短期の観光の場合は不要。留学や海外赴任など長期滞在の場合は留学ビザや商用ビザ等が必要となる国もあるので、日本にある大使館や領事館の領事部に問い合わせよう。

パスポート　パスポート申請手続きの流れ

必要書類の入手	平日または土曜	発給申請書や戸籍謄本等の入手は最寄りの役場やサービスセンター等で手続きできる場合が多い。遠隔地から郵送で送ってもらう場合は早めに連絡を。
↓		
パスポートの申請	平日	申請は原則的に平日のみ。窓口に書類を提出してチェックを受けるだけなので、窓口が混んでいなければすぐに終わる。
申請から受領まで6～10営業日必要		
↓		
パスポートの受領	平日または土曜	申請時に受領できる日が記載された旅券引換書がもらえる。自治体にもよるが、受領のみの場合、土曜でも可能な窓口が比較的多い。

パスポート申請に必要な本人確認書類

1点でよい

- 有効な日本国旅券
- 失効後6ヵ月以内の日本国旅券
- 動力車操縦者運転免許証（運転免許証）
- 運転経歴証明書（交付年月日が平成24年4月1日以降のもの）
- 個人番号カード（マイナンバーカード）
- 写真付き住民基本台帳カード

- 身体障害者手帳（写真貼替え防止処理済み）
- 船員手帳
- 海技免状
- 小型船舶操縦免許証
- 猟銃・空気銃所持許可証
- 戦傷病者手帳
- 宅地建物取引士証

- 電気工事士免状
- 無線従事者免許証
- 認定電気工事従事者認定証
- 特種電気工事資格者認定証
- 耐空検査員の証
- 航空従事者技能証明書
- 運航管理者技能検定合格証明書

- 教習資格認定証（猟銃の射撃教習を受ける資格の認定証で都道府県公安委員会発行のもの）
- 警備業法第23条第4項に規定する合格証明書

- 官公庁（共済組合を含む）がその職員に対して発行した写真の貼られた身分証明書
- 独立行政法人がその職員に対して発行した写真の貼られた身分証明書

2点必要

以下より2点

- 健康保険被保険者証
- 国民健康保険被保険者証
- 船員保険被保険者証
- 介護保険被保険者証
- 共済組合員証
- 後期高齢者医療被保険者証
- 国民年金手帳

- 国民年金証書
- 厚生年金保険年金証書
- 船員保険年金証書
- 共済年金証書
- 恩給証書
- 印鑑登録証明書と実印

左欄から1点＋下から1点

- 失効した日本国旅券（失効後6ヵ月以上）
- 学生証・生徒手帳（写真付き）
- 会社等の身分証明書（写真付き）
- 公の機関が発行した資格証明書（写真付き）
- 母子手帳

右側サイドバー：パスポート／航空券／ホテル／チケット／服装／モバイル／お金／カバン

パスポート

パスポート申請に必要な書類

①一般旅券発給申請書　各旅券窓口のほか、市町村のサービスセンターでも配布している所が多い。10年用と5年用で用紙が違うので注意しよう。急いでいる時は申請時に記入できる。

②戸籍抄本または謄本：1通　発行日から6ヵ月以内のもの。本籍地の市区町村で発行してくれる。委任状があれば代理人でも交付される。郵送で取り寄せることもできる。

③写真　申請者本人のみが写っていて、6ヵ月以内に撮影されたもの。縦45mm×横35mm。顔の位置や余白のサイズ、髪型など細かな規定がいろいろとあるので、証明写真ボックス等で撮影するのが安心。パスポートセンター周辺にあることが多い。

④身元を確認するための書類　運転免許証やマイナンバーカード、前回取得したパスポート（失効の場合は6ヵ月以内）などがあれば1点でOK。詳しくは上記のリストを参照。

パスポート

パスポートの申請窓口 (P.62〜65)

自治体により申請場所が異なる　県庁などにあるパスポートセンター、住民登録している市区町村の窓口など都道府県により申請・発給場所が違う。一般的に申請は平日のみだが、受領は日曜日もできるところが多い。

混み合うシーズン　ゴールデンウイーク前後〜8月と年末年始は申請者が多く、大都市の申請窓口は混雑することが多い。

テクニック

パスポート申請書ダウンロード

下記サイトのブラウザ上で必要事項を記入してプリントアウトした後、直筆の署名を記入して窓口へ提出する。電子申請ではないので注意。
URL www.mofa.go.jp/mofaj/toko/passport/download/top.html

補足

住民票が必要な場合

居所申請（学生や単身赴任者など、住民登録の場所ではなく居住地で申請すること）や住民基本台帳ネットワークシステムでの検索を希望しない場合は住民票の写しが1通必要となる。

補足

パスポート申請は代理でもできる？

パスポートの申請は代理人でもできる。ただし署名は申請用紙のサインが転写されるので本人自署が必須。事前に申請用紙を取り寄せる必要がある。委任の手続きも面倒なので、できるだけ自分で出向くことをおすすめする。

	県庁所在地の申請場所	県庁所在地以外に居住の場合	県庁など参考URL
北海道	**北海道パスポートセンター** 札幌市中央区北4条西5丁目 申請:月～金9:00～16:30 受領:月～金9:00～18:00（日～17:00）	パスポート発行業務が権限移譲されている市町村に住民票がある場合はその役所へ。そうでない場合は北海道パスポートセンター、もしくは最寄りの振興局へ	URL www.pref.hokkaido.lg.jp トップページ➡北海道庁の仕事➡総合政策部➡国際局国際課➡パスポート申請
青森県	**県庁パスポート窓口** 青森市長島1丁目1-1 県庁北棟1階 申請:月～金8:30～17:15 受領:月～木8:30～18:00（金～17:15）	弘前市、八戸市、三沢市、平川市、田子町の場合、住民登録、通学、勤務している市、町の各役所で申請可。それ以外の場所に居住の場合は県庁または県庁分室のパスポート窓口へ	URL www.pref.aomori.lg.jp トップページ➡観光・文化・自然➡誘客・国際交流➡パスポート（旅券）申請手続
岩手県	**岩手県パスポートセンター** 盛岡市盛岡駅西通1-7-1 アイーナ2階 申請:月～金9:00～17:00 受領:月～金9:00～18:00（日～17:00）	住民登録している各市町村の窓口。または岩手県パスポートセンター	URL www.pref.iwate.jp トップページ➡県政情報➡各種手続き➡パスポート・旅券➡パスポート申請案内
宮城県	**宮城県パスポートセンター** 仙台市青葉区本町3-8-1 申請:月～金8:30～16:45 受領:月～金8:30～16:45（日9:00～16:45）	宮城県パスポートセンターまたは大河原町、大崎市、栗原市、石巻市、気仙沼市の合同庁舎（地方進行事務所）のサービスセンターで申請可	URL www.pref.miyagi.jp トップページ➡申請・手続き➡くらし・環境➡国際交流・外国人➡パスポート➡パスポート申請案内
秋田県	**秋田県庁・県民生活課旅券班** 秋田市山王四丁目1-1 申請:月～金8:30～17:00 受領:月・火・木8:30～18:00（水～17:00）	住民登録している各市町村の役所へ。ただし、男鹿市、潟上市、八郎潟町、井川町、大潟村の場合は秋田県庁へ	URL www.pref.akita.lg.jp トップページ➡分野別一覧➡防災・暮らし・環境➡パスポート
山形県	**山形県パスポートセンター** 山形県城南町1-1-1 霞城セントラル2階 申請:月～金9:00～17:00 受領:月～木9:00～18:00（金・日～17:00）	山形県パスポートセンターほか、各総合支所へ。鶴岡、酒田、天童に住民登録している場合は住民票のある各市役所でも申請可	URL www.pref.yamagata.jp トップページ➡産業・観光・しごと➡国際交流➡パスポート手続き➡パスポート申請のご案内
福島県	**福島県パスポートセンター** 福島市三河南町1-20 コラッセふくしま 申請:月～金9:00～18:00 受領:月～金9:00～17:00（日～17:00）	福島県パスポートセンターほか、各合同庁舎で申請可。須賀川市、鏡石町、天栄村、石川町、玉川村、平田村、浅川町、古殿町に居住、通勤、通学している場合は須賀川市の窓口で申請可。	URL www.pref.fukushima.lg.jp トップページ➡申請・手続き➡外国人・パスポート➡パスポートの申請
茨城県	**水戸パスポートセンター** 水戸市三の丸1-5-38 三の丸庁舎内1階 申請:月～金8:30～16:45 受領:月～金8:30～17:15 （日8:30～12:00、13:00～17:15）	住民登録している各市町村の窓口。茨城県旅券室では申請できない。	URL www.pref.ibaraki.jp トップページ➡茨城で暮らす➡生活➡国際交流➡茨城県旅券室
栃木県	**宇都宮市パスポートセンター** 宇都宮市馬場通り4-1-1表参道スクエア5階 申請・受領:毎日10:00～19:00 （12/29～1/3を除く）	住民登録している各市町の窓口	URL www.pref.tochigi.lg.jp トップページ➡テーマから探す➡くらし・環境➡国際・海外➡パスポート➡旅券（パスポート）申請案内
群馬県	**前橋市パスポートセンター** 前橋市大手町二丁目12番1号 申請:月～金9:00～16:30 受領:月～金日9:00～16:30（第2・第4火曜～19:00）	住民登録している各市町村の窓口へ。	URL www.pref.gunma.jp トップページ➡くらし・環境➡国際交流・多文化共生➡パスポート
埼玉県	**埼玉県パスポートセンター** さいたま市大宮区桜木町一丁目7番地5 ソニックシティビル2階 受領:月・水・金9:00～16:30（火・木～19:30）	住民登録または居住している各市町村の窓口。春日部市と川越市、蕨市の場合は埼玉県パスポートセンターまたは川口市パスポートセンター、熊谷市パスポートセンターへ	URL www.pref.saitama.lg.jp トップページ➡くらし・環境➡パスポート
千葉県	**中央旅券事務所** 千葉市中央区新町1000センシティタワー4階 申請:月～金9:00～16:30 受領:月・水・金9:00～16:30（火・木～18:30）	中央旅券事務所のほか、函南、山武、長生、夷隅、安房地域振興事務所で申請可能。市川市、浦安市、成田市、我孫子市、流山市、野田市、香取郡多古町、市原市、木更津市、柏市、鴨川市、鎌ケ谷市、君津市、袖ケ浦市、印西市、白井市、富里市、佐倉市、八街市、香取市、栄町、神崎町、東庄町、酒々井町、銚子市、松戸市、富津市、いすみ市、八千代市、山武市の場合、居住している市の窓口で申請可。	URL www.pref.chiba.lg.jp トップページ➡県政情報・統計➡県のご案内➡国際交流・協力➡パスポートに関する情報
東京都	**新宿パスポートセンター** 新宿区西新宿 2-8-1 都庁都民広場地下1階 **有楽町パスポートセンター** 千代田区有楽町2-10-1 東京交通会館2階 **池袋パスポートセンター** 豊島区東池袋3-1-3 サンシャインシティ内ワールドインポートマート6階 **立川パスポートセンター** 立川市曙町2-1-1ルミネ立川店9階 申請:月～水9:00～19:00（木～17:00） 受領:月～水9:00～19:00（木・金・日～17:00） ※営業時間は4ヵ所共通	都内4ヵ所のパスポートセンターどこでも申請可能。島嶼部（大島町、利島村、新島村、神津島村、三宅村、御蔵島村、八丈町、青ヶ島村、小笠原村）の場合は、それぞれ居住の役場で申請する。島嶼部で申請の場合は受領までに2～3週間かかる。	URL www.metro.tokyo.jp トップページ➡暮らし・健康・福祉➡暮らし➡パスポート 東京都パスポートセンター URL www.seikatubunka.metro.tokyo.jp/passport

右側の縦タブ：パスポート／航空券／ホテル／チケット／服装／モバイル／お金／カバン

	県庁所在地の申請場所	県庁所在地以外に居住の場合	県庁など参考URL
神奈川県	**神奈川県パスポートセンター** 横浜市中区山下町2 産業貿易センタービル2階 申請：月・木・金9:00〜16:45（火・水〜19:00） 受領：月・木・金・日9:00〜16:00（火・水〜19:00） ※横浜センター南パスポートセンターでも申請・受領が可能	藤沢市・茅ヶ崎市・寒川町の場合は湘南パスポートセンター、相模原市に居住の場合は橋本パスポートセンターまたは相模大野パスポートセンターで申請する。そのほかの地域に居住の場合は横浜市内川崎支所、厚木支所、小田原出張所でも申請できる	神奈川県パスポートセンター URL www.pref.kanagawa.jp/ osirase/02/2315/index.html
新潟県	**新潟県パスポートセンター** 新潟市中央区西堀通6番町866（NEXT21 2階） 申請：毎日10:00〜18:30（12/29〜1/3を除く） 受領：毎日10:00〜19:00（12/31〜1/2を除く）	住民登録している各市町村の窓口	URL www.pref.niigata.lg.jp トップページ➡組織でさがす➡知事政策局➡国際課➡パスポート情報
富山県	**富山県旅券センター** 富山市桜町1番61号マリエとやま7階 申請：月〜金10:00〜16:30 受領：月・水・金・日9:00〜16:30（火・木〜19:00）	富山県旅券センターのほか、高岡支所でも申請可	URL www.pref.toyama.jp トップページ➡くらし・健康・教育➡運転免許・パスポート➡パスポート➡富山県旅券センター
石川県	**石川県パスポートセンター** 金沢市本町1丁目5番3号リファーレ3階 申請：月〜金9:00〜17:00 受領：月・水・金・日9:00〜17:00（火・木〜19:00）	石川県パスポートセンターのほか、小松旅券窓口、七尾旅券窓口、のと里山空港旅券窓口で申請可	URL www.pref.ishikawa.lg.jp トップページ➡くらし・教育・環境➡生活➡パスポート・運転免許➡旅券（パスポート）申請のあんない
福井県	**福井窓口（県旅券室）** 福井市宝永3丁目1-1 福井県国際交流会館1階 申請：月〜金9:00〜17:00 受領：月・水〜金・日9:00〜17:00（火〜19:00）	福井窓口のほか、小浜市の若狭窓口、大野市の奥越窓口、越前市の丹南窓口、敦賀市の二州窓口で申請可	URL www.pref.fukui.lg.jp トップページ➡くらし・環境➡消費・生活➡パスポート申請➡パスポートの申請について
山梨県	**山梨県パスポートセンター** 甲府市飯田2-2-3国際交流センター内 申請：月〜金8:30〜17:30 受領：月〜金8:30〜17:30 （火・木8:30〜19:00、日9:00〜16:30）	山梨県パスポートセンターのほか、韮崎市の中北地域県民センター、甲州市の峡東地域県民センター、富士川町の峡南地域県民センター、都留市の富士・東部地域県民センターで申請可	URL www.pref.yamanashi.jp トップページ➡くらし・防災➡国際・海外➡パスポート
長野県	**長野地域振興局** 長野市大字南長野南県町686-1 申請：月〜金8:30〜17:00（火・木〜19:00） 受領：月・水・金8:30〜17:00（火・木〜19:00、日9:00〜12:30、13:30〜17:00）	飯田市、小諸市、軽井沢町の場合は在住の各市役所、町役場へ。それ以外の場合は県内各地の地域振興局へ	URL www.pref.nagano.lg.jp トップページ➡仕事・産業・観光➡国際交流推進➡パスポート➡パスポート（旅券）のご案内
岐阜県	**岐阜県旅券センター** 岐阜市薮田南5-14-53 OKBふれあい会館2階 申請：月〜金9:00〜19:00 受領：月〜金9:00〜19:00（日〜16:30）	岐阜県旅券センターまたは住民登録している各市町村の窓口	URL www.pref.gifu.lg.jp トップページ➡くらし・防災・環境➡パスポート➡パスポート申請
静岡県	**葵区役所戸籍住民課** 静岡市葵区追手町5-1 申請・受領：月〜金8:30〜17:15 ※駿河区役所、清水区役所でも申請可	住民登録している各市町（浜松市は北区役所、浜北区役所でも申請可）の窓口へ。それ以外の各市町の窓口でも申請が可能（住民票の写しが必要）	URL www.pref.shizuoka.jp トップページ➡県政情報➡交流・まちづくり➡国際交流➡旅券（パスポート）申請のご案内
愛知県	**愛知県旅券センター** 名古屋市中村区名駅1丁目1-4 JRセントラルタワーズ15階 申請：月〜木9:00〜17:00 受領：月〜木・日9:00〜17:00（金〜18:30）	豊橋市、一宮市、瀬戸市、半田市、春日井市、豊川市、津島市、碧南市、刈谷市、安城市、西尾市、蒲郡市、常滑市、小牧市、新城市、東海市、大府市、知多市、高浜市、田原市、愛西市、阿久比町、南知多町、美浜町、武豊町、幸田町、設楽町、東栄村、豊根村の場合はそれぞれ居住の市町村の窓口へ。それ以外の場合は愛知県旅券センターのほか、西三河、豊田加茂の旅券窓口で申請可	URL www.pref.aichi.jp トップページ➡くらし・安全・環境➡パスポート・国際化➡パスポート
三重県	**三重県旅券センター** 津市羽所町700番地アスト津3階 申請：月〜金9:00〜16:30 受領：月〜金9:00〜18:30（日〜17:00）	名張市、志摩市に住民登録がある場合はそれぞれの市役所へ。それ以外の場合は三重県旅券センターのほか桑名、四日市、鈴鹿、松阪、伊勢、伊賀、尾鷲、熊野の旅券コーナーへ	URL www.pref.mie.lg.jp トップページ➡くらし・環境➡くらし➡パスポート
滋賀県	**滋賀県パスポートセンター** 大津市におの浜1丁目1番20号ピアザ淡海1階 申請：月〜金9:00〜16:30 受領：月〜金9:00〜16:30	滋賀県パスポートセンターのほか、米原出張窓口でも申請可	URL www.pref.shiga.lg.jp トップページ➡県民の方➡くらし➡国際・多文化共生・パスポート➡パスポートセンター
京都府	**京都府旅券事務所** 京都市下京区烏丸通塩小路下ル東塩小路町 京都駅ビル8階 申請：月〜金9:00〜16:30 受領：月・水・金・日9:00〜16:30（火・木〜19:00）	京都府旅券事務所のほか、宇治市の山城広域振興局、亀岡市の南丹広域振興局、舞鶴市の中丹広域振興局、京丹後市の丹後広域振興局の旅券窓口でも申請できる	URL www.pref.kyoto.jp トップページ➡教育・文化➡国際交流・パスポート➡パスポート申請窓口
大阪府	**大阪府パスポートセンター** 大阪市中央区大手前3-1-43 大阪府庁新別館南館 申請：月〜金9:15〜16:30 受領：月〜金9:15〜19:00（日〜17:00）	住民登録している各市町村の窓口のほか、大阪府パスポートセンターで申請可。	URL www.pref.osaka.lg.jp トップページ➡都市魅力・観光・文化➡パスポートに関すること➡パスポートの申請手続きガイド

	県庁所在地の申請場所	県庁所在地以外に居住の場合	県庁など参考URL
兵庫県	兵庫県旅券事務所 神戸市中央区御幸通8丁目1-6 神戸国際会館3階 申請：月～日9:00～16:30 受領：月・水・金・土・日9:00～16:30 （木9:00～18:30）	兵庫県旅券事務所のほか、尼崎、姫路、但馬空港の出張所でも申請可	URL web.pref.hyogo.lg.jp トップページ➡暮らし・教育➡生活➡免許・パスポート➡パスポート（旅券）のご案内 兵庫県パスポートセンター URL www.hyogo-passport.jp
奈良県	奈良県旅券事務所 奈良市西大寺東町2丁目4番1号 ならファミリー5階 申請：月～金9:00～17:00 受領：月・金・日9:00～17:00 （火・水・木9:00～19:30）	奈良県旅券事務所のほか、高田旅券センターでも申請可。橿原市に住民登録している場合は橿原市パスポートセンターでも申請可	URL www.pref.nara.jp トップページ➡県の組織➡総務部知事公室➡国際課➡旅券事務所
和歌山県	和歌山県パスポートセンター 和歌山県本町2丁目1 フォルテワジマ4階 申請：月～金・日9:00～17:00 受領：火・水・金・日9:00～17:00 （木9:00～19:00）	和歌山県パスポートセンターのほか、岩出市の那賀振興局、橋本市の伊都振興局、湯浅町の有田振興局、御坊市の日高振興局、田辺市の西牟婁振興局、新宮市の東牟婁振興局、串本町の東牟婁振興局串本駐在でも申請可	URL www.pref.wakayama.lg.jp トップページ➡観光・文化・国際➡国際交流・パスポート➡和歌山県パスポートセンター
鳥取県	県庁窓口（鳥取県交流人口拡大本部観光交流局交流推進課旅券担当） 鳥取市東町1丁目220 申請：月～金8:30～18:30 受領：月～金8:30～18:30（日～17:00）	県庁窓口のほか、倉吉市の中部窓口、米子市の西部窓口、倉吉市役所窓口、境港市役所窓口、日南町役場窓口、日野町役場窓口、江府町役場窓口でも申請可	URL www.pref.tottori.lg.jp トップページ➡組織と仕事➡交流人口拡大本部➡観光交流局➡パスポートの申請
島根県	島根県パスポートセンター 松江市殿町8番地3 タウンプラザしまね3階 申請：月～金9:00～17:00 受領：月～金9:00～17:00（日～13:00）	雲南市に居住の場合は島根県パスポートセンターまたは東部県民センター雲南事務所へ。それ以外の地域の場合は居住している市町村の窓口で申請	URL www.pref.shimane.lg.jp トップページ➡くらし➡国際交流・パスポート➡パスポート➡パスポートの取得
岡山県	岡山市パスポート市民サービスコーナー 岡山市北区奉還町2-2-1岡山国際交流センター地下1階 申請：月～金8:30～17:15 受領：月～金8:30～19:00 中区役所、東区役所など5ヵ所でも申請可	住民登録している各市町村の窓口	URL www.pref.okayama.jp トップページ➡くらし・環境・観光➡国際課➡パスポート
広島県	広島県旅券センター 広島市中区基町9-32 広島市水道局基町庁舎1階 申請：月～金9:00～17:00 受領：毎日9:00～17:00（祝日、12/29～1/3を除く）	住民登録している各市町村の窓口	URL www.pref.hiroshima.lg.jp トップページ➡くらし・教育・環境・文化➡パスポートに関することなら➡パスポートのご案内トップページ
山口県	山口市役所市民課パスポート窓口 山口市亀山町2番1号 山口総合支所1階 申請：月～金9:00～17:00 受領：月・水・金9:00～17:00（木～19:00）	山口県内に住民登録があれば県内すべての市町村の窓口で申請可	URL www.pref.yamaguchi.lg.jp トップページ➡くらし・環境➡パスポート
徳島県	徳島県パスポートセンター 徳島市寺島本町西1丁目61(徳島駅ビル6階) 申請：月～金9:00～17:00 受領：月～金・日9:00～17:00	徳島県パスポートセンターのほか、南部総合県民局阿南庁舎および美波庁舎、西部総合県民局美馬庁舎および三好庁舎で申請可	徳島県パスポートセンター URL www.pref.tokushima.lg.jp/passport
香川県	香川県パスポートセンター 高松市サンポート2-1 高松シンボルタワー タワー棟2階 申請・受領：月～木9:00～18:00 金9:00～19:00、日9:00～17:00 (12／29～1／3、毎月第3土曜の翌日曜を除く)	香川県パスポートセンターのほか、さぬき市の東讃県民センター、小豆島の小豆県民センター、観音寺市の西讃県民センター、善通寺の中讃県民センターでも申請可	URL www.pref.kagawa.lg.jp トップページ➡観光・県産品・交流・移住➡国際交流・協力➡パスポートセンター➡パスポートセンター（旅券）申請のご案内
愛媛県	松山市パスポートセンター 松山市宮西1-5-10 フジグラン松山別棟2階 申請・受領：毎日9:00～18:00（12/29～1/3を除く)	住民登録している各市町村の窓口	URL www.pref.ehime.jp トップページ➡仕事・産業・観光➡国際交流・パスポート➡パスポート
高知県	県庁パスポート窓口 高知市丸ノ内1－2－20 申請：月～金8:45～17:00 受領：水8:30～17:15 （金～19:00、日～17:00）	東洋町、津野町に居住の場合はそれぞれの役場へ。それ以外の場合は高知県パスポート窓口のほか、安芸、須崎、幡多のパスポート窓口でも申請可能	URL www.pref.kochi.lg.jp トップページ➡組織から探す➡文化生活スポーツ部➡国際交流課➡パスポートの申請等ご案内
福岡県	福岡県パスポートセンター 福岡県中央区天神1丁目1番1号 アクロス福岡3階 申請：月～金8:45～16:30 受領：月～木・日8:45～17:00 （金～19:00）	福岡県パスポートセンターのほか、北九州、久留米、飯塚の支所でも申請可	URL www.pref.fukuoka.lg.jp トップページ➡くらし・安全・環境➡パスポート➡パスポートに関する手続き➡福岡県パスポートセンター

パスポート
航空券
ホテル
チケット
服装
モバイル
お金
カバン

各都道府県の申請窓口（佐賀県～沖縄県）

	県庁所在地の申請場所	県庁所在地以外に居住の場合	県庁など参考URL
佐賀県	**市民サービスセンター パスポート窓口** 佐賀市白山2-7-1エスプラッツ2階 申請:月・水～金10:00～18:30（火～19:00) 受領:月・水～金10:00～18:30（火～19:00、 日12:00～16:00)	住民登録している各市町村の窓口	URL www.pref.saga.lg.jp トップページ➡観光・文化・スポーツ➡国際交流➡パスポート申請
長崎県	**長崎市消費者センター** 長崎市築町3-18メルカつきまち4階 申請:月～金9:00～17:00 受領:月～金9:00～17:00 （土・日・祝10:00～18:00)	住民登録している各市町村の窓口	URL www.pref.nagasaki.jp トップページ➡分類で探す➡観光・教育・文化➡国際交流・パスポート➡パスポートインフォメーション
熊本県	**中央区役所区民課** 熊本市中央区手取本町1番1号 申請:月～金9:00～16:30 受領:毎日9:00～18:00（年末年始以外） 東区、西区、南区、北区役所でも申請可	住民登録している各市町村の窓口	URL www.pref.kumamoto.jp トップページ➡観光・文化・国際➡国際交流➡パスポート
大分県	**大分市パスポートセンター** 大分市荷揚町2番31号 申請:月～金8:30～17:00 受領:月～金8:30～18:00	住民登録している各市町村の窓口	URL www.pref.oita.jp トップページ➡目的でさがす➡申請・手続き➡地域づくり・国際交流➡パスポートの申請について
宮崎県	**宮崎パスポートセンター** 宮崎市橘通東2-10-1 宮崎県庁本館1階 申請:月～金9:00～17:00 受領:月～金日9:00～17:00	宮崎パスポートセンターのほか、都城、延岡、日南、小林、高鍋の各総合庁舎のパスポート窓口で申請可	URL www.pref.miyazaki.lg.jp トップページ➡観光・文化・交流➡国際交流➡宮崎県パスポートセンター
鹿児島県	**かごしま県民交流センターパスポート窓口** 鹿児島市山下町14-50 申請:月～金9:00～17:00 受領:月～金日8:30～17:00	住民登録している各市町村の窓口。ただし薩摩川内市、三島村、十島村に居住の場合はかごしま県民交流センターまたは薩摩川内市の北薩地域振興局にある県のパスポート窓口へ	URL www.pref.kagoshima.jp トップページ➡一般・県民の方々➡教育・文化・交流➡国際交流・パスポート➡パスポート
沖縄県	**沖縄県旅券センター** 那覇市旭町116-37 沖縄県南部合同庁舎2階 申請:月～金8:45～16:30 受領:月～金8:45～17:00	糸満市、豊見城市に居住の場合は沖縄県旅券センターへ。それ以外の地域に居住の場合は住民票のある各市町村の窓口へ	URL www.pref.okinawa.jp トップページ➡暮らし・環境➡パスポート➡県旅券センター（パスポートの申請)

パスポート

パスポートの受領

　申請時に窓口で渡されるパスポート受領証に交付される日付が記載されているので、それに従い窓口へ。受領には以下のふたつが必要。

①パスポート受領証

②発給手数料　収入印紙（国の手数料）と収入証紙2000円（道府県の手数料）の合計金額で納める。収入印紙の売り場は通常窓口近辺にある。

10年旅券:1万6000円　5年旅券:1万1000円

　（申請時に12歳未満の人は6000円）。

パスポート

パスポートの紛失に備えて

✔ 写真のあるページのカラーコピーをとっておく
✔ 心配な人は戸籍謄本の予備を持参する

海外でのパスポートの紛失・盗難　海外でパスポートを紛失した場合、紛失届けを管轄の日本大使館・領事館に提出し、再発行または、「帰国のための渡航書」を発給してもらう。パスポートの再発行の場合、戸籍謄本が必須。海外では取得できないので、日本にいる家族などに代理で申請してもらい、取得後現地へ送ってもらう。万が一に備えて戸籍謄本のコピーがあると心強い。

補足

パスポート受領は代理でもできる?

パスポートの発給（受領）は、必ず本人でなければならない。たとえ乳児であっても本人を窓口まで連れて行く必要がある。

補足

発給手数料の内訳

	収入印紙	収入証紙	合計
10年旅券	1万4000円	2000円	1万6000円
5年旅券	9000円	2000円	1万1000円
5年旅券 （12歳未満）	4000円	2000円	6000円

東京都、大阪府、広島県、和歌山県（パスポートセンターのみ）での申請は収入証紙ではなく現金で支払う

関連項目

・パスポートを紛失　　P.126

URL

おもな海外旅行保険会社

●損保ジャパン日本興亜
URL www.sjnk.co.jp
●東京海上日動保険
URL www.tokiomarine-nichido.co.jp
●AIG保険
URL www.aig.co.jp/sonpo
●三井住友海上火災保険
URL www.ms-ins.com

補足

海外旅行保険の申し込み先

海外旅行保険は、保険会社の代理店のほか、航空券やツアーを申し込んだ旅行会社の店頭で申し込むことができる。インターネット契約は安くて手軽(→下表)。また、空港の代理店、または自動申し込み機でも手続きできるが、海外旅行保険は、自宅を出発してから空港までのトラブルにも有効なので、空港で申し込むよりも事前手配がおすすめ。

URL

おもな保険比較サイト

●保険市場
URL www.hokende.com
●価格ドットコム保険
URL hoken.kakaku.com/insurance
●保険のクチコミ
URL hoken-kuchikomi.com/travel

補足

カード付帯保険の「落とし穴」

クレジットカードには、海外旅行保険が付帯されているものが多く、保険はこれで十分と考える人もいるだろう。ただし、注意したいのは、疾病死亡補償がない、補償金額が十分でない、複数のカードの傷害死亡補償金額は合算されない、カードによっては旅行代金をクレジットカードで決算しないと対象にならない、などの「落とし穴」もあることだ。自分のカード付帯保険の内容を確認したうえで、「上乗せ補償」として海外旅行保険に加入することをおすすめする。

旅の必要書類

海外旅行保険

- ✔ 特約は基本補償への上乗せオプション
- ✔ コストを省いたインターネット限定プランが人気
- ✔ 緊急連絡先は必ずメモしておく

ケガや病気で現地の病院で治療を受けると、保険に入っていないと高額な医療費を請求されることになる。治療内容によっては数百万円に及ぶ場合も。海外旅行保険は、こうしたトラブルでかかった費用を補償してくれる。

基本補償と特約　疾病死亡や治療費、傷害死亡・後遺障害、携行品損害や賠償責任といった項目がおもな基本補償。

特約はそれにプラスするオプションで、航空機遅延費用や旅行のキャンセル費用などがある。また、基本補償と特約がセットになったパッケージ型の商品もある。

インターネット契約限定プラン　従来の海外旅行保険は、保険料のカテゴリー分けがあまり細かくなく、1週間程度の旅行では割高になることも多かった。インターネット契約限定プランでは、渡航先、日数、年齢などが細分化され、より現実的な保険料が設定されている。従来型に比べると割安なので、契約の主流になってきている。保険証券は送付は別料金のことが多い。

ちなみに損保ジャパン日本興亜の「off!」は『地球の歩き方』ホームページでも紹介している。アクセスは下記へ。

URL **www.arukikata.co.jp/hoken**

トラブルに遭ったら　まずは保険会社の緊急ヘルプデスクやサポートセンターに電話しよう。電話番号は控えておくこと。旅行先の国にサポートセンターがないときは最寄りの国または日本のコールセンターに電話をすることになるので、国際電話の掛け方もチェックすること。また、帰国後の申請に備え、治療や盗難の証明書が必要かどうかについても、出発前に確認しておこう。インターネット契約商品で書類の郵送を希望しない場合でも契約者番号等がわかる画面やメールをプリントアウトしておくと安心だ。

保険の延長　飛行機の遅延や病気の治療等、やむを得ない事情の場合は72時間までの自動延長が認められる場合が多い。しかし、旅程の変更による延長の場合は追加の申し出をしないと期限切れで無効になる。帰国日の決まってない航空券の場合や変更の可能性がある人は、手続きについてあらかじめ確認しておくこと。

インターネット契約限定海外旅行保険（主要5社）

	off!	t@bihoたびほ	ネットde保険@とらべる	たびとも	海外旅行の保険
保険会社	損保ジャパン日本興亜	ジェイアイ傷害火災	三井住友海上	エイチ・エス損保	au損保
URL	URL sompojapan-hoken.net/off/	URL tabiho.jp	URL www.ms-ins.com	URL www.hs-sonpo.co.jp	URL www.au-sonpo.co.jp
ヨーロッパ7日間の保険料例	2870円	2640円	2660円	2760円	2548円
備考	航空機遅延費用（上限2万円）も込み。	18～49歳等、年齢によっても保険料が変動。専用アプリあり。	70歳以上は申し込みできない。リピーター割引が5%。	申し込みは出発時点で69歳まで。	auかんたん決済で支払い可。専用アプリあり。

2019年10月現在の料金目安

パスポート
航空券
ホテル
チケット
服装
モバイル
お金
カバン

クレジットカード

旅の必要書類

海外旅行でメインの支払い方法 海外で多額の現金を持ち歩くのは危険。クレジットカードの普及度や両替のコストを考えるとカードでの支払いをメインとするべき。ATMを利用するキャッシングも便利なので最低でも2枚、できれば3枚以上持っておきたい。

信用を保証する身分証 ホテルのチェックインやレンタカーを借りる際にクレジットカードの提示を求められることが多い。これはクレジットカードを持っていることで支払い能力を担保するという考え方からだ。

国際学生証

旅の必要書類

どこの国にも学割制度はあるが、基本的に自国の学生にしかその特権は認めていない。国際学生証International Student Identity Cardは、それを外国の学生にも適用させたものだ。

国際学生証の特典 国際学生証を見せると、博物館、美術館、史跡、劇場などの入場料が割引または無料になる場合が多い。一部の交通機関で割引となることもある。なお、国際学生証は一般的な身分証明書（IDカード）としても有効だ。ヨーロッパ諸国を巡るなら1枚持っておいて損はない。

国際学生証の取得 全国主要大学の生協（大学生協組合員のみ）やプレイガイド、一部の旅行会社で申し込みが可能。

オンラインでの申請 ISIC Japanのウェブサイト（URL www.isicjapan.jp）から可能。スマホアプリで使うバーチャルカードは1800円。プラスチックカードの追加発行には750円が必要。

国外運転免許証

旅の必要書類

ヨーロッパでレンタカーを運転する人は国外運転免許証International Driver Permitが必要だ。国外運転免許証は住民登録をしている都道府県の公安委員会で即日発行される。

国外運転免許証が有効な国 この制度を利用できるのは、**ジュネーブ条約締結国**。非締結国でもドイツのように2国間の取り決めで利用できる国もあるが、フィンランドなどでは別途運転免許の翻訳が必要になる。締結国以外の国で運転する人は、事前に在日大使館などに問い合わせておこう。なお、現地では日本の運転免許証と国外運転免許証の両方を携帯することになる。

ユースホステル会員証

旅の必要書類

ユースホステル（YH）会員証は世界各地に4000ヵ所以上のYH共通で使用できる。学生でなくても取得でき、年齢制限もない。有効期間は取得した日から1年間。ウェブサイト（URL www.jyh.or.jp）からも申し込みができる。成人パスの場合、登録料は2500円。スマホで提示して使うデジタル会員証なら2000円（即日発行可）。

会員価格で宿泊 ユースホステルは会員証がなくても宿泊することができるが、会員証を提示すると割引料金となる。ウェブサイトで予約した場合も同様に到着時に提示すれば割引が受けられる。

テクニック

即日発行可能なクレジットカード

申し込みには身分証と銀行通帳またはキャッシュカードと銀行印を持参しよう。15:00以降だと即日発行は困難。ウェブサイトから申し込むとスムーズ。

●**セゾンカードインターナショナル**
URL www.saisoncard.co.jp
指定のセゾンカウンターで受領可能。
●**エポスカード**
URL www.eposcard.co.jp
マルイ系デパートで受領できる。
●**アコムACマスターカード**
URL www.acom.co.jp
一部のむじんくん（自動契約機）で受け取ることができる。リボ払い専用カード。

補足

国際学生証取得に必要なもの

URL www.univcoop.or.jp/uct
●**申請書** 各受付のほか、上記のウェブサイトからもダウンロード可能。
●**写真** 縦3.3 cm×横2.8 cm（6ヵ月以内に撮影されたもの）
●**学生証のコピー** 発行から3ヵ月以内の在学証明書でも可。
●**カード代金1800円**
郵送での申し込み（大学生協組合員のみ）
申請書、写真、学生証のコピーに加え、カード代金＋送料の2350円を現金書留に同封し下記宛先に送付。
〒166-0843 東京都新宿区市ヶ谷田町3-24-1 大学生協東京事業連合(2階)第3事業部 国際学生証係り

補足

ジュネーブ条約締結国（ヨーロッパ）

アイスランド、アイルランド、アルバニア、イギリス、イタリア、オーストリア、オランダ、ギリシャ、サンマリノ、スウェーデン、スペイン、スロヴァキア、スロヴェニア、セルビア、チェコ、デンマーク、トルコ、ノルウェー、バチカン、ハンガリー、フィンランド、フランス、ブルガリア、ベルギー、ポーランド、ポルトガル、マルタ、モナコ、モンテネグロ、リトアニア、ルーマニア、ルクセンブルク、ロシア

補足

国外運転免許証申請に必要なもの

●**申請書**
警察署や免許センターなどの窓口にある。
●**現在有効な運転免許証**
原付自転車、小型特殊などの免許は申請不可。
●**パスポート**
ビザ申請中などで手元にない場合はそのコピー。
●**顔写真1枚**
縦50mm×横40mm、無帽無背景で6ヵ月以内に撮影されたもの。
●**手数料 2350円**

フライトの予約

用語

オープンジョー

日本からの到着便と帰国便の乗機地が異なる場合を指す。地図上に航路を描くとアゴ（Jaw）を開けた形になることからオープンジョーと呼ばれている。一度行った街に戻らなくていいので、よりフレキシブルに旅程を立てられる。例えば、日本→ロンドン、パリ→日本というコースなどが考えられるが、この場合、ロンドン〜パリの移動は自己負担ということになる。

ロンドン

パリ

ロンドン〜パリ間の
移動は自己手配

用語

ストップオーバー（途中降機）

目的地へ行く途中で飛行機を降りて24時間以上滞在し、さらに目的地へ向かうこと。帰国便でも同様に途中降機できる。パリで数日過ごし、バルセロナや乗り換え地のソウルやドバイで数日観光し、ヨーロッパへ向かうこともできる。ただし、航空券によっては追加料金がかかることも多い。

航空券を比べる

日本からのルートを決める

エアラインや経由地により現地での滞在時間が変わってくるのでフライトを比較するのはプランニングの第一歩だ。

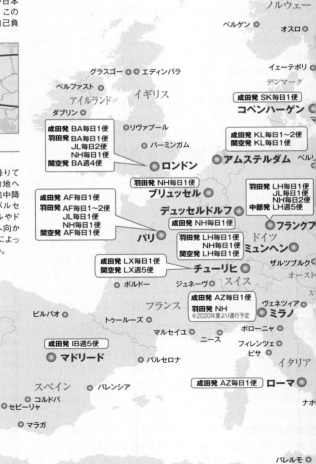

ノルウェー

ベルゲン ○　　オスロ ○

イェーテボリ ○

グラスゴー ○ エディンバラ　　　　　　　デンマーク

ベルファスト ○

アイルランド　　イギリス　　　　　　**成田発 SK毎日1便**

ダブリン ○　　　　　　　　　　　　　　コペンハーゲン ○

成田発 BA毎日1便　　○ リヴァプール　　　　**成田発 KL毎日1〜2便**
羽田発 BA毎日1便　　　　　　　　　　　**関空発 KL毎日1便**
　　　JL毎日2便　　○ バーミンガム
　　　NH毎日1便　　　　　　　　　　　　アムステルダム ○　ベル
関空発 BA週4便　　　　○ ロンドン

羽田発 NH毎日1便　　　　　　　　　　　　**羽田発 LH毎日1便**
　　　　　　　　　ブリュッセル ○　　　　　　　JL毎日1便
成田発 AF毎日1便　　　　　　　　　　　　　　　NH毎日1便
羽田発 AF毎日1〜2便　デュッセルドルフ ○　　中部発 LH週5便
　　　JL毎日1便　　**成田発 NH毎日1便**　　　　　○ フランクフ
　　　NH毎日1便　　　　　　　　　　ドイツ
関空発 AF毎日1便　　　**羽田発 LH毎日1便**
　　　　　　　　　パリ ○　　NH毎日1便　　ミュンヘン ○
　　　　　　　　　　　　関空発 LH毎日1便　　　　　ザルツブルク ○
成田発 LX毎日1便
関空発 LX週5便　　→ チューリヒ ○　　　　　　　　　オースト

　　　　　　　　ジュネーヴ ○　　スイス　　　　　ス

　　　　　　○ ボルドー　　　　　　　　　　　**成田発 AZ毎日1便**
　　　　　　　　　　　フランス　　　　　　**羽田発 NH**　　ヴェネツィア ○
ボルト ○　　　ビルバオ ○　　　　　　　　　　　※2020年夏より運行予定　　　ミラノ ○
　　　　　　　　　　　トゥールーズ ○
　　　　　　　　　　　　　　マルセイユ ○　　　　ボローニャ ○
ポルトガル　　　　　　　　　　　　　　　　ニース　　フィレンツェ ○
　　　　　　　　成田発 IB週5便　　　　　　　　　　　ピサ ○
　　　　　　　　　　　　　　　　　　　　　　　　　　イタリア
○ リスボン　　　　　● マドリード　　　○ バルセロナ

　　　　　　　　スペイン　　○ バレンシア
　　　　　　　　　　　　　　　　　　成田発 AZ毎日1便　ローマ ○
　　　　　　○ コルドバ
　　　　● セビーリャ　　　　　　　　　　　　　　　　　ナ

　　　　　○ マラガ

　　　　　　　　　　　　　　　　　　　　　　　　バレルモ ○

フライト選びのコツ

日本からヨーロッパへ　フライトを決めるに当たって、まずヨーロッパ最初の目的地を決めよう。決め手は**何をしに、どこへ行くか**だ。例えば「イギリスのエディンバラに行きたい」という場合、「直行便がないからロンドン経由」と思いがち。しかしエディンバラ空港にはパリからもアムステルダムからもフライトがある。

ヨーロッパから日本へ　かつて航空券は往復で買うもの＝片道は割高だったが、航空会社のウェブサイトでは**片道ずつ買うように**なっていることも多く、より自由に旅程が組めるようになってきている。航空会社間のアライアンス（提携→P.72）も進み、さらにアライアンスを超えた共同運航便も多く、同一航空会社を利用して帰国する必要もなくなっている。自由度が高いぶん、複雑になっているので、慌てて決めてしまわずに、複数のサイトを検索すること。

最初の一歩はどこがいい？

初めてのヨーロッパなら、次のポイントで到着地を選ぶのも手。
- 空港からタクシーやバスでの移動は心配
  ➡空港アクセスに鉄道がある
- 乗り継ぎ便で夜に到着するのは避けたい
  ➡直行便がある
- 地方へは日帰りで行くつもり
  ➡鉄道などのターミナル都市
- 何かあったら英語で助けてほしい
  ➡英語が通じやすい

結論　ロンドン、フランクフルト、アムステルダム、パリなど

最後の滞在はどこがいい？

帰国日に遠距離を移動するのは列車の遅延や予期せぬ運休を考えると避けたいもの。前日には帰国便が出発する都市に移動しておきたい。だいぶ旅慣れてきたはずだが、空港まで鉄道でアクセスできる都市のほうが安心だ。

結論　上記の到着地のほかミュンヘン、コペンハーゲン、ウィーン、ミラノ、ローマなど

空港の混雑回避

飛行機から降りたとき、目に入る入国審査の長い列にはうんざりするもの。また出国時の手荷物検査が遅々として進まないときもイラっとする。特にシェンゲン協定間だと乗り継ぎなのに入国審査の長い列に並ぶはめになって、乗り継ぎ便に間に合うかハラハラする、というケースもある。入国審査、手荷物検査とも混雑するのはロンドン、イスタンブール。手荷物検査の列がいつも長いのはフランクフルト。こういう都市を避けるのも一案。ちなみに日本語表記があってわかりやすく、空港レイアウトがシンプルで乗り継ぎやすいのはヘルシンキ。

空港使用料に注意

ヨーロッパから帰国するフライトを選ぶときは、航空券に加算される料金にも気を配ろう。空港税、保安料、経由地、地方税、旅客サービス料等々…名称はさまざま。日本便の場合、合計で3000〜5000円程度の加算が標準だが、ロンドンのヒースロー空港の場合は1万円以上加算される（距離や搭乗クラス、レートにより変わる）。空港によっては乗り継ぎだけでも加算されることがあるので、頭に入れておこう。

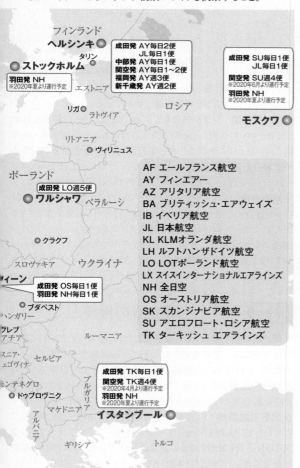

フィンランド
ヘルシンキ
タリン
ストックホルム
羽田発 NH
※2020年夏より運行予定
エストニア

| 成田発 AY毎日2便 |
| 中部発 AY毎日1便 |
| JL毎日1便 |
| 関空発 AY毎日1〜2便 |
| 福岡発 AY週3便 |
| 新千歳発 AY週2便 |

| 成田発 SU毎日1便 |
| JL毎日1便 |
| 関空発 SU週4便 |
| ※2020年6月より運行予定 |
| 羽田発 NH |
| ※2020年夏より運行予定 |

リガ　ラトヴィア　ロシア　**モスクワ**

リトアニア
ヴィリニュス

ポーランド
成田発 LO週5便
ワルシャワ
ベラルーシ

クラクフ
スロヴァキア　ウクライナ

AF	エールフランス航空
AY	フィンエアー
AZ	アリタリア航空
BA	ブリティッシュ・エアウェイズ
IB	イベリア航空
JL	日本航空
KL	KLMオランダ航空
LH	ルフトハンザドイツ航空
LO	LOTポーランド航空
LX	スイスインターナショナルエアラインズ
NH	全日空
OS	オーストリア航空
SK	スカンジナビア航空
SU	アエロフロート・ロシア航空
TK	ターキッシュ エアラインズ

ウィーン
成田発 OS毎日1便
羽田発 NH毎日1便
ブダペスト
ハンガリー
ザグレブ
ボスニア・
ヘルツェゴヴィナ　セルビア　ルーマニア
モンテネグロ
ドゥブロヴニク
マケドニア
アルバニア

| 成田発 TK毎日1便 |
| 関空発 TK週4便 |
| ※2020年4月より運行予定 |
| 羽田発 NH |
| ※2020年夏より運行予定 |

イスタンブール

ギリシア　トルコ

アテネ

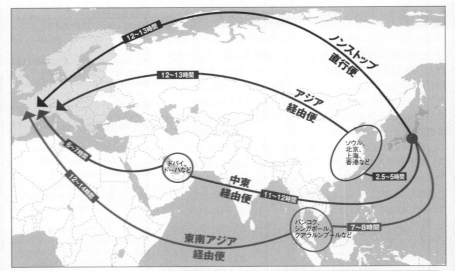

ノンストップ
直行便

アジア
経由便

12~13時間

12~13時間

6~7時間

ソウル、
北京、
上海、
香港など

2.5~5時間

ドバイ、
ドーハなど

中東
経由便

11~12時間

12~14時間

バンコク、
シンガポール、
クアラルンプールなど

7~8時間

東南アジア
経由便

用語
コードシェア（共同運航）便
2社以上の航空会社によって1機の旅客機を共同で運航している便。ワンワールドの場合、日本航空が同じグループであるブリティッシュ・エアウェイズのロンドン発の便を自社便扱いで運航できる。

用語
フリープラン、フリーステイ
格安航空券とホテルがセットになったプラン。現地での行動がすべて自由なので個人旅行者でも利用しやすい。1都市滞在がメインなので、行動範囲はかぎられるが、ホテルと航空券を自分で手配するよりも安くつくことがある。

用語
E-チケット
航空会社のデータベースで管理された航空券情報のこと。プリントアウトをして携行を義務付けている航空会社と、不要とする航空会社がある（パスポートがあれば搭乗手続きができる）。E-チケットが不要でも、お客様控え、または旅程表Itinerary Receiptは持っておいたほうがいい。

用語
正規航空券
フライトの日時やルート、航空会社なども変更可能な正規料金のチケット。季節による値段の変動は少ないが、日本航空のロンドン線の場合、エコノミーフレックスで往復約70万円とものすごく高い。

航空券の
基礎知識

直行便と経由便

ノンストップ直行便　ヨーロッパへのノンストップ直行便は東京とロンドン、パリなどを12時間強で結んでいる。

アジア経由便　ソウルや北京、上海、香港といった都市を経由してヨーロッパへ向かう。乗り換え時間にもよるが16時間～20時間ぐらいかかることが多いが、**地方空港からの便が多いソウルや上海での乗り継ぎなら、日本各地→ソウル（または上海）→ヨーロッパ都市とルートづくりが可能なので、検討の価値はある。**

中東経由便　ドバイやドーハ、アブダビなどの都市を経由する。日本を深夜に出発し、現地には昼頃に到着する効率的なフライトが人気。ヨーロッパへの就航都市もアジアより多い。

東南アジア経由便　バンコク（タイ）やクアラルンプール（マレーシア）など東南アジア経由の場合は、20時間以上かかることが多い。往路と復路で待ち時間が大きく変わり、同日乗り継ぎができないこともある。安いチケットが見つかればお得。

航空券の
基礎知識

航空券の種類

　同じ飛行機の同じクラスに搭乗したとしても、チケット代金には違いがある。正規運賃を最高値に、格安航空券と呼ばれるものまで、その仕組みは複雑。近年は航空会社で直接販売される**正規割引運賃**がグンと安くなっており、旅行会社が独自に割り引く格安航空券との差がほとんどなくなってきている。

正規割引航空券　PEX航空券とも呼ばれ、航空会社が独自に打ち出している割引料金。いくつか種類があるが、**ゾーンペックスZONE PEX**と呼ばれる運賃は各航空会社ごとに独自の価格を設定できる。例えば日本航空では「ダイナミック・セイバー」といった商品名で売り出されている。

　エーペックスAPEX航空券は予約期限と購入期限を限定し、早く予約することでさらに値段を抑えた割引運賃。ゾーンペックスよりもさらに安く、全日空の「エコ割」などの商品名で出している。

格安航空券　パッケージ旅行用の団体割引運賃（IT運賃）を利用した往復航空券。事前の座席指定や便の変更ができなかったりと、安いぶんさまざまな制約がある。マイルの加算率も低く、マイルでのアップグレードもできない。

航空券の基礎知識 FIXとOPEN

　航空券は、いわば「目的地までのフライトの権利」。それだけでは便の指定をしたことにはならない。搭乗便の指定方法により、チケットは**FIX（フィックス）**と**OPEN（オープン）**に分けられる。

短期旅行ならFIX　FIXが「固定」を意味するように、一度発券すると出発日やルートの変更はできないタイプ。手数料を払えば復路の期日を変更できるFIX/OPENという航空券もある。

長期の旅行ならOPEN　オープンチケットとは、搭乗区間だけで便の指定のない航空券。一般的には往路の便を決めて購入し、帰国便をオープンにする。割高だが留学など帰国日の変更がありそうなときに役立つ。なお、ヨーロッパでは入国審査が厳しくなる傾向にあるので、帰国便も決めておき、便の変更で対応するのがおすすめ。

航空券の基礎知識 座席の種類と予約クラス

座席のカテゴリー　航空機には前方より**ファーストクラス（F）**、**ビジネスクラス（C）**、**プレミアムエコノミー（PY）**、**エコノミー（Y）**の座席がある。座席の広さだけでなく、食事の内容、アメニティ、地上ラウンジの使用権利など、クラスによってサービスが異なり、料金も比例してファーストクラスを頂点に、順に安くなる。搭乗券に書かれるのはこのアルファベット。

予約クラス　Eチケットをよく見ると、航空会社や便名のほかに**クラス**という項目があり、アルファベットが1文字書かれている。これは座席（サービス）のカテゴリーではなく、細分化された**航空運賃のクラス**。エコノミークラスだけでもおよそ10以上に分かれている。この記号で、マイルの積算率などが変わる。

用語
IATAペックス

IATAペックス運賃は、国際航空運送協会（IATA＝International Air Transport Association）が設定する全航空会社共通の運賃で、下がったとはいえまだ値段は高い。ゾーンペックス運賃より高いぶん、片道を別の航空会社に変更もできる。ルート選択の幅も広く使い勝手はいい。ただし、発券後は予約の変更はできない。

補足
格安航空券で制約されること

予定していた飛行機が何らかの事情で欠航した場合、ノーマルチケットなら優先的にほかの航空会社の飛行機に変更できるが、格安航空券だと後回しにされる。また、一度購入したら払い戻しもできない。さらに、ルートの変更も不可。ストップオーバーにも制約を受けることが多い。

補足
日本人の客室乗務員はいるの？

基本的に日本発着便なら日本人の客室乗務員が乗務していることが多い。経由便の場合は経由地まで。経由地からヨーロッパまでは日本語での案内は期待できない。ただ、外国の航空会社の場合は、乗務していても日本人客室乗務員の人数が少ないので、座席によってサービスが受けられない確率も高い。現地に行ったら日本語は役に立たないのだから、機内では外国語に慣れるいい機会ととらえよう。

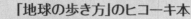
マイルの貯め方から航空業界までよくわかる
「地球の歩き方」のヒコーキ本

定価（本体1300円＋税）

定価（本体1300円＋税）

定価（本体1300円＋税）

定価（本体1200円＋税）

マイレージとアライアンス

補足

マイルの加算率

日本〜ヨーロッパ間は片道1万〜1万5000マイルあるが、チケットの種類や座席クラスにより、加算率が大きく異なる。一般的にマイル加算率はPEX運賃のほうが高く、格安航空券は低い。例えばPEXが飛行距離の70%なら、格安航空券は50%、あるいは0%といった具合。

マイレージ　搭乗区間の距離に応じ、無料航空券の提供や座席のアップグレードなどの特典が受けられるシステムで正式にはフリークエント・フライヤー・プログラム（FFP）という。

アライアンス　航空会社のグループ。スターアライアンス、ワンワールドなどがある。例えばスターアライアンスに加盟の全日空「ANAマイレージクラブ」に加入すれば、ルフトハンザ・ドイツ航空をはじめとする各社のフライトマイルも加算することができる。

主要なアライアンス（航空会社グループ）　❶〜は表の番号

	スターアライアンス URL www.staralliance.com	ワンワールド URL ja.oneworld.com	スカイチーム URL www.skyteam.com
日本	❶ 全日空（NH）	❾ 日本航空（JL）	なし
ヨーロッパ	❷ ルフトハンザ・ドイツ航空（LH） ❸ オーストリア航空（OS） ❹ スイス インターナショナル エアラインズ（LX） ❺ スカンジナビア航空（SK） ❻ ターキッシュ エアラインズ（TK） クロアチア航空（A3） TAP ポルトガル航空（TP）	❿ ブリティッシュ・エアウェイズ（BA） ⓫ イベリア航空（IB） ⓬ フィンエアー（AY） S7航空（S7）	⓯ エールフランス（AF） ⓰ KLMオランダ航空（KL） ⓱ アリタリア-イタリア航空（AZ） ⓲ アエロフロート・ロシア航空（SU） チェコ航空（OK） エア・ヨーロッパ（UX） タロム航空（RO）
アジア 中東	❼ アシアナ航空（OU） ❽ シンガポール航空（SQ） タイ国際航空（TG）	⓭ キャセイパシフィック航空（CX） マレーシア航空（MH） ⓮ カタール航空（QR）	⓳ 大韓航空（KE） チャイナエアライン（CI） 中国東方航空（CZ）
アメリカ オセアニア	ユナイテッド航空（UA） エア・カナダ（AC）	アメリカン航空（AA） カンタス航空（QF）	デルタ航空（DL） アエロメヒコ航空（AM）

※2019年9月現在。記載しているのは航空会社グループの一部です。ほかにも多くの航空会社が参加しています。

❶ スターアライアンス 全日空
URL www.ana.co.jp

日本便就航都市　パリ、ロンドン、フランクフルト、ミュンヘン、デュッセルドルフ、ウィーン、ストックホルム、モスクワ

専用アプリ
iPhone　Android

❷ スターアライアンス ルフトハンザ・ドイツ航空
URL www.lufthansa.com

日本便就航都市
フランクフルト、ミュンヘン

専用アプリ
iPhone　Android

❸ スターアライアンス オーストリア航空
URL www.austrian.com

日本便就航都市
ウィーン

専用アプリ
iPhone　Android

❹ スターアライアンス スイス インターナショナル エアラインズ
URL www.swiss.com

日本便就航都市　チューリヒ

専用アプリ
iPhone　Android

❺ スターアライアンス スカンジナビア航空
URL www.flysas.com

日本便就航都市
コペンハーゲン

専用アプリ
iPhone　Android

❻ スターアライアンス ターキッシュ エアラインズ
URL www.turkishairlines.com

日本便就航都市
イスタンブール

専用アプリ
iPhone　Android

パスポート
航空券
ホテル
チケット
服装
モバイル
お金
カバン

7　スターアライアンス
アシアナ航空
URL flyasiana.com

日本便就航都市
ソウル

専用アプリ
iPhone　　　Android

8　スターアライアンス
シンガポール航空
URL www.singaporeair.com

日本便就航都市
シンガポール

専用アプリ
iPhone　　　Android

9　ワンワールド
日本航空
URL www.jal.co.jp

日本便就航都市
パリ、ロンドン、フランクフルト、マドリード、ヘルシンキ、モスクワ

専用アプリ
iPhone　　　Android

10　ワンワールド
ブリティシュ・エアウェイズ
URL www.britishairways.com

日本便就航都市
ロンドン

専用アプリ
iPhone　　　Android

11　ワンワールド
イベリア航空
URL www.iberia.com/jp

日本便就航都市
マドリード

専用アプリ
iPhone　　　Android

12　ワンワールド
フィンエアー
URL www.finnair.com

日本便就航都市
ヘルシンキ

専用アプリ
iPhone　　　Android

13　ワンワールド
キャセイパシフィック航空
URL www.cathaypacific.com

日本便就航都市
香港

専用アプリ
iPhone　　　Android

14　ワンワールド
カタール航空
URL www.qatarairways.com

日本便就航都市
ドーハ

専用アプリ
iPhone　　　Android

15　スカイチーム
エールフランス
URL www.airfrance.co.jp

日本便就航都市
パリ

専用アプリ
iPhone　　　Android

16　スカイチーム
KLMオランダ航空
URL www.klm.com

日本便就航都市
アムステルダム

専用アプリ
iPhone　　　Android

17　スカイチーム
アリタリア-イタリア航空
URL www.alitalia.com

日本便就航都市
ローマ、ミラノ

専用アプリ
iPhone　　　Android

18　スカイチーム
アエロフロート・ロシア航空
URL www.aeroflot.com/ru-ja

日本便就航都市
モスクワ

専用アプリ
iPhone　　　Android

19　スカイチーム
大韓航空
URL www.koreanair.com

日本便就航都市
ソウルなど

専用アプリ
iPhone　　　Android

　未加盟
エティハド航空
URL www.etihad.com

日本便就航都市
アブダビ

専用アプリ
iPhone　　　Android

　未加盟
エミレーツ航空
URL www.emirates.com

日本便就航都市
ドバイ

専用アプリ
iPhone　　　Android

フライト予約　ウェブサイトでフライト予約

　格安航空券の検索や購入はインターネットが主流。クレジットカードや銀行振込等で支払いを終えるとE-チケット（お客様控え）がメール添付、またはウェブサイト誘導で送られてくる。入国審査等で提示を求められることもあるので必ず印刷しておこう。

格安航空券比較サイト　国内外の航空会社や旅行代理店を一括して比較してくれるサイト。候補が多過ぎるときは航空会社や所要時間等で絞ってみよう。比較サイトから選択した旅行会社や航空会社のサイトに移動したあと、決済となる。

航空会社のサイト　航空会社の直販なので、発券手数料が不要かつ、事前に座席指定が可能な場合が多い。比較サイトでは見つけられない期間限定の激安フライトを見つけられることも。格安航空券よりもマイルが貯まりやすいのもメリット。

キャンセル＆変更　安い航空券ほどキャンセル料が高くなる。また、格安航空券や割引航空券の場合はフライトの変更もできない場合が多いので、日程とフライト選びは慎重に決めよう。

直行便と経由便の比較（パリ往復）
2/7㊎～2/16㊐の約9日間でパリを往復した場合のシミュレーション

直行便（エールフランス航空の場合）

| 2/7 ㊎ | 23:50 | 職場から羽田空港へ 羽田空港から出発 |

✈所要13時間

| 2/8 ㊏ | 4:50 | パリ到着 |

2/9 ㊐
｜
2/14 ㊎　パリ滞在6日間

ほぼ8日間

| 2/15 ㊏ | 23:20 | パリ出発 |

✈所要12時間5分

| 2/16 ㊐ | 19:25 | 羽田空港到着 |

経由便（アエロフロートの場合）

| 2/7 ㊎ | | 旅行の準備。または成田空港で前泊 |

| 2/8 ㊏ | 13:20 | 成田空港出発 |

✈所要10時間15分

| | 17:35 | モスクワ空港到着 |

☕待ち合わせ2時間50分　乗り継ぎ

| | 20:25 | モスクワ空港出発 |

✈所要4時間5分

| | 22:30 | パリ到着 |

2/9 ㊐～2/14 ㊎　パリ滞在6日間

| 2/15 ㊏ | 11:45 | パリ出発 |

✈所要3時間55分

| | 17:40 | モスクワ空港到着 |

☕待ち合わせ1時間25分　乗り継ぎ

| | 19:55 | モスクワ空港出発 |

✈所要9時間25分

| 2/16 ㊐ | 11:20 | 成田空港到着 |

航空会社ウェブサイト：14万8510円
比較サイト：14万7760円～15万7160円

航空券の料金差
�高 約3万5000円 ㊎安

航空会社ウェブサイト：11万3910円
比較サイト：10万3520円～10万8800円

約25時間
㊋早

総移動時間の差
7.5時間

約32.5時間（待ち時間含む）
㊙遅

7日＋18.5時間
（186.5時間）
㊑長

現地滞在時間の差
29時間

6日＋約13.5時間
（157.5時間）
㊛短

ま　羽田発の直行便は高いが、時間を有効に使える　前日の深夜便に乗れるので、現地滞在時間が長い。オフシーズ
と　ンはまだ値段が手頃だが、夏期は30万円以上することもあり、その差は倍近くになることも。
め　経由便は待ち時間に差がある　モスクワやドーハは2～4時間の待ち時間のことが多いが、東南アジア経由の場合
　　6時間以上待つこともある。

2019年9月に予約した場合の料金目安

パスポート
航空券
ホテル
チケット
服装
モバイル
お金
カバン

フライト予約

旅行会社で予約

プロに相談しながら選べる 店舗をもっている旅行代理店なら旅のプロがデスクで相談に乗ってくれるので安心。**旅行初心者にはおすすめ**だ。ほかに、ホテルや鉄道パス、海外旅行保険、現地発着ツアーといったものも**一緒に手配できる**ところも心強い。

　旅行会社のなかにはクルーズやトレッキングなど専門性の強いところもある。アルプストレッキングや新婚旅行など専門性の高い旅を相談するメリットは大きい。

URL

格安航空券に強いおもな旅行会社
- アルキカタドットコム
  URL www.arukikata.com
- スカイチケット
  URL skyticket.jp
- H.I.S.
  URL www.his-j.com
- フレックス・インターナショナル
  URL www.flex-inter.co.jp
- ena（イーナ）
  URL www.ena.travel

航空関連　知っておきたい専門用語

【イン・アウト】 *in out* 到着地、出発地のこと。経由があっても乗り継ぎであれば最終目的地、最初の出発地を指す。「ロンドンin、パリoutで探してください」などと言うとかっこいい。

【オーバーブッキング】 *Overbooking* 過剰予約の意。航空会社がキャンセルを見越して実際の定員数よりも多くの予約を受け付けること。実際に起こった場合は乗客のなかから次の便でもよいという人を募り、対価として座席のアップグレード、現金やマイルの支給等が行われる。

【オンライン・チェックイン】 *Online Check-in* 航空会社のウェブサイトでチェックインし、搭乗券の発券を行うこと。機内預け荷物がなければカウンターに立ち寄らずに保安検査へ進める。可能になるタイミングは航空会社で大きく異なる。

【機材・航空機材】 *Flight Equipment* 航空機のこと。「使用機材の到着遅れによる遅延」という表現は折り返しの便が遅れて到着するため、出発が遅れるという意味。

【機内持ち込み手荷物】 *Hand Luggage* 機内に持ち込む荷物。荷物の3辺（タテ＋ヨコ＋高さ）の合計が115cm以内で重さ（航空会社によって異なる）8〜10kg以内のもの。液体等細かい規定は→P.86

【受託手荷物】 *Check-in Baggage* 航空会社のチェックインカウンターで預ける大きな荷物。航空会社によって無料で預けられる規定（無料手荷物許容量）が異なるが、多くの場合エコノミークラスで最大23kg、大きさがタテ＋ヨコ＋高さの合計が158cm以内。超過すると別料金を取られる。

【スルー・チェックイン】 *Through Check-in* 経由便の場合、出発地の空港で経由地〜最終目的地の便のチェックインも同時に済ませること。乗り継ぎ便が同じ航空会社、または提携航空会社であることが原則。

【セルフ・チェックイン】 *Self Check-in* 空港内の端末機（自動チェックイン機）で搭乗手続きを行うこと。予約番号が記されたE-チケットやQRコード、パスポートを用意しておこう。

【チェックイン】 *Check-in* 航空会社のカウンターで搭乗券を受け取るために手続きすること。一般的に出発3時間前から1時間前まで受け付けている。

【2レター、3レター】 *2 Letter / 3 Letter Code* 世界中の航空会社は国際航空運送協会（IATA）により、2文字（2レター）のコードが割り当てられる。P.72の表で使っているのも同じコード。空港での出発便案内などにも使われるので利用航空会社は覚えておくといい。

　3文字（3レター）で表されるのは空港名。機内預け荷物のタグに書かれているのがこのコードだ。もうひとつ、複数の空港をもつ都市を利用するなら、都市コードも覚えておくと便利。成田NRT発でも羽田HND発でもよい場合、東京TYOで検索すると、両方のフライトが出てくる。また、ロンドンLDN（ヒースローLHR、ガトウィックLGW、シティLCY、スタンステッドSTN）などが該当する。

【トランジット】 *Transit* 目的地に到着する前に他の空港に立ち寄ること。出発までは機内で待つ場合や機内から出て空港内のトランジット待合いスペースで待つ場合がある。また、下記のトランスファー（乗り換え）の意味で、当日乗り換えなど短時間の場合に使われることが多い。

【トランスファー】 *Transfer* 経由地で別の飛行機に乗り換えること。航空会社が異なる場合は荷物を受け取って再度チェックインする必要があるので、時間に余裕をもっておきたい。

【燃油サーチャージ】 *Fuel Surcharge* 航空機の燃油価格の一部を乗客が負担する追加運賃。航空会社によって異なるがヨーロッパの場合2万〜2万5000円前後（2019年10月現在）。

【発券】 *Ticket Issue* 実際に紙を印刷して航空券を発行するわけではないが、予約したフライトの代金を支払い、売買契約が成立すること。以降はキャンセル料が発生する。

【予約】 *Book Flight* ウェブサイトなどでフライトを確保すること。その後期限内に代金を支払わないと、予約がキャンセルされる。支払い方法にコンビニ払いや銀行振込を選んだ場合も相当する。

【ロスト・バゲージ】 *Lost Baggage* 空港で預けた荷物が遅延したり、紛失すること。万一紛失した場合は航空会社のスタッフにクレームタグ（→P.114）を見せ、当座の現金（6000円前後）を支給してもらえる。海外旅行保険で航空機寄託手荷物遅延特約を付けておくとさらに安心。

ホテルの基礎知識と予約

関連項目

日本にも、ホテル、旅館、ペンション、国民宿舎など、宿泊施設にいろいろな種類があるように、ヨーロッパの国々にもいろいろなタイプの宿があり、料金もピンからキリまで。旅の予算とスタイルに合わせて宿を選ぼう。

ホテルの種類と設備の目安

	ホステル、ユースホステル	安いホテル（エコノミー）★／★★	中級ホテル（スタンダード）★★／★★★	高級ホテル（スーペリア）★★★★／★★★★★
規模・概要	ドミトリー（相部屋）は4〜10人部屋など。ビルまるごとの大型ホステルもある。	30室前後の小規模なホテルが多い。	チェーン系ホテルから地元資本まで規模や設備の幅が広いクラス。	大手国際チェーンのほか伝統や格式のある名門ホテルなど。
バスルーム	共同シャワー 共同トイレ	シャワー トイレ 共同の場合もある	シャワー トイレ	シャワー＆バスタブ トイレ 独立シャワーキャビンの場合もある
室内設備	ドミトリー（相部屋）の場合、個人用ロッカーや電源等を備えるところも多い。	テレビ	テレビ ミニ冷蔵庫	テレビ ミニ冷蔵庫 セーフティボックス
アメニティ	希望者にタオル、石鹸を無料で支給するところもある。	石鹸 シャンプー バスタオル	石鹸 シャンプー バスタオル ボディシャンプー	石鹸 シャンプー バスタオル ボディシャンプー
館内設備	共用キッチン テレビルーム	小規模の場合はエレベーターなどはない。フロントにスタッフが常駐していない場合もある。	エレベーター フロント常駐 ランドリーサービス	エレベーター フロント常駐 スパ、プール コンシェルジュ ランドリー
朝食	別料金で館内のカフェで朝食を出すことが多い。	朝食サロン	ビュッフェ式	ビュッフェ式
飲食施設	カフェやバーなどを併設しており、軽食を出していることも。夜はうるさいことも。	食事の提供は朝食のみのことが多い。	カフェ＆バー レストラン	カフェ バー コース料理 アラカルト
その他の呼称 営業形態	YMCA YWCA	B&B（イギリス他） イン（イギリス他） シャンブルドット（フランス） ペンション（ドイツ） オスタル（スペイン）	サービスアパートメント ブティック・ホテル レジデンス	オーベルジュ シャトーホテル 古城ホテル マナーハウス（イギリス）

ホテルの種類

パスポート
航空券
ホテル
チケット
服装
モバイル
お金
カバン

ユースホステル
Youthhostel（英）
Auberge de jeunesse（仏）
Jugendherberge（独）
Albergue Juvenil（スペイン語）

国際ユースホステル連盟（IYHF）加盟のホステル。ユースホステル会員証（P.67）がなくても宿泊できるが提示すると会員割引が受けられる。ドイツの一部では年齢制限がある。
●IYHF Hostelling International
URL www.hihostels.com

YMCA YWCA
キリスト教系青年団体が運営するホテル。ヨーロッパ主要都市にあるが数は多くない。YWCAは女性専用。

B&B
（ベッド＆ブレックファスト）
イギリス アイルランド

朝食付きの宿。部屋数は概して10室以下と少ないのですぐに満室になってしまうのが難点。もとは家族経営の比較的安いこぢんまりとした宿が多かったが、近年は必ずしもそうではない。

シャンブルドット
Chambre d'hôte
フランス

フランスのB&B。料金に朝食が含まれることが多い。看板を出して営業しているところは少なく、ジット・ド・フランスなど紹介センターやウェブサイトを通じて予約する。
●ジット・ド・フランス
URL www.gites-de-france.fr

オスタル Hostal
スペイン

スペインの安宿で、1～2つ星ホテルに相当する。レストランがないので朝食サービスはないことが多い。

ペンション
Pension（英、独）Penzione（伊）
Pensão（ポルトガル語）

もとは下宿の意味合いで、都市に多い安宿。日本の観光地にあるペンションとはまったく意味合いが違う。ビルの1フロアなどで営業していることが多い。朝食程度は出すが、飲食施設はないことが多い。

プチホテル Petit Hotel
小規模でインテリアや食事にオーナーのこだわりが感じられるホテル。日本で使われるカテゴリーで、ヨーロッパでは通じない。

イン Inn
イギリス アイルランド

下階がパブで上階に数室の客室があるいわゆる旅籠。イギリスやアイルランド等で広く見られる。お酒を楽しんだあとにすぐに寝られる利点があるが、階下の騒音が気になることも。

オーベルジュ Auberge
フランス ベルギー

宿泊施設を備えたレストラン。おもに郊外や地方にある。料理自慢で客室にもこだわりがある。

ガストホーフ Gasthof
ドイツ オーストリア

1階が居酒屋やレストランで上階に客室がある。郷土料理が食べられて、部屋の内装もかわいらしいことが多く観光客に人気。

アルベルゴ Albergo
イタリア

レストランを併設するイタリアのホテル。フランスのオーベルジュとは違い、町の中にもある。

アパートメントホテル
Apartment Hotel

キッチン付きで自炊ができるので、暮らすように宿泊できるのが魅力。電気コンロしかないところから、食器や基本調味料まで揃えているところまで設備はまちまち。ベッドルームのほかにダイニングやリビングなど部屋が広いのが利点。ベッドルームがいくつかあるようなホテルは家族旅行にもぴったり。

サービス・アパートメント
Serviced Apartment

フロントのほか、ランドリーや部屋の掃除といったホテルのサービスも付随したアパートメントホテル。充実した共有スペースがあることも多い。

コンドミニアム
Condominium

ハワイなどリゾート地で見られる。もとは分譲型のリゾートマンションを旅行者に貸し出す形式。別荘に滞在する感覚で過ごせる。

アグリトゥリズモ
Agriturismo
イタリア

農閑期に農家の部屋を旅行者に提供する、イタリア発祥のファームステイ。新鮮な地元食材を使った料理が楽しめるほか、農作業体験ができることも。都市部からは離れているのでレンタカーなどの手段が必要。

スパ・リゾート
Spa Resort

日本のように天然温泉が湧き出ていることはまれだが、室内外の各種プールやいろいろなセラピーができるスパ施設を備えたホテル。

ブティック・ホテル
Boutique Hotel

デザイナーズ・ホテルとも呼ばれる。テーマ性のあるインテリアや建築にこだわったホテルで、おもに都市部に多く見られる。一般的に客室数はそれほど多くはない。日本語で使われるブティック・ホテルとの関連性はない。

古城ホテル
Castle Hotel（英）
Châteaux-hôtel（仏）
Schlosshotel（独）

中世の雰囲気を今に伝える由緒ある古城や宮殿を改装したホテル。おもにドイツやフランスなどに多い。貴族の館や修道院を改修したホテルもこのカテゴリーに入ることがある。

マナーハウス
Mannerhouse
イギリス アイルランド

かつての領主の館を改築したホテル。カントリーサイドに多い。広大な敷地を有しているところも多く、ゴルフ場が併設されているところもある。

パラドール Parador
スペイン

古城や修道院を改修したホテルでスペインに90ヵ所以上ある。特に世界遺産を間近に眺められるトレドやグラナダのパラドールが人気。
●パラドール
URL www.parador.es

	6月	7月	8月	9月	10月	11月	12月	1月	2月	3月	4月	5月
	トップ		ハイ	ショルダー		ロー				ショルダー	ハイ	
一般的ヨーロッパ	基本的には料金の上がる時期。パリなど都市部はそれほど混雑しない。			紅葉シーズン		11月下旬からクリスマスマーケットが始まり、1月上旬まで町のイルミネーションが輝く。オペラやコンサートのシーズン。				イースター休暇とともに観光シーズン到来！		
北欧	日も長く観光に適している。					オーロラのシーズン						
海辺リゾート	バカンスで長期滞在する人も多く、リゾート地はホテルの予約が取りにくく、値段もピークに。											
山岳リゾート	高山植物が咲き揃うシーズンは混雑し料金が上がる。				紅葉の見頃	スキーシーズンは料金が上がる。1週間以上の滞在を求めるホテルも多い。						
	夏至					冬至				イースター		
	6月	7月	8月	9月	10月	11月	12月	1月	2月	3月	4月	5月

ホテルの料金が高いと思ったら

ホテル検索サイトで、宿泊希望の日に空室が極端に少ない場合、また高過ぎると感じた場合は、数週間ずらした日を検索してみよう。料金に開きがあれば何かイベントがあるかもしれない。

ツインルームは少ない

ヨーロッパではダブルベッドの部屋が多く、ツインルームを希望してもダブルをあてがわれることがある。

中級ホテルのレベル

大手資本のチェーンホテルはだいたいの設備がわかるが、中〜4つ星ホテルの場合は料金に見合ったレベルが心配になるもの。予約サイトも参考になるが、旅行会社のサイトで「ツアーで使用予定ホテル」のランクを調べるのも手。各社独自のランク分けだが、日本人の利用を前提としているためある程度信頼できる。

ホテルの料金　料金が上がるイベント開催時

イベント時の料金　ヴェネツィアのカーニバル、ミュンヘンのオクトーバーフェストなど人気のイベント時はホテル代が高騰する。イベント目的なら周辺の町での宿泊なども選択肢に入れたい。できるだけ早く手配することも大切だ。また、ドイツでは**メッセ**と呼ばれる**国際見本市**が各地で行われ、このときも料金が高騰する。ビジネスイベントやファッションショーなどにも注意。

ホテルの料金　料金と優先順位

料金を左右する要素　ホテルの料金はさまざまな要素で決まる。まず**ホテル自体の格**。さらに**ロケーション**。パリの場合、シャンゼリゼから徒歩圏内、朝早い列車なのでモンパルナス駅の近く、エッフェル塔が見えるホテル……などなど、いろいろな希望があるはずだ。自分の旅のスタイルに合わせて慎重に検討したい。

部屋による料金の違い　ヨーロッパの宿泊施設のなかには、古い建物を利用したものも多く、部屋によって広さや眺めが違う。ウェブ予約の際に英語で「上階希望」「静かな部屋」「眺めがいい部屋」などリクエストを書き足しておくと、可能な限り配慮してくれる。

おもな都市の料金比較（大手チェーンホテル）

ロンドン	約2万4000円	ヒルトン・ロンドン・パディントン
パリ	約2万	メルキュール・パリ・オペラ・ルーヴル
ベルリン	約2万	ヒルトン・ベルリン
ウィーン	約1万5000円	ヒルトン・ウィーン
プラハ	約1万8000円	ヒルトン・プラハ
マドリード	約1万6000円	メルキュール・マドリード・セントロ
バルセロナ	約2万8000円	メリディアン・バルセロナ
ローマ	約1万4000円	メルキュール・チェントロ・コロッセオ
ミラノ	約1万9000円	ヒルトン・ミラノ
ヘルシンキ	約1万6000円	ヒルトン・ヘルシンキ・ストランド

2019年9月に2020年2月の平日1泊を予約した場合の最低料金の目安

ホテル予約

おもなホテル予約サイト

予約サイトで検索 ホテル予約サイトを通して予約するのが簡単かつ安心。部屋の広さや設備もわかるほか、口コミを見ながら選べる。予約ができたら確認画面をプリントアウトしたり、スマートホンにダウンロードすると手続きがスムーズになる。また、キャンセルの手続きも容易。

支払いと制約に注意 安いプランの場合はクレジットカードによる前払いのみ、または返金不可といった条件が付く。またポイントを使って支払いに充てる場合も先払い限定のことが多い。

エクスペディアの検索結果表示の画面

補足

スマートホン用専用アプリ

アカウントを作ってクレジットカード番号などを登録しておけば、ログインや情報入力の手間が省けて便利。宿泊日の変更といった手続きも簡単。

おもなホテル予約サイト

	エクスペディア	ブッキングドットコム	ホテルズドットコム	アゴダ
URL	URL www.expedia.co.jp	URL www.booking.com	URL www.hotels.com	URL www.agoda.jp
支払い	支払いオプションでホテル到着後に現地通貨での後払いも選択可能	後払いが一般的だが、ホテルや宿泊プランによっては先払いの場合もある	事前払いと現地払いが選べるほかデポジットを払い、残りを現地払いという方法も可能	事前払いが原則的だがホテルによっては後払いが可能
ポイント	利用料金に応じてポイントが貯まり、宿泊の割引や航空券購入に使える	ポイントやクーポンといったプログラムはないが上級会員のGenius(ジーニアス)限定のプランがある	ポイントプログラムはないが、対象ホテルに10泊すると1泊無料になるロイヤリティプログラムがある	ポイントマックスという特典プログラムがあり、提携する航空会社のマイルが貯まる
コールセンター	TEL(03)6362-8013 24時間年中無休	TEL(03)6743-6650 24時間年中無休	TEL(03)6743-8545 24時間年中無休	TEL(03)5767-9333 9:00〜21:45年中無休
専用スマホアプリ	iPhone Android 	iPhone Android 	iPhone Android 	iPhone Android 

専用アプリを使った予約サイトの流れ　ブッキングドットコムの例

場所、日付、人数を入力 ➡	料金や立地で絞り込む ➡	ホテルを選ぶ ➡	客室を選ぶ ➡	確認&支払い ➡	予約完了

小さな町はカタカナではなくアルファベットで入力

多くのホテルが表示されるので、好みの条件で絞る

気に入ったホテルがなければ再度条件を変えて検索

設備を確認し、泊まりたい客室とプランを選択

内容を確認したら個人情報入力&支払い画面へ

予約確認書が届いたら予約完了。管理画面に出ている

URL

おもなホテル予約比較サイト
- ●トリバゴ
  URL www.trivago.jp
- ●ホテルズコンバインド
  URL www.hotelscombined.jp
- ●カヤック
  URL www.kayak.co.jp
- ●トラベルコ
  URL www.tour.ne.jp/w_hotel

補足

現地払いは為替変動に注意！

海外ホテルの料金が日本円で表示されている場合、その日の為替レートで換算されている。そのため為替レートの変動により予約時の料金と現地での支払い時の料金が異なってくる場合があるので、現地通貨での料金も必ず確認しておこう。

ホテルのサイトから直接予約 ホテル予約サイトを通じて予約が成立すると、ホテル側からホテル予約サイトに1割程度の手数料が支払われる。そのため、ホテルのサイトから直接予約すると予約サイトよりも安い料金で泊まれることがある。

ホテル予約比較サイト いくつかのホテル予約サイトを比較しなくても、代表的な予約サイトやチェーン系ホテルのサイトを一括比較し、最もお得な宿泊プランを表示してくれる。1泊1000円以上差がつくことも多い。

ホテル予約 インターネット予約での支払い

全額前払 予約時にクレジットカードで全額決済する。格安プランや限定プランなどは前払いのことが多い。

デポジット＆現地払い 予約時に一定の料金を保証金として決済し、残りの料金を現地で支払うシステム。

現地払い チェックインまたはチェックアウトのときに宿泊料金の全額を支払う。飲食やスパ施設などホテルで受けたサービスを部屋付けにしている場合は追加分をチェックアウト時に支払う。

ホテル関連　知っておきたい専門用語

【コンシェルジュ】 *Concierge* 宿泊客のためにレストランの予約や劇場の座席予約、観光相談等などさまざまな手配やアドバイスをしてくれるサービスカウンセラー。

【コンプリメンタリー】 *Complimentary* コンプリメンタリー・ブレックファストは朝食無料というように使う。客室に置かれているミネラルウオーターにComplimentaryと表示されていれば無料。

【シェアード・バス】 *Shared Bath* 共同バス、またはシャワールーム。ホステルや安い宿等に多い。ビーチサンダルがあると便利。

【シングル・サプルメント】 *Single Supplement* 1人部屋追加料金。ホテルの料金は基本的に2人部屋で設定されている。ツインやダブルの部屋を1人で使う（シングルユース）ときに加算される追加料金。

【セーフティ・ボックス】 *Safety Box* 貴重品やノートPCを入れておく小型の金庫。単にセーフとも。客室内ではクローゼットの中にあることが多い。フロントで管理するホテルもある。

【セルフケータリング】 *Self Catering* 自炊を意味するが、キッチン付きのアパートメントホテルのことも指す。

【ドミトリー】 *Dormitory* ホステル等によくある相部屋。2段ベッドがいくつかある部屋が多く、ベッド数が多いほど安くなる。男女混合や女性専用などに分かれている。ドーム・ルームDorm Roomと呼ぶこともある。

【ハーフ・ボード】 *Half Board* 宿泊料金のなかに2食分が含まれている宿泊プラン。2食とは朝食と夕食を指すことが多い。

【フル・ボード】 *Full Board* 宿泊料金のなかに3食（朝食・昼食・夕食）分が含まれている宿泊プラン。リゾート地のホテル等、滞在型のホテルや料理自慢のホテルに多い。

【ホテル・バウチャー】 *Hotel Voucher* ホテルの宿泊予約確認書または利用券。インターネット予約では支払いが終了するとメール添付またはウェブ上に表示されたバウチャーを印刷し、ホテルに持参する。

【デポジット】 *Deposit* チェックアウトのときに支払い不能になるリスクを回避するためにホテル側が確保しておく預り金。多くの場合はチェックインのときにフロントでクレジットカードを提示するだけでよい。

【ドント・ディスターブ】 *Don't Disturb* ドアノブにかけておくカードで、「起こさないでください」の意。これを掛けておくとルームメイドが掃除に入ってくることはない。

【ノー・ショー】 *No Show* 部屋を予約しているにもかかわらず、一定のキャンセルをしないでホテルに現れないこと。違約金、または予約金やデポジットの料金がカード会社から引き落とされることが多い。

【ミニマム・ステイ】 *Minimum Stay* 最低でも泊まらないと予約できない宿泊日数のこと。週末（金・土曜）は2泊以上という設定をしているホテルも多い。

【ルーム・レート】 *Room Rate* 客室1室当たりの料金。食事や税金、サービス料などは含まれない。正規客室料金はラックレートRack Rateという。

パスポート

航空券

ホテル

チケット

服装

モバイル

お金

カバン

民泊　Airbnb（エアビーアンドビー）

Room in a very
comfortable apartment
¥4937 / 1泊
★★★★★ スーパーホスト

Airbnbのアプリでパリの
物件を検索した例

ホストとゲストは対等　Airbnbは世界中で展開している民泊仲介サービス。ホスト（空き部屋を貸したい人）とゲスト（宿泊したい人）を結んでいる。

世界的に見てもロンドンやパリは物件数がダントツに多く、その数は5万軒以上。特徴はホストに宿泊可否の判断が委ねられる点。ホストが宿泊者がふさわしくないと判断した場合は断られることもある。

ホストとのやりとり　基本的にホストとのやりとりは英語で行う。宿泊したい日付、人数等簡単な表現さえできれば問題ないので特に構える必要はない。ホストも慣れているので簡潔な英語で返信してくれる場合が多い。

シェアルーム　他の旅行者やホストと部屋を共同で使用するタイプでいちばん安いカテゴリー。プライベート空間はないが、現地に溶け込みながら旅したい人におすすめ。

個室　一軒家や大きなマンションの1室を提供しているタイプ。ある程度のプライベートがある。トイレやバスルーム、リビングは他の旅行者やホストと共用。

まるまる貸切　一軒家やアパートなどを丸ごと使用できる。寝室が複数あるので何人かで旅行する場合におすすめ。

民泊　カウチサーフィン

無料で宿泊できる　登録されたホストが無料で旅行者をもてなすことができる交流サイト。カウチ（ソファ）ではなく、ちゃんとベッドを用意してくれる場合も多い。

語学力が必要　ホストとの会話やコミュニケーションでそれなりの語学力が必要になる。公式サイトやアプリも基本的に英語。

トラブルは自己責任　無料のはずなのにお金を要求された、過剰なスキンシップ等トラブルを避けるためにもホスト選びは慎重に。

テクニック

Airbnb利用の流れ

①アカウント作成
名前、電話番号、メールアドレスを登録。プロフィール写真や自己紹介も詳しく書かれているとホストに好印象。

②物件検索
立地条件のほか、部屋のタイプやベッドの数、設備やホストの可能言語などで絞り込む。

③ホストにあいさつ＆支払い
物件のハウスルール（門限、禁煙等）を確認し、ホストにあいさつの文章を書く。ホストが宿泊を承認すれば予約完了。その後クレジットカードでの支払いをする。支払いはAirbnb経由なので宿泊先でホストとお金のやりとりをすることはない。

④カギの受け渡し
チェックインやカギの受け渡しはホストとメールやSNS等でやりとりする。番号式のロックの場合もメッセージで知らされることが多い。

Column　　予約なしで現地でホテルを見つける

ホテル街の見つけ方　ホテルが多いエリアは宿泊客の需要が確実に見込める場所。
● **旅行者が多いターミナル駅の近く**
　パリ北駅、ロンドン・パディントン駅、
　マドリッド・アトーチャ駅、ローマ・テルミニ駅
　ミラノ中央駅、プラハ本駅
● **ビジネスマンが多い見本市会場周辺**
　フランクフルト、ミラノ等

大きな駅へ行く　大都市のターミナル駅にはホテル予約専門の窓口があることも多い。手数料がかかるが、希望を伝えればホテルを見つけてくれる。

観光案内所へ行く　町の広場付近やターミナル駅にある観光案内所ではホテルの紹介をしてくれることもある。予約代行サービスはやっていなくてもホテルリストやパンフレットは置いている。

チケットの手配

博物館や宮殿といった人気の見どころも旅程がわかっているならチケットを予約すると長い行列に並ばなくて済む。

また、ミュージカルやコンサート、サッカーの試合といったイベントを目的にして行くなら、予約してから行くのが安心。

チケット　人気の見どころ入場券

✔ 有名観光地は長い行列ができていることが多い
✔ ウェブサイトで予約するのが効率的

並ばずに済む　人気観光地の美術館や宮殿は**朝の開場前から長い行列**ができていて、見学まで1〜2時間待ちということも。訪れる日程が決まっているならウェブサイトで予約しよう。予約済みの列は空いていることが多い。

予約しないと入れない見どころ　人数制限があり、当日に行っても訪問可能人数に空きがない限り入場できない見どころもある。代表的なのはイタリアのミラノにある『最後の晩餐』で知られるサンタ・マリア・デッレ・グラツィエ修道院やピサの斜塔など。

チケット　スポーツやイベントの予約

公式サイトで予約　イベントやスポーツは主催者やホームチームの公式サイトをまずチェックしよう。劇場のプログラムも公式サイトで検索できる。

主要な予約サイト　チケットマスターなどの総合チケット予約サイトでは音楽イベントのほか、各種スポーツなどヨーロッパの主要イベントのチケットを取り扱っている。

観戦ツアーに参加　ヨーロッパで人気のサッカーやラグビーは、大きな試合になると、なかなかチケットが取れない。最後の手段として、値段は高いが観戦ツアーに参加するという方法もある。

チケット　アクティビティの手配

日本語ツアー　現地で申し込む日帰りツアーやエクスカーションのなかには、予約をしたほうがいいものがある。特に**日本語ガイドのツアーは、英語に比べて数が少ない**ので、日本人観光客が増えるゴールデンウィーク期間などは早めの手配が必要だ。

テーマパークやアトラクション　ハリー・ポッターの撮影にちなんだロンドンのワーナー・ブラザーズ・スタジオ・ツアーなど、ウェブサイトで予約が必須のテーマパークが増えてきている。現地発着の1日または半日ツアーでも取り扱っていることが多い。

お祭り・イベント

3月
3/17 セント・パトリックス・デイ (アイルランド)
アイルランドの守護聖人聖パトリックの祭り。首都の
ダブリンでは大規模なパレードが行われる。

4月
4/12 (2020年) イースター (各地)
※1週間は聖週間といい、各地で催しが行われる

4/28〜5/3 (2020年)
セビーリャの春祭り (スペイン セビーリャ)
URL feriadesevilla.andalunet.com

5月
5/12〜23 (2020年)
カンヌ国際映画祭 (仏 カンヌ)
URL www.festival-cannes.com

5/19〜23 (2020年)
チェルシー・フラワー・ショー (英 ロンドン)
URL www.rhs.org.uk

6月
6/21
音楽の祭典 (仏 各地)
URL fetedelamusique.culture.gouv.fr

7月
7/6〜15 サン・フェルミン祭
(牛追い祭り スペイン パンプローナ)
URL www.sanfermin.com

7/3〜22 (2020年)
アヴィニョン演劇祭
(仏 アヴィニョン) URL www.festival-avignon.com

7/14 革命記念日 (仏 パリ)

7/19〜8/31 (2020年)
ザルツブルク音楽祭
(オーストリア ザルツブルク)
URL www.salzburgerfestspiele.at

8月
8/7〜31 (2020年)
エディンバラ国際フェスティバル
(英 エディンバラ) URL www.eif.co.uk

8/26 (2020年)
トマト祭り (スペイン ブニョール)
URL www.tomatina.es

9月
9/19〜10/4 (2020年)
オクトーバーフェスト (独 ミュンヘン)
URL www.oktoberfest.de

10月
10/31 ハロウィン (各地)

11月

12月
クリスマスマーケット (各地)

1月
1/6
公現祭 (各地)

2月
春のカーニバル (各地)
ヴェネツィアのカーニバルを皮切りに5月初めまでイベ
ントがめじろ押し。各地で春の到来を祝う

スポーツ

4/26 (2020年)
ロンドン・マラソン (英 ロンドン)
URL www.virginmoneylondonmarathon.com

5/21〜24 (2020年)
F1モナコGP (モナコ)
URL www.mrc-monaco.com

5/18〜6/7 (2020年)
全仏オープンテニス (仏 パリ)
URL www.rolandgarros.com

6/16〜20 (2020年)
ロイヤル・アスコット競馬 (英 ウィンザー)
URL www.ascot.co.uk

6/29〜7/12 (2020年)
ウィンブルドン選手権 (英 ロンドン近郊)
URL www.wimbledon.com

6/27〜7/19 (2020年)
ツール・ド・フランス (フランス) URL www.letour.fr

7/12〜19 (2020年)
全英オープンゴルフ
(英 サンドウィッチ) URL www.theopen.com

7/17〜19 (2020年)
F1イギリスGP (英 シルバーストーン)
URL www.silverstone.co.uk

8/28〜30 (2020年)
F1ベルギー GP (ベルギー スパ・フランコルシャン)
URL www.spa-francorchamps.be

9/27 (2020年)
ベルリン・マラソン (独 ベルリン)
URL www.bmw-berlin-marathon.com

10/29〜11/1 (2020年)
WRCウェールズラリー GB (英 ウェールズ)
URL www.walesrallygb.com

11/15〜22 (2020年)
ATPファイナル (英 ロンドン)
URL www.nittoatpfinals.com

1/20〜26 (2020年)
モンテカルロラリー (モナコ)
URL www.acm.mc

2/1〜3/14 (2020年)
ラグビー6ヵ国対抗戦 URL www.sixnationsrugby.com

パスポート
航空券
ホテル
チケット
服装
モバイル
お金
カバン

気候と服装・持ち物

教会を訪れるときは服装に注意

気候

ヨーロッパの地理と気候

意外と北にあるヨーロッパ ロンドンが北緯51度の所に位置することからもわかるように、ヨーロッパは日本と較べて北に位置する。しかし冬の寒さは国によってずいぶん違う。

冬も温暖な地中海 スペイン、イタリア、ギリシアなどは、夏に雨が少なく、冬も比較的温暖な地中海性気候になっている。

日照時間が大きく違う 夏と冬では日照時間が極端に異なるのが特徴で、夏は22:00くらいまで明るいこともある。北欧では、5〜6月の時期に白夜が見られる地域もある。

北緯70度 / 北緯60度 / 北緯50度 / 北緯40度 / 北緯30度

北海 / ロンドン / パリ / ウィーン / 黒海 / ローマ / 地中海 / 札幌 / 東京

		1月	2月	3月	4月	5月	6月	7月	8月	9月	10月	11月	12月
ロンドン	平均最高気温	6℃	7℃	10℃	13℃	17℃	20℃	22℃	21℃	19℃	14℃	10℃	7℃
	平均最低気温	3℃	3℃	4℃	6℃	9℃	12℃	14℃	14℃	12℃	9℃	6℃	3℃
	日の出(各月15日)	7:59	7:14	6:14	6:04	5:08	4:42	5:01	5:46	6:35	7:24	7:18	7:59
	日没(各月15日)	16:21	17:15	18:05	19:57	20:46	21:21	21:11	20:22	19:14	18:06	16:10	15:51
	日照時間	1時間	2時間	4時間	5時間	6時間	7時間	6時間	6時間	5時間	3時間	2時間	1時間
	月間降水日数	19日	16日	16日	16日	15日	13日	14日	13日	15日	15日	17日	17日
パリ	平均最高気温	7℃	8℃	12℃	16℃	20℃	23℃	25℃	25℃	21℃	16℃	11℃	8℃
	平均最低気温	3℃	3℃	5℃	7℃	11℃	14℃	16℃	16℃	13℃	10℃	6℃	3℃
	日の出(各月15日)	8:38	7:58	7:03	6:59	6:08	5:46	6:03	6:43	7:27	8:11	7:59	8:37
	日没(各月15日)	17:21	18:11	18:55	20:42	21:25	21:55	21:49	21:05	20:03	19:00	17:10	16:54
	日照時間	1時間	2時間	6時間	6時間	6時間	8時間	8時間	8時間	8時間	5時間	2時間	2時間
	月間降水日数	14日	13日	14日	13日	12日	11日	11日	10日	11日	13日	15日	15日
ウィーン	平均最高気温	2℃	3℃	9℃	14℃	20℃	23℃	24℃	24℃	19℃	14℃	7℃	2℃
	平均最低気温	-4℃	-2℃	0℃	4℃	9℃	13℃	14℃	14℃	10℃	6℃	2℃	-3℃
	日の出(各月15日)	7:40	7:01	6:07	6:04	5:15	4:53	5:09	5:48	6:31	7:14	7:01	7:38
	日没(各月15日)	16:28	17:16	17:59	19:45	20:27	20:58	20:50	20:08	19:06	18:05	16:16	16:00
	日照時間	2時間	3時間	4時間	6時間	8時間	8時間	9時間	8時間	7時間	4時間	2時間	1時間
	月間降水日数	15日	14日	13日	13日	13日	11日	10日	8日	11日	10日	13日	15日
ローマ	平均最高気温	13℃	14℃	17℃	20℃	24℃	29℃	32℃	30℃	27℃	23℃	18℃	15℃
	平均最低気温	3℃	3℃	6℃	8℃	13℃	17℃	19℃	18℃	16℃	12℃	8℃	4℃
	日の出(各月15日)	7:35	7:05	6:21	6:29	5:49	5:34	5:48	6:18	6:50	7:22	6:59	7:30
	日没(各月15日)	17:04	17:43	18:16	19:51	20:23	20:46	20:43	20:10	19:19	18:28	16:49	16:39
	日照時間	4時間	5時間	6時間	7時間	8時間	10時間	11時間	10時間	8時間	6時間	3時間	3時間
	月間降水日数	7日	6日	7日	9日	7日	4日	3日	3日	8日	9日	8日	9日

※日照時間は太陽の直射日光が雲などに遮られずに地上を照らした1日の平均時間

服装

どんな服装で旅をするか

　短い旅ならあまり汚れを気にしないで着ていられるジーンズ、洗濯をしなければならない長い旅なら乾きやすいコットンパンツなどできるだけ動きやすく楽なものがいい。しかし、**こぎれいであることが肝心**。さらに、訪れるレストランや宿泊ホテルによってはきちんとした服装が求められるので注意しよう。

重ね着できるアイテムが便利　長袖のシャツやカーディガンなど、重ね着できる服装が基本。ヒートテックなどの機能性インナーは簡単には脱げないので、上に着るもので調節するほうがいい。列車内やレストランなど建物の中は暖かいので、汗ばむことがある。もちろん、真冬の北ヨーロッパでは重宝する。

部屋着にも使えるラクなアイテム　パジャマの上下を持っていく必要はないが、室内で楽に過ごせるイージーパンツやスウェットパンツ、女性ならスパッツをひとつ入れていくと便利。

服装

歩きやすい靴を選ぶ

履き慣れた靴が基本　旅行中はかなり歩くことが多いので、少しお金をかけても歩きやすい靴を慎重に選ぼう。軽くて衝撃吸収に優れたスニーカーとかトレッキングシューズ、ちょっとおしゃれなウオーキングシューズも町歩きにはいい。比較的雨が降る秋～春は、水をとおしにくい素材の靴が快適。

テクニック

帽子を持っていく

帽子は普段かぶらない人も旅行中はかなり役に立つ。夏は日よけになり熱中症を予防してくれるし、冬は急になわか雨にも対応できる。特に耳まですっぽりかぶれるニットキャップやウオッチキャップはかばんに入れてもかさばることもなく防寒に役立つ。

テクニック

室内履きにビーチサンダル

室内履きとしてビーチサンダルがあると、ホステルなどで共同シャワーを使うときにも便利。夏ならそのまま外出できて一石二鳥だ。

必要な着替えと服装の例

基本セット	下着・靴下	夏はカラッと乾燥し、冬はオイルヒーターの上にのせておけば乾くので2セットでOK。
	Tシャツ	綿100％より、化繊混紡のほうが乾きやすく、スーツケースでもかさばらない。
	ボトムス	教会などを訪れることを考え、リゾート滞在以外は短パン不可。タック付きのチノパンならある程度きちんと見える。
	上着	ひとつは開襟シャツがあると便利。ポロシャツでもOK。
	はおるもの	カーディガン、パーカーなど。真夏以外はフリースも役立つ。雨の多いイギリスや自然の見どころではウインドブレーカーも。
	靴	石畳の町歩き用に厚底のスニーカー。モノトーンならおしゃれ用に兼用できるかも。
	帽子・サングラス	日差しが強い夏はぜひ。
	ストール	冷房よけ、ひざ掛け、首周りの風よけと万能。スカーフより厚地のものが役立つ。
	折りたたみ傘	3段にたためる小さなサイズを町歩き用のショルダーバッグに入れておこう。
冬の旅	帽子・手袋・マフラー	帽子は耳当てのあるタイプが暖かい。手袋も必須。ざっくり編まれたものより目のつんだ素材で。
	ダウンジャケット	薄いダウンジャケット＋コート（ウィンドブレーカー）が脱ぎ着ができておすすめ。おしゃれ場面ならアウターをコートで。
	ブーツ	なんといってもひざ下まであるものが暖かい。防水性もチェック、滑らない靴底かも確認しよう。
	機能性インナー	冬の北ドイツ、北欧などに行くときに上下あると安心。
	カイロ	使い捨てカイロは、現地でなかなか手に入らない。

衿のあるシャツはきちんと見える。

スカーフ、ストールなどは冷房対策に。

ヨーロッパの旅にジャケットは必需品。シャツとコーディネイトを。

ズボンはしわになりにくいものがよい。

旅で敬遠されがちなワンピースもアレンジがきくので便利。ゆったりしてしわにならないものを。

車内で靴を脱ぐのはマナー違反。ゆったりとしたスニーカーを車内用に。

ポーチ

乗車券などは検札が来たときにすぐ出せるよう貴重品袋とは別にして手元におく。

小さなサブザックまたは、ショルダーバックなど。

✔ 荷物を小分けにするジッパー付き袋は多めに用意
✔ 何でもあるけど、買う時間は意外にない
✔ 癒やされグッズがあると♪

現地で買うか持っていくか　荷物を少なく、身軽に旅をするためには調達できるものは現地で買う、という方法がある。しかし、1週間程度の旅ならば、スーパーマーケットやドラッグストアを探して買い物をするのは時間の無駄。日本人サイズの下着、小分けにされた洗剤、小さなサイズの歯磨きペーストなど、旅行者用の商品がないことも多く、結局「荷物が増えた」ということにもなりかねない。

「香り」を持っていく　ホテルの部屋が少々臭うとき、部屋や洋服の消臭スプレーが役立つ。アロマエッセンスなどを小分けのスプレーに入れていくと枕に落としたり、バスルームにスプレーできる。癒やしの空間に早変わり!

補足

機内持ち込みの制限対象となるもの
100ml以上のあらゆる液体(水分を含むもの)は機内持ち込みの制限対象となっている。
●**霧吹き式スプレー類**
虫よけスプレー、防臭スプレー、制汗スプレー、ヘアスプレー等
●**クリーム、ローション類**
軟膏、ボディローション、化粧水、化粧下地クリーム、ハンドクリーム等
●**医薬品、ベビーフードは対象外**
機内で必要になる医薬品やベビーフード、ベビーミルク等は透明の袋に入れなくても機内に持ち込める。

持ち物　　**化粧品の機内持ち込み**

機内持ち込みに注意　液体状の化粧品などはスーツケースに入れて預け荷物にするなら問題ないが、機内に持ち込むとなるといろいろと制約がある。

100ml以下かつジッパー袋に入れる　液体は透明のプラスチック容器で100ml以下。さらに20cm×20cmのジッパー付きの透明なプラスチック袋(ジップロック等)に入れると機内に持ち込むことができる。

20cm

100ml以下の容器

20cm

クリーム・ジェル類も液体扱い　洗顔フォームやメイク落とし、ジェル状リップグロスなども機内持ち込み制限の対象になる。

持って行くと役立つ便利グッズ

衣類圧縮袋　かさばる衣類を圧縮し丸めてスーツケースに入れられる。特に冬の旅行におすすめ。長袖やセーター等の着替えにLサイズ、下着用にMサイズのものが1枚ずつあると便利。

セキュリティポーチ　パスポートや航空券のE-チケット、当座の現金や予備のクレジットカード等の貴重品をしまっておくポーチ。セーフティボックスが室内にあれば普通のポーチでも大丈夫。

ジッパー付き袋　小物類や化粧品など割れやすいものを入れたり、通貨を仕分けたりと何かと便利。透明なので中身が見えて使いやすい

折りたたみエコバッグ　ヨーロッパではレジ袋が有料のことが多いので、スーパーでの買い物時に役立つ。折りたたみ式のデイパックも便利。

フック付きのバスルームポーチ　シャンプーや化粧品等のミニボトル、歯ブラシや髭剃りも入れられて、バスルームにフックでつるすことができる。

小分けの粉末洗剤　1回使いきりタイプが便利。小さなペットボトルに粉末を入れるのも手。ボディシャンプーや石鹸での代用もできる。

マスキングテープ　充電用のモバイルケーブルをまとめる、コンセントの緩みを安定させる、衣類のほつれの応急処置など使えるアイテム。

折りたたみハンガー　客室にハンガーがない、またはクローゼットからハンガーが取り外せないときに、洗濯物を干すときに役立つ。

スイムタオル　吸水、速乾性に優れたスイミング用のタオル。セームタオル、ドライタオルとも呼ばれる。洗って絞った洗濯物をさらにこのタオルにくるんで絞れば、短い時間で乾かすことができる。

サングラス、日焼け止め　夏のヨーロッパは日差しが強い。

ウェットティッシュ　ヨーロッパのレストランは普通おしぼりが出ないので食事前に手を拭くときに便利。ポケットティッシュもあると何かと便利。

機内用グッズ　長時間のフライトでリラックスするためのグッズはいろいろ。ネックピローやフットレスト、折りたたみスリッパや機内の乾燥対策用にマスクなどがある。

荷物チェックリスト

	持ち物	必要度	手配購入	かばんに入れた	現地調達	
必須＆重要書類	パスポート	★★★			**不可**	最重要アイテム。ないと出国できない
	パスポートのコピー	★★			可能	写真のあるページをコピー
	航空券E-チケット	★★★			可能	プリントアウトと画面メモ
	海外旅行保険	★★★			**困難**	緊急連絡先もメモしておこう
	クレジットカード	★★★			**困難**	PINコード（暗証番号）を確認
	現金（日本円）	★★★			可能	行き帰りの交通費や緊急用の紙幣
	国外運転免許証	★★			**不可**	レンタカーを使うなら必須
	ホテル予約確認書類	★★			可能	予約確認メールのプリントアウト等
着替え	下着	★★★			容易	冬は防寒機能性下着を
	靴下	★★★			容易	2～3セットあれば十分
	Tシャツ・長袖シャツ	★★★			容易	汚れが目立たないものがおすすめ
	イージーパンツ	★			可能	部屋着用に。女子ならスパッツでも
	アウトドアジャケット	★★★			可能	夏でも薄いものがあると便利
	セーター、フリースジャケット	★★			可能	秋・冬・初春の旅行に
	衣類圧縮袋	★★			**困難**	衣類がかさばる秋冬は便利
スマートホン関連	スマートホン	★★★			可能	モバイルチケットとしても使える
	タブレット、ノートPC	★			可能	スマートホンがあればOKかも
	モバイルバッテリー	★★			可能	旅先ではバッテリーの減りが早いもの
	USB充電器	★★			可能	バッテリーも使うなら2つ口が便利
	USB充電ケーブル	★★			可能	充電専用ケーブルのほうが充電が早い
	プラグ変換アダプター	★★★			**困難**	日本の電化製品を使うなら必須
	イヤホン	★			可能	スマートホンで音楽を聴くときなど
	デジタルカメラ	★			可能	こだわるならデジタル一眼
洗面＆身だしなみ	シャンプー	★			可能	ミニボトルは国によって手に入りにくい
	歯ブラシ&歯磨き	★			容易	ヨーロッパのホテルにはないことが多い
	タオル				容易	吸水性のあるスイムタオルも便利
	洗濯用ロープ	★			容易	ピンチ付きが便利
	洗濯用洗剤	★			容易	使いきりの小袋タイプが便利
	裁縫道具	★			容易	長期の旅行なら補修に役立つ
	ビーチサンダル	★★			容易	室内履きやシャワー用に
	爪切り	★			容易	つめは意外と早く伸びる
	日焼け止め	★			容易	夏のヨーロッパは日差しが強い
	髭剃り・カミソリ	★			容易	小型電池式シェーバーも便利
その他	胃薬等	★			容易	持病のある人は日数分処方してもらおう
	リップクリーム	★			容易	乾燥する冬期はあると安心
	ウェットティッシュ	★			可能	おしぼりは出ないので気になる人は持参
	折りたたみエコバッグ	★★			容易	レジ袋が有料の国で買い物やおみやげ用に
	折りたたみ傘	★			容易	雨が多い冬期の旅に
女子旅	ドライヤー	★			可能	海外対応の折りたたみタイプが便利
	生理用品	★			容易	予定がわかっていれば必須
	ワンピース等おしゃれ着	★			容易	高級レストランや観劇に行くなら1枚
	化粧品小分けセット	★★			可能	機内持ち込みに注意
	アクセサリー	★			可能	簡単に雰囲気を変えられる

パスポート
航空券
ホテル
チケット
服装
モバイル
お金
カバン

旅先でモバイル通信

旅先でのライフラインとして通信手段の確保は重要な問題。ホテルや駅、カフェなどでは無料のWi-Fiが使えることが多いが、旅行の期間や場所に合わせた通信手段を選びたい。

関連項目

・ネットのつなぎ方　　　　P.120

補足

海外で日本の携帯を使うと高額請求されることもある

日本で使用されている携帯電話のほとんどは国際ローミングに対応している。そのため、何も設定していないと現地到着後に自動的に現地の通信会社のネットワークに接続されてしまう。もし知らずにデータ通信をすると高額な通信料金をあとで請求されることになる。1日使っただけでも数十万円という金額になりかねない。

用語

SIMフリー

NTTdocomo、au、Softbankなど大手通信会社で契約したスマートホン端末は契約した会社でしか通信できない。これをSIMロックというが、SIMフリーとは通信会社を自由に選べる状態のこと。SIMロック解除が義務化されたこともあり、2015年5月以降発売の端末なら条件付きながらSIMロックを解除することができる。

補足

高額請求が来てしまったら

設定忘れ等でローミングにつながってしまい、通信会社から高額請求が来てしまった場合は、通信会社に連絡を取って、定額プランを遡って適用できないか相談してみよう。大手通信会社の場合、救済策を取ってくれることがある。ただし、定額プランが適応される国へ行った場合に限られる。

モバイル基礎知識　タイプ別利用法チャート

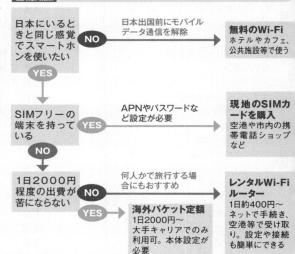

日本にいるときと同じ感覚でスマートホンを使いたい　NO　→　日本出国前にモバイルデータ通信を解除　→　**無料のWi-Fi** ホテルやカフェ、公共施設等で使う

YES ↓

SIMフリーの端末を持っている　YES　→　APNやパスワードなど設定が必要　→　**現地のSIMカードを購入** 空港や市内の携帯電話ショップなど

NO ↓

1日2000円程度の出費が苦にならない　NO　→　何人かで旅行する場合にもおすすめ　→　**レンタルWi-Fiルーター** 1日約400円〜ネットで手続き、空港等で受け取り。設定や接続も簡単にできる

YES →　**海外パケット定額** 1日2000円〜大手キャリアでのみ利用可。本体設定が必要

モバイル基礎知識　基本の通信設定

モバイルデータ通信をオフ　飛行機の中では電源を切るか機内モードにするのはもちろんだが、海外での高額請求を防ぐために出発前にモバイルデータ通信をオフにしておくと安心だ。

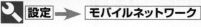

モバイルデータ通信の解除方法（Android）

設定 → モバイルネットワーク　データ通信を有効にするのチェックボックスを外す

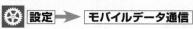

モバイルデータ通信の解除方法（iPhone）

設定 → モバイルデータ通信　モバイルデータ通信の項目をオフに設定

データローミングをオフ　モバイルデータ通信の設定項目と同じ場所にデータローミングの項目もあるので、ここもオフにしておくと海外の通信事業者につながることはなくなる。

パスポート

航空券

ホテル

チケット

服装

モバイル

お金

カバン

データ通信

無料のWi-Fiを使う

✔ とにかく通信費を安くしたい。そんなにヘビーユーザーではない
✔ 状況によっては通信速度が遅いことがある

Dを選択しパスワードを入力　ID（SSID）は接続するアクセスポイントの名前。ホテルの場合はフロントのスタッフ、カフェの場合は店員にIDとパスワードを教えてもらい、接続する。

データ通信

現地のSIMカード

✔ 1ヵ国に長期滞在する
✔ 通信設定ができ、英語のマニュアルがある程度わかる

| SIMカードの種類とプランを確認 |
| SIMカードを購入&装着 |
| モバイルデータ通信をONにする |
| APNやパスワード等を設定 |
| 必要なデータ量をチャージ |

SIMカードの種類を確認　スマートホンのSIMカードの大きさはマイクロSIMとナノSIMの2種類。近年はほとんどの機種がナノSIMだが、Androidでは一部マイクロSIMを使っている端末もあるので、サイズを確認しておこう。

データ通信専用と音声通話付き　旅行者の場合、プリペイドタイプのSIMを購入することになるが、データ通信のみのSIMと音声通話にも対応するSIMがある。また、音声通話のみでデータ通信ができないタイプのSIMがあるのでよく確認しよう。種類に3G回線のみでG/LTEの高速通信に対応していないタイプもあるので注意しよう。

通信設定　APN、ユーザー名、パスワード等をSIMカードのパッケージや説明書に従って入力していく。

補足

接続に制限時間があることも

おもに空港などでは無料のWi-Fi接続に30分や1時間など、時間制限を設けているところもある。

補足

無料Wi-Fiはセキュリティに注意

無料のWi-Fiはセキュリティが緩いことが多く、不正アクセスによりパスワードやクレジットカード番号等の個人情報を抜き取られてしまう危険性もある。セキュリティアプリやVPN等の対策をしておきたい。また、空港内など、多くの人が接続する場合、通信速度がかなり遅くなることがある。

テクニック

日本でも買える海外専用SIM

レンタルWi-Fiルーターより割高だが、日本でも海外専用SIMを購入できる。使いたいデータ量分をチャージして使用するプランと従量制のプランがある。ヨーロッパ主要国に対応しているので周遊旅行にも便利。
●IIJMio
URL www.iijmio.jp/gts
●変なSIM(H.I.S.)
URL his-mobile.com/overseas
●トラベルSIM
URL www.travelsim-japan.com
●TAKT
URL www.travelsim-japan.com/takt

APN設定画面（Android）

 設定 → モバイルネットワーク → アクセスポイント名 → 選択する → 入力画面

APN設定画面（iPhone）

 設定 → モバイルデータ通信 → モバイルデータ通信のオプション → モバイルデータ通信ネットワーク → APN設定

販売店のスタッフにお願いして設定してもらう　設定項目やデータプラン、チャージ方法などがよくわからない場合はスタッフにお願いして設定してもらうのが早い。その際、端末の言語の設定を現地の言葉に変更してから渡そう。

本体の言語設定方法（Android）

 設定 → 言語とキーボード → 地域/言語 → 言語を選択

本体の言語設定方法（iPhone）

 設定 → 一般 → 言語環境 → 言語 → 言語を選択

おもなレンタルWi-Fi取り扱い会社

● **グローバルWiFi**
FREE 0120-510-670
URL townwifi.com
● **イモトのWi-Fi**
FREE 0120-800-540
URL www.imotonowifi.jp
● **テレコムスクエア**
URL www.telecomsquare.co.jp
● **Wi-Ho(ワイホー)**
TEL (03) 3239-3287
URL www.wi-ho.net
● **ジャパエモ**
FREE 0120-913-394
TEL (03) 5444-4464
URL www.kaigai-wifi.jp

補足

レンタルWi-Fiルーターの注意点
● **自動更新やバックアップをオフ!**
アプリの自動更新やiCloudなどのクラウドバックアップ設定、Wi-Fiアシストなどの設定もオフにしておこう。
● **日本国内で電源を入れない**
動作を確認する目的でも日本など対象国以外で電源を入れると、定額対象外の料金が発生することがある。
● **こまめに電源を切る**
使いたいときにバッテリー切れということがないように、使用しないときは電源を切っておく。

**安心&便利なドコモの
海外パケット定額サービス**

ドコモの「パケットパック海外オプション」は、1時間200円からいつものスマートフォンをそのまま海外で使えるパケット定額サービス。旅先で使いたいときに利用を開始すると、日本で契約しているパケットパックなどのデータ量が消費される。利用時間が経過すると自動的にストップするので高額請求の心配もない。詳細は「ドコモ 海外」で検索してみよう。

DATA

そのほかの海外パケット定額
● **au 海外ダブル定額**
約24.4MBまで1980円、最大2980円。日本時間で計算される。
● **au 世界データ定額**
24時間980円。接続開始後、24時間後で自動切断される。データチャージへの加入が必須。専用アプリで出発前に設定しておくと便利。
● **SoftBank 海外パケットし放題**
約25MBまで1980円、最大2980円。日本時間で計算される。

データ通信

レンタルWi-Fiルーター

✓ 日本で普段使っているスマートホンをそのまま使いたい
✓ タブレットやノートPCも同時に接続できる
✓ 1週間前後の期間を何人かで旅行する

データ通信

Wi-Fi接続

現地通信会社　　　レンタルWi-Fi　　　スマートホン
　　　　　　　　　ルーター　　　　　　タブレット

ウェブサイトで予約
　↓
空港で受け取り
または宅配
　↓
モバイルデータ通信
を OFF にする
　↓
現地でルーターの電源
を入れてネット接続
　↓
帰国後に
空港などで返却

持ち運べるアクセスポイント　レンタルWi-Fiルーターは持ち運び可能な小型のアクセスポイント。

簡単設定ですぐにつながる　ルーターの設定は基本的に不要。本体に貼られているID(SSID)を選択し、パスワードを入力するだけですぐに使える。

安い料金も魅力　アジアやハワイほど安くはならないがヨーロッパの場合1日約400円〜で利用できる。訪れる国の数や利用回線、データ量により料金が変わってくるのでプランをよく検討してみよう。

主要空港で受け取り&返却可能　国際線が出ている主要空港でルーターの受け取りと返却が可能。

データ通信

海外パケット定額

✓ 日本で使っている番号での音声通話機能が絶対必要
✓ ネットはあまり見ないけどメールやLINEはやり取りする
✓ 荷物をできるだけ増やしたくない

通信プランの
利用方法をよく確認
　↓
モバイルデータ通信
を OFF にする
　↓
定額の対象となる
事業者を手動に設定
　↓
モバイルデータ通信
を ON にする
　↓
ローミングを
ON にする

ローミング設定に注意　各社の定額サービスに対応する現地通信会社は国によってもそれぞれ異なる。もしも非対応の通信会社に接続してしまった場合、定額料金が適応されず、従量制となり高額な通信料を請求される場合もある。

対応する現地の事業者をよく確認　現地到着後に定額プランが利用できる現地通信会社(定額対応事業者)に接続し、データ通信をローミングをオンにすると利用可能になる。

時間帯と時差に注意　一部のプランを除き、**日本時間の1日を基準にしている**ので、**日本との時差**を考慮しながら利用しよう。データ通信の利用開始時間が日本時間の日付をまたぐと、2日分の請求になるので注意したい。

海外で役立つアプリ

地図・ナビゲーション

バスポート

航空券

ホテル

チケット

服装

モバイル

お金

カバン

Maps.Me
日本語で操作　オフライン

町や国ごとダウンロードしておけばオフラインでもナビ機能が使える便利な地図アプリ。

iPhone　　　　Android

City Mapper
英語で操作

ロンドンやパリなど大都市の公共交通機関に対応したナビアプリ。路線図はオフラインでも見られる。

iPhone　　　　Android

NAVITIME Transit
日本語で操作　オフライン

電車、地下鉄、バスなど日本語で乗り換え検索ができる。ヨーロッパは主要都市を中心に利用可能。

iPhone　　　　Android

ルート検索

Rome2rio
英語で操作

飛行機やバス、フェリー等での移動手段や2地点間の所要時間を検索することができる。

iPhone　　　　Android

ホテル検索&比較 →P.79にも掲載

トリバゴ
日本語で操作

さまざまなホテル予約サイトや検索サイトを比較し、安い宿泊プランを見つけることができる。

iPhone　　　　Android

ホステルワールド
日本語で操作

ホステルに特化したホテル予約サイト。ドミトリー等の部屋を探すときに役に立つ。

iPhone　　　　Android

見どころ・レストラン検索

トリップアドバイザー
日本語で操作

見どころやレストラン、ホテル等のクチコミ情報などのほかアクセスなども調べることができる。

iPhone　　　　Android

Yelp
日本語で操作

レストランなどのクチコミサイト。さまざまな条件でレストランを検索することができる。

iPhone　　　　Android

翻訳

Google翻訳
日本語で操作

100以上の言語に対応しており、カメラ機能を使えばリアルタイム翻訳が可能。

iPhone　　　　Android

為替・両替

Currency
日本語で操作

世界各国110以上の通貨に対応したコンバーター。ベースの通貨も変えられるので比較が簡単。

iPhone　　　　Android

天気予報

AccuWeather
日本語で操作

直前の降水予報や体感温度、服装など旅行に役立つ様々な予報を見ることができる。

iPhone　　　　Android

ページ保存

Pocket
日本語で操作　オフライン

ブラウザのページを丸ごと保存でき、保存した記事などをオフラインでも閲覧できる。

iPhone　　　　Android

音声通話

050plus
日本語で操作　月額330円

格安料金で使えるインターネット電話。日本への連絡などに便利。国内と同じ感覚でかけられる。

iPhone　　　　Android

Skype
日本語で操作　通話料別途

スカイプ番号を取得し、クレジットをチャージすれば格安料金で固定電話や携帯電話にかけられる。

iPhone　　　　Android

旅行の準備

PackPoint
日本語で操作

旅の目的地やスタイル、アクティビティを選ぶと必要な持ち物のチェックリストを自動作成してくれる。

iPhone　　　　Android

モバイルバッテリーを携帯しておくと安心

レンタルWi-Fiルーター

充電用のUSBアダプタはほとんどが100-240Vに対応している。モバイルバッテリーやレンタルWi-Fiルーターを使うなら2つ口の急速充電対応のアダプタがあると便利

イギリスなどでよく見るBFタイプの差し込み口は電源スイッチが横にある

ヨーロッパ全体で広く使われているCタイプの電源プラグとSEタイプの差し込み口

Cタイプのプラグのライトニングケーブル

モバイルバッテリー

旅先ではバッテリーの減りが早い　GPSをオンにした状態で地図検索したり、アプリの使用などで、旅先では普段よりもバッテリーの減りが早くなる。モバイルバッテリーを用意しておくと突然のバッテリー切れに備えることができる。

機内持ち込みの容量に注意　モバイルバッテリー等に使われるリチウムイオン電池は発火の危険性があるため預け荷物（スーツケース等）に入れることができない。手荷物に入れて持ち込む。

コンセント　電圧と変換プラグ

BF タイプ
イギリス、
アイルランド

C タイプ
ヨーロッパ諸国

SE タイプ
フランス、イタリア、
ベルギー、ドイツ他

日本とは電圧が違う　ヨーロッパの電圧は日本とは違う。日本は100V、ヨーロッパは220か240Vが一般的。日本の家電製品をヨーロッパで使う場合には変圧器が必要となる。ただし、近年のモバイル機器用の充電アダプターのほとんどは100V～240Vに対応していることが多い。INPUTのところに100-240Vという表示があれば変圧器なしで使用することができる。

変換プラグは必須　100-240Vの表示があっても変換プラグがないとヨーロッパのコンセントで使うことができない。

イギリスはBF、ほかはCタイプ　イギリスやアイルランドは3本足のBFタイプ。フランス等西ヨーロッパ諸国のほとんどはCタイプ。古い家電やホテルではSEタイプという丸型コンセントが使われているがCタイプのプラグとは互換性がある。

モバイル　ホテルでの充電方法
グッズ

ホテルのコンセントの位置　ライティングテーブルやベッドサイドにあることが多い。すでにすべてが埋まってしまっていることもある。また、形状により充電用USBコンセントが入らないこともある。コンセントの数が少ないことも想定し、タコ足できるように海外用の電源タップを持参すると便利。

海外対応電源タップ　スマートホン、モバイルバッテリー、デジタルカメラ等を持っていく人は2つ口以上ある充電アダプタや充電対応USBハブを入手しておきたいところ。現地の家電量販店で買うのも手。

薄型テレビの裏を見る　客室に薄型（液晶）テレビがある場合は画面の横や裏側を見てみよう。USBポートがある場合は、そこから充電することができる。

ケーブルによって異なる充電速度　USBケーブルにはAC充電モードとデータ転送用のUSB充電モードのケーブルがあり、USBモードにしか対応しないケーブルの場合、充電スピードが遅くなる。充電ケーブルを選ぶ際はケーブルのタイプをよく確認しよう。

お金の持ち方

ヨーロッパ諸国ではキャッシュレス化が進んでおり、支払いのほとんどはクレジットで済ませられる。現金は必要最低限にし、クレジットカード数枚での対応が基本だ。

関連項目
・ユーロ導入国　　　　　P.45

パスポート
航空券
ホテル
チケット
服装
モバイル
お金
カバン

お金　ヨーロッパの物価

ざっくり言うと北高南低　西ヨーロッパは総じて物価が高い。どこに行っても一定の水準が保証されるが、食費や宿泊費はどうしても高くなる。特に北欧諸国の物価は軒並み日本以上に高い。しかし、スペイン、ポルトガル、ギリシアといった南欧諸国、チェコやポーランドなど中欧諸国の物価はそれほど高くなく、同じ予算なら少し贅沢な旅が楽しめるだろう。

主要都市の物価比較

	東京	ロンドン	パリ	ローマ
タクシー初乗り	420円	399円	852円	360円
地下鉄初乗り	170円	651円	228円	180円
有名観光地入場料	浅草寺 無料	大英博物館 無料	ルーヴル 美術館 1800円	ヴァティカン 美術館 2040円
展望台入場料	東京 スカイツリー 2100円	シャード 3325円	エッフェル塔 3060円	サン・ピエトロ 大聖堂のクーポラ 960円
乗り降り自由の観光バス	3500円	4522円	3600円〜	3840円
ビッグマックセット	690円	637円	960円	816円
ターミナル駅近くの シングル1泊の相場	新宿駅 1万円〜	パディントン駅 9000円〜	モンパルナス駅 1万円〜	テルミニ駅 6000円〜
空港から市内中心部 までの交通費	リムジンバス 2800円〜	ヒースロー・ エクスプレス 2926円	ル・ビュス・ ディレクト 2160円	レオナルド・ エクスプレス 1680円
主要都市への 高速列車運賃	新幹線 (新大阪駅) 1万4450円 (2時間30分)	ユーロスター (パリ北駅) 2万820円 (2時間15分)	タリス (ブリュッセル) 1万680円 (1時間22分)	フレッチャロッサ (ミラノ中央駅) 9348円 (約3時間)

2019年10月現在　€1≒120円、£1≒133円として計算

ユーロを導入
している国

フィンランド
エストニア
ラトヴィア
リトアニア
アイルランド
オランダ
ベルギー　ドイツ
ルクセンブルク
スロヴァキア
フランス　オーストリア
スロヴェニア
イタリア
ポルトガル
スペイン
ギリシア
マルタ
キプロス

DATA

便利な外貨両替ショップ
●トラベレックス
URL www.travelex.co.jp
主要空港や主要都市に展開する外貨
両替店。海外のATMで使えるプリペイ
ド式キャッシュカードの入手も可能。
●ワールドカレンシーショップ
URL www.tokyo-card.co.jp/wcs
三菱東京UFJ銀行グループの外貨両
替専門店。主要都市に支店がある。
●大黒屋 外貨両替サービス
URL gaika.e-daikoku.com
ウェブサイトでの予約にも対応。関東
ほか全国主要都市に支店あり。

補足

マイナー通貨ほど手数料が高い
米ドルは1US$につき3円、ユーロは1
ユーロにつき4円というのが標準的な
手数料だが、イギリスポンドになると1
ポンドにつき11円と一気に高くなる。

お金

ユーロの基礎知識

ユーロが基本　西ヨーロッパを数ヵ国訪問するような旅程なら間違いなくユーロが便利。ユーロ導入国なら再び両替する必要がなく、それ以外の国でも、ホテルなど観光客が多い場所ならユーロの現金で支払えることが多い。

各国共通の紙幣と独自デザインの硬貨　ユーロ紙幣は各国共通だ(欄外参照)。しかし、そこで流通している硬貨は表面が各国共通で裏面がそれぞれの国の独自デザイン。オーストリアの€2硬貨の裏面にはマリア・テレジアが、ベルギーの同じ硬貨には、ベルギー国王の姿が刻印されている。

現金

現金の取り扱い方

- ✔ トイレやチップ用に小額紙幣や硬貨を確保
- ✔ 紛失、盗難に遭ったらまず戻ってこない。保険も適用外
- ✔ クレジットカードを使ったATMのキャッシングで十分

持ち歩く現金は少額に　旅先で多額の現金を持ち歩くのは非常に危険。宿泊費や交通費、レストラン等での食費の支払いはほとんどの場合クレジットカードで済ませられる。

現金

日本での外貨の入手

外貨両替できる場所　銀行のほか、空港や繁華街にある両替所、一部の金券ショップなどで外貨を入手できる。取り扱う外貨の種類は場所によって異なるが、ドルやユーロ以外の通貨は手数料が高いことが多い。

為替レート(仲値)＋手数料＝両替レート　ニュースやインターネットで報道される刻々と変わる為替レートは銀行と銀行が取引する際に用いられるレート。旅行者が両替するときに適用されるのは仲値で毎日10:00前のレートを参考に各銀行が設定している。これに1通貨当たりの手数料を加えたのが両替レートとなる。例えば1ユーロが120円のときはこれに手数料4円上乗せした124円が両替レートとなる。

現金	**現地で現金の両替**

- ✔ 日本円からの両替はBUYの欄のレートを見る
- ✔ 日本円は100円単位 (100JPY)のことが多い
- ✔ 便利な場所ほどレートが悪いことが多い

両替レートのBUYとSELL　銀行や両替所に行くと、おもな通貨とその国の通貨との交換率が書かれたボードが掲げられている。両替レートのボードは普通、"**BUY**"と"**SELL**"に分かれている。自分の通貨をその国の通貨に替えてもらうのだから、**銀行側にとっては外貨を買うことになるので"BUY"の欄を見ればいい。**

場所によってレートが異なる　両替率が一番いいのは市内にある銀行だ。ただし営業時間が限られており、順番を待たなければならない。次にいいのは市内の両替所、次いで鉄道駅や空港内の両替所。大型ホテル内での両替は便利なぶん最もレートが悪くなるといった傾向がある。

プリペイドカード	**海外対応プリペイドカード**

- ✔ 盗難・紛失に遭ってもすぐにカードを止められる
- ✔ 銀行口座不要で審査がないので学生でも持てる
- ✔ ユーロ圏など訪れる国の通貨が同じ場合に便利
- ✔ カードの専用サイトにログインして外貨両替やチャージを行う

カードを申し込む（店頭またはWEB）

↓

ATMやネットバンキングで専用口座に現金を振り込む

↓

会員専用サイトで外貨に両替しカードにチャージする

↓

海外のATMで現金を引き出す

↓

口座 Account は Savings（預金）を選択する

↓

現金、カード、明細を受け取る

日本で現地通貨をチャージ　カードが発行されたら専用口座にお金を振込み、専用サイトからユーロやポンドなど現地通貨の金額をカードにチャージする。チャージしたときのレートがその後の引き出し時にも適用される。

現地ATMで引き出す　MasterCardまたはVISAのロゴがあるATMで引き出すことができる。ATMの操作画面でAccount(口座)の種類を選択することがあるが、Savingsを選択すること。ATMの利用料として1回当たり200円が引き落とされる。

クレジットカードと同じように使える　海外対応プリペイドカードにはデビットカード機能が付いているので、MasterCardやVISAが使える場所ならキャッシュレスで支払うことができる。現地通貨がチャージされていれば手数料がかからない。

現地通貨がチャージされていない場合　口座にチャージされている通貨が日本円など現地通貨以外の場合は引き出しやショッピング利用の際に為替手数料(4%など)が別途引き落とされる。

残額がなくなったら　ネットバンキングで金額を入金することができるほか、日本にいる家族にお金をチャージしてもらう(委任状等の登録が必要)ことも可能。

テクニック

手数料をよく確認する

両替をすると、手数料を取られる場合が多い。両替率に従って計算された金額から、手数料ぶんが差し引かれるわけだ。手数料の額は、銀行や両替所によって違う。レートがいいからと思って両替したら、手数料が高くてがっかり、なんてこともよくある。手数料は両替する額の○パーセントというふうに決められているのが普通。また、最低手数料というのが決まっていて、ほんの少しの金額を両替しただけでも、きっちり一定の額だけは取られる場合も多い。両替するときは、レートだけでなく手数料も考慮しないと有利な両替はできない。

DATA

おもな海外対応プリペイドカード

●NEO MONEY(VISA系)
URL www.neomoney.jp
海外ATM利用料1回200円
国内利用可能
クレディセゾン発行。米ドルやユーロ以外のマイナー通貨の両替に強い。パルコやららぽーとにある一部のセゾンカウンターで即日発行可。国内空港の宅配サービスの割引やアップルワールドのホテル予約が5%引きの特典あり。

●MoneyT Global(VISA系)
URL www.aplus.co.jp/prepaidcard/moneytg
海外ATM利用料1回200円
カード発行手数料500円（税別）
海外40都市にあるJTBトラベルデスクが利用できるほか24時間日本語サポートサービスあり。

●マネパカード（MasterCard系）
URL card.manepa.jp
ATM利用料1回€1.75または£1.50
国内利用可能
€1につき1円と入金時の両替手数料が安い。ユーロ圏でユーロを引き出す際はATM利用料のみで引き出せる。マネーパートナーズのFX口座があると入金の手数料が無料になる。入金は本人のみで家族への委託はできない。

95

クレジットカードの基礎知識

クレジットカード

- ✔ ホテルやレンタカーのデポジット等支払い以外でも必須なときがある
- ✔ 最低でも2枚、できれば3枚以上持っておきたい
- ✔ ICチップ付きのカードが基本

新たに作るならICチップ付きカード ヨーロッパではカード処理端末に暗証番号(PINコード)を入力する、サイン不要のクレジットカードが広く普及している。そのためICチップのないクレジットカードの場合、ATM等で使えないこともある。

最低2枚以上のカードを 紛失や盗難に遭った場合の予備のほか、限度額を越してしまったり、読み取り端末との相性が悪く決済できないなどのトラブルが想定されるのでクレジットカードは2枚、できれば3枚以上持っておきたい。

国際ブランドと発行会社

クレジットカード

7つある国際ブランド VISAやMasterCardなどアメリカ系が5つ。日本のJCB、中国の銀聯の全部で7つ。これらの国際ブランドの加盟店でそのブランドのカードが使える。なかでもVISAとMasterCardが世界のクレジットカード決済高の8割以上を占める。

カード発行会社 国際ブランドからライセンスを得たカード発行会社がカードを発行している。そのため同じ発行会社のカードでも複数の国際ブランドがあることが多い。

カード選びのポイント

クレジットカード

年会費無料 年会費無料といっても、永年無料、初年度無料、条件付き無料(一定額の利用で無料など)など条件が違う。

年会費有料カードの付加サービス 年会費の金額に応じて使用限度額、ポイントやマイルの加算、海外旅行保険付き等さまざまな付加サービスが付く。

提携カード&ポイント還元率 普段よく使うお店やショッピングサイトの提携カードなら、海外利用分でもポイントがたまる。

電子マネー Suica(JR東日本)やIcoca(JR西日本)といった交通系のほかnanaco、Edyなどの機能が付いたカードも多い。

Visa payWave対応のカード。
ICチップ横のロゴが目印。

タッチ決済機能付き 暗証番号入力やサインの必要がなく、リーダー部分にカードをかざすだけで決済が完了する。Visaカードの**Visa payWave**(Visaタッチ決済)とMastercardの**Mastercard**コンタクトレス**の2種類がある。ヨーロッパではイギリス、フランス、北欧などで広く導入されている。ロンドンでは市内交通の交通カードと同じように使える場合もあり、1枚あると非常に便利。同じくタッチ決済機能付きのデビットカードも数社より発行されている。

学生専用カード 18歳以上の大学生や専門学校生向けのカードも各社が発行している。利用限度額は一般カードより低い場合が多いが、特典やポイントは同じ。

クレジットカード　現地でクレジットカード払い

✔ 請求額には為替事務手数料が上乗せされる
使用額×基準レート＋為替事務手数料（1.6～2.5%）
✔ 暗証番号を3回間違えるとカードがストップされる
✔ 日本円での決済をすすめられても現地通貨で決済しよう

1ユーロが120円の基準レートのときに100ユーロ支払い例

基準レート		為替事務手数料		請求額
€1=120（例）×100=1万2000円	＋	1.63%（例）196円	＝	1万2196円

VISAなど国際ブランドが毎日設定。日本のカード会社に決済情報が届いた日（2～3日後）のレート。

カード会社により異なる。1.6～2.5%。外貨取扱手数料とも呼ばれる。

カードの明細書には手数料が加算された為替レートが表示される。

支払い時の請求通貨に注意！　クレジットカード払いのとき、ユーロやポンドなどの現地通貨ではなく、日本円での支払いを尋ねられることがある。日本円で支払う安心感があるかもしれないが、店によっては高額な手数料（店の利益になる）を加算していることがあり、代金以上の思わぬ出費になることがある。カード端末に表示されている通貨単位や請求額をよく確認しよう。

クレジットカード　現地でキャッシングを使う

✔ キャッシングの利息はおおむね年利18%
日割りだと1日0.049%、1ヵ月だと1.47%
✔ 海外ATM利用手数料が別途かかることが多い
✔ キャッシングするカードの締め日を確認しておこう
日本の会社で換算されるまで2～3営業日かかる
✔ 海外での繰り上げ返済は利息が節約できるが、手間がかかる

1ユーロが120円の基準レートのときに100ユーロをキャッシングし、15日後の請求確定例

基準レート		利息		ATM利用手数料		請求額
€1=120（例）×100=1万2000円	＋	88円（15日）	＋	216円（例）	＝	1万2304円

ATM利用後、日本のカード会社に決済情報が届いた日（2～3日後）の基準レートで換算される。

換算日から締め日までの日数分の利息がかかる。

1万円以上が216円、1万円以下は108円が多い。

ATM手数料は別欄に記載されることが多い。

海外からの繰り上げ返済　利用から2～3営業日後、クレジットカードに記載されているサービスセンターに電話（国際電話料金必要）して振込額を確認し、ネットバンキング等で指定の口座に振り込む（振込手数料別途）という手順となる。
キャッシング枠限度額の一時引き上げ　カード会社によっては海外キャッシングの利用限度額を一時的に引き上げることができる。給与明細などの書類が必要になる場合もある。

補足　海外利用分支払いコースを確認

海外でのクレジットカードの支払いは日本のように分割払いか一括という選択はできず、一括払いかリボ払いで統一されている。自分の持っているカードの「海外利用分支払いコース」が一括払いか、リボ払いのどちらに設定されているか出発前に確認しておこう。

テクニック　クレジットカードでのチップの支払い

レストランでの支払いの際、クレジットカードでの支払いを伝えると、渡されるカード払い専用の伝票に「Tip」または「Gratuity」の欄があることがある。チップを払うときは金額を記入し、署名する。何も書かないとあとで記入される恐れがあるので払いたくない場合は横長に×印を書いておこう。

テクニック　日本円で請求された場合

先に端末を操作されて日本円払いが決定されてしまい、あとは暗証番号の入力のみという場合でも、クレジットカード端末での取引をいったんキャンセルして金額を再入力させれば、現地通貨払いを選択できる。

ATMに表示されているキャッシングできるカードのロゴ

8/15		ATMで100ユーロをキャッシング
8/17	利息発生	日本のクレジットカード会社で換算1ユーロ120円（例）
8/31	締め日（例）	支払い金額確定（利息15日分）
9/10	支払日（例）	

テクニック　ウェブサイトから繰り上げ返済ができるクレジットカード

● セディナカード
● セディナJiyu!da!カード
URL www.cedyna.co.jp
Pay-easy（ペイジー）のシステムを使って会員専用ウェブサイトから繰り上げ返済ができる。電話連絡等も不要。また、海外でのATM手数料も無料。

海外ATMの使い方

カードを挿入→ATMの言語選択

ほとんどのATMは英語での操作に対応している。日本語対応TMはヨーロッパではほとんど見かけない。言語の順番はATMが置か

れている国の共通語が左上等、国によって順番が違う。

暗証番号の入力

テンキーで暗証番号を入力し、緑色のENTERキーを押す。3回入力を間違えるとカードが飲み込まれてしまうことがある。

CANCEL	取り消し
CLEAR	訂正
ENTER	決定

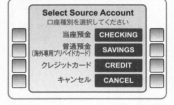

取引内容を選択

お金を引き出す場合はWITHDRAWALを選択。
取引内容はほかに以下の単語も使われる。

Get Cash	現金引き出し
Fast Cash	現金引き出し
Cash Advance	キャッシング/ローン
Balance Inquiry	残高照会
Deposit	入金

口座の種別を選択（省略される場合も多い）

海外専用プリペイドカードで、入金されている口座から現金を引き落とす場合はSAVINGS（普通預金）
クレジットカードで、キャッシングする場合ははCREDIT(クレジット)を選択する

金額を選択

あらかじめ設定されている金額のほか、**OTHER**(その他) を押すと任意の金額を指定できる。20か50の組み合わせにしておくのが無難。該当の金額が引き出せない場合はもう一度選びなおす。

お金の受け取り→取引終了の確認→カード受け取り

お金を受け取ると、ほかの取引を続けるかどうかの確認画面（ATMによっては省略されることも）になる。NOを押すとカードが出てくる。

500ユーロは実質何円か?

1ユーロ=120円を基準レートとした場合、500ユーロの両替や支払いにかかるコストをシミュレート。基準となる6万円よりいくらコストがかかっているかを見てみよう。

国内で現金を両替

国内の銀行や両替所で500ユーロ分を両替した場合

銀行のレートは基準の仲値に1円プラス。また、1ユーロにつき6円程度の手数料が一般的。米ドル、ユーロ以外の通貨の手数料はもっと高いので現地で両替するのが得策。

| 基準レート+1円 | × 500 | + | 手数料 | = 6万3500円 | 両替コスト |
| 121円 | | | 3000円 | | 3500円 |

海外対応プリペイドカード

500ユーロをカードにチャージして現地のATMで5回に分けて引き出した場合

カードにチャージした以外の通貨をATMでおろしたりショッピングで使う場合はVISAまたはMasterCardの設定したレートに4%(会社により違う)の手数料が加算される。

| 基準レート | × 500 | + | 手数料 | + | ATM振込手数料 | + | 海外ATM利用料 | = 6万2992円 | 両替コスト |
| 120円 | | | 1560円 | | 432円 | | 5×200円 | | 2992円 |

クレジットカードでキャッシング

100ユーロを5回(3日に1回)現地のATMで引き出した場合。ATM初回利用日の換算日から20日後が締め日として翌月に支払ったとする

年会費無料カードはキャッシング限度額が10万円と低額なことがあるので、長期の旅行の際は一時的に限度額を引き上げてもらうか、複数のカードを用意しよう。

| 基準レート | × 500 | + | 利息合計 | + | 海外ATM利用料 | = 6万1526円 | 両替コスト |
| 120円 | | | 446円 | | 5×216円 | | 1526円 |

クレジットカードでショッピング

100ユーロの支払いを滞在中に5回。為替事務手数料は1.63%とする

ICチップ付きカードの暗証番号がわからない場合はクレジットカード会社に問い合わせると郵送で暗証番号の書類を送ってもらえる。数日かかるので早めに問い合わせよう。

| 基準レート | × 500 | + | 為替事務手数料合計 | = 6万1059円 | 支払コスト |
| 120円 | | | 1059円 | | 1059円 |

可能な限りクレジットカードで支払う
現金が必要なときはクレジットカードでキャッシング

支払い時に端末で使えない場合や、ATMでカードが飲み込まれた等のトラブルに対処するためにクレジットカードは最低でも2枚以上は持っておきたい。

パスポート

航空券

ホテル

チケット

服装

モバイル

お金

カバン

旅のカバンの選び方

旅のお供をしてくれるバッグ選びは、旅を成功させる重要なポイントのひとつ。徒歩や公共交通機関での移動がメインの個人旅行の場合、頑丈で実用的なことはもちろんだが、自分の旅のイメージに合ったものを選びたい。

関連項目

補足

スーツケースのサイズと容量

おおまかにいって1泊につき10リットルを見ておくとよい。

30〜40ℓ 1〜3泊	短期旅行や夏期の1週間程度なら十分
41〜60ℓ 3〜5泊	移動が多い旅や着替えをかさむ冬期の旅行などに
61〜80ℓ 6〜8泊	おみやげや買い物が多いときにも
81ℓ以上 8泊以上	長期滞在や長期出張などビジネスや留学向け

旅の カバン　スーツケース（ハードキャリー）

軽さ	ポリカーボネート＞ABS＞アルミニウム
耐久性	アルミニウム＞ABS≧ポリカーボネート
安さ	ABS＞ポリカーボネート＞アルミニウム

安全＆頑丈　防犯の面からも安全で、おみやげもたっぷり入って、頑丈という利点はスーツケースならでは。

素材によって値段も重さも違う　スーツケースを選ぶポイントのひとつはサイズのほかに、素材も重要な要素。最も軽く、近年の主流になっているのはポリカーボネート、耐久性に最も優れているのはアルミニウム製。安さを重視するならABS樹脂製が手頃。

スーツケース（ハードキャリー）

長所
- 頑丈
- 防犯上安全

短所
- 重い（素材による）
- 表面に傷がつきやすい

スーツケースのサイズは身長も考慮しよう。大きさが合わないと足腰に負担がかかる
大き過ぎると中で荷物が散らばることもある
小さなサイズなら機内持ち込み対応のものもある

スーツやワイシャツは収納しやすい。小物類は別の袋に分類して入れる

ソフトキャリー

長所
- 軽い
（大きさ、素材による）
- 荷物を整理しやすい

短所
- 防犯面が不安
- 水ぬれに弱い

種類別に区切って小分けすれば取り出しやすい

外側にポケット付きのものが多い

立てかけやすい
2輪タイプ

取り回しやすい
4輪タイプ

フロントファスナーで取り出しやすいタイプのハードキャリーもある

防犯面で安心のフレームタイプ スーツケース中央の開閉部分がフレームで覆われている昔ながらのタイプ。ワンタッチロックなので開閉がしやすく多少多く入れても大丈夫。

軽さで選ぶならジッパータイプ 開閉部分がジッパーになっているタイプ。近年の軽量タイプのスーツケースの主流。容量を増やせるダブルジッパータイプもある。ジッパー部分を鋭利なもので無理やりこじ開けられるという防犯上の心配がある。

テクニック

キャスターを見て選ぶ

スーツケースやソフトキャリーでいちばん消耗が激しく破損しやすいのはキャスター部分。値段に比例することが多いが選ぶポイントは以下の3つ

●**車輪の大きさと素材**
キャスターの直径が大きいと消耗が抑えられるほか、坂道や段差にも強い。

●**移動が多い旅は2輪**
移動が多く、石畳の町を歩くような場合は2輪がおすすめ。

●**移動が少ない旅は4輪でも**
団体ツアーやタクシーを使うなどして、スーツケースを持っての移動が少ない場合や一都市滞在型の場合は4輪でもOK。

DATA

地球の歩き方オンラインショップ
URL www.rakuten.ne.jp/gold/
arukikata-travel
地球の歩き方直営の旅行用品通販サイト。スーツケースからバックパックまでさまざまな旅行カバンを取り扱うほか、選び方も詳しく解説している。便利な旅行グッズや安全グッズも豊富に取り扱う。

旅のカバン ソフトキャリー

✔ 軽くて収納性、機能性に優れている
✔ 片面開きなので、荷物の出し入れスペースがスーツケースの半分

軽くて収納性に優れる 40〜50ℓのサイズでも5kg前後のものが多く、荷物を入れてもそれほど負担にならない。ビジネス用からカジュアルなものまでデザインも豊富だ。

ソフトキャリーの特性 ポリエステルやナイロン製のソフトキャリーは衝撃吸収に優れている。ただし刃物で引き裂かれたりファスナーを鋭利なものでこじ開けられる可能性もある。多少高価になるが、バリスティックナイロン製のソフトキャリーは防弾チョッキに使用される素材なので耐久性や防犯性に優れている。

バックパック

長所
●身動きが取りやすい

短所
●荷物が重いと疲れる

登山用のものではなく、ジッパーで施錠できるタイプのほうが海外旅行に向いている

雨が多い冬のヨーロッパではレインカバーがあると安心。スイッチバッグにも使える

荷物の出し入れがしやすいように工夫して収納しよう

キャリーバックパック

長所
●軽い
●バッグパックにもなる

短所
●立てて置きにくい
●種類が少ない

脱着式サブバッグ付きのものも多い

パスポート
航空券
ホテル
チケット
服装
モバイル
お金
カバン

テクニック

バックパックの選び方

●ジッパータイプ
担いで楽なタテ長なら乗り物でもじゃまになりにくい。ジッパー付きで開け閉めが容易で施錠できるタイプが安心。

●背負いやすさとウエストベルト
ショルダーハーネスと背中にあたる部分がメッシュで通気性に優れているタイプがいい。また、腰を支えるウエストベルトがしっかりしていると長時間背負っていても疲れにくい。

●ポケットが多いもの
ガイドブックやモバイルグッズ、ペットボトルなどすぐに取り出せるポケットがいくつか付いていると便利。

補足

機内持ち込みサイズの例

高さ55cm以内

幅40cm以内　奥行き25cm以内

日本国内線で座席数100未満の場合、3辺の和が100cm以内（幅35cm以内×奥行き20cm以内×高さ45cm）となる。

用語

身の回り品

多くの航空会社では機内持ち込み対応サイズの手荷物のほか、身の回り品1点の持ち込みが可能。カメラや傘、ハンドバッグというのが一例だが、町歩き用のショルダーバッグやバッグパック、ノートパソコン用バッグ等も身の回り品に含まれる。

テクニック

折りたたみ式トートバッグ

小さく折りたたむことができるトートバッグがひとつあれば、おみやげが増えたときなど荷物が増えたときに非常に便利。ヨーロッパではレジ袋を出さない（有料の場合も）スーパーマーケットもあるので、買い物のときにもひとつあると便利。

旅のカバン　**バックパック**

機動性に優れる　長時間歩いても肩掛けのカバンより疲れない点や、両手が空く点も優れている。切符を買ったり写真を撮ったりするのに荷物を置かなくてもいいので、置き引きの心配も少ない。

40ℓ程度で十分　60ℓ以上の大型のものは持ち運びに不便。1ヵ月程度の旅でも40～50ℓクラスのバックパックで対応可能。夏期など着替えが少なくて済む場合は30ℓぐらいでも大丈夫。機内持ち込みもできる場合が多い。

旅のカバン　**キャリーバックパック**

臨機応変に使える　バックパックの機動性とソフトキャリーの利便性を兼ね備えたカバンだ。普段は転がして使い、悪路や長い坂道では背負って使える。ただし、キャスターがあるぶんバックパックより重いので長時間背負って歩くのはきつい。一般的に安定性があまりないので、立てかけるときに倒れやすいのが難点。

ダッフルキャリー　肩掛けのボストンバッグにキャスターが付いているタイプでボストンキャリーとも呼ばれる。

旅のカバン　**機内持ち込みサイズの手荷物**

✔ 3辺の合計が115cm以内。重さは航空会社により7～12kg
✔ 荷物預けや受け取る手間が省け、到着後すぐに行動できる
✔ 荷物が目の届く範囲にあるので貴重品を入れても安心
✔ 手荷物と別に身の回り品（小型バッグ等）も1点なら機内に持ち込み可

手荷物として機内に持ち込む　サイズや重さの条件をクリアすれば、手荷物として飛行機の機内に持ち込むことができる。国際線の場合、おおむね3辺の大きさが合計115cm以内。

重さは航空会社によって異なる　機内持ち込み手荷物の重量制限は航空会社や座席のクラスによって異なる。エコノミークラスの場合7～12kgと幅がある。

機内持ち込み可能なスーツケース　ハードキャリー、ソフトキャリーともに25～35ℓで重さが2～3kgというものが多く売られている。10kgの重量制限の場合、実際に入れることができる荷物は約7～8kgぶんぐらいということになる。季節や目的地にもよるが3泊分ぐらいの着替えと小物を入れて一杯になるぐらい。

もう少し多めに入るキャビンサイズ　一般的な機内持ち込みサイズのスーツケースよりも容量が大きく38～42ℓぐらいの容量がある。

旅のカバン　**町歩きのための小型バッグ**

✔ 防犯性と持ちやすさがポイント
✔ ショルダーバッグは斜めがけできてストラップが丈夫なものを

　カメラや地図、ガイドブック、ペットボトル飲料などを持ち歩くにはショルダーバッグや小さめのデイパックが便利。スーツケースとは違って常に持ち歩くので、疲れにくさや防犯性も考慮しよう。容量は15～20ℓぐらいあれば十分。

旅の荷造り

パッキングのコツ

まずは種類別に分類 衣類、洗面用品、化粧品、常備薬、スマホ用充電ケーブルやモバイルバッテリーなどの家電類など用途別に分類。衣類は下着や靴下類、シャツ、かさばる衣類にさらに分類する。荷物をコンパクトにするなら着回しが効いて重ね着できる服を選ぼう。

分類したものを個別に収納 衣類は丈夫なビニール製の袋（冬期などは圧縮袋があると便利）、洗面用品や化粧品はポーチやチャック式の小物入れに収納していく。

旅の荷造り

スーツケースのパッキング

✔ 重いものは下（キャスター側）に詰める
✔ 大きなものは本体側、小物類は蓋側に収納する

重いものが下、軽いものを上 キャスター部分に近いほど重いものを入れるとスーツケースを立てて移動するときに安定する。本体の上部分には下着やTシャツなど軽いものを入れる。

フタ側には軽い衣類 ジーンズやスカートなどの重い服を下側に入れ、上部に雑貨類を入れるのが基本。

隙間をつくらない 中に隙間があると、荷物が偏って瓶などが破損したり液漏れしたりすることがある。Tシャツやタオル等を丸めて隙間を埋めておこう。

旅の荷造り

ソフトキャリーのパッキング

衝撃対策を忘れずに 基本的にスーツケースと同じ。ソフトキャリーはスーツケースに比べて衝撃に弱いので、割れ物や精密機器はタオルにくるむなどして真ん中寄りに置こう。ポケットが多いタイプは用途別に意識して入れると、イザというときに困らない。

旅の荷造り

バックパックのパッキング

✔ 重いものは背中寄りの上部に入れる
✔ 左右のバランスが偏らないように詰める
✔ 防水対策&小分けをきちんとしないと大変なことに

小分けして軽いものから詰めていく 用途や種類ごとに小袋やビニールケースに入れたら、軽くて大きなものから底に詰めていく。いちばん重いものは背中の真ん中に来るようにパッキングできるとバランスが取れて疲れにくい。

防水対策を念入りに 突然の雨に見舞われると、バッグパックは中まで水が浸透しやすい。中の仕分け袋の防水対策はもちろん、バックパックにかけるレインカバーなどがあると安心だ。中で瓶類が割れたりシャンプーが漏れたりすると、小分けしていないと大変なことになる。

とにかく軽く、荷物を少なく 現地で必ず使うもの、または日本でしか買えないものかどうかを基準に詰める荷物を取捨選択すると軽量化できる。

テクニック

荷物の減らし方

● あったら便利かもしれない
● 使うかもしれない
● 念のために……

こういったものは結局使わないことが多いので、ばっさり切り捨てると荷物が軽くなる。

バスタオル→ホテルにあった
ドライヤー→ホテルにあった
洗濯セット→洗濯する暇がなかった
暇つぶしの本→読まなかった
ポケット辞書→使わなかった
会話集→片言の英語でなんとかなった

● 液体類を減らす

シャンプーや化粧水などは小さなボトルに詰め替える。

本体（底側）　　フタ側

補足

ソフトキャリー外側のポケット

施錠できない場合で機内預けにする場合は、貴重品や精密機器を入れるのは避けよう。筆記用具や折りたたみ傘などさっと取り出せるものを入れておくと便利。

すぐに取り出すもの
折りたたみ傘
充電ケーブルなど

重いもの
下着、靴下、Tシャツ
常備薬、軽い雑貨
軽いもの
洗面用具、ジーンズなど

軽くて大きなもの
シャツ、タオル
寝袋など

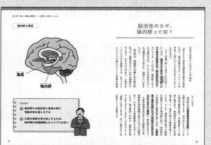

日本から
ヨーロッパの**諸都市**へ

ヨーロッパの空港 あれこれ

国際空港はその国の顔。
機能は同じでもインテリアには個性が出る。
そう思えば乗り継ぎ時間も楽める！

ロンドン パスポート・コントロール（入国審査）の列はイギリス、EU、それ以外に分かれる

パリ 中空のチューブのようなボーディングブリッジで空港内へ

ヘルシンキ 乗り継ぎの搭乗券がない人はトランジットデスクに寄る

ヘルシンキ 乗り継ぎの免税店巡りは楽しみのひとつ

フランクフルト バスでのターミナル移動には時間の余裕をもって

フランクフルト ターミナル移動にシャトルトレインが活躍

ヘルシンキ ムーミングッズなどご当地ショップをチェック

モバイル機器の充電も！

ヘルシンキ 搭乗前に身だしなみも整えよう

ロンドン 旅の目的地に着いたら、ターンテーブルで荷物を受け取り、税関へ

現地通貨も手に入れておこう

フランクフルト 帰国時の空港で出迎えてくれるのは巨大な発着情報。搭乗便のチェックインカウンターを探そう

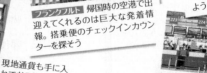

プラハ カウンターがずらりと並ぶ

ロンドン 税関で申告するものがなければ緑の出口を通って外へ

プラハ 再両替やタックス・リファンドの手続きをしよう

ロンドン 空港でSIMカードも買える

パリ モニターで航空会社を確認

主要空港へのアクセス

P.107	成田空港
P.108	羽田空港
P.108	中部空港（セントレア）
P.109	関西空港

P.110　主要空港に就航している国際線航空会社一覧

　日本からヨーロッパ方面への直行便が出ている空港は成田、羽田、中部、関西の4ヵ所。出発の2時間前には到着できるように計画しておこう。

空港アクセス　成田空港

✔ 鉄道を利用する際は成田空港の駅名に注意
✔ リムジンバスの発着地は多いが、首都高の渋滞に注意
✔ 格安で行けるバスは深夜・早朝発にも対応できる

スカイライナー　京成上野・日暮里駅と成田空港を結ぶ高速鉄道で、日暮里駅から最速36分で行くことができる。途中の停車駅に停まるアクセス特急もある。

成田エクスプレス　JR東京駅からノンストップで成田空港を結ぶ特急列車。東京駅のほか新宿、池袋、大宮、横浜等の主要駅にも乗り入れている。

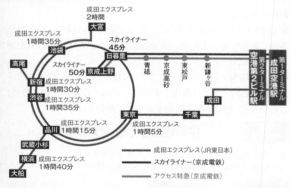

成田エクスプレス　2時間　大宮
スカイライナー　45分
成田エクスプレス　1時間35分　池袋
スカイライナー　50分　日暮里
スカイライナー　京成上野
青砥　京成高砂　東松戸　新鎌ヶ谷
成田
高尾
新宿　成田エクスプレス　1時間30分
渋谷　成田エクスプレス　1時間35分
東京　成田エクスプレス　1時間5分
千葉
品川　成田エクスプレス　1時間15分
武蔵小杉
横浜　成田エクスプレス　1時間40分
大船
第1ターミナル　成田空港駅
第2ターミナル　空港第2ビル駅

　　　成田エクスプレス（JR東日本）
　　　スカイライナー（京成電鉄）
　　　アクセス特急（京成電鉄）

リムジンバス　東京シティエアターミナル（成田空港まで所要1時間～1時間30分）をおもな起点に成田空港を結ぶ高速バス。ほかに新宿、池袋、渋谷、羽田空港、横浜など首都圏各地から発着している。新宿、池袋からは成田空港第3ターミナル着3:00の深夜便も運行している。

東京シャトル　東京駅八重洲口と成田空港を結ぶバス片道1000円（1:00～5:00発の深夜便は2000円）と安い。日中は20分おきの出発で、所要約1時間。

THEアクセス成田　銀座駅、東京駅から出発するバス。ピーク時は10～20分ごとと便数が多く、片道1000円（1:00台の深夜便のみ2000円）と安い。所要1時間5分～。

URL＆アプリ

成田空港
URL www.narita-airport.jp
専用アプリ
iPhone 　Android

DATA

成田空港行き特急列車
●スカイライナー
URL www.keisei.co.jp
京成上野、日暮里から成田空港駅まで片道2520円
●成田エクスプレス
URL www.jreast.co.jp/nex
東京駅から成田空港駅まで3070円（普通車）

DATA

成田空港行きバス
●リムジンバス
URL www.limousinebus.co.jp
東京シティエアターミナルから片道2800円。深夜便は池袋西口1:00、バスタ新宿1:30発で第3ターミナル3:00着。
●東京シャトル
URL www.keiseibus.co.jp
深夜・早朝便は1:30、1:50、2:10、4:15、4:30に東京駅八重洲口前で第3ターミナルと第2ターミナルに停車する。
●THEアクセス成田
URL accessnarita.jp
深夜・早朝便は1:05、1:15、4:05に銀座駅発。第3ターミナルと第2ターミナルに停車する。

テクニック

成田空港で朝まで休憩できる施設
●9h ninehours 成田空港
URL ninehours.co.jp/narita
成田空港第2ターミナルに隣接した駐車場地下1階にあるカプセルホテル。深夜利用は宿泊のみで4300円～。日中は9:00～17:00の休憩利用も可能。

DATA

羽田空港への交通機関

●京急空港線
URL www.keikyu.co.jp
品川駅始発5:15、終発24:04（土・日23:42）
羽田空港第3ターミナル駅始発5:26、終発24:01（土・日24:02）

●東京モノレール
URL www.tokyo-monorail.co.jp
浜松町駅始発4:59、終発24:01
羽田空港第3ターミナル駅始発5:18、終発24:10

●リムジンバス
URL www.limousinebus.co.jp
東京駅八重洲口、銀座から950円、新宿、池袋から1250円

●京急空港バス
URL www.keikyu-bus.co.jp/airport
横浜駅から590円、渋谷駅から1050円

テクニック

羽田空港・成田空港定額制タクシー

多くのタクシー会社では東京都内から羽田空港への定額制料金を採用しており、メーターで乗るよりもお得。早朝発で流しのタクシーがつかまりにくいときにも便利。出発場所にもよるが6000～1万2000円ぐらいで高速料金が別途必要になる。都内から成田空港定額制タクシーは1万7000円～2万4000円ほど。羽田、成田とも首都高料金は別途。

テクニック

羽田空港で朝まで休憩できる施設

●ロイヤルパークホテル ザ 羽田
URL www.the-royalpark.jp
羽田空港第3ターミナルの3階出発ロビーに直結。リラックスチェアやシャワーを備えたリフレッシュルームがあり、1時間3000円から利用可能。

URL

中部空港
URL www.centrair.jp

DATA

中部空港への交通機関

●名鉄空港特急「ミュースカイ」
URL www.meitetsu.co.jp
名鉄名古屋駅から中部国際空港駅まで運賃890円＋ミューチケット360円

●名鉄バス
URL www.meitetsu-bus.co.jp/airport
名鉄バスセンターから片道1300円。6:20～19:20の毎時20分発

空港アクセス　羽田空港

✔ 国際線は第3ターミナル。第1・2は国内線
✔ 早朝発のリムジンバスは予約したほうが無難
✔ 都内主要駅から深夜2:00～3:00台のバスの便がある

京急空港線　泉岳寺、品川、横浜、逗子方面と羽田空港を結ぶ。都営地下鉄浅草線にも乗り入れており、さらには京成線にも乗り入れ成田空港とも結んでいる。エアポート快特で品川から第3ターミナルまで最速12分。

東京モノレール　JR浜松町駅と羽田空港を結ぶ。国際線ターミナルまで最速13分。出発階にホームがあるのでチェックインカウンターまで段差なしで行ける。

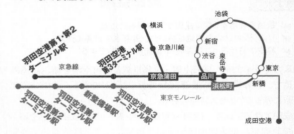

リムジンバス　東京駅、新宿駅、横浜駅、大宮駅などを起点に都内各地に発着する。

京浜急行バス　横浜駅（Y-CAT）などを起点に都内や神奈川県各地に発着する。川崎駅、大森駅、蒲田駅からは路線バスが運行している。

早朝・深夜発バス　早朝のフライトに間に合うように深夜2:00～3:00台に都内（浅草、銀座、東京駅、新宿、池袋、渋谷、豊洲、お台場など）や横浜駅を出発するバスが運行されている。

空港アクセス　中部空港（セントレア）

✔ 名鉄特急の空港行きは別途ミューチケットが必要
✔ 空港バスは名古屋周辺の都市からの方が便利

ミュースカイと名古屋方面行き準急

ミュースカイ　名鉄名古屋駅と中部国際空港駅を最短約28分で結ぶ特急列車。**ミューチケット**という別途のチケットを券売機で購入してから乗車する。ミュースカイ以外にも空港行きの特急（所要約35分）が運行されており、普通運賃で乗車可能だが、特別席に座る場合はミューチケットが必要となる。

空港行きバス　名鉄バスセンター発、栄経由のバスが1時間に1便程度運行されているが、名古屋駅から約1時間30分と時間がかかる。豊田市駅や岡崎市駅などからも運行されている。

関西空港

空港アクセス

チェックイン

出国手続き

空港到着

日本帰国

ネットに接続

郵便と電話

トラブル回避

✔ JRの関空快速は車両の行き先に注意
✔ 大阪駅・梅田駅からはリムジンバスが便利

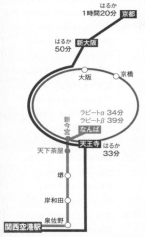

URL＆アプリ

関西空港

URL www.kansai-airport.or.jp

専用アプリ

iPhone　　　Android

特急ラピート　南海電鉄なんば駅と関西空港駅を結ぶ特急列車。新今宮と天下茶屋駅にしか停車しないα（アルファ）と堺や岸和田にも停車するβ（ベータ）が合わせて1時間に2便程度運行している。特急料金のいらない空港急行のほうが便数が多い。

特急はるか　JR京都駅と関西空港駅を結ぶ特急列車で京都駅から日中30分おきに運行している。大阪駅には停車しないので注意。

関空快速　京橋駅や天王寺駅始発の関空快速は特急料金不要の普通列車。途中の日根野駅で和歌山方面への車両と切り離されることも多いので、乗車する車両に注意しよう。

リムジンバス　JR大阪駅（新阪急ホテル前）やなんば（OCAT）、近鉄上本町駅、京都駅八条口、神戸三ノ宮駅など主要ターミナル駅から日中1時間に3便程度と便数も多い。一般的に渋滞が少ないので、特急列車と比べても所要時間に大きな差がないのも魅力だ。

高速船　神戸空港から高速船（5:30～22:45に運航）でアクセスできる。所要約30分。船着場のポートターミナルから空港ビルへはシャトルバスが運行されている。

DATA

関西空港行き特急列車

●特急ラピート
URL www.nankai.co.jp
なんば駅から片道1450円～

●関空特急はるか
URL www.jr-odekake.net
京都駅から片道2900円～
新大阪駅から片道2380円～
天王寺駅から片道1740円～

DATA

関西空港行きリムジンバス

URL www.kate.co.jp

●大阪駅（ハービス大阪）発
3:48～21:43の1時間に3便程度
所要約50分　片道1600円

●なんば（OCAT）発
5:15～21:10の1時間に2便程度
所要約48分　片道1100円

●近鉄上本町駅（シェラトン都ホテル）発
5:30～22:20の1時間に3便程度
所要約50分　片道1600円

●京都駅八条口発
4:30～22:10の1時間に3便程度
所要約90分　片道2600円

●神戸三ノ宮駅
4:50～22:00の1時間に3便程度
所要約65分　片道2000円

Column　早朝のフライトに備えて

朝早い出発で、空港までの交通機関がない場合は終電で空港に行き、朝まで過ごすしかないが、ほかの手段もいろいろある。

成田空港　第1・第2ターミナルの中央入口から中に入り、係員が指定する場所で待つことができる。24時間営業のコンビニは第1ターミナルの地下1階と第2ターミナルの4階にある。利用可能施設・エリアは下記ウェブサイトを参照。
URL www.narita-airport.jp/jp/news/early_morning
大江戸温泉物語から成田空港行きバス　1:35、3:40、3:55発の3便（第1ターミナルには停車しない）がある。バス利用者は温泉利用料が割引になる。

羽田空港　24時間営業のカフェやレストランが数軒あるほか、仮眠がとれる椅子がある。1階

にあるコンビニも24時間営業。空港直結のホテル内にあるリフレッシュルームで過ごすのも手。天然温泉平和島から羽田空港行きバス
3:00、4:00、4:50、5:50、6:50発のバスがあり、温泉利用料込みで片道3700円。18:00から施設内滞在可能。
URL www.heiwajima-onsen.jp/bus

関西空港　ターミナルビルは24時間オープン。ファストフード店やコンビニも開いている。空港ホテルがあるほか、インターネットカフェがあり、出発まで過ごすことができる。下記ウェブサイトで施設を詳しく紹介している。
URL www.kansai-airport.or.jp/morning-midnight

主要空港に就航している国際線航空会社一覧（五十音順）2019年10月現在

	航空会社	コード	就航している空港				URL
	アエロフロート・ロシア航空	SU	成田第1北	羽田※1	関空※3		URL www.aeroflot.ru/jp-ja
	アエロメヒコ航空	AM	成田第1北				URL aeromexico.jp
	アシアナ航空	OZ	成田第1南	羽田	関空	中部	URL flyasiana.com
	アメリカン航空	AA	成田第2	羽田	関空	中部	URL www.americanairlines.jp
	厦門航空	MF	成田第1北		関空		URL www.xiamenair.com/ja-jp
	アリタリア-イタリア航空	AZ	成田第1北		関空	中部	URL www.alitalia.com/ja_jp
	イースター航空	ZE	成田第2		関空		URL www.eastarjet.com
	イベリア航空	IB	成田第2				URL www.iberia.com/jp
	ウズベキスタン航空	HY	成田第1南				URL www.uzbekistan-airways.co.jp
	雲南祥鵬航空	8L			関空		URL www.luckyair.net
	エアージャパン	NQ	成田第1南				URL www.air-japan.co.jp
	エアアジアX	D7	成田第2	羽田	関空		URL www.airasia.com
	エアアジアジャパン	DJ				中部	URL www.airasia.com
	エアインディア	AI	成田第2		関空		URL www.airindia.in
	エア・カナダ	AC	成田第1南	羽田	関空	中部	URL www.aircanada.com
	エアカラン	SB	成田第1北		関空		URL jp.aircalin.com/jp
	エアソウル	RS	成田第1南		関空		URL flyairseoul.com
	エアタヒチヌイ	TN	成田第2				URL www.airtahitinui.com
	エアプサン	BX	成田第1南		関空	中部	URL jp.airbusan.com
	エアマカオ	NX	成田第2		関空		URL www.airmacau.jp
	エールフランス	AF	成田第1北	羽田	関空	中部	URL www.airfrance.co.jp
	エジプトエアー	MS	成田第1南				URL www.egyptair.com
	S7航空	S7	成田第2		関空		URL www.s7.ru
	エチオピア航空	ET	成田第1南				URL www.ethiopianairlines.com
	エティハド航空	EY	成田第1北		関空	中部	URL www.etihad.com/ja-jp
	エバー航空	BR	成田第1南	羽田	関空	中部	URL www.evaair.com
	エミレーツ航空	EK	成田第2	羽田	関空		URL www.emirates.com
	奥凱航空	BK		羽田	関空		URL www.okair.net
	オーストリア航空	OS	成田第1南				URL www.austrian.com/ja_jp
	オーロラ航空	HZ	成田第1北				URL www.flyaurora.ru/jp
	海南航空	HU	成田第2	羽田			URL www.hnair.com
	カタール航空	QR	成田第2	羽田	関空	中部	URL www.qatarairways.com
	ガルーダ・インドネシア航空	GA	成田第1北	羽田	関空	中部	URL www.garuda-indonesia.com
	カンタス航空	QF	成田第2	羽田	関空		URL www.qantas.com
	吉祥航空	HO		羽田	関空	中部	URL www.juneyaoair.com
	キャセイ・ドラゴン航空	KA		羽田			URL www.cathaypacific.com
	キャセイ・パシフィック航空	CX	成田第2	羽田	関空	中部	URL www.cathaypacific.com
	KLMオランダ航空	KL	成田第1北		関空		URL www.klm.com
	山東航空	SC	成田第1南	羽田	関空	中部	URL www.sda.cn
	ジェットスター航空	JQ	成田第3		関空		URL www.jetstar.com
	ジェットスター・ジャパン	GK	成田第3		関空	中部	URL www.jetstar.com
	四川航空	3U	成田第1北		関空		URL www.sichuanair.com
	上海航空	FM		羽田	関空	中部	URL www.chinaeastern-air.co.jp
	春秋航空	9C		羽田	関空	中部	URL jp.ch.com
	ジンエアー航空	LJ	成田第1北		関空		URL www.jinair.com
	シンガポール航空	SQ	成田第1南	羽田	関空	中部	URL www.singaporeair.com
	深セン航空	ZH	成田第1南		関空		URL www.shenzhenair.com

※1:2020年3月から　※2:2020年3月から　※3:2020年6月から
※4:2020年3月29日より羽田に変更予定

	航空会社	コード	就航している空港				URL
	スイスインターナショナルエアラインズ	LX	成田第1南		関空※1		www.swissair.com
	スカット航空	DV	成田第2				www.scat.kz
	スカンジナビア航空	SK	成田第1南※4				www.flysas.com
	スクート	TZ	成田第2		関空		www.flyscoot.com/jp
	Spring Japan	IJ	成田第3				jp.ch.com
	スリランカ航空	UL	成田第2		関空	中部	www.srilankan.com
	セブパシフィック航空	5J	成田第2		関空	中部	www.cebupacificair.com
	全日空	NH	成田第1南	羽田	関空	中部	www.ana.co.jp
	ターキッシュ エアラインズ	TK	成田第1南		関空※3		www.turkishairlines.com
	大韓航空	KE	成田第1北	羽田	関空	中部	www.koreanair.com
	タイ・エアアジアX	XJ	成田第2			中部	www.airasia.com
	タイガーエア台湾	IT	成田第2	羽田	関空		www.tigerairtw.com/jp
	タイ国際航空	TG	成田第1南	羽田	関空		www.thaiairways.com
	タイ・ライオンエアー	SL	成田第1北			中部	www.lionairthai.com/jp
	チェジュ航空	7C	成田第3		関空	中部	www.jejuair.net
	チャイナエアライン	CI	成田第2	羽田	関空	中部	www.china-airlines.com
	中国国際航空	CA	成田第1南	羽田	関空	中部	www.airchina.jp
	中国東方航空	MU	成田第2	羽田	関空	中部	jp.ceair.com/ja
	中国南方航空	CZ	成田第1北	羽田	関空	中部	global.csair.com
	ティーウェイ航空	TW	成田第2		関空		www.twayair.com
	デルタ航空	DL	成田第1北	羽田	関空	中部	ja.delta.com
	天津航空	GS		羽田	関空		www.tianjin-air.com
	日本航空	JL	成田第2	羽田	関空	中部	www.jal.co.jp
	ニューギニア航空	PX	成田第2				www.airniugini.jp
	ニュージーランド航空	NZ	成田第1南		関空		www.airnewzealand.jp
	ネパール航空	RA			関空		www.nepalairlines.com.np
	ノックスクート	XW	成田第2		関空		www.nokscoot.com
	パキスタン航空	PK	成田第2				www.piac.com.pk
	ハワイアン航空	HA	成田第2	羽田	関空		www.hawaiianairlines.co.jp
	バンコクエアウェイズ	PG	成田第2				www.bangkokair.jp
	ピーチ	MM	成田第3	羽田	関空		www.flypeach.com
	フィジーエアウェイズ	FJ	成田第2				www.fijiairways.com/ja-jp
	フィリピン航空	PR	成田第2		関空	中部	www.philippineairlines.com
	フィンエアー	AY	成田第2		関空	中部	www.finnair.com
	ブリティッシュ・エアウェイズ	BA	成田第2		関空		www.britishairways.com
	北京首都航空	JD			関空		www.jdair.net
	ベトジェットエア	VJ	成田第2		関空	中部	www.vietjetair.com
	ベトナム航空	VN	成田第1北	羽田		中部	www.vietnamairlines.com
	香港エクスプレス	UO	成田第2	羽田	関空	中部	www.hkexpress.com/ja
	香港航空	HX	成田第1北		関空		www.hongkongairlines.com
	マレーシア航空	MH	成田第2		関空	中部	www.malaysiaairlines.com
	MIATモンゴル航空	OM	成田第1南				www.miat.com
	南アフリカ航空	SA	成田第1南				www.flysaa.com
	ユナイテッド航空	UA	成田第1南	羽田	関空	中部	www.united.com
	ルフトハンザドイツ航空	LH	成田第1南	羽田	関空	中部	www.lufthansa.com
	ロイヤルブルネイ航空	BI	成田第1北				www.flyroyalbrunei.com
	LOTポーランド航空	LO	成田第1南				www.lot.com/jp/ja

ワンワールド加盟航空会社　　スカイチーム加盟航空会社　　スターアライアンス加盟航空会社

空港アクセス
チェックイン
出国手続き
空港到着
日本帰国
ネットに接続
郵便と電話
トラブル回避

空港でチェックイン

関連項目

チェックインは飛行機に乗るための搭乗手続き。機内に預ける大きな荷物や座席番号が表示された搭乗券を受け取る。

チェックイン　荷物の種類

空港での荷物の呼び方を把握　チェックインのときに大事なのは機内に預けるか、それとも座席に持ち込むかという点。機内には手荷物と身の回り品をそれぞれ1点ずつ持ち込めるという場合が多い。

Checked Baggage チェックインで預ける **預け荷物**	Hand Baggage 機内に持ち込む **手荷物**	Personal Belonging 機内に持ち込む **身の回り品**
スーツケース、バックパックなど大きな荷物。航空会社により重量制限がある。	3辺の合計が115cm以内。重さは航空会社により7〜12kgの基準を満たした荷物。ひとり1点持ち込み可能。	ハンドバッグなど小さめのカバンやノートPCなど。航空会社によっては大きさに規定があったり、持ち込めるのは手荷物1点のみという場合もある。

用語

クレームタグClaim Tag

航空会社のカウンターで預け荷物の手続きをする際にスーツケースなどに巻かれる行き先や便名が印刷されたラベルテープのこと。同時に渡される半券は荷物紛失時の手続きで必要なのでなくさないように。

持ち込めるサイズや規定　預け荷物も手荷物も、航空会社や機材（収納棚の大きさ）、搭乗クラスによって規定が違うのでウェブなどで調べておくこと。E-チケットに書いてあることも多い。

持ち上げられる重さに　座席上の棚に収納するためには相応の腕力が必要。外国の航空会社だと手伝ってくれないことが多いので、大きさだけでなく重さも考慮したほうがいい。

チェックイン　チェックインカウンター

搭乗までの流れ

- 空港到着
- チェックイン
- 保安検査
- 税関
- 出国審査
- 搭乗口
- 機内へ

制限エリア

e-チケット＆パスポートの提示

機内預け荷物を渡す

搭乗券をもらう

クレームタグ（手荷物引換証）をもらう

カウンターを探す　チェックインの開始時間は航空会社によって違う。本拠地の航空会社は早く、その他は出発の2〜3時間前が目安だ。締め切り時間は空港によって違うので、あらかじめ確認しておくこと。カウンターは出発フロアの電光掲示板に示されている。

パスポートの提示　パスポートとE-チケットを提示する(E-チケットを求められない場合もある)。

荷物を預ける　機内預け荷物を荷物台に置く。重量が出るので確認しておこう。

搭乗券、クレームタグを受け取る　クレームタグは搭乗券の控えのほうか、E-チケットのプリント、パスポートの裏などにシールで貼られることが多い。

マイレージの登録　チケット購入時にマイレージの申告をしていない場合は、ここで申し出る。

空港アクセス
チェックイン
出国手続き
空港到着
日本帰国
ネットに接続
郵便と電話
トラブル回避

チェックイン　自動チェックイン機

✔ チケット購入時に使ったクレジットカードを挿入する場合もある
✔ 係の人が近くにいるのでヘルプも頼める

搭乗するフライトの
情報を入力する

パスポートのスキャン

座席の選択

機内預け荷物の
手続き

搭乗券、クレームタグ
の受け取り

近年は、カウンターでのチェックインが廃止され、自動チェックイン機またはオンラインチェックインでのみ受け付け、という航空会社も増えてきた。
自動読み取り　機械によって手順が違うが、航空会社の選択、フライトの選択、パスポートを読み取らせる、航空機の見取り図から座席の選択、預け荷物の数の申告などが含まれる。荷物のタグは別の機械から取り出すシステムもある。最初は戸惑うが、必ず英語画面があるので大丈夫。近くにいる案内係に聞いても教えてくれる。

チェックイン　オンラインチェックイン

✔ ウェブサイトや専用アプリでのオンライン手続きが便利
✔ 預け荷物がない場合は空港に着いたらそのまま保安検査へ

航空会社のウェブ
サイトにアクセス

ログイン

パスポート情報の
入力・確認

座席の選択

搭乗券の発券
プリントアウト

サイトにアクセス　航空会社のウェブサイトからチェックインする。予約番号を入力すると自動的にフライト情報が出てくる。該当の便を選び、チケット購入時に指定していなければ座席の選択（ここでの変更も可能）、パスポート情報の入力をする。搭乗券はプリントするかスマートフォンにダウンロードする。
荷物を預ける　荷物はバゲージ（バック）ドロップと書かれた優先レーンで預ける。荷物を預けない人は保安検査へ進む。

テクニック
まだ間に合う！　空港でできること
●海外旅行保険
出発ロビーに各社の受付カウンターがあるほか、出国手続き後にも自動契約機がある。
●着替え
成田空港や関西空港、中部国際空港にはカジュアルファッションの店舗があるので、下着や着替え等の入手ができる。
●レンタルWi-Fiルーター
原則として予約が必要だが、台数に余裕があればその場で貸し出してもらえることもある。

補足
窓側or通路側
飛行機の座席を窓側にするか通路側にするか、好みの分かれるところ。
●トイレに行きやすい通路側
フライト時間の長いヨーロッパ線では必ずトイレに行く必要がある。通路側は自分が出やすい反面、奥の人が立つたびに立ち上がらなければいけない。窓側は遠慮しつつトイレに行くことになる。利点としては、通路側は足を通路に出せるので少し広く使えること、機内サービスでジュースなどを頼むときに（英語で）大きな声を出さなくてもいいこと。
●景色が見える窓側
窓側の利点はなんといっても景色が見える、ということだろう。シベリア上空はほとんど景色が変わらないが、ヨーロッパに入っておとぎの国のような町並みを眼下にするのは感動的。オーロラが見えたというケースもある。

Column　バゲージドロップの使い方

羽田空港のバゲージドロップ

全自動の荷物預け機
　バゲージドロップは2019年9月現在、国際線では成田空港の全ターミナルで導入されている。

❶所定の位置に荷物を置く
　荷物を置くと、重さや大きさが自動的に計測される。

❷搭乗券を読み取り部分にあてる
　フライト情報や荷物の注意事項を確認する。
❸クレームタグをカバンに取り付ける
　印刷されて出てくるクレームタグにはテープ加工されているので両端をカバンに取り付ければOK。
❹ゲートが開き、荷物がコンベヤーへ
　クレームタグを取り付けると荷物ゲートが開き、自動的にコンベヤーで流れていく。

出国手続きと搭乗

P.114	保安検査 （セキュリティチェック）	P.115	出国手続き後
P.114	税関検査	P.115	機内での過ごし方
P.114	出国審査	P.115	トランジット空港での 過ごし方

搭乗手続きを終えると保安検査場がある。ここからは「制限エリア」といわれるエリア。搭乗客しか立ち入りできない。

関連項目

・必要な着替えと服装の例　P.85
・持って行くと役立つ便利グッズ　P.86

用語

制限エリア

保安検査を抜けたあとから搭乗口までは制限エリアと呼ばれる区域で、飛行機に乗る旅客以外の立ち入りが禁止されている。免税店があるのも制限エリア。制限エリアで買うジュースやお菓子など飲食物は消費税の免税対象外。だが雑誌や新聞など書籍類は消費税分安く買える。

関西空港の保安検査場入口

用語

国際観光旅客税

2019年1月7日より日本を出国するすべての人に、出国1回につき1000円の国際観光旅客税が徴収されるようになった。支払いは原則として、航空券代に上乗せされる。

補足

自動化ゲートの利用登録

出国審査には顔認証ゲートとは別に、自動化ゲートがある。こちらは事前に登録が必要なタイプで、登録はウェブサイト等ではなく、出国審査または入国審査近くの専用カウンターで行う。登録は申請書の記入のほか指紋の登録などで5分ほどで終了する。手数料等は不要で登録後すぐに自動化ゲートの利用ができる。カウンターの場所や受付時間の詳細は入国管理局のウェブサイトを参照。

URL www.moj.go.jp/nyuukokukanri/kouhou/nyuukokukanri01_00111.html

出国手続き　保安検査（セキュリティチェック）

✔ 液体物は20cm×20cm以内のジッパー付き袋にまとめて入れる
✔ 液体のものは検査しやすいように前もって取り出しておく

出発1時間前を目安に　ゴールデンウイークや年末年始の出国ラッシュのときは長い列ができるので、飛行機が出発する1時間前を目安に保安検査場へ行くこと。保安検査は、危険物を持ち込ませないようにするためのX線検査。近年はテロの警戒から厳しくなっている。

手荷物から出して申告するもの　液体（→P.86）は小分けし、透明袋に入れて手荷物とは別のトレイに入れてX線検査を受ける。**ノートパソコン**もカバンから出して検査する。作動するかどうかを確かめることもあるので、電源を入れられる状態で持ち込むこと。上着も脱いでX線を通す。厚底の靴は脱ぐように指示されることがある。

金属探知ゲートでの注意　ゲートを通るときは、ポケットの小銭や鍵を取り出しておくこと。最近はカプセル型の検査機も増えている。ここで引っかかったら、係員による身体検査や手荷物検査となる。

出国手続き　税関検査

✔ 帰国時に、海外で購入した物と間違われないための検査
✔ 該当品目がなければ素通りOK

外国製品の申告　時計、ネックレス、指輪、バッグなどの外国製品（いわゆる海外高級ブランド品など）を持ち出すときは税関で「外国製品の持出し届」を記入する。これを怠ると帰国時に外国からのおみやげ品とみなされて課税されることがある。現物を見せる必要があるので、預け入れ荷物に入れてしまわないこと。

多額の現金　100万円以上の現金または有価証券を持ち出す場合も税関で申告が必要となる。

出国手続き　出国審査

✔ 主要空港では顔認証ゲートが導入された

顔認証ゲート　成田、羽田、関空、中部などの空港では顔認証ゲートを導入している。自分の番が来たら、読み取り部分にパスポートの顔写真のページをあて、カメラに顔を認証させるだけ。

出国スタンプは押されない。身長135cm以上で、ひとりで機械の操作ができる人が対象で、子ども連れや出国スタンプが必要な人は、出国審査の列に並び、パスポートと搭乗券を提示すること。

搭乗　出国手続き後

✔ 搭乗口には出発の30分前までに
✔ パスポートと搭乗券は常に出しやすい場所に入れておく

免税店エリア　出国手続きを終えると免税店エリアがあり、その先には搭乗口が並んでいる。品揃えは限られるが旅行用品等も売られている。機内持ち込みの制限対象の化粧品等を買っておくのもおすすめ。ただし、乗り継ぎの人は再度保安検査があるのでNGだ。

搭乗口へ　出発時刻の20分前ぐらいから搭乗が開始される。最初に体の不自由な人や乳幼児と保護者、その後ファーストクラス、ビジネスクラス等の乗客、最後にエコノミークラスの乗客が案内される。所定の位置に並んでいる間に、係員がパスポートと搭乗券の照合をする。

機内の座席へ　改札ゲートを抜けると、いよいよ搭乗だ。飛行機の扉のところに立つ客室乗務員が最後の搭乗券の確認をするのと同時に、座席側の通路を案内してくれる。あとは番号を探せばよい。

機内　機内での過ごし方

機内食　ヨーロッパ到着までに2回食事が出る。12時間程度の直行便の場合は、離陸後2〜3時間後までにランチかディナー、目的地到着の1〜2時間前に朝食か軽食が出ることが多い。

空港　トランジット空港での過ごし方

　目的地までが乗継便の場合、飛行機を降りて**Transit**（ヒースロー空港はFlight Connection）の表示に向かって進む。**シェンゲン協定実施国**（→P.46）で乗り継ぎ、加盟国が最終目的地の場合は、最初の乗継地で入国審査が行われるが、この場合もTransitの表示に従う。一般の入国のゲートを通ってしまうと、制限エリアの外に出ることになってしまう。

補足
ボーディングタイム（搭乗開始時刻）
搭乗券に書かれているボーディングタイムは、搭乗開始時刻。どうせ長い列ができているのだから、いちばん最後に行こうと考えて、この時間より遅く行動するのはNG。搭乗開始からドアを閉めるまで20分程度しかないので、開始時刻前には必ず搭乗口へ行こう。搭乗がボーディングブリッジでなく、バスの場合は特に気をつけたい。

補足
飛行機の搭乗順
日本ではほとんどないが、乗り継ぎなどで小さな飛行機に乗る場合、登場順が「奥から」「窓側から」というふうに指定されることがある。機内の混雑を避けるための処置なので協力しよう。

補足
手荷物の収納
手荷物は座席上のコンパートメントに収納する。離陸後15分ぐらいはベルト着用のサインが出ているので、すぐに使いたいスマートホンやイヤホン、ミネラルウオーター等はあらかじめ出しておこう。

補足
トイレはいつ行く？
トイレは機内に数カ所あるので、近いトイレを確認しておこう。扉に"Occupied"とサインが出ていたら使用中、"Vacant"だったら空いている。客室乗務員がワゴンサービスをしているときは通路がふさがっていてトイレへ行くのもひと苦労。食事のあとや到着直前は混雑する。

長時間のフライトを快適に過ごすための便利グッズ

折りたたみスリッパ　靴を脱いでリラックスできる。ルームソックスでも代用可。

アイマスク　機内アメニティとして支給されることも。

マスク　保湿タイプのマスクがあると機内での乾燥対策になる。

ネックピロー　首の高さを固定できるので仮眠時の首回りの疲労を軽減できる。100円ショップでも売られている。

フットレスト　テーブルにかけて足を伸ばせるグッズ。足のむくみ対策に。

スマートホンスタンド　スマートホンに入れておいた映画や映像を見るときに便利。イヤホンも必須。

充電グッズ　電源プラグが付いていることが多い。長めのコードがあると安心。

乳液・リップクリーム　乾燥している機内では潤い対策が重要。機内持ち込み用の袋で100mℓ以下。保湿クリームもおすすめ。

メイク落とし　クレンジングウオーターやメイク落としシートなど。

ミネラルウオーター　機内でコップでもらうこともできるが手元にボトルがあると安心。

上着　夏の時期でも機内はエアコンが効き過ぎていて寒いことが多いので羽織る物があると安心。

空港到着～市内へ

関連項目

・シェンゲン協定実施国　　P.46

入国までの流れ

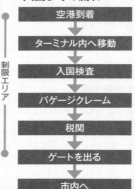

制限エリア

空港到着
↓
ターミナル内へ移動
↓
入国検査
↓
バゲージクレーム
↓
税関
↓
ゲートを出る
↓
市内へ

補足

フランクフルト空港の税関は厳しい

フランクフルト空港の税関検査は厳しく、申告義務のある物品を所持しているにもかかわらず、申告なしの通路を通った場合、高額な追徴金を課されることになる。特に機内に持ち込んだノートPCや仕事用の機材等は申告の対象になることが多い。

補足

ロストバゲージが起こる原因

ロストバゲージが起こる原因は乗り換え空港での荷物の積み残しや積み間違い等。そのため多くの便が発着するロンドンのヒースロー空港やパリのシャルル・ド・ゴール空港ではロストバゲージが起こりやすいといわれている。また、同じようなスーツケースを間違えて持っていかれることもあり得るのでネームタグを付けておくのも予防策になるかもしれない。

入国手続き　　入国審査

空港に到着したら**Arrival**の案内に従って進んでいくと入国審査（パスポートコントロール）のエリアに出てくる。

並ぶ列をよく確認　ヨーロッパの場合は**EU Passport**(EU圏内パスポート) とそれ以外 (**Non EU Passports**、**All Passports**、**All Other Passports**など)の列に分かれることが多い。

質問をされることも　多くの場合、パスポートの写真を本人と確認し、スタンプを押されるだけだが、場合によっては簡単な質問をされることもある。英語に自信がない人は、E-チケットの控えや宿泊ホテルの予約確認書など、滞在や帰国を説明できる書類を準備しておくといい。

入国手続き　　預け荷物の受け取り

指定のターンテーブルへ　入国審査を通過したら、"**Baggage Claim**"(イギリスは"**Luggage**") の表示に従って進む。自分が乗ってきたフライト番号が表示されたターンテーブルの前で待っていると出発時に預けた荷物が出てくる。

税関を抜けてゲートを出ると入国　預け荷物を受け取ったら税関へ。申告するものがない場合は緑色で表示された**Nothing declair**、申告するものがある場合は赤い表示の**Declair**のカウンターで手続きをする。

入国手続き　　荷物が出てこない

✓ 乗り継ぎ時間が1時間30分以内のフライトは要注意
✓ 荷物が出てこないときは控え証を持ってカウンターへ

ロストバゲージ　飛行機で正規の手続きをして預けた荷物は、運送協約の中で補償してくれることになっている。だから、荷物が出てこなかったら荷物を預けたときに渡された**クレーム・タグ Claim Tag**という預かり証を持って、空港内の遺失物係 (Lost & Found)のカウンターへ行き、すぐその場で申し出て補償を要求する。航空会社では荷物を探してくれ、見つかり次第ホテルに送ってくれる。荷物が届くまでの間、航空会社によっては所定の金額（数千円相当）を、身の回り品購入という名目で支給してくれる。

　海外旅行保険の**ロストバゲージ特約**（航空機寄託手荷物遅延特約）に入っている場合は帰国後に手続きすればよい。身の回り品を購入した際のレシートは保管しておこう。

空港でできること

✔ 現地のSIMカードを使うなら空港で買っておくのが楽
✔ 市内交通のICカード型乗車券を使うなら空港で

現地通貨の入手 市滞在日数が短いなら市内までの交通費と当日と翌日分の食費等をATMでキャッシングするか両替所で現地通貨を入手しておく。小額紙幣でもらうように心がけよう。

SIMカードの入手 空港到着ロビーにある携帯ショップならSIMカードの設定も頼めばやってくれることが多い。旅行客の対応にも慣れているので、市内のショップで購入するより安心だ。本体の設定言語を英語または現地語にして渡そう。

ホテルの予約 大きな空港なら到着ロビーにホテルの予約デスクがある。宿を決めていない場合は相談してみるとよい。

レンタカーの手配 国際大手のレンタカーのデスクがある。日本から予約していけば、手続きもスムーズ。混雑する市内を避けてダイレクトに目的地に行けるので無駄がない。

空港から市内へ

✔ バスが便利な空港と、鉄道での移動が便利な空港がある
✔ 市内を経由せず、目的の都市まで直接行ける空港もある

鉄道で市内へ ロンドン、フランクフルト、アムステルダム、ローマといった大都市の空港には鉄道が乗り入れており、市内までダイレクトに行くことができる。

ホテルの近くまで行ける空港バス 路線バスのほか、市内中心部のホテルを循環する便もある。市内のほか近隣の都市へ行くバスが発着していることも多い。

深夜・早朝はタクシー 早朝や深夜など公共交通機関がないときに利用せざるを得ないこともある。構内にある正しい乗り場から乗ること。相場も案内所などで聞いておくといい。

深夜に到着したら

　日本を昼頃に出発する便の場合、ヨーロッパの空港には夕方頃に到着、その後乗り換えて別の都市に行くと22:00〜23:00頃に到着することになる。深夜に地下鉄に乗ったり、そこからホテルまで歩くのは、初めての町では避けたいものだ。

タクシーを使う インフォメーションが開いていたら相場や乗り場を聞いておく。空港〜市内間は一定料金が決められており、バウチャーが買えることもある。

送迎サービスを利用 ホテルによっては、別料金だが空港まで迎えに来てくれる。予約時に申し込もう。ホテルで払う場合と運転手に払う場合があるので確認すること。

空港ホテルを予約 空港併設のテルを利用し、翌日に公共交通機関で町へ移動する方法。予約サイトなどで○○空港で検索すると、かなり広範囲にホテルをひろうが、送迎バスで空港まで戻る必要があり、トランジットでなければあまり活用できない。

レンタルWi-FiルーターをON
海外用レンタルWi-Fiルーターは通常は訪れる国（複数国のプランもある）ごとの契約なので、その国に到着してから電源を入れよう。日本や乗り換え空港で電源を入れると高額な追加料金が発生する可能性がある。

空港にあるホテル予約の窓口でもSIMカードを販売していることがある

フランクフルト空港の鉄道駅

ヒースロー空港のホテル送迎バス

送迎サービスを予約すると、利用者の名前や会社名を記したカードを手に持ったドライバーが到着出口で待っていてくれることが多いので安心

日本へ帰国

関連項目

帰国までの流れ

最終訪問都市のホテル
↓
空港へ移動
↓
チェックイン
↓
（免税手続き）
↓
保安検査
↓
出国審査
↓
搭乗
↓
日本到着
↓
検疫
↓
入国審査
↓
荷物の受取
↓
税関申告
↓
日本入国&自宅へ

（制限エリア）

　帰国便に乗る都市には余裕をもって到着するように心がけよう。セキュリティチェックの厳格化にともない、時間がかかることもあるので、出発時刻の2時間前までに空港に到着するようにしよう。

帰国前夜にしておくこと
帰国に向けて

荷物の仕分け　日本出発時と同じく、機内に預ける荷物と持ち込む手荷物を分け、パッキングをする。

みやげ物に注意　割れやすい物や液漏れのおそれがあるおみやげ（ワイン等のお酒や陶器など）は衣服等にくるんで保護し、スーツケースの中央部に入れるように工夫しよう。

免税書類　免税手続きをする人は申請書（あれば）、レシートなどをまとめておこう。長い列になっていることもあるので、不安な場合は早めに空港へ行こう。

空港到着～搭乗
出発空港

チェックイン　空港に到着したら搭乗する便の航空会社のカウンターへ。自動チェックイン機でできる場合も多い。

VAT（付加価値税）の払い戻し　EU諸国以外の旅行者は**EU圏外へ出るとき**にVATの払い戻しが受けられる。VATの払い戻しを受けるには購入した国によって条件は異なる。空港内の払い戻し手続きカウンターで書類と購入した品物を見せ、手続きを行う。

保安検査　保安検査には時間がかかる空港が多いので十分な時間の余裕をみよう。最終的に間に合わなくても、日本とは違い、**乗り遅れそうな客を探したりもせず飛行機は出発する**。この保安検査は状況に応じて、空港に入る前にも行われることがある。

出国検査　出国審査は簡単で通常は質問もされないが、近年は何かにつけて自動ゲートがあるので、QRコードが入ったボーディングパスとパスポートはスムーズに取り出せるようにしておこう。

免税店　普段町の中では敷居の高い一流ブランドを、空港で見て歩くのは楽しいもの。荷物を預けて身軽になったぶん、買い過ぎるかもしれないので気をつけて。

日本到着～入国
日本到着

空港到着　空港に到着したら表示に従って進み、検疫のカウンターへ。体調に特に問題がなければそのまま通過し、入国審査へ。帰国時も顔認証ゲート、自動化ゲートを利用することができる。審査が終わったらターンテーブルで預け荷物を受け取る。

パリのシャルル・ド・ゴール空港にある免税店

日本到着

税関申告

✔ ワインは3本、紙巻のたばこは2カートンが免税範囲
✔ オードトワレ、オーデコロンは香水ではなく、その他品目

免税範囲内でも申告書の提出が必須　免税範囲を超えていなくても、機内で配られる携帯品申告書に記入して日本の空港の税関に提出しなければならない。

　課税された場合は税関前の銀行で所定の税金を納める。別送品のある人も申告する必要があるので忘れずに。

日本到着

動物検疫・植物検疫

日本に持ち込めないおみやげに注意　ドイツのソーセージやイタリアの生ハムなどの**肉類や加工品は原則として持ち込みが禁止**されている。ただし、缶詰やレトルトパウチなど常温で長期保存加工がされているものは持ち込める可能性がある。また、植物の種子、フルーツ、球根なども持ち込めない。

乳製品と魚はOK　フランスやスイスのチーズ等の乳製品（肉類を含まないもの）のほか、ポルトガルのイワシの缶詰等の水産加工食品は日本へ持ち込みOK。

日本到着

到着時にできること

自宅に荷物を送る　おみやげなどで重くなったスーツケースは到着ロビーにある宅配便カウンターで自宅まで送ることができる。最終便が到着するまでオープンしている。

レンタルWi-Fiルーターの返却　海外で使ったレンタルWi-Fiルーターは帰国したらすぐに返却するのが楽。返却カウンターか返却ボックスに入れておけばよい。

日本への持ち込みが禁止されている物

麻薬、向精神薬、大麻、アヘン、覚せい剤、MDMA など
けん銃等の銃砲、これらの銃砲弾、けん銃部品
爆発物、火薬類、化学兵器原材料、炭疽菌などの病原体など
貨幣・紙幣・有価証券・クレジットカードなどの偽造品など
わいせつ雑誌、わいせつDVD、児童ポルノなど
偽ブランド品、海賊版などの知的財産侵害物品
家畜伝染病予防法、外来生物法、植物防疫法などで輸入が禁止されているもの

日本への持ち込みが規制されている物

ワニ、ヘビ、リクガメ、象牙などワシントン条約により持ち込みが規制されているもの。トラ、ヒョウ、クマなどの毛皮製品、ワニ革の財布、ベルトなどの加工品も含まれる。

事前に検疫確認が必要な生きた**動植物、肉製品**（生ハム、ソーセージやジャーキー類含む）、米など。加工された肉類は缶詰、レトルトパウチ（真空パックは除く）など、常温で長期保存ができるものは持ち込める可能性はあるが、動物検疫所（www.maff.go.jp/aqs）で渡航前に確認を。植物は税関検査の前に検疫カウンターでの検査が必要。

猟銃、空気銃、刀（刃渡り15 cm以上）は公安委員会の所持許可を受けるなど所定の手続きが必要。

医薬品および医薬部外品は2ヵ月ぶん以内（処方せん医薬品は1ヵ月ぶん以内）、外用剤（処方せん医薬品は除く）は1品目24 個以内、化粧品は1品目24 個以内。医療用具は1セット（家庭用品のみ）。

携帯品・別送品申告書

ネットのつなぎ方

P.120	ホテルの無料Wi-Fi	**P.121**	現地のプリペイドSIMカード
P.120	カフェの無料Wi-Fi		
P.120	公共スペースの無料Wi-Fi		
P.121	レンタルWi-Fiルーター		

関連項目

・旅先でモバイル通信　　P.88

アプリ

無料Wi-Fi検索アプリ

●WiFi Map

iPhone　　　　Android

テクニック

空港など公共スペースの無料Wi-Fi

SSID を検出

↓

ブラウザを立ち上げる

↓

SMS の電話番号を入力

↓

送られてきたアドレスに
アクセスする

↓

登録情報を
入力して利用開始

ヨーロッパではホテルのロビーやカフェで無料の無線LAN（Free Wi-Fi）が使えることが多い。また、旅行者でも利用しやすいプリペイドSIMカードも容易に入手することができる。

ネット接続	**ホテルの無料Wi-Fi**

✔ 客室によってはつながらないことも
✔ チェーン系の高級ホテルは有料の場合も多い

フロントでパスワードを確認　大手のホテルでは、セキュリティのため部屋ごとにパスワードが与えられ、その場合は部屋に接続方法が書いてあったり、テレビ画面を操作してパスワードを探す。

ネット接続	**カフェの無料Wi-Fi**

✔ チェーン系の店はレシートにパスワードが印字されていることも
✔ 英語で聞くなら"What's the password for the Free Wi-Fi?"

店の表示をチェック　ネット接続を目的にカフェに行くなら、Free Wi-Fi、HotSpotなどの表示を目印にしよう。店の入口やガラス窓にステッカーが貼られているのですぐわかる。パスワードは購入したドリンクのレシートに書いてあることが多い。

ネット接続	**公共スペースの無料Wi-Fi**

空港やターミナル駅等　大きな空港の場合は無料Wi-Fiが使えることが多い。ただし、現地の携帯番号が必要となることも多く、1日30分までなどの時間制限があることも多い。

Google Mapのオフライン活用法

検索窓左側にあるオプションメニューを開く　　オフラインマップをタップする　　ダウンロードをタップ　　オフラインマップのメニューに表示される

空港アクセス
チェックイン
出国手続き
空港到着
日本帰国
ネットに接続
郵便と電話
トラブル回避

ネット接続　レンタルWi-Fiルーター

自動バックアップ設定をOFF　iCloudやGoogleフォトといったバックアップの自動設定は大きなデータ量を使うため、場合によっては通信制限がかかることがあるので切っておこう。

目的地に着いたら電源ON　目的地に到着したら電源を入れて、本体に表示されているSSIDを選択し、パスワードを入力すれば接続できる。

1日の通信量に注意　料金プランによっては1日の通信量が250MBなどと制限されていることが多い。特に動画の閲覧は1分閲覧しただけで100MBほど使うことがあるので注意しよう。

ネット接続　現地のプリペイドSIMカード

複数国対応SIM　ヨーロッパ主要国で使えるSIMカードも売られている。数ヵ国を周遊する場合はそのつどSIMカードを入れ替える必要がないので便利。ただし通信会社の本国以外ではデータ通信がLTEではなく3Gのみという場合もある。

設定方法をよく確認　iPhoneの場合はWi-Fi環境が必要な場合もある。店舗スタッフに渡して設定してもらうのが安心。AndroidはAPN等の設定が自分でできるので説明書を見ながらでも簡単にできる。

DATA

おもなレンタルWi-Fi取り扱い会社

● **グローバルWiFi**
FREE 0120-510-670
URL townwifi.com

● **イモトのWi-Fi**
FREE 0120-800-540
URL www.imotonowifi.jp

● **Wi-Ho（ワイホー）**
TEL (03) 3239-3287
URL www.wi-ho.net

● **ジャパエモ**
FREE 0120-913-394
URL www.kaigai-wifi.jp

● **JAL ABC Wi-Fi**
FREE 0120-086-072
URL www.mobile.jalabc.com

アプリ

通信料測定アプリ

● **My Data Manager**

iPhone 　Android

INFORMATION

ヨーロッパでスマホ、ネットを使うには

　スマホ利用やインターネットアクセスをするための方法はいろいろあるが、一番手軽なのはホテルなどのネットサービス（有料または無料）、Wi-Fiスポット（インターネットアクセスポイント。無料）を活用することだろう。主要ホテルや町なかにWi-Fiスポットがあるので、宿泊ホテルでの利用可否やどこにWi-Fiスポットがあるかなどの情報を事前にネットなどで調べておくとよい。ただしWi-Fiスポットでは、通信速度が不安定だったり、繋がらない場合があったり、利用できる場所が限定されたりするというデメリットもある。そのほか契約している携帯電話会社の「パケット定額」を利用したり、現地キャリアに対応したSIMカードを使用したりと選択肢は豊富だが、ストレスなく安心してスマホやネットを使うなら、以下の方法も検討したい。

☆ 海外用モバイルWi-Fiルーターをレンタル

　ヨーロッパで利用できる「Wi-Fiルーター」をレンタルする方法がある。定額料金で利用できるもので、「グローバルWiFi（[URL] https://townwifi.com/）」など各社が提供している。Wi-Fiルーターとは、現地でもスマホやタブレット、PCなどでネットを利用するための機器のことをいい、事前に予約しておいて、空港などで受け取る。利用料金が安く、ルーター1台で複数の機器と接続できる（同行者とシェアできる）ほか、いつでもどこでも、移動しながらでも快適にネットを利用できるとして、利用者が増えている。

　海外旅行先のスマホ接続、ネット利用の詳しい情報は「地球の歩き方」ホームページで確認してほしい。
[URL] http://www.arukikata.co.jp/net/

▼グローバルWiFi

郵便と電話

　SNSやメールでほとんどのことは事足りるが、海外から絵ハガキを送ってみると旅の思い出にもなる。

スペインの郵便ポスト

郵便事情　ハガキの出し方

✔ JAPAN AirMailと書けばあとは日本語でOK
✔ 切手は郵便局のほかキオスクやタバコ屋でも買える

航空便で4〜8日　切手は郵便局やたばこ屋などで売っている。航空便で東京まで4〜8日。ポストは赤とはかぎらないから見逃さないように。ミュージアムショップなどで絵ハガキを買ったら一緒に切手も買っておくのが確実。

JapanとAirmail　宛名は、日本へ送る場合は日本語で書けばいい。ただし、大きい字でわかりやすく"JAPAN"と英語で入れる。また"Air Mail""Par Avion"など航空便であることを示す文字も欧文で記入すること。

郵便事情　小包の出し方

✔ 大きな郵便局へ行くのが確実
✔ SAL便やPrinted Matter(印刷物のみ)を使うと割安

大きな郵便局へ　小さな郵便局では重い小包を扱わないところもあるので、なるべく大きな郵便局に行こう。

送付の手続き　窓口では、税関手続きのために渡されるカードに、宛先、差出人の住所(ホテルの住所でよい)、氏名、小包の内容と金額などを書き込む。

航空便・船便・SAL便　料金は重さや大きさによって異なるが、航空便の場合はかなり高い。船便は安いが到着まで2〜3ヵ月ぐらいみておこう。船便と航空便を組み合わせたSAL便の場合は航空便より安く、船便より早く着く。所要日数は国によっても異なるが、到着まで2週間前後が目安。

税関申告を忘れずに　小包を送った場合、帰りに日本の空港で別送品の申告をすること。高価な物を送るときは保険をかけよう。

郵便事情　民間運送会社

✔ 運賃は高いけれど、早くて確実
✔ フロントでお願いすればホテルに集荷に来てくれる

国際宅配便　DHLやFedEx、UPSなど数社あり、ヨーロッパ各地から日本に荷物を送ることができる。料金は郵便局よりかなり高いが、手続きも簡単でスピーディ。確実に早く届くため、利用価値が

テクニック
小包用の箱の確保

イギリス、ドイツ、フランス、スイスなどの郵便局では小包用のパッケージを用意している(もちろん有料)。郵便局によっては、郵便用のグッズショップを併設しているところもある。売っていないときは、文具店を探そう。

テクニック
本・書類だけなら割安

送るものが本や書類だけなら、印刷物(英語でPrinted matterまたはフランス語でImprimé)と指定すると割安になる。税関に書類を提出する必要もない。

URL
おもな国際宅配便
●DHL
URL www.dhl.com
●FedEx
URL www.fedex.com
●UPS
URL www.ups.com

高い。電話やウェブサイトで集荷に来てもらうこともできる。

日系の運送会社 クロネコヤマトや日通はヨーロッパの大都市に支店があり、日本語で手続きができるので、おみやげの発送に便利。

空港アクセス

チェックイン

出国手続き

空港到着

日本帰国

ネットに接続

郵便と電話

トラブル回避

電話事情 公衆電話

公衆電話は少ない 携帯電話の普及による需要の低下や維持管理コストもあり、ヨーロッパでは公衆電話はあまり見かけなくなった。とはいえ空港やターミナル駅等には設置されていることも多い。

テレホンカード 電話局やキオスク等で売られている。通常の挿入式とスクラッチカードでID番号を入力する方式がある。

通話アプリ 通話アプリで国際電話をかける

海外からでも日本と同じ通話料 月額利用料がかかる場合もあるが、通話アプリを使えば国際電話も格安でかけることができる。無線LAN環境があれば利用価値が高い。

通話アプリの使い方 通話アプリの利用には利用者登録や番号の取得といった手続きが必要となる。月通話料金はクレジットカードやプリペイド方式が多い。

同じアプリ間は無料 LINEやSkypeは同アプリ間での通話は無料。ただし、固定電話にかけると通話料が発生する。

通話アプリ ヨーロッパの通話アプリ

WhatsAppが普及 ヨーロッパで最も普及している通話アプリはWhatsApp(ワッツアップ)。LINEのようなスタンプ機能はないが、写真や動画などを送ることができ、チャットもできる。日本や東アジアで普及しているLINEはスペインで若干普及している程度。

DATA
日系の国際宅配便会社
●欧州ヤマト運輸
URL www.yamatoeurope.com
イギリス、フランス、ベルギー、オランダ、ドイツ、スペイン、オランダ
●日本通運
URL www.nittsu.co.jp/sky
イギリス、フランス、ドイツなど13ヵ国で展開している。

アプリ
SMARTalk
iPhone　　　　　Android

050 plus (月額利用料330円)
iPhone　　　　　Android

WhatsApp (ワッツアップ)
iPhone　　　　　Android

ヨーロッパから日本への電話のかけ方

国際電話識別番号		日本の国番号		最初の0を取った相手先の電話番号	固定電話、携帯電話ともに最初の0は取る
00	+	**81**	+	**3-1234-5678**	

日本からヨーロッパへの電話のかけ方

国際電話会社の番号		国番号		市外局番または携帯電話の最初の0を取った相手先の電話番号
	+		+	

KDDI **001**※1			
NTTコミュニケーションズ **0033**※1			
ソフトバンク **0061**※1			
au携帯 **005345**※2			
NTTドコモ **009130**※3			
ソフトバンク携帯 **0046**※4			

国	番号	国	番号
イギリス	44	チェコ	420
イタリア	39	デンマーク	45
オーストリア	43	ドイツ	49
オランダ	31	ノルウェー	47
ギリシャ	30	フィンランド	358
クロアチア	385	フランス	33
スイス	41	ベルギー	32
スペイン	34	ポルトガル	351

市外局番がない国の場合

イタリア	最初の0も含めたすべての番号をかける
フランス ベルギー	最初の0を取った番号をかける

※1「マイライン」国際区分に登録している場合は不要。詳細はURL www.myline.org ※2 auは005345をダイヤルしなくてもかけられる
※3 NTTドコモは事前登録が必要。009130をダイヤルしなくてもかけられる ※4 ソフトバンクは0046をダイヤルしなくてもかけられる

旅のトラブル回避法

関連項目

URL

外務省の海外安全ホームページ

URLwww.anzen.mofa.go.jp

外務省では海外安全ホームページで多くの国と地域の安全情報を提供している。これらは各国の日本大使館や領事館から送られてきた犯罪状況、日本人の被害例、防犯対策、健康上の留意事項など多岐にわたる。

補足

置き引きや盗難に遭いやすい場所

●ホテル

ホテルのロビーや部屋は要注意。小さな宿は、出入りの人を管理できるので案外盗難が少ない。ユースホステルのロッカー、ロビー、食堂なども要注意。ロッカーのカギが付いていないところもあるのでダイヤル式ロックや南京錠を持ち歩くといい。

●列車の中

大きな荷物は自分のコンパートメント内の目の届く所に置くこと。夜行列車で眠るときは、何かに縛りつけ、カギをかけるくらいの注意が必要だ。

●鉄道駅・列車内

混雑する駅や車内では、ゴロゴロは、後ろに置いて引っ張るのではなく、前に置いて押し出すように転がすほうが目が届いて安全。

●地下鉄駅

地下鉄駅の乗り換え口のエスカレーター、自動改札など、駅はスリの仕事場。数人がグルになっているプロの仕事場だ。

補足

署名・募金式スリ

署名活動や募金活動を装い、旅行者に近づき、名前等をクリップボードに記入させているうちにバッグから財布を抜き取るというスリの手口。

旅行中は、どんな場合でも(たとえ一流ホテルでも) 荷物の管理は自分でするもの。荷物を盗られたり、置き忘れをしたら、まず出てこないと考えよう。ホテルや鉄道会社で弁償したり、警察が探してくれるということはあり得ない。

盗難と詐欺　スリと置き引き

✔ 荷物の持ち方に気をつける
✔ 荷物を置いたまま席から離れない

　こちらがスキを見せるとその手のプロは見逃さない。地図を見てウロウロしている日本人を見たらカモがやってきたと手ぐすね引いて待っている。特に大都市では、緊張感をもって行動したい。

切符を買うときから狙われている　地下鉄や鉄道の切符売場で切符を買うときからスリは狙っている。つまり**財布をどこから出すのか**を見ているのだ。その後旅行者に近づき、混雑した車内で確実に財布を盗む。

子供のスリ集団　子供たちが数人でやってきて、新聞紙や段ボールを目の前に広げてそのスキにバッグから財布を抜き取る。母親役がいる子連れスリ集団にも注意。

荷物の持ち方　カバンはしっかり抱えて常に目の届く前方で持つこと。デイパックの場合は施錠をしたり、**人混みでは体の前で持つ**ように心がけよう。**ショルダーバッグは斜めがけで持とう。**冬ならコートやジャケットの下に持つのも有効な対策だ。

荷物を置いてその場を離れない　場所を確保するためにカバンを置いてその場を離れることは、「そのカバンを盗ってください」と言っているようなもの。しかし、荷物をワイヤーロックなどで固定して離れると、今度はテロに間違われる恐れがあるので、荷物は常に手元においておくこと。

盗難と詐欺　劇場型スリ

✔ わざわざ日本人観光客に道を訪ねてくる人に注意
✔ 頼まれたら断りづらい日本人の心理を巧みに利用する

親しげに話しかけて来る人　旅行者を装ってお金をたかる寸借詐欺師、親切に切符を買ってあげるといってお金をだまし取る詐欺師も日本人旅行客をカモにしている。日本語を話す外国人、そして日本人だからといって安心してはいけない。

汚れを拭いてあげる式　洋服にケチャップやアイスクリームを付け「ごめんごめん」と親切そうに拭き取る間に金品を持ち去る。

空港アクセス
チェックイン
出国手続き
空港到着
日本帰国
ネットに接続
郵便と電話
トラブル回避

盗難と詐欺	詐欺の手口

✔ 一般市民は日本人観光客に話しかける用はあまりない
✔ ニセ警官には毅然とした態度、またはすぐに立ち去る

演技派集団に狙われる 暴力バーの客引きは演技力に長けている。旅行者のように振る舞い、**仲よくなったフリをしてバーに連れていき、法外な料金を請求する**トラブルもよく報告されている。自分も被害者のフリをして支払い、旅行者にも支払わせるという手口もある。初対面なのにやたら愛想がいい人には注意したほうがいいかも。すべてを疑って疑心暗鬼になるのも考え物だが、警戒心は常にもっておきたい。

「財布を見せろ」というのはニセ警官 ヤミ両替の捜査などと口実を付けてパスポートや財布を提示させ、**財布の現金を調べるフリをして高額紙幣を抜き取る。**警察署で応じる、日本大使館で応じる等毅然とした態度で臨むか、言葉がわからないフリをして相手にしないのが得策だ。

病気やケガ	疲労から来る風邪や下痢

ゆっくり休養する 旅行中いちばん多い病気は**風邪や下痢。**1日ゆっくり眠って、すぐ回復する程度なら問題ない。無理をして旅を続けたりするとこじらせることになる。旅の過労も遠因になっているのだから休養がいちばんだ。疲れたかなと思ったら、無理せず休養を取ろう。

病気やケガ	回復しないときは病院へ

ホテルのスタッフに相談 休養を取っても回復する様子がなければ、泊まっているホテルの人に、最寄りの病院を教えてもらう。ホテルの人は慣れているので日本語または英語で対応できる旅行者向けの病院を知っている。大きな都市では当番制で休日も開いている病院がある。また、ロンドンには日系の総合医療センターがある。

病気やケガ	海外旅行保険

保険会社のコールセンターに連絡
↓
対応・提携の病院を紹介してもらう
↓
治療を受ける
↓
帰国後に支払った医療費を請求

海外旅行保険には必ず入ろう 海外旅行保険に加入（→P.66）していれば、現地のアシスタンスサービスが受けられる。主要都市の連絡先は加入時に渡される小冊子に出ており、多くが24時間日本語対応だ。病院の紹介や手配のほか必要なら通訳の派遣なども行ってくれる。ヨーロッパは一般に医療費が高額なので、支払いの面からも海外旅行保険に必ず加入しておこう。

キャッシュレス医療 保険会社が提携する医療機関に治療費を支払ってくれるため、旅行者が支払う必要がないサービス。保険証書などを提示する必要がある。

補足

ローマで有名なミサンガ詐欺
日本人サッカー選手の名前を叫びながら近づき、フレンドリーに話しながら友達の印などといってミサンガを腕に巻きつけお金を請求する。ローマのスペイン広場等でよく出没する。

補足

ロンドンにある日系医療機関
●ロンドン医療センター
🏠234-236 Hendon Way, Hendon Central London NW4 3NE United Kingdom
☎(英国の国番号44)20-8202-7272
URLwww.iryo.com
●ジャパングリーンメディカルセンター
🏠10 Throgmorton Ave, London EC2N 2DL United Kingdom
☎(英国の国番号44)20-7330-1750
URLwww.japangreen.co.uk
●日本クラブ・メディカルクリニック
🏠60 Grove End Rd, London NW8 9NH United Kingdom
☎(英国の国番号44)20-7266-1121
URLwww.nipponclub.co.uk/clinic

補足

クレジットカード付帯の海外旅行保険
クレジットカードには海外旅行保険が付帯しているものがあるが、カードによって補償内容が異なるので、本当にクレジットカードの保険だけで大丈夫かよく検討しよう。
●**自動付帯と利用付帯**
注意しなくてはならないのは、その保険が自動付帯か利用付帯のどちらなのか。自動付帯の場合は、カードをもっているだけで有効だが、利用付帯というのは、そのカードを利用して旅行に関連する交通費などで利用した場合のみ保険が適用されるシステム。
●**補償内容と限度額**
事故死／後遺障害を例にみると、任意で入る海外旅行保険並みに補償が手厚いものもあるが、ケガや病気をしたときの治療費の限度額や賠償責任は低いものが多く、よほど年会費の高いクレジットカード以外、カード1枚の付帯保険ではいざというときに不安が残る。
●**異なるカード会社のカードで合算**
異なるカード会社が発行するカードをもつことで、付帯保険の補償が合算されることもある。

交通機関 ## 列車や飛行機のストライキ

頻繁にあるスト 鉄道のストライキはヨーロッパ諸国では頻繁にある。だから、スケジュールも万一のことを予想して、ある程度の余裕をもって組まなければいけない。

待つほうが確実な場合も どうしても急ぐ場合は、鉄道を飛行機に変えるとか、レンタカーを借りる等の手段が考えられるが、当然ほかの交通機関も混雑する。そのままスト解除を待ったほうが早かったという場合もある。

交通機関 ## 飛行機のキャンセル

早めに空港に行って対処 飛行機は安全のため、ちょっとしたエンジントラブルや気象条件で欠航しやすい。欠航時の対処は、持っているチケットの種類にもよるが、一刻も早く空港に行き、条件のいいうちに対処すること、そして自己主張をきちんとすることだ。他社便に振り替えてもらえることもあるので、どの航空会社がどのルートを持っているかを把握していると心強い。

トラブル対処法　ケース①
パスポートをなくしたら

　パスポートの管理は現金や貴重品以上に気を配ろう。もしものためにパスポートのコピーを取っておいたり、パスポート番号を控えたり、申請用の写真のをカバンの中に入れておくと、いざというときに安心。帰国便が迫っている等の緊急時には「帰国のための渡航書」を1～3日で発給してもらうこともできる。

警察で「盗難・紛失証明」	最寄りの警察へ行き、「盗難・紛失届証明」を発行してもらう
帰国までの日程を確認	帰国便の変更の可否、滞在の延長等を検討する
必要書類を揃える	写真や本人確認書類を確認・準備
最寄りの日本大使館、総領事館へ	旅券の紛失届けの申請をしたあと、新規発給（所要7～10日）または帰国のための渡航書（所要1～3日）の申請

紛失届けに必要なもの

1. **紛失一般旅券等届け出書**
   大使館、領事館に置いている
2. **盗難・紛失届証明**
   現地警察等で発行してもらう
3. **身元確認書類**
   運転免許証等
4. **写真1枚**（縦4.5cm×横3.5cm）

新規発給に必要なもの

1. **一般旅券発給申請書**
   大使館、領事館に置いている
2. **戸籍謄（抄）本**
   代理申請し日本から送ってもらう
3. **写真1枚**（縦4.5cm×横3.5cm）
4. **発給手数料**
   10年用旅券1万6000円
   5年用旅券1万1000円相当の現地通貨（現金のみ）

※IC旅券作成機が設置されていない公館（アイスランドのほかクロアチアなど旧ユーゴスラビア諸国）では写真2～4枚が必要となる可能性がある。

帰国のための渡航書の発給に必要なもの

1. **渡航書発給申請書**
   大使館、領事館に置いている
2. **盗難・紛失届証明**
   現地警察等で発行してもらう
3. **日本国籍を証明する書類**
   戸籍謄（抄）本、パスポートのコピー、運転免許証、国外運転免許証、マイナンバーカード等
4. **E-チケットまたは旅程表**
   旅行会社が作成した旅行日程表など
5. **写真1枚**（縦4.5cm×横3.5cm）
6. **発給手数料**
   2500円相当の現地通貨（現金のみ）

※詳細は外務省HP（URL www.mofa.go.jp/mofaj/toko/passport/pass_5.html）にてご確認ください。

トラブル対処法　ケース②
置き引きや盗難に遭ったら

　置き忘れ、紛失は急いでいるときに起こりやすい。常に余裕をもって行動することを心がけよう。列車内で置き引きに遭った場合は車掌に、駅構内で置き引きに遭った場合は鉄道警察か最寄りの警察署へ届けよう。

落ち着いて状況を確認	何をどこで盗まれたか、置き忘れではないかなど現在の状況を冷静に確認する
警察に連絡	「盗難・紛失届証明」を発行してもらう
関係諸機関に連絡し手続きを取る	パスポート、クレジットカードなど、必要に応じて再発行の手続きを取る

トラブル対処法　ケース③
現金をなくしたら

　現金を紛失したり、盗難に遭ったら保険の対象外。戻ってくることはまずない。対策としては、現金を複数の場所に保管しておこう。

| 対処法を考える | 残りの現金の確認や、帰国までに必要な滞在費がいくらぐらいなのかを冷静に計算してみる |
| クレジットカードでキャッシング | もしもの場合に備えて、予備のクレジットカードは現金と同じ場所に入れておかないように |

トラブル対処法　ケース④
クレジットカードをなくしたら

　不正な使用を防ぐためにすぐにカード会社に連絡を。トラブル対策も兼ねてクレジットカードは何枚か持っていると心強い。カード番号やカード会社の緊急連絡先は控えておこう。帰国後はカード会社に連絡し、なくしたカードが悪用されていないか明細書をチェックしよう。

クレジットカードの発行会社に連絡	紛失・盗難されたカードが悪用されないように、すぐにカードの無効処置をしてもらう
警察に連絡	「盗難・紛失届証明」を発行してもらう
帰国後に再発行の手続き	カード会社によっては現地で再発行、または緊急利用のカードの発行ができることもある

空港アクセス　チェックイン　出国手続き　空港到着　日本帰国　ネットに接続　郵便と電話　トラブル回避

盗難・紛失届作成依頼

盗難・紛失に遭ったら以下の空欄を埋めて警察に見せ、書類を作成してもらおう

盗難・紛失証明書を作成してください。
To Police Officer : I need a police certificate.
Please use following information when making the report.

Last name:姓　　　　**First name:**名　　　　**Nationality:**国籍

Contact address in this country:滞在先住所またはホテル名

Time of occurrence:いつ

day:日　　　　**month:**月　　　　**approx. time:**〜時頃

Where:どこ

☐ **hotel:**ホテル　☐ **airport:**空港　☐ **taxi:**タクシー　☐ **on the street:**路上で

☐ **station:**駅　☐ **train:**列車　☐ **bus:**バス

Stolen / lost articles:盗まれた（なくした）もの

☐ **handbag:**ハンドバッグ　☐ **shoulder bag:**ショルダーバッグ　☐ **backpack:**バックパック

☐ **suitcase:**スーツケース　☐ **camera:**カメラ　☐ **Tablet PC:**タブレット

☐ **lap top PC:**ノートパソコン　☐ **digital camera:**デジタルカメラ　☐ **Smart Phone:**スマートホン

☐ **wallet:**財布　☐ **cash (　　　　　) JPY　€　US$　£:**現金

☐ **Passport:**パスポート　☐ **Credit Card:**クレジットカード

☐ **international driving permit:**国外運転免許証　　　☐ **other:**その他

Description of perpetrator:加害者の特徴

Build:体格

☐ **average:**中肉中背
☐ **fat:**太っていた
☐ **slim:**やせていた
☐ **tall:**背が高い
☐ **short:**背が低い

Hair color:髪の色

☐ **blond:**金髪
☐ **brown:**茶
☐ **black:**黒
☐ **other:**その他

Race:人種

☐ **Caucasian:**白人
☐ **Black:**黒人
☐ **Asian:**東洋人
☐ **other:**その他

Age:年齢　　**aprox. aged (　　　)** およそ〜歳

Sex:性別　　　☐ **male:**男性　　　☐ **female:**女性

交通手段、予約&乗り方詳細ガイド

ヨーロッパ域内の**移動**

移動手段の比較

P.130 LCC、鉄道、バスの比較
P.131 主要交通機関の比較例
（飛行機、鉄道、バス）

移動手段の選択には距離や早さはもちろん、コスト、快適さ、便利さなども関わる。また、町の中心から長距離交通ターミナルの移動も含めて検討してみよう。

	LCC（格安航空）	鉄道	バス
チケット予約	★ 基本的にウェブサイトのみで、店頭や空港での販売は原則行っていない。	★★ 当日でも駅の窓口で買える。ウェブサイトで予約し、駅で発券することも可能。	★ 大手バス会社ならウェブサイトで予約可能。バスターミナルの窓口でも買える。
運賃	★★ シーズンや予約のタイミングによっては格安になるが、直前や便利な時間帯は高くなる傾向にある。	★★ 早期割引運賃でかなり安くなることもあるが、高速列車は他と比べて割高。	★★ もともと安いが、ウェブサイトのキャンペーン料金はかなり安くなることも。夜行バスは高め。
ターミナルへの移動	★ 町の中心からかなり離れた空港を使うこともあり、深夜早朝便はタクシーを使わないと間に合わないことも。	★★ 中央駅は町の中心にあることが多い。大都市の場合、複数のターミナル駅があることも。	★ 町の中心近くにバスターミナルがある町もあるが、中心から離れた所にバス停があることも多い。
移動時間正確さ	★★ おおむね正確で早い。LCCは会社によっては保有機材が少なく、1回遅れると次のフライトも遅れる。	★★ 長距離国際列車は遅延することがあるが、国内路線や高速列車はおおむね正確なことが多い。	★ 渋滞や道路状況、天候等により、かなり遅延することがある。
運行頻度	★ 会社あたりの運航便数は多くはないが、全体の便数で見ると主要都市間はかなりの頻度で運航されている。	★ 主要幹線区間は1時間に2便以上運行されているほか、近郊の通勤列車もかなりの頻度で運行されている。	★ 鉄道がメインの国では主要都市間でも便数が少ないことが多く、国際路線の場合は週数便という路線も。
荷物	★★ 会社によって規定が大きく異なるが、預け荷物は有料のことが多い。機内持ち込みの荷物にも細かい規定があることが一般的。	★★ 網棚に入れることが多いが、席を離れるときに注意が必要。空港行きの特急は専用の荷物置き場があることも。	★★ 乗車時にトランクに積み込むので、盗難の可能性は低い。国によっては別料金を取る場合もある。
座席	★ ピッチが狭く、窮屈なことが多い。座席指定が有料な場合も多い。	★★ 2等車でも広々とした造りのことが多く、ゆったりと足を伸ばせる。	★★ 4列座席が多い。長時間の乗車はきついが、2～3時間ごとに休憩がある。
国境通過	★★★ シェンゲン圏内の移動はパスポートのチェックは原則的にない。バカンスシーズンは混み合うこともある。	★★ 国境駅で列車を乗り換える場合は各自パスポートチェックを受けてスタンプをもらってから乗り換える。	★★ シェンゲン圏以外の国へ移動する場合は国境で降りて各自パスポートチェックを受けることもある。

交通機関を比較できるサイト＆アプリ

出発地と到着地を入力すると飛行機、鉄道、バスの便が同時に検索でき、チケットの予約も可能な便利な比較サイト

オミオ Omio
URL www.omio.com

iPhone   Android

コンビトリップ Combitrip
URL www.combitrip.com

iPhone   Android

移動手段の比較

LCC

ヨーロッパ鉄道

長距離バス

レンタカー

ロンドン→パリ （直線距離約344km）

	イージージェット（格安航空）	**ユーロスター**（高速列車）	**ユーロラインズ**（国際バス）
行程	ロンドン市内中心部 ↓ ルトン空港 ↓ シャルル・ド・ゴール空港 ↓ パリ市内中心部	セント・パンクラス駅 ↓ パリ北駅	ヴィクトリア・コーチステーション ↓ ドーヴァー海峡 ↓ ガリエニ国際バスターミナル ↓ パリ市内中心部
所要	フライト時間:**1時間20分** 空港〜市内の合計:**約2時間**	乗車時間:**2時間23分**	乗車時間:**8時間**
運賃	運賃:**約7504円**	運賃:**約1万1580円**	運賃:**約3360円**

パリ→ミラノ （直線距離約640km）

	イージージェット（格安航空）	**TGV**（高速列車）	**ユーロラインズ**（国際バス）
行程	パリ市内中心部 ↓ シャルル・ド・ゴール空港 ↓ マルペンサ空港 ↓ ミラノ市内中心部	パリ・リヨン駅 ↓ ミラノ・ポルタ・ガリバルディ駅	パリ市内中心部 ↓ ガリエニ国際バスターミナル ↓ ランプニャーノ・バスターミナル ↓ ミラノ市内中心部
所要	フライト時間:**1時間30分** 空港〜市内の合計:**約2時間**	乗車時間:**8時間40分**	乗車時間:**15時間**
運賃	運賃:**約6853円**	運賃:**約4680円**	運賃:**3480円**

フランクフルト→アムステルダム （直線距離約420km）

	KLMオランダ航空	**ICE**（高速列車）	**レジオジェット**（国際バス）
行程	フランクフルト市内中心部 ↓ フランクフルト・マイン空港 ↓ アムステルダム・スキポール空港 ↓ アムステルダム市内中心部	フランクフルト中央駅 ↓ アムステルダム中央駅	フランクフルト中央駅前 ↓ アムステルダム・ スローテルダイク駅 ↓ アムステルダム市内中心部
所要	フライト時間:**1時間15分** 空港〜市内の合計:**約2時間**	乗車時間:**3時間59分**	乗車時間:**7時間15分**
運賃	運賃:**約1万2500円**	運賃:**約5012円**	運賃:**約3182円**

フランクフルト→プラハ （直線距離約515km）

	チェコ航空	**ICE・ICバス乗り継ぎ**	**ユーロラインズ**（国際バス）
行程	フランクフルト市内中心部 ↓ フランクフルト・マイン空港 ↓ プラハ・ヴァーツラフ・ハヴェル空港 ↓ プラハ市内中心部	フランクフルト中央駅 ↓ ICE ニュルンベルク中央駅 ↓ ICバス プラハ本駅	フランクフルト中央駅前 ↓ プラハ・フロレンツ・ バスターミナル
所要	フライト時間:**1時間25分** 空港〜市内の合計:**約2時間**	乗車時間:**6時間10分**	乗車時間:**7時間30分**
運賃	運賃:**約1万30円**	運賃:**約3588円**	運賃:**約1920円**

最安値で手配した場合の料金目安　　　　　料金は2019年9月現在（€1≒120円、£1≒130円で計算）

LCC（格安航空会社）

LCC（Low Cost Carrier=格安航空会社）はヨーロッパ域内の移動の主役のひとつ。予約時期をうまく選べば鉄道やバスよりも安く移動できることも。

関連項目

・シェンゲン協定実施国　　P.46
・機内持ち込みサイズの手荷物　P.102

補足

ライアンエアRyanair

URL www.ryanair.com

ヨーロッパ最大の格安航空会社で、路線網もヨーロッパ最大級。アイルランドのダブリン空港やロンドンのスタンステッド空港をハブ空港として利用している。ライアンエアの魅力はとにかく「安さ」。それでも既存の航空会社よりも格段に安い場合が多い。もうひとつの大きな特徴は中心部から遠く離れた空港を利用することが多いという点。

イージージェットeasyJet

URL www.easyjet.com

ライアンエアに規模は少し劣るものの、安さと利便性が魅力の航空会社。ライアンエアと違って表示価格は最初から税・手数料込みなのでわかりやすい。イージージェットは町のメインの空港を使うことが多く、空港からのアクセスが便利。

ボーヴェ空港
一部LCCが利用

約70km

メインの巨大空港
シャルル・ド・ゴール空港

約23km

パリ
市内

約14km

かつてのメイン空港
オルリー空港

LCC　ヨーロッパのLCC基礎知識

✔ ライアンエアとイージージェットが2強
✔ かなり有名な会社でも突然倒産することがある

生き残った2強　ヨーロッパでは1990年代のイギリスで南欧に向かうリゾート客向けの格安航空会社が誕生した。その後多くの会社が乱立し、価格競争を繰り広げた。100社以上が設立されたが、2019年現在残っているのは三十数社に過ぎない。過去にはVolareやSky Europe、Air Berlinといった大手も倒産するほどで、近年はeasyJetとRyanairの大手2社がヨーロッパにおけるLCCの2大ブランドとなっている。

LCC　徹底したコストカット

✔ 利用する空港が町から離れている
✔ 様々な名目で追加料金がいろいろと徴収される

着陸料の違い　着陸料は航空会社が着陸する空港に支払うお金。ロンドンのヒースロー空港やパリのシャルル・ド・ゴールといった巨大空港はかなり高く設定されている。LCCは大都市近郊にある小規模な空港の着陸料が安いことに目を付け、発着ターミナルとして利用することがよくある。

町から遠い空港を使用　パリの場合、LCCのライアンエアなどが利用しているボーヴェ空港は町の中心から直線距離で約70km（成田空港は東京から直線で約60km）とかなり遠い。フランクフルトの場合はマイン空港が約12kmに対し、LCCで利用されるハーン空港は100km以上離れている。もちろん町の中心からアクセスしやすいメインの空港を利用するLCCも多い。

いろいろな追加料金　機内への預け荷物はほとんどの場合有料。座席指定、クレジットカード払いの手数料、予約変更、機内食等が有料となる場合が多い。

発生する手数料　ライアンエアの場合、オンラインチェックインを義務付けている。これをせずに空港に行くと、空港チェックイン手数料として€50が徴収される。また、荷物の重量超過でも€50が徴収される。

ヨーロッパのLCC主要5社　基本情報

ライアンエア Ryanair
URL www.ryanair.com

iPhone Android

イージージェット easyJet
URL www.easyjet.com

iPhone Android

	ライアンエア Ryanair	イージージェット easyJet
専用アプリ		
主要空港	・ロンドン・スタンステッド空港 ・ダブリン空港 ・パリ・ボーヴェ空港 ・フランクフルト・ハーン空港	・ロンドン・ルトン空港 ・ロンドン・ガトウィック空港 ・パリ・オルリー空港 ・ミラノ・マルペンサ空港
特徴	・とにかく安いが、追加料金が高い ・荷物が軽く、旅慣れた人向け ・チケットの印刷（またはアプリ使用）が必須	・LCC初心者でも使いやすい ・主要空港を利用 ・機内持ち込み手荷物に重量制限がない
荷物	・機内持ち込み1点 40×20×25cm ・身の回り品1点 ・預け荷物1点 55×40×20cm 10kgまで€6〜	・機内持ち込み1点のみ 56×45×25cm （重量制限なし） ・預け荷物　15kgまで€9.09〜
チェックイン	・出発48時間前までにウェブサイト、 　アプリでのチェックインが必須（60日前から） ・空港でのチェックインは€55 ・搭乗券は各自で印刷するか、専用アプリでモバイル 　搭乗券を提示	・ウェブサイト、アプリでのチェックインを推奨 　（30日前から2時間前まで） ・搭乗券は印刷、またはアプリ、スマートホンに 　画面を保存 ・空港でのチェックインも可能（無料）
座席	座席指定料金は€3〜7（最前列）座席を選ばない場合は 無料	席指定料金は€2.99〜39.49（最前列）

ノルウェジアン Norwegian
URL www.norwegian.com

iPhone Android

ブエリング Vueling
URL www.vueling.com

iPhone Android

ユーロウィングス Eurowings
URL www.eurowings.com

iPhone Android

	ノルウェジアン Norwegian	ブエリング Vueling	ユーロウィングス Eurowings
専用アプリ			
主要空港	・オスロ空港 ・コペンハーゲン空港 ・ヘルシンキ・ヴァンター空港 ・ストックホルム・アーランダ空港	・バルセロナ・プラット空港 ・マドリード・バラハス空港 ・ローマ・フォウミチーノ空港 ・アムステルダム・スキポール空港	・ベルリン・テーゲル空港 ・ケルン・ボン空港 ・ミュンヘン空港 ・ハンブルク空港
特徴	・北欧路線に強い ・機内で無料Wi-Fi利用可能 ・Low FareとLow Fare+、Flexの 　3種類のチケット	・スペイン＆南欧路線に強い ・Basic、Optima、Family、 　TimeFlexの4種類のチケット	・ドイツと中欧、東欧路線に強い ・ルフトハンザ傘下でスターアラ 　イアンスなのでマイルが貯まる ・SMART、BESTの、BIZclassの 　3種類のチケット
荷物	・機内持ち込み1点のみ 　55×40×23cm（10kgまで） 身の回り品1点のみ25x33x20cm （機内持ち込みと合わせて10kg） ・預け荷物32kgまで€10〜	・機内持ち込み1点のみ 　55×40×20cm（10kgまで） ・身の回り品1点のみ 　35×20×20cm ・預け荷物15kgまで€8〜	・機内持ち込み1点のみ 　55×40×23cm（8kgまで） ・身の回り品1点のみ 　40×30×10cm ・預け荷物23kgまで€9〜
チェックイン	・オンラインチェックインは出発24 　時間前から ・空港でのチェックインも可能	フライト予約時に座席指定をしていない場合は出発7日前からオンラインチェックイン可。座席指定済みの場合は購入後から可能。	・オンラインチェックインは出発72 　時間前から ・空港でのチェックインも可能
座席	座席指定料金はヨーロッパ域内の 場合€9〜50。	席指定料金は€2〜。指定しなければ無料。	席指定料金は€2〜。チケットのグレードによっては無料。

移動手段の比較

LCC

ヨーロッパ鉄道

長距離バス

レンタカー

133

チケットの種類によっては無料のことも

グレードの高いチケットを予約した場合は、預け荷物1点や座席指定が無料になったり、優先搭乗といった特典が付くことが多い。

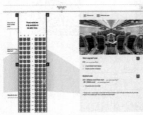

ユーロウィングスの座席選択画面
赤い座席は€20、青い座席の通路側と窓側は€12、中央は€8という値段設定

easyJetのアプリでの座席指定。前方の座席のほうが高い

小さな空港から出発する場合、タラップで乗り降りすることも多い

LCC　フライト予約

- ✔ 預け荷物がある場合は予約時に手続きする
- ✔ 機内持ち込みのみの場合は大きさと重さを確認
- ✔ 余分な要素がないか、最終の支払額をよく確認

フライトを検索する
LCCのサイトで情報入力
預け荷物等オプションの入力
座席指定
支払い
予約確認のメールを受け取る

フライトを検索　Flight Scanner等の比較サイトはヨーロッパの主要LCCのフライトも含めた検索ができる。

航空会社のウェブサイトで情報入力　搭乗者の氏名や住所、メールアドレスを入力。

預け荷物の確認　スーツケースなど確実に荷物を預ける場合はこの時点で荷物分を支払うのがお得。当日に空港で預けるとかなり割高になることが多い。

座席指定　LCCによってはフライト予約時に座席を指定できる場合もある。有料のことが多く、座席の位置によって値段が異なる。

支払い時の確認　一部のLCCではクレジットカード払いの場合、手数料を上乗せすることがある。国際ブランドのデビットカードで支払う場合は手数料が無料になる。

LCC　チェックイン〜搭乗

- ✔ チェックインは専用アプリが便利
- ✔ オンラインチェックインの可能時期は会社により違う
- ✔ 可能な限り、搭乗券は印刷しておくと安心

オンラインチェックイン
フライト予約情報の入力
座席の指定
搭乗券の表示
空港へ移動
預け荷物の手続き
手荷物チェック
搭乗

チェックイン　空港でチェックインできるLCCもあるが、オンラインでのチェックインが一般的。

空港への移動　町の中心から離れた空港へバスで移動する場合や、機内に荷物を預ける場合は余裕をもって出発するようにしよう。早朝の場合はバス乗り場への交通手段がないため、タクシーを使うことになる。

手荷物チェック　機内に持ち込む手荷物の大きさや重さを厳しくチェックする航空会社も多い。カウンター近くにある量りで重さを量り、超過している場合は超過料を支払う。

搭乗　チケットや座席のクラス順に機内に案内される。LCCの場合、経費削減のためボーディング・ブリッジ（搭乗橋）を使わず、バスで移動し、タラップで乗り降りすることも多い。

機内サービス　ドリンクや軽食など、機内サービスはほとんどの場合が有料。

ヨーロッパ旅行で利用価値が高いLCC路線

ロンドン〜マドリード

ライアンエア	1日5便程度	3800円〜
イージージェット	1日3〜4便程度	3600円〜
ノルウェジアン	1日1〜2便程度	4300円〜

ロンドン〜ベルリン

ライアンエア	1日4便程度	8600円〜
イージージェット	1日2〜3便程度	7000円〜
ユーロウィングス	1日2便程度	1万1000円〜

ロンドン〜コペンハーゲン

ライアンエア	1日3便程度	7800円〜
イージージェット	1日3便程度	7000円〜
ノルウェジアン	1日5便程度	5300円〜

パリ〜バルセロナ

ライアンエア	1日2便程度	3300円〜
イージージェット	1日2〜3便程度	5400円〜
ブエリンク	1日13便程度	5000円〜

パリ〜ローマ

ライアンエア	1日2便程度	1600円〜
イージージェット	1日3便程度	5400円〜
ブエリンク	1日7便程度	6000円〜

バルセロナ〜ローマ

ライアンエア	1日4便程度	3500円〜
ブエリンク	1日7便程度	4200円〜

料金は2019年9月現在（€1≒120円、£1≒130円で計算）

フライト予約やチェックインでよく使う英語表現

【Baggage allowance】
手荷物制限
制限を超えると超過料を取られることが多い。

【carry-on item】【carry-on bag】【Cabin bag】
【hand luggage】
機内持ち込み手荷物
会社ごとに個数や大きさが異なる。

【Checked baggage】【Checked Bag】
【hold luggage】
預け荷物（受託手荷物）
LCCの場合、有料になることが多い。

【Excess Baggage Fee】
荷物重量超過料
10kgごとなど航空会社により相違する。

【Credit card fee】【Credit card transaction】
クレジットカード払い手数料
別途の場合は支払総額の1〜2%ぐらい。

【Booking Reference Number】
予約番号
オンラインチェックインや各種手続きのときに必要
になる。

【Flight Change Fees】
フライト変更手数料
オンラインと電話で料金が違う場合も。

【Travel Document】
渡航文書
パスポート、IDカードなど。

【Priority Boarding】【Fast Track】
優先搭乗
基本的に有料オプションだが、早く機内に入れるの
で、スペースに限りがある頭上の荷物棚に荷物
を確実に入れられる。

【Seat Selection 】【Seat Allocation】
座席指定
飛行機の座席表から空いている席を選択する。場
所によって追加料金がかかる。

【Extra Legroom】
前後の幅が広い座席
有料のことが多いが早く埋まる。

【Up Front】
機内前方の座席
通常の座席と同じだが機内前方にあるため、降り
るときに便利。

鉄道旅行入門

関連項目
・ロンドンの長距離ターミナル　P.204
・パリのターミナル　P.245

ヨーロッパと日本の鉄道の基本的な利用法は変わらない。日本の鉄道とは異なる点を理解すれば、効率的なヨーロッパ旅行が実現できる。

ヨーロッパ鉄道事情 　**日本の鉄道とはココが違う**

✔ 大都市は方面別に発着駅が異なる
✔ プラットホームは固定されていない(そのつど変わる)
✔ 正しいチケットを持つこと(車内精算は原則不可)

メインの駅は中央駅 　主要都市のメインの駅は○○中央駅(ドイツ語でHbf、イタリア語でCentrale等)と呼ばれることが多い。

メインの駅が複数ある大都市 　ロンドン、パリ、マドリードなど一部の大都市では「中央駅」の存在がなく、方面でターミナル駅が異なる。パリを例にすると下記の図表のとおり。

駅間の移動には余裕をもって 　ターミナル駅間の移動は地下鉄やバスなどが中心で、思いのほか時間がかかる。時刻表や購入した乗車券をよく見て、出発駅を間違えないようにしよう。

発着ホームに注意 　ターミナル駅では、日本のように方面別にプラットホームが固定されていることが少ない。列車を探すのに重要なのが、その駅から発着する列車情報を掲示する**運行掲示板**だ。

ミュンヘン中央駅のプラットホーム

乗車口の左側にある黄色のボタンを押して車両のドアを開ける

パリの主要ターミナル駅

北駅 　フランス北部、イギリス、ベルギー、オランダ方面
東駅 　フランス東部、ドイツ、ルクセンブルク方面
リヨン駅 　フランス南東部、スイス、イタリア、スペイン方面
オステルリッツ駅 　フランス南部、フランス国内夜行列車
モンパルナス駅 　フランス南西部、スペイン北部方面
サン・ラザール駅 　フランス北西部方面

運行掲示板　列車の情報を掲示する運行掲示板はコンコースやチケット購入窓口など人が集まる場所にある。出発と到着に分けられているが、掲示される内容は、列車の種類や番号、行き先や経由地、出発時刻、出発ホームの番号が記載される。大きな駅では多くの列車が発着するため、全列車を表示することはできない。

運行掲示板

乗車までの流れと注意
ヨーロッパ鉄道事情

| 出発プラットホームを確認する |
| 列車案内板で車内の編成を確認 |
| ドアを自分で開けて乗車 |
| 指定席・または自由席を探して座る |
| 車内検札 |

プラットホームを調べる　列車のプラットホームが掲示されるのは出発時刻の30〜40分前が目安。

列車案内板

列車案内板　1等車、2等車がどの位置に停車するのかはプラットホームにある列車案内板で確認することができる。乗車位置を確認したら、乗降口にある「行先案内板（サボ）」で行先や号車の最終確認をして乗車しよう。

ドアは手動式が多い　ヨーロッパの多くの列車は、乗降扉が自動開閉ではなく、開閉ボタンや手動レバーを使って、利用者自身で扉を開ける。乗車したら、座席指定券（→P.152）を持っている場合は指定した席へ、指定していない場合は空いている席に向かう。

ドイツの列車は手動式が多い

発車ベルは鳴らない　ヨーロッパでは発車ベルが鳴らずに出発することが多い。写真撮影やドリンクを買っていると知らぬ間に、列車が出発してしまう。特にフランス国内の場合、出発時刻の2分前までには乗降口を閉めてしまうので、時間に余裕をもって乗車しよう。

自由席も指定席も同じ車両　ヨーロッパの列車は、日本のように自由席車両と指定席車両に分けられていないことがほとんど。任意予約制（→P.152）の長距離列車の場合、ひとつの車両の中に「指定されている席」と「指定されていない席」が混在している。

コペンハーゲン〜ハンブルク間が座席予約されていることを示す

指定席の表示　指定されている席の場合は、座席番号にある「予約票」に指定されている区間が表示されている。この場合はその区間で座席が予約されていることを意味する。

予約票がなければ自由席　座席指定をしていない場合は、「予約票」に何も記載されていない席が利用できる。

改札がない　イギリスやオランダなど自動改札を設置する国が増えているが、多くのヨーロッパの駅では改札がないところが多く、乗車券がないままでも列車に乗車できてしまう。ヨーロッパの多くの場合は、乗車後に車掌が乗客一人ひとりに乗車券の確認を行う（**車内検札**）。日本と異なるのは、**乗り越し精算ができない**ということ。正しい乗車券や鉄道パスを持っていないと罰金が課せられる。

車内検札

時間どおりに運行するとは限らない　ヨーロッパでは日本のように正確に運行されていることはあまりなく、実際は10分〜30分遅れということはよくある。夜行列車の場合1時間以上遅れるケースもある。スケジュールを組むときに30分以内の乗り換え時間は、なるべく避けたほうがよいだろう。

補足
車内アナウンスがない？
高速列車や国際列車などでは停車駅などの車内アナウンスがあるが、快速列車や普通列車などでは車内アナウンスが必ずしもあるとは限らない。新しい車両では、モニターがあり停車駅情報等も掲示されていることが多くなっているが、不安な場合は車掌に目的地の到着時間を確認するのも手。

高速列車は車内モニターがある

ピクトグラム（ピクト）

駅構内や空港内等の施設案内には、ピクトグラム（通称ピクト）と呼ばれる絵文字が使われている。数多くの言語が使われているヨーロッパではフランス語やドイツ語がわからなくても、このマークを見れば、どんな大きな駅の中でもまごつくことは少ない。

ヨーロッパの鉄道駅

✔ ピクトグラムを覚えておくと便利
✔ 複数の鉄道会社がひとつの駅を共用することも

設備が充実のターミナル駅　ターミナル駅では、鉄道インフォメーション、切符売り場、両替所、待合室、手荷物預かり（コインロッカー含む）など駅に欠かせない施設はもちろん、カフェやレストラン、ショッピングモールも併設されていることがある。

ピクト（絵文字）で表示される駅の施設　駅構内の設備には、ピクトグラム（ピクト）で表示されていることが多いので、現地の言葉がわからなくても絵文字で理解できる。多少デザインが違う場合もあるが、下記のピクトグラムを覚えておくと便利。

駅構内のおもな鉄道ピクトグラム（絵文字）

	鉄道関係の案内所 列車の時刻や料金、乗り換え駅を教えてくれる。		カートが置いてある場所 小銭を入れて使う。使用後はきちんと返却しよう。		カフェ グラスマークのときはバー。列車に乗る前の小休憩に。
	切符売り場 大きな駅では国内線と国際線に分かれている。		遺失物取扱所 車内に忘れ物をしてしまったらまずはここへ。		レストラン かなり本格的なメニューを用意している店もある。
	予約窓口 指定席やクシェットを取りたいときはここに並ぶ。		待合室 夜行に乗るときお世話になる。乗車券がないと入れないことに。		トイレ 入口で清掃係にお金を払う場合や、改札式のところもある。
	両替所 土・日曜も開いている。レート表示や手数料をよく確認しよう。		郵便局 駅の郵便局で列車の中で書いたハガキを出せる。		理・美容室 大都市のターミナル駅ぐらいにしかない。列車の待ち時間に。
	手荷物一時預かり所 料金は1個当たり。大きなターミナル駅にしかない		出口		シャワー室 夜行で着いたら、ここでリフレッシュして行動開始。
	コインロッカー 磁気カードが出てくるタイプやパスワード入力式が多い。		入口		ミーティングポイント 友達と別行動するときはここで待ち合わせ。

オーストリア連邦鉄道（右）と私鉄のウェストバーン（左）が同じ駅を共用している

ロンドンのセント・パンクラス駅の自動改札

複数の鉄道会社が共用する駅　ヨーロッパでは、日本とは異なり、同一路線で複数の鉄道会社が運行していることが多い。例えば、イタリアの高速列車イタロを運行しているNTV社やチェコのREGIOJET社などがある。そのため同じホームでもいろいろな鉄道会社の路線が発車する。鉄道パス（→P.154）を使って乗車できない列車も発着するので、乗車する際には、列車を確認してから乗車しよう。

自動改札　ヨーロッパでも日本のSuica（スイカ）と同じようなICカードタイプのチケットが増えてきている。イギリスやオランダなどでは、多くのターミナル駅が自動改札を設置するようになってきた。

QRコードやモバイルチケットの改札　現地で購入した乗車券やE-チケットの場合は、乗車券に記載されているQRコードを所定の位置にかざすか乗車券自体を通せば改札が開く。ちなみにオランダで鉄道パスを使う場合は、チケットカバーに記載しているバーコードをかざせば改札を開くことができる。

乗車&車内	# 手荷物の管理

- ✓ 車内の荷物置き場は乗降口と客席上部の荷物棚
- ✓ 駅では手荷物預かり所とコインロッカー
- ✓ 貴重品は常に手元に置こう

　スーツケースなど大型の荷物は乗降口の荷物置き場、または座席上の荷棚に置くことができる。

乗降口の荷物置き場　乗降口の荷物置き場は、定員分のスペースはないので、早い者勝ちとなってしまう。座席から見えない位置に置くことになるので、パスポートや財布などの貴重品は荷物の中に入れないこと。不安に思う場合は、荷物と荷棚とをチェーンキーなどで結んでおくという手もある。

客車内の荷物置き場　座席の上の荷棚にも手荷物を置くことができるが、中型、大型のスーツケースを置くほどのスペースはない。またオープンサロン（→P.140）の座席タイプの場合、座席と座席の間のスペースにも置くことができる。

乗降口にある荷物置き場

客席上部の荷物棚

コンパートメント車両の荷物は上部の棚へ

オープンサロン車の荷物置き場

チューリヒ中央駅の手荷物預かり所

駅構内の荷物置き場　鉄道駅での荷物置き場は、手荷物預かり所もしくはコインロッカー。ターミナル駅や中規模の駅ではいずれかは設置されていることが多い。

コインロッカー　コインロッカーは日本と同じように大型、中型、小型などサイズ別にある。

　支払い方法は原則として硬貨だが、一部のロッカーはクレジットカード払いにも対応している。

テロ対策で使えないことも　手荷物預かり所やコインロッカーの預かり時間は、国によって異なる場合もあるが、最大で48〜72時間のところが多い。テロ対策など急なセキュリティ対策などで使用停止になることも多いので、注意しよう。

駅にある時刻表

ドイツやイタリアなど一部の国では駅構内やホームに時刻表が掲示されている。国によって異なる場合もあるが、おもに出発時刻表は黄地、到着時刻表は白地の紙に掲示されている。発着するプラットホーム番号の記載もあるが、変更になることもあるので、「運行掲示板」で最終確認をしよう。

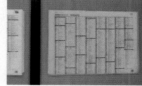
ハンブルク中央駅の時刻表（出発）

座席と座席の間に荷物を置ける

プラットホームの表示

ドイツ鉄道は時々、表示されている番線が変更されます。(本来は2番線に来るはずが、3番線に変更等)ドイツ語が分からずそのまま待ち続けたら、電車が来なかったということも……。英語表記がない駅も少なからずあると思うので、ドイツ語の鉄道表記は知っておいた方がいいかもしれません。

（神奈川県　こち　'18夏）

ローテンブルク駅（ドイツ）のコインロッカー

ヨーロッパの列車と設備

列車の種類 ヨーロッパの列車の種類

✔ 大きく分けて高速、特急、快速、普通の4つ
✔ 国によって呼び方はさまざま

高速列車 日本でいえば新幹線。フランスのTGV、ドイツのICE、スペインのAVEなど西欧諸国を中心に運行している。国内外主要都市間を結ぶ。全席指定制のものが多い。

特急列車（EC、IC、EN） 高速列車に準じる主要都市間を結ぶ長距離列車で、乗車運賃のほかに**特急料金が必要**。国際列車ならユーロシティ **EuroCity(EC)**、国内列車だとインターシティ **InterCity(IC)** と呼ばれる。チェコを除く中欧諸国やイタリア、ギリシアでは全席指定制となる。国際夜行列車のユーロナイト **EuroNight(EN)** もこのカテゴリーに入る。

快速列車（RE、RV） 地方都市間を結ぶ中距離列車。ドイツの場合はレジオナルエクスプレス（RE）、イタリアではレジョナーレ・ヴェローチェ（RV）などの種別で運行している。1等車も編成されることもある。乗車運賃のみで利用できる国が多い。

普通列車（R） 地方都市間や大都市近郊を結ぶローカル列車。レジオナル、レジョナーレ（R）など国によって呼び方はさまざま。2等車のみの編成が多い。乗車運賃のみで利用できる。

フランスのTGV

ドイツのICE

座席の設備 オープンサロンとコンパートメント

✔ 座席車はオープンサロンとコンパートメント（個室）
✔ 1等車＝グリーン車 2等車＝普通車

　ヨーロッパ鉄道の座席車はオープンサロンとコンパートメントのふたつのタイプがある。

オープンサロン車 新幹線と同じく、通路を挟んで両側に座席がある。リクライニング機能はあるが、座席を回転させることができない。荷物は乗降口にある荷物置き場もしくは座席上の荷棚に置く。1等車の場合は横2+1席、2等車の場合は横2+2席の構成。

コンパートメント　座席が個室内にあり、1部屋に6人用（3人掛けの向かい合わせ）、8人用（4人掛けの向かい合わせ）がある。6人用のものが主流。1等車のほうが2等車より座席がゆったりしている。荷物は座席の上の荷棚に置くか、他の乗客にじゃまにならないように個室内もしくは通路側に置く。

オープンサロンの1等車（1+2席）

オープンサロンの2等車（2+2席）

向かい合う座席のコンパートメント

夜行列車　寝台車とクシェット

✔ 寝台車は1〜4人、クシェットは4〜6人部屋

✔ 寝台車は男女別、クシェットは男女相部屋

夜行列車に連結される寝台車、クシェット（簡易寝台）はともに予約が必須。

寝台車　寝台車は、コンパートメントとなっており、個室内に1〜4人分のベッド（寝台）と洗面台が設備されている。グループで利用しない限り、男女別部屋となる。洗面台の水道は飲むことができないので、ミネラルウオーターが人数分用意されることが多い。トイレは1両に1〜2ヵ所ある。デラックス寝台には、個室内にシャワールームとトイレも付いている。また、パンとコーヒーといった簡単な朝食が付く場合もある。

クシェット（簡易寝台）　寝台車と同じくコンパートメントとなっており個室内に4人もしくは6人分のベッドがある。洗面台とトイレは1両に1〜2ヵ所ある。ベッドにはカーテンが付いていない。基本的には男女相部屋だが、女性専用部屋の設定をしている場合もある。

補足
寝台車の1等と2等
●寝台車
1等も2等も部屋の造りは同じ。1部屋を1人で利用すれば1等、3人もしくは4人で利用すれば2等の扱いになる。2人利用の場合、国によって1等扱いになるか2等扱いになるかは異なる。デラックス寝台はフィンランドなど一部の国を除き1等扱いとなることが多い。
●クシェット
クシェットは基本的には2等扱いだが、フランス国内夜行の4人用は1等扱いなど例外もある。

補足
食堂車＆BAR車両
ヨーロッパの高速列車や長距離列車には食堂車やBAR（バー）車両が編成されていることが多い。食堂車は数を減らしつつあるが、ドイツや中欧エリアを中心に編成されている。BAR車両は高速列車を中心に編成されており軽食やドリンクを購入できる。

ÖBB nightjetの寝台車
©ÖBB ／ Harald Eisenberger

レイルジェットの食堂車

6人部屋のクシェット

デラックス寝台はシャワー、トイレ付き

TGVに連結されているBAR車両

Eurostar
ユーロスター

R 全席指定制

ロンドンを拠点にパリ、ブリュッセル、アムステルダムを結ぶ国際高速列車。ビジネスプレミア（特等）、スタンダードプレミア（1等）、スタンダード（2等）の3クラス制。出発時刻の30分前（ビジネスプレミアは10分前、鉄道パス割引の場合は40分前）までにチェックインをしなければならない。ユーレイルグローバルパスで利用する場合は、スタンダードプレミア（1等）、スタンダード（2等）に限り割引料金で利用できる。

TGV
テージェーヴェー

R 全席指定制

フランス国鉄（SNCF）の高速列車。国際線では、パリを拠点にイタリア（トリノ、ミラノ）、ドイツ（フランクフルト、シュトゥットガルト、フライブルク、ミュンヘン）、スペイン（バルセロナ）、ルクセンブルク、スイス（ジュネーヴ、バーゼル、チューリヒ、ローザンヌ）を結ぶ。ブリュッセルからパリ・シャルル・ド・ゴール空港を経由し、フランス各地へ結ぶルート、マルセイユ〜フランクフルトを結ぶルートもある。スイス線は、TGV Lyria（リリア）、ドイツ線は Alleo のブランド名で運行。

ICE
アイーシーイー

R R 一部全席指定

ドイツ鉄道（DB）の高速列車。国際線はドイツを拠点に、オーストリア（ウィーン）、スイス（バーゼル、チューリヒ、インターラーケン）、フランス（パリ）、オランダ（アムステルダム）、ベルギー（ブリュッセル）の近隣諸国を結ぶ。編成は、1等と2等の2クラス制で食堂車もしくはBAR車両も編成されている。パリ発着のフランス線は全席指定制。それ以外は任意予約制のため、乗車区間をカバーできる鉄道パスならば、追加料金なしで利用可能。

Thalys
タリス

R 全席指定制

パリを拠点にブリュッセル、アムステルダム、ケルン、ドルトムントを結ぶ。プレミアム（特等）、コンフォート（1等）、スタンダード（2等）の3クラス制。プレミアムクラス利用者で50分以上の乗車の場合には、時間帯に応じた食事およびドリンクサービスが提供される。ユーレイルグローバルパスで利用する場合は、コンフォート（1等）、スタンダード（2等）に限り割引料金で利用できる。

railjet
レイルジェット

オーストリア連邦鉄道（ÖBB）とチェコ鉄道（ČD）の高速列車。ウィーンを拠点にドイツ（ミュンヘン）、ハンガリー（ブダペスト）、スイス（チューリヒ）、イタリア（ヴェネツィアなど）、チェコ（プラハ）を結ぶ。ビジネス（特等）、ファースト（1等）、スタンダード（2等）の3クラス制。食堂車も編成されている。ハンガリー線、イタリア線およびビジネスクラスは全席指定制。それ以外は乗車区間をカバーできる鉄道パスならば、追加料金なしで利用可能。2020年5月にはベルリン〜プラハ〜ウィーン〜グラーツ便も運行予定。

AVE
アベ

R 全席指定制

レンフェ旅客鉄道（Renfe）の高速列車。国際線は、スペイン〜フランス間のみで、マドリッド〜バルセロナ〜モンペリエ〜マルセイユ間および夏季期間のみの運行だが、バルセロナ〜ペルピニャン〜トゥールーズ間がある。1等と2等の2クラス制。軽食やドリンクが購入できるBAR車両も編成される。

おもな国際高速列車の各国乗り入れ状況

	イギリス	フランス	ベルギー	オランダ	ドイツ	オーストリア	チェコ	ハンガリー	スイス	スペイン	イタリア
Eurostar	●	●	●	●							
TGV		●	●		●				●	●	●
ICE		●	●	●	●	●			●		
Thalys		●	●	●	●						
railjet					●	●	●	●	●		●
AVE		●								●	

おもな高速車の国際路線

Eurostar	ロンドン〜パリ、ロンドン〜ブリュッセル ロンドン〜アムステルダム
TGV	パリ〜ミラノ、パリ〜ルクセンブルク、パリ〜シュトゥットガルト、パリ〜バルセロナ、パリ〜ミュンヘン、パリ〜フランクフルト、ブリュッセル〜マルセイユ、パリ〜ジュネーヴ、パリ〜チューリヒ、パリ〜ローザンヌ
Thalys	パリ〜ブリュッセル、パリ〜アムステルダム、パリ〜ケルン

ICE	ミュンヘン〜パリ、フランクフルト〜パリ、フランクフルト〜ブリュッセル、フランクフルト〜バーゼル、フランクフルト〜アムステルダム、ケルン〜ブリュッセル、ニュルンベルク〜ウィーン
railjet	ウィーン〜プラハ、ウィーン〜ミュンヘン、ウィーン〜チューリヒ、ウィーン〜ブダペスト、ウィーン〜ヴェネツィア
AVE	マドリード〜マルセイユ バルセロナ〜トゥールーズ

	高速列車		特急・急行・快速列車		近郊・普通列車		夜行列車

Euro City
ユーロシティ
EC

国際長距離列車。デンマーク、ドイツ、スイス、イタリア、ポーランド、チェコ、スロヴァキア、オーストリア、ハンガリー、スロヴェニア、クロアチアなどで運行をしている。基本的には1等車、2等車の編成で、ルートによっては食堂車が編成される。さまざまなタイプの列車で運行しているが、イタリア〜スイス〜ドイツを結ぶユーロシティは、高速列車機材で運行をしている。イタリア、ポーランド、ハンガリー方面を結ぶユーロシティは、全席指定制。それ以外は任意予約制のため、ユーレイルグローバルパスなど乗車区間をカバーできる鉄道パスならば、追加料金なしで利用可能。

おもな運行路線

高速列車	ミラノ〜チューリヒ	全席指定
高速列車	ミラノ〜ジュネーヴ	全席指定
高速列車	ミラノ〜フランクフルト	全席指定
特急列車	ハンブルク〜コペンハーゲン	任意予約
特急列車	ミュンヘン〜ヴェネツィア	全席指定
特急列車	ミュンヘン〜ヴェローナ	全席指定
特急列車	ウィーン〜リュブリャーナ	任意予約
特急列車	ウィーン〜ザグレブ	任意予約
特急列車	ワルシャワ〜プラハ	全席指定
特急列車	ワルシャワ〜ウィーン	全席指定

ミラノ〜チューリヒ間を結ぶEC

ベルリン〜プラハ間を結ぶEC

EN Euro Night
ユーロナイト
R 全席指定制

国際夜行列車。近年ではナイトジェットNightjetに置き換わる路線が増えてきている。基本的には寝台車（1〜3人部屋）、クシェット（簡易寝台4人部屋および6人部屋）、座席車の編成。ルートによっては、個室内にシャワーとトイレが設備されているデラックス寝台（1〜3人部屋）が編成される。座席車も含めて全席指定制で、ユーレイルグローバルパスなど乗車区間をカバーできる鉄道パスで利用する場合は、寝台券、簡易寝台券、座席指定券のいずれかを購入しなければならない。パリ〜ミラノ〜ヴェネツィア間を結ぶユーロナイトはThello社による運営。食堂車が編成されている。ユーレイルグローバルパス利用の場合は、25％割引で利用可能。

おもな運行路線

ミュンヘン〜ブダペスト
ウィーン〜ブカレスト
ブダペスト〜ブカレスト
パリ〜ヴェネツィア
チューリヒ〜プラハ
プラハ〜ブダペスト
ミュンヘン〜ザグレブ
チューリヒ〜ザグレブ
チューリヒ〜ブダペスト
ワルシャワ〜クラクフ
　　　〜ウィーン
ワルシャワ〜クラクフ
　　　〜プラハ
ワルシャワ〜クラクフ
　　　〜ブダペスト

Nightjet
ナイトジェット
R 全席指定制

オーストリア連邦鉄道（ÖBB）が運営する国際夜行列車。基本的にはデラックス寝台（1〜3人部屋）、普通寝台車（1〜3人部屋）、クシェット（簡易寝台4人部屋および6人部屋）、座席車の編成。食堂車の編成はないが、寝台車、クシェット利用者には朝食が提供される。運行ルートはオーストリアとドイツを拠点にイタリア、スイス、ハンガリー、ポーランド、ベルギーなど近隣諸国を結ぶ。座席車も含めて全席指定制で、ユーレイルグローバルパスなど乗車区間をカバーできる鉄道パスで利用する場合は、寝台券、簡易寝台券、座席指定券のいずれかを購入しなければならない。

おもな運行路線

ブリュッセル*〜ケルン
　　　〜ウィーン
ブリュッセル*〜ケルン
　　　〜インスブルック
ハンブルク〜チューリヒ
ベルリン〜チューリヒ
ベルリン〜ヴロツワフ
　　　〜ウィーン
ベルリン〜ブダペスト
ハンブルク〜ウィーン
ハンブルク〜インスブルック
ミュンヘン〜ローマ
ミュンヘン〜ヴェネツィア
ミュンヘン〜ミラノ
チューリヒ〜グラーツ
チューリヒ〜ウィーン
ウィーン〜ローマ
ウィーン〜ヴェネツィア
ウィーン〜ミラノ
*ブリュッセルまでは、2020年12月中旬までは週2便運行

TrenHotel
トレンホテル
Hotel

スペインとポルトガル間を結ぶ国際夜行列車。編成は個室内にシャワー・トイレが設備されたグランクラス寝台（1〜2人部屋）、普通寝台（1〜2人部屋および4人部屋）、座席車の編成。軽食やドリンクが購入できるBAR車両も編成。運行区間は、マドリード〜リスボン間およびイルン〜リスボンまでの2つ。座席車も含めて全席指定制で、ユーレイルグローバルパスで利用する場合は、寝台券、簡易寝台券、座席指定券のいずれかを購入しなければならない。

ヨーロッパの列車の種類・略称　**イギリス**　ナショナルレイル
URL www.nationalrail.co.uk

利用できるおもな鉄道パス：ユーレイルグローバルパス P.157　ブリットレイルパス P.158

イギリスは他のヨーロッパ諸国とは異なり、特急、快速、普通列車の明確な種別が設定されていない（→P.166）。乗車運賃だけでどの種別も利用可能。長距離の特急列車は任意予約制。なお、ブリットレイルパスはイギリス領北アイルランドでの利用はできない。

R 全席指定制

Caledonian Sleeper
カレドニアンスリーパー

ロンドンとエディンバラ、グラスゴーなどスコットランド方面を結ぶ夜行列車。1人部屋の1等、2人部屋のスタンダード、座席車の編成。

R 全席指定制
Night Riviera
ナイト リヴィエラ

ロンドンとイングランド南西部のペンザンスを結ぶ夜行列車。1人部屋の1等、2人部屋のスタンダード、座席車の編成。

 高速列車　　 特急・急行・快速列車　　近郊・普通列車　　夜行列車

アイルランド鉄道 (IE)
URL www.irishrail.ie

利用できるおもな鉄道パス:ユーレイルグローバルパス P.157　ユーレイル1ヵ国パス P.158

InterCity
インターシティ

R 任意予約制

ダブリン〜コーク、ダブリン〜ゴールウェイなど主要駅を結ぶ特急列車。

Enterprise
エンタープライズ

R 任意予約制

ダブリンとベルファストを結ぶ特急列車。インターシティより新型車両を使用している。

DART
ダート

R 全席自由席

ダブリンを中心に北のホウスと南のダンレアリーを結ぶ近郊列車。

フランス国鉄 (SNCF)
URL www.sncf.com

利用できるおもな鉄道パス:ユーレイルグローバルパス P.157　ユーレイル1ヵ国パス P.158

TGV
テージェーヴェー

R 全席指定制

主要都市間を結ぶ高速列車。1等車、2等車、BAR車両からの編成。全席指定制。

Ouigo
ウィーゴー

R 全席指定制

一部区間で運行されている料金の安いTGV。チケット販売はインターネットのみ（→ P.168）。

Intercités
アンテルシテ

R R 一部全席指定

パリ〜クレルモン・フェラン、トゥールーズ〜ニースなど旧コライユ・テオズ区間は全席予約制。

TER
テーウーエル

R 全席自由席

各都市、地方間を結ぶ普通列車。

Transilien
トランシリアン

R 全席自由席

モンパルナス駅や北駅、サン・ラザール駅などパリの主要ターミナル駅に発着している近郊列車。13の路線がある。

Intercités de Nuit
アンテルシテ ド ニュイ

R 全席指定制

クシェットは4人部屋と6人部屋がある。座席はリクライニングできる。パリ〜トゥールーズ、パリ〜ポルブーなどで運行。

ベルギー鉄道 (NSBS/SNCB)
URL www.belgiantrain.be

利用できるおもな鉄道パス:ユーレイルグローバルパス P.157　ユーレイルベネルクスパス P.158

R 全席自由席　**IC** **InterCity**
インターシティ

主要都市間を結ぶ長距離列車。

R 全席自由席　**L** **Local**
ローカル

各都市、地方間を結ぶ普通列車。

オランダ鉄道 (NS)
URL www.ns.nl

利用できるおもな鉄道パス:ユーレイルグローバルパス P.157　ユーレイルベネルクスパス P.158

R 全席自由席　**IC** **InterCity**
インターシティ

主要駅を結ぶ長距離列車。

R 全席自由席　**Stoptrein**
ストップトレイン

地方都市や近距離を結ぶ普通列車。

InterCity Direct
インターシティ ダイレクト

ICD

R 全席自由席

アムステルダム〜スキポール空港〜ロッテルダム〜ブレダ間を結ぶ。高速新線区間（スキポール空港〜ロッテルダム間）は乗車運賃のほかに追加料金（€2.60）が必要。アムステルダム中央駅〜スキポール空港間の乗車は追加料金不要。

　高速列車　　特急・急行・快速列車　　近郊・普通列車　　夜行列車

ヨーロッパの列車の種類・略称　ドイツ

ドイツ鉄道（DB）
URL www.bahn.de

利用できるおもな鉄道パス：ユーレイルグローバルパス P.157　ジャーマンレイルパス P.158

R ICE アイシーイー
任意予約制

主要都市間を結ぶ高速列車。1等車、2等車の編成で食堂車またはビストロ車が連結される。

InterCity インターシティ
R IC
任意予約制

主要都市間を結ぶ特急列車。

Regional Express レギオナル エクスプレス
R RE
全席自由席

地方都市間を結ぶ快速列車。

Nightjet ナイトジェット
R
全席指定制

オーストリア連邦鉄道による運行だがドイツ国内でも予約可。ミュンヘン～ハンブルク間などで利用可能。

Regional Bahn レギオナル バーン
R RB
全席自由席

地方都市を結ぶ普通列車。

S-Bahn エスバーン
R
全席自由席

ベルリン、ミュンヘン、ハンブルク、フランクフルトなどの大都市圏内と近郊を結ぶ普通列車。

ドイツ鉄道のインターシティ

FLIXTRAIN (FLX)
URL www.flixtrain.de
ユーレイル系パス利用不可

ケルン～ハンブルク、ケルン～ベルリン、シュトゥットガルト～フランクフルト～ベルリン間で運行している私鉄。チケットは公式サイトより購入する。ドイツ鉄道（DB）のチケットや鉄道パスでは利用不可。

alex (ALX)
URL www.laenderbahn.com/alex

ミュンヘン中央駅を起点にバイエルン州各地を運行している私鉄。上記の鉄道パスで利用可能。ミュンヘン～レーゲンスブルク～プルゼニュ～プラハという長距離国際路線も運行している。

ヨーロッパの列車の種類・略称　オーストリア

オーストリア連邦鉄道（ÖBB）
URL www.oebb.at

利用できるおもな鉄道パス：ユーレイルグローバルパス P.157　ユーレイル1ヵ国パス P.158
ヨーロビアンイーストパス P.158

RJ railjet レイルジェット
R
任意予約制

ビジネス、ファーストクラス、エコノミーの3クラス制。ビジネスクラスは1等用鉄道パス所有者でも追加料金が必要。

EuroCity ユーロシティ
R EC
任意予約制

主要駅を結ぶ特急列車。

InterCity インターシティ
R IC
任意予約制

主要駅を結ぶ特急列車。

Regional Express レギオナル エクスプレス
R REX
全席自由席

主要駅を結ぶ快速列車。アイルツークとも呼ばれる。

Regional Zug レギオナル ツーク
R RE
全席自由席

地方都市を結ぶ普通列車。

Westbahn (WB)
URL westbahn.at

ウィーン～リンツ～ザルツブルクを結ぶ私鉄。オーストリア連邦鉄道（ÖBB）のチケットでは乗車できない。上記のユーレイル系鉄道パスでの利用は可能。

ÖBBのレギオナルエクスプレス

レギオナルツーク

高速列車　　特急・急行・快速列車　　近郊・普通列車　　夜行列車

利用できるおもな鉄道パス：ユーレイルグローバルパス P.157　スイストラベルパス P.158

Intercity Neigezug
インターシティ ナイゲツーク
R 任意予約制　**ICN**　振り子式車両の高速列車。

EuroCity
ユーロシティ
R 任意予約制　**EC**　主要都市間を結ぶ特急列車。スイス国内での利用のみ任意予約制。

InterCity
インターシティ
R 任意予約制　**IC**　主要都市間を結ぶ特急列車。

InterRegio
インターレギオ
R 任意予約制　**IR**　主要駅を結ぶ快速列車。IC よりも停車駅が多い。

Regional Express
レギオナル エクスプレス
R 全席自由席　**RE**　地方都市をを結ぶ快速列車。

Regio
レギオ
R 全席自由席　**R**　地方都市を結ぶ普通列車。

Bernina Express
ベルニナ エクスプレス (ベルニナ急行)
R 全席指定制　**BEX**　サンモリッツ～ティラーノなどを運行する観光列車。

GoldenPass Line
ゴールデンパスライン※
R 任意予約制　**GLP**　ルツェルン～モントルー間をパノラマ車両で結ぶ観光列車。

Glacier Express
グレッシャーエクスプレス (氷河急行)
R 全席指定制　**GEX**　ツェルマット～サンモリッツを運行する観光列車。

※ツヴァイジンメン～モントルー間運行の「ゴールデンパスパノラミック」のVIP車両利用時は、要予約。

利用できるおもな鉄道パス：ユーレイルグローバルパス P.157　ユーレイル1ヵ国パス P.158

Frecciarossa
フレッチャロッサ
R 全席指定制　**FR**　エグゼクティブ、ビジネス、プレミア、スタンダードの4クラス制。鉄道パスの割引はビジネスとスタンダード。

Frecciargento
フレッチャルジェント
R 全席指定制　**FA**　在来線にも乗り入れる。ファースト (1等)、スタンダード (2等) の2クラス制。

Frecciabianca
フレッチャビアンカ
R 全席指定制　**FB**　高速新線で結ばれていない都市間を結ぶ。ファースト (1等)、スタンダード (2等) の2クラス制。

Italo **ITA**
イタロ
R 全席指定制　鉄道パス利用不可　NTV 社によりミラノ～ローマ、ローマ～ヴェネツィアなどで運行。クラブ、プリマ、コンフォート、スマートの4クラス編成。

EuroCity
エウロシティ
R 全席指定制　**EC**　主要都市を結ぶ特急列車。

R 全席指定制　**IC** **InterCity** インテルシティ　主要駅を結ぶ特急列車。

R 全席指定制　**ICN** **InterCityNotte** インテルシティノッテ　国内夜行列車。

R 全席自由席　**RV** **Regionale Veloce** レジョナーレ ヴェローチェ　地方都市間を結ぶ快速列車。

R 全席自由席　**R** **Regionale** レジョナーレ　各都市、地方間を結ぶ普通列車。

　高速列車　　特急・急行・快速列車　　近郊・普通列車　　夜行列車

ヨーロッパの列車の種類・略称 **スペイン**

レンフェ旅客鉄道 (Renfe)
URLwww.renfe.com

利用できるおもな鉄道パス:ユーレイルグローバルパス P.157　ユーレイル1ヵ国パス P.158
Renfeスペインパス P.158　P.173欄外

AVE
アベ

R 全席指定制

マドリードを中心にバルセロナ、セビーリャなど主要都市を結ぶ。プレフェレンテ (1等)、トゥリスタプルス (1等)、トゥリスタ (2等) の3クラス制。

Euromed
ユーロメッド

R 全席指定制

バルセロナ～タラゴナ～バレンシア～アリカンテの地中海岸で運行される高速列車。

Avant
アバント

R 全席指定制

マドリード～トレド、セビーリャ～コルドバ、マドリード～セゴビアなど、比較的中短距離を結ぶ高速列車。

Alvia
アルビア

R 全席指定制

高速専用線と在来線を行き来できる高速列車。プレフェレンテ (1等)、トゥリスタ (2等) の2クラス制。

Altaria
アルタリア

R 全席指定制

高速専用線と在来線を行き来できる長距離特急列車。マドリードとカルタヘナ、アルヘシラスなど南部の町を結ぶ。

Talgo
タルゴ

R 全席指定制

マドリード～ラ・コルーニャ、バルセロナ～ビルバオなどをタルゴ車両で結ぶ特急列車。

InterCity
インターシティ

R 全席指定制

高速専用線にも乗り入れる特急列車。多くはトゥリスタ (2等) のみの編成。

Media Distancia
メディア ディスタンシア

R 全席指定制

中距離都市間を結ぶ快速列車。バルセロナ～フィゲラス～ポルブー間の在来線経由は予約不要。

Tren Hotel
トレンホテル

R 全席指定制

普通寝台 (1～2人部屋、4人部屋) と座席車両の編成。一部ルートでは個室でシャワー、トイレ付きのグランクラスも編成。

Regional
レヒオナル

R 全席自由席

各都市、地方間を結ぶ普通列車。

Cercanias
セルカニアス

R 全席自由席

全12の都市で近郊へ延びている都市圏の普通列車。

Renfe 以外の私鉄
バルセロナ近郊に路線があるカタルーニャ鉄道やバスク地方のビルバオやサン・セバスティアンで運行されているバスク鉄道など数社のローカル線が運行されている。ユーレイル等の鉄道パスは利用できない。

 ヨーロッパの列車の種類・略称 **ポルトガル**

ポルトガル鉄道 (CP)
URLwww.cp.pt

利用できるおもな鉄道パス:ユーレイルグローバルパス P.157　ユーレイル1ヵ国パス P.158

Alfa Pendular
アルファ ベンドゥラール

R 全席指定制

リスボン～ポルト間などで運行。コンフォルト (1等) とトゥリスティカ (2等) の2クラスで編成。

Intercidade
インテルシダーデ

R 全席指定制

主要駅を結ぶ特急列車。

Regional
レジオナル

R 全席自由席

地方都市間を結ぶ普通列車。

InterRegional
インテルレジオナル

R 全席自由席

主要駅を結ぶ特急列車。

Urbanos
ウルバノス

R 全席自由席

リスボン、ポルトの都市圏近郊列車。

　高速列車　　　　特急・急行・快速列車　　　　近郊・普通列車　　　　夜行列車

ヨーロッパの列車の種類・略称 ギリシア

ギリシャ鉄道 (OSE)
URL www.trainose.gr

利用できるおもな鉄道パス:ユーレイルグローバルパス P.157　ユーレイル1ヵ国パス P.158
バルカンフレキシーパス P.158

InterCity
インターシティ

R 全席指定制　**IC**
主要都市間を結ぶ長距離列車。

Express
エクスプレス

R 任意予約制　**Ex**
中距離都市間を結ぶ急行列車。

Proastiakos
プロアスティアコス

R 全席自由席
アテネ、テッサロニキの近郊列車。

トルコ国鉄 (TCDD) URL www.tcdd.gov.tr　ユーレイル系パス利用可能

イスタンブール～アンカラ、アンカラ～イズミルなどトルコ西部を中心に運行しているが路線や便数は多くはない。ユーレイルグローバルパスやバルカンフレキシーパス、ユーレイル1ヵ国パスが利用可能。イスタンブール（おもにアジア側のソユトリュチェシメ駅発）～アンカラ、アンカラ～コンヤ間では全席指定の高速列車 YHT（Yüksek Hızlı Tren）が運行している。ほかにアンカラから東へ向かう夜行列車も運行されているが便数は少なく、毎日運行していない便もある。

ヨーロッパの列車の種類・略称 クロアチア

クロアチア旅客鉄道(HŽPP)
URL www.hzpp.hr

利用できるおもな鉄道パス:ユーレイルグローバルパス P.157　ユーレイル1ヵ国パス P.158

InterCity Nagibni
インターシティ・ナギブニ

ICN

R 全席指定制
ザグレブ～スプリット間で運行している振り子式の高速列車。

EuroCity
ユーロシティ

R 任意予約制　**EC**
主要駅を結ぶ特急列車。

InterCity
インターシティ

R 任意予約制　**IC**
主要駅を結ぶ特急列車。一部区間は全席指定制。

Brzi
ブルズィ

R 全席自由席　**B**
快速列車。

Putnički
プトゥニチュキ

R 全席自由席
普通列車。

ヨーロッパの列車の種類・略称 スロヴェニア

スロヴェニア鉄道 (SŽ)
URL www.slo-zeleznice.si

利用できるおもな鉄道パス:ユーレイルグローバルパス P.157　ユーレイル1ヵ国パス P.158

InterCity Slovenia
インターシティ・スロヴェニア

ICS

R 全席指定制
コーペル～リュブリャーナ～マリボルで運行される高速列車。1等と2等がある。全席指定。

EuroCity
ユーロシティ

R 任意予約制　**EC**
主要駅を結ぶ特急列車。

InterCity
インターシティ

R 任意予約制　**IC**
主要駅を結ぶ特急列車。

regionalni
レギオナルニー

R 全席自由席　**RG**
地方都市を結ぶ快速列車。

potniak
ポトニャク

R 全席自由席　**LP**
普通列車。

ヨーロッパの列車の種類・略称　チェコ

チェコ鉄道（ČD）
URL www.cd.cz

利用できるおもな鉄道パス：ユーレイルグローバルパス P.157　ユーレイル1ヵ国パス P.158
ヨーロピアンイーストパス P.158

SuperCity
スーパーシティ

R 全席指定制　**SC**　プラハ～オストラヴァ間で運行している高速列車。全席指定制。

railjet
レイルジェット

R 任意予約制　**RJ**　プラハ～ブルノ～ウィーン間で運行されている高速列車。

EuroCity
ユーロシティ

R 任意予約制　**EC**　周辺国のほか国内主要都市を結ぶ特急列車。

InterCity
インターシティ

R 任意予約制　**IC**　国内主要都市を結ぶ特急列車。

Express
エクスプレス

R 任意予約制　**Ex**　地方都市間を運行する急行列車。

Rychlík
リフリーク

R 任意予約制　**R**　地方都市間を運行する急行列車。

Spěšný vlak
スペシュニー ヴラク

R 任意予約制　**Sp**　快速列車。

Osobní vlak
オソブニー ヴラク

R 全席自由席　**Os**　大都市圏内と近郊を結ぶ普通列車。

スーパーシティ

 ## ヨーロッパの列車の種類・略称　スロヴァキア

スロヴァキア鉄道（ZSSK）
URL www.slovakrail.sk

利用できるおもな鉄道パス：ユーレイルグローバルパス P.157　ユーレイル1ヵ国パス P.158
ヨーロピアンイーストパス P.158

SuperCity
スーパーシティ

R 全席指定制　**SC**　プラハ～オストラヴァ間などで運行している高速列車。全席指定制。

EuroCity
ユーロシティ

R 任意予約制　**EC**　周辺国のほか国内主要都市を結ぶ特急列車。

InterCity
インターシティ

R 任意予約制　**IC**　国内主要都市を結ぶ特急列車。

Rýchlik
リフリーク

R 任意予約制　**R**　地方都市間を運行する急行列車。

Regionálny expres
レジオナルニ エクスプレス

R 任意予約制　**REX**　快速列車。

Osobný vlak
オソブニー ヴラク

R 全席自由席　**Os**　普通列車。

REGIOJET (RJ)　ユーレイル系パス利用可能（バス除く）
URL www.regiojet.cz　**R** 全席指定制

チェコのプラハ～オストラヴァ～スロヴァキアのブラチスラヴァ、プラハ～ブルノ～ウィーン間で運行している私鉄。ビジネス、リラックス、スタンダードの３クラス制。国際学生証の提示で10％割引き（リラックスとスタンダードクラスのみに適用）。チケットはチェコ鉄道の窓口ではなく、REGIO JET の窓口で購入する。チェコ国内主要都市をはじめ周辺国へのバス路線網も豊富。

LEO Express (LEO)　ユーレイル系パス利用可能（バス除く）
URL www.le.cz　**R** 全席指定制

チェコのプラハ～スロヴァキアのコシツェ間で運行している私鉄。プラハとポーランドのクラクフを結ぶ国際列車のほか、ポーランド西部、北部の主要都市を結ぶネットワークもある。プレミアム、ビジネス、エコノミーの３クラス編成。チケットはプラハ本駅など主要駅の専用窓口で購入できる。国際学生証の提示で15％割引き。

高速列車　　特急・急行・快速列車　　近郊・普通列車　　夜行列車

利用できるおもな鉄道パス：ユーレイルグローバルパス P.157　ユーレイル1ヵ国パス P.158
ヨーロピアンイーストパス P.158

railjet
レイルジェット

全席指定制　**RJ**
ウィーン～ブダペスト間で運行されている高速列車。

EuroCity
ユーロシティ

全席指定制　**EC**
周辺国のほか国内主要都市を結ぶ特急列車。

InterCity
インターシティ

全席指定制　**IC**
国内主要都市を結ぶ特急列車。

全席指定制　**EX** **Expresszvonat**
エクスプレス
地方都市間を結ぶ快速列車。

全席自由席　**R** **Szemely**
セメーイ
普通列車。

利用できるおもな鉄道パス：ユーレイルグローバルパス P.157　ユーレイル1ヵ国パス P.158

Express InterCity Premium
エクスプレス インターシティ プレミアム

全席指定制　**EIP**
ワルシャワ～カトヴィツェ間など主要都市を結ぶ振り子式高速列車。

Express InterCity
エクスプレス インターシティ

全席指定制　**EIC**
主要都市間を結ぶ特急列車。EICと所要時間はあまり変わらない。

EuroCity
ユーロシティ

全席指定制　**EC**
周辺国のほか国内主要都市を結ぶ特急列車。

InterCity
インターシティ

全席指定制　**EC**
国内主要都市を結ぶ特急列車。

Twoje Linie Kolejowe
トゥヴォイェ リニエ コレヨヴェ

全席指定制　**TLK**
国内主要都市や地方都市間を結ぶ特急列車。

InterRegio
インターレギオ

全席自由席　**IR**
主要駅のみに停車する快速列車。

全席自由席　**RE** **Regional Express**
レギオナル エクスプレス
地方都市間を結ぶ快速列車。

全席自由席　**R** **Regio**
レギオ
各都市、地方間を結ぶ普通列車。

利用できるおもな鉄道パス：ユーレイルグローバルパス P.157　ユーレイル1ヵ国パス P.158
ユーレイルスカンジナビアパス P.158

InterCity Lyn
インターシティ リュン

任意予約制　**ICL**
コペンハーゲンと国内主要都市間を結ぶ特急列車。

InterCity
インターシティ

任意予約制　**IC**
コペンハーゲンと国内主要都市間を結ぶ特急列車。

InterRegional
インターリージョナル

任意予約制　**IR**
ICやLynと比べて停車駅が多い長距離列車。

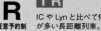
全席自由席　**R** **Regional**
レジオナル
各都市、地方間を結ぶ普通列車。

全席自由席　**R** **S-Tog**
エストー
コペンハーゲンの近郊列車。

ヨーロッパの列車の種類・略称 ノルウェー

ノルウェー鉄道（Vy）
URLwww.vy.no

利用できるおもな鉄道パス：ユーレイルグローバルパス P.157　ユーレイル1ヵ国パス P.158
ユーレイルスカンジナビアパス P.158

Regiontog
リージョン

RR
一部全席指定

主要都市間を結ぶ特急列車。車両はさまざまで、夜行列車やフロム鉄道は予約が必要。

Lokaltog
ローカル

R
全席自由席

地方都市間や大都市近郊を走る普通列車。

フロム鉄道 Flåmsbana
URLwww.visitflam.com/flamsbana
ミュールダールとフロムを結ぶ鉄道で、ソグネフィヨルドの雄大な景色を楽しむことができる。上記ユーレイル系の鉄道パスで割引特典あり。

 ヨーロッパの列車の種類・略称 スウェーデン

スウェーデン鉄道（SJ）
URLwww.sj.se

利用できるおもな鉄道パス：ユーレイルグローバルパス P.157　ユーレイル1ヵ国パス P.158
ユーレイルスカンジナビアパス P.158

Snabbtåg SJ2000/SJ3000
スナップトー

Sn

R
全席指定制

主要都市を結ぶ高速列車。コペンハーゲンへも運行している。

InterCity
インターシティ

IC

RR
一部全席指定

国内主要都市間を結ぶ特急列車。夜行の場合は全席指定制。

Regional
レジオナル

R

R
全席自由席

地方都市間を結ぶ普通列車。

R
全席指定制

Nattåg ナットー
ストックホルム～マルメ、ナルヴィークなどの区間で運行する夜行列車。

R
全席自由席

Pendeltåg ベンデルトー
ストックホルムなど都市近郊の列車。

Arlanda Express
アーランダ エクスプレス

R
任意予約制

アーランダ国際空港とストックホルムを結ぶ特急列車。A-Train 社による運行だが、ユーレイルグローバルパスなど鉄道パスで乗車可能。

ノールランストーグ鉄道
Norrlandståg
北極圏を運行している数少ない路線で、ストックホルムと北欧最北の駅があるノルウェーのナルヴィーク約1600kmを結ぶ国際列車。寝台車、クシェット、座席車で編成されている。

SJ3000

 **ヨーロッパの列車の種類・略称 フィンランド**

フィンランド鉄道（VR）
URLwww.vr.fi

利用できるおもな鉄道パス：ユーレイルグローバルパス P.157　ユーレイル1ヵ国パス P.158
ユーレイルスカンジナビアパス P.158

Pendolino
ベンドリーノ

S

R
全席指定制

ヘルシンキ～ヨエンスーなどの路線で運行される高速列車。

InterCity
インターシティ

IC

R
任意予約制

ヘルシンキ～トゥルクなどを結ぶ特急列車。

Express
エクスプレス

P

R
任意予約制

急行列車。

Regional
レジオナル

H

R
全席自由席

各駅停車の普通列車。

Night Express
ナイトエクスプレス

R
全席指定制

寝台車量と2等車の編成。ロヴァニエミ～ヘルシンキ間で運行。

ベンドリーノ

■ 高速列車　　■ 特急・急行・快速列車　　■ 近郊・普通列車　　■ 夜行列車

切符の種類と買い方

P.152	必要な運賃と料金	P.153	駅の窓口で買う
P.152	予約が必要な列車と予約 可能な列車	P.153	自動券売機で買う
P.153	包括運賃チケット	P.153	ウェブサイトで買う

テクニック

日本でチケットを予約

スケジュールが決まっていれば、ユーロスターやTGV、寝台車、クシェットなどの予約を日本から入れることもできる。「地球の歩き方 ヨーロッパ鉄道デスク」はヨーロッパの鉄道各社とオンラインで直結しスピーディな予約発券を行っている。

●地球の歩き方ヨーロッパ鉄道デスク
URL rail.arukikata.com

客室上部に座席予約がされている区間が表示されている（ドイツのICE）

コンパートメント車両は窓に予約区間が表示される

補足

任意予約制列車の注意点

ドイツやオーストリアの任意予約制の列車では、当日もしくは直前までチケットが購入できるため、そのための座席が設定されている。ドイツでは「**ggf.freigeben**」（gegebenenfalls freigeben＝必要に応じて席を空けるの意）の表示がされている。当該の座席指定券を所持している乗客が来たら、席を譲ること

ヨーロッパの鉄道チケットは複雑に見えるが、基本的な運賃体系と料金は日本とあまり違わない。ここではヨーロッパの鉄道のチケットに関して説明しよう。

切符の基礎知識　必要な運賃と料金

✔ 基本要素は乗車運賃・特急＆急行料金・指定料金の3つ
✔ 上の3つをまとめたものが包括運賃

乗車運賃　鉄道利用に最低限必要な運賃。普通乗車券は乗車運賃のみ含まれている。基本的には快速列車や普通列車を利用する場合は、乗車運賃のみで利用できる。

特急料金・急行料金　ユーロシティ（EC）やインターシティ（IC）などの特急や急行列車を利用する場合に必要な追加料金。

座席指定（予約）料金　座席や寝台、クシェットを予約する場合に必要な料金。全席指定制の列車には必ず必要となる。指定だけのチケットが座席指定券もしくは寝台券。

包括運賃　乗車運賃、特急料金、指定料金がひとつになった運賃。この運賃のチケットを包括運賃チケットという。

フランス、イタリア、スペインの高速列車や長距離列車（国際線も含む）、ユーロスターやタリスなどの国際高速列車やユーロナイトのチケットが該当する。

切符の基礎知識　予約が必要な列車と予約可能な列車

✔ 全席指定制列車＝予約が必要な列車
✔ 任意予約制列車＝予約ができる列車

全席指定制列車　座席や寝台などを予約しなければ利用できない列車。現地の時刻表やヨーロッパ鉄道時刻表でRが付いている列車が該当する。

高速列車など包括運賃チケットで利用する列車も予約が必要な列車。これらの列車を予約なしで乗車すると罰金が課せられることもあるので注意しよう。

任意予約制列車　座席を予約しなくても利用できるが、座席指定もできる列車。全席指定制ではないユーロシティ（EC）やインターシティ（IC）などの特急・急行列車が該当する。

普通列車・快速列車　日本でも同じだが、普通列車や快速列車は基本的には座席指定ができない。オランダやベルギーのインターシティ（IC）は自由席のみで座席予約ができないので、空いている席を利用する。

切符の基礎知識

包括運賃チケット

✔ 料金のバリエーションが豊富
✔ 安いほど購入後の変更やキャンセルができない

豊富な料金帯　ヨーロッパの列車のチケットで増えているのが、「包括運賃チケット」。LCCや長距離バスとの競争で、早割や時間帯割引などさまざまな割引設定があるのが特徴である。正規運賃に対して早割運賃が半額以下というケースも見受けられる。

安いほど制約がある　正規運賃の場合は、チケット購入後の変更や払戻しができるが、安くなればなるほど、チケット購入後の変更や払戻しができなくなる。例えばユーロスターの場合、正規運賃にあたるビジネスプレミアクラスチケット以外の割引料金は払戻しができない。

イタリアのトレニタリアのウェブサイト（URLwww.trenitalia.com）上にあるスーパーエコノミー運賃。列車の変更等はできない

包括運賃チケット（全席指定）
鉄道パスが有効

普通乗車券　普通乗車券 ＋ 特急・急行料金 ＋ 座席指定料金

予約不要	予約可能	予約必須
予約できない	予約なしでも乗れる	予約しないと乗れない
近郊列車 快速列車	中・長距離列車 急行列車など	高速列車 寝台列車など
	IC、ECなど	TGV、ユーロスター、タリスなど

Esempio VENEZIA - MILANO FRECCIABIANCA	2ª classe	1ª classe
SUPER ECONOMY	9€	19-29€
ECONOMY	19-29€	36€
BASE	36€	50€

ヴェネツィア〜ミラノ間のフレッチャビアンカの料金例。2等の正規運賃が€36に対して、スーパーエコノミーは€9。

切符の買い方

駅の窓口で買う

時間に余裕をもって　国際線が発着するターミナル駅では、国内線と国際線で分けられていることがある。ヨーロッパでは窓口で旅程を相談しながら切符を買う人が多いので、時間がかかることが多い。時間に余裕をもって利用しよう。

切符の買い方

自動券売機で買う

多機能＆多言語表示が可能　近郊線や普通列車はもちろんのこと、高速列車や長距離列車のチケットも購入できる。英語表示対応（日本語対応の券売機はない）のものもあり、クレジットカード対応をしている国も多い。

座席指定券が買えるタイプも　イタリアのトレニタリア（fs）やドイツ鉄道（DB）の自動券売機では、座席指定券や寝台券のみ（トレニタリアは鉄道パス割引用運賃）を購入することもできる。

切符の買い方

ウェブサイトで買う

E-チケット　各鉄道会社のウェブサイトでも高速列車や長距離列車のチケットが購入できる。多くの鉄道会社のウェブサイトは英語表示が可能で、クレジットカードでの決済が可能。航空券と同じくプリントアウトしてそのまま乗車券として使えるE-チケット対応も増えてきている。スタッフと対面で相談しながら買えるわけではないので、ある程度の英語力や鉄道用語の知識が必要になる。

テクニック

列車予約メモを記入して使う

鉄道パスを持って座席指定をしたい場合や、言葉に不安があるなら下記のURLから列車予約メモをプリントアウトして駅のスタッフに見せるとよい。何枚か持っておくと便利。

●ヨーロッパ鉄道時刻表解説ページ
URLwww.arukikata.co.jp/guidebook/train/timetable/top.html

列車予約メモ

		月		年
Date	英	Month	英	Year
Jour	仏	Mois	仏	Année
Tag	独	Monat	独	Jahr
data	伊	mese	伊	anno
dia	西	mes	西	año

	降車駅	
英	Arrival Station
仏	Destination
独	Zielbahnhof
伊	Stazione dell'arrivo
西	estacion de llegada

	列車時刻			片道
英	Arrival Time		英	one way
仏	Heure d'arrivée		仏	Aller-simple
独	Ankunft		独	einfach

列車予約メモ（上記画像はその一部分）をダウンロード＆プリントアウトできる

ドイツ鉄道DB（URLwww.bahn.de）のウェブサイト。画面上部で言語を選択できる

ヨーロッパの鉄道パス

ヨーロッパの鉄道旅行に便利なのが「鉄道パス」。長期間のヨーロッパ旅行にはもちろん、短期間の旅行でも使い方によっては、鉄道パスが便利な場合もある。

関連項目

・ユーレイル加盟国　　P.47

補足
鉄道パスで利用可能なおもな民間鉄道
●ウエストバーン（WB）
●レギオジェット（regiojet）
●レオエクスプレス（Leo Express）
P.157の鉄道会社のほか、オーストリアのウエストバーン、中欧エリアのレギオジェット、レオエクスプレスも利用可能。ドイツ、オランダ、スウェーデンなどでは、地方路線を民間会社によって運営されているが、代表的な鉄道会社とチケットを共通化している場合は、ユーレイルグローバルパスでも利用できる。

鉄道パス基礎知識
鉄道パスとは

✔ 適用範囲が広いので自由に鉄道旅行をしたい人に便利
✔ 全席指定制が少ない国では重宝する
✔ 現地でチケットを購入する必要がないので、時間の節約になる

鉄道パスとは　ヨーロッパの主要鉄道会社（日本でいえばJRに該当）の鉄道周遊券。乗車運賃のほかに特急料金・急行料金も含まれている。全席指定制（→P.152）の列車や寝台・クシェット利用でなければ、ECやIC、さらにドイツの新幹線ICEもほとんどの区間を鉄道パスのみで利用可。

鉄道パスのメリット

急な旅程変更にも対応
乗車券とは異なり、適用範囲が区間ではなく国単位かつ利用日が基本となるので、急なルート変更や旅程や日程の変更があっても、適用範囲内であれば、乗車券を買い直す必要はない。

もとが取りやすい国
鉄道運賃が高いイギリス、ドイツ、北欧（デンマーク、スウェーデン、ノルウェー、フィンランド）では、ある程度の利用でもとを取ることができる。

時間の節約
ドイツやイギリスなど全席指定制の列車が少ない国では、現地で乗車券を買う手間が省けるので、時間の節約にもなるし、言葉の不安も軽減される。

鉄道パスのデメリット

もとが取りづらいことも
周遊券なので、ある程度の鉄道利用が前提となる。短距離のみの利用の場合や鉄道運賃が安い中欧諸国ではもとが取りづらい。

包括運賃チケットに注意
包括運賃チケットで格安運賃を組み合わせたスケジュールにした場合は、鉄道パスのほうが割高になることが多い。この場合は、前提としてすべて利用する列車、利用日をすべて決めることになるので、購入後の変更はできない。乗り遅れた場合はチケットを買い直す必要がある。

テクニック
滞在日数より短めのパスで十分
全旅行期間より5〜6日間短めのパスを買うとちょうどいい。往復の飛行機で3日取られるので実際の旅行期間は27日間。最初に着いた町に何日か滞在し、最終都市にも余裕をもって3日くらい前に入るのならば、30日間の旅でも21日間のパスでほぼカバーされるということになる。

鉄道パス基礎知識
鉄道パスのタイプ

✔ 期間内ならいつでも利用できる通用日連続タイプ
✔ 決められた期間内に利用日が選べるフレキシータイプ
✔ 毎日鉄道を使わない場合はフレキシータイプが便利

通用日連続タイプ　「定期券」と同じく、鉄道利用日が期間で区切られている。**期間内ならいつでも利用できる。**1ヵ月間、2ヵ月間、3ヵ月間など長期間が多いが、ドイツ、イギリスなど一部の国別パスの場合は、3日間、4日間用の設定もある。

フレキシータイプ　1ヵ月間や2ヵ月間の有効期間が設定され、その中で鉄道利用日が選べるタイプ。通用日連続タイプとは異なり、利用者自身で鉄道利用日をパスに記入するので、毎日鉄道を利用しない場合や旅行期間に比べて鉄道利用日が少ない場合は活用できる。多くの鉄道パスは、フレキシータイプ。

通用日連続型　ユーレイルグローバルパス15日間 5/1から利用した場合

5/1　　　　毎日利用可能　　　　　5/15 23:59

フレキシータイプ　ユーレイルグローバルフレキシーパス15日分 5/1から利用した場合

①②③　　④⑤⑥⑦　　⑧⑨⑩⑪　⑫⑬　⑭　⑮
5/1　　　　有効期間2ヵ月の内 15日分利用可能　　　　6/31

鉄道パスの割引料金
鉄道パス 基礎知識

✔ 2名以上なら割引になるセーバー料金
✔ 年齢によって割引になるユース、シニア料金

セーバー料金　2名以上のグループに適用される割引料金。1グループで1枚のパスなので、別行動となる場合、パスを所持していない人は鉄道パスを利用できない。ドイツのジャーマンレイルパス（→P.161）は、2名単位の「ツインパス」、イギリスのブリットレイルパス（→P.161）は、3名以上のグループで適用される。

ユース料金　利用開始時点で27歳（イギリスやスイスの国別パスでは25歳）に適用される割引。多くの鉄道パスに設定されている。

シニア料金　鉄道パスを利用開始時点で60歳以上に適用される割引料金。

鉄道パスのおもな種類
鉄道パス 基礎知識

ユーレイルグローバルパス　ヨーロッパ33ヵ国の鉄道で利用できる。エリアパスの設定があるスカンジナビアエリア（デンマーク、スウェーデン、フィンランド、ノルウェー）やベネルクス（オランダ、ベルギー、ルクセンブルク）、中欧（オーストリア、チェコ、スロヴァキア、ハンガリー）を除く2ヵ国以上の鉄道旅行をする場合におすすめの鉄道パス。

エリアパス　ある程度のエリアで利用できる鉄道パスで、北欧4ヵ国で利用できるユーレイルスカンジナビアパス、中欧4ヵ国で利用できるヨーロピアンイーストパスやバルカン半島周辺で利用できるバルカンフレキシーパスがある。

1ヵ国パス　イギリス、アイルランド、フランス、ドイツ、スイス、イタリア、スペイン、ポルトガル、ポーランド、チェコ、スロヴァキア、ハンガリー、ルーマニア、ブルガリア、クロアチア、スロヴェニア、セルビア、北マケドニア、ギリシア、トルコ、ノルウェー、デンマーク、スウェーデン、フィンランド、リトアニア、ラトヴィア、エストニアの27ヵ国に設定されている1ヵ国用の鉄道パス。独自の1ヵ国パスがあるイギリスの「ブリットレイルパス」やスイスの「スイストラベルパス」は、ユーレイルグローバルパスよりも国内での適用範囲や利用条件がよい。

テクニック
フレキシータイプのパスの注意
●利用者自身が検札前に日付を記入
鉄道利用日は、利用者自身で記入をする。記入をするタイミングは、車掌の検札前に行う。
●不正行為は罰金
日付はボールペンなど消すことができない筆記用具で書くこと。不正をすると鉄道パスを回収の上、€100相当の罰金が課せられる。
●先に日付を書かない
利用日が決まっているからといって先に日付を書かないこと。状況によっては罰金が課せられることも。

補足
フレキシータイプの夜行列車のルール
フレキシータイプの鉄道パスを使って夜行列車を利用する場合は、乗車日と到着日の2日分を記入する必要がない。通用日連続タイプの場合は、到着日までの有効期間がないと利用できない。
●乗車日を記入する場合
ユーレイルグローバルパス、ユーレイル1ヵ国パスの場合は、乗車日のみを記入する。
●到着日を記入する場合
イギリスのブリットレイルパスやジャーマンレイルパスなどユーレイル系以外の鉄道パスの場合、19：00以降出発便で翌朝4：00以降の到着の夜行列車利用では、到着日の1日分を記入すればよい。

テクニック
子連れ旅にお得な鉄道パス
家族旅行には鉄道パスがたいへんお得。無料の子ども用パスをぜひ賢く活用してみよう。
●大人1人で子どもが2人まで無料
ユーレイル系の鉄道パスやジャーマンレイルパスの場合は、大人料金を購入した大人1名に付き同行する子ども（4〜11歳）2名まで、大人と同じ適用範囲の無料の子ども用パスが発券できる。
●ブリットレイルの子ども割引
イギリスのブリットレイルパスやイングランドパスの場合は、大人もしくはシニア料金を購入した大人1名に付き同行する子ども（5〜15歳）1名までは、大人と同じ適用範囲の無料の子ども用パスが発券できる。
●スイストラベルパスの無料特典
大人料金を購入した親（もしくは里親。祖父母は不可）に同行する子供（6〜15歳）には無料の「スイスファミリーカード」を付けることができる。このカードは、親が所持しているスイストラベルパスと同じ範囲で利用できる。

国別パスのヴァリデーション

●スイストラベルシステムのパス
スイストラベルパス(→P.161)などスイストラベルシステムの鉄道パスは、発券時に自動的にヴァリデーションがされる。そのため購入時に利用開始日を決めなければならない。

●イギリスの鉄道パス
ブリットレイルパス(→P.161)などイギリスの鉄道パスは、日本の旅行会社でのヴァリデーションができず、現地駅窓口での手続きのみ。

読者投稿

ベルギーの駅名表記
鉄道駅の表示は、オランダ語とフランス語の2か国語表示。例えば、ブリュッセル南駅は、midi(フランス語)とzuid(オランダ語)。電光掲示板も2ヵ国語フラッシュ表示。行先は、念のため両方確認しておいた方がよい。降りる際、片方しか見えず、別の駅かと慌ててしまったことがあった。

(北海道 ELMO '19夏)

鉄道パス基礎知識

鉄道パスの使い方

- 鉄道パスの購入
- 利用開始手続き(ヴァリデーション)
- パスが有効の列車に乗車する
- 車掌にパスを見せる

ヴァリデーション 鉄道パスは購入したままの状態では利用できない。利用前に駅窓口や鉄道インフォメーションで利用開始手続きをしなければならない。これをヴァリデーションという。この手続きをしないで列車を利用した場合、€100相当の罰金が課せられる場合があるので、必ず利用開始前に手続きを行うこと。

ヴァリデーションの方法 所持している適用範囲の鉄道駅の窓口のスタッフに鉄道パスとパスポートを提示して、**利用開始日(First Day)** と有効期間の**最終日(Last Day)** を記入してもらう。鉄道パスを扱っている日本の旅行会社でも有料になるが、ヴァリデーション手続きはできる。

パスの利用開始期限 鉄道パスの利用開始期限は、パスの種類によって異なるが、発券日より6〜11ヵ月。それまでに利用開始をしなければ、パスが無効になるので注意が必要。

鉄道パスの見方

通用日連続タイプ (ユーレイルグローバルパスの場合)

Eurail

CIV No. 122630479*A

発券日 IEL R 100 R / REA / 22 Dec 2017 / Issuing Stamp

EURAIL GLOBAL PASS **CONTINUOUS**

料金タイプ Category: Adult
利用期限日数 (この見本は15日間)
Validity: 15 days

Name: CHIKYU, T MR 利用者氏名
Country: JAPAN 居住地国名もしくは国籍
Passport #: パスポート番号

Class: 1
クラス
(この見本は1等)

利用開始日 First Day ___ ___ ___ Day Month Year
利用終了日 Last Day ___ ___ ___ Day Month Year

MUST BE ACTIVATED BEFORE 22 Nov 2018

STAMP

ヴァリデーションスタンプ欄

EUR 591.50

This coupon is only valid with EURAIL cover and passport. Please see conditions of use.

108408382

フレキシータイプ (ユーレイルグローバルパスの場合)

Eurail

CIV No. 122630478*A

発券日 IEL R 100 R / REA / 22 Dec 2017 / Issuing Stamp

EURAIL GLOBAL PASS **FLEXI**

料金タイプ Category: Adult
利用期限日数 (この見本は1ヵ月間内の5日分)
Validity: 5 days within 1 month

Name: CHIKYU, T MR 利用者氏名
Country: JAPAN 居住地国名もしくは国籍
Passport #: パスポート番号
Travel calendar below must be filled in:

Class: 1
クラス
(この見本は1等)

利用開始日 First Day ___ ___ ___ Day Month Year
利用終了日 Last Day ___ ___ ___ Day Month Year

利用日記載欄
　　　　　1　2　3　4　5
Day: |___|___|___|___|___|
Mth: |___|___|___|___|___|

MUST BE ACTIVATED BEFORE 22 Nov 2018

STAMP

EUR 463.00

This coupon is only valid with EURAIL cover and passport. Please see conditions of use.

108408380

ユーレイルグローバルパス

ヨーロッパ33ヵ国（2020年3月現在）の鉄道で利用できる鉄道パス。

有効期間　15日間、22日間、1ヵ月間、2ヵ月間、3ヵ月間の通用日連続タイプ（定期券タイプ）と有効期間1ヵ月間内で4日分、5日分、7日分、有効期間2ヵ月間内で10日分、15日分の鉄道利用日が選べるフレキシータイプの2種類がある。

割引　利用開始時に60歳以上の方に適用されるシニア料金、12〜27歳の方に適用されるユース料金など割引料金が設定されている。

利用できるおもな鉄道会社　基本的には下記の代表的な鉄道会社（国鉄や株式会社化した国鉄）で利用できる。

利用できる国と鉄道会社の詳細はP.47でも解説

ユーレイルグローバルパスが使える33ヵ国と鉄道会社

	国名	鉄道会社とURL	独自パス・エリアパス	1ヵ国パス
❶	イギリス	ナショナルレイル（NR）URLwww.nationalrail.co.uk	独自パス（ブリットレイルパス）	なし
❷	フランス	フランス国鉄（SNCF）URLwww.sncf.com		◎
❸	ドイツ	ドイツ鉄道（DB）URLwww.bahn.de	独自パス（ジャーマンレイルパス）	なし
❹	スイス	スイス国鉄（SBB）URLwww.sbb.ch	独自パス（スイストラベルパス）	なし
❺	ベルギー	ベルギー国鉄（SNCB）URLwww.belgiantrain.be	エリアパス（ユーレイルベネルクスパス）	なし
❻	オランダ	オランダ鉄道（NS）URLwww.ns.nl		
❼	ルクセンブルク	ルクセンブルク国鉄（CFL）URLwww.cfl.lu		
❽	アイルランド	アイルランド鉄道（IE）www.irishrail.ie 北アイルランド鉄道（NIR）www.translink.co.uk		◎
❾	ノルウェー	ノルウェー鉄道（Vy）URLwww.vy.no	エリアパス（ユーレイルスカンジナビアパス）	◎
❿	スウェーデン	スウェーデン鉄道（SJ）URLwww.sj.se		◎
⓫	デンマーク	デンマーク鉄道（DSB）URLwww.dsb.dk		◎
⓬	フィンランド	フィンランド鉄道（VR）URLwww.vr.fi		◎
⓭	エストニア	エルロン（Elron）URLelron.ee		◎
⓮	ラトヴィア	ラトヴィア旅客鉄道（PV）URLwww.pv.lv		◎
⓯	リトアニア	リトアニア鉄道（LG）URLwww.litrail.lt		◎
⓰	イタリア	トレニタリア（fs）URLwww.trenitalia.com		◎
⓱	スペイン	レンフェ旅客鉄道（Renfe）URLwww.renfe.com	独自パス（Renfeパス）	◎
⓲	ポルトガル	ポルトガル鉄道（CP）URLwww.cp.pt		◎
⓳	ポーランド	PKPインターシティ URLwww.intercity.pl 地域輸送会社（PR）URLpolregio.pl		◎
⓴	オーストリア	オーストリア連邦鉄道（ÖBB）URLwww.oebb.at	エリアパス（ヨーロピアンイーストパス）	◎
㉑	チェコ	チェコ鉄道（ČD）URLwww.cd.cz		◎
㉒	スロヴァキア	スロヴァキア鉄道（ZSSK）URLwww.zssk.sk		◎
㉓	ハンガリー	ハンガリー鉄道（MÁV Start）URLwww.mavcsoport.hu		◎
㉔	クロアチア	クロアチア旅客鉄道（HŽPP）URLwww.hzpp.hr		◎
㉕	スロヴェニア	スロヴェニア旅客鉄道（SŽ）URLwww.slo-zeleznice.si		◎
㉖	ルーマニア	ルーマニア旅客鉄道（CFR Călători）URLwww.cfrcalatori.ro		◎
㉗	ブルガリア	ブルガリア国鉄（BDZ）URLwww.bdz.bg		◎
㉘	セルビア	セルビア鉄道（ŽS）URLwww.zeleznicesrbije.com		◎
㉙	モンテネグロ	モンテネグロ鉄道（ŽCG）URLwww.zcg-prevoz.me	エリアパス（バルカンフレキシーパス）	なし
㉚	ボスニア・ヘルツェゴヴィナ	ボスニア・ヘルツェゴヴィナ連邦鉄道（ŽFBH）URLwww.zfbh.ba スルプスカ共和国鉄道（ŽRS）URLwww.zrs-rs.com		なし
㉛	北マケドニア	マケドニア鉄道（MŽ）URLmzt.mk		◎
㉜	ギリシア	ギリシア鉄道（TrainOSE）URLwww.trainose.gr		◎
㉝	トルコ	トルコ国鉄（TCDD）URLwww.tcdd.gov.tr		◎

157

エリアパス

　北欧、中欧、東欧など広範囲のエリアをカバーするパス。駅の窓口で英語があまり通じなかったり、表記がキリル文字のことがある中欧やバルカン諸国の周遊に便利。

ユーレイル
スカンジナビアパス

ヨーロピアンイーストパス

プラハ○

ユーレイル
ベネルクスパス

ザルツブルク○　　ウィーン○　　○ブダペスト

バルカンフレキシーパス

ユーレイルスカンジナビアパス

デンマーク、スウェーデン、ノルウェー、フィンランドの北欧4ヵ国の鉄道で利用できる鉄道パス。有効期間1ヵ月間内で3日、4日、5日、6日、8日分の鉄道利用日が選べるフレキシータイプ。

ヨーロピアンイーストパス

チェコ、スロヴァキア、ハンガリー、オーストリアの4ヵ国で利用できる鉄道パス。有効期間1ヵ月間のフレキシータイプで鉄道利用日が5〜10日分設定されている。

バルカンフレキシーパス

ルーマニア、ブルガリア、セルビア、モンテネグロ、ボスニア・ヘルツェゴビナ、北マケドニア、ギリシア、トルコで利用できる鉄道パス。2ヵ月間の有効期間で3、5、7、10、15日分の鉄道利用日が選べるフレキシータイプ。ルーマニアは、ルーマニア旅客鉄道（CFR）が利用できず、レジオトランスRegioTrans社の列車のみ利用可。

ユーレイルベネルクスパス

ベルギー、オランダ、ルクセンブルクの3ヵ国の鉄道で利用できる鉄道パス。有効期間1ヵ月間内で3日、4日、5日、6日、8日分の鉄道利用日が選べるフレキシータイプ。

ユーレイル1ヵ国パス

ユーレイルグローバルパスの範囲内で、フランス、イタリア、スペイン、ポルトガル、ベネルクス（ベルギー、オランダ、ルクセンブルク）、アイルランド、デンマーク、スウェーデン、ノルウェー、フィンランド、ポーランド、チェコ、スロヴァキア、オーストリア、ハンガリー、ルーマニア、ブルガリア、クロアチア、スロヴェニア、ギリシャ、セルビア、トルコ、リトアニア、北マケドニアの25ヵ国で設定している国別パス。国によって料金が異なる。有効期間1ヵ月間内で3日、4日、5日、6日、8日分の鉄道利用日が選べるフレキシータイプ。利用できる鉄道会社は、ユーレイルグローバルパスに準じている。大人、シニア、ユースの3つのタイプがある。

1ヵ国型鉄道パス（独自パス）

　イギリス、フランス、ドイツ、スイスなどで設定されている独自パスは適用範囲が広く、特典の数も多い。

ブリットレイルパス　北アイルランドを除くイギリス全土の鉄道が利用可能。鉄道料金が高いイギリスでは比較的元が取りやすい。イングランド、スコットランドなどエリア別パスもある。

ジャーマンレイルパス　ドイツ鉄道（DB）およびDBのチケットで利用できる私鉄が利用できる。イタリアとドイツを結ぶEC（要予約）、ケルン〜ブリュッセル間のICE、ニュルンベルク〜プラハ、ベルリン〜クラクフ、ベルリン〜コペンハーゲン間を結ぶICバス（要予約）にも利用できる。2名で利用できるツイン割引も設定されている。

スイストラベルパス　スイス国鉄のほかに多くの私鉄やポストバス、市内公共交通機関が加盟するスイストラベルシステムが発行。スイス国内90都市以上の公共交通機関（市バスやトラム）にも利用できる。ケーブルカーや登山鉄道も50％割引き（一部25％割引き）で利用可能。

Renfeスペインパス　回数券方式の鉄道パスでE-チケットタイプ。座席指定料も込み。

鉄道パス料金表（グローバルパス／エリアパス）

ユーレイルグローバルパス

	1等		
有効期間	大人	シニア	ユース
15日間	€590	€531	€443
22日間	€690	€621	€518
1ヵ月間	€893	€804	€670
2ヵ月間	€975	€878	€731
3ヵ月間	€1202	€1082	€902

	2等		
有効期間	大人	シニア	ユース
15日間	€443	€399	€332
22日間	€518	€466	€389
1ヵ月間	€670	€603	€503
2ヵ月間	€731	€658	€548
3ヵ月間	€902	€812	€677

ユーレイルグローバルフレキシーパス

	1等		
利用日数／有効期間	大人	シニア	ユース
4日分／1ヵ月間	€328	€295	€246
5日分／1ヵ月間	€376	€338	€282
7日分／1ヵ月間	€446	€401	€335
10日分／2ヵ月間	€534	€481	€401
15日分／2ヵ月間	€657	€591	€493

	2等		
利用日数／有効期間	大人	シニア	ユース
4日分／1ヵ月間	€246	€221	€185
5日分／1ヵ月間	€282	€254	€212
7日分／1ヵ月間	€335	€302	€251
10日分／2ヵ月間	€401	€361	€301
15日分／2ヵ月間	€493	€444	€370

ユーレイルスカンジナビアパス

	1等		
利用日数／有効期間	大人	シニア	ユース
3日分／1ヵ月間	€256	€230	€205
4日分／1ヵ月間	€291	€262	€233
5日分／1ヵ月間	€321	€289	€257
6日分／1ヵ月間	€349	€314	€279
8日分／1ヵ月間	€396	€356	€317

	2等		
利用日数／有効期間	大人	シニア	ユース
3日分／1ヵ月間	€192	€173	€166
4日分／1ヵ月間	€218	€196	€189
5日分／1ヵ月間	€241	€217	€209
6日分／1ヵ月間	€262	€236	€227
8日分／1ヵ月間	€297	€267	€257

ユーレイルベネルクスパス

	1等		
利用日数／有効期間	大人	シニア	ユース
3日分／1ヵ月間	€161	€145	€129
4日分／1ヵ月間	€194	€175	€155
5日分／1ヵ月間	€225	€203	€180
6日分／1ヵ月間	€253	€228	€202
8日分／1ヵ月間	€305	€275	€244

	2等		
利用日数／有効期間	大人	シニア	ユース
3日分／1ヵ月間	€121	€109	€105
4日分／1ヵ月間	€146	€131	€126
5日分／1ヵ月間	€169	€152	€146
6日分／1ヵ月間	€190	€171	€164
8日分／1ヵ月間	€229	€206	€198

ヨーロピアンイーストパス

利用日数／有効期間	1等	2等
5日分／1ヵ月間	€271	€186
6日分／1ヵ月間	€299	€238
7日分／1ヵ月間	€353	€262
8日分／1ヵ月間	€379	€287
9日分／1ヵ月間	€406	€311
10日分／1ヵ月間	€432	€336

バルカンフレキシーパス

	1等			2等		
利用日数／有効期間	大人	シニア	ユース	大人	シニア	ユース
3日分／1ヵ月間	€127	€108	€95	€91	€77	€68
5日分／1ヵ月間	€180	€144	€108	€134	€107	€80
7日分／1ヵ月間	€243	€196	€146	€183	€145	€106
10日分／1ヵ月間	€314	€252	€188	€233	€187	€140
15日分／1ヵ月間	€378	€303	€227	€280	€225	€168

※掲載の料金は1名分の料金。2020年1月現在。　※シニアは鉄道パス利用開始時点で60歳以上。ユースは利用開始時点で12～27歳

鉄道パス料金表（ユーレイル1ヵ国パス）

スペイン スウェーデン ノルウェー

利用日数/有効期間	1等		
	大人	シニア	ユース
3日分/1ヵ月間	€227	€204	€182
4日分/1ヵ月間	€263	€237	€210
5日分/1ヵ月間	€294	€265	€235
6日分/1ヵ月間	€323	€291	€258
8日分/1ヵ月間	€374	€337	€299

利用日数/有効期間	2等		
	大人	シニア	ユース
3日分/1ヵ月間	€170	€153	€148
4日分/1ヵ月間	€197	€177	€171
5日分/1ヵ月間	€221	€199	€191
6日分/1ヵ月間	€242	€218	€210
8日分/1ヵ月間	€281	€253	€243

※ノルウェーは2等のみの設定

イタリア

利用日数/有効期間	1等		
	大人	シニア	ユース
3日分/1ヵ月間	€169	€152	€135
4日分/1ヵ月間	€204	€184	€163
5日分/1ヵ月間	€236	€213	€189
6日分/1ヵ月間	€266	€239	€212
8日分/1ヵ月間	€320	€289	€256

利用日数/有効期間	2等		
	大人	シニア	ユース
3日分/1ヵ月間	€127	€114	€105
4日分/1ヵ月間	€153	€138	€126
5日分/1ヵ月間	€177	€160	€146
6日分/1ヵ月間	€200	€180	€164
8日分/1ヵ月間	€240	€216	€198

ポルトガル ギリシア ハンガリー ルーマニア エストニア

利用日数/有効期間	1等		
	大人	シニア	ユース
3日分/1ヵ月間	€123	€111	€98
4日分/1ヵ月間	€152	€137	€122
5日分/1ヵ月間	€179	€161	€143
6日分/1ヵ月間	€205	€185	€164
8日分/1ヵ月間	€253	€228	€202

利用日数/有効期間	2等		
	大人	シニア	ユース
3日分/1ヵ月間	€92	€83	€80
4日分/1ヵ月間	€114	€03	€99
5日分/1ヵ月間	€134	€121	€116
6日分/1ヵ月間	€54	€39	€33
8日分/1ヵ月間	€90	€171	€64

オーストリア

利用日数/有効期間	1等		
	大人	シニア	ユース
3日分/1ヵ月間	€195	€176	€156
4日分/1ヵ月間	€230	€207	€184
5日分/1ヵ月間	€262	€236	€210
6日分/1ヵ月間	€291	€262	€233
8日分/1ヵ月間	€344	€310	€275

利用日数/有効期間	2等		
	大人	シニア	ユース
3日分/1ヵ月間	€146	€131	€127
4日分/1ヵ月間	€173	€156	€150
5日分/1ヵ月間	€197	€177	€170
6日分/1ヵ月間	€218	€196	€189
8日分/1ヵ月間	€258	€232	€224

アイルランド デンマーク フィンランド

利用日数/有効期間	1等		
	大人	シニア	ユース
3日分/1ヵ月間	€161	€145	€129
4日分/1ヵ月間	€194	€175	€155
5日分/1ヵ月間	€225	€203	€180
6日分/1ヵ月間	€253	€228	€202
8日分/1ヵ月間	€305	€275	€244

利用日数/有効期間	2等		
	大人	シニア	ユース
3日分/1ヵ月間	€121	€109	€105
4日分/1ヵ月間	€146	€131	€126
5日分/1ヵ月間	€169	€152	€146
6日分/1ヵ月間	€190	€171	€164
8日分/1ヵ月間	€229	€206	€198

そのほかの国

ポーランド／チェコ／スロヴァキア クロアチア／スロヴァニア／セルビア 北マケドニア／ブルガリア／トルコ ラトヴィア／リトアニア

利用日数/有効期間	1等		
	大人	シニア	ユース
3日分/1ヵ月間	€78	€70	€62
4日分/1ヵ月間	€99	€89	€79
5日分/1ヵ月間	€119	€107	€95
6日分/1ヵ月間	€139	€125	€111
8日分/1ヵ月間	€176	€158	€141

利用日数/有効期間	2等		
	大人	シニア	ユース
3日分/1ヵ月間	€59	€53	€51
4日分/1ヵ月間	€74	€67	€64
5日分/1ヵ月間	€89	€80	€77
6日分/1ヵ月間	€104	€94	€90
8日分/1ヵ月間	€132	€119	€114

※掲載の料金は1名分の料金。2020年1月現在。　※シニアは鉄道パス利用開始時点で60歳以上。ユースは利用開始時点で12～27歳

鉄道パス料金表（1ヵ国パス／独自パス）

フランス（ユーレイル1ヵ国パス）

利用日数/有効期間	1等		
	大人	シニア	ユース
1日分/1ヵ月間	€103	€93	€82
2日分/1ヵ月間	€154	€139	€123
3日分/1ヵ月間	€195	€176	€156
4日分/1ヵ月間	€230	€207	€184
5日分/1ヵ月間	€262	€236	€210
6日分/1ヵ月間	€291	€262	€233
7日分/1ヵ月間	€317	€285	€254
8日分/1ヵ月間	€344	€310	€275

利用日数/有効期間	2等		
	大人	シニア	ユース
1日分/1ヵ月間	€77	€69	€67
2日分/1ヵ月間	€116	€104	€100
3日分/1ヵ月間	€146	€131	€127
4日分/1ヵ月間	€173	€156	€150
5日分/1ヵ月間	€197	€177	€170
6日分/1ヵ月間	€218	€196	€189
7日分/1ヵ月間	€238	€214	€206
8日分/1ヵ月間	€258	€232	€224

ジャーマンレイルパス

フレキシータイプ

利用日数/有効期間	1等		
	大人	ツイン	ユース
3日分/1ヵ月間	€243	€180	€193
4日分/1ヵ月間	€261	€193.50	€207
5日分/1ヵ月間	€279	€207	€220
7日分/1ヵ月間	€342	€256	€279
10日分/1ヵ月間	€441	€328	€351
15日分/1ヵ月間	€620	€463	€494

フレキシータイプ

利用日数/有効期間	2等		
	大人	ツイン	ユース
3日分/1ヵ月間	€180	€135	€144
4日分/1ヵ月間	€193	€144	€153
5日分/1ヵ月間	€207	€153	€166
7日分/1ヵ月間	€252	€191	€202
10日分/1ヵ月間	€324	€242.5	€261
15日分/1ヵ月間	€450	€337	€369

通用日連続タイプ

利用日数	1等		
	大人	ツイン	ユース
3日間	€234	€173	€189
4日間	€252	€189	€198
5日間	€270	€200	€216
7日間	€328	€245	€265
10日間	€391	€292	€315
15日間	€548	€409	€441

通用日連続タイプ

利用日数	2等		
	大人	ツイン	ユース
3日間	€171	€130.50	€139
4日間	€189	€139.50	€148
5日間	€198	€148.50	€162
7日間	€243	€182	€193
10日間	€288	€218	€234
15日間	€405	€303.50	€324

スイストラベルパス

フレキシータイプ

利用日数/有効期間	1等		2等	
	大人	ユース	大人	ユース
3日分/1ヵ月間	€387	€331	€244	€208
4日分/1ヵ月間	€469	€400	€295	€252
8日分/1ヵ月間	€677	€578	€426	€364
15日分/1ヵ月間	€812	€693	€514	€439

通用日連続タイプ

利用日数	1等		2等	
	大人	ユース	大人	ユース
3日間	€337	€288	€212	€181
4日間	€408	€348	€257	€219
8日間	€605	€517	€382	€326
15日間	€739	€631	€468	€401

ブリットレイルパス

フレキシータイプ

利用日数/有効期間	1等			
	大人	シニア	ユース	セーバー
2日分/1ヵ月間	€210	€179	€126	€168
3日分/1ヵ月間	€314	€267	€188	€251
4日分/1ヵ月間	€385	€328	€231	€308
8日分/1ヵ月間	€567	€482	€340	€453
15日分/2ヵ月間	€846	€719	€508	€677

フレキシータイプ

利用日数/有効期間	2等			
	大人	シニア	ユース	セーバー
2日分/1ヵ月間	€142	€121	€86	€114
3日分/1ヵ月間	€212	€181	€128	€170
4日分/1ヵ月間	€266	€226	€160	€213
8日分/1ヵ月間	€380	€323	€228	€304
15日分/2ヵ月間	€572	€486	€343	€458

通用日連続タイプ

利用日数	1等			
	大人	シニア	ユース	セーバー
2日間	€169	€143	€102	€135
3日間	€252	€215	€152	€202
4日間	€314	€267	€188	€251
8日間	€447	€380	€268	€357
15日間	€660	€561	€396	€528
22日間	€838	€713	€503	€671
1ヵ月間	€993	€844	€596	€794

通用日連続タイプ

利用日数	2等			
	大人	シニア	ユース	セーバー
2日間	€112	€96	€68	€90
3日間	€167	€142	€100	€134
4日間	€207	€176	€124	€166
8日間	€300	€255	€162	€240
15日間	€447	€380	€268	€357
22日間	€559	€475	€335	€447
1ヵ月間	€660	€561	€396	€528

Renfeスペインパス

フレキシータイプ

利用日回数/有効期間	1等	2等
	大人	大人
4回/1ヵ月間	€270	€195
6回/1ヵ月間	€380	€275
8回/1ヵ月間	€480	€350
10回/1ヵ月間	€560	€410

※掲載の料金は1名分の料金。2020年1月現在。　　※シニアは鉄道パス利用開始時点で60歳以上。
ユースは利用開始時点で12〜27歳（ジャーマンレイルパス）、16〜25歳（スイストラベルパス、ブリットレイルパス）

Departures
e   Destination
0:12 LONDON EUSTON
    London Midland tickets are NOT
0:20 MANCHESTER PIC
    Virgin Trains tickets are NOT V
0:25 MANCHESTER PIC
0:33 DERBY
0:34 CREWE
0:44 BRISTOL TEMPLE M
0:48 MANCHESTER PIC
0:50 LONDON EUSTON

ヨーロッパの鉄道旅行計画

P.162	プランニングのポイント	P.164	Indexから時刻表を探す
P.163	鉄道時刻を調べる	P.165	頭注と脚注
P.164	鉄道旅行に便利な時刻表	P.165	記号を覚える
P.164	Mapから時刻表を探す		

ヨーロッパの鉄道旅行で大事なのがプランニング。余裕をもったスケジュール作りと滞在拠点の都市選び、移動ルートの選定などがおもなプランニングの要素だ。

補足

鉄道移動のほうが優位な区間
・ロンドン～パリ
・ロンドン～ブリュッセル
・パリ～ブリュッセル
・パリ～フランクフルト
・バルセロナ～マドリード
・ローマ～ミラノ
・ローマ～フィレンツェ
・ベルリン～ドレスデン

夜行列車での移動が優位な区間
・パリ～ヴェネツィア
・マドリード～リスボン
・ウィーン～ヴェネツィア
・ウィーン～ローマ
・ウィーン～チューリヒ
・ミュンヘン～ローマ

鉄道旅行計画 **プランニングのポイント**

✔ 滞在する拠点都市は交通の便がよく、ホテルが多い都市
✔ 乗り換え時間は、最低30分以上必要。また、都市間の鉄道移動での乗り換えは1日3回以下にする
✔ 昼行列車で5時間以上かかる場合は、夜行列車もしくは飛行機移動を組み入れる

拠点都市から鉄道で日帰り　毎日スーツケースを転がしてホテルにチェックインするのは大変。拠点都市を決めて、大きな荷物は拠点都市のホテルに置き、日帰り旅行をすれば、荷物の負担はかなり軽くなるはずだ。

例えば交通の起点でホテルも多いフィレンツェを拠点都市にして、ピサ、シエナ、ボローニャなどを日帰り旅行で訪問することにすれば、身軽な状態で街歩きを楽しむことができる。

主要都市からの日帰り観光圏（鉄道で片道最短約3時間以内）

鉄道旅行計画

鉄道時刻を調べる

✓ 旅程全体を俯瞰して見るにはヨーロッパ鉄道時刻表
✓ 区間ごとの細かいスケジュールを調べたり、最新情報を確認するには各鉄道会社のウェブサイト

- おおまかな移動ルートをプランニング
- 「ヨーロッパ鉄道時刻表」で移動経路や所要時間を確認
- 各鉄道会社ウェブサイトで細かいスケジュールを確認

最初に「ヨーロッパ鉄道時刻表」を使い移動区間や利用する列車など全体の行程をプランニングし、それらが決まったら、各鉄道会社のウェブサイトで最新のスケジュールを確認する使い分けが便利だ。

ヨーロッパ鉄道時刻表（→P.164） ロシアやトルコも含めたヨーロッパ全体の鉄道時刻表が掲載されているが、すべての列車時刻を掲載しているものではなく、旅行者が利用する頻度が高い、主要幹線や観光路線を中心に掲載している。

複数国にまたがるプランニングに便利 「ヨーロッパ鉄道時刻表」は、ヨーロッパ全体の主要路線を中心とした時刻が掲載されているので、複数国にまたがる鉄道旅行のプランニングには便利。国際路線図や各国の主要路線図も掲載されているので、全体の行程を俯瞰してみる場合や国際列車や長距離列車を調べるには便利。

鉄道会社のウェブサイト 最新のスケジュールや「ヨーロッパ鉄道時刻表」で掲載されていないローカル路線なども調べることもできる。日本語対応のページはほとんどないが、英語対応をしているものが多い。原則としては、鉄道会社単位のスケジュールのみ調べることができる。ドイツ鉄道（DB）など一部のホームページでは、国際線や他の国のスケジュールも調べることができる。

補足

ヨーロッパのダイヤ改正スケジュール

ヨーロッパの鉄道ダイヤは、原則として年2回の改訂で、6月第2日曜日と12月第2日曜日。12月のダイヤ改正のほうが大幅な変更がされる場合が多い。また、オランダ、ベルギー、チェコ、スロヴァキアなど一部の国では、12月第2日曜の年1回、イギリスでは5月下旬と12月第2日曜日の年2回

●6月第2日曜日と12月第2日曜日
国際列車、フランス※1、スイス※2、イタリア、スペイン、ポルトガル、デンマーク、ノルウェー※2、ドイツ
※1 7月上旬〜8月下旬までスケジュールを変更する区間もある
※2 観光列車やフェリーは異なるタイミングで改訂を行う

オランダ、ベルギー、ルクセンブルク、チェコ、スロヴァキア、ハンガリー、クロアチア、スロヴェニア、ボスニア・ヘルツェゴヴィナ、セルビア、モンテネグロ、ギリシア

●不定期に変更
ポーランド、フィンランド、スウェーデン

テクニック

乗り換え時間に注意

ウェブサイトで時刻検索をする場合の注意点として、乗り換え時間が30分以内のものを避けるケースが多い。ヨーロッパの列車は、スペインのAVEなど一部を除き日本ほど運行時刻が正確ではない。乗り換えが必要な場合は、30分以上の乗り換え時間を考慮して調べるほうが安全。

移動手段の比較 / LCC / ヨーロッパ鉄道 / 長距離バス / レンタカー

ヨーロッパ主要道会社のウェブサイト　国名五十音順

●アイルランド
アイルランド鉄道 (IE)
URL irishrail.ie

●イギリス
ナショナルレイル
URL www.nationalrail.co.uk

●イタリア
トレニタリア (fs)
URL www.trenitalia.com

●オーストリア
オーストリア連邦鉄道 (ÖBB)
URL www.oebb.at

●オランダ
オランダ鉄道 (NS)
URL www.ns.nl

●北アイルランド（英国領）
北アイルランド鉄道 (NIR)
URL www.translink.co.uk

●ギリシア
ギリシア鉄道 (OSE)
URL www.trainose.gr

●クロアチア
クロアチア旅客鉄道 (HŽPP)
URL www.hzpp.hr

●スイス
スイス国鉄 (SBB)
URL www.sbb.ch

●スウェーデン
スウェーデン鉄道 (SJ)
URL www.sj.se

●スペイン
レンフェ旅客鉄道 (renfe)
URL www.renfe.com

●スロヴァキア
スロヴァキア鉄道 (ZSSK)
URL www.zssk.sk

●スロヴェニア
スロヴェニア鉄道 (SŽ)
URL www.slo-zeleznice.si

●セルビア
セルビア鉄道 (ŽS)
URL www.zeleznicesrbije.com

●チェコ
チェコ鉄道 (ČD)
URL www.cd.cz

●デンマーク
デンマーク鉄道 (DSB)
URL www.dsb.dk

●ドイツ
ドイツ鉄道 (DB)
URL www.bahn.de

●ノルウェー
ノルウェー鉄道 (Vy)
URL www.vy.no

●ハンガリー
ハンガリー鉄道 (MÁV Start)
URL www.mavcsoport.hu

●フィンランド
フィンランド鉄道 (VR)
URL www.vr.fi

●フランス
フランス国鉄 (SNCF)
URL www.sncf.com

●ブルガリア
ブルガリア鉄道 (BDZ)
URL www.bdz.bg

●ベルギー
ベルギー国鉄 (NSBS/SNCB)
URL www.belgiantrain.be

●ポーランド
PKPインターシティ
URL www.intercity.pl

●ポルトガル
ポルトガル鉄道 (CP)
URL www.cp.pt

●モンテネグロ
モンテネグロ鉄道 (ŽCG)
URL www.zcg-prevoz.me

●ルーマニア
ルーマニア旅客鉄道 (CFR Călători)
URL www.cfrcalatori.ro

●ルクセンブルク
ルクセンブルク国鉄 (CFL)
URL www.cfl.lu

163

EUROPEAN RAIL TIMETABLE
RAILWAY AND SHIPPING SERVICES THROUGHOUT EUROPE
WINTER 2020

ヨーロッパ鉄道時刻表
[日本語解説版 2020 冬ダイヤ号]

有効期間
2020.6.13まで
ベルリン〜ウィーン間直通
レイルジェット5月運行開始

日本語解説版は6月、12月の年2回発行
本体価格2200円（税別）

補足

日本語解説版の特徴

ヨーロッパ鉄道時刻表の日本語解説版には「時刻表にあらわれる記号の読み方」、「時刻表の読み方の実際例」、「ヨーロッパ鉄道時刻表解読辞典」、「鉄道で使われる言葉6ヵ国語」といった日本語解説版だけのページがある。

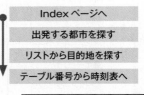

- Index ページへ
- 出発する都市を探す
- リストから目的地を探す
- テーブル番号から時刻表へ

鉄道旅行に便利な時刻表

✔ 地図と索引からタイムテーブル（時刻表）をすぐに探し出せる
✔ ページ番号ではなく、タイムテーブル番号という点に注意

鉄道旅行の強い味方 鉄道旅行に欠かせない「ヨーロッパ鉄道時刻表」にはヨーロッパ（中欧、ロシアを含む）の国鉄、私鉄、バス、船の主要路線と、観光客の利用の多いローカル線の発着時刻が掲載されている。

時刻表以外の情報も充実 座席番号の解説のほか、空港から町の中心地（主要ターミナル駅や広場）までのアクセス方法やヨーロッパ34都市の主要駅の位置を示したMAP(CityPlan)が掲載されている。

Mapから時刻表を探す

- 各項目先頭にある Map のページへ
- 路線図から行きたい都市を探す
- 路線図上のテーブル番号を確認
- 番号のタイムテーブルを探す

Mapページの位置 路線図とテーブル番号が記載されたMAPページは各国ページの最初のページもしくは2ページ目に掲載されている。

国際列車はInternational Serviceの最初のページに掲載されている。

行きたい都市と路線 路線図を見ると運行されている列車のルートに沿って番号が記入されている。この番号が時刻表のテーブルナンバー Table Numberだ。

テーブルナンバーから時刻表へ テーブルナンバーがわかったら、次はページをめくってその番号の時刻表を探せばいい。

Indexから時刻表を探す

インデックスIndexがヨーロッパ鉄道時刻表の初めのほうのページ（P.13〜29）に付いている。右の例ではベルリンからアムステルダムへ行く列車は、Table 22を見れば出ているというわけ。ページ番号ではないので気をつけよう。インデックスにない都市間は直通列車がないので列車を乗り継いで行くことになる。

BERLIN
city plan, page 29
- ▶ Amsterdam, 22
- ▶ Augsburg, 900
- ▶ Bamberg, 850
- ▶ Basel, 900, 912
- ▶ Berlin ✈ Schönefeld, 5, 834
- ▶ Berlin ✈ Tegel, 5
- ▶ Bielefeld, 810

For winter service from Dec. 12 see page 555

INTERNATIONAL

AMSTERDAM - HAMBURG, BERLIN, DRESDEN and PRAHA (22)

train type	EC 178	ICE 1650	ICE 2038	IC 142	ICE 2142	IC 848	ICE 106	IC 174	ICE 1558	ICE 2036	IC 2503	IC 546	ICE 1556	ICE 2034	IC 544	IC 36	ICE 2127	IC 140	NZ 40483	NZ 1948	NZ 1978	CNL 318
train number																		2427				
notes	✕				✕			✕												M	P	B	S
Berlin Ostbahnhof ...d.				1231		1341						1441			1641			1631		2351		...
Berlin Zoo ...d.				1245		1355						1455			1655			1645		0012a		...
Potsdam Hauptbahnhof .a.																						...
Brandenburg ...d.																						...
Praha Hlavní § ...d.	0708						0908															...
Dresden Hbf ...d.	0952	1011						1152	1211				1411							2106		...
Leipzig Hbf ...d.		1115	1140		1237				1315	1340			1515	1540								...
Halle ...d.			1211		1309					1411				1611								...
Magdeburg ...d.	EC		1300		1400				EC✓	1500				1700								...
Braunschweig ...d.	38		1349		1449				230	1549				1749								...
Stendal ...d.	⚄ ICE		1335														1735					...
Wolfsburg ...d.	⚄	927		1406		1453				T							1806					...
København 50 ▢...d.	0752							0940								1147		1854		○		...
Hamburg Hbf ...d.	1217	1345						1417			1445					1617	1745			○		...
Bremen Hbf ...d.		1447									1547						1847					...
Hannover Hbf ...d.			1423	1440	1523	1531			1623	1631			1823	1831				1840				...

164

ヨーロッパ鉄道時刻表

頭注と脚注

✔ 運行期間や曜日等、重要な情報が載っている
✔ 線路工事等で代替輸送の場合も記載があることがある

編成や運行日が記載される頭注と脚注　ヨーロッパの鉄道は曜日によって運行状況ががらりと変わったり、車両の編成が変わったりすることが多い。そのためテーブルナンバーのところにある「頭注」と、欄外下段にある「脚注」には必ず目をとおしておかなければならない。タイムテーブルの下に記載されている脚注には列車の編成、運休日など重要な情報が記載されている。

記載される脚注の例

Notes for Table 22 (pages 62 and 63)

B – KOPERNIKUS – 🛏 1,2 cl., 🛏 1,2 cl., 🛏 and ♀ Dresden - Duisburg - Köln - Dortmund (arrive 0831).
C – 🛏 1, 2 cl., 🛏 2 cl. (4, 6 berth), 🛏 and 🍴 Hagen (depart 2110) - Köln - Duisburg - Berlin – Stralsund, arrive 0952).
D – KOPERNIKUS – 🛏 1,2 cl., 🛏 2 cl. (4, 6 berth), 🛏 and ♀ Hagen (depart 2110) - Köln - Duisburg - Dresden.
H – 🛏 1,2 cl., 🛏 2 cl. (4, 6 berth) and 🍴 Hagen (depart 2110) - Köln - Duisburg - København.
J – 🛏 and ♀ Amsterdam - Hannover - Berlin – Leipzig ⑧, arrive 1917, see Table 850).
M – 🛏 1, 2 cl., 🛏 2 cl. (4, 6 berth) and 🛏 København - Duisburg - Köln - Dortmund (arrive 0831).
N – 🛏 and ♀ (Leipzig ①–⑧, depart 0641, see Table 850) Berlin - Hannover - Amsterdam.
S – CityNightLine PEGASUS / POLLUX – Amsterdam - Duisburg - Zürich / München and v.v. For cars see Tables 28, 73.
 A special conection ticket is required for passengers changing trains at Duisburg to / from København, Berlin and Dresden.
T – June 19 - Aug. 22.
e – Not Nov. 11.

k – ⑧.
q – ①–⑧.
s – Stops to set down only.
u – Stops to pick up only.
v – 🛏.
⊗ – Via Flensburg (0546s), Padborg (0558s), Odense (0820s).
☆ – is Rødby, see Table 720.
○ – Via Odense (2024u), Padborg (2220u), Flensburg (2233u).
§ – Supplement payable.
ǎ – 🛏 at Schöna.
→ – ICE 3 train ♀ premium fares payable.

ヨーロッパ鉄道時刻表

記号を覚える

インデックスで使われる記号

Rheine..................(d.)──出発時刻
Bad Bentheim 🏛....d.──国境駅
Hengelo ....(a.)──到着時刻
Duisburg ....a.
Deventer....................a.
Amersfoort.................a.
Utrecht Centraal ...a.───分岐している線の
Rotterdam Centraal ...a.　駅名は1字下げて
Duivendrecht............a.　表示される
Amsterdam Centraal ..a.
Schiphol ⊕................a.──空港駅

列車タイプや編成の記号

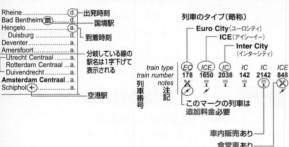

列車のタイプ（略称）
Euro City（ユーロシティ）
ICE（アイシーイー）
Inter City（インターシティ）

train type　　EC　ICE　IC　IC　IC　ICE
train number　178　1650　2038　142　2142　848
列車番号
注記　notes

このマークの列車は
追加料金必要

車内販売あり

食堂車あり

列車時刻に関する記号

1618
1644
1702
　　　　　　　1747　1754
1735
1810　1827　1830
1842　　　　1921　1932
1926
　　　　　1857　　　1950　1958
1849
　　　　　1952
　　　　　1911　　　　　2011

列車が停止しない、またはほかのルートを経由することを示す。

この線で上記の列車が終わっていることを示す。下の列車と区別するための記号。

時刻表で使われるおもな記号

 1等車と2等車の直通車両　日本のJRの列車は、普通車とグリーン車に分けられるが、グリーン車はヨーロッパの1等車、普通車は2等車に相当する。

🛏 **寝台車**　ヨーロッパの寝台車は、各コンパートメント内に洗面台と鏡が備えつけられていて、設備、サービスともに申しぶんない。それだけに料金は少々高い。

➖ **クシェット**　2段または3段のベッドが、それぞれ2列ずつ備えつけられた簡易寝台。ただしカーテンはない。

♀ ビュッフェまたはカフェテリア車両を連結。あるいは車内販売がある

✗ **食堂車**　座席での食事サービス（おもに1等）を表すこともある

2 2等車のみの編成

R **予約が必要**　ただし、イタリア、スペインやフランスの長距離列車、急行、特急などのなかには、このマークがなくても予約が必要な列車がある

IC 29 **列車番号**　時刻表のアタマ、列車の種類が書かれた欄に太字で示されている

🚌 **バスまたはコーチ（長距離バス）**の便、代替輸送等

⛴ 船の便

✈ 空港、空港に接続する駅

⊞ 国境駅

{A B etc.} 脚注があることを示す記号。脚注には、車両編成、区間、そのほか注意事項が書かれている
◆の場合は列車番号で脚注が挙げられている

✗ **日祝日を除く毎日** ※イギリスは月～土曜を意味する

Ⓐ **祝日を除く月～金曜** ※イギリスは原則として祝日も運行

Ⓑ **土曜を除く毎日** ※イギリスにこの記号は使われない

Ⓒ **土日祝日のみ** ※イギリスにこの記号は使われない

①② ①～⑦の数字は曜日を示す
③④ ①月曜 ②火曜 ③水曜 ④木曜
⑤⑥ ⑤金曜 ⑥土曜 ⑦日曜
⑦ ※イギリスでは ⑥土曜 ⑦日曜のみを使う

→ 右の列へ続く

← 左の列から続く

テクニック

ヨーロッパ鉄道時刻表解説ページ

URL www.arukikata.co.jp/guidebook/train/timetable/top.html
ヨーロッパ鉄道時刻表日本語解説版のウェブサイトでは時刻表の使い方、読み方を解説している。
●しおりで時刻表をカスタマイズ
時刻表を利用する際に便利なしおりは上記のアドレスからダウンロード可能。左側のサイドメニューにある「時刻表に便利なアイテム」の項目を参照。

イギリスの鉄道事情

最短所要時間の目安	
ロンドン～ブライトン	54分
ロンドン～カンタベリー	56分
ロンドン～バーミンガム	1時間23分
ロンドン～ソールズベリ	1時間23分
ロンドン～バース	1時間28分
ロンドン～ヨーク	1時間51分
ロンドン～カーディフ	2時間
ロンドン～マンチェスター	2時間6分
ロンドン～リヴァプール	2時間12分
ロンドン～エクセター	2時間15分
ロンドン～エディンバラ	4時間16分
ヨーク～エディンバラ	2時間24分
エディンバラ～グラスゴー	50分
エクセター～ペンザンス	2時間55分
ロンドン～パリ（フランス）	2時間16分
ロンドン～ブリュッセル（ベルギー）	2時間1分
ロンドン～アムステルダム（オランダ）	3時間55分

URL &アプリ

おもな鉄道会社（長距離）

● Virgintrains
URL www.virgintrains.co.uk

専用アプリ
iPhone　　Android

● Eurostar
URL www.eurostar.com

専用アプリ
iPhone　　Android

● Crosscountry
URL www.crosscountrytrains.co.uk
● Greatwestern
URL www.gwr.com
● Grand Central
URL www.grandcentralrail.com
● Scotrail
URL www.scotrail.co.uk
● Southern
URL www.southernrailway.com

イギリスの鉄道　　**鉄道会社が多い**

✔ ロンドンを中心とした放射状の鉄道路線網
✔ 鉄道会社（オペレーター）がたくさんあるが実はシンプル

ロンドンを中心とした路線網　イギリスの鉄道網は首都ロンドンを中心として放射線状に広がっている。ロンドン～ヨーク～エディンバラの**東海岸本線**とロンドン～マンチェスター～グラスゴーの**西海岸本線**が2大幹線。地方都市間の移動も不便ではないが、直通便が少なく、乗り換えが必要になる場合が多い。

週末の路線補修に注意　日曜日は路線工事が多く、**バスによる振替輸送**になることもある。12月25日、26日は列車の運休および大幅な減便となるので、鉄道移動は避けたほうが安全。

イギリスの鉄道会社　イギリス国内は旧国鉄路線を継承した約30社の民間の運行会社（オペレーター）によって運行している。これらはナショナルレイル（National Rail）のブランドで呼ばれ、**乗車券は共通しているので不便はない**。

列車種別がない　イギリスの列車の特徴として、特急や普通といった**列車種別や列車番号などがない**。インターシティと同じような速達性の長距離列車もあるが、追加料金の必要もなく乗車券や鉄道パスのみで利用できる。

チケットの種類と割引

鉄道
チケット

　イギリスの鉄道運賃は比較的高い。制約はあるが各種の割引運賃を活用すれば、お得にイギリス鉄道旅行ができる。

ピークPeakとオフ・ピークOff Peak　朝夕のピーク時（鉄道会社により規定が異なる）で利用できるピーク運賃Peakは高い料金が設定されている。オフ・ピークOff Peakは会社により時間が異なるが、10:00を過ぎればどの地域でも使用することができる。さらに安いスーパー・オフ・ピークという時間帯もある。

往復割引　日帰りで単純往復をするなら往復割引チケット（Return）を購入したほうが、片道チケット（Single）を往復ぶん購入するよりも大幅な割引となる。

アドバンスAdvance　出発前日まで購入することができる割引運賃。購入時に乗車する列車を指定するが、正規運賃と比べ大幅な割引となる。ただし、原則として払い戻しやほかの列車へ変更することはできない。

チケットの手配と発券

鉄道
チケット

| 券売機を探す |
| チケット受取を選択 |
| 予約番号を入力 |
| チケット発券 |

乗車券は現地発券　イギリスの鉄道チケットは、現地の自動券売機や駅窓口でのチケット発券が原則となる。ウェブサイトでの購入、日本の旅行会社で手配した場合は予約番号を渡される。その予約番号を元に自動券売機や窓口でチケットを受け取る。

自動券売機での発券　初期画面のメニューにある「Collect Tickets」や「Fast Ticket」を探して進めよう。

モバイルチケット　鉄道会社の専用アプリを使ったモバイルチケットに対応している鉄道会社も増えてきている。

乗車時の注意

乗車

基本的に全車自由席　日本のように自由席の車両と指定席の車両に分かれているわけではなく、座席の目立つ所に指定席を示す紙が刺さっていたり、荷物棚の下にある電光掲示板で席の指定状況が表示されたりしている。

座席指定は前日までに　座席指定料は無料だが、予約は遅くとも利用日の前日までに行う必要があり、乗車当日の座席予約はできない。夜行列車（→P.143）は座席車も含め予約が必要。

（→P.143）

URL＆アプリ

時刻表検索＆チケット購入

●**National Rail**
URL www.nationalrail.co.uk
専用アプリ

iPhone　　　　　Android

●**Trainline**
URL www.thetrainline.com
専用アプリ

iPhone　　　　　Android

補足

外から開ける古いドア

オールド・スラム・ドアOld Slam Doorと呼ばれる古い形式の車両ドアの開け方は、窓を下ろして手を窓の外に出し、取っ手を探す。つまり、必ず外から開けなければならないのだ。最近ではこの形式の車両は主要路線ではあまり見かけなくなったが、ローカル線など一部の長距離列車や夜行列車などでは出くわすので注意したい。

オールド・スラム・ドア

覚えておきたい　鉄道関連用語（英語）

●**切符の購入**

切符　**Ticket**（チケット）
片道　**Single**（シングル）
往復　**Return**（リターン）
同日往復　**Day Return**
　　　　　　　（デイ・リターン）
予約番号　**Confirmation Number**
　　　　　（コンファメーション・ナンバー）

寝台車　**Sleeper**（スリーパー）
●**時刻表・列車運行**
時刻表　**Timetable**
　　　　　　　　　（タイムテーブル）
所要時間　**Duration**
　　　　　　　　　（ドゥレイション）
途中の停車駅　**calling at~**
　　　　　　（コーリング・アット〜）

日曜運休　**No Sunday Services**
　　　　（ノー・サンデー・サービシズ）
保線工事　**Track Engneering Work**
（トラック・エンジニアリング・ワーク）
代替バス　**Replacement Bus**
　　　　（リプレイスメント・バス）
遅延払い戻し　**Delay Repay**
　　　　　　（ディレイ・リペイ）

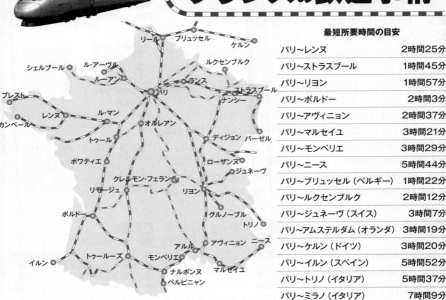

フランスの鉄道事情

最短所要時間の目安	
パリ〜レンヌ	2時間25分
パリ〜ストラスブール	1時間45分
パリ〜リヨン	1時間57分
パリ〜ボルドー	2時間3分
パリ〜アヴィニョン	2時間37分
パリ〜マルセイユ	3時間21分
パリ〜モンペリエ	3時間29分
パリ〜ニース	5時間44分
パリ〜ブリュッセル（ベルギー）	1時間22分
パリ〜ルクセンブルク	2時間12分
パリ〜ジュネーヴ（スイス）	3時間7分
パリ〜アムステルダム（オランダ）	3時間19分
パリ〜ケルン（ドイツ）	3時間20分
パリ〜イルン（スペイン）	5時間52分
パリ〜トリノ（イタリア）	5時間37分
パリ〜ミラノ（イタリア）	7時間9分

関連項目

- ・ユーレイル1ヵ国パス　　P.158
- ・フランスの列車の種類・略称　P.144

URL ＆アプリ

時刻表検索＆チケット購入

●SNCF
URLwww.sncf.com
URLen.oui.sncf

専用アプリ
iPhone　　Android

フランスの鉄道　パリを中心とした放射状の路線網

　フランスの鉄道路線のほとんどがフランス国鉄（SNCF）によって運営されている。

パリが中心　首都パリを中心に放射線状に広がっている。パリを基点とした移動や幹線上にある都市間移動には便利だが、リヨン〜ボルドーといったように、パリからの幹線上ではない区間を移動したい場合、パリ経由で移動したほうが早い場合もある。

高速列車TGVでの移動がメイン　主要都市間の鉄道移動に欠かせないのが高速列車TGV（一部新ブランド「イヌイinOui」で運行）。パリを基点に国内の主要都市間を結んでいる。また、パリのシャルル・ド・ゴール空港からフランス国内各都市を結ぶ便も運行されている。

特急・普通列車　このほかに特急列車に該当する**アンテルシテIntercités**、普通列車に該当する**テーウーエールTER**がある。

鉄道チケット　切符の種類と割引

Prem's（プレムス）　出乗車日の3ヵ月前から販売される。チケット発券後の変更や払い戻しはできないが早く購入すればするほど割引率が高い。

Seconde（スゴンド）　2等車の切符が予約で最大35％割引に。出発の3ヵ月前から発売。早く購入すればするほどお得。

Première（プルミエール）　1等車の切符。早く購入すればす

るほどお得になる。

Buisiness Première（ビジネス・プルミエール） 1等車の切符。料金は一定。

チケットの購入方法
鉄道チケット

✔ フランスのチケットは紙のチケットとEチケット
✔ PDFデータのEチケットはプリントアウトして使用する

券売機に予約番号を入力
↓
購入時に使用したクレジットカードを挿入
↓
チケット発券

フランス国鉄のチケットは、駅窓口、自動券売機、ホームページ、日本の旅行会社で購入できる。

ウェブサイトで予約 国鉄ウェブサイトで購入する場合は、Eチケットもしくは自動券売機での発券を選択できる。自動券売機で受け取る際は、**購入時に使用したクレジットカードが必要**なので、必ず持参しよう。Eチケットはプリントアウトするかスマートフォンの画面を提示すること。

モバイルアプリのチケット SNCFのアプリでは上記のEチケットとモバイルチケットが選べる。モバイルチケットはチケット画面を車内検札時に車掌に見せればよい。ウェブサイトやアプリはフランス語や英語表記のみなので初心者向きとはいえない。

乗車時の注意
駅～車内

✔ 紙チケットは刻印を忘れずにしよう
✔ TGVは出発時刻の2分前に乗降口を締め切る

発着番線の確認
↓
チケットの刻印
↓
早めにホームへ

発着番線の確認 フランスでは発着番線は約20分前にならないと表示されないので、発着案内モニター等の番線Voieの番号を確認する。

チケットの刻印 紙チケットは刻印が必要。ホームやホームの連絡口に黄色の刻印機があり、現地で購入したチケットの場合、QRコードの部分を挿入すると日付・時刻が刻印される。これを怠ると罰金の対象となる。鉄道パスやEチケットの場合は刻印の必要はない。

TGVは2分前が締め切り 高速列車TGVや国際列車は定刻発車ができるように、出発時刻の2分前には乗降口が閉められる。これ以降は乗車できないので、早めの乗車を心がけよう。

補足

駅の窓口は時間がかかる

大きな駅の予約窓口では番号札を取って並ぶことが多い。フランスの人は駅の窓口で旅行経路をあれこれ相談しながら切符を買うのでひとりの対応に非常に時間がかかる。混んでいる場合は近くの自動券売機を利用しよう。

補足

持ち込む荷物には名札を付ける

列車内に持ち込む荷物には住所、氏名を記載した名札（エチケット・バガージュ Etiquettes Bagages）を付けることが義務付けられている。駅の案内所等にも置かれ、無料で配布されている。

補足

自動改札が普及中

パリのモンパルナス駅、リヨン駅、北駅、東駅などは自動改札が導入されている。Eチケットの場合は表示されているQRコードを読み取り部分にかざせばよい。

プラットホームにある刻印機

覚えておきたい 鉄道関連用語（フランス語）

●駅構内の施設
切符　**Billet**（ビエ）
切符窓口　**Guichet**（ギシェ）
プラットフォーム　**Quai**（ケ）
番線　**Vois**（ヴォワ）
待合室　**Salle d'Atennte**
　　　　　（サル・ダタント）
コインロッカー　**Consigne Automatique**
　　（コンシーニュ・オートマティク）

荷物一時預かり　**Espace bagages**
　　　　　（エスパス・バガージュ）
●切符予約
予約　**Réservation**
　　　　　（レゼルヴァスィオン）
今日の出発　**Depart du jour**
　　　　　（デパール・ドゥ・ジュール）
車両　**voiture**（ヴォワチュール）
窓側　**Fenêtre**（フネートル）

通路側　**Couloir**（クロワール）
●時刻表
土曜　**Samedi**（サムディ）
日曜　**Dimanche**（ディマンシュ）
祝日　**Jour Férié**（ジュール・フェリエ）
毎日　**tous les jours**
　　　　　（トゥー・レ・ジュール）
～以外　**sauf**（ソフ）
～まで　**à**（ア）

ドイツの鉄道事情

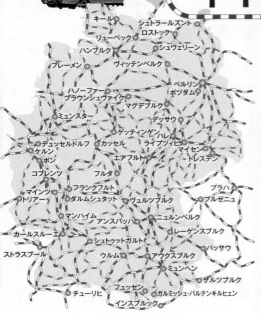

最短所要時間の目安

ベルリン〜ドレスデン	2時間8分
ベルリン〜ハンブルク	1時間43分
ベルリン〜フランクフルト	3時間52分
ベルリン〜ミュンヘン	3時間57分
ベルリン〜ケルン	4時間35分
ケルン〜マインツ	1時間22分
フランクフルト〜ケルン	1時間4分
フランクフルト〜ミュンヘン	3時間10分
ベルリン〜プラハ (チェコ)	4時間26分
フランクフルト〜ストラスブール (フランス)	1時間56分
ミュンヘン〜ザルツブルク (オーストリア)	1時間28分
ミュンヘン〜インスブルック (オーストリア)	1時間44分
ミュンヘン〜ウィーン (オーストリア)	4時間
ミュンヘン〜チューリヒ (スイス)	4時間44分

関連項目

・ユーレイル1ヵ国パス　　P.158
・ドイツの列車の種類・略称　P.145

URL &アプリ

時刻表検索&チケット購入

●DB(Deutsch Bahn AG)

🔗www.bahn.de

専用アプリ

iPhone	Android

用語

バーンカード50 BahnCard50

1年間有効のメンバー割引カードで、購入時に提示すると普通運賃が50%割引になる。鉄道を利用するドイツ人の多くがこのカードを持っており、窓口や自販機、ウェブサイトでもこのカードの有無が確認される。カード発行には2等€255、1等€515かかるのでその倍以上の区間を乗車しないとモトはとれないので、ドイツに長期滞在する人向け。

国土を網羅するドイツ鉄道

ドイツの鉄道

✔ 都市間の鉄道網がしっかりしている
✔ 全席指定制の列車がほとんどないので鉄道パスが活用できる

拠点都市を中心に広がる鉄道網　ドイツの鉄道は、イギリスやフランスとは異なり路線網が首都に集中しておらず、拠点となる地方都市を中心に路線網が広がる。主要鉄道会社はドイツ鉄道（DB）。夜行列車を除き、**座席指定が必要な列車がほとんどない**ので、気軽に利用できるのも特徴。

大都市間を結ぶICEとIC　大都市間は高速列車ICEや特急列車ICが1〜2時間ごとの同時刻という利用しやすいダイヤで運行をしている。

大都市と地方都市を結ぶ列車　ICEやICが停車する拠点駅からは快速列車REや普通列車RBに乗り換えれば中小都市の駅に行くことができる。

列車の種類

ドイツの鉄道

車体の色でわかる種別　DBの場合、ICEやICなど高速列車や特急列車は白色の車体、快速列車（RE）や普通列車（RB）などは赤色というように、車体の色で列車の種別がわかるようになっている。REやRB限定の割引切符を利用する場合に便利。

普通列車　州単位で運行している普通列車RBはDB以外の鉄道会社で運行していることが多い。トラムや観光列車を除けば、こ

れらはDBとチケットを共通化していることが多い。ジャーマンレイルパスなどの鉄道パスでも利用できる。

チケットの種類と割引
鉄道チケット

　ドイツ鉄道のチケットは、列車種別で異なる運賃が設定されている乗車券と、座席指定券の2種類で構成されている。割引運賃は乗車券の部分が割引される形となる。

普通乗車券Flexpreis　購入時に指定した日付で利用できる乗車券。有効期間は購入した区間が100km以内の場合は1日間。100km以上は2日間となる。指定した利用開始日より前なら、変更や払い戻しは無料だが、乗車日以降は€19の手数料が必要。

シュパープライスSparpreis　乗車日の3日前までに購入できる割引乗車券。DBのウェブサイトやヨーロッパの鉄道チケットを取り扱っている日本の旅行会社でも購入できる。利用する列車を指定しなければならない。列車が指定されているのみの乗車券なので、座席指定する場合は別途、座席指定料金（2等で€4.50）が必要。変更や払い戻しは利用開始日の前日まで可能だが、€10の手数料が必要。現金ではなく、クーポンによる払い戻し。

国内乗り放題チケットQuer-durchs-Land-Ticket　DBの列車が乗り放題になる乗車券で2等のみの設定。利用できるのは快速列車（IRE、RE）、普通列車（RB）、都市近郊列車Sバーン、提携私鉄の普通列車のみで、ICEやIC、ECなどの特急クラスの列車には乗車できない。

州ごとの割引チケットLänder-Ticket　州単位で利用できる1日乗車券。州により利用条件が異なるが、利用できるのは快速列車（IRE、RE）、普通列車（RB）、都市近郊列車Sバーン、提携関係の私鉄の普通列車のみである。また平日は利用可能時間帯が設定されており、始発から9時までの列車には利用できない。土日祝日には制限はない。翌日の午前3時まで利用できる。

ドイツ鉄道のチケット購入方法
鉄道チケット

窓口で買うほうが高い　駅窓口、自動券売機、ウェブサイトやヨーロッパの鉄道チケットを取り扱っている日本の旅行会社で購入できる。各種割引乗車券を駅窓口での購入の際は、自動券売機やウェブサイトと比べて高めの設定となる。

Eチケットとモバイルアプリ　ウェブサイトで購入する際は、PDFデータのEチケットにも対応している。会員登録をすればモバイルチケットも利用可能。

補足
DBインターシティバス
ドイツ鉄道で運営している長距離バス。ベルリン～クラクフ（ポーランド）、ミュンヘン～プラハ（チェコ）、ミュンヘン～チューリヒ（スイス）など国際区間で運行している。ジャーマンレイルパスでも指定料金は必要になるが利用可能。
URL www.bahn.com/en/view/offers/bus/index.shtml

補足
国内乗り放題チケット
Quer-durchs-Land-Ticket
料 €46（ウェブサイトおよび券売機での購入は€44）
土・日・祝日9:00～翌日3:00（平日は9:00～翌3:00）に有効。5人まで同時利用できるが、ふたり目以降は€8の追加料金が必要。利用者氏名を必ず記入。パスポート必携。

補足
ドイツ鉄道の食堂車
高速列車の場合、食堂車は廃止される傾向にあるが、ドイツの場合はICEをはじめとして長距離列車のECなどには食堂車が連結されている。午前中は朝食、昼時と夕食時にはきちんとした食事（ICは軽食のみ）が供される。食事時以外も軽食を出しており、ビールやコーヒー1杯でも気軽に利用できる。

ICEに連結されている食堂車

移動手段の比較
LCC
ヨーロッパ鉄道
長距離バス
レンタカー

覚えておきたい　鉄道関連用語（ドイツ語）

切符	**Fahrkarte**（ファーカルテ）	人数	**Personen**（ペルゾーネン）	乗り継ぎ	**Verbindungen**（フェアビンドゥンゲン）
出発駅	**Abfahrtsbahnhof**（アプファーツバーンホフ）	行き	**Hinfahrt**（ヒンファート）	通路側の席	**Gangplatz**（ガングプラッツ）
目的駅	**Zielbahnhof**（ツィールバーンホフ）	帰り	**Rückfahrt**（リュックファート）	窓側の席	**Fensterplatz**（フェンスタープラッツ）
大人	**Erwachsene**（エアヴァクセネ）	すぐに	**ab sofort**（アプ・ゾフォート）		
子供	**Kinder**（キンダー）	今日	**heute**（ホイテ）		
等級	**Klasse**（クラッセ）	明日	**morgen**（モルゲン）		
		時間	**Uhrzeit**（ウーアツァイト）		

スペインの鉄道事情

最短所要時間の目安

マドリード～セゴビア	27分
マドリード～トレド	33分
マドリード～グラナダ	3時間19分
マドリード～コルドバ	1時間43分
マドリード～バレンシア	1時間40分
マドリード～バルセロナ	2時間30分
マドリード～セビーリャ	2時間21分
マドリード～マラガ	2時間24分
バルセロナ～バレンシア	3時間10分
バルセロナ～モンペリエ（フランス）	2時間55分

関連項目

・ユーレイル1ヵ国パス　　　　P.158
・スペインの列車の種類・略称　P.147

URL & アプリ

時刻表検索&チケット購入

●Renfe
URL www.renfe.com

専用アプリ

iPhone 　　Android

スペインの鉄道

路線網と列車の種類

✔ マドリードを中心に高速鉄道網が発達している
✔ 中距離列車でも予約が必要なことがある

　スペインの鉄道路線のほとんどがレンフェ旅客鉄道（Renfe）による運営。ほかにバスク鉄道、カタルーニャ鉄道などの私鉄もある。

マドリードが中心　スペインの鉄道網は、マドリードを中心に放射線状に広がっている。マドリードから主要都市間は放射線状に高速専用線が敷かれており、2～3時間程度でアクセスが可能。

さまざまな高速列車・特急列車　マドリードを拠点に主要都市間を結ぶ**AVE**、中短距離間を結ぶ高速列車**AV**（アバント）、バルセロナ～バレンシアを結ぶ高速列車**Euromed**（ユーロメッド）、長距離都市間を結ぶ特急列車**Alvia**（アルビア）、**Altalia**（アルタリア）、**IC**（インターシティ）、**Talgo**（タルゴ）、中短距離間を結ぶ快速列車**MD**（メディアディスタンシア）などがある。ほかに普通列車のレヒオナレス、近郊列車セルカニアス、夜行列車のトレンホテルがある。

全席指定の列車が多い　普通列車や近郊列車を除く全席指定制の列車のため座席指定をしなければ利用できない。

座席の等級は3つ　Renfeの座席クラスは3種類ある。1等の**Preferente**（プレフェレンテ）と2等の**Turista**（トゥリスタ）のほか、トゥリスタからアップグレードしてプレフェレンテの座席が使える**Turista Plus**（トゥリスタプルス）がある。Turista Plus利用者は、プレフェレンテで受けられるサービスがないので注意しよう。

鉄道チケット　スペインの鉄道運賃

　スペインのRenfeは原則として包括運賃チケットとなっており、4種類の運賃がある。

普通運賃 Flexible　列車の変更が無料で、払い戻しも出発日前であれば、運賃の5%の手数料で可能。出発の2時間前まで変更や払い戻しができる。

割引運賃 Promo　正規運賃より40～60%割引される。チケット発券後の変更および払い戻しはできない。

割引運賃 Promo+　同じく割引運賃だがPromoとは異なり、変更は運賃の20%、払い戻しは運賃の30%の手数料で可能。

往復割引 ida y vuelta　AVEや長距離列車に設定される往復割引運賃。変更や払い戻しの条件は、Flexibleと同じ。ヨーロッパ鉄道を扱う日本の旅行会社でも同様の運賃のチケットも手配は可能だが、変更や払い戻しの条件が異なる。

鉄道チケット　チケット購入&鉄道パス利用

✓ Renfeのチケットは紙チケットとEチケット
✓ 鉄道パス用の指定券購入は駅窓口もしくは日本の旅行会社

　Renfeのチケットは、駅窓口、自動券売機、ウェブサイト、ヨーロッパ鉄道を扱う日本の旅行会社で購入できる。

ウェブサイトでの購入　Eチケットもしくは自動券売機での発券を選択できる。Eチケットは必ずプリントアウトしておくこと。

鉄道パス利用時の指定券購入　AVEなど全席指定制列車を、鉄道パスを使って利用したい場合は、座席指定券もしくは寝台券を購入しなければならない。Renfeのウェブサイトで購入ができないので、駅窓口もしくは日本の旅行会社で購入する。

駅～車内　乗車時の注意

X線荷物検査　AVEやAVなどの高速列車や長距離列車を利用する場合、乗車前に改札とX線による手荷物検査が行われる。マドリードやバルセロナなどターミナル駅では、専用の乗り場がある。利用する際は、出発時刻に余裕をもって駅に到着しよう。

補足
AVEの食事サービス
高速列車AVEとEuromedのプレフェレンテ利用者には、時間帯に応じた食事もしくは軽食とドリンクが提供される。ただし土曜日とマドリード～レオン間のAVEでは提供されない。（2019年10月現在）

補足
AVEの遅延保証
AVEの国内線に限り、列車の運行遅延による払い戻しが設定されている。60分以上遅れた場合、購入したチケット運賃の50%、90分以上の遅れで購入したチケット運賃の100%が払い戻しとなる。Promoなどの割引運賃も払い戻しの対象となる。

補足
Renfeでクレジットカードが使えない
Renfeのウェブサイトのオンライン予約では日本のクレジットカードが使えないことがある。失敗する場合はpaypalでも決済ができるので登録して試してみるのもいいかもしれない。

補足
Renfeスペインパス
Renfeで販売している独自の鉄道パス。ユーレイル系の鉄道パスと異なり、利用日数ではなく、有効期間1ヵ月間内で、4、6、8、10本の列車が利用できる回数券に近い鉄道パス。AVE、AVなどの座席指定料金も含まれており、駅窓口で無料で座席指定券を購入することができる。日本の旅行会社でも購入可能。

覚えておきたい　鉄道関連用語（スペイン語）

日本語	スペイン語
切符	**Billete**（ビジェーテ）
鉄道駅	**Estación de Ferrocarril**（エスタシオン・デ・フェロカリル）
プラットホーム	**Andén**（アンデン）
次の発車	**Salida Próxima**（サリーダ・プロキシマ）
大人	**Adulto**（アドゥルト）
学生	**Estudiante**（エストゥディアンテ）
子供	**Niño**（ニーニョ）
目的地	**Destino**（デスティノ）
片道	**Solo Ida**（ソロ・イダ）
往復	**Ida y Vuelta**（イダ・イ・ブエルタ）
料金	**Tarifa**（タリファ）
時刻表	**Horario**（オラリオ）
出発	**Salida**（サリーダ）
到着	**Llegada**（ジェガーダ）

イタリアの鉄道事情

最短所要時間の目安

ローマ～ナポリ	1時間07分
ローマ～フィレンツェ	1時間29分
ローマ～ボローニャ	1時間55分
ローマ～ミラノ	2時間55分
ローマ～ヴェネツィア	3時間45分
フィレンツェ～ボローニャ	34分
フィレンツェ～ピサ	49分
ミラノ～トリノ	46分
ミラノ～ヴェローナ	1時間8分
ミラノ～フィレンツェ	1時間39分
ミラノ～ヴェネツィア	2時間25分
ヴェネツィア～ヴェローナ	54分
ヴェネツィア～ボローニャ	1時間13分
メッシーナ～パレルモ	2時間40分

シチリア島へは列車ごとフェリーに載せて
海を渡る

URL＆アプリ

時刻表検索＆チケット購入

●Trenitalia
URL www.trenitalia.com

●.italo
URL www.italotreno.it
専用アプリ
iPhone　　　　Android

イタリアの鉄道　南北の高速新線を軸にした路線網

イタリアの主要鉄道会社はトレニタリア（Trenitalia）による運営。

高速新線が軸　トリノ～ミラノ～ボローニャ～フィレンツェ～ローマ～ナポリ～サレルノを結ぶ高速新線を軸に各地方都市間を結んでいる。

南イタリアは便数が少ない　イタリア南部やシチリアにも路線網が広がっているが、北部ほど運行本数は多くない。イタリア南部やシチリアでは日曜日、祝日に大幅な減便となるので注意しよう。

イタリアの鉄道　おもな列車の種類

トレニタリアの列車の種類は大きく分けて3つ。高速列車、特急・急行列車、夜行列車は全席指定制のため利用時には予約が必要となる。

高速列車　フレッチャロッサFrecciarossa（**FR**：赤い矢）、フレッチャルジェントFrecciarugiento（**FA**：銀の矢）、フレッチャビアンカFrecciabianca（**FB**：白い矢）の3種類がある。

特急・急行・夜行列車　長距離列車のエウロシティ（**EC**）、インテルシティ（**IC**）と夜行列車のインテルシティノッテ（**ICN**）

快速・普通列車　地方都市間を結ぶ快速列車のレジョナーレ・ヴェローチェ（**RV**）と普通列車のレジョナーレ（**R**）がある。

.italo（イタロ）　NTV社で運行している高速列車。鉄道パスやトレニタリアの乗車券では利用できない。ミラノ～ローマ～ナポリ、ヴェネツィア～ミラノ間などで運行。チケットはEチケットのみで、普通運賃のFlexと格安運賃のEconomyの2種類がある。

切符の種類と割引
鉄道チケット

　高速列車、長距離列車、夜行列車など全席指定制の列車は包括運賃チケットでの利用となる。快速列車（RV）や普通列車（R）は普通乗車券のみで乗車可能。

普通運賃 Base　出発前なら列車の変更が無料、出発後でも1時間以内なら€10の手数料で変更可能。払い戻しは出発前なら運賃の20％の手数料で可能。

割引運賃 Economy　払い戻しはできないが、出発前であれば1回のみ変更できる。

格安運賃 Super Economy　チケット購入後の変更および払い戻しができないが、Base運賃と比べて大幅な割引となる。

普通乗車券の有効期限　乗車券の有効期限は購入日当日（23：59まで）もしくは購入時に指定した利用日のみとなる。自動検札機による刻印後の有効期間は4時間となる。

チケットの購入方法
鉄道チケット

✓ 包括運賃はEチケットが主流だが、紙チケットもある
✓ 自動券売機で鉄道パス用の座席指定券、寝台券が購入可能

　トレニタリアのチケットは、駅窓口、自動券売機、ウェブサイト、ヨーロッパ鉄道を扱う日本の旅行会社で購入できる。

ウェブサイトでの予約　ウェブサイトから購入する場合はEチケットもしくは自動券売機での発券となる。PDF形式のEチケットは必ずプリントアウトしておくこと。

鉄道パス利用者の座席指定　FR、FAなど全席指定制列車を、鉄道パスを使って利用したい場合は、座席指定券もしくは寝台券を購入しなければならないが、自動券売機でも購入可能。

乗車時の注意
駅〜車内

普通乗車券は必ず刻印　RVやR用の普通乗車券は、**乗車前に必ず刻印**をしよう。駅構内やホームにある緑色の刻印機に乗車券を差し込めば、乗車日と時間が刻印される。刻印をせずに乗車をすると車内検札時に罰金（€50〜）が課せられる。

改札口や改札ゲート　ミラノやローマなどターミナル駅では改札口や改札ゲートが設置され、有効な鉄道チケットまたは鉄道パスを所持していないとホームに入れないので注意。ゲートがない駅でも乗車時に係員による検札が行われることがある。

補足

以前の名称で表示されることも

駅の運行掲示板でFR、FA、FBという名称に変わる前に運行されていた列車の名称（AVやES）で案内板に掲示されることもあるので、確認する際は、列車番号を見よう。

テクニック

自動券売機で鉄道パスの指定券

トレニタリアの自動券売機では、鉄道パス所持者向けの座席指定券や寝台券が購入できる。言語を英語（英国旗のマーク）選択し、「**BUY YOUR TICKET**」で「**GLOBAL PASS**」を選択すれば、鉄道パス用の座席指定券や寝台券が購入できる。支払い方法は現金もしくはクレジットカード。

トレニタリアの自動券売機の操作画面

プラットホームにある刻印機

覚えておきたい　鉄道関連用語（イタリア語）

出発	**Partenza**（パルテンツァ）	大人	**Adulti**（アドゥルティ）	1等	**Prima Classe**（プリマ・クラッセ）
到着	**Arrivi**（アッリーヴィ）	学生	**Studenti**（ストゥデンティ）	2等	**Seconda Classe**（セコンダ・クラッセ）
ホーム	**Binario**（ビナーリオ）	子供	**Ragazzi**（ラガッツィ）	目的地	**Destinazioni**（デスティナツィオーニ）
切符	**Biglietto**（ビッリエット）	料金	**Tarifa**（タリファ）	料金	**Tarifa**（タリファ）
予約窓口	**Prenotazione**（プレノタツィオーネ）	片道	**Andata**（アンダタ）	日付	**Data**（ダータ）
高速列車専用窓口	**Freccia**（フレッチャ）	往復	**Andata e Ritorno**（アンダタ・エ・リトルノ）	時間	**Ora**（オーラ）
		等級	**Classe**（クラッセ）		

長距離バス

鉄道に比べるとバスのほうが一般的に料金が安い。さらにウェブサイトから予約をすれば格安で移動できることも。国際バスの路線網も発達している。

関連項目

URL

ユーロラインズ

URL www.eurolines.eu
公式アプリは日本非対応だが、Omio
（→P.130）のアプリで予約可能

補足

乗り降り自由の観光バス

●バスアバウトbusabout
URL www.busabout.com
5～10月にヨーロッパ38都市に運行される。乗り放題バスのみの販売で1週間から。区間乗車はできない。

ユーロラインズ

幅広いネットワーク　北欧からバルカン半島、アフリカのモロッコまで路線網をもつ。ヨーロッパ29社のバス会社が加盟している。便数は1日1便、もしくは1週間に数便など、都市によっては便が少ないのが難点だが、パリ、ブリュッセル、アムステルダム、フランクフルトなどの大都市間は便数も多い。

チケット購入＆乗車　主要バスターミナルにあるユーロラインズの窓口で購入可能。ウェブサイトで購入した場合パリやアムステルダムなどの主要路線を除いてEチケットのプリントアウトが必要。

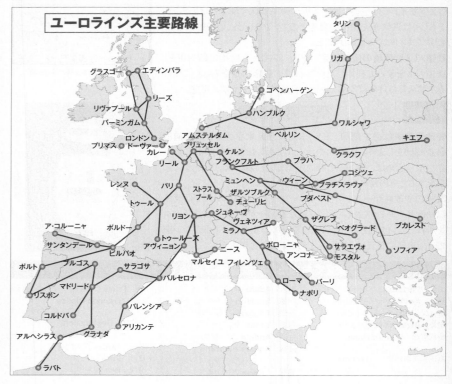

ユーロラインズ主要路線

そのほかの大手バス会社

✔ 鉄道網が発達していない国、国土が広大な国はバスが主役
✔ QRコードのEチケットが主流なのでアプリかWEB予約で
✔ 東欧は道路事情が悪く、荷物預けが有料の場合もある

フリックスバスFlixbus　ドイツを中心にヨーロッパ28ヵ国の主要都市を結ぶ。フランス、イタリア、スペイン、クロアチア方面にも強い。

ブラブラビュスBlablaBus　旧ウイビュス (Ouibus)。フランス国内に幅広い路線網をもつ。スペイン、オランダ、ドイツの主要都市に運行している。

アルサAlsa　スペイン最大のバス会社。スペイン国内を網羅しているほか、マドリードの南バスターミナルを起点にヨーロッパ全域に幅広い路線網をもつ。

ナショナルエクスプレスNationalExpress　イギリス最大の路線網をもつ。パリやアムステルダム等ヨーロッパの都市へも国際便を運行している。

レジオジェットRegioJet　チェコのプラハを起点にスロヴァキア、ハンガリー、ポーランド、ドイツなど中欧諸国の主要都市を網羅する。

オンニバスOnniBus　物価の高いフィンランドで格安バス路線を運行。ヘルシンキを中心に国内に幅広い路線網を展開。

バスの車内設備、荷物規定

●**フリックスバス**
Wi-Fi、コンセント、トイレを完備。預け荷物は20kg、手荷物は7kgまで
●**ウィビュス**
Wi-Fi、コンセントを完備。預け荷物は20kgまで。手荷物は車内上部の棚に収まる程度のもの
●**ナショナルエクスプレス**
VUERという専用アプリで車内で映画やテレビが見られる。コンセントはほとんどの車両で完備。預け荷物は国際線は20kg、イギリス国内線は20kg程度の中〜小型スーツケースが2点まで
●**アルサ**
多くの車両でWi-Fi利用可能。預け荷物はスペイン国内30kg、国際線25kgまで
●**レジオジェット**
プライベート液晶モニター、Wi-Fi、コンセント、トイレを完備
●**オンニバス**
Wi-Fi、コンセント、トイレを完備。預け荷物は20kgまで

Flixbus
URL www.flixbus.com

iPhone	Android

BlablaBus
URL www.blablacar.fr/bus

iPhone	Android

Alsa
URL www.alsa.com

iPhone	Android

専用アプリ

NationalExpress
URL www.nationalexpress.com

iPhone	Android

RegioJet
URL www.regiojet.com

iPhone	Android

OnniBus
URL www.onnibus.com

iPhone	Android

専用アプリ

チケットの買い方

バスターミナル　マドリードやロンドンは町の中心近くに長距離バスターミナルがあり、ターミナル内の窓口で買うことができる。

ウェブサイト&アプリ　ほとんどのバス会社ではオンライン予約が可能で、Eチケットで乗車できる。専用アプリを使えばモバイルチケットも利用可能な場合が多い。

乗車時の注意

早めに乗り場へ行く　国際バスの場合は乗車時に荷物やパスポートのチェックをすることがあるので、出発時間の30分〜1時間前には到着しておきたい。

国際バスの国境越え
国際路線の場合、シェンゲン域内と域外の国境では審査官がバスに乗り込んできたり、全員がバスから降りて出入国検査や荷物チェックなどをする等時間がかかることがある。

ロンドン (イギリス)

ヴィクトリア・コーチ・ステーション →P.204
Victoria Coach Station
地下鉄ヴィクトリアVictoria駅下車。

パリ (フランス)

パリ・ガリエニ国際バスターミナル →P.245
Gare Routière Internationale de Paris-Gallieni
メトロ3号線の終点ガリエニGallieni駅と直結

アムステルダム (オランダ)

ダウフェンドレヒト Station Duivendrecht
ユーロラインズ、Flixbus、ALSAなどのバスが発着。
オランダ鉄道Duivendrecht駅近く。

スローテルデイク Station Sloterdijk
ユーロラインズ、Flixbus、Blablabus社などの便が発着。
オランダ鉄道Sloterdijk駅近く。

ベルリン (ドイツ)

ベルリン中央バスステーション
Zentraler Omnibusbahnhof Berlin - ZOB
URL zob.berlin/de
Sバーン41、42、46番のMesse Nord / ICC下車。

ウィーン (オーストリア)

ウィーン国際バスターミナル Map P.305B4
Vienna International Busterminal - VIB
URL buslinien.at/en/vib-busterminal
UバーンErdberg駅直結

マドリード (スペイン)

南バスターミナル Map P.379C2
Estación Sur de Autobuses de Madrid
地下鉄6号線Méndez Álvaro駅直結。

ローマ (イタリア)

ティブルティーナ・バスターミナル
Autostazione Tiburtina di Roma
URL www.sitabus.it/stazione-roma-tiburtina
地下鉄B線またはトレニタリアのTiburtina駅前。

ミラノ (イタリア)

ランプニャーノ・バスターミナル
Autostazione Lampugnano
URL www.autostazionidimilano.it
地下鉄M1線Lampugnano駅前。

アテネ (ギリシア)

キフィスウ・ターミナル (ターミナルA)
Kifissou Terminal
ペロポネソス半島、テッサロニキ方面のバスが発
着。Zinnos通りとMenandrou通り交差点のバス停
(Map P.338A1) から051番のバス。

リオシオン・ターミナル (ターミナルB)
Liossion Terminal
デルフィ、メテオラ方面のバスが発着。オモニア広
場のバス乗り場からブルーバスのA11、B11など。

レンタカー

　レンタカーは、日本の運転免許証と国外運転免許証さえ持っていれば、ヨーロッパの多くの国で運転ができる。特に見どころが点在している地域や古城やワイナリー巡りに便利。

レンタル手続き　レンタカーの借り方

✔ 原則としてクレジットカードがないと借りられない
✔ ヨーロッパは基本的にマニュアル車

車を予約する
↓
レンタカーオフィス
でチェックアウト
↓
運転
↓
レンタカーオフィス
でチェックイン

レンタカーオフィス　主要な空港には大手レンタカー会社のブースが並んでいる。日本で予約しておけば、空港に着いてからすぐに車を受け取ることができる。また、鉄道の主要駅の場合は駅の構内か駅に隣接していることが多い。
チェックインとチェックアウト　レンタカーでは車を借りることをチェックアウト、車を返却することをチェックインという。ホテルとは逆なので注意しよう。
乗り捨て可能　ヨーロッパ諸国ではレンタカーが日本より普及していて、簡単に借りることができる。**エイビスAVIS**（フランス、イタリア、スペインなどではアビスと発音）や**ハーツHertz**（フランス、イタリア、スペインなどではエルツと発音）、**ヨーロッパカーEuropcar**などがヨーロッパ全域に支店があり、フランスで借りてスペインで返すこともできる（乗り捨て＝One Way Rental）。ただし、イギリス、アイルランドから他国への乗り捨ては原則不可。
レンタルできる車種　4人乗りの小型車（エコノミーやコンパクトといったクラス）のほか、5人乗りのセダンが一般的。原則的にマニュアル車のみ。大手の会社なら**オートマ車を借りられるが数はたいへん少なく、同じ車種でも割高**に設定されている。カーナビが付いている場合もあるが英語か現地語での操作・案内になる。
保険について　車を借りるときは保険に必ず入ること。ヨーロッパでの交通事故は海外旅行保険が適用されないので、現地で保険をかけよう。保険の種類はいろいろだが、あらゆるケースが補償の対象となるWhole InsuranceまたはFull Protectionに入っておくと無難。車種が決まり契約書にサインするとき、保険の確認を忘れずに。
　ドライバーが複数のときは、契約の際に全員の名前を記入しておくこと。契約者の名前が1名だと、その人の運転中の事故のときしか、保険金は支払われない。

関連項目

| ・国外運転免許証 | P.67 |
| ・ジュネーブ条約締結国 | P.67 |

URL＆アプリ

おもなレンタカー会社

●エイビスAVIS
URL www.avis-japan.com
専用アプリ
iPhone

●ヨーロッパカー Europcar
URL www.europcar.com
専用アプリ
iPhone　　　　Android

●ハーツHertz
URL www.hertz.com
専用アプリ
iPhone　　　　Android

●バジェットBudget
URL www.budgetjapan.jp
専用アプリ
iPhone　　　　Android

補足

地元系レンタカー会社

乗り捨てができなく、車種も限られるが、大きな空港や観光地にある地元系のレンタカー会社なら大手よりも安く借りられることが多い。

用語

レンタカー＆交通関連

●保険関連
3rd PTY INS/LI/LP　対人、対物への賠償責任保険。申込時の料金に含まれている場合がほとんど。要加入。
TP　盗難保険。申込時の料金に含まれている場合がほとんど。要加入。
CDW　自車両損害補償制度。車両の損害や盗難を受けた際に、損害を補償する。申込時の料金に含まれている場合がほとんど。要加入。
ER/EXW　免責額を軽減させる(オプション)。
PAI　搭乗者損害保険。海外旅行保険でもカバーされている(オプション)。
●燃料
Petrol Station　ガソリンスタンド
Unleaded　無鉛ガソリン
Diesel　ディーゼル
●その他
Driving Licence　運転免許証
Automatic Transmission Sedan オートマ車
Accident　事故

補足

国境の越え方

ヨーロッパ内ではレンタカーでの国境越えは非常に楽で、"Douane Zoll(税関あり、ストップ)"と書かれた標識さえ見逃してしまうくらいだ。国によってはパスポートチェックがある。

ドライブ事情

右側通行と交差点

給油口やバックギアを確認　給油口の開け方や、バックギアの場所も車によって異なるので、運転前にきちんと確認しておくこと。ワイパーとウインカーの位置は日本のものと逆になっている。曲がろうとしてワイパーを動かさないよう注意しよう。

右側走行に慣れる　イギリス、アイルランド、マルタ、キプロス以外の国では左ハンドルなので、操作を少し練習してから走り出したほうがいい。初めは長距離を移動しないで、体が慣れるのを待とう。右側走行にはすぐ慣れるが、カーブなどで思わず左へ寄ったりすることがあるので、初めのうちは"右側、右側"と頭の中で繰り返して走ること。半日ぐらいでカンがつかめる。

ロータリー (ラウンドアバウト)　ヨーロッパの交差点は日本の信号がある交差点と違い、ほとんどがロータリー形式だ。このロータリーは国によって名称が異なるが (イギリスだとラウンドアバウト、フランスではロン・ポワンと呼ばれる)、渡り方はほぼ同じ。

イギリス、アイルランドなどの　　　そのほかの国のロータリー
ロータリー (左側通行)　　　　　　(右側通行)

　まず、そのまま道沿いにロータリーに入り、イギリスやアイルランドだと時計回り、その他のヨーロッパ諸国は反時計回りにに周回しながら、行き先の道を進む。ロータリー内では**次の出口へ曲がるときにだけ外側を走る**というルールがある。内側へうまく入れなかった場合は慌てて車線変更するのは危険なので、もう1周してから出口に入ろう。

ドライブ事情

運転前と走行中の注意

市街地への乗り入れ　大都市の市街地や観光地で駐車場を見つけるのは大変。パーキングメーターがあればよいが、ロンドンなどでは市街地に入るときに渋滞税を払わなくてはならない。

　景観保護や環境保護のため、中心街や旧市街への車の乗り入れを全面禁止している町もある。

高速道路料金　イギリス、オランダ、ドイツなどは無料。フランス、イタリア、スペインなどは有料。

給油所：ガス (ペトロール)・ステーション　ヨーロッパではセルフサービスのスタンドを多く見かける。店員さんに任せるのではなく、自分でホースを取って給油するタイプが多い。ガソリン代は高く、日本の1.5倍が目安。給油口のフタはくれぐれも閉め忘れないように注意しよう。

起点となる
町歩きの**ヒント**

United Kingdom
ロンドン
London

・市外局番	020
・公式サイト	🔗www.visitlondon.com
・市内交通	🔗tfl.gov.uk

🇬🇧 イギリスの基本情報

- 国名　グレート・ブリテンおよび
　　　　北アイルランド連合王国
- 人口　約6649万人
- 首都　ロンドン
- 通貨　ポンド（£）£1≒142.21円
　　　　（2019年12月23日現在）

　ロンドンに来ると、世界のありとあらゆる民族の人がそれぞれの文化を保ちながらも、何の違和感もなく生活していることに気づく。まさにコスモポリタンという形容がふさわしい町だ。

　その一方でこの町には歴史を感じさせる建築物や記念碑のなんと多いことだろう。ロンドンは新しいものと古いもの、あらゆる民族や文化、それらすべてが交ざり合い、独自の魅力を放っている。

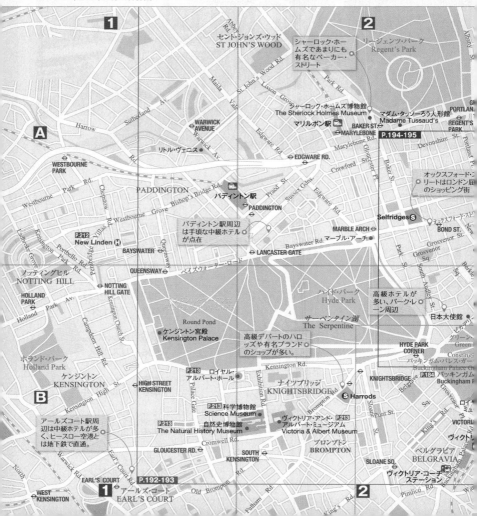

シティ　ロンドンはローマ時代のロンドニウムが起源。現在シティと呼ばれるエリアがそれにあたり、金融の中心になっている。セント・ポール大聖堂やロンドン塔があるロンドン最古の地域だ。

ウェストミンスターとウェストエンド　英国王室ゆかりの**ウェストミンスター寺院**や**国会議事堂**がある地域は長らく政治の中心地で、さらに西には**バッキンガム宮殿**がある。その北にあるソーホー周辺は**ウェストエンド**とも呼ばれ、ミュージカルの聖地としても有名。トラファルガー広場、コヴェント・ガーデンもここにある。

ケンジントン・ガーデンズとナイツブリッジ　もともとはロンドンの郊外で、喘息を患っていた英王ウィリアム3世が空気がよい場所ということで建てたのがケンジントン宮殿。隣に広がるハイド・パークは1851年の第1回万国博覧会の会場になった場所で、周囲には博物館が多い。その南のナイツブリッジ周辺は洗練されたショッピングエリア。高級デパートのハロッズがあることでも有名。

・祝祭日

1/1		新年
1/2	★	バンクホリデイ
3/17	●	セント・パトリックス・デイ
4/11 ('20)		復活祭前日の土曜日
4/12 ('20)		復活祭の日曜日
4/13 ('20)		復活祭翌日の月曜日
5/4 ('20)		アーリー・メイ・バンクホリデイ
5/25 ('20)		スプリング・バンクホリデイ
7/12	●	ボイン川の戦いの日
8/3 ('20)	★	サマー・バンクホリデイ
8/31 ('20)	※	サマー・バンクホリデイ
11/30	★	セント・アンドリューズ・デイ
12/25		クリスマス
12/26		ボクシング・デイ

●北アイルランドのみ
★スコットランドのみ ※スコットランド以外

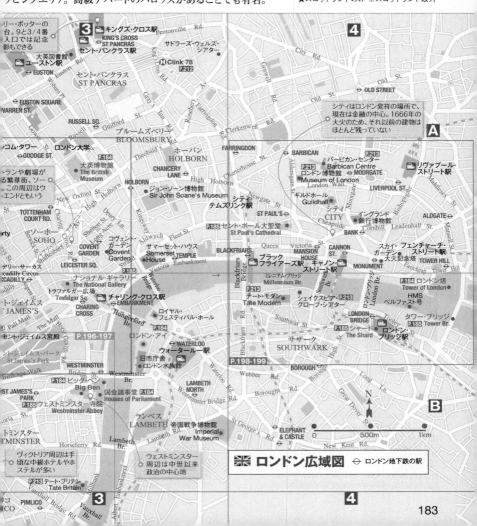

🏴󠁧󠁢󠁥󠁮󠁧󠁿 **ロンドン広域図**　⊖ ロンドン地下鉄の駅

シティはロンドン発祥の場所で、現在は金融の中心。1666年の大火のため、それ以前の建物はほとんど残っていない

ヴィクトリア周辺は手頃な中級ホテルやホステルが多い

ウェストミンスター周辺は中世以来政治の中心地

Things to do in London

ロンドン観光スポット

The British Museum

大英博物館　ヨーロッパはもちろん世界を代表する博物館。古代エジプトやギリシア、オリエントなどの古代遺跡の発掘品から東洋美術まで古今東西のあらゆる美術工芸品が収蔵されている。

 Map P.195A3·4
Data P.439
URL www.british
museum.org
Map Link

Tower of London

ロンドン塔　11世紀に完成した城塞で、中央にあるホワイトタワーは牢獄、拷問、処刑場として使われてきた。ビーフィーターと呼ばれる衛兵はジンのボトルのデザインでもおなじみだ。

 Map P.199B·C4
Data P.439
URL www.hrp.org.uk
Map Link

London Eye

ロンドン・アイ　ヨーロッパ最大の大きさを誇る観覧車。1周約30分で高さは最大135m。ビッグベンやタワーブリッジといったテムズ河沿いのモニュメントを見下ろすことができる。ゴンドラは25人乗り。

 Map P.193B4
Data P.439
URL www.londoneye.
com
Map Link

The Buckingham Palace

バッキンガム宮殿　英国王室の宮殿で、もともとはバッキンガム公の屋敷だった。有名な衛兵交代式は11:00〜11:30に行われる。宮殿内部は夏期のみツアー形式で見学可。

Map P.196A2　Data P.439
URL www.royalcollection.org.uk
Map Link

Big Ben & House of Parliament

ビッグ・ベンと国会議事堂　ビッグベンは国会議事堂に付属する時計塔で工事担当者のベンジャミン・ホールに由来。国会議事堂はウェストミンスター宮殿が正式名称で、内部はツアー形式で見学することができる。

 Map P.197A4　Data P.439
URL www.parliament.uk/visiting
Map Link

イギリス

フランス

ベルギー

オランダ

ドイツ

オーストリア

スイス

チェコ

Westminster Abbey

ウェストミンスター寺院　英国王室
の教会で14世紀頃にほぼ現在の形
となった。1066年にウィリアム1世
が戴冠式を挙げて以来、歴代の王
がここで戴冠されてきた。ウィリアム
王子とキャサリン妃の結婚式もここ
で執り行われた。教会のほぼ中央に
ある主祭壇の周囲にはヘンリー3世
やエドワード1世が埋葬されている。
戴冠の椅子はスコットランドとの戦
勝品。その先にあるヘンリー7世の
礼拝堂はゴシック様式の傑作といわ
れている。

Map P.197A4　Data P.439
URLwww.westminster-abbey.org

Map Link

St Paul's Cathedral

セント・ポール大聖堂　1666年の
ロンドン大火で焼失した後、建築家
クリストファー・レンの設計で建てら
れた。

Map P.198B2
Data P.439
URLwww.stpauls.
co.uk

Map Link

The View from The Shard

ビュー・フロム・ザ・シャード　高さ310mの超高層ビルの
69～72階にある展望台。72階にある展望室からは高さ
244mからロンドンの町並みを一望のする
ことができる。

Map P.199C3　Data P.439
Map Link　URLwww.theviewfromtheshard.com

Tower Bridge

タワー・ブリッジ
ロンドンを代表するランド
マークで、1894年の完成。
かつては頻繁に橋が上が
っていたが、近年は1日に
2～3回程度。塔の内部
は博物館になっている。

Map P.199C4
Data P.439
URLwww.towerbridge.org.
uk

Map Link

National Gallery

ナショナル・ギャラリー
西洋絵画のコレクション
ではヨーロッパでも有数
の規模。ダ・ヴィンチやフ
ェルメール、ゴッホといっ
た巨匠の作品も多い。

Map P.195B3
Data P.439
URLwww.nationalgallery.
org.uk

Map Link

Days out from London

ロンドン近郊おすすめ観光スポット

Canterbury

カンタベリー　イギリス国教会の大司教座として、最も権威の高いカンタベリー大聖堂が中心に建つ古都。テューダー朝時代の建物が多く残っており、旧市街の散策も楽しい。

Data P.440
URL www.canterbury.co.uk

Map Link

Stonehenge

ストーンヘンジ　紀元前3000年からいくつかの段階をかけて建造された巨大環状列石。何のために作られたかなど、いまだにわかっていないことも多い謎多き遺跡だ。

Data P.440
URL www.english-heritage.org.uk

Map Link

Bath

バース　ローマ時代より温泉の町として栄え、温泉の語源となった町。ヴィクトリア朝時代にはイギリス有数の保養と社交の中心地として多くの人が集まった。

Data P.440
URL visitbath.co.uk

Map Link

Cotswolds

コッツウォルズ　イギリスを代表するカントリーサイドとして、湖水地方と人気を二分する。湖水地方が貧しい地域だったのに比べてコッツウォルズは、羊毛の取引で栄えていたため、小さいながらも文化的にも進んだ地域で、19世紀中頃のアーツ＆クラフト運動にも影響を与えたといわれている。建物はこの地方で採れるハチミツ色の石灰石でできており、コッツウォルズの魅力のひとつ。町はそれぞれ特徴的なので、見比べながら旅するのも楽しい。

Data P.440
URL www.cotswolds.com

Map Link

Oxford

オックスフォード　12世紀以来の大学の町として知られる。町中にいくつものカレッジが点在しており、カレッジ巡りが人気。クライスト・チャーチのグレート・ホールは『ハリー・ポッター』のロケ地としても有名。

Data P.440
URL www.oxfordcityguide.com

Map Link

イギリス

フランス

ベルギー

オランダ

ドイツ

オーストリア

スイス

チェコ

Seven Sisters

セブンシスターズ　イギリスの南海岸、7つの頂きをもつ
ことから名前が付いた白亜の断崖。周囲はセブン・シスタ
ーズ・カントリー・パークに指定され、ウォ
ーキング・コースも整っている。

Data P.440

Map Link URLwww.sevensisters.org.uk

Stratford upon Avon

ストラトフォード・アポン・
エイヴォン　シェイクスピ
アの故郷。生家は博物館
として公開されるほか、町
全体がテューダー朝の雰
囲気を今に伝えている。

Data P.441
URLwww.stratford-upon-avon.co.uk

Map Link

Cambridge

ケンブリッジ　オックスフ
ォードと並ぶ大学の町。
主要カレッジはいずれもケ
ム川沿いにあり、パント
と呼ばれるボートで川下り
を楽しみながら、カレッジ
を見て回ることができる。

Data P.441
URLwww.visitcambridge.org

Map Link

York

ヨーク　中世より北部イングランドの
首都ともいわれる古都。ローマ時代、
ヴァイキング時代、中世とさまざまな
時代の建物が残る。ヨーク・ミンスタ
ーは、カンタベリー大聖堂に次ぐ権威
を誇るイギリスを代表する教会。

Data P.441
URLwww.visityork.org

Map Link

Cardiff

カーディフ　ウェールズの首都。歴
史的な建築物が大切に保存される一
方で、西暦2000年を記念するミレ
ニアム・プロジェクトでできたモダン
な建物が建ち並び、新旧の入り交じ
った町並みが魅力。

Data P.441
URLwww.visitcardiff.com

Map Link

St Michael's Mount

セント・マイケルズ・マウント　ロン
ドンからは少し遠いが、イギリスの
西端、コンウォール半島にある城。
12〜15世紀には修道院として利用さ
れた。本土とは船で結ばれているが、
干潮時は歩いて渡ることができる。

Data P.441
URLwww.stmichaelsmount.co.uk

Map Link

187

One day Plan

ロンドン ワンデイ プラン

大英博物館 Ⓓ
セント・ポール大聖堂 Ⓒ
ウェストエンド Ⓕ
ピカデリー・サーカス Ⓔ
ロンドン塔 Ⓔ
トラファルガー広場 Ⓒ
テムズ川
バッキンガム宮殿 Ⓑ
ウェストミンスター寺院 Ⓐ
ロンドン・アイ Ⓔ

9:30

⬇
徒歩で
30分

Ⓐウェストミンスター寺院

9:30のオープンに合わせて歴代王や偉人の墓やヘンリー7世チャペルなどを見学する。バッキンガム宮殿へはセント・ジェイムス・パークを横目に歩いていく。

11:00

⬇
徒歩で
30分

Ⓑバッキンガム宮殿

ロンドン名物の衛兵交代は通常11:00スタート。早めに行って好位置を確保しておきたい。衛兵交代が終わったらザ・マルThe Mallというセント・ジェイムス・パーク内の道を通ってトラファルガー広場へ。

12:30

⬇
徒歩で
20分

Ⓒトラファルガー広場

ロンドンを代表する広場、トラファルガー広場ではライオン像に乗って記念撮影。トラファルガー北側にあるレスター広場周辺はレストランも多く、すぐ近くにはソーホーの中華街もあるので、このあたりで腹ごしらえを。

14:00

⬇
トッテナム・コート・ロード駅から地下鉄ノーザンラインで3駅

Ⓓ大英博物館

大英博物館はあまりにも広いので、おもなものを観るだけでも2時間はかかってしまう。古代エジプトやパルテノン神殿関連の作品は必見。ロンドン滞在に2日以上時間が割けるなら半日使ってじっくりと見学したいところ。

17:00

⬇
徒歩で
30分

Ⓔロンドン・アイ

ロンドン・アイは約30分かけて1周する、25人乗りの大型ゴンドラで通常は相乗り。人気のアトラクションなので、夏期などのハイシーズンはウェブサイトで予約しておくとよい。

19:00

Ⓕウェストエンド（ミュージカル鑑賞）

ウェストエンドはミュージカルの本場。観たい演目が決まっているときは公式サイトでチケットを予約するのも手。演劇に興味がない人ならエンバンクメントやチャリング・クロス駅周辺のパブで本場のエールを味わってみるのもおすすめ。

イギリス

フランス

ベルギー

オランダ

ドイツ

オーストリア

スイス

チェコ

Another Half day in London もう半日あったら

歴史と伝統あふれる見どころをひととおり見学したあとは、若さと活気にあふれたロンドンの別の一面をのぞいてみてはいかがだろう。

10:00

↓

徒歩で5分

カムデン・タウン

リージェントパークの北にあるエリアで、若者とパンクの町として有名。ここで開かれるカムデン・マーケットは、ユニークなデザインのアクセサリーの店や各国料理の屋台が軒を連ね、とにかくエネルギッシュ。

11:00

リージェンツ運河クルーズ

カムデン・ロックCamden Lockからパディントン駅近くのリトル・ヴェニスLittle Veniceまでは、ナローボートという伝統的な細長いボートを使ったクルーズツアーが行われている。片道約50分の船旅だ。

Days out from London ロンドン郊外へ

交通のハブでもあるロンドンからは、日帰りで行ける見どころもいっぱい。出発する鉄道駅はそれぞれ異なるので、事前に確認しておこう。

グリニッジ

世界標準時を定める天文台があるグリニッジは、旧王立海軍大学があるなど、河港都市として栄えた町で、現在もテムズ河を下って、ロンドンの中心部から行くことができる。古くは英国王室の宮殿もあり、エリザベス1世の生まれた場所でもある。

ウィンザー

英国王室の居城、ウィンザー城の城下町。ウィンザー城は現在人が住む城としては、世界最大の大きさを誇っており、城内のジョージ礼拝堂には歴代の英国王が埋葬されている。町には有名パブリック・スクールであるイートン校もある。

ライ

ドーヴァー海峡の北約2kmにあり、石畳の道や中世の建物がよく保存された町として、多くの観光客が訪れる。町にあるマーメイド・インは15世紀に建てられた歴史ある旅籠。日帰りで宿泊しなくても、パブ兼レストランとして利用できる。

What to eat in London

ロンドン美味ガイド

Fish & Chips

フィッシュ＆チップス　タラなどの切り身をバッター液に付けてサクッと揚げた料理。山盛りのフライドポテト（チップス）が付く。

Scone & Tea

スコーン＆紅茶　サクッとした食感がおいしいスコーンはイギリス伝統のお菓子で、紅茶との相性もよい。クロテッドクリームを付けて食べる。

Roast Beef

ローストビーフ　大きな塊肉をオーブンでじっくり焼き上げた料理。ホースラディッシュやグレービーソースをかけていただく。

English Breakfast

イングリッシュ・ブレックファスト　目玉焼き、トマト、ソーセージ、マッシュルーム、ベーコンなど、ボリューム満点の英国式朝食。

Yorkshire Pudding

ヨークシャー・プディング　シュークリームの皮だけのような料理。付け合わせのほか、中に牛肉の煮込みなどを入れた単品としても出される。

Cottage Pie

コッテージ・パイ　ひき肉と野菜の煮込みの上からマッシュポテトを載せて焼き上げた料理。パブで出される料理の定番。

Where to eat in London

ロンドン美食処

Restaurant

レストラン　伝統的イギリス料理やモダンブリティッシュ、各国料理など多彩。

Pub

パブ　料理にこだわるパブはダイニングパブやガストロパブと呼ばれる。

Biryani

ビルヤーニ　長粒米で香り高いバス
マティライスを具材と一緒に炊きあ
げたインド料理。チキン、マトン、野
菜などのバリエーションがある。

Dim Sum

点心　ソーホー地区には大きな中華
街があり、本格的な点心を気軽に楽
しむことができる。本場香港顔負け
のクオリティの店もある。

Cornish Pasty

コーニッシュ・パスティ　ジャガイモや
挽き肉などいろいろな具材が入ったイ
ギリス南西部コーンウォール地方の名
物惣菜パン。駅ナカグルメの定番。

パブでのオーダー方法

パブでは、カウンター越しにバーテ
ンダーに注文するのが基本。バーテ
ンダーは来た客の順番を覚えている
ので、自分の番になったら注文しよ
う。ハロー、サンキューを忘れずに。

支払いはキャッシュオン方式

会計は注文のたびに支払い、ドリン
クはその場で受け取る。料理をカウ
ンターで注文する場合は、自分の席
がどこであるかを告げて支払いをす
ると、ウエイターが料理を持ってきて
くれる。

パブ&ビール用語

Pint パイント	グラスの大きさ。1パイントは568ml。注文するときは「ア・パイント・オブ・ギネス・プリーズ」、「ア・パイント・オブ・ラガー・プリーズ」。半分の量のハーフ・パイントもある。
Lager ラガー	日本で一般的なビールはラガー、より正確にはピルスナーPilsnerという種類。伝統的なイギリスビールではないが今ではイギリスでもよく飲まれる。
Ale エール	イギリスのビールの中心的存在。ビター Bitter、ペール・エールPale Ale、インディア・ペール・エールIndia Pale Ale(略してIPAとも)など細かく分かれるが、エールだけでも十分通じる。
Stout スタウト	濃厚な味わいの黒ビールで、アイルランドのギネスGuinnessが特に有名。もともとはポーター・スタウトPorter Stoutといい、ポーター Porterという種類のビールから派生した。

Tea Room

ティールーム　朝から夕方まで
開いている。アフタヌーンティ
ーや朝食が食べられる。

Stall, Food Stand

屋台、スタンド　市場などのマ
ーケットの中や駅構内にあるこ
とが多い。

Take Away

テイクアウェイ　インド料理や
中華、ケバブなどのテイクアウ
ト専門店は安くて量が多い。

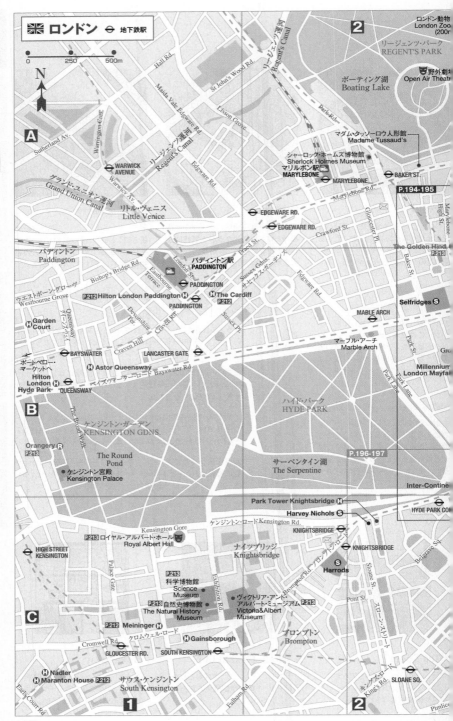

🏴 ロンドン ⊖ 地下鉄駅

0　250　500m

N

A

Sutherland Av.

Warrington Cres.

St John's Wood Rd.

Hall Rd.

Maida Vale Edgware Rd.

Lisson Grove

リージェンツ運河
Regent's Canal

ロンドン動物園
London Zoo
(200r

リージェンツ・パーク
REGENT'S PARK

2

ボーティング湖
Boating Lake

野外劇場
Open Air Theatre

Park Rd.

⊖ WARWICK
AVENUE

リージェンツ運河
Regent's Canal

グランド・ユニオン運河
Grand Union Canal

Warwick Av.

Edgware Rd.

リトル・ヴェニス
Little Venice

マダム・タッソーロウ人形館
Madame Tussaud's

シャーロック・ホームズ博物館
Sherlock Holmes Museum
マリルボン駅
MARYLEBONE　⊖ MARYLEBONE　⊖ BAKER ST.

Marylebone Rd.

P.194-195

⊖ EDGEWARE RD.

⊖ EDGEWARE RD.

Crawford St.

Gloucester Pl.

Baker St.

Marylebone High St.

The Golden Hind
P.213

パディントン
Paddington

Bishop's Bridge Rd.

Eastbourne Terrace

London St.

パディントン駅
PADDINGTON

Praed St.

Sussex Gdns. サセックス・ガーデンズ

Edgware Rd.

☒

Selfridges ⓢ

ウエストボーン・グローブ
Westbourne Grove

P.212 Hilton London Paddington Ⓗ

Ⓗ The Cardiff
P.212

PADDINGTON ⊖

Sussex Pl.

MABLE ARCH ⊖

Devonshire Ter.

Craven Rd.

Queensway クイーンズウェイ

Ⓗ Garden
Court

⊖ BAYSWATER

Craven Hill

LANCASTER GATE ⊖

マーブル・アーチ
Marble Arch

Park St.

Gro

Ⓗ Astor Queensway

ベイズ・ヴォーター・ロード Bayswater Rd.

ポートベロー・
マーケットへ

Hilton
London
Hyde Park

⊖
QUEENSWAY

The Broad Walk

ハイド・パーク
HYDE PARK

Park Lane

Millennium
London Mayfai

B

ケンジントン・ガーデン
KENSINGTON GDNS.

Orangery Ⓡ
P.213

The Round
Pond

ケンジントン宮殿
Kensington Palace

サーペンタイン湖
The Serpentine

P.196-197

Inter-Contine

⊖

Park Tower Knightsbridge Ⓗ

Harvey Nichols ⓢ

HYDE PARK CO

HIGH STREET
KENSINGTON ⊖

Kensington Gore

P.213 ロイヤル・アルバート・ホール
Royal Albert Hall

ケンジントン・ロード Kensington Road

KNIGHTSBRIDGE ⊖

ナイツブリッジ
Knightsbridge

ブロンプトン・ロード

⊖ KNIGHTSBRIDGE

Belgrave Sq.

Palace Gate

Exhibition Rd.

P.213
科学博物館
Science
Museum

P.213 自然史博物館
The Natural History
Museum

ⓢ
Harrods

Sloane St.

ヴィクトリア・アンド・
アルバート・ミュージアム **P.213**
Victoria&Albert
Museum

ブロンプトン
Brompton

Brompton Rd.

Pont St.

スローン・ストリート

C

P.212 Meininger Ⓗ

Cromwell Rd.

クロムウェル・ロード

Ⓗ Gainsborough

GLOUCESTER RD. ⊖　SOUTH KENSINGTON ⊖

Ⓗ Nadler
Ⓗ Maranton House **P.212**

サウス・ケンジントン
South Kensington

Earl's Court Rd.

Fulham Rd.

キングス・ロード King's Rd.

⊖ SLOANE SQ.

Pimlico

1

2

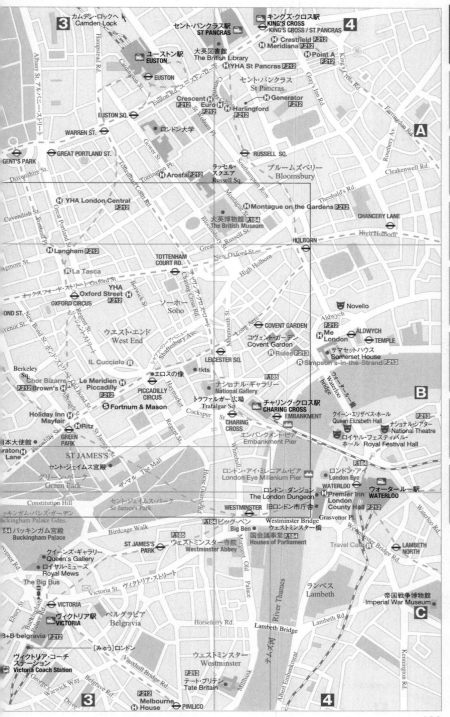

3 カムデン・ロックへ
Camden Lock

セント・パンクラス駅
ST PANCRAS

キングズ・クロス駅
KING'S CROSS
KING'S CROSS / ST PANCRAS **4**

ⓗ Crestfield P.212
ⓗ Meridiana P.212

ⓗ Point A
P.212

ユーストン駅
EUSTON

大英図書館
The British Library

ⓗ YHA St Pancras P.212

⊖ EUSTON

セント・パンクラス
St Pancras

ⓗ Generator
P.212

⊖ EUSTON SQ.

Crescent P.212
Euro ⓗ ⓗ Harlingford
P.212 P.212

⊖ WARREN ST.

ロンドン大学

⊖ GREAT PORTLAND ST.

⊖ RUSSELL SQ.

ブルームズベリー
Bloomsbury

A

ⓗ Arosfa P.212

ラッセル・
スクエア
Russell Sq.

CHANCERY LANE

ⓗ YHA London Central
P.212

ⓗ Montague on the Gardens P.212

HOLBORN

大英博物館 P.184
The British Museum

High Holborn

ⓗ Langham P.212

TOTTENHAM
COURT RD.

New Oxford St.

High Holborn

ⓡ La Tasca

オックスフォード・ストリート Oxford St.

YHA
Oxford Street
P.212

ソーホー
Soho

⊖ COVENT GARDEN

ⓗ Novello

P.212
ⓗ Me
London

ⓗ ALDWYCH

TEMPLE

OXFORD CIRCUS ⊖

ウエスト・エンド
West End

コヴェント・ガーデン
Covent Garden

サマセットハウス
Somerset House

LEICESTER SQ. ⊖

ⓡ Rules P.213

Simpson's-in-the-Strand P.213

IL Cucciolo ⓡ

● tkts

P.185

ナショナル・ギャラリー
National Gallery

B

Berkeley
Sq.

Chor Bizarre ⓡ
P.212 Brown's ⓗ

Le Meridien
Piccadilly
P.212

エロスの像

PICCADILLY
CIRCUS

トラファルガー広場
Trafalgar Sq.

チャリング・クロス駅
CHARING CROSS

クイーン・エリザベス・ホール
Queen Elizabeth Hall

P.213
ナショナルシアター
National Theatre

Holiday Inn ⓗ
Mayfair

ⓗ Ritz

Fortnum & Mason

CHARING
CROSS

EMBANKMENT

ロイヤル・フェスティバル・
ホール Royal Festival Hall

日本大使館

GREEN
PARK

エンバンクメント・ピア
Embankment Pier

eraton ⓗ
Lane

ST JAMES'S

セント・ジェイムズ宮殿 ●

グリーン・パーク
Green Park

ザ・マル The Mall

ロンドン・アイ・ミレニアム・ピア
London Eye Millenium Pier

ロンドン・アイ

WATERLOO ⊖
London Eye

ウォータールー駅
WATERLOO

Constitution Hill

セント・ジェイムズ・パーク
St James's Park

ロンドン・ダンジョン
The London Dungeon

ⓗ Premier Inn
London
County Hall P.212

ッキンガム・パレス・ガーデン
uckingham Palace Gdns.

Birdcage Walk

旧ロンドン市庁舎

P.184
Big Ben

ウェストミンスター橋
Westminster Bridge

WESTMINSTER

P.184 ビッグ・ベン
Big Ben

LAMBETH
NORTH

84 バッキンガム宮殿
Buckingham Palace

ST JAMES'S
PARK ⊖

ウェストミンスター寺院
Westminster Abbey

国会議事堂 P.184
Houses of Parliament

Travel Cafe ⓡ

クイーンズ・ギャラリー
Queen's Gallery

ロイヤル・ミューズ
Royal Mews

The Big Bus

⊖ VICTORIA

ヴィクトリア駅
VICTORIA

ベルグラビア
Belgravia

ランベス
Lambeth

Horseferry Rd.

Lambeth Bridge

帝国戦争博物館
Imperial War Museum

C

B+B belgravia P.212

ヴィクトリア・コーチ
ステーション
Victoria Coach Station

[みゅう]ロンドン

ウェストミンスター
Westminster

P.212
Melbourne
House

⊖ PIMLICO

P.212
テート・ブリテン
Tate Britain

3 **4**

193

1

2

YHA
London Central

フィッツロビア
Fitzrovia

万霊教会
All Souls

消防署
Fire Station

ミドルセックス病院
Middlesex Hosp

P213 The Golden Hind R

Langham H P212

A

ウォレス・コレクション
The Wallace Collection

Wigmore Hall

La Tasca

Cavendish Sq.

ポートマン・スクエア
Portman Sq.

Chaopraya
Eat-Thai R

Marks & Spencer

John Lewis S

OXFORD CIRCUS

Debenhams S

London
Palladium

Selfridges S

Oxford St.

BOND STREET

オックスフォード・ストリート

Hanover Sq.
ハノーヴァー・スクエア

Liberty S
JCBプラザ

ヘンデル・ハウス博物館
Handel House Museum

B

ルーズベルト記念碑
Roosevelt Memorial

聖ジョージ教会
St. George

警察
Police

アメリカ大使館
Embassy of U.S.

グロヴナー・スクエア
Grosvenor Sq.

Millennium London Mayfair H

グロヴナー・チャペル
Grosvenor Chapel

バークリー・スクエア
Berkeley Sq.

P212 Brown's H

Chor Bizarre

P243 王立芸術院
Royal Academy of Arts

メイフェア
Mayfair

Fortnum & Mason

Alfred Dunhill S

Holiday Inn
Mayfair H

Quaglino's R
Gre

ハイド・パーク
Hyde Park

GREEN PARK

Ritz H

Flemings
Mayfair H P212

シェファード・マーケット
Shepherd
Market

Piccadilly ピカデリー

C

Bandstand

日本大使館・領事館
Embassy of Japan
Consulate General of Japan

スペンサー・ハウス
Spencer House

Sheraton
Park Lane H
P212

グリーン・パーク
Green Park

クラレンス・ハウス
Clarence House

Inter-Continental
London H

Hard Rock Cafe

アプスレー・ハウス
Apsley House

HYDE PARK CORNER

ウェリントン・アーチ
Wellington Arch

警察
Police

1

Constitution Hill

2

ヴィクトリア女王記念碑
Queen Victoria Memorial

194

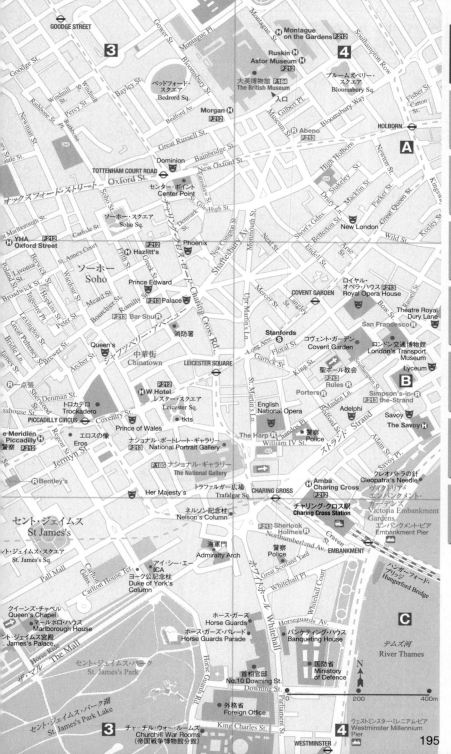

GOODGE STREET

3

4

Gower St.

Montague Pl.

Montague St.

H Montague
on the Gardens P.212

Southampton Row

H Ruskin
H Astor Museum
P.212

ブルームズベリー・
スクエア
Bloomsbury Sq.

大英博物館 P.184
The British Museum

入口

Bedford Sq.

ベッドフォード・
スクエア
Bedford Sq.

Bloomsbury Way

Gilbert Pl.

Bedford Av.

Great Russell St.

Morgan H
P.212

Bainbridge St.

Museum S

H Abeno
P.213

HOLBORN ⊖

A

High Holborn

Dominion

New Oxford St.

Stukeley St.

Drury

Macklin St.

Parker St.

Great Queen St.

Kingsway

TOTTENHAM COURT ROAD ⊖

Oxford St.

オックスフォードストリート

センター・ポイント
Center Point

New London

Wild St.

ソーホー・スクエア
Soho Sq.

Short's Gdns.

Betterton St.

Arne St.

Endell St.

YHA
Oxford Street P.212

Phoenix

Hazlitt's P.212

ソーホー
Soho

Prince Edward
Palace P.213

Bar Shu P.213

消防署

Queen's

シャフツベリー・アベニュー

中華街
Chinatown

LEICESTER SQUARE ⊖

Mercer St.

COVENT GARDEN ⊖

ロイヤル・ハウス P.213
Royal Opera House

Bow St.

Theatre Royal
Dury Lane

San Francisco

Stanfords

コヴェント・ガーデン
Covent Garden

ロンドン交通博物館
London's Transport
Museum

Floral St.

Garrick St.

King St.

Southampton

聖ポール教会
Rules R

Lyceum

W Hotel H
レスター・スクエア
Leicester Sq.

R 一点張

Denman St.

トロカデロ
Trockadero

PICCADILLY CIRCUS ⊖

Coventry St.

Prince of Wales

tkts

Porters R

Maiden Ln.

English
National Opera

Simpson's-in-
the-Strand P.213

Adelphi

Savoy
The Savoy H

e Meridien
Piccadilly
警察 P.212

エロスの像
Eros

ナショナル・ポートレート・ギャラリー
National Portrait Gallery

The Harp R

Chandos St.

William IV St.

警察
Police

Strand

Savoy Pl.

Bentley's R

Jermyn St.

Regent St.

Her Majesty's

P.185 ナショナル・ギャラリー
The National Gallery

トラファルガー広場
Trafalgar Sq.

CHARING CROSS ⊖

Amba
Charing Cross
P.212

クレオパトラの針
Cleopatra's Needle

ヴィクトリア・
エンバンクメント・
ガーデンズ
Victoria Embankment
Gardens

エンバンクメント・ピア
Embankment Pier

セント・ジェイムス
St James's

ネルソン記念柱
Nelson's Column

チャリング・クロス駅
Charing Cross Station

P.213 Sherlock
Holmes R

Craven

Northumberland Av.

EMBANKMENT ⊖

ト・ジェイムス・スクエア
St. James's Sq.

Pall Mall

Carlton House Ter.

海軍門
Admiralty Arch

アイ・シー・エー
ICA

ヨーク公記念柱
Duke of York's
Column

警察
Police

Great Scotland Yard

Whitehall Pl.

Whitehall Court

Horseguards Av.

ハンガーフォード・
ブリッジ・
Hungerford Bridge

クイーンズ・チャペル
Queen's Chapel

マールボロ・ハウス
Marlborough House

ジェイムス宮殿
James's Palace

ザ・マル ― The Mall

ホース・ライ

セント・ジェイムス・パーク
St. James's Park

ホース・ガーズ
Horse Guards

ホース・ガーズ・パレード
Horse Guards Parade

バンケティング・ハウス
Banqueting House

テムズ河
River Thames

C

セント・ジェイムス・パーク湖
St. James's Park Lake

3

チャーチル・ウォー・ルームズ
Churchill War Rooms
(帝国戦争博物館分館)

国防省
Ministry
of Defence

首相官邸
No.10 Downing St.
Downing St.

外務省
Foreign Office

King Charles St.

Parliament St.

Whitehall

N

0   200   400m

WESTMINSTER ⊖

4

ウェストミンスター・ミレニアム・ピア
Westminster Millennium
Pier

イギリス

フランス

ベルギー

オランダ

ドイツ

オーストリア

スイス

チェコ

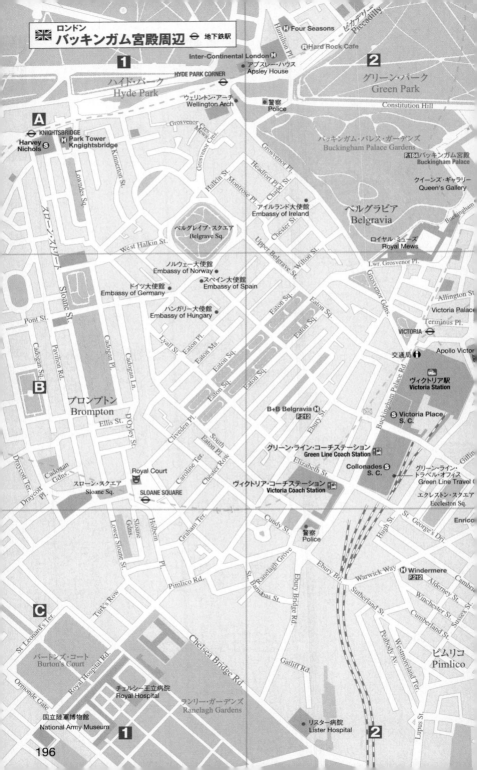

ロンドン
バッキンガム宮殿周辺 ⊖ 地下鉄駅

1 | **2**

H Four Seasons
ピカデリー Piccadilly
R Hard Rock Cafe

Inter-Continental London H
アプスレー・ハウス
Apsley House

HYDE PARK CORNER
ハイド・パーク
Hyde Park

グリーン・パーク
Green Park

ウェリントン・アーチ
Wellington Arch

警察
Police

Constitution Hill

A
KNIGHTSBRIDGE
Harvey S
Nichols
H Park Tower
Kngightsbridge

Grosvenor Cres Mews

バッキンガム・パレス・ガーデンズ
Buckingham Palace Gardens

P.184 バッキンガム宮殿
Buckingham Palace

Grosvenor Pl.

クイーンズ・ギャラリー
Queen's Gallery

Lowndes Sq.

Kinnerton St.

Halkin St.

Headfort Pl.

Montrose Pl.

Chapel St.

ベルグラビア
Belgravia

アイルランド大使館
Embassy of Ireland

Buckingham

West Halkin St.

ベルグレイブ・スクエア
Belgrave Sq.

Chester St.

Upper Belgrave St.

ロイヤル・ミューズ
Royal Mews

Sloane St.

Pont St.

ノルウェー大使館
Embassy of Norway

ドイツ大使館
Embassy of Germany

スペイン大使館
Embassy of Spain

ハンガリー大使館
Embassy of Hungary

Wilton St.

Lwr. Grosvenor Pl.

Grosvenor Gdns.

Allington St.

Victoria Palace

Terminus Pl.

スローン・ストリート

Cadogan Sq.

Pavilion Rd.

Cadogan Pl.

Cadogan Ln.

Lyall St.

Eaton Pl.

Eaton Ms.

Eaton Sq.

Eaton Sq.

Eaton Sq.

VICTORIA

交通局 H

Apollo Victor

B
ブロンプトン
Brompton

Ellis St.

D'Oyley St.

Cliveden Pl.

South Eaton Pl.

Caroline Ter.

Chester Row

Eaton Sq.

Ebury St.

ヴィクトリア駅
Victoria Station

Buckingham Palace Rd.

Victoria Place
S. C.

Draycott Ter.

Cadogan Gdns.

Draycott Pl.

スローン・スクエア
Sloane Sq.

SLOANE SQUARE

Royal Court

B+B Belgravia H
P.212

Elizabeth St.

グリーン・ライン・コーチステーション
Green Line Coach Station

Collonades S
S. C.

グリーン・ライン・
トラベル・オフィス
Green Line Travel O

ヴィクトリア・コーチステーション
Victoria Coach Station

エクレストン・スクエア
Eccleston Sq.

C
St. Leonard's Ter.

Lower Sloane St.

Sloane Gdns.

Holbein Pl.

Graham Ter.

Cundy St.

警察
Police

St. George's Dri.

Enrico

Turk's Row

St. Barnabas St.

Ranelagh Grove

Ebury Bri.

Hugh St.

Warwick Way

Windermere H
P.212

Alderney St.

Winchester St.

Cambri

Sussex St.

Pimlico Rd.

Draycott Ter.

Chelsea Bridge Rd.

Ebury Bridge Rd.

Sutherland St.

Cumberland St.

Ormonde Gate

バートンズ・コート
Burton's Court

Royal Hospital Rd.

チェルシー王立病院
Royal Hospital

ランリー・ガーデンズ
Ranelagh Gardens

Gatliff Rd.

Peabody Av.

Westmoreland Ter.

ピムリコ
Pimlico

国立陸軍博物館
National Army Museum

1

リスター病院
Lister Hospital

2

Lupus St.

196

クラレンスハウス
Clarence House

セント・ジェイムズ宮殿
St James's Palace

The Mall

国防省
Ministry
of Defence

ランカスター・ハウス
ncaster House

ザ・マル

首相官邸
No.10 Downing St.

Horse Guards Rd.

Downing St.

バッキンガム宮殿
チケットオフィス

3

4

外務省
Foreign Office

Parliament St.

ヴィクトリア女王記念碑
Queen Victoria Memorial

セント・ジェイムズ・パーク湖
St. James's Park Lake

King Charles St.

キャビネット・ウォー・ルームズ
Cabinet War Rooms

政府庁舎省
Treasury

セント・ジェイムス・パーク
St James's Park

Great George St.

WESTMINSTER

A

Birdcage Walk

Bridge St.

Spur Rd.

Queen Anne's Gate

Old Queen St.

Storey's Gate

パーラメント・スクエア
Parliament Sq.

P.184 ビッグ・ベン
Big Ben

ガーズ博物館
Guards' Museum

Dartmouth St.

Lewisham St.

聖マーガレット・
ウェストミンスター教会
St. Margaret's
Westminster

P.184 国会議事堂
Houses of
Parliament

Buckingham Gate

Petty France

Broadway, Tothill St.

P.185 ウェストミンスター寺院
Westminster Abbey

Margaret St.

ST. JAMES'S PARK

Caxton St.

Dacre St.

Great Smith St.

ジュエル・タワー
Jewel Tower

Abingdon St.

ヴィクトリア・
タワー・
ガーデンズ
The
Victoria Tower
Gardens

Vandon St.

ニュー・スコットランド・
ヤード
New Scotland Yard

ウェストミンスター・
シティ・ホール
Westminster City Hall

Spenser St.

Victoria St.

Old Pye St.

Perkin's Rents

Great College St.

St. Ann's St.

Great Peter St.

ヴィクトリア・ストリート

Howick Pl.

消防署
Fire Station

Great Peter St.

Tufton St.

Millbank

ウェストミンスター大聖堂
Westminster Cathedral

Greycoat Pl.

Chadwick St.

Monck St.

セント・ジョンズ・スミス・スクエア
St. John's Smith Square

Romney St.

ウェストミンスター
Westminster

Dean Ryle St.

B

ランベス・
ブリッジ

ウェストミンスター・カレッジ
Westminster College

Elverton St.

Horseferry Rd.

Lambeth Bridge

エヴァン・エヴァンズ
Evan Evans

Francis St.

セント・ジョンズ・
ガーデンズ
St. John's Gardens

Maunsel St.

Vincent Sq.

Fynes St.

Page St.

Marsham St.

Page St.

Millbank

ウェストミンスター校
プレイング・
フィールド
Westminster School
Playing Field

Vincent St.

Regency St.

Vincent St.

John Islip St.

Hotel P.212

Hide Pl.

Chapter St.

Herrick St.

クロア・ギャラリー
Clore Gallery

P.213

Douglas St.

Vauxhall Bridge Rd.

John Islip St.

テート・ブリテン
Tate Britain

Melita House

Belgrave Rd.

Astor Victoria P.212

Melbourne House P.212

Moreton Pl.

St George's Dr.

Causton St.

Ponsonby Pl.

Atterbury St.

チェルシー・カレッジ・オブ・
アート・アンド・デザイン
Chelsea College of
art and design

テムズ川
River Thames

C

Moreton Ter.

PIMLICO

St George's Sq.

Lupus St.

Chichester St.

Clarverton St.

St George's Sq.

Aylesford St.

ヴォクソール・ブリッジ
Vauxhall Bridge

N

3

4

0   200   400m

Churchill Gardens Rd.

イギリス
フランス
ベルギー
オランダ
ドイツ
オーストリア
スイス
チェコ

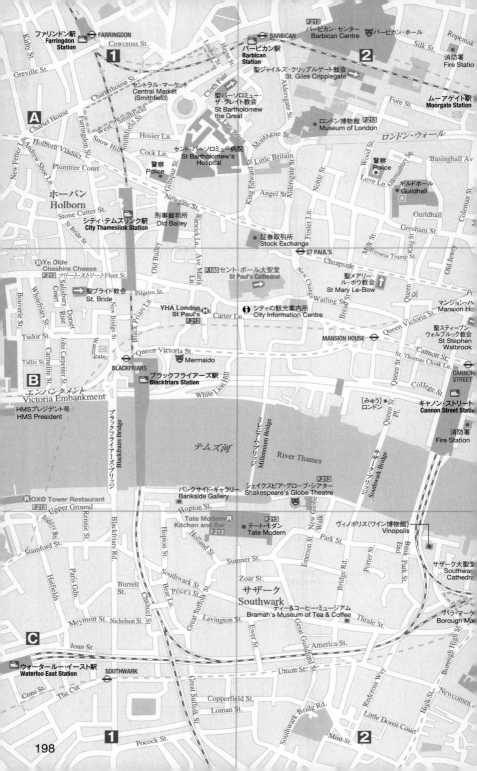

ファリンドン駅
Farringdon
Station
⊖ **FARRINGDON**

Kirby St.

Cowcross St.

1

バービカン・センター
Barbican Centre

バービカン・ホール
Barbican Hall

Ropemak

Silk St.

消防署
Fire Statio

BARBICAN

バービカン駅
Barbican
Station

聖ジャイルズ・クリップルゲート教会
St. Giles Cripplegate

2

ムーアゲート駅
Moorgate Station

Greville St.

Charterhouse St.

West Smithfield

Charterhouse Sq.

Lindsell St.

Hayne St.

Cloth Fair

Aldersgate St.

Fore St.

セントラル・マーケット
Central Market
(Smithfield)

聖バーソロミュー・
ザ・グレイト教会
St Bartholomew
the Great

ロンドン博物館 **P.213**
Museum of London

ロンドン・ウォール

Chalet House

A

New Fetter Ln.

Andrew Shoe Ln.

Holborn Viaduct

Plumtree Court

Snow Hill

Farringdon St.

Hosier Ln.

Cock Ln.

警察
Police

セント・バーソロミュー病院
St Bartholomew's
Hospital

Little Britain

King Edward St.

Montague St.

Wood St.

Noble St.

Aldermanbury

警察
Police

Basinghall Av

ギルドホール
Guildhall

Guildhall

Coleman St.

ホーバン
Holborn

Stone Cutter St.

Newgate St.

Warwick Ln.

Angel St.

Love Ln.

Gresham St.

King St.

Milk St.

Russeia Trump St.

Old Jewry

シティ・テムズリンク駅
City Thameslink Station

St Bride St.

Old Bailey
刑事裁判所

Ave Maria Ln.

Warwick Sq.

Stock Exchange
証券取引所

ST PAUL'S

Cheapside

New Change

Watling St.

Bread St.

Queen St.

聖メアリー・
ル・ボウ教会
St Mary Le-Bow

マンション・ハ
Mansion Ho

Ye Olde
Cheshire Cheese
P.213 フリート・ストリート Fleet St.

聖ブライド教会
St. Bride

Salisbury
Court

Dorset
Rise

Pilgrim St.

Carter Ln.

St Paul's Cathedral
P.185 セント・ポール大聖堂

シティの観光案内所
City Information Centre

St Stephen
Walbrook
聖スティーブン・
ウォルブルック教会

Bouverie St.

Whitefriars St.

Tudor St.

Carmelite St.

Tallis St.

John Carpenter St.

Black Friars Ln.

New Bridge St.

Watergate

YHA London
St Paul's
P.212

Queen Victoria St.

Queen Victoria St.

MANSION HOUSE

Cannon St.

St. Thomas Cloak Ln.

CANNON
STREET

B

Victoria Embankment
エンバンクメント

HMSプレジデント号
HMS President

BLACKFRIARS

Mermaido
マーメイド

ブラックフライアーズ駅
Blackfriars Station

White Lion Hill

Queen St. Pt.

College St.

みゅう
ロンドン

キャノン・ストリート
Cannon Street Statio

消防署
Fire Station

Blackfriars Bridge
ブラックフライアーズ・ブリッジ

テムズ河

Millennium Bridge
ミレニアム・ブリッジ

River Thames

Southwark Bridge
サザーク・ブリッジ

バンクサイド・ギャラリー
Bankside Gallery

シェイクスピア・グローブ・シアター
Shakespeare's Globe Theatre **P.213**

OXO Tower Restaurant
P.213

Upper Ground

Boddys Br.

Rennie St.

Blackfriars Rd.

Hopton St.

New Globe Walk

Emerson St.

Park St.

ヴィノポリス（ワイン博物館）
Vinopolis

Bank End

Bank Park St.

サザーク大聖堂
Southwar
Cathedra

C

Stamford St.

Paris Gdn.

Hatfields

Tate Modern
Kitchen and Bar
R

テート・モダン
Tate Modern
P.213

Holland St.

Sumner St.

Zoar St.

サザーク
Southwark

Bridge Rd.

Porter St.

ティー&コーヒー・ミュージアム
Bramah's Museum of Tea & Coffee

Thrale St.

バラ・マーケ
Borough Ma

Burrell
St.

Southwark St.

Bear Ln.

Price's St.

Great Suffolk St.

Lavington St.

Ewer St.

Great Guildford St.

America St.

Redcross Way

High St.

Meymott St.

Nicholson St.

Joan St.

ウォータールー・イースト駅
Waterloo East Station

SOUTHWARK

Cons St.

The Cut

Pocock St.

1

2

Union St.

Great Suffolk St.

Copperfield St.

Loman St.

Southwark Bridge Rd.

Mint St.

Little Dorrit Court

Newcomen

Borough High St.

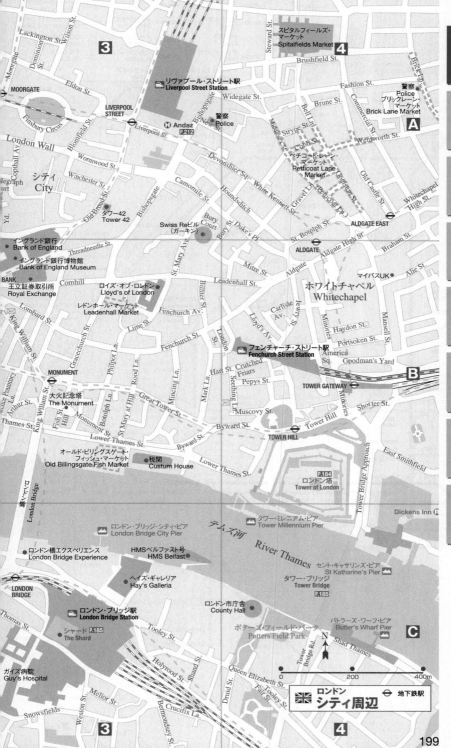

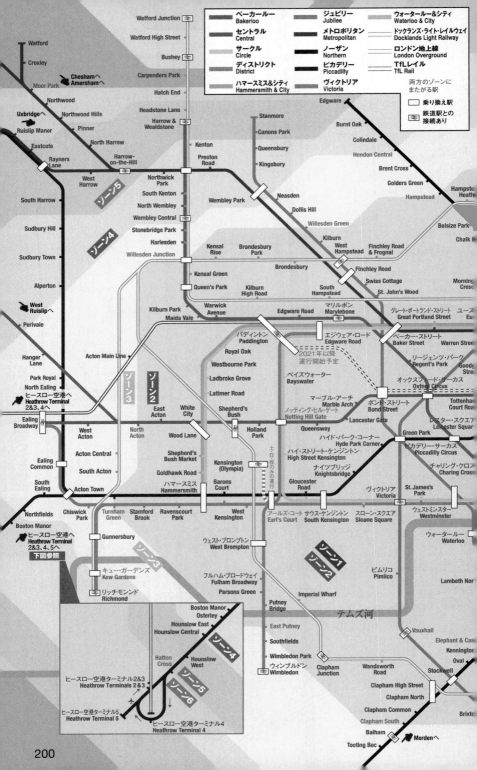

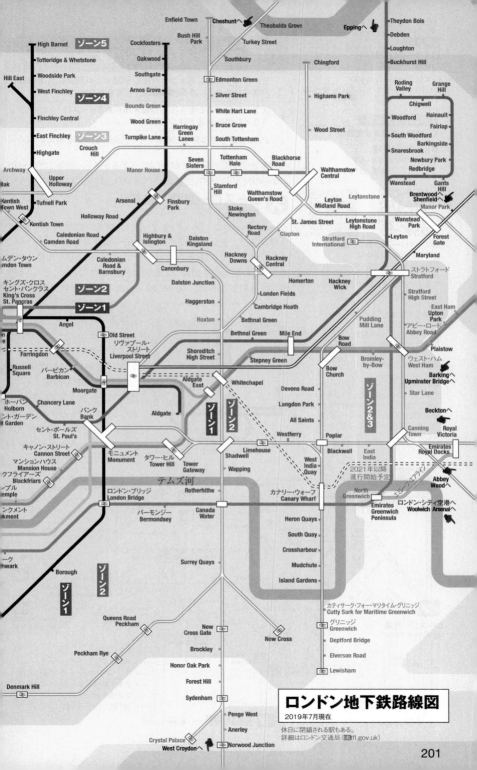

ロンドン地下鉄路線図

2019年7月現在

休日に閉鎖される駅もある。
詳細はロンドン交通局（🌐tfl.gov.uk）

201

日本からの直行便

全日空→ターミナル2
日本航空→ターミナル3
ブリティッシュ・エアウェイズ→ターミナル5

DATA ＆ アプリ

ヒースロー空港＆空港鉄道

●ヒースロー空港
URL www.heathrow.com

専用アプリ

iPhone	Android

●ヒースロー・エクスプレス
Heathrow Express
URL www.heathrowexpress.com
運行:約15分ごと
所要:パディントン駅までヒースロー・セ
ントラル駅から15分、ターミナル5駅か
ら21分
運賃:2等片道£22〜27
　　　2等往復£37〜42
1等片道£32、1等往復£55
復路は30日間有効。

●TfLレイル **TfL Rail**
URL www.tfl.gov.uk
運行:1時間に2〜4便
所要:パディントン駅までヒースロー・セントラ
ル駅から27分、ターミナル4駅から43分
運賃:£10.10（オイスターカード利用）
月〜金の6:30〜9:30、16:00〜19:00
は£10.50

空港から市内へのアクセス

✔ ヒースロー空港に日本からの便が到着する時間帯は入国審査が非常に込み合う。移動や乗り継ぎには余裕をもって

✔ 大きな荷物がある場合は荷物置き場があるヒースロー・エクスプレスなどの特急列車が早くて便利

✔ 2日以上滞在するなら空港駅でオイスター・カードを購入すべし

　日本からの便が発着するヒースロー空港がメイン空港だがヨーロッパからの便が発着する空港がいくつかあり、市内とのアクセスもいい。

✈ ヒースロー空港（LHR）
Heathrow Airport

ターミナルは4つ　ターミナル2〜5（1は廃止）までの4つのターミナルがある。ターミナル2と3は地下でつながっているが、ターミナル4とターミナル5はそれぞれ離れている。乗り継ぎの際、ターミナル間の移動が必要になる場合は鉄道か空港バス（どちらも空港内は無料、改札なし）を利用する。地下鉄を無料で利用する場合はオイスター・カードが必要。

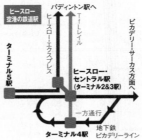

空港駅は3つ　ヒースロー・セントラル駅（ターミナル2＆3駅）、ターミナル4駅、ターミナル5駅があり、3つの路線が入っているためやや複雑。

ヒースロー・エクスプレス
ターミナル5駅とパディントン駅を結ぶ特急列車。荷物置き場があるので、大きな荷物を持っている人におすすめ。

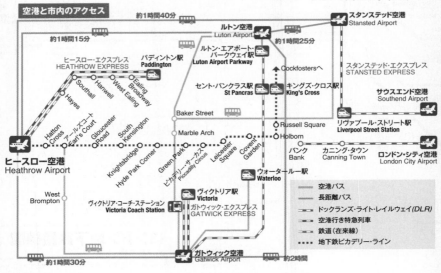

空港と市内のアクセス

TfLレイル　ターミナル4駅とパディントン駅を結ぶ普通列車。旅行者向けの荷物置場はない。

地下鉄ピカデリー・ライン　ピカデリー・サーカスまで約1時間。オイスター・カード P.207 利用で£3.10～。紙タイプの1回券なら£6。

タクシーで市内へ　ロンドン中心部まで所要約30分～。運賃は£75～。各ターミナルを出た所にタクシー乗り場がある。

✈ ガトウィック空港（LGW）
Gatwick Airport

　　　　ノース・ターミナルNorth Terminalとサウス・ターミナルSouth Terminalがあり、モノレールでつながっている。

ガトウィック・エクスプレス　ヴィクトリア駅まで約30分で行ける特急列車。普通列車も運行しており、ヴィクトリア駅まで約1時間。

バスで市内へ　ヴィクトリア・コーチステーション行きのナショナル・エクスプレスと地下鉄アールズ・コート駅行きのイージー・バスが発着している。

✈ スタンステッド空港（STN）
Stansted Airport

スタンステッド・エクスプレス　リヴァプール・ストリート駅まで所要約50分で結ぶ特急列車。往復チケットは1ヵ月有効。

バスで市内へ　ヴィクトリア・コーチステーション行きのナショナル・エクスプレスと地下鉄ベイカールー駅経由ヴィクトリア駅行きのイージー・バスが発着している。

✈ ルトン空港（LTN）
Luton Airport

シャトルバス＆鉄道で市内へ　最寄りのルトン・エアポート・パーク・ウェイLuton Airport Park Way駅までシャトルバスで約10分（£2.40）。そこからテムズリンク鉄道Thameslinkでセント・パンクラス駅まで約35分。

バスで市内へ　ヴィクトリア・コーチ・ステーション行きのナショナル・エクスプレスとイージーバスのほか、グリーン・ライン755、757番のバスはヴィクトリア駅南側のグリーン・ライン・コーチ・ステーションGreen Line Coach Stationを結ぶ。

✈ ロンドン・シティ空港（LCY）
London City Airport

　空港駅からドックランズ・ライト・レイルウェイDLRでバンクBankへ行き、地下鉄に乗り換える。

✈ サウスエンド空港（SEN）
Southend Airport

　空港駅からグレーター・アングリア鉄道でリヴァプール・ストリート駅まで約53分。

✈ 各空港間の移動
Travel Between Airports

　ヒースロー空港からガトウィック空港へ移動するというようなときには、市内まで行かなくとも、ナショナル・エクスプレスのバスが空港と空港を結んでいる。

●地下鉄ピカデリー・ライン
運行：約30分ごと
所要：ヒースロー・セントラル駅から60分
市内から空港へ向かう場合は行き先に注意

DATA

ガトウィック空港＆空港鉄道
●ガトウィック空港
URL www.gatwickairport.com
●ガトウィック・エクスプレス
Gatwick Express
URL www.gatwickexpress.com
運行：5:41～23:55の15～30分に1便（土・日減便）　所要約30分
運賃：2等片道£19.90、往復£37.80
1等片道£31.70、往復£61.40

スタンステッド空港＆空港鉄道
●スタンステッド空港
URL www.stanstedairport.com
●スタンステッド・エクスプレス
Stansted Express
URL www.stanstedexpress.com
運行：6:00(月・金・土・日5:30)～翌0:30の15～30分に1便
所要：約50分
運賃：2等片道£18.10、往復£29.90
1等片道£26.80、往復£41.20

ルトン空港＆空港鉄道
●ルトン空港
URL www.london-luton.co.uk
●テムズリンクThameslink
URL www.thameslinkrailway.com
運行：15～20分ごとの運行
所要：約30～45分　運賃：15.10

ロンドン・シティ空港＆空港鉄道
●ロンドン・シティ空港
URL www.londoncityairport.com
●DLR
URL tfl.gov.uk
運行：8～15分ごとの運行
所要：約22分

サウスエンド空港＆空港鉄道
●サウスエンド空港
URL southendairport.com
●グレーター・アングリア鉄道
Greater Anglia Railway
URL www.greateranglia.co.uk
運行：10～15分毎の運行
所要：約53分 運賃：£17.40～

URL

ロンドンの空港と市内を結ぶバス

●ナショナル・エクスプレス
National Express
URL www.nationalexpress.com
●イージーバスeasyBus
URL www.easybus.com
●グリーンライン Greenline
URL www.greenline.co.uk

イギリス
フランス
ベルギー
オランダ
ドイツ
オーストリア
スイス
チェコ

ナショナルレイルのチケット

ロンドンの長距離ターミナル

✓ 方面別に出発駅が複数ある

✓ コインロッカーはないが、主要駅に有料の手荷物預かりがある

長距離駅 ## 鉄道駅 Railway Station

行き先ごとに駅が違う　ロンドンのターミナル駅は町をぐるりと囲むように作られている。東へ向かう列車は東端の駅、北へ行く列車は北側というように、方面別に分かれている。

バス
ターミナル ## コーチステーション Coach Station

コーチ（長距離バス）はほとんどすべてがヴィクトリア・コーチ・ステーション発。国際便も発着している。

🚌 ヴィクトリア・コーチ・ステーション
Victoria Coach Station

ヴィクトリア駅の南西にある。国際バスも含め、ほとんどの長距離バスが発着する。チケット売り場は混み合うので、時間にゆとりをもって。国際バスに乗る人は出国手続きの時間も考えておいたほうがいい。

すぐ近くのグリーン・ライン・コーチ・ステーションからはオックスフォードやルトン空港行きの便が発着する。

🚌 ヒースロー・セントラル・バスステーション
Heathrow Central Bus Station

ヒースロー空港のターミナル2と3の間にある。イギリス主要都市へのナショナル・エクスプレスの便が発着しており、ロンドン中心部へ出ることなく移動できる。

ヴィクトリア・コーチ・ステーション

アプリ

長距離バスの予約＆追跡

National Express Coach
イギリス国内主要都市を網羅するバス会社の公式アプリ。バスの運行状況の確認やチケット予約もできる。国際バス路線も予約可能。

iPhone　　　Android

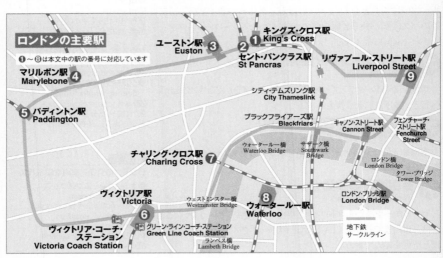

イギリス
フランス
ベルギー
オランダ
ドイツ
オーストリア
スイス
チェコ

駅名	おもな行き先	接続する地下鉄駅
❶ キングズ・クロス駅 King's Cross	ケンブリッジ ヨーク エディンバラ	
❷ セント・パンクラス駅 St Pancrass	ルトン空港 ノッティンガム パリ ブリュッセル	
❸ ユーストン駅 Euston	バーミンガム マンチェスター リヴァプール 湖水地方 グラスゴー	
❹ マリルボン駅 Marylebone	バーミンガム	
❺ パディントン駅 Paddington	ヒースロー空港 オックスフォード バース ペンザンス	
❻ ヴィクトリア駅 Victoria	ガトウィック空港 カンタベリー ドーヴァー ブライトン	

駅名	おもな行き先	接続する地下鉄駅
❼ チャリング・クロス駅 Charing Cross	ドーヴァー ヘイスティングズ ブライトン	
❽ ウォータールー駅 Waterloo	ポーツマス サウサンプトン エクセター ソールズベリ	
❾ リヴァプール・ストリート駅 Liverpool Street	スタンステッド空港 ケンブリッジ イプスウィッチ ノーリッジ	

Ⓑ ベーカールー・ライン Bakerloo Line
Ⓒe セントラル・ライン Central Line
Ⓒi サークル・ライン Circle Line
Ⓓi ディストリクト・ライン Bakerloo Line
Ⓗ ハマースミス＆シティ・ライン Hammersmith & City Line
Ⓙ ジュビリー・ライン Jubilee Line
Ⓜ メトロポリタン・ライン Metropolitan Line
Ⓝ ノーザン・ライン Northern Line
Ⓦ ウォータールー＆シティ・ライン Waterloo & City Line
Ⓟ ピカデリー・ライン Piccadilly Line
Ⓥ ヴィクトリア・ライン Victoria Line

オイスター・カード

ロンドンの市内交通

✓ 通常切符とオイスター・カード（ICカード型乗車券）の料金差が大きいので、2日以上の滞在ならオイスター・カードの入手を

✓ 地下鉄の料金はゾーン制だが、著名な観光地はゾーン1内

✓ 週末の地下鉄は工事等で不通区間があるので要注意

「チューブ」の愛称を持つ地下鉄(Underground)と赤い2階建てのバスに代表されるロンドンの市内交通は旅行者でも利用しやすいように配慮が行き届いている。

補足
行き先と路線はよく確認
駅によっては同一ホームに2種類の路線が走っていることもある。また、ピカデリー・ラインやセントラル・ラインなどの路線は途中で行き先が分岐している。乗車の前には列車の目的地を確認してから乗ろう。

用語
DLR (Docklands Light Railway)
ドックランズ・ライト・レイルウェイ
DLRはロンドン中心部のバンク駅を起点に再開発地区のドックランズやグリニッジ、ロンドン・スタジアムのあるストラトフォードなどを結ぶ鉄道。路線系統はいくつかあるが、料金体系は地下鉄と同じ。

運行を中止している路線があることも

チューブ ── 地下鉄 Underground

ゾーンで決まる運賃　中心部がゾーン1で、ゾーン9まである。料金はゾーン1を含むか否かとゾーンいくつ分移動したかによって決まる。

平日朝夕は料金アップ　月〜金曜の6:30〜9:30、16:00〜19:00はピーク、それ以外の時間帯はオフ・ピークと設定されており、オイスター・カード利用時の運賃が異なる。

改札　オイスター・カードは黄色い読み取り部分に、紙のチケットは前面の挿入口に入れると改札のゲートが開く。

行き先を確認　路線の案内表示に従ってプラットホームへ向かう途中に路線図がある。Eastbound（東方面）、Westbound（西方面）、Southbound（南方面）、Northbound（北方面）などに分けられている。目的駅がどの方面なのかを、ここでしっかりと頭に入れておこう。プラットホームには次の駅や○○方面といった表示がないためだ。

出口はWayOut　目指す駅に降り立ったら、黄色い文字の"Way out"の表示を追って、再び自動改札を抜ける。

週末の運休や工事に注意　週末は路線工事などのため、運行しない路線が出てくるので、乗車前に駅で運行状況を確認しよう。

地下鉄ゾーン概念図

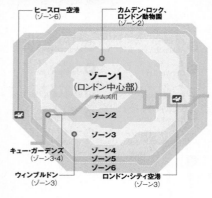

- **ヒースロー空港**（ゾーン6）
- **カムデン・ロック、ロンドン動物園**（ゾーン2）
- **ゾーン1**（ロンドン中心部）
- テムズ川
- **ゾーン2**
- **ゾーン3**
- **キュー・ガーデンズ**（ゾーン3・4）
- **ゾーン4**
- **ゾーン5**
- **ゾーン6**
- **ウィンブルドン**（ゾーン3）
- **ロンドン・シティ空港**（ゾーン3）

オイスター・カードの料金体系
（地下鉄・DLRの一部ゾーン）

移動する区間	ピーク	オフピーク	1日の料金上限	トラベルカード1週間
ゾーン1のみ	£2.40	£2.40	£7	£35.10
ゾーン1-2	£2.90	£2.40	£7	£35.10
ゾーン1-3	£3.30	£2.80	£8.20	£41.20
ゾーン1-4	£3.90	£2.80	£10.10	£50.50
ゾーン1-5	£4.70	£3.10	£12	£60
ゾーン1-6	£5.10	£3.10	£12.80	£64.20
ゾーン2のみ	£1.70	£1.50	£7	£26.30
ゾーン2-3	£1.70	£1.50	£8.20	£26.30
ゾーン2-4	£2.40	£1.50	£10.10	£29.10
ゾーン2-5	£2.80	£1.50	£12	£34.90
ゾーン2-6	£2.80	£1.50	£12.80	£43.90
ゾーン3のみ	£1.70	£1.50	£8.20	£26.30
ゾーン3-4	£1.70	£1.50	£10.10	£26.30
ゾーン3-5	£2.40	£1.50	£12	£29.10
ゾーン3-6	£2.80	£1.50	£12.80	£34.90

市内バス London Bus

おなじみ2階建のダブルデッカー

オイスター・カードが必要　ロンドンの市内バスには紙タイプのチケットは廃止されており、乗車にはオイスター・カードが必要。

バス停で番号を確認　バス路線図を参照しながらバス停の番号と乗るバスの系統番号を確認する。

前から乗車、真ん中から降車　前のドアから乗り、運転席の横に付いている黄色い読み取り部分にオイスター・カードをタッチする。降りるときは赤い降車ボタンを押して知らせる。停留所に着いたら中ほどの扉から降車すればよい。

オイスター・カード Oyster Card

利用できる交通機関　地下鉄やバスDLRなどの交通機関をはじめ、テムズ河のリバーボート(テムズ・クリッパーズ)、テムズ河を渡るロープウェイのエミレーツエアラインなどにも**すべてが割引料金で利用できる**。また、**市内バスはオイスター・カードのみ**利用可。

お得な料金上限　日本のICカードは乗った分だけ引かれるのが一般的だが、オイスター・カードでは1日に引かれる上限が決まっている。同じゾーンの場合1日に3回乗ればモトが取れる計算だ。

乗り放題オプション付き　乗り放題になるトラベルカードTravel Cardの機能(1週間または1ヵ月)をオイスター・カードに自動販売機で付帯させることができる。1週間滞在するならお得。

購入方法　地下鉄等の駅にある自動販売機で購入可。**どの自販機も日本語表示に対応しているので、日本の国旗または「日本語」**をタッチしてガイダンスに従えばよい。機械によってはカードが売り切れの場合があるのでよく確認しよう。カード代として£5のデポジット(払い戻し可)と任意の額をチャージする。

リバーボート Thames River Boat

テムズ河のリバーボートはロンドン市民の公共交通や、観光用クルーズやディナークルーズなどいろいろな船が運航されている。テムズ河沿いに点在する世界遺産巡りでも役に立つ。

テムズ・クリッパーズ
Thames Clippers

ロンドン市民も通勤に利用する船で、オイスター・カードも利用可能。便数が多く、料金も若干安めだが、多くの桟橋に停まるので時間がかかったり、座席によっては景色が見づらいことがある。

シティ・クルーズ
City Cruises

国会議事堂近くのウェストミンスター・ピアからロンドン塔を経由し、グリニッジまで運航する観光船。ディナークルーズも催行する。

バス路線図の入手

バスの路線図はヒースロー空港や地下鉄駅などで手に入る。図中には通り沿いに系統番号がふってあり、そのバスがどこで停車するのか目で追える。交通局の公式サイトでも地図や接近情報を確認できる。
●ロンドン市内バス地図
URL tfl.gov.uk/maps/bus

割高な紙タイプのチケット

紙タイプの通常チケットは地下鉄用1回券£4.90〜6のほか、往復券もあるが割引はない。

オイスター・カード1日の料金上限
Oyster Daily Price Capping

ゾーン1内の移動の場合、1日の上限は£6.60。ヒースロー空港のあるゾーン6まで何度乗っても£12になる。

**5日以上の滞在なら
乗り放題の機能をプラス**

地下鉄やDLR、バスが乗り放題になるトラベルカードの機能をオイスター・カードに付けることができる。1週間£35.10〜、1ヵ月£134.80。5日以上滞在するならトラベルカード1週間(£35.10)を付帯させるほうがお得になる。

自販機の種類に注意

自動販売機はクレジットカードと現金対応(Card & Cash Payments)とクレジットカードのみ(Card Payments)があるので現金払いのときはよく確認しよう。

テムズ・クリッパーズ
URL www.thamesclippers.com
●RB1、RB1X
ロンドン・アイ・ミレニアム・ピア発ノース・グリニッジ・ピア行き
7:08〜22:54(土・日9:33〜23:30)の1時間に2〜3便
料£9〜10.50(オイスター・カード£7.20〜8.20)
●RB2
タワー・ミレニアム・ピア発
ミルバンク・ミレニアム・ピア行き
9:30〜16:00の1時間に2便(土・日8:07〜20:07の1時間に1〜2便)
料£9(オイスター・カード£7.20)

シティ・クルーズ
URL www.citycruises.com
10:00〜18:30(冬期〜16:30)の40分に1便
料£10.75〜
　24時間乗り放題£19.50

イギリス
フランス
ベルギー
オランダ
ドイツ
オーストリア
スイス
チェコ

DATA

サーキュラー・クルーズ

URL www.circularcruise.london
5月下旬～9月上旬11:00～18:30の
30分に1便
3月上旬～5月下旬、9月上旬～10月下
旬11:00～17:00の40分に1便
10月下旬～3月上旬11:00～15:00の1
時間に1便
料 片道£10.75、往復£16

ブラックキャブ

用語

ミニキャブ Mini Cab

普通の乗用車タイプのタクシー。料金
はブラックキャブに比べて安い。乗り
方は、電話で呼んだり、看板のあるオ
フィスに直接行くのが一般的。オフィ
スは中心部に多いが、ウェブサイトで
申し込むこともできる。

DATA

オリジナル・ツアー

URL www.theoriginaltour.com
夏期8:30～20:00頃に頻発
冬期8:30～18:00頃に15～30分おき
（ルートによって異なる）
料 £34～（24時間有効）

DATA &アプリ

ビッグ・バス

URL www.bigbustours.com
夏期8:30～17:00に頻発
冬期8:30～16:30に頻発
（ルートによって異なる）
料 £39～（24時間有効）

専用アプリ

iPhone　　　　　Android

DATA

ゴールデン・ツアーズ

URL www.goldentours.com
8:00～18:00頃に頻発（ルートによっ
て異なる）
料 £34～（24時間有効）

サーキュラー・クルーズ
Circular Cruise

　ウェストミンスター・ミレニアム・ピアからロンドン塔近くのセント・
キャサリンズ・ピアまでを往復している観光船。

ブラック
キャブ
タクシー Black Cabs

　黒塗りでがっしりとした車体のタクシー、2階建ての赤いバスと
同様に、ロンドンにはなくてはならない存在。

乗車　屋根のTAXIのランプや、助手席のFOR HIREのランプ
が点灯しているのが空車。助手席の窓を開けてもらい、目的地
を伝えてから後ろから乗車する。定員は4人。

料金　基本料金は£3。距離と時間に応じて加算されていくが、
上がり方は曜日や時間帯によって異なる。

支払い　プライバシーや安全のため、運転席と後部座席がガラ
スによって遮断されているので、降りたあと助手席の窓から料金
を手渡す。チップは料金の10～15%が相場だ。クレジットカード
払いの場合は後部座席の端末で精算できることもある。

観光用
車両
観光バス Sightseeing Bus

　乗り降り自由の観光バスは安くはないが、市内の主要な見どこ
ろを網羅している。有効期間内なら乗り降り自由で便数も多いの
で観光の移動手段としても便利。

オリジナル・ツアー
The Original Tour

　2階建て観光バスで、乗り降
り自由。コースはT1からT7の5
種類あり、80以上のバス停が
ある。イヤホンで日本語解説を
聞くこともできる。3種類のウォ
ーキングツアーとシティ・クルー
ズのリバーボートも無料で利用
できる。車内でWi-Fi利用可。

オリジナル・ツアーのバス

ビッグ・バス
The Big Bus

　レッド、ブルー、グリーンの3種類のルートがあり、乗り降り自
由。ロンドン市内に50のバス停がある。日本語音声の解説もある。
3種類のウォーキングツアーと、テムズ河のリバーボートが無料。
車内でWi-Fiが利用できるほか、専用アプリでバスの接近情報な
どがわかる。

ゴールデン・ツアーズ
Golden Tours

　青い車体のオープンデッカーの観光バス。5種類のルートがあり、
計70のバス停で乗り降り自由。日本語対応のオーディオガイドがあ
り、2種のウォーキングツアーやテムズ河クルーズ（サーキュラーク
ルーズ）も無料。

レンタサイクル Bike Hire

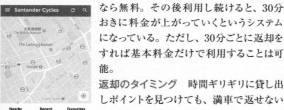

サンタンデール・サイクルズ
Santender Cycles

ロンドン中心部に普及している公共のレンタサイクルシステム。約300mおきに貸し出しポイントがあり、別の貸し出しポイントに乗り捨てができるので、フレキシブルな移動にはとても便利。

利用者登録 イギリス居住者でなければ一時利用者Casual Useとして登録しよう。貸し出しポイントでICチップ付きのクレジットカードを登録すれば、簡単に借りることができる。登録に使ったカードは、利用するごとに必要となる。

料金システム 基本料金さえ支払えば利用1回につき30分以下なら無料。その後利用し続けると、30分おきに料金が上がっていくというシステムになっている。ただし、30分ごとに返却をすれば基本料金だけで利用することは可能。

返却のタイミング 時間ギリギリに貸し出しポイントを見つけても、満車で返せないこともある。満車の場合は、ポイントに掲げられている地図で周囲の貸し出しポイントをチェックしよう。専用の公式スマホアプリでも空き状況がわかるのでインストールしておくと便利。

専用アプリを使えばドックの空き状況や、使用できる自転車の台数がリアルタイムでわかる

DATA &アプリ
サンタンデール・サイクルズ
URL www.tfl.gov.uk
料 最初の30分無料、以降は30分ごとに£2
破損、盗難時の損害賠償£300

専用アプリ
iPhone　　　　　Android

補足
サンタンデール・サイクルズ 利用時の注意

●**ICチップ付きクレジットカード必須**
これがないと登録できないので、必ず用意しておこう。

●**自転車専用レーンを走行する**
自転車専用レーンがない場合は道路の左側を走る。逆走は厳禁。

●**歩道を走らない**
歩道の走行は厳禁なので、歩道を進みたい場合は自転車を降りて押して歩く。

サンタンデール・サイクルズの使い方

1 利用者登録

まずは貸し出しポイントで利用者登録をしよう。利用するにはICチップ入りのクレジットカードと暗証番号が必要だ

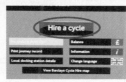

2 パスワード取得

「Hire a cycle」または「自転車のレンタル」をタッチし、クレジットカードを挿入。認証後、挿入口左側よりロック解除パスワードのレシートが出力される

3 ロックを解除

レシートに書かれている5桁の番号に従って、ドックの左側にある「1、2、3」のボタンを押してロックを解除する

4 ドックから出発

緑のランプがついたらロック解除成功。ドックから自転車を後ろに引いて、出発しよう

5 専用レーンを走る

目的地に向かってスタート。自転車専用レーンや車道の左側を、安全に注意しながら運転しよう

6 ドックに返却

返却時は空きスペースのドックに自転車をロックするだけ。緑のランプがつけば返却完了

イギリス
フランス
ベルギー
オランダ
ドイツ
オーストリア
スイス
チェコ

タリー・ホーの自転車ツアー

ロンドン発着ツアー

✓ ほとんどが英語のみだが、ウオーキングツアーの豊富さは世界でも屈指。無料のウオーキングツアーもある

✓ 世界遺産巡りやコッツウォルズへの1日バスツアーは効率よく回ることができて便利

ロンドンのツアーは乗り降り自由の観光バスやいろいろなテーマのウオーキングツアー、自転車で巡るツアーなど盛りだくさん。ホテルにあるパンフレットを見て検討してみよう。

ハリー・ポッターのロケ地（ロンドン東部）
The Harry Potter Film Locations in the city
水・日14:30（地下鉄バンクBank駅3番出口集合）
映画『ハリー・ポッター』シリーズに登場する場所など、ロンドン東部を舞台にロケ地を案内する。

ハリー・ポッターのロケ地（ウェストミンスター）
The Harry Potter Film Locations in London town
土14:30（地下鉄エンバンクメントEmbankment駅テムズ河寄り出口集合）　劇中で「魔法省」の入口があったウェストミンスターを中心に歩く。

ビートルズ・マジカル・ミステリー・ツアー
The Beatles Magical Mistery Tour
水14:00、木11:00、日11:00（地下鉄テナム・コート・ロード駅Tottenham Court Road集合）　アビー・ロードやアップル・レコードがあった建物など、ビートルズにまつわる場所を訪れる。水曜は内容が少し変わる。

切り裂きジャック
Jack the Ripper Haunts
毎晩19:30（地下鉄タワー・ヒルTower Hill駅にあるTower Hill Tramという屋台前集合）　連続殺人犯、切り裂きジャックの犯行現場などを訪れる人気のホラーツアー

オリジナル・ロンドン・ウオーク
The Original London Walks
URL www.walks.com
どのコースも所要約2時間　£10　学生£8
毎日10種類以上も出るツアーのなかから選べる。予約は不要。指定された地下鉄駅を出た所に各自集合。

ランドマークス＆ジェムズ
Landmarks & Gems
毎日10:00発　所要3時間30分　£35
ウェストミンスターやトラファルガー広場、ヴィクトリアなどのロンドンの主要な見どころを巡る。

シティー＆シークレッツ
City & Secrets
毎日14:00発　所要4時間　£40
セント・ポール大聖堂やロンドン塔、レドンホール・マーケットなど、ロンドンの東側を中心に案内。

タリー・ホー！サイクル・ツアーズ
Tally Ho! Cycle Tours
URL tallyho.cc
イギリス製のヴィンテージ自転車でロンドンをサイクリング。途中、有名なパブやティールームにも立ち寄る。要予約。集合場所はウォータールー駅近くのTravel Cafe（Map P.194C4）。

アルティメット・ロンドン・アドベンチャー
The Ultimate London Adventure
11:00～18:00の毎正時　所要50分　£43.90
630馬力、最高時速約60kmの高速艇テムズ・ロケットでテムズ河をクルーズ。ロンドン・ブリッジを過ぎたあたりからはスリリングな高速航行を楽しめる。

テムズ・ロケッツThames Rockets
URL www.thamesrockets.com
ロンドン・アイ近くの埠頭から出発。

ワーナー・ブラザース・スタジオ・ツアー
Warner Bros. Studio: The Making of Harry Potter
7:30、8:00～16:00の毎正時
所要7時間　£95
ハリー・ポッターシリーズの撮影で使用されたスタジオを使ったアトラクション。往復送迎と入場料のみのツアー。現地での見学時間は3時間30分。

ゴールデンツアーズGolden Tours
URL www.goldentours.com
ヴィクトリア・コーチ・ステーション近くのオフィスから出発。

シー・ロンドン・バイ・ナイト
See London by Night
4～9月19:30～22:15計6便　10～3月19:30、21:20
所要1時間30分　£21
ウエスト・エンドの色鮮やかなネオンサインなど、夜のロンドンを2階建てバスで巡る。

URL seelondonbynight.com
グリーン・パーク駅近くのリッツ・ホテル前から出発。日本語オーディオガイドあり。

ゴースト・バス・ツアー
The London Ghost Bus Tour
毎日19:30、21:00発、金・土は18:00も増発
所要1時間15分　£23　学生£17
1960年代に使用されていたクラシックなバスで、ロンドンの主要なスポットを巡る。道中に車掌がロンドンの裏歴史を解説してくれる。

URL www.theghostbustours.com
ツアーバスはチャリング・クロス駅近くのグランド・ホテルGrand Hotel前に発着する。

近郊ツアー Tours fom London

世界遺産のストーンヘンジとウィンザー城、コッツウォルズなどを1日で巡るツアーが人気。日系旅行会社は曜日が限られるが、日本語の解説付き。英語の混載ツアーならほぼ毎日催行している。

憧れのコッツウォルズ周遊1日観光ツアー
毎日8:00ヴィクトリア駅1番改札集合
所要10時間20分　图£57
コッツウォルズのバーフォード、バイブリー、ボートン・オン・ザ・ウォーターなどを訪れる。

2つの世界遺産ストーンヘンジ、バースと映画の舞台レイコック村 1日観光
4〜10月の火・木・土、11〜3月の火・土
7:50ヴィクトリア駅1番改札集合
所要約11時間　图£81
ふたつの世界遺産とコッツウォルズも訪れる。

ウィンザー、ストーンヘンジ、バース 1日観光
火・木・日7:30ヴィクトリア・コーチ・ステーション1〜5番ゲート集合　所要約11時間　图£109
ウィンザー城やバースのローマ浴場も入場観光。

ストーンヘンジ、バースとコッツウォルズのマナーハウスでのフル・アフタヌーンティー
6〜9月の月曜7:50ヴィクトリア駅1番改札集合
所要約10時間30分　图£57
ストーンヘンジとバースを観光後、コッツウォルズのマナーハウスでアフタヌーンティーを楽しむ。

[みゅう] ロンドン Myu London
住Vintners Place 68 Upper Thames St, EC4V 3BJ
TEL(020)76305666　URLwww.myushop.net
ほとんどのツアーに日本語ガイドが付くので心強い。ユーロスターで行くパリ日帰り観光なども扱っている。

1日で回るストーンヘンジ、バース、ストラトフォード、コッツウォルズ
England in one day - Stonehenge, Bath, Stratford & the Cotswolds

7:45ヴィクトリア・コーチ・ステーション18〜20番ゲート集合　所要12時間45分　图£108
1日で4ヵ所の人気観光地を巡る英語ガイド付きツアー。ストーンヘンジは入場料とオーディオガイド込み。コッツウォルズは車窓からの観光。

イギリスで最もかわいい村、バーフォードコッツウォルズでのランチ付きツアー
Lunch in the Cotswolds with lunch in the prettiest village in Britain

8:15ヴィクトリア・コーチ・ステーション18〜20番ゲート集合　所要7時間45分　图£95
イギリスで最もかわいい村と称されるバーフォードを訪れたあと、バイブリーの老舗ホテル、スワン・ホテルで2品のコースランチを楽しむ。その後はコッツウォルズ北部をドライブ。

プレミアム・ツアーズ Premium Tours
URLwww.premiumtours.co.uk
ガイドは英語のみだが、毎日催行しているツアーが多い。

列車で行く！湖水地方日帰り日本語オーディオツアー
月〜金8:30ユーストン駅集合　所要13時間
图£230（2等車）〜　£310（1等車）〜
ユーストン駅から湖水地方への往復列車と湖水地方のツアー（日本語音声によるガイド）がセットになったツアー。ピーター・ラビットゆかりの見どころやウィンダミア湖クルーズなどが楽しめる。

列車で行く！ エディンバラ日帰り〜オープントップバス乗車券付〜
6:00〜8:00キングズクロス駅発
所要15時間30分〜　图£170（2等車）〜　£235（1等車）〜
エディンバラ往復の列車とエディンバラの観光バスチケット付き。エディンバラでは終日自由行動。

名画がわかるキリスト教：ナショナルギャラリー日本語ツアー
火10:20
ナショナルギャラリー Sainsbury Wing階段前集合
所要2時間　图£26
ナショナルギャラリーの名画を鑑賞しながら聖書の物語や人物など、キリスト教の基礎を学ぶ。

H.I.S.ロンドン支店
住Vintners' Place, 68 Upper Thames St.,EC4V 3BJ
TEL(020)74843313　URLwww.his-euro.co.uk
プレミアリーグやミュージカルなどのチケットも取り扱う。

4つも行っちゃう！ コッツウォルズの欲張り村巡り1日観光ツアー
火・木・日8:15グロスター・アーケード入口集合
所要8時間　图£55
コッツウォルズの村のなかでも美しさで知られるバイブリー、ボートン・オン・ザ・ウォーター、ストウ・オン・ザ・ウォルド、チッピング・カムデンを巡る。それぞれの村では散策自由時間あり。

世界遺産を訪ねて！ストーンヘンジ半日観光ツアー
毎日8:00ゴールデンツアーズのオフィス前（ヴィクトリア駅隣接）集合　所要6時間15分　图£53
ストーンヘンジまでの往復バスと入場料、日本語オーディオガイド込み。現地での自由時間は1〜2時間。

フリータイムたっぷり！ ウィンザー、バース、ストーンヘンジ観光1日ツアー
月・土8:00ゴールデンツアーズのオフィス前（ヴィクトリア駅隣接）集合　所要11時間30分　图£62
入場料は含まれないが、ウィンザーで約2時間、ストーンヘンジで約1時間20分、バースで約1時間30分のフリータイムがある。

マイバスツアー My Bus Tours
住3rd Floor, 1 Alie St., E1 8DE
TEL(020)79761191　URLwww.mybus-europe.jp
リヴァプール日帰りやコッツウォルズで乗馬体験などのツアーも扱う。

ロンドン INDEX [Hotel] [Restaurant] [Museum] [Theatre]

ホテル

高級

ブラウンズ　　　　　　　　Map P.194B2
Brown's URLwww.roccofortehotels.com

MEロンドン　　　　　　　　Map P.193B4
Me London URLwww.melondonhotel.com

ダブリュー　　　　　　　　Map P.195B3
W Hotel Leicester Square
URLwww.wlondon.co.uk

ハズリッツ　　　　　　　　Map P.195B3
Hazlitt's URLwww.hazlittshotel.com

アンバ・チャリング・クロス　　Map P.195B4
Amba Hotel Charing Cross
URLwww.amba-hotel.com

モンタギュー・オン・ザ・ガーデンズ　Map P.195A4
Montague on the Gardens
URLwww.montaguehotel.com

アンダズ・ロンドン　　　　Map P.199A3
Andaz London
URLlondonliverpoolstreet.andaz.hyatt.com

大型

ヒルトン・パディントン　　　Map P.192B1
Hilton London Paddington
URLhiltonhotels.jp

ル・メリディアン・ピカデリー　Map P.195B3
Le Meridien Piccadilly
URLwww.lemeridienpiccadilly.co.uk

シェラトン・パーク・レーン　　Map P.194C2
Sheraton Park Lane URLwww.sheratonparklane.com

ランガム　　　　　　　　Map P.194A2
Langham URLwww.langhamhotels.com

中級

ウィンダミア　　　　　　　Map P.196C2
Windermere Hotel
URLwww.windermere-hotel.co.uk

カーディフ　　　　　　　　Map P.192B1
Cardiff Hotel URLwww.cardiff-hotel.com

ニュー・リンデン　　　　　Map P.182A1
The New Linden Hotel
URLnewlinden.com

ハーリングフォード　　　　Map P.193A4
Harlingford Hotel URLwww.harlingfordhotel.com

クレッセント　　　　　　　Map P.193A3
Crescent Hotel URLwww.crescenthoteloflondon.com

B+Bベルグラヴィア　　　　Map P.196B2
B+B Belgravia URLwww.bb-belgravia.com

フレミングス・メイフェア　　Map P.194C2
Flemings Mayfair URLwww.flemings-mayfair.co.uk

マラントン・ハウス　　　　Map P.192C1
Maranton House
URLwww.marantonhousehotel.co.uk

メルボーン・ハウス　　　　Map P.197C3
Melbourne House
URLwww.melbournehousehotel.co.uk

プレミア・イン・カウンティー・ホール　Map P.193C4
Premier Inn London County Hall
URLwww.premierinn.com

中級

ユーロ　　　　　　　　　Map P.193A4
Euro URLwww.eurohotel.co.uk

クレストフィールド　　　　Map P.193A4
The Crestfield Hotel
URLwww.crestfieldhotel.co.uk

メリディアナ　　　　　　　Map P.193A4
Hotel Meridiana URLwww.hotelmeridiana.co.uk

モーガン　　　　　　　　Map P.195A3
Morgan Hotel URLwww.morganhotel.co.uk

アロスファ　　　　　　　　Map P.193A3
Arosfa URLwww.arosfalondon.com

ポイント・エー　　　　　　Map P.193A4
Point A URLwww.pointahotels.com

イージーホテル・ヴィクトリア　Map P.197B3
easyHotel Victoria URLwww.easyhotel.com

ホステル

YHAロンドン・セントラル　　Map P.194A2
YHA London Central URLwww.yha.org.uk

YHAオックスフォード・ストリート　Map P.195B3
YHA Oxford Street URLwww.yha.org.uk

YHAセント・ポールズ　　　　Map P.198B1
YHA London St Paul's URLwww.yha.org.uk

YHAセント・パンクラス　　　Map P.193A4
YHA St Pancras URLwww.yha.org.uk

マイニンガー　　　　　　　Map P.192C1
Meininger Hostel URLwww.meininger-hostels.com

ジェネレーター　　　　　　Map P.193A4
Generator URLstaygenerator.com

アスター・ミュージアム　　　Map P.195A4
Astor Museum URLastorhostels.com

アスター・ヴィクトリア　　　Map P.197C3
Astor Victoria URLastorhostels.com

クリンク78　　　　　　　　Map P.183A3
Clink 78 URLwww.clinkhostels.com

レストラン

ルールズ　　　　　　　　Map P.195B4
Rules　URLrules.co.uk
1798年創業の老舗。伝統的な狩猟料理が楽しめる。

シンプソンズ・イン・ザ・ストランド　Map P.195B4
Simpson's-in-the-Strand
URLwww.simpsonsinthestrand.co.uk
ローストビーフやローストラムなど伝統的英国料理の店。

オクソ・タワー・レストラン　Map P.198B1
OXO Tower Restaurant　URLwww.oxotower.co.uk
ビルの最上階にあるモダン・ブリティッシュ。

あべの　　　　　　　　　Map P.195A4
Abeno　URLwww.abeno.co.uk
大英博物館のすぐ近くにあるお好み焼き店。

バー・シュ　　　　　　　Map P.195B3
Bar Shu　URLwww.barshurestaurant.co.uk
中華街にある四川料理レストラン。

ゴールデン・ハインド　　Map P.194A1
Golden Hind　URLwww.goldenhindrestaurant.com
イギリス名物フィッシュ＆チップスの名店。

テート・モダン・キッチン＆バー　Map P.198C1
Tate Modern Kitchen & Bar　URLwww.tate.org.uk
テート・モダン6階にあり、景色がすばらしい。

オランジェリー　　　　　Map P.192B1
Orangery　URLwww.orangerykensingtonpalace.co.uk
ケンジントン宮殿のすぐ北にあるティールーム。

シャーロック・ホームズ　Map P.195C4
Sharlock Holmes　URLwww.greeneking-pubs.co.uk
ホームズの部屋を再現しているパブ＆レストラン。

オールド・チェシャーチーズ　Map P.198B1
Ye Olde Cheshire Cheese
ディケンズの『二都物語』にも登場する人気パブ。

博物館＆美術館

ヴィクトリア＆アルバート・ミュージアム　Map P.192C1・2
Victoria and Albert Museum　URLwww.vam.ac.uk
工芸美術や現代美術、デザインなどの博物館。

自然史博物館　　　　　　Map P.192C1
Natural History Museum　URLwww.nhm.ac.uk
恐竜の化石など世界最大級のコレクションを誇る。

ロンドン博物館　　　　　Map P.198A2
Museum of London　URLwww.museumoflondon.org.uk
町の歴史をたどれる世界最大規模の市立博物館。

王立芸術院　　　　　　　Map P.194B2
Royal Academy of Arts　URLwww.royalacademy.org.uk
常設展はないが、企画展の評価が高い。

科学博物館　　　　　　　Map P.192C1
Sceience Museum　URLwww.sciencemuseum.org.uk
最先端の科学をおもしろく解説する。

テート・ブリテン　　　　Map P.197C4
Tate Britain　URLwww.tate.org.uk
ターナーをはじめイギリス人芸術家の傑作が多数。

テート・モダン　　　　　Map P.198C1・2
Tate Modern　URLwww.tate.org.uk
旧火力発電所の建物を利用した現代アートの殿堂。

ナショナル・ポートレート・ギャラリー　Map P.195B3
National Portrait Gallery　URLwww.npg.org.uk
イギリス史を彩った偉人たちの肖像画が集まる。

劇場

シェイクスピア・グローブ・シアター　Map P.198B2
Shakespeare's Globe Theatre
URLwww.shakespearesglobe.com
シェイクスピア時代の劇場を再現している。

ロイヤル・オペラ・ハウス　Map P.195B4
Royal Opera House　URLwww.roh.org.uk
世界的指揮者や歌手が連日登場する。

ロイヤル・アルバート・ホール　Map P.192C1
Royal Albert Hall　URLwww.royalalberthall.com
イギリスで最も有名なコンサートホール。

ナショナル・シアター　　Map P.193B4
National Theatre　URLwww.nationaltheatre.org.uk
英国政府が出資する国立劇場。

バービカン・センター　　Map P.198A2
Barbican Centre　URLwww.barbican.org.uk
大劇場、中劇場、ザ・ピットの3つの劇場が入っている。

パレス・シアター　　　　Map P.195B3
Palace Theatre　URLwww.palacetheatrelondon.org
『ハリー・ポッターと呪いの子』を上演する。

イギリス
フランス
ベルギー
オランダ
ドイツ
オーストリア
スイス
チェコ

イギリスの基本情報➡P.182

リヴァプール

Liverpool

・市外局番	**0151**
・公式サイト	URL visitliverpool.com

18世紀に貿易港として栄えたリヴァプール。港近くには大英帝国の栄光を体現するような豪華な建物が並び、かつての繁栄振りを伝えてくれる。第2次世界大戦後には失業者が町にあふれたが、そのようななかで現れたのがビートルズ。現在では文化の町として復興し、音楽やスポーツなどで再び世界を席巻。多くの旅行者を惹きつけてやまない。

中心部は徒歩圏内　広い町だが、観光客がおもに訪れるエリアは、ライム・ストリート駅から❶のあるアルバート・ドックAlbert Dockにかけての約1kmのエリア。ビートルズファンの聖地マシュー・ストリートもその途中にあり、十分徒歩で回ることができる。

バスターミナルがふたつ　市内バスはライム・ストリート駅に近いクイーン・スクエアQueen Sq.とアルバート・ドックに近いリヴァプールOneバスステーションのふたつ。ビートルズ関連の郊外の見どころや、サッカースタジアムに行くときなどに便利。

観光バスで効率よい観光　おもな見どころを回るなら乗り降り自由のバス、シティ・エクスプローラー・リヴァプールCity Explorer Liverpoolが便利。アルバート・ドックから出発するマジカル・ミステリー・ツアー Magical Mystery Tourのバスはペニー・レーンやストロベリー・フィールドなどビートルズにゆかりの場所を巡る。

マジカル・ミステリー・ツアーに乗って、ビートルズ関連の見どころへ

空港から市内へ

リヴァプール・ジョンレノン空港 (LPL)
Liverpool John Lennon Airport
URL www.liverpoolairport.com
●バスで市内へ
500番のバスがサウス・パーク・ウエイ駅経由でリヴァプールOneバスステーションまで30分に1便、所要約35分。

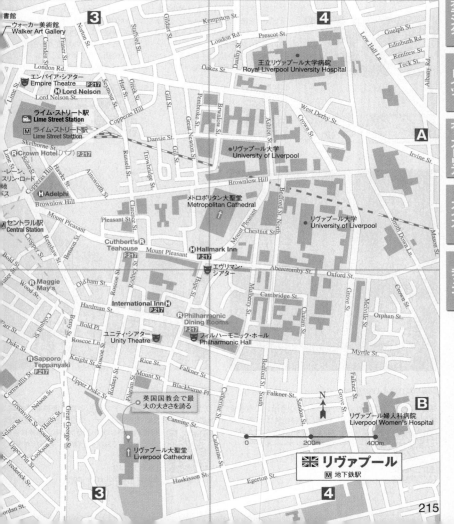

イギリス

フランス

ベルギー

オランダ

ドイツ

オーストリア

スイス

チェコ

書館
ウォーカー美術館
Walker Art Gallery

Kempston St.
Prescot St.
London Rd.
Guelph Rd.
Edinburh Rd.
Renfrew St.
Teck St.
Albany Rd.

王立リヴァプール大学病院
Royal Liverpool University Hospital

エンパイア・シアター
Empire Theatre P.217
Lord Nelson
Lord Nelson St.

ライム・ストリート駅
Lime Street Station
M ライム・ストリート駅
Lime Street Station

West Derby St.

Crown Hotel (パブ) P.217

リヴァプール大学
University of Liverpool

Irvine St.

A

Adelphi
Brownlow Hill

Brownlow Hill

メトロポリタン大聖堂
Metropolitan Cathedral

リヴァプール大学
University of Liverpool

セントラル駅
Central Station

Mount Pleasant

Cuthbert's
Teahouse
Mount Pleasant
Hallmark Inn P.217

エヴリマン・シアター

Abercromby St.
Oxford St.

Maggie May's

International Inn P.217

Cambridge St.

Philharmonic Dining Rooms P.217

ユニティ・シアター
Unity Theatre
フィルハーモニック・ホール
Philharmonic Hall

Myrtle St.

Sapporo Teppanyaki P.217

Rice St.
Falkner St.

Mount St.
Blackburne Pl.

英国国教会で最大の大きさを誇る

Canning St.
Falkner St.

N

B

リヴァプール婦人科病院
Liverpool Women's Hospital

0　　200m　　400m

Huskisson St.

リヴァプール大聖堂
Liverpool Cathedral

🇬🇧 **リヴァプール**
Ⓜ 地下鉄駅

Things to do in Liverpool

リヴァプールとその周辺のおすすめ観光スポット

ビートルズの町　ビートルズのメンバーは4人ともリヴァプールの出身。マシュー・ストリートのキャヴァーン・クラブでデビューをし、ペニー・レーンやストロベリー・フィールドなど歌詞のモチーフになった場所が実在するなど、町とのつながりが非常に強い。ポールが家族と住んでいたフォースリン・ロード20番地とジョン・レノンが暮らしていたメンディップスはナショナル・トラストが管理しており、ツアーでのみ見学できる。

Mathew St.

マシュー・ストリート　ビートルズがデビューを飾ったキャヴァーン・クラブが建つストリートで、ビートルズ関連のショップやカフェ、ジョン・レノンの像などもあり、ビートルズファンにとって聖地のような存在。

 Map P.214A2

The Beatles Story

ビートルズ・ストーリー　アルバート・ドック内にあるビートルズをテーマにした博物館。音声ガイドに従いながら、ビートルズの結成から解散までを年代順に見てゆく。ジョン・レノンの丸めがねなども展示。

 Map P.214B1
Data P.441
URL www.beatlesstory.com

Maritime Liverpool

海洋都市リヴァプール　リヴァプールの港沿いにある建物は世界遺産にも登録されている。登録物件はピア・ヘッドのスリー・グレイシズをはじめ、アルバート・ドックやウォーカー・アートギャラリー、セント・ジョージズ・ホール、ライム・ストリート駅など多数。

Chester

チェスター　イングランドで最も中世の面影を残す町。城壁に囲まれた旧市街には、ザ・ロウズと呼ばれる木製の建物からなる商店街がある。建物は互いにつながっており、上階部にも商店がある。

Data P.442
URL www.visitchester.com

& its surroundings

イギリス
フランス
ベルギー
オランダ
ドイツ
オーストリア
スイス
チェコ

ピーター・ラビットの故郷　湖水地方
主要なものだけでも21の湖がある湖水地方。高い山の少ないイングランドで1000m近い山々が連なるため、起伏が富んだ自然が見られる景勝地だ。この美しい自然を背景に描かれたのがピーターラビット。作者のビアトリクス・ポターの家は今も残り、絵本の風景がそのままの形で保存されている。ツアーで効率よく回れるが、バスやフェリーといった交通網も整っているので、ウオーキングも交えながら自分なりに回るのもよい。

Windermere

ウィンダミア湖　湖水地方にある湖のなかでも最大のもの。観光フェリーが3路線あり、周辺にはヒル・トップや蒸気機関車のハバースウェイト鉄道など、湖水地方を代表する見どころが多数存在している。

Data P.442
URLwww.windermere-lakecruises.co.uk
Map Link

Hill Top

ヒル・トップ　ビアトリクス・ポターが住んだ家で、庭にはピーターラビットを彷彿させるウサギもいる。内部はガイドツアーでのみ見学可能で、家具や小物などには、実際に絵本に出てくるものも多い。

Data P.442
URLwww.nationaltrust.org.uk
Map Link

リヴァプール INDEX

Hotel

高級	ハード・デイズ・ナイト Hard Days Night URLwww.harddaysnighthotel.com	Map P.214A2
	プルマン・リヴァプール Pullman Liverpool　URLall.accor.com	Map P.214B2
中級	ホールマーク・イン Hallmark Inn　URLwww.hallmarkhotels.co.uk	Map P.215A3
	デイズ・イン Days Inn Liverpool City Centre URLwww.daysinnliverpool.co.uk	Map P.214A1
	ロード・ネルソン The Lord Nelson Hotel URLwww.lordnelsonhotel.uk	Map P.215A3
ホステル	インターナショナル・イン International Inn URLwww.internationalinn.co.uk	Map P.215B3
	YHAリヴァプール YHA Liverpool　URLwww.yha.org.uk	Map P.214B2

Restaurant

パノラミック34	Map P.214A1

Panoramic 34　URLwww.panoramic34.com
港沿い34階からのパノラマが魅力の高級レストラン。

アルバーツ・シェンケ　Map P.214B2
Albert's Schenke　URLwww.albertsschenke.co.uk
豊富なビールとスイス、ドイツ料理が楽しめる。

フィルハーモニック・ダイニング・ルームズ　Map P.215B3
Philharmonic Dining Rooms　URLwww.nicholsonspubs.co.uk
ヴィクトリア朝風の装飾がすばらしい、観光名所的パブ。

クラウン・ホテル　Map P.215A3
Crown Hotel　URLwww.thecrownliverpool.co.uk
ライム・ストリート駅近くにある伝統パブ。

カスバーツ・ティーハウス　Map P.215A3
Cuthbert's Teahouse　URLwww.cuthbertsbakehouse.co.uk
きどらない雰囲気のカフェ。アフタヌーンティーもあり。

サッポロ　Map P.215B3
Sapporo Teppanyaki　URLwww.sapporo.co.uk
受賞歴もある地元の人に人気の日本食レストラン。

イギリスの基本情報➡P.183

United Kingdom
エディンバラ

Edinburgh

·市外局番	**0131**
·公式サイト	URLedinburgh.org
·市内交通	URLtransportforedinburgh.com

町を歩いていると、バッグパイプの力強い音が響き渡るのをあちこちで耳にする。エディンバラはイギリス内にあるもうひとつの国、スコットランドの首都。人々はイングランドとは異なる文化をもつスコットランド人であることに強い誇りを感じている。町には中世のイメージが残る旧市街と、近代的都市計画によって整然と作られた新市街が隣り合い、ユネスコの世界遺産にも登録されている。

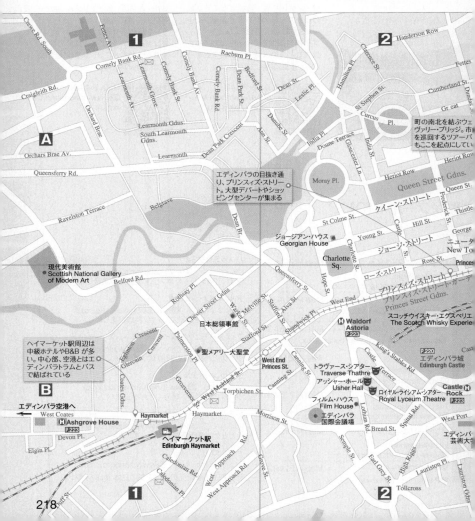

町の中心ウェイヴァリー・ブリッジ　エディンバラの町は観光バスが数多く出発するウェイヴァリー・ブリッジWaverly Bridgeを中心に考えると理解しやすい。

北に広がるニュータウン　ウェイヴァリー・ブリッジの北側は新市街、ニュータウンになっている。東西に走るプリンスィズ・ストリートPrinces St.は大型デパートやおしゃれなショップが並ぶ町の目抜き通り。

南側は旧市街　ウェイヴァリー・ブリッジから南に行くと、すぐにロイヤル・マイルRoyal Mileという東西に走る旧市街の中心通りに出る。ロイヤル・マイルは西はエディンバラ城、東はホリルードハウス宮殿とを結ぶ1マイル（約1.6km）の通りで、途中聖ジャイルズ大聖堂や宗教改革者のジョン・ノックスの家、スコッチ・ウイスキー・エクスペリエンスといった数多くの見どころがある。❶はロイヤル・マイルの中ほどにある。

URL &アプリ

ヒストリック・スコットランド

🔗 www.historicenvironment.scot
エディンバラ城など、スコットランドの歴史的建造物の管理・保護する組織。

iPhone　　　Android

ロイヤル・マイルは観光の中心

Things to do in Edinburgh

エディンバラとその周辺のおすすめ観光スポット

Calton Hill

カールトン・ヒル　エディンバラの町を一望できる小高い丘にある公園。丘の頂上にはネルソン・モニュメントやナポレオン戦争の戦没者を記念したナショナル・モニュメントなどが建っている。

 Map P.219A3
Data P.442
Map Link

St Giles' Cathedral

聖ジャイルズ大聖堂　ロイヤル・マイルに堂々と建つ大聖堂。創建は1120年。内部は宗教改革の最中に被害を受けたが、見るべきところは多く、20世紀に増築されたシスル礼拝堂の彫刻は精緻で見応えがある。

 Map P219B3
Data P.442
URL www.
stgilescathedral.org.
uk
Map Link

The Palace of Holyroodhouse

ホリルードハウス宮殿　16世紀にスコットランド女王メアリーが住んでおり、現在もイギリス王室の宮殿として利用されている。イギリス王室の美術品を展示するクイーンズ・ギャラリーも併設している。

 Map P.219A4
Data P.442
URL www.
royalcollection.org.uk
Map Link

Edinburgh Castle

エディンバラ城　キャッスル・ロックと呼ばれる岩山の上に建つ城。城内はグレート・ホールや王宮などが建ち並ぶ。城前の広場では夏にミリタリー・タトゥーという軍楽隊のイベントが行われる。

Map P.218B2　Data P.442
Map Link　URL www.edinburghcastle.scot

Forth Bridge

フォース鉄橋　1890年に完成した全長約2.5kmの巨大な鉄橋。橋脚の両側に梁を組み合わせて菱形にすることで橋にかかる巨大な圧力を逃がす仕組みを採用した世界初のカンチレバー型の橋。世界遺産にも登録されている。

 Map Link　Data P.442

Glasgow

グラスゴー　エディンバラから鉄道で約1時間。活気あふれるスコットランド最大の都市。文化、芸術にも力を入れており、ケルヴィングローブ美術館＆博物館は世界的に有名な美の殿堂。

Data P.442

Map Link　URLpeoplemakeglasgow.com

Rosslyn Chapel

ロスリン礼拝堂　エディンバラからバスで約40分。全長21mの小さな礼拝堂だが、中はいたるところに謎めいたモチーフの彫刻が施されており、『ダ・ヴィンチコード』の舞台としても広く知られる。

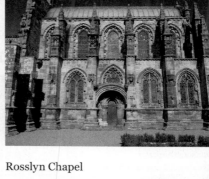

Data P.442

Map Link　URLwww.rosslynchapel.com

スコッチ・ウイスキー　スコットランドのウイスキーは、スコッチといわれ、特にシングル・モルト・ウイスキーの人気が高い。スコッチの特徴といえば、独特なスモーキー・フレーバー。麦芽の乾燥に泥炭（ピート）を用いるため、その煙でいぶされた麦芽に香りが移り、クセの強いウイスキーができあがる。とはいえ、スコッチのなかにはクセのない銘柄もあり、その特徴は千差万別。生産される地域によってある程度の性格づけができる。

Highland ハイランド	スコットランド北部。北のほうはスパイシーで、南に行くほどフルーティーで飲みやすくなる。 おもな蒸溜所　ブレア・アーソル、エドラダワー、ベンネヴィス、オーバン、グレンモーレンジ
Speyside スペイサイド	ハイランドに含まれるが、蒸溜所が特に多いため、独立した地域とみなされる。甘く、上品な味わいが特徴的。 おもな蒸溜所　クライゲラヒ、マッカラン、グレンリベット、アベラワー、カードゥ、グレンフェディック、グレングラント、バルヴェニー
Islay アイラ	ブリテン島の西、ヘブリディーズ諸島のアイラ島で作られる。あらゆる地域のなかでも最もスモーキーかつ力強い味わい。個性が強く、好き嫌いが分かれる。 おもな蒸溜所　ボウモア、ラフロイグ、ラガブーリン、アードベッグ
Campbeltown キャンベルタウン	かつてはウイスキー造りの首都といわれ、ニッカ創業者の竹鶴政孝も留学してウイスキー造りを学んだ。海沿いのため塩の風味が強い。 おもな蒸溜所　スプリングバンク
Lowland ローランド	スコットランド南部。北ほどウイスキー造りは盛んではなく、クセもない。軽やかですっきりとした味わい。 おもな蒸溜所　オーヘントッシャン
Islands アイランズ	上記5つの地域いずれに入らない地域の総称。 おもな銘柄:タリスカー、ハイランドパーク、トバモリー

プリンスィズ・ストリートを走るエディンバラ・トラム

アプリ

ロジアン・バスとエディンバラ・トラム
Transport for Edinburgh

iPhone　　　　Android

空港から市内へ

エディンバラ空港 (EDI)
Edinburgh Airport
URL www.edinburghairport.com
●トラムで市内へ
空港前の停留所からヨーク・プレイス
York Pl.まで約35分。
●バスで市内へ
ロジアン・バスのエアリンクAirlink100
番が市内のウェイヴァリー・ブリッジの
バス停とを結ぶ。所要約30分。

市内交通

ロジアンバス
URL www.lothianbuses.com
エディンバラ・トラム
URL edinburghtrams.com
タクシー
エディンバラのタクシーは、ロンドンと
同様のブラックキャブ。電話で直接呼
ぶか、流しているのをつかまえて乗る。
平日昼間の初乗り料金は£2.60。

市内ツアー

エディンバラの観光バス
●シティサイトシーイング
URL city-sightseeing.com
●エディンバラ・ツアー
URL edinburghtour.com
●マジェスティック・ツアー
URL edinburghtour.com

ウェイヴァリー・ブリッジ沿いには観光バス
が多く並ぶ

エディンバラの市内交通

✔ 空港から町の中心地まではエディンバラ・トラムという路面電車が走っている

✔ バス会社は2社あり、チケットの互換性はない

✔ 乗り降り自由の観光バスが3社ある

　エディンバラの市内交通は、バスと路面電車の2種類のみ。スコットランドの首都とはいえ、それほど大きな町ではなく、主要な観光地を回るだけなら徒歩だけでも十分回れる。

路面電車　エディンバラ・トラム Edinburgh Tram

町を東西に貫く　路面電車のエディンバラ・トラムは、エディンバラ空港から町の中心、プリンスィズ・ストリートを通り、ヨーク・プレイスYork Pl.まで行く路線。途中へイマーケット駅Haymarket Station、ウェイヴァリー駅Waverly Station、セント・アンドリューズ・スクエア・バスステーションSt Andrews Square Bus Stationの近くを通るので、空港、鉄道駅、バスターミナルのいずれに行くときにも使える便利な交通手段だ。

切符は乗車前に購入　各停留所には自動券売機があるので、切符はここで購入してから乗車する。切符は片道£1.70。空港発着の場合のみ片道£6。切符なしで乗車するとチケットは£10になるので注意。自動券売機はおつりは出なく、クレジットカード払いは£3以上で利用可能。

バス　バス Bus

バス会社は2社　市内観光だけなら徒歩でも十分だが、郊外の見どころや、やや距離のある場所に宿泊する場合は、バスを利用することになる。運行しているのはロジアン・バスRothian Busとファースト・エディンバラFirst Edinburghの2社。1日券は会社ごとにあり、互換性はない。ロジアン・バスの1日券は、エディンバラ・トラムの利用も含まれる。

おつりは出ない　バスは前のドアから乗り込み、運転手にお金を払う。運賃はロジアン・バスが片道£1.70、ファースト・エディンバラが片道£1.60。おつりは出ないのでぴったりを用意しよう。

観光バス　観光バス Sightseeing Bus

3社あるが共通チケットも　市内の主要観光地を巡る、乗り降り自由の観光バスはシティサイトシーイングCity Sightseeing、エディンバラ・ツアー Edinburgh Tour、マジェスティック・ツアーMajestic Tourの3社がある。コースは会社ごとに多少異なるものの、大きな違いはない。チケットはドライバーから直接買うことができるほか、ウェイヴァリー・ブリッジのオフィスでも購入可能。各社とも24時間有効で£16だが、3社ともに使えるチケット（GRAND 48）もあり、48時間有効で£24。

エディンバラ INDEX [Hotel] [Restaurant] [Museum]

イギリス
フランス
ベルギー
オランダ
ドイツ
オーストリア
スイス
チェコ

ホテル

高級	バルモラル　　　　　　　　　Map P.219A3
	The Balmoral Hotel
	URLwww.roccofortehotels.com
	ウォルドルフ・アストリア　　Map P.218B2
	Waldorf Astoria
	URLwaldorfastoria3.hilton.com
	ラディソン・ブル　　　　　　Map P.219B3
	Radisson Blu Edinburgh　URLwww.radissonblu.com
	オテル・デュ・ヴァン・エ・ビストロ　Map P.219B3
	Hotel du Vin & Bistro Edinburgh
	URLwww.hotelduvin.com
中級	24ロイヤル・テラス　　　　Map P.219A4
	24 Royal Terrace　URLwww.24royalterrace.com
	モーテル・ワン　　　　　　　Map P.219A3
	Motel One　URLwww.motel-one.com

中級	ケアン　　　　　　　　　　　Map P.219A3
	The Cairn Hotel　URLwww.cairnhotelgroup.com
	エルダー・ヨーク　　　　　　Map P.219A3
	Elder york Guest House　URLwww.elderyork.co.uk
	オールド・ウェイヴァリー　　Map P.219A3
	The Old waverley Hotel
	URLwww.oldwaverley.co.uk
	アシュグローヴ・ハウス　　　Map P.218B1
	Ashgrove House
	URLwww.theashgrovehouse.com
ホステル	SYHA エディンバラ　　　　Map P.219A3
	SYHA Edinburgh Central　URLwww.syha.org.uk
	キャッスル・ロック・ホステル　Map P.218B2
	Castle Rock Hostel
	URLwww.castlerockedinburgh.com

レストラン

ウィッチャリー　　　　　　　　　　Map P.219B3
The Witchery　URLwww.thewitchery.com
エディンバラ城近くにある伝統的スコットランド料理店。

スタック・ポリー　　　　　　　　　Map P.219A3
Stac Polly　URLwww.stacpolly.com
素材と盛りつけにこだわったモダン・スコティッシュの店。

スラープ・アット・ザ・カーク (タンズ)　Map P.219B3
Slurp at the Kirk (Tang's)　URLwww.slurpkirk.com
寿司、天ぷら、カレー、ラーメンなどを出す日本料理店。

プティ・パリ　　　　　　　　　　　Map P.219B3
Petit Paris　URLpetitparis-restaurant.co.uk
手軽な料金で本格的フランス料理を味わえる。

エレファント・ハウス　　　　　　　Map P.219B3
The Elephant House　URLwww.elephanthouse.biz
J.K.ローリングが『ハリー・ポッター』執筆に使ったカフェ。

ドリック　　　　　　　　　　　　　Map P.219B3
The Doric　URLwww.the-doric.com
17世紀の建物を利用。料理にも定評あるガストロ・パブ。

博物館&美術館

国立スコットランド博物館　　　　　Map P.219B3
National Museum of Scotland　URLwww.nms.ac.uk
スコットランドの文化や歴史を紹介。

国立スコットランド美術館　　　　　Map P.219B3
National Gallery of Scotland
URLwww.nationalgalleries.org
ヨーロッパとスコットランドの芸術家の作品がずらり。

スコティッシュ・ナショナル・ポートレイト・ギャラリー　Map P.219A3
Scotish National Portrait Gallery
URLwww.nationalgalleries.org
スコットランドの偉人たちの肖像画を展示。

クイーンズ・ギャラリー　　　　　　Map P.219A4
The Queen's Gallery　URLwww.rct.uk
ホリルードハウス宮殿内。英国王室コレクションを展示。

France
パリ
Paris

・市外局番	なし
・公式サイト	URL www.parisinfo.com
・市内交通	URL www.ratp.fr

歴史、芸術、グルメ、ファッションなどあらゆる分野で観るべきものが満載のパリは、訪れる人を常に魅了し続けている。エッフェル塔やルーヴル美術館といったモニュメントはもちろんだが、路地裏の風景やカフェなど、町歩きで見つかるちょっとしたものにも、パリの魅力は潜んでいる。自分だけの思い入れの場所、お気に入りを探しに出かけよう。

フランスの基本情報

・国名	フランス共和国
・人口	約6699万人 ('19)
・首都	パリ
・通貨	ユーロ (€) €1≒121.17円 (2019年12月23日現在)

・祝祭日

1/1	新年
4/12 ('20)	復活祭
4/13('20)	復活祭翌日の月曜日
5/1	メーデー
5/8	第2次世界大戦終戦記念日
5/21('20)	キリスト昇天祭
5/31('20)	聖霊降臨祭
5/1 ('20)	聖霊降臨祭翌日の月曜日
7/14	革命記念日
8/15	聖母マリア被昇天祭
11/1	諸聖人の日
11/11	第1次世界大戦休戦記念日
12/25	クリスマス

テクニック

住所の探し方

パリでは、どんな小さな通りにもすべて名前が付いており、通りには名前を記したプレートが必ず掲げられている。番地は建物ごとに決められ、セーヌ川に近いほうから始まり、セーヌを背に左側が奇数番地、右側が偶数番地となっている。住所さえわかれば、目的地を探すのは難しくない。

フランス式階数表示

フランスでは、建物の階数表示が日本と異なるので気をつけよう。日本の2階をフランスでは1階、3階を2階と呼ぶ。1階の呼び方は「地上階rez-de-chausséeレ・ド・ショセ」。エレベーターでは「0」と表示されていることが多い。

公共の場では禁煙

フランスでは、公共の閉じられた空間（駅、美術館など）での喫煙が全面的に禁止されている。カフェ、レストランは、屋外席なら喫煙可。ホテルは、喫煙所が設置されていれば、その場所でのみ例外的に認められることもある。

性格の異なる右岸と左岸　パリの中央を流れるセーヌ川の**北側が右岸、南側は左岸**と呼ばれる。右岸は、必見の観光名所が多数集まり、初めてのパリならまず行くべき場所。一方左岸は古くから大学があり、知的な空気が漂う。文学カフェに立ち寄りながら散策を楽しみたい。

パリは20区で構成されている　セーヌ川に浮かぶシテ島の西半分とルーヴルのあたりを1区として、時計回りの渦巻状に20区まで区が配置されている。この渦巻きから、**パリの町はエスカルゴ（カタツムリ）**と形容されることもある。

右岸 Rive Droite

左岸 Rive Gauche

セーヌ川の北側が右岸で南側が左岸

サルトルやボーヴォワールゆかりの文学カフェ、レ・ドゥー・マゴ（→P.251）

©pyramide du Louvre.arch. I.M.Pei

ルーヴル美術館のあたりがパリの1区

在外公館

在フランス日本国大使館
Ambassade du Japon en France
Map P.234A2
住 7, av. Hoche 8e
TEL 01.48.88.62.00
URL www.fr.emb-japan.go.jp

URL ＆アプリ

パリ公式観光サイト
URL www.parisinfo.com

パリ交通公団RATP（市内交通）
URL www.ratp.fr
乗り換え検索アプリ（日本語対応）
Next Stop Paris – RATP
iPhone　　　　　Android

日本語対応で、オフラインでも使用可能な便利アプリ

モンマルトル以北は治安の面で要注意エリア

サクレ・クール聖堂

マルトル

北駅

東駅

19区
19e

観光の中心エリア。混雑するルーヴル美術館では盗難に注意

ベルヴィル

10区
10e

ゲイ、ストレートを問わず、おしゃれカップルの多いマレ地区

ル

ヴル
館

マレ地区

3区
3e

ポンピドゥー・センター

11区
11e

20区
20e

パリ・ガリエニ国際バスターミナル

シテ島

ノートルダム大聖堂

サン・ルイ島

4区
4e

オペラ・バスティーユ

カルチェ・ラタン

リヨン駅

12区
12e

5区
5e

オステルリッツ駅

ヴァル・ド・グラース

ヴァンセンヌの森

13区
13e

Things to do in Paris

パリ観光スポット

Cathédrale Notre-Dame de Paris

ノートルダム大聖堂　パリ発祥の地、シテ島に建つゴシック様式の大聖堂。2019年4月に火災により尖塔と屋根が崩落し、内部は見学できない。写真は火災前のもの。

Map P.237C4　Data P.443
URLwww.notredamedeparis.fr

Arc de Triomphe

凱旋門　オステルリッツの戦いに勝利したナポレオンの命で造られた。門の足元にはフランスのために戦士したすべての兵士を祀る「無名戦士の墓」があり、毎日セレモニーが行われている。

Map P.234B2　Data P.443
URLwww.paris-arc-de-triomphe.fr

Avenue des Champs-Elysées

シャンゼリゼ大通り　凱旋門からコンコルド広場まで約2kmに渡って真っすぐ延びる大通り。革命記念日のパレード、クリスマスのイルミネーションの美しさでも知られる。第1日曜は歩行者天国に。

Map P.236B1

Basilique du Sacré Cœur

サクレ・クール聖堂　パリで一番高いモンマルトルの丘に建つ白亜の聖堂。「聖なる心（サクレ・クール）」と名付けられた白く美しいその姿は、パリのいたるところから見ることができる。

Map P.235A3
Data P.443
URLwww.sacre-coeur-
montmartre.com

Palais Garnier

パレ・ガルニエ　建築家シャルル・ガルニエの設計によって1875年に完成した、バレエとオペラの殿堂。優雅な大階段、豪華絢爛なフォワイエ、シャガール作の天井画など、すべてがきらびやか。

Map P.237A3
Data P.443
URLwww.
operadeparis.fr

©pyramide du Louvre.arch. I.M.Pei

Musée du Louvre

ルーヴル美術館　世界の至宝が集まる美の宮殿。『モナ・リザ』『ミロのヴィーナス』『サモトラケのニケ』など絶対に外せない作品が詰まっている。入口となっているガラスのピラミッドも必見。

Map Link　URLwww.louvre.fr
Map P.237B3　Data P.443

Tour Eiffel

エッフェル塔　パリ万国博の開催に合わせて建設されたパリのシンボル。パリ一番のフォトジェニックな姿はどこから見ても絵になる。最上階から見渡す大パノラマは忘れられない思い出に。

Map Link　URLwww.toureiffel.paris
Map P.234B2　Data P.443

Musée d'Orsay

オルセー美術館　19世紀半ばから20世紀初頭にかけての作品を所蔵する美術館。特に印象派のコレクションが充実していて見応え十分。かつての駅舎を改装した美術館の造りもおもしろい。

Map P.236B2〜C2
Data P.443
URLwww.musee-orsay.fr
Map Link

Centre Pompidou

ポンピドゥー・センター　ルーヴル、オルセーと並ぶ、パリ三大美術館のひとつ「国立近代美術館」が入った総合文化芸術センター。配管むき出しの奇抜な外観も、今やパリの風景に溶け込んでいる。

Map P.237B4
Data P.443
URLwww.centrepompidou.fr
Map Link

Ste-Chapelle

サント・シャペル　現在ノートルダム大聖堂にある聖遺物「茨の冠」を納めるために建造された教会。礼拝堂の上層階にあるステンドグラスは光の強さによって表情が変わり、息をのむほど美しい。

Map P.237C4
Data P.443
URLwww.sainte-chapelle.fr
Map Link

イギリス
フランス
ベルギー
オランダ
ドイツ
オーストリア
スイス
チェコ

227

One day Plan

パリ ワンデイ プラン

9:00
↓
徒歩で
20分

Ⓐコンコルド広場　30分
1日のスタートはここ。パリ中心部で最大の広場。ここに立つと、凱旋門やマドレーヌ教会、エッフェル塔など、パリのおもなモニュメントを見渡すことができる。

9:50
↓
徒歩で
25分

Ⓑシャンゼリゼ大通り　45分
数々の映画やシャンソンに登場した世界に名だたる大通り。カフェのテラス席が華やかさを添える。モンテーニュ大通りに入ると、ブランドショップも。

11:00
↓
徒歩で
15分

Ⓒ凱旋門　1時間
ナポレオンが建てた「勝利の門」。門の上からはパリ市街を一望できるので、街の全体像を把握するにも絶好のスポット。凱旋門へは地下道を使っていこう。

12:15
↓
メトロと徒歩で
15分

Ⓓブラッスリー・ラルザス　1時間
昼食はシャンゼリゼ大通りに面したレストランで。24時間営業のアルザス料理店で、名物シュークルートを冷えたアルザスの白ワインとともに味わえる。

13:30
↓
メトロと徒歩で
30分

Ⓔエッフェル塔　1時間40分
パリを代表するモニュメントで、パリ万博の際に建造された、高さ324mの塔。「鉄の貴婦人」とも呼ばれるパリの顔だ。最上階の展望台からは街の隅々まで見渡せる。

15:40
↓
メトロと徒歩で
20分

Ⓕパレ・ガルニエ　1時間
1875年に建てられた豪華なオペラ座。公演以外にも劇場内を見学することができる。きらびやかなグラン・ホワイエ（大広間）やシャガールの天井画など必見。

17:00

Ⓖサント・シャペル　1時間
シテ島に建つ礼拝堂で、1248年に完成したゴシック様式。パリ最古のステンドグラスで知られている。冬期は17:00に閉館するので、ここからスタートして、ルートを反対に回ってもよい。

イギリス
フランス
ベルギー
オランダ
ドイツ
オーストリア
スイス
チェコ

Another day in Paris
パリ&近郊 ワンデイ プラン

歴代の王に愛された宮殿や、印象派の画家たちが描いた風景が、今も変わらぬ姿で残るパリ郊外。足を延ばして、その魅力に触れてみよう。

ル・マカロン・ラデュレ Ⓔ
アンジェリーナ Ⓓ

Ⓒプティ・トリアノン

Ⓑラ・プティット・ヴニーズ
Ⓐヴェルサイユ宮殿

9:30
↓
徒歩で
15分

Ⓐヴェルサイユ宮殿　1時間45分
パリ9:00過ぎ発の近郊列車でヴェルサイユへ。太陽王ルイ14世が絶対王政のシンボルとして建設した壮大な宮殿。贅を尽くした「鏡の回廊」や「王の寝室」など絢爛豪華な宮殿をまず見学。

12:00
↓
徒歩で
10分

Ⓑラ・プティット・ヴニーズ　1時間
ヴェルサイユの庭園内にある落ち着いた雰囲気のレストラン。ルイ14世がイタリアから呼び寄せたゴンドラ職人の工房を改装したもので、夏はバラに囲まれたテラスでも食事を楽しめる。

13:10
↓
プチトラン&
近郊列車&
メトロで
約1時間20分

Ⓒプティ・トリアノン　1時間
堅苦しい宮廷生活に疲れたマリー・アントワネットが、子どもたちや親しい女友達だけを呼んで、安らぎのひとときを過ごした離宮。軽やかで可憐な内装から、アントワネットのセンスのよさもうかがえる。

15:30
↓
徒歩で
3分

Ⓓアンジェリーナ　1時間
パリに戻り、ヴェルサイユ見学の余韻に浸りながらティータイム。1903年創業のパティスリー・サロン・ド・テ「アンジェリーナ」でスペシャリテのモンブランとショコラ・ショー（ココア）を。

16:30

Ⓔル・マカロン・ラデュレ　30分
マカロンの代名詞ともいわれる「ラデュレ」が2017年にオープンしたマカロン専門店。バニラやコーヒーなどの定番から個性派フレーバーまで36種のマカロンがずらり。かわいいボックスに詰め合わせてもらおう。

Days out from Paris

パリ近郊おすすめ観光スポット

Giverny

ジヴェルニー　印象派を代表する画家、モネが晩年を過ごした場所として知られる。モネの家は彼が住んでいた当時のまま保存され、名作『睡蓮』を生んだ庭は花の咲く季節に一般公開されている。

Data P.443
URL fondation-monet.com
Map Link

Chartres

シャルトル　ボース平野にたたずむ静かな町。ノートルダム大聖堂（シャルトル大聖堂）は世界遺産に登録され、「シャルトルの青」とたたえられるステンドグラスの輝きが訪れる人を魅了している。

Data P.443
URL www.chartres-tourisme.com
Map Link

Auvers sur Oise

オヴェール・シュル・オワーズ　天才画家ゴッホの終焉の地。この村の外れで銃弾を胸に打ち込み、37年の生涯を閉じた。この地で過ごしたのは2ヵ月間だったが、その間に70点もの傑作を残した。

Data P.444
URL www.tourisme-auverssuroise.fr
Map Link

Château de Versailles

ヴェルサイユ宮殿　「有史以来、最も大きく、最も豪華な宮殿を」という太陽王、ルイ14世の夢が結実した宮殿。鏡の回廊、マリー・アントワネットの離宮、庭園など、広大な敷地に見どころが満載。

Data P.444
Map Link　URL www.chateauversailles.fr

Mont St-Michel

モン・サン・ミッシェル　中世の遺構と自然がもたらす独自の景観をもち、フランスで最も人気のある世界遺産。島全体が水に覆われる幻想的な光景は必見。大潮の日を狙って訪れたい。

Data P.444
Map Link　URL ww.ot-montsaintmichel.com

イギリス

フランス

ベルギー

オランダ

ドイツ

オーストリア

スイス

チェコ

Châteaux de la Loire

ロワールの古城　ロワール地方にはロワール川やその支流に沿って多くの古城が点在している。なかでも優雅なたたずまいで人気のシュノンソー城は、列車で訪れやすいのがうれしい。

Data P.444

Map Link 　URL www.chenonceau.com

Viaduc de Millau

ミヨー橋　全長2460m、最も高いポイントは343mというミヨー橋。かつては世界一の高さを誇ったこともある。朝霧に包まれる早朝の風景は幻想的で美しく、まるで雲の上にかかるかのようだ。

Data P.445

Map Link 　URL www.leviaducdemillau.com

Lyon

リヨン　フランス料理の頂点に建つ高級レストランから庶民的なビストロまでがひしめく美食の都として知られる。中世からルネッサンス期の町並みが残る旧市街は散策が楽しい。

Data P.445

URL www.lyon-france.com

Map Link

Bordeaux

ボルドー　世界的なワインの生産地。ローマ時代から良港をもつ町として栄え、ワイン貿易のおかげで黄金時代を築いた。2017年、TGV高速新線の開通で、パリからのアクセスがグッとよくなった。

Data P.445

URL www.bordeaux-tourisme.com

Map Link

Beaune

ボーヌ　コート・ドール（黄金の丘）と呼ばれる、ブドウ畑が続く丘陵地帯の中心地。11月に行われるブルゴーニュ地方で最も有名なワイン祭り「栄光の3日間」には、世界中のワイン業者が集まる。

Data P.445

URL www.beaune-tourisme.fr

Map Link

What to eat in France

フランス美味ガイド

Les Huîtres

生ガキ　新鮮な生ガキを食べたければ専門店か店先にカキ屋が入っているブラッスリーへ。フランス独特の平べったいカキ「ブロン」はぜひ試したい。

Steak Tartare

タルタルステーキ　生の牛肉とスパイス、オイルを混ぜ合わせたもの。生では不安という人は、両面を軽く焼いた「アレ・ルトゥール」を頼んでは。

Magret de canard rôti

鴨の胸肉のロースト　フォワグラをとるために肥育した鴨の胸肉をカリっと香ばしくローストしたもの。ハチミツソースがよく合う。

Confit de canard

鴨のコンフィ　鴨のモモ肉を低温の脂のなかで長時間煮たもの。もともとは肉の保存のために考案されたフランス南西部の伝統料理。

Bavette d'aloyau

バヴェットのステーキ　「バヴェット」と呼ばれる牛肉の部位のステーキ。食感、風味ともハラミ肉に近い。エシャロットソースを添えることが多い。

Blanquette de veau

ブランケット・ド・ヴォー　子牛肉（ヴォー）をソテーし、野菜と煮たクリームシチュー。定番のビストロ料理で付け合せにライスrisが添えられることも。

Where to eat in France

フランス美食処

Restaurant

レストラン　美食を味わえる高級店から、星付きでなくても質の高い料理を出す店までさまざま。

Bistrot

ビストロ　気取らない雰囲気、手頃な値段で伝統料理を楽しめる。

イギリス
フランス
ベルギー
オランダ
ドイツ
オーストリア
スイス
チェコ

Dorade poêlée

タイのポワレ　タイをバターで蒸し
焼きにしたもの。グリルしたものは
「グリエgrillé」、蒸したものは「ア・ラ・
ヴァプールà la vapeur」という。

Bœuf bourguignon

ブッフ・ブルギニョン　ブルゴーニュ
ワインで牛肉を長時間煮込んだ一
品。ブルゴーニュ地方の郷土料理で、
こってりとした味わいが魅力。

Choucroute

シュークルート　塩漬け発酵させた
キャベツを豚肉とともに白ワインで煮
込み、腸詰め類を盛り合わせたアルザ
ス地方の郷土料理。

Galette sarrasin

ソバ粉のガレット　ソバ粉を使った
塩味のクレープ。ハム、チーズ、卵な
ど具はいろいろ。クレープリー créperie
（クレープ専門店）で楽しめる

カフェの飲み物

café express カフェ・ エクスプレス	「アン・カフェ un café」といえば、エスプレッソのこと。大きな カップで欲しければ、「グラン・カフェ grand café」。お湯で薄 めたものは「カフェ・アロンジェ café allongé」
café crème カフェ・クレーム	エスプレッソに泡立てたミルクをたっぷり入れたもの。カフェのメ ニューに「カフェ・オ・レ」はなく、カフェ・クレームが該当する。
chocolat chaud ショコラ・ショー	ホットチョコレート＝ココアのこと。濃厚で甘い、フランスで 人気の飲み物。なめらかな口当たりで、寒さの厳しい冬にい ただくのは格別。
thé テ	紅茶。ミルクティーはテ・オ・レthé au lait、レモンティーはテ・ オ・シトロンthé au citron、ハーブティーはアンフュジオン infusion。
bière ビエール	生ビールはプレッシオンpression。小ジョッキはアン・ドゥミ un demiと注文する。レモネードで割るとパナシェ panaché。

Brasserie

ブラッスリー　豊富な料理と飲
み物を出す。もとはアルザス料
理を出すビアホールだった。

Bar à vin

ワインバー　ワインが自慢のレ
ストランバー。居酒屋スタイル
のタパスバーも増えている。

Café

カフェ　ランチ、ディナー時には
食事を出す。ステーキやボリューミ
ーなサラダなど手頃で内容充実。

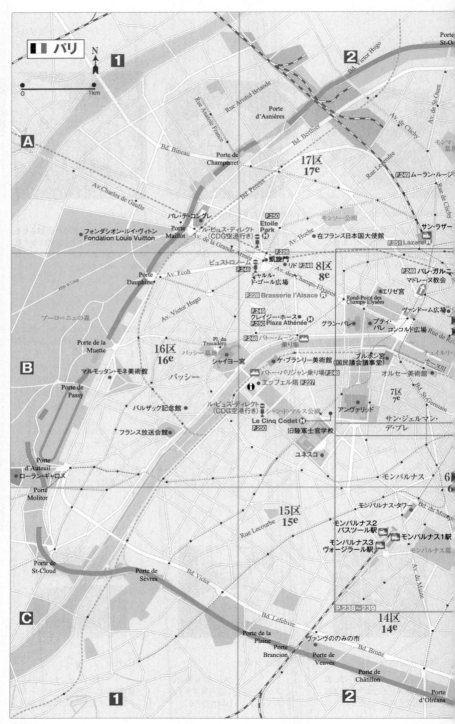

■■ パリ

N

1

0　　　　　1km

A

2

Porte
St-O

Rue Amédée Brande

Rue Aristid Brande

Bd. Victor Hugo

Av. de St-Ouen

Av. de Clichy

Porte
d'Asnières

Bd. Berthier

Rue Lecendre

P.249 ムーラン・ルージュ

Bd. Bineau

Porte de
Champerret

17区
17e

Bd. Pereire

モンソー公園

Av. Hoche

Rue de Clichy

サン・ラザール

P.249 バレ・ガルニ

Av.Charles de Gaulle

パレ・デ・コングレ

Porte
Maillot

フォンダシオン・ルイ・ヴィトン
Fondation Louis Vuitton

ル・ビュス・ディレクト
(CDG空港行き)

Etoile
Park
P.250

在フランス日本国大使館

P.251 Lazare

ビュストロ・ム

P.248

Av. de la Grande Armée

凱旋門
P.226

Av. des Champs-Elysées

8区
8e

リド P.249

マドレーヌ教会

エリゼ宮

Porte
Dauphine

Av. Foch

シャルル・
ド・ゴール広場

P.228 Brasserie l'Alsace

Rond-Point des
Champs-Elysées

ヴァンドーム広場

Av. Victor Hugo

P.249 クレイジー・ホース
P.250 Plaza Athénée

グラン・パレ

プティ・
パレ

コンコルド広場

Rue de Ri

Allée d. Long.

ブーローニュの森

Porte de la
Muette

B

16区
16e

Pl. du
Trocadéro

パッシー墓地

シャイヨー宮

バッシー

P.248 バトー・ムーシュ
乗り場

ケ・ブランリー美術館

チュイルリー

セーヌ川

ブルボン宮
(国民議会議事堂)

オルセー美術館

7区
7e

Bd. St-Germain

マルモッタン・モネ美術館

バトー・パリジャン乗り場 P.248

Porte de
Passy

バルザック記念館

ル・ビュス・ディレクト
(CDG空港行き)

エッフェル塔 P.227

Le Cinq Codet P.250

シャン・ド・マルス公園

アンヴァリッド

サン・ジェルマン・
デ・プレ

フランス放送会館

旧陸軍士官学校

Porte
d'Auteuil

ローラン・ギャロス

ユネスコ

モンパルナス

6

Porte
Molitor

6

モンパルナス・タワー

Bd. du Mont

15区
15e

Rue Lecourbe

モンパルナス2
パスツール駅

モンパルナス1駅

モンパルナス3
ヴォージラール駅

モンパルナス墓

Porte de
St-Cloud

Porte de
Sèvres

Bd. Victor

Av. du Maine

P.238〜239

14区
14e

C

Bd. Lefebvre

Porte de la
Plaine

Porte
Brancion

ヴァンヴののみの市

Porte de
Vanves

Bd. Brune

Porte de
Châtillon

Porte
d'Orléans

1

2

234

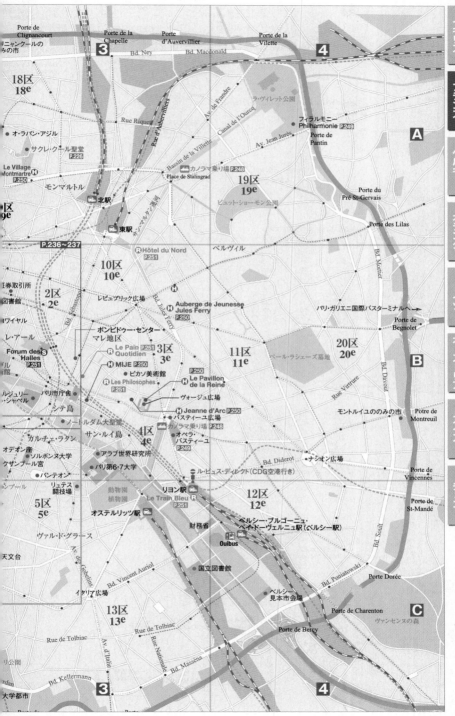

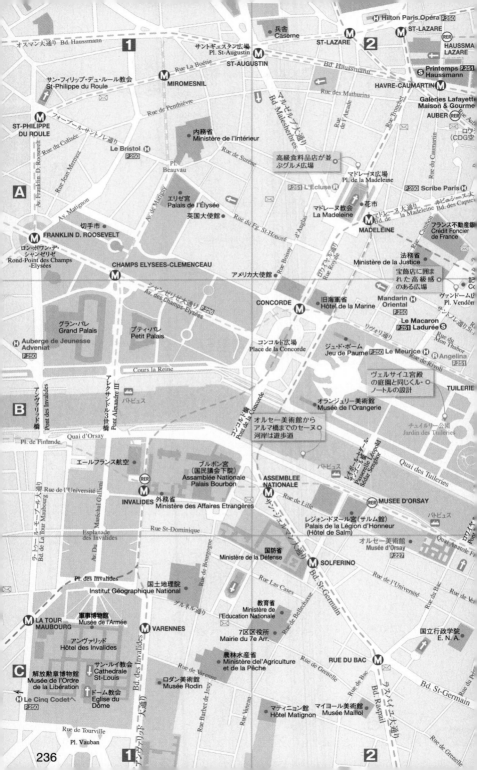

オスマン大通り Bd. Haussmann

1

サントギュスタン広場
Pl. St-Augustin

兵舎
Caserne

2

Ⓗ Hilton Paris Opéra P.250

ST-LAZARE

Ⓜ ST-LAZARE

Ⓜ Bd. Haussmann

HAUSSMA
LAZARE
Ⓡ RER

Rue La Boétie

ST-AUGUSTIN

HAVRE-CAUMARTIN

Ⓢ Printemps P.251
Haussmann

サン・フィリップ・デュ・ルール教会
St-Philippe du Roule

Ⓜ MIROMESNIL

Rue des Mathurins

Galeries Lafayette
Maison & Gourme

Rue de Penthièvre

AUBER Ⓡ RER
ロワ〜
(CDG空

フォーブール・サントノレ通り

ST-PHILIPPE
DU ROULE
Ⓜ

内務省
Ministère de l'Intérieur

高級食料品店が並
ぶグルメ広場

A

Le Bristol Ⓗ
P.250

Pl.
Beauvau

Rue de Surène

マドレーヌ広場
Pl. de la Madeleine

P.251 L'Ecluse Ⓡ

P.250 Scribe Paris Ⓡ

FRANKLIN D. ROOSEVELT
Ⓜ

エリゼ宮
Palais de l'Élysée
英国大使館

マドレーヌ教会
La Madeleine

花市

Ⓜ
MADELEINE

フランス不動産銀
Crédit Foncier
de France

切手市

ロン・ポワン・デ・
シャンゼリゼ
Rond-Point des Champs
-Elysées

CHAMPS ELYSEES-CLEMENCEAU

アメリカ大使館

法務省
Ministère de la Justice

宝飾店に囲ま
れた高級感
のある広場

ヴァンドーム広
Pl. Vendôm

CONCORDE
Ⓜ

旧海軍省
Hôtel de la Marine

Mandarin
Oriental
P.250

グラン・パレ
Grand Palais

プティ・パレ
Petit Palais

Le Macaron
P.251 Ladurée Ⓢ

Auberge de Jeunesse
Adveniat
P.250

コンコルド広場
Place de la Concorde

ジュ・ド・ポーム
Jeu de Paume P.250 Le Meurice Ⓗ

Angelina
P.251

Cours la Reine

ヴェルサイユ宮殿
の庭園と同じくル・
ノートルの設計

TUILERIE

B

アンヴァリッド
橋
Pont des Invalides

Quai d'Orsay

アレクサンドル3世橋
Pont Alexandre III

オランジュリー美術館
Musée de l'Orangerie

チュイルリー公園
Jardin des Tuileries

Pl. de Finlande

オルセー美術館から
アルマ橋までのセーヌ
河岸は遊歩道

Quai des Tuileries

エールフランス航空

ブルボン宮
(国民議会下院)
Assemblée Nationale
Palais Bourbon

ASSEMBLEE
NATIONALE

バトビュス

Rue de l'Université

Maréchal Gallieni

INVALIDES

外務省
Ministère des Affaires Etrangères

Rue de Lille

Ⓡ MUSEE D'ORSAY

バトビュス

Esplanade
des Invalides

Rue St-Dominique

レジオン・ドヌール宮(サルム館)
Palais de la Légion d'Honneur
(Hôtel de Salm)

国防省
Ministère de la Défense

オルセー美術館
Musée d'Orsay
P.227

Pl. des Invalides
Institut Géographique National

Ⓜ SOLFERINO

Rue Las Cases

Rue de l'Université

LA TOUR
MAUBOURG
Ⓜ

軍事博物館
Musée de l'Armée

教育省
Ministère de
l'Education Nationale

国立行政学院
E. N. A.

アンヴァリッド
Hôtel des Invalides

Ⓜ VARENNES

7区区役所
Mairie du 7e Arr.

C

解放勲章博物館
Musée de l'Ordre
de la Libération

サン・ルイ教会
Cathédrale
St-Louis

農林水産省
Ministère de l'Agriculture
et de la Pêche

RUE DU BAC

Ⓜ

Ⓗ Le Cinq Codetへ
P.250

ドーム教会
Eglise du
Dôme

ロダン美術館
Musée Rodin

Rue de Varenne

マティニョン館
Hôtel Matignon

マイヨール美術館
Musée Maillol

Bd. St-Germain

Rue de Tourville

Pl. Vauban

1

2

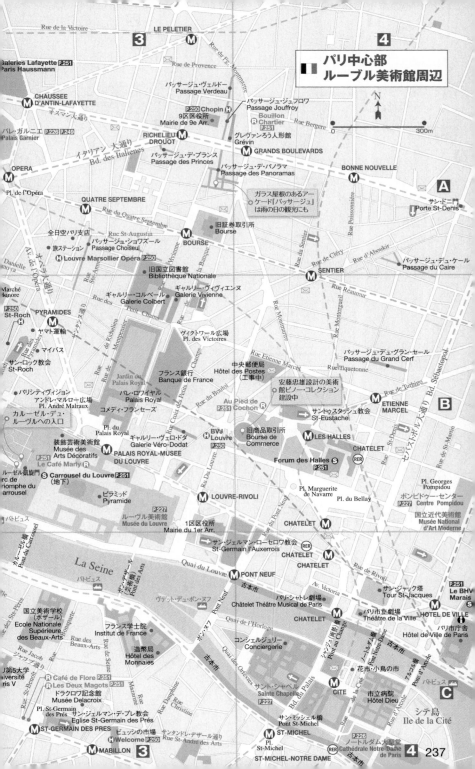

パリ中心部
ルーブル美術館周辺

3 LE PELETIER **4**

Rue de la Victoire

Rue du Fg-Montmartre

Galeries Lafayette
Paris Haussmann

Rue de Provence

M CHAUSSEE
D'ANTIN-LAFAYETTE
オスマン通り

パッサージュ・ヴェルドー
Passage Verdeau

P250 Chopin H
9区区役所
Mairie de 9e Arr.

パッサージュ・ジュフロワ
Passage Jouffroy

Bouillon
Chartier
P251

Rue Bergère

N

0   300m

パレ・ガルニエ
Palais Garnier P226 P249

RICHELIEU M
DROUOT

グレヴァンろう人形館
Grévin

バラ・ヌ大通り

パッサージュ・デ・プランス
Passage des Princes

GRANDS BOULEVARDS

OPERA M

イタリアン 大通り
Bd. des Italiennes

パッサージュ・デ・パノラマ
Passage des Panoramas

BONNE NOUVELLE M

A
サンドニ門
Porte St-Denis

Pl. de l'Opéra

QUATRE SEPTEMBRE

Rue du Quatre Septembre

ガラス屋根のあるアー
ケード「パッサージュ」
は雨の日の観光にも

Rue Poissonnière

全日空パリ支店

Rue St-Augustin

旧証券取引所
Bourse

Rue de Cléry

旅ステーション

パッサージュ・ショワズール
Passage Choiseul

Rue du Sentier

パッサージュ・デュ・ケール
Passage du Caire

H Louvre Marsollier Opéra P250

M BOURSE

Rue Réaumur

PYRAMIDES
St-Roch

旧国立図書館
Bibliothèque Nationale

ギャリリー・コルベール
Galerie Colbert

ギャルリー・ヴィヴィエンヌ
Galerie Vivienne

M SENTIER

ヤマト運輸

マイバス

ヴィクトワール広場
Pl. des Victoires

パッサージュ・デュ・グラン・セール
Passage du Grand Cerf

サン・ロック教会
St-Roch

Rue Etienne Marcel

Rue Tiquetonne

Bd. de Sébastopol

パリシティヴィジョン
アンドレ・マルロー広場
Pl. André Malraux

Jardin du
Palais Royal

フランス銀行
Banque de France

中央郵便局
Hôtel des Postes
(工事中)

安藤忠雄設計の美術
館ピノー・コレクション
建設中

Rue de Turbigo

M ETIENNE
MARCEL

B

カルーゼル・デュ・
ルーヴルへの入口

パレ・ロワイヤル
Palais Royal

コメディ・フランセーズ

Au Pied de
Cochon P251

サントゥスタッシュ教会
St-Eustache

装飾芸術美術館
Musée des
Arts Décoratifs

Le Café Marly R

ギャルリー・ヴェロ・ドダ
Galerie Véro-Dodat

PALAIS ROYAL-MUSÉE
DU LOUVRE

BVJ
Louvre P250

旧商品取引所
Bourse de
Commerce

M LES HALLES

CHATELET

RER

ルーヴル凱旋門
rc de
iomphe du
arrousel

S Carrousel du Louvre P251
(地下)

Forum des Halles S
P251

Pl. Georges
Pompidou

バトビュス

ピラミッド
Pyramide

M LOUVRE-RIVOLI

Pl. Marguerite
de Navarre

Pl. du Bellay

ポンピドゥー・センター
Centre Pompidou P227

ルーヴル美術館
Musée du Louvre

1区区役所
Mairie du 1er Arr.

国立近代美術館
Musée National
d'Art Moderne

カルーゼル凱旋門
Pont du Carrousel

La Seine

サン・ジェルマン・ローセロワ教会
St-Germain l'Auxerrois

CHATELET M

バトビュス

ヴェデット・デュ・ボン・ヌフ
Vedette du Pont-Neuf

M PONT NEUF
Quai du Louvre

CHATELET
CHATELET

Rue de Rivoli

サン・ジャック塔
Tour St-Jacques

Le BHV
Marais P251

国立美術学校
(ボザール)
Ecole Nationale
Supérieure
des Beaux-Arts

フランス学士院
Institut de France

パリ・シャトレ劇場
Châtelet Théâtre Musical de Paris

パリ市立劇場
Théâtre de la Ville

HOTEL DE VILLE M

造幣局
Hôtel des
Monnaies

Quai de l'Horloge

コンシェルジュリー
Conciergerie

Pont au Change

パリ市庁舎
Hôtel de Ville de Paris

第三大学
ris V

Café de Flore R

Les Deux Magots R P251

ドラクロワ記念館
Musée Delacroix

サント・シャペル
Sainte Chapelle P227

花市・小鳥の市

市立病院
Hôtel Dieu

シテ島
Ile de la Cité

C

Pl. St-Germain
des Prés

サン・ジェルマン・デ・プレ教会
Eglise St-Germain des Prés

M CITE

M ST-GERMAIN DES PRES

ビュシーの市場

H Welcome P250

3

M MABILLON

サンタンドレ・デザール通り
Rue St-André des Arts

サン・ミッシェル橋
Pont St-Michel

M ST-MICHEL
Pl.
St-Michel

ノートルダム大聖堂
RER Cathédrale Notre-Dame
de Paris P226

シテ島
Ile de la Cité

4 237

ST-MICHEL-NOTRE DAME

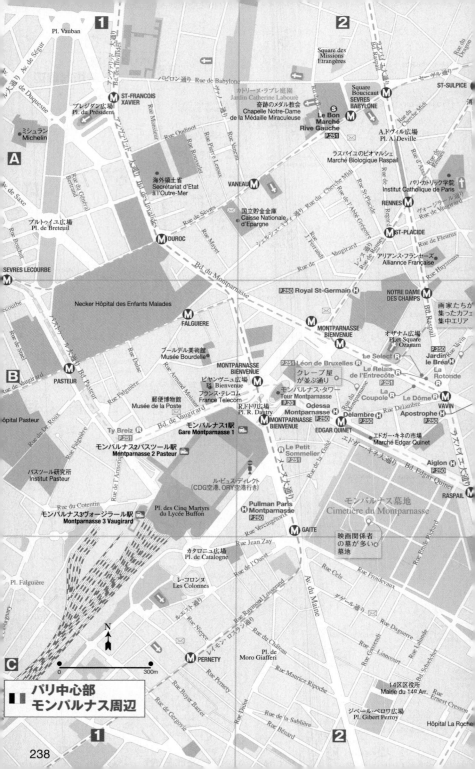

パリ中心部
モンパルナス周辺

0   300m

238

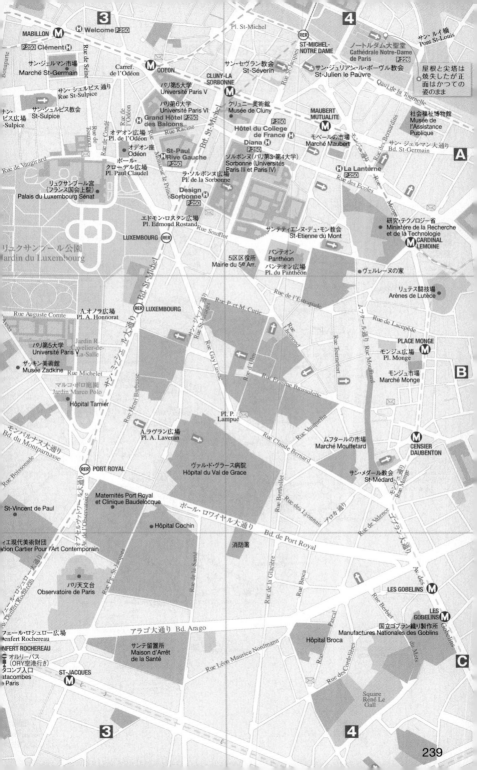

3

MABILLON Ⓜ Ⓗ Welcome P250
P250 Clément Ⓗ
サン・ジェルマン市場
Marché St-Germain
Carref. Ⓜ ODÉON
de l'Odéon
サン・シュルピス通り
Rue St-Sulpice
サン・シュルピス教会
St-Sulpice
ス広場
-Sulpice
Ⓜ ODÉON
パリ第5大学
Université Paris V
パリ第6大学
Université Paris VI
Grand Hôtel
des Balcons
オデオン広場
Pl. de l'Odéon
Odéon座
St-Paul
Rive Gauche P250
ポール・
クローデル広場
Pl. Paul Claudel
リュクサンブール宮
(フランス国会上院)
Palais du Luxembourg Sénat
エドモン・ロスタン広場
Pl. Edmond Rostand
LUXEMBOURG RER

CLUNY-LA
SORBONNE
クリュニー美術館
Musée de Cluny
Hôtel du College
de France
Diana P250
ソルボンヌ (パリ第3・第4大学)
Sorbonne (Universités
Paris III et Paris IV)
ラ・ソルボンヌ広場
Pl. de la Sorbonne
Design
Sorbonne P250
Rue Soufflot
サンティティエンヌ・デュ・モン教会
St-Etienne du Mont
5区区役所
Mairie du 5e Arr.
パンテオン
Panthéon
パンテオン広場
Pl. du Panthéon

4
RER ST-MICHEL-
NOTRE DAME
ノートルダム大聖堂
Cathédrale Notre-Dame
de Paris P226
サン・セヴラン教会
St-Séverin
サン・ジュリアン・ル・ポーヴル教会
St-Julien le Pauvre

サン・ルイ橋
Pont St-Louis

屋根と尖塔は
焼失したが正
面はかつての
姿のまま

MAUBERT
MUTUALITE
モベールの市場
Marché Maubert

社会福祉博物館
Musée de
l'Assistance
Publique
サン・ジェルマン大通り
Bd. St-Germain
A
Ⓗ La Lanterne P250
Rue des Écoles

研究・テクノロジー省
Ministère de la Recherche
et de la Technologie
Ⓜ CARDINAL
LEMOINE

ヴェルレーヌの家

リュクサンブール公園
Jardin du Luxembourg

Rue Auguste Comte
RER LUXEMBOURG
A.オノラ広場
Pl. A. Honnorat
Jardin R.
Cavelier-de-
La-Salle
パリ第5大学
Université Paris
ザッキン美術館
Musée Zadkine
Rue Michelet
マルコ・ポロ庭園
Jardin Marco Polo
Hôpital Tarnier

Rue P. et M. Curie
Rue de l'Estrapade
リュテス闘技場
Arènes de Lutèce

Rue de Lacépède
PLACE MONGE
モンジュ広場 Ⓜ
Pl. Monge

モンジュ市場
Marché Monge
B

Rue Claude Bernard
ムフタールの市場
Marché Mouffetard

CENSIER Ⓜ
DAUBENTON

モンパルナス大通り
Bd. du Montparnasse
A.ラヴラン広場
Pl. A. Laveran
RER PORT ROYAL
St-Vincent de Paul
Maternités Port Royal
et Clinique Baudelocque
Pl. P.
Lampué
ヴァル・ド・グラース病院
Hôpital du Val de Grace
サン・メダール教会
St-Médard

Hôpital Cochin
ィエ現代美術財団
ation Cartier Pour l'Art Contemporain
ポール・ロワイヤル大通り
Bd. de Port Royal
消防署

LES GOBELINS Ⓜ

パリ天文台
Observatoire de Paris
フェール・ロシュロー広場
enfert Rochereau
INFERT ROCHEREAU
オルリーバス
(ORY空港行き)
タコンブ入口
atacombes
Paris
ST-JACQUES Ⓜ
アラゴ大通り Bd. Arago
サンテ留置所
Maison d'Arrêt
de la Santé

Hôpital Broca

LES
GOBELINS Ⓜ
国立ゴブラン織り製作所
Manufactures Nationales des Goblins
C

Square
René Le
Gall

3 **4**

239

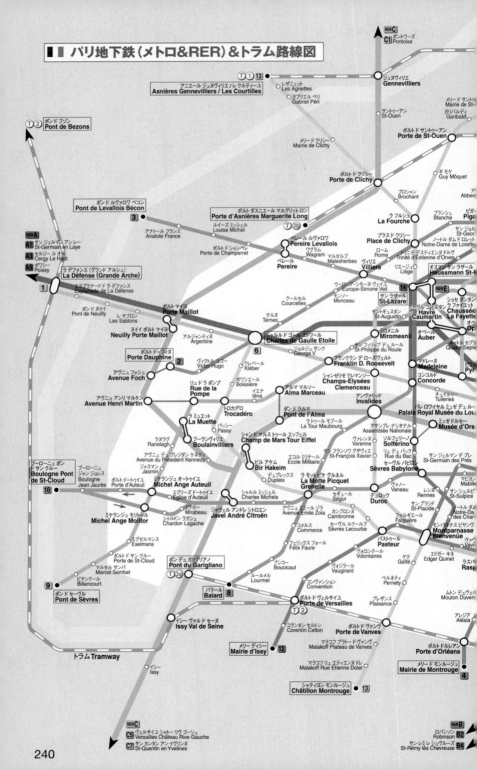

■■ パリ地下鉄（メトロ&RER）&トラム路線図

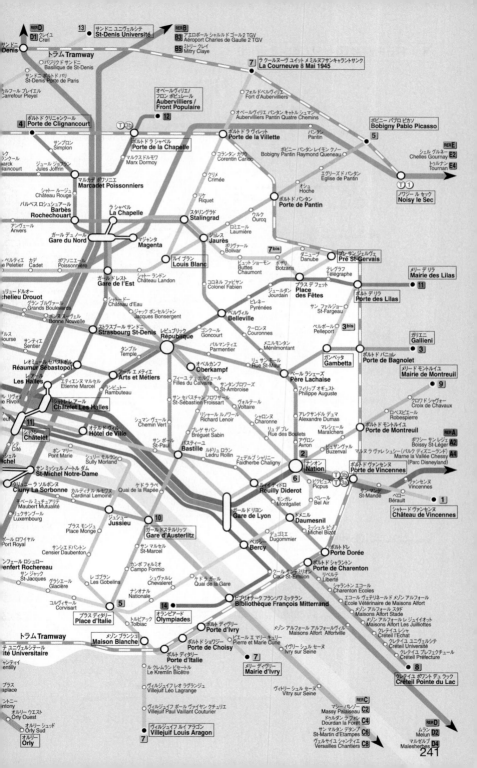

241

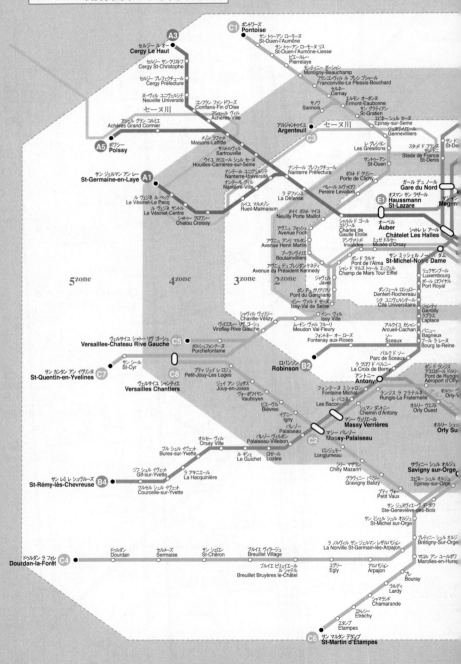

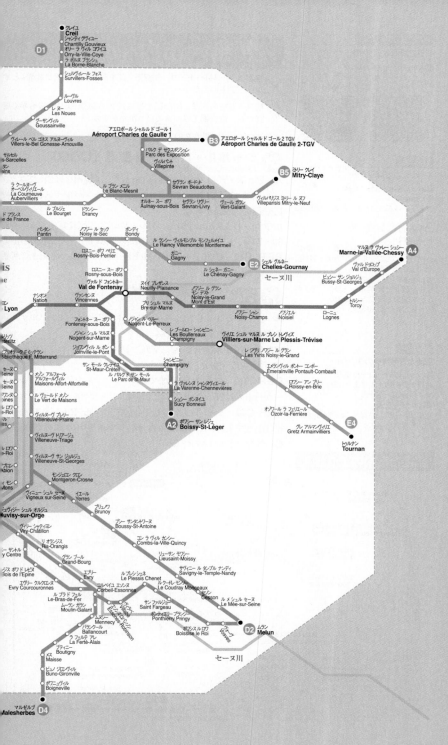

クレイユ
Creil
シャンティ グヴィユー
Chantilly Gouvieux
オリー ラ ヴィル コワユ
Orry-la-Ville-Coye
ラ ボルヌ ブランシュ
La Borne-Blanche

D1

シュヴィレール フォス
Survilliers-Fosses

ルーヴル
Louvres

レ ヌー
Les Noues

グー サンヴィル
Goussainville

ヴィレール ベル ゴネス アルヌーヴィル
Villers-le-Bel Gonesse-Arnouville

サルセル
s-Sarcelles

タン
ains

アエロポール シャルル ド ゴール 1
Aéroport Charles de Gaulle 1

B3
アエロポール シャルル ド ゴール 2 TGV
Aéroport Charles de Gaulle 2-TGV

パルク デ ゼクスポジシオン
Parc des Exposition
ヴィルパント
Villepinte

ラ クールヌーヴ
オーベルヴィリエ
La Courneuve
Aubervilliers

ル ブラン メニル
Le Blanc-Mesnil

B5
ミトリー クレイ
Mitry-Claye

ド フランス
de France

ル ブルジェ
Le Bourget

ドランシー
Drancy

セヴラン ボードット
Sevran Beaudottes

オルネー スー ボワ
Aulnay-sous-Bois

セヴラン リヴリー
Sevran-Livry

ヴェール ガラン
Vert-Galant

ヴィルパリジス ミトリー ル ヌフ
Villeparisis Mitry-le-Neuf

パンタン
Pantin

ノワジー セック
Noisy-le-Sec

ボンディ
Bondy

ル レンシー ヴィルモンブル モンフェルメイユ
Le Raincy Villemomble Montfermeil

マルヌ ラ ヴァレー シェシー
Marne-la-Vallée-Chessy

A4

ロニー ボワ ペリエ
Rosny-Bois-Perrier

ガニー
Gagny

ヴァル ドゥロップ
Val d'Europe

is
e

Lyon

ロニー スー ボワ
Rosny-sous-Bois

ヴァル ド フォントネ
Val de Fontenay

マイ プレザンス
Neuilly-Plaisance

ル シェネ ガニー
Le Chénay-Gagny

E2
シェル グルネー
Chelles-Gournay

セーヌ川

ビュシー サン ジョルジュ
Bussy-St-Georges

トルシー
Torcy

ナシオン
Nation

ヴァンセンヌ
Vincennes

ブリ シュル マルヌ
Bry-sur-Marne

ノワジー ル グラン
モン デスト
Noisy-le-Grand
Mont d'Est

ノワジー シャン
Noisy-Champs

ノワジエル
Noisiel

ローニュ
Lognes

フォントネー スー ボワ
Fontenay-sous-Bois

ノジャン ル ペルー
Nogent-Le-Perreux

レ ブールロー シャンピニー
Les Boullereaux
Champigny

ヴィレ シュル マルヌ ル プレシ トレヴィズ
Villiers-sur-Marne Le Plessis-Trévise

リツ
terlitz

ヴリオテーク F ミテラン
bliothèque F. Mitterrand

セーヌ
Seine

セーヌ
Seine

アンヌ
oines

ノジャン シュル マルヌ
Nogent-sur-Marne

ジョワンヴィル ル ポン
Joinville-le-Pont

シャンピニー
Champigny

レ イヴリ ノワジー ル グラン
Les Yvris Noisy-le-Grand

エメランヴィル ポントー コンボー
Emerainville Pontault-Combaux

サン モール クレテイユ
St-Maur-Créteil

ル パルク ド サン モール
Le Parc de St-Maur

ロワシー アン ブリー
Roissy-en-Brie

ル ロワ
a-Roi

ル ヴェール ド メゾン
Le Vert de Maisons

メゾン アルフォール
アルフォールヴィル
Maisons-Alfort-Alfortville

ラ ヴァレンヌ シャンヌヴィエール
La Varenne-Chennevières

スュシー ボンヌイユ
Sucy Bonneuil

オゾワール ラ フェリエール
Ozoir-la-Ferrière

ヴィルヌーヴ プレリー
Villeneuve-Prairie

as

A2
ボワシー サン レジェ
Boissy-St-Léger

E4
グレ アルマンヴィリエ
Gretz Armainvilliers

ル ロワ
a-Roi

ブレン
ablon

ヴィルヌーヴ トリアージュ
Villeneuve-Triage

ヴィルヌーヴ サン ジョルジュ
Villeneuve-St-Georges

トゥルナン
Tournan

モン
lons

モンジュロン クロヌ
Montgeron-Crosne

ヴィニュー シュル セーヌ
Vigneux sur-Seine

イエール
Yerres

ブリュノワ
Brunoy

ミュヴィジー シュル オルジュ
Muvisy-sur-Orge

ヴィリー シャティオン
Viry-Châtillon

リ オランジス
Ris-Orangis

ブシー サンタントワーヌ
Boussy-St-Antoine

コン ラ ヴィル カンシー
Combs-la-Ville-Quincy

サントル
y Centre

グラン ブール
Grand-Bourg

リューザン モワシー
Lieusaint-Moissy

サヴィニー ル タンプル ナンディ
Savigny-le-Temple-Nandy

ジス ボワ レピヌ
Bois de l'Epine

エヴリー
Evry

ル プレシ シュネ
Le Plessis Chenet

ル クードレ モンソー
Le Coudray Monceaux

ゲソン
Gesson

エヴリー クルクロンヌ
Evry Courcouronnes

コルベイユ エソンヌ
Corbeil-Essonnes

ル メ シュル セーヌ
Le Mée-sur-Seine

ル ブラ ド フェル
ムーラン ガラン
Le-Bras-de-Fer
Moulin-Galant

サン ファルジョー
Saint Fargeau

ポンティエリー プラングリ
Ponthierry Pringy

D2
ムラン
Melun

ムネシー
Mennecy

バランクール
Ballancourt

ヴィルアブ ロ ロビンソン
Villabé Robinson

ボワシーズ ル ロワ
Boissise le Roi

ヴォーヴ
Vosves

ラ フェルテ アレ
La Ferté-Alais

ブティニー
Boutigny

セーヌ川

メス
Maisse

ビュノ ジロンヴィル
Buno-Gironville

ボワニヴィル
Boigneville

マルゼルブ
Malesherbes

D4

243

URL &アプリ

パリの空港公式サイト

🔳 www.parisaeroport.fr

専用アプリ

iPhone　　　Android

DATA

ル・ビュス・ディレクト

🔳 www.lebusdirect.com

●Ligne1
エトワール/シャンゼリゼまで所要50
～60分
🚌片道€12　往復€20

●Ligne2
エトワール/シャンゼリゼまで所要45
～60分、エッフェル塔まで60～70分。
🚌片道€18　往復€31

●Ligne4
リヨン駅まで所要40～50分、モンパ
ルナス駅まで所要70～80分。
🚌片道€18　往復€31

補足

空港から市内へのタクシー
●シャルル・ド・ゴール空港
右岸まで€50、左岸まで€55の定額
制。所要30～50分。
●オルリー空港
左岸まで€30、右岸まで€35の定額
制。所要20～40分

空港から市内へのアクセス

✔ 空港はシャルル・ド・ゴール空港（日本からの直行便が発着）とオ
ルリー空港のふたつ

✔ 空港から市内へは、時間面では高速郊外鉄道RERが最も早く確
実だが、治安面ではバスのほうがおすすめ

✔ タクシーは定額制なので安心して乗車できる

✈ シャルル・ド・ゴール空港（CDG）
Aéroport Charles de Gaulle

ル・ビュス・ディレクトLe Bus Direct　凱旋門を経由してエッフ
ェル塔まで行くLigne2とリヨン駅経由モンパルナス駅行きの
Ligne4の2路線がある。

ロワシーバスRoissybus　パレ・ガルニエ近くに発着する。所要
60～75分、€13.70。パス・ナヴィゴ・デクーヴェルト（→P.246）使用可。

RER B線　CDG2→CDG1→RER B線の各駅。北駅まで所要
25分、€10.30。

✈ オルリー空港（ORY）
Aéroport d'Orly

ル・ビュス・ディレクトLe Bus Direct　Ligne1がモンパルナス駅
を経由して、凱旋門まで結ぶ。

オルリーバスOrlybus　空港とダンフェール・ロシュローを結
ぶ。所要25～30分、€9.50。

RER B線　アントニー駅までオルリーヴァルで約6分。アントニ
ーから市内は25～30分、€12.10（オルリーヴァル＋RER）。

RER C線　シャトルバスGo C ParisでPont de Rungis Aéroport
d'Orlyまで行き、RERに乗り換える。オステルリッツ駅まで約35分、
€6.35（シャトルバス＋RER）。

空港と市内のアクセス

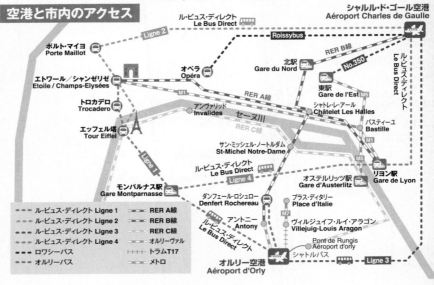

パリのターミナル駅

✔ 方面別にフランス国鉄（SNCF）の駅が7つある

✔ サン・ラザール駅、ベルシー駅を除き、コインロッカーがある

関連項目

・パリの主要ターミナル駅　P.136
・フランスの列車の種類　　P.144
・フランスの鉄道事情　　　P.168

長距離駅　国鉄ターミナル駅 Gare SNCF

北駅Gare du Nord Map P.235A3　北への玄関口。リールなど北部の町、オランダ、ドイツ北部への国際列車、ロンドンと結ぶユーロスターも発着する。

東駅Gare de l'Est Map P.235A3　フランス東部のアルザス、ロレーヌ、シャンパーニュ各地方への列車が発着する。

サン・ラザール駅Gare St-Lazare Map P.234A2　ノルマンディー地方への列車が発着する。

リヨン駅Gare de Lyon Map P.235C3　南仏への玄関口。リヨン方面、プロヴァンス、コート・ダジュールへ向かうTGV、ミラノ、ヴェネツィア方面への夜行列車Thelloが発着する。

オステルリッツ駅Gare d'Austerlitz Map P.235C3　リモージュなどフランス中南部への列車の発着駅。

モンパルナス駅Gare Montparnasse Map P.238B2　ロワール、ブルターニュ、大西洋岸地方への列車が発着する。モン・サン・ミッシェルへはこの駅からTGVを利用する。

ベルシー・ブルゴーニュ・ペイ・ドーヴェルニュ駅（ベルシー駅）
Gare de Bercy Bougogne-Pays d'Auvergne Map P.235C4

　通称ベルシー駅。ブルゴーニュ、オーヴェルニュ地方への列車が発着する。

バスターミナル　長距離バス Gare Routière

パリ・ガリエニ国際バスターミナル

Gare Routière Internationale de Paris-Gallieni

　ユーロラインズEurolinesなどのフランス各地やヨーロッパ各地への長距離バスは、パリの東端、メトロ3号線の終点ガリエニGallieni駅と直結する。

タリスなど国際高速列車も発着する北駅

パリで最も古いサン・ラザール駅

リヨン駅は時計塔が目印

格安バス

ブラブラビュスBlablaBus
（旧ウイビュス）
URL www.blablacar.fr/bus
パリ～リヨンが€14.99、パリ～ボルドーが€14.99と激安で人気を集めている格安長距離バス。オンライン予約のみ。ベルシー駅近くのバス停（Map P.235C4）から発着している。

DATA

主要駅に接続しているメトロ、RER
北駅
Ⓜ4、5号線　RER B、D、E線
東駅
Ⓜ4、5、7号線　RER E線
サン・ラザール駅
Ⓜ3、12、13、14号線
リヨン駅・ベルシー駅
Ⓜ1、14号線　RER A、D線
オステルリッツ駅
Ⓜ5、10号線　RER C線
モンパルナス駅
Ⓜ4、6、12、13号線

イギリス
フランス
ベルギー
オランダ
ドイツ
オーストリア
スイス
チェコ

共通チケット
「Ticket t+」
※2021年に廃
止予定

市内交通

パリ交通公団RATP

URL www.ratp.fr
専用公式アプリ→P.225

「Ticket t+」の買い方と料金
市内交通の共通チケット「Ticket t+」
は、メトロやRERの駅にある券売機で
購入する。有人の切符売場でも買える
が、数が少なく、係員がいないことも
多い。券売機は英語表示にもできる。
●1回券　€1.90
●カルネ（10回券）　€16.90
ゾーンに注目！
行き先がどのゾーンに入っているかによ
って、料金が違ってくるので注意しよ
う。パリ・ナヴィゴ・デクーヴェルトはゾ
ーン5まで使える。

シャルル・ド・ゴール空港

5 4 3 2 ゾーン1 2 3 4 5

ラ・デファンス　　　　パリ市内
ヴェルサイユ　　　ディズニーランド・
　　　　　　　　　リゾート・パリ
オルリー空港
　　　　　フォンテーヌブロー

パリの市内交通

✔ パリ市内の交通手段は、メトロ、RER（高速郊外鉄道）、バス、
トラム

✔ チケットは共通の「Ticket t+」

✔ パリと近郊は5つのゾーンに分けられ、ゾーンによって料金が異なる

パリ市内を回る交通手段には、パリ交通公団が運営するメト
ロ、RER、バス、トラムがあり、共通の切符**Ticket t+**で乗れる。

市内移動の基本

メトロ Métro

パリのメトロ

14路線で均一料金　パリのメト
ロは全14路線あり、それぞれ番
号が付けられている。料金は距
離に関係なく全線均一。「Ticket
t+」1枚で乗ることができ、乗り
換えも自由。

地下鉄&近郊鉄道

RER（高速郊外鉄道）Réseau Express Régional

5つの路線で行き先いろいろ
A〜Eの5つの線が通っているが、同じ線でも途中から行き先
が分かれ、多方面に路線が延びている。ディズニーランド・リゾート・
パリやヴェルサイユなどに行くのに便利。
市内での利用はメトロと同じ　パリ市内のみでの利用なら、切
符の買い方、乗り方は基本的にメトロと同じ。ただし、メトロと異
なり、**出口でも切符が必要**となる。

パリ観光に便利な定期券&パス　※紙のチケットは2021年に廃止される予定

観光地の割引付きパス　パリ ヴィジット Paris Visite
料1日券（1〜3ゾーン）€12〜
観光スポットの割引特典がある旅行者向けのパス。使用期間（連続した有効日）の日付と
氏名を記入して使う。使い方はTicket t+と同じ。

日付を入れて使う1日券　モビリス Mobilis　料1〜2ゾーン€7.50
1日乗車券。使用する日の日付と自分の名前を切符に記入して使う。移動のたびにチケッ
トを購入する手間が省ける。4回以上乗るならお得。

チャージ式ICカード型乗車券

ナヴィゴ・イージー Navigo Easy
URL www.navigo.fr/easy
ICカード（€2、写真やサインは不要）を購入し、チャージして使う。チャージ可能なチケッ
トの種類は1日券、10回券、ロワシーバス、オルリーバス（→P.244）。

ナヴィゴ・デクーヴェルト Navigo Découverte　URL www.navigo.fr
●**1週間パスNavigo Semaine**　料€22.80（1〜5ゾーン均一料金）
非接触型のICカードを購入し（€5、横2.5×縦3cmの写真1枚が必要）、チャージして使
う。月〜日曜有効なので、使用開始日に注意しよう。前の週の金曜からその週の木曜
までチャージ可能。
●**1日パスNavigo Jour**　料€7.50

郊外は料金が異なる　RERで郊外に行く場合は、目的地のゾーンによって料金が異なり、行き先までの切符を買う必要がある。乗り越し精算のシステムはないので、注意が必要。

慣れると快適移動 市内バス Bus

景色が見えて乗り換えも可能　路線網が細かく、慣れれば利用価値の高いバス。メトロのような階段の上り下りがなく、外が見えるのもうれしい。切符はメトロと共通で、1時間30分以内なら何度でも乗り換えできる。ただし乗車の際**バスの運転手から直接買う切符は€2で乗り換え不可。**

バスの乗り降り　バス停には、通常複数のバスが停まるので、乗りたい路線番号のバスが来たら、手を挙げて合図しよう。切符は、運転手の後ろにある刻印機に差し込んで刻印する。

　降りるときは、手すりにあるボタンを押すと、前方に「**arrêt demandé**（次下ります）」のサインが付く。

路面電車 トラム Tramway

周囲を環状に走る　環境に優しい交通として、主要都市で導入が進むトラム。パリでは1990年代から運行が始まっている。パリ市内では環状道路に沿って走り、中心を走る路線はない。

ABC料金 タクシー Taxi

乗り場で待つ　荷物が多いとき、帰りが遅くなったときには、タクシーを利用しよう。原則として流しのタクシーはなく、町なかでは「Station de Taxi（タクシー乗り場）」もしくは「Taxi」の標識のある所で待つ。1台も並んでいないときは、乗り場にある呼び出し機を使って呼ぶ。

3つの料金体系　料金は距離制と時間制を併用したA～Cの3料金制となっており、最低料金は€7.10。チップは原則として必要ないが、特別なサービスを受けたときなど、料金の5～10％を目安に渡すといいだろう。

テクニック
バスに乗るときの注意
●往路と復路でルートが違うことも
パリは一方通行の道が多く、往路と復路では一部別の道を走る路線も多い。
●2両連結のバス
2両連結のバスは後部ドアからも乗車できる。車の外側のボタンを押すと開く。後部ドア近くに刻印機があるので切符に刻印すること。
●乗り継ぎ
バスを乗り継ぐ場合は、乗車するたびチケットを刻印する。

パリの市内バス

補足
タクシー運賃の料金体系
基本料金　€4.10
時間帯やエリアによりA・B・Cの3つの料金がある。1回乗車の最低料金は€7.10。予約料金は別途必要。
A料金　€1.07/km
・パリ市内の平日昼間
B料金　€1.35/km
・パリ市内の夜間・休日
・パリ近郊3県の昼間
C料金　€1.60/km
・パリ近郊3県の夜間
・ヴェルサイユなどその他の地域
　（昼間・夜間とも）
パリ市内⇆空港　定額制
シャルル・ド・ゴール空港～右岸まで€50、左岸まで€55、オルリー空港～左岸まで€30、右岸まで€35

Column シェアサイクル「ヴェリブ」でパリを駆け抜けよう！

観光にも便利なレンタサイクル　都市型レンタサイクル「ヴェリブ」は24時間セルフサービスで自転車を借りることができるサービス。町なかに設置された無人駐輪場（ステーション）で、24時間自由に、自転車を借りたり返したりできる。2018年からは新システムを導入。電動自転車の新車両が導入されて、石畳の道も走りやすくなった。

©Alain Longeaud - Mieux

ヴェリブの料金
30分以内　€1（電動自転車€2）
31～60分　€2（電動自転車€4）
1日チケット€5　1週間チケット€15
初回利用時の登録の際にクレジットカードが必要になる。下記のアプリを使えば自転車やステーションの空き状況がわかる
URL www.velib2018.com
●ヴェリブ公式アプリ
iphone　　　　Android

イギリス
フランス
ベルギー
オランダ
ドイツ
オーストリア
スイス
チェコ

パリ発着ツアー

✔ ほとんどのツアーは英語解説付き。日本語音声ガイドが付きのツアーもある。

✔ 乗り降り自由の観光バスから、遊覧船でのセーヌ川クルーズ、電動アシスト付きの自転車ツアーまで、さまざまな種類がある

✔ ヴェルサイユやモン・サン・ミッシェルへの1日ツアーもある

ビッグ・バス・パリの観光バス

オープン・ツアー
Open Tour
9:30～18:10（場所により15～30分間隔）
🎫1日券€34、4～15歳€17
日本語音声ガイド付きの2階建てオープンバスで乗り降り自由。凱旋門、エッフェル塔、パレ・ガルニエなど19ヵ所に停車し市内を回る「青コース」。ほかに「赤コース」「緑コース」もある。

URL www.paris.opentour.com
青コース、赤コースはパレ・ガルニエ近くのRER A線Auber駅近くから出発。緑コースはノートルダム大聖堂前から出発。

ビッグ・バス・パリ
Big Bus Paris
9:30～17:30（場所により10～15分間隔）
1周約2時間20分　🎫1日券€39、4～12歳€19
日本語音声ガイド付きの2階建てオープンバス。エッフェル塔、ノートルダム大聖堂、ルーヴル美術館など10の観光スポットを回る「クラシックコース」や「モンマルトルコース」がある。乗り降り自由。

URL www.bigbustours.com
クラシックコースはエッフェル塔から出発。モンマルトルコースはルーヴル美術館のピラミッドから出発。

ビュストロノーム
Bustronome
ランチコース 12:15～14:00、12:45～14:30
🎫€65（飲み物別）、€85（飲み物込み）
ディナーコース 19:45～22:30、20:45～23:30
🎫€100（飲み物別）、€130（飲み物込み）
天井がガラス張りになった2階建てのパノラマバスで本格フレンチを楽しみながら観光ポイントを巡るグルメツアー。日本語音声ガイド付き。ランチコースとディナーコースある。要予約。

URL www.bustronome.com
凱旋門から南南西に延びるAv. Kléberから出発。

パリ・チャームス・アンド・シークレッツ
Paris Charms & Secrets
9:00、14:30発
🎫€59
ルーヴル宮、エッフェル塔など観光ポイントを電動アシスト付き自転車で巡る自転車ツアー。ほかに夜のナイトツアーもある。要予約。

URL www.parischarmssecrets.com
マルシェ・サントノレ広場Place du Marché Saint-HonoréにあるMaison Pradierの前に集合。

バトー・ムーシュ
Bateaux Mouches

10:00～22:30（冬期は短縮、30～40分間隔）
所要約1時間10分
🎫€14、4～11歳€6
プロムナードクルーズはセーヌ川の観光スポットを解説付きで遊覧。食事付きのランチクルーズディナークルーズは要予約。

URL www.bateaux-mouches.fr
セーヌ右岸アルマ橋のたもとから出発する。

バトー・パリジャン
Bateaux Parisiens

10:00～22:30（冬期は短縮、30～60分間隔）
所要約1時間
🎫€15、4～11歳€7
プロムナードクルーズはエッフェル塔～サン・ルイ島をクルーズ。日本語音声ガイド付き。ランチクルーズやディナークルーズは要予約。

URL www.bateauxparisiens.com
セーヌ左岸イエナ橋のたもとから出発する。

サン・マルタン運河クルーズ
Les Croisières sur le Canal Saint Martin

オルセー美術館前発9:45,14:25（冬期は9:45のみ）
ラ・ヴィレット公園発10:15,14:30（冬期は14:30のみ）
所要約2時間30分
🎫€22、4～14歳€14
　15～25歳、60歳以上€19
オルセー美術館前からラ・ヴィレット公園を結ぶクルーズ。要予約。19:30ラ・ヴィレット公園発のディナークルーズもある。

パリ・カナル Paris Canal
URL www.pariscanal.com

サン・マルタン運河クルーズ
Croisières sur le Canal Saint Martin
アルスナル港発9:45、14:30
ラ・ヴィレット公園発9:45
所要約2時間30分（曜日、季節によって異なる）
🎫€18
バスティーユ広場近くのアルスナル港からラ・ヴィレット貯水池を結ぶクルーズ。クレープ付きのクルーズ（冬期）やビールまたはシャンパングラス付きクルーズも催行している。

カノラマ Canauxrama
URL www.canauxrama.com

近郊ツアー Excursions de Paris

パリ近郊の観光地へは列車やバスを乗り継いで行くこともできるが、バスなら乗り換えを調べたりする手間がなく便利。日本語ガイド付きのツアーも多く出ている。

半日ツアーではガイド付きヴェルサイユ宮殿のツアーやモネの『睡蓮』で有名なジヴェルニー村へ行くものが代表的。1日ツアーではロワールの古城巡りやモン・サン・ミッシェルの1日ツアーが人気。ほかにもシャンパン農家やワイン農家を訪れるツアーなどもある。

DATA
おもなツアー会社
●マイバス
URL mybus-europe.jp
●みゅうバス
URL myufrance.com
●パリシティヴィジョン
ParisCityVISION
URL www.pariscityvision.com

イギリス
フランス
ベルギー
オランダ
ドイツ
オーストリア
スイス
チェコ

Column

パリのエンターテインメント

世界一流の音楽家の演奏から、華やかなナイトショーまで、さまざまな舞台、エンターテインメントを楽しめるパリ。機会があれば、ぜひ生の舞台を体験してみたい。

オペラとバレエ　オペラ、バレエファンでなくても、一度は体験してみたい**パリ・オペラ座**の舞台。シーズンは9月中旬〜翌年7月中旬。

初心者でも楽しめる演目もあるのでプログラムをウェブサイトでチェックしよう。公演初日の2〜4ヵ月前からオンライン予約も受け付けている。人気の公演はすぐ売り切れてしまうのでお早目に。

ムーラン・ルージュ

ナイトショー　パリらしいエンターテインメントとして、えり抜きのダンサーたちによる華麗なナイトショーもおすすめ。代表格といえる**ムーラン・ルージュ**では、大迫力の**フレンチ・カンカン**がフィナーレを飾る。

パレ・ガルニエ　オペラ劇場
Palais Garnier
Map P.237A3　URL www.operadeparis.fr
パリ・オペラ座バレエ団の公演が中心だが、バロック・オペラの復刻上演など、オペラ公演も行われている。19世紀に完成した荘厳な内装も必見。

オペラ・バスティーユ　オペラ劇場
Opéra Bastille
Map P.235B3　URL www.operadeparis.fr
地上7階、地下6階、2700席のキャパシティをもつ近代的な大劇場。ハイテク設備と最高レベル

の音響が自慢で、安い席でもしっかり舞台が見えるのもうれしい。

フィラルモニー　コンサートホール
Philharmonie
Map P.235A4　URL philharmoniedeparis.fr
2015年にラ・ヴィレット公園にオープンしたパリ管弦楽団の新拠点。ジャン・ヌーヴェルによるデザインのホールは人間工学、音響においても最高品質を誇る。

ムーラン・ルージュ　ナイトクラブ
Moulin Rouge
Map P.234A2　URL www.moulinrouge.fr
映画の舞台ともなり、世界的に有名なキャバレー「赤い風車」。ロートレックが足しげく通い、踊り子たちを描いた場所でもある。ダンサーたちの華麗な舞台に圧倒されるはず。

リド　ナイトクラブ
Lido
Map P.234B2　URL www.lido.fr
シルク・ド・ソレイユも手がけたフランク・ドラゴンを舞台総監督に迎え、2015年にプログラムがリニューアル。リド伝統のエッセンスはそのまま保ちながら、パリの町にインスピレーションを得た壮大なレビューが楽しめる。

クレイジー・ホース　ナイトクラブ
Crazy Horse
Map P.234B2　URL www.lecrazyhorseparis.com
シャンゼリゼ大通り近くにある有名キャバレー。音と光による演出と粒揃いのダンサーが作り上げる洗練された舞台が楽しめる。ほかのキャバレーと比べると小規模だが、そのぶんステージに近いのが魅力。

ホテル

レストラン

ル・トラン・ブルー Le Train Bleu　　Map P.235C3
URLwww.le-train-bleu.com
国鉄リヨン駅構内にある歴史あるレストラン。

ル・プティ・ソムリエ　　Map P.238B2
Le Petit Sommelier　URLwww.lepetitsommelier-paris.fr
国鉄モンパルナス駅前にあるワインが自慢の店。

ラザール Lazare　　Map P.234A2
URLlazare-paris.fr
国鉄サン・ラザール駅構内にある美食系ブラッスリー。

オテル・デュ・ノール Hôtel du Nord　　Map P.235B3
URLwww.hoteldunord.org
国鉄リヨン駅構内にある歴史あるレストラン。

ブイヨン・シャルティエ BouillonChartier　　Map P.237A4
URLwww.bouillon-chartier.com
驚きの安さをキープする1896年創業のレストラン。

オ・ピエ・ド・コション　　Map P.237B4
Au Pied de Cochon
URLwww.pieddecochon.com
豚足料理が人気の24時間営業ブラッスリー。

レオン・ド・ブリュッセル　　Map P.238B2
Léon de Bruxelles
URLwww.leon-de-bruxelles.fr
ベルギーからやってきたムール貝料理の専門店。

ル・ルレ・ド・ラントルコート　　Map P.238B2
Le Relais de l'Entrecôte
URLwww.relaisentrecote.fr
メインはステーキ1種類のみという肉好きのための店。

ル・パン・コティディアン　　Map P.235B3
Le Pain Quotidien
URLwww.lepainquotidien.com
タルティーヌ（オープンサンド）が人気のベーカリーカフェ。

ティ・ブレイズ Ty Breiz　　Map P.238B1
具がたっぷり入ったそば粉のガレットがおいしい店。

レクリューズ L'Ecluse　　Map P.236A2
ボルドーワインを中心に揃えた老舗ワインバー。2017年
にリニューアルオープン。

カフェ・ド・フロール Café de Flore　　Map P.237C3
URLcafedeflore.fr
20世紀半ば文化人たちが集った歴史的文学カフェ。

レ・ドゥー・マゴ　　Map P.237C3
Les Deux Magots
URLwww.lesdeuxmagots.fr
独自の文学賞をもつなど作家たちから愛されてきたカフェ。

レ・フィロゾフ Les Philosophes　　Map P.235B3
URLwww.cafeine.com
20世紀半ば文化人たちが集った歴史的文学カフェ。

アンジェリーナ Angelina　　Map P.236B2
URLwww.angelina-paris.fr
モンブランで知られる老舗パティスリーのティールーム。

ル・カフェ・マルリー Le Café Marly　　Map P.237B3
URLcafe-marly.com
ルーヴル美術館のガラスのピラミッドを眺めながらお茶が
できる。

ショッピング

ギャラリー・ラファイエット
パリ・オスマン　　Map P.237A3
Galeries Lafayette Paris Haussmann
URLhaussmann.galerieslafayette.com
全3館で3500以上のブランドを扱う老舗百貨店。

プランタン・オスマン本店　　Map P.236A2
Printemps Haussmann
URLdepartmentstoreparis.printemps.com
1865年創業。メンズ館が大リニューアル。

ル・ボン・マルシェ・リヴ・ゴーシュ　　Map P.238A2
Le Bon Marché Rive Gauche　URLwww.24s.com
1852年創業の世界最古の百貨店。

カルーゼル・デュ・ルーヴル　　Map P.237B3
Carrousel du Louvre　URLwww.carrouseldulouvre.com
ルーヴル美術館の地下にあり、年中無休。

フォーロム・デ・アール　　Map P.237B4
Forum des Halles　URLfr.westfield.com
かつての中央市場に建てられたショッピングセンター。

ル・ベーアッシュヴェー・マレ　　Map P.237C4
Le BHV Marais　URLwww.bhv.fr
生活用品が何でも揃う庶民派のデパート。

ル・マカロン・ラデュレ　　Map P.236B2
Le Macaron Ladurée　URLwww.laduree.fr
36種が揃うラデュレのマカロン専門店。

イギリス
フランス
ベルギー
オランダ
ドイツ
オーストリア
スイス
チェコ

パリ
ストラスブール

·市外局番	03
·公式サイト	URL www.visitstrasbourg.fr
·市内交通	URL www.cts-strasbourg.eu

フランスの基本情報➡P.224

空港から市内へ
ストラスブール空港 (SXB)
Aéroport Strasbourg
URL www.strasbourg.aeroport.fr
●鉄道で市内へ
ターミナルと連絡通路で結ばれている
空港駅からTERでストラスブール駅ま
で8〜12分。

市内交通
ストラスブールのトラム、市内バス
料 1回券€1.80　24時間券€4.60

アプリ
ストラスブール市交通局
CTS Transports Strasbourg

iPhone　　　Android

ストラスブールは幾たびかドイツ領シュトラスブルクになった。木組みの建物、1本だけの尖塔が天を射る大聖堂、ザワークラウトの上にジャガイモとベーコンがのった名物料理シュークルート。どれもみんなドイツ的だ。そしてこの地方で現在でも話される言葉、アルザス語はドイツ語の方言である。

市内を走るトラム

散策が楽しいプティット・フランス

町の中心は旧市街　おもな見どころはほとんど旧市街に集まっている。ストラスブールの旧市街は、**イル川**の本流と支流とに取り囲まれている。駅を出てRue du Maire Kussを進むと、すぐにイル川河岸に出る。キュス橋Pont Kussを渡り、しばらく歩くと**ノートルダム大聖堂**の塔が見えてくる。塔の展望台に出れば遠くはドイツの黒い森まで見渡せる。

プティット・フランス　イル川の本流が4つに分かれる地帯はプティット・フランスPetite France（小さなフランス）と呼ばれ、白

地図内ラベル：
在ストラスブール日本国総領事館 / ストラスブール駅 / バスターミナル / 駅前広場 Pl. de la Gare / Le Grand Hôtel P.253 / キュス橋 Pont Kuss / Pax P.253 / 駅前広場にはホテルが並ぶ / Pl. du Marché Ste-Marguérite / 現代美術館 P.253 / ヴォーバン・ダム Barrage Vauban / Pont des Frères Matthis / プティット・フランス Petite France / Ponts Couverts / サン・トマ教会 / 旧市街には雰囲気のいいレストランがある / Quai Finkwiller / Pl. des Halles / Pl. de l'Homme de fer / Le Kléber P.253 / クレベール広場 Pl. Kléber / ヌフ教会 / グーテンベルク広場 Pl. Gutenberg / Pl. St-Thomas / Le Tire Bouchon / Quai Sturm / Pl. de la République / オペラ劇場 Théâtre Municipal-Opéra / ブロクリ広場 Pl. Broglie / 市庁舎 / Le Clou P.253 / Cathédrale P.253 / Maison Kammerzell P.253 / ノートルダム大聖堂 Cathédrale Notre-Dame / カテドラル広場 Pl. de la Cathédrale / ロアン宮 Palais Rohan P.253 / ノートルダム大聖堂美術館 P.253 Musée de l'Œuvre-Notre Dame / 1741 P.253 / 遊覧船乗り場 / アルザス博物館 P.253 Musée Alsacien / 0 300m

B ▮▮ **ストラスブール**

壁に黒い木の建物が並ぶ絶好の散歩道。クヴェール橋付近は旧
市街の雰囲気を楽しむ人たちでにぎわっている。天気のよい日に
河岸からの風景を楽しむのは、すてきな心の贅沢だ。

ストラスブールの市内交通 ストラスブールの市内交通は、バス
とトラムの2種類のみ。主要な観光地を回るだけなら徒歩だけで
も十分回れる広さだ。駅から旧市街へ向かうなら、トラムで3つ目
のLangstross Grand'Rueで降りるといい。

イル川の遊覧船 ロアン宮前の船着場から出発して、旧市街、
プティット・フランス、欧州議会まで約1時間10分で主要観光スポ
ットを回る。日本語オーディオガイド付き。

DATA
イル川の遊覧船
●バトラマ Batoama
URLwww.batorama.com
料€13.50 4〜12歳€7.80
4〜10月は1日20便以上。11〜3月は
減便。

ストラスブール INDEX [Hotel] [Restaurant] [Museum]

ホテル

中級	カテドラル Cathédrale	Map P.252B
	URLwww.hotel-cathedrale.fr	
	ル・グラントテル Le Grand Hôtel	Map P.252A
	URLwww.le-grand-hotel.com	

中級	パクス Pax	Map P.252A
	URLwww.paxhotel.com	
	ル・クレベール Le Kléber	Map P.252A
	URLwww.hotel-kleber.com	

レストラン

メゾン・カメルツェル Map P.252B
Maison Kammerzell URLwww.maison-kammerzell.com
16世紀の建物を改築した高級アルザス料理店。

1741 (ミル・セット・サン・キャランティ・アン) Map P.252B
1741(Mill Sept Cent Quarante et Un)
URLwww.1741.fr
イル川を挟んだロアン宮前。ミシュラン1つ星獲得店。要予約。

ル・クルー Map P.252B
Le Clou URLwww.le-clou.com
大聖堂近くにあるアルザス風伝統ビストロ。

ル・ティール・ブション Map P.252B
Le Tire Bouchon URLwww.letirebouchon.fr
魚のシュークルートが名物の人気店。大聖堂からも近い。

博物館&美術館

ロアン宮 Palais Rohan Map P.252B
URLwww.musees.strasbourg.eu
装飾博物館、ストラスブール美術館、考古学博物館が入
っている。

ノートルダム大聖堂美術館 Map P.252B
Musée de l'Œovre-Notre Dame
URLwww.musees.strasbourg.eu
大聖堂の彫像やステンドグラスを展示。

アルザス博物館 Musée Alsacien Map P.252B
URLwww.musees.strasbourg.eu
アルザスの伝統的な衣装や生活用品を収蔵。

現代美術館 Map P.252A
Musée d'Art moderne et contemporain
URLwww.musees.strasbourg.eu
モネ、ピカソ、カンディンスキーの作品を収蔵。

イギリス
フランス
ベルギー
オランダ
ドイツ
オーストリア
スイス
チェコ

Things to do in Strasbourg

ストラスブールと周辺の観光スポット

Cathédrale Notre-Dame

ノートルダム大聖堂　11〜15世紀にヴォージュの山から切り出された赤色砂岩で造られたゴシック様式の大聖堂。天を射るようにそびえる1本の尖塔が印象的。聖堂内のからくり人形付きの天文時計も必見。

Map P.252B
Data P.445
URL www.cathedrale-strasbourg.fr

Marché de Noël

クリスマス市　モミの木のツリー発祥地ともいわれるアルザス地方は、毎年150万人もの観光客が押し寄せる。町は11月下旬から町中がクリスマス一色となり、オーナメントやヴァン・ショー（ホットワイン）の店が並ぶ。

Reims

ランス　シャンパンの本場。セラー見学を受け付けているメーカーも多い。かつてフランス王が戴冠式を行ったノートルダム大聖堂は世界遺産に登録されている。画家の藤田嗣治が建てたフジタ礼拝堂もある。

Data P.445
URL www.reims-tourisme.com

Grande-Ile

旧市街　ライン川支流のイル川に囲まれた部分が旧市街。特に美しいのがプティット・フランス（小さなフランス）と呼ばれる一画で、白壁に黒い木骨組みの建物が並ぶ絶好の散歩道。世界遺産に登録されている。

Map P.252A〜B

Colmar

コルマール　ドイツとの国境近くの町。小ヴェニスと呼ばれるプティット・ヴニーズはロマンティックな散歩道。木骨組みの建物や石畳の道など、中世からルネッサンス時代の町並みが残っている。11月下旬からはクリスマス市が開かれる。

Data P.445
URL www.tourisme-colmar.com

& its surroundings 必ず見てほしいスポット

イギリス
フランス
ベルギー
オランダ
ドイツ
オーストリア
スイス
チェコ

Nancy

ナンシー　19世紀末にアールヌーヴォーの生まれた町。装飾的な鉄の門のあるスタニスラス広場などが世界遺産。ナンシー派美術館では、ナンシー出身のエミール・ガレなどの作品が見られる。

 Data P.446
URL www.nancy-tourisme.fr

Map Link

Chapelle Notre-Dame du Haut

ノートルダム・デュ・オー礼拝堂
　近代建築の父と呼ばれるル・コルビュジエが設計した小さな礼拝堂で世界遺産に登録されている。小高い丘の上に建ち、周辺の環境とすばらしく調和している。

 Data P.446
URL www.collinenotredameduhaut.com

Map Link

Chamonix

シャモニ　モンブラン山系の観光の拠点となる町。ロープウェイで行ける標高3842mの展望台エギュイユ・デュ・ミディ、氷河を見下ろすロープウェイ、登山鉄道など、アルプスの絶景をさまざまな形で楽しめる。

 Data P.446
URL www.chamonix.com

Map Link

アルザスのワイン街道巡り

アルザスは、ボルドー、ブルゴーニュと並ぶ、フランス有数のブドウ産地。白ワインがほとんどで、ブドウの品種がワインの名称となっている。およそ170kmのワイン街道にはワイン造りで有名な村が並び、絶好の観光ルートとなっている。どの村も絵本のようにかわいらしく、ワイン好きはもちろん、ワインを飲めない人でも楽しめる。

ストラスブール発アルザスワインツアー

ワイン街道半日ツアーや3〜4の村々を巡る1日ツアーがある。ワインの試飲付きで、アルザスワインの代表的品種が楽しめる。
オフォリュス Ophorus
URL www.ophorus.com

アルザスワインの種類

Riesling リースリング	アルザスワインの王。気品に満ちた辛口の白。
Gewurztraminer ゲヴュルツトラミネール	赤ワインの次に飲んでも、十分耐え得る芳香豊かな力強い白。
Pinot Gris ピノ・グリ	コクのある白。重い料理にも合う。
Muscat ミュスカ	軽い辛口の白。食前酒に最適。
Sylvaner シルヴァネール	辛口の軽い白。さわやかな風味。
Pinot Blanc ピノ・ブラン	調和の取れた味わいのある白。
Pinot Noir ピノ・ノワール	唯一の赤。軽めであらゆる料理に合う。

フランスの基本情報➡P.224

海岸沿いの町並み

France
ニース
Nice

·市外局番	04
·公式サイト	URL www.nice.fr
·市内交通	URL www.lignesdazur.com

マルセイユからモナコを経てイタリア国境までの地中海沿岸はコート・ダジュール（紺碧海岸）と呼ばれるリゾート地域。日本でも耳にする、ニース、カンヌといった町には、世界中のお金持ちが避暑や避寒にやってくる。とりわけ四季を通じて観光客が絶えないのがニースで、2月下旬〜3月上旬にかけて開催されるカーニバルの期間中は盛況だ。

ニース・ヴィル駅〜ジャン・メドサン通り　駅前の通りを東に100mほど進むと、ニースのメインストリート、**ジャン・メドサン通り**

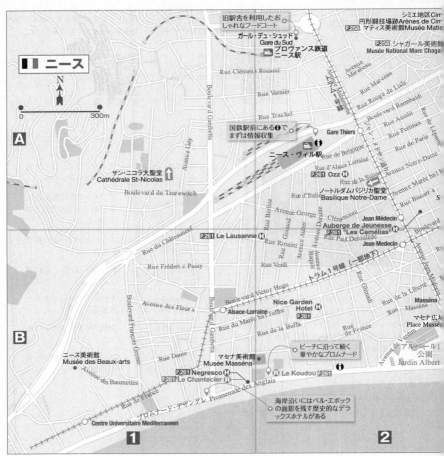

Av. Jean Médecinに出る。海岸や旧市街方面へは、この通りをぶらぶら歩いて10分ほどだが、トラムも利用できる。

マセナ広場～プロムナード・デザングレ　赤い建物に囲まれた美しい**マセナ広場**Pl. Massénaは国鉄駅に近いトラム乗り場からふた駅目。東側に広がる緑地帯**プロムナード・デュ・パイヨン**Promenade du Paillonは広さ12ヘクタールの気持ちのよい散歩道になっている。マセナ広場を抜けるとすぐ海岸だ。西に延びる遊歩道が、ネグレスコなどの高級ホテルが軒を並べる**プロムナード・デザングレ**Promenade des Anglais。この北側1本目の通り一帯は歩行者天国で、レストランやブティックが並ぶ繁華街。東側には旧市街がある。

シミエ地区　旧市街北側の丘はシミエCimiezと呼ばれる地区。オリーブの木々に囲まれた公園の奥にたたずむ修道院のテラスからは、ニースの町並みを一望することができる。ここにはローマ時代の円形闘技場跡Arènes de Cimiezのほか、マティス美術館もある。

イギリス

フランス

ベルギー

オランダ

ドイツ

オーストリア

スイス

チェコ

ニース・コート・ダジュール空港（NCE)
Aéroport de Nice-Côte d'Azur

☎0820 423 333
URLwww.nice.aeroport.fr
●トラムで市内へ
トラム2号線で約25分。Jean Médecin下車。
●タクシーで市内へ
空港～市内のタクシー料金は均一で€32（手荷物料金含む）。所要時間は20～30分。

URL＆アプリ

ニース・コートダジュール交通局

URLwww.lignesdazur.com
iPhone　　　Android

市内交通

トラム、市内バスのチケットは共通。どちらも乗車の際にチケットを車内の刻印機にとおすことを忘れずに。1日券も乗車ごとに刻印機をとおすこと。
運1回券€1.50
　　1日券€5　　1週間券€15
チケットの購入
ニース・ヴィル駅前ほかトラム各駅にある自動券売機で購入できる。車内で運転手から直接購入もできるが1回券が€2と割高。

鉄道駅と旧市街の移動に便利なトラム

補足

プチトランで町巡り

URLwww.nicetourisme.com
ニースの町を簡単に見て回るのにちょうどいいのがプチトラン。プロムナード・デザングレを出発し、旧市街の狭い路地をとおって城壁のある丘まで登っていく。所要45分。丘の上で10分間の休憩があり、眺めを楽しめる。

Things to do in Nice

ニースと周辺の観光スポット

Promenade des Anglais

プロムナード・デザングレ　在住イギリス人の出資金で造られた、海岸に沿った全長3.5kmの大通り。通り沿いには豪華なホテル「ネグレスコ」（Map P.256B1）など、ベル・エポックの余韻が感じられる。

Map P.256B1～B2
Map Link

Colline du Château

丘の上の城跡　旧市街の東側、城跡のある丘。紺碧の海岸線と旧市街のかわいらしい町並みを展望できる。階段を歩いて上ってもいいが、ホテル「スイス」の横からエレベーターを使えば楽。

Map P.257B3
Map Link

Musée National Marc Chagall

シャガール美術館　聖書をテーマにした作品を展示した、マルク・シャガールの美術館。絵画のほかにステンドグラスも手がけている。ホールに置かれたチェンバロにもシャガールの絵が描かれている。

Map P.256A2
Data P.446
URLen.musees-nationaux-alpesmaritimes.fr
Map Link

Musée Matisse

マティス美術館　アンリ・マティスが晩年を過ごした邸宅で、1963年から作品を展示する美術館となった。家具や装飾品なども展示されている。ヴァンスのロザリオ礼拝堂を装飾するための習作を集めた展示が興味深い。

Map P.256A2外
Data P.446
URLwww.musee-matisse-nice.org
Map Link

Menton

マントン　バロック建築の町並みが残るイタリア国境の町。2月に開催されるレモン祭はコート・ダジュールに春を呼ぶ祭りとして名高い。マルチなアーティストだったコクトーの美術館がふたつある。

Data P.446
URLwww.menton.fr
Map Link

Monaco

モナコ　公用語、通貨はフランスと同じだが、立憲君主制の独立国。華やかなカジノや高級ホテルを有する世界有数のリゾート地でもある。5月に一般道がサーキットになるF1グランプリが開催される。

Data P.446
URLwww.visitmonaco.com
Map Link

& its surroundings

イギリス

フランス

ベルギー

オランダ

ドイツ

オーストリア

スイス

チェコ

Eze

エズ 「鷲の巣村」と呼ばれる絶壁に築かれた要塞村のひとつ。高台にある城跡は熱帯庭園となっており、紺碧の地中海を見下ろすことができる。中世の趣が残る村を散策するのも楽しい。

Data P.446
Map Link URLwww.eze-tourisme.com

St-Paul de Vence

サン・ポール・ド・ヴァンス 16世紀からの美しい家並みが残る鷲の巣村。町の北西約2kmの所にはマーグ財団美術館があり、ジャコメッティなど現代美術作品に親しめる場所として人気だ。

Data P.447
Map Link URLsaint-pauldevence.com

La Cuisine provençale

南仏料理を味わう

イタリアの影響を受けた
伝統料理

南フランスは19世紀中頃までイタリア領だったため、イタリアとフランス両国の影響を受けた独特の料理文化がある。ニースの伝統料理には「ニース風サラダSalade Niçoiseのほかにも「ベニェBeignet（野菜のフライ）」や「ファルシFarci（野菜の肉詰め）」など、どれも日本人の口によく合う素朴な味わいだ。旧市街には安くておいしいニース料理店が多いので試してみよう。

Salade Niçoise

ニース風サラダ 固ゆで卵、ツナ、アンチョビ入り生野菜のサラダ

Fleurs de Courgette

ズッキーニの花 夏野菜のズッキーニ（クールジェット）はフライなどに

Things to do in Provence

プロヴァンスとフランス南西部の観光スポット

Marseille

マルセイユ　紀元前600年からの歴史をもつ、南仏の海の玄関。魚市が立つ旧港、丘の上にそびえるノートルダム・ド・ラ・ギャルド・バジリカ聖堂、世界遺産となったル・コルビュジエの作品は必見。

 Data P.447
URLwww.marseille-tourisme.com
Map Link

Arles

アルル　世界遺産に登録された古代ローマ時代の円形闘技場や劇場が残る古都。ゴッホが2年間の滞在中、約300点に及ぶ作品を制作した町でもあり、モデルとなったカフェなどを見ることがができる。

 Data P.447
URLwww.arlestourisme.com
Map Link

Pont du Gard

ポン・デュ・ガール　ニーム近郊のガルドン川に架かるローマの水道橋。古代ローマ時代に造られた導水路の一部で、高さ50m、全長275m、最大6トンある巨石を積み上げて造られている。1985年に世界遺産に登録された。

 Data P.447
URLwww.pontdugard.fr
Map Link

La Corse

美の島、コルシカ島へ

ナポレオンの故郷

ニースの南東約180kmに位置する、地中海で3番目に大きい島。作家モーパッサンが「海に立つ山」と表現した、海際に迫った山と断崖絶壁はまさに絶景。島の西海岸にあるスカンドラ自然保護区とジロラッタ湾、ポルト湾を含む一帯には手付かずの自然が残り、フランスで初めて世界遺産の自然部門として登録された。

Ajaccio

ナポレオンゆかりのアジャクシオ
島の西海岸にある港町アジャクシオは、ナポレオンの生地として知られている。生家は博物館として公開されている。洗礼を受けた大聖堂（写真上）もある。

 Data P.447
URLmusees-nationaux-malmaison.fr
Map Link

Réserve de Scandola

スカンドラ保護区　保護区内は赤い花崗岩の奇岩群や洞窟など珍しい景観が続く。ただし厳しく管理されているため、海から観光船でのみ見学できる。

 Data P.447
URLwww.visite-scandola.com
Map Link

イギリス
フランス
ベルギー
オランダ
ドイツ
オーストリア
スイス
チェコ

& Sud-Ouest de la France

必ず見てほしいスポット

Route de Lavande

ラベンダー街道　プロヴァンスの主要なラベンダー栽培地を結ぶ観光ルート。6月末から7月にかけてこの街道を行くと、紫の絨毯を敷き詰めたようなラベンダー畑が続く風景を見ることができる。

Map Link Data P.447

Carcassonne

カルカソンヌ　ヨーロッパ最大規模の城塞が残る、フランス有数の人気観光地。要塞としての意味を失ってから一時衰退したが、その歴史的価値が認められ、現在ある形に復元された。

Data P.448

Map Link URLwww.tourisme-carcassonne.fr

ニース INDEX [Hotel] [Restaurant]

ホテル

高級	ネグレスコ Negresco	Map P.256B1
	URLwww.hotel-negresco-nice.com	
	スイス Suisse	Map P.257B3
	URLwww.hotel-nice-suisse.com	
中級	ル・ローザンヌ Le Lausanne	Map P.256B2
	URLwww.lausannehotelnice.com	

中級	ニース・ガーデン・ホテル	Map P.256B2
	Nice Garden Hotel	
	URLwww.nicegardenhotel.com	
ホステル	オーベルジュ・ド・ジュネス・レ・カメリア	Map P.256A2
	Auberge de Jeunesse Les Camélias	
	URLwww.hifrance.org	
	オズ Ozz	Map P.256A2
	URLwww.hotel-ozz.com	

レストラン

ル・シャントクレール　Map P.256B1
Le Chantecler　URLwww.hotel-negresco-nice.com
ニースの象徴的ホテル、ネグレスコの高級レストラン。

ル・サファリ　Map P.257B3
Le Safari
サレヤ広場の人気店。シーフードが評判。

オリヴィエラ　Map P.257B3
Oliviera　URLwww.oliviera.com
南仏産にこだわったオリーブオイル店。ランチ営業のみ。

ラ・ミズ・オ・ヴェール　Map P.257A2
La Mise au Verre　URLlamiseauverre-nice.com
品揃え豊富なワインショップによるビストロ。

ル・クドゥー　Map P.256B2
Le Koudou　URLwww.koudou-restaurant.com
メニュー豊富でボリュームも満点。

ラーヌ・ルージュ　Map P.257B3
L'Ane Rouge　URLwww.anerougerestaurantnice.com
港近くの人気店。ブイヤベース（2人前より）が評判。

Belgium
ブリュッセル
Bruxelles/Brussel

・市外局番	なし
・公式サイト	URL visit.brussels
・市内交通	URL www.stib-mivb.be

　ベルギーの首都ブリュッセルの名の語源は、「沼地にある家」。その名が示すように沼沢地の小さな村から始まった。歴史ある古都で、西ヨーロッパ史に大きな足跡を残してきた。EU本部がおかれた現在は、各国の要人を迎える町だけあってレストランのクオリティも高く、歴史散策、美食とさまざまな楽しみ方が可能だ。

インナーリンク（環状道路）内が観光エリア　ブリュッセルの中心部は、五角形の**インナーリンク（環状道路）**に囲まれている。おもな見どころはインナーリンク内にあり、徒歩で回れる範囲も広く、旅行者にはとても歩きやすい町。

国鉄駅は3つ　主要駅は北駅、中央駅、南駅の3つ。国際列車が停まるのは南駅が多い。一部の列車は北駅や中央駅に停車する。いずれの駅も地下鉄で結ばれており、観光の中心、グラン・プラスへはプレメトロ3、4番Bourse下車。

■ ベルギーの基本情報

・国名	ベルギー王国
・人口	約1141万人
・首都	ブリュッセル
・通貨	ユーロ（€）€1≒121.17円 （2019年12月23日現在）

・祝祭日

1/1	新年
4/12（'20）	復活祭
4/13（'20）	復活祭翌日の月曜日
5/1	メーデー
5/21（'20）	キリスト昇天祭
5/31（'20）	聖霊降臨祭
6/1（'20）	聖霊降臨祭翌日の月曜日
7/21	建国記念日
8/15	聖母マリア被昇天祭
11/1	万聖節
11/11	第1次世界大戦休戦記念日
12/25・26	クリスマスと翌日

空港から市内へ
ブリュッセル空港（BRU）
Aéroport de Bruxelles
URL www.brusselsairport.be
●鉄道で市内へ
地下の国鉄駅から発着。北駅→中央駅→南駅の順に停車。中央駅まで所要約17分。
●バスで市内へ
Airport Line 12番でシューマン広場まで約30分。

市内交通
MOBIB Basicカード
市内交通のチケットはメトロ、プレメトロ、トラム、バスすべて共通。まず「MOBIB Basicカード」を購入し（€5）、チャージするシステムになっている。
[料] 1回券€2.10　5回券€8
　24時間券€7.50

URL ＆アプリ
ブリュッセル市交通局
URL www.stib-mivb.be
iPhone　　　　Android

ブリュッセル　# 市内交通

メトロ Métro　1、2、5、6号線の4路線。
プレメトロ/トラム　トラム（路面電車）は一般に地上を走るが、一部地下を走るものがあり、「プレメトロ」と呼ばれている。プレメトロは3、4番線などがある。

■ ブリュッセル

Things to do in Bruxelles

ブリュッセル観光スポット

Grand Place

グラン・プラス　周囲を壮麗なギルド（同業者組合）の建物が取り囲み、「世界で最も美しい広場」と称されている。偶数年の8月には「フラワーカーペット」が開催され、広場に花の絨毯が敷き詰められる。

Map P.263A1～B1

Maison du Roi

王の家　16世紀前半に建てられた後期ゴシック様式の館を、19世紀に復元したもの。現在は市立博物館となっており、ブリュッセルの歴史に関する展示や小便小僧のオリジナル像もある。

Map P.263A1　Data P.448
URL www.brusselscitymuseum.brussels

Musée Oldmasters Museum

古典美術館　1803年に開館した王立美術館の一部門。フランドル絵画を中心に、近代まで充実したコレクションを誇る。地下にある世紀末美術館ではアールヌーヴォー工芸品のほかクリップら19世紀絵画を鑑賞できる。

Map P.263B2
Data P.448
URL www.fine-arts-museum.be

Musée Magritte Museum

マグリット美術館　ベルギーを代表するシュルレアリズムの画家ルネ・マグリットの美術館。約200点におよぶコレクションを誇る。初期の作品がある3階から時代順に見学する。王立美術館の一部門。

Map P.263B2
Data P.448
URL www.musee-magritte-museum.be

Manneken Pis

小便小僧　1619年、彫刻家ジェローム・デュケノワによって制作された、ブリュッセルの人気者。名前は「ジュリアン」。普段は裸だが、ときどき世界中から贈られたコスチュームのお披露目を行う。

Map P.263B1

イギリス

フランス

ベルギー

オランダ

ドイツ

オーストリア

スイス

チェコ

Art Nouveau

アールヌーヴォー巡り　19世紀末、ブリュッセルでは華麗なデザイン様式「アールヌーヴォー」が流行した。楽器博物館、ヴィクトール・オルタの邸宅 (オルタ美術館) をはじめ、今もいくつかの建築が残る。

Map P.263B2
（楽器博物館）
Data P.448
URLwww.mim.be
Map Link

Centre Belge de la Bande Dessinée

マンガ博物館　ベルギーのマンガ作品が展示されている博物館。原画展示、アニメ上映など充実した内容で大人でも楽しめる。人気キャラ「タンタン」や「スマーフ」にも会える。

Map P.263A2
Data P.448
URLwww.cbbd.be
Map Link

Marché aux Puces & Marché des Antiquaires

のみの市とアンティーク市　ブリュッセルには、毎日開かれるにぎやかなのみの市と、ヨーロッパ中のバイヤーが訪れる、土・日開催のアンティーク市がある。

Map P.263C1
（のみの市）
Map P.263C2
（アンティーク市）
Map Link

What to eat in Belgium

ベルギー美味ガイド

Moules en cocotte

ムール貝のココット　ココット鍋に山盛りのムール貝は、気軽に食べられるベルギー料理の代表格。白ワイン蒸しMoules au vi blancやクリーム入りMoules à la crèmeなどバリエーションを楽しみたい。

Bières belges

ベルギービール　歴史があり、約800種類もの銘柄があるビール王国ベルギー。ハーブやフルーツを使って、コクと香りを大切に仕上げているのが特徴。ビアカフェで飲み比べるのも楽しい。

Gaufre/Wafel

ワッフル　大人気のスイーツ。フランス語では「ゴーフル」、オランダ語では「ワーフェル」という。フルーツなどをトッピングして食べるブリュッセル風と、弾力性のある生地を使ったリエージュ風がある。

Days out from Bruxelles

ブリュッセル近郊おすすめ観光スポット

Brugge

ブルージュ　「天井のない美術館」とも「博物館」とも呼ばれるほど、町のいたるところに芸術が満ちあふれる町。風光明媚な運河クルーズ、眺望が抜群のマルクト広場の鐘楼など、見どころも多い。

Data P.448
Map Link　URLwww.visitbruges.be

Antwerpen

アントワープ　ルーベンスをはじめとするフランドルの画家たちが活躍した町。『フランダースの犬』に登場するルーベンス作『キリストの降架』は、ノートルダム大聖堂にある。

Data P.449
Map Link　URLwww.visitantwerpen.be

Gent

ゲント　ふたつの川の水運に恵まれ、古来より栄えた町。レイエ川沿いには中世のギルドハウスが建ち並び、当時の面影を残している。ヤン・ファン・アイク作、門外不出の細密画『神秘の仔羊』目当てに訪れる人も多い。

Data P.449
URLvisit.gent.be
Map Link

Durbuy

デュルビュイ　14世紀に「市」の称号が与えられながら、中心部は住人500人足らずで中世さながらの雰囲気を残していることから、「世界でいちばん小さな町」と呼ばれている。美食の町としても知られる。

Data P.449
URLwww.durbuy.be
Map Link

Les Châteaux des Ardennes

アルデンヌの古城　ベルギー南東部、ディナンとナミュールの周囲に広がる一帯がアルデンヌ地方。緑豊かな地で、中世にはいくつもの城が建てられた。その一部は今も残り、訪ねることができる。

Data P.449
ヴェーブ城
URLwww.chateau-de-veves.be
Map Link

ブリュッセル INDEX [Hotel] [Restaurant] [Shop]

ホテル

高級

ザ・ドミニカン The Dominican Map P.263A1
URL www.carlton.nl/the-dominican-hotel-brussel

ヒルトン・ブリュッセル・グラン・プラス Map P.263B2
Hilton Brussels Grand Place
URL www.hilton.com

メトロポール Hôtel Métropole Map P.263A1
URL www.metropolehotel.com

アミーゴ Hôtel Amigo Map P.263B1
URL www.roccofortehotels.com

中級

アトラス Atlas Hôtel Map P.263A1
URL www.atlas-hotel.be

サン・ニコラ Hôtel Saint-Nicolas Map P.263A1
URL www.st-nicolas.be

ホテル

セーフステイ Safestay Map P.263A1
URL www.safestay.com/brussels

スリープ・ウェル Sleep Well Map P.263A2
URL www.sleepwell.be

ブリューゲル Bruegel Map P.263B1
URL www.jeugdherbergen.be

レストラン

シェ・レオン Map P.263A1
Chez Léon URL www.chezleon.be
バリエーション豊富なムール貝料理を楽しめる店。

オー・ザルム・ド・ブリュッセル Map P.263A1
Aux Armes de Bruxelles
URL www.auxarmesdebruxelles.com
ワーテルゾーイなどベルギーの伝統料理がひととおり揃う。

レ・ブリジッティヌ Map P.263B1
Les Brigittines URL www.lesbrigittines.com
じっくりと時間をかけたビール煮込みなど、ひと味違う伝統料理を。

ラ・ベル・マレシェール Map P.263A1
La Belle Maraîchère URL www.labellemaraichere.com
魚料理がおいしい、落ち着いた雰囲気の店。

ベルガ・クイーン Map P.263A1
Belga Queen URL www.belgaqueen.be
元銀行の重厚な建物を改造したレストラン。

メール・デュ・ノール Map P.263A1
Mer du Nord URL noordzeemerdunord.be
魚屋が経営する立ち食いシーフードレストラン。

ダンドワ Map P.263B1
Dandoy URL maisondandoy.com
焼き菓子の老舗で2階がカフェでワッフルも食べられる。

ア・ラ・モール・シュビット Map P.263A2
A la Mort Subite URL alamortsubite.com
「突然死」という名前の老舗ビアカフェ。

ア・ラ・ベカス Map P.263A1
A la Bécasse URL www.alabecasse.com
自然発酵のビール「ランビック」を出すビアカフェ。

デリリウム・カフェ Map P.263A1
Delirium Café URL www.deliriumvillage.be
ビールの種類の多さでギネス認定されたビアカフェ。

ショップ

ピエール・マルコリーニ（チョコレート） Map P.263B1
Pierre Marcolini URL eu.marcolini.com
カカオ豆にこだわり、シェフ自ら農園まで足を運んでいる。

ゴディバ（チョコレート） Map P.263B1
Godiva URL www.godivachocolates.eu
プラリヌのほか、缶入りココアも人気。

ヴィタメール（チョコレート） Map P.263B1
Wittamer URL www.wittamer.com
ケーキやマカロンもおいしい王室御用達の店。

ノイハウス（チョコレート） Map P.263A1
Neuhaus URL www.neuhauschocolates.com
レトロなアーケード街「ギャルリー・サンチュベール」にある。

イギリス
フランス
ベルギー
オランダ
ドイツ
オーストリア
スイス
チェコ

オランダの基本情報

・国名	ネーデルランド王国
・人口	約1721万人
・首都	アムステルダム
・通貨	ユーロ（€）€1≒121.17円
	（2019年12月23日現在）

・祝祭日

1/1	新年
4/10 ('20)	聖金曜日
4/12 ('20)	復活祭
4/13 ('20)	復活祭翌日の月曜日
4/27	王の日
5/5	解放記念日
5/21 ('20)	キリスト昇天祭
5/31 ('20)	聖霊降臨祭
6/1 ('20)	聖霊降臨祭翌日の月曜日
12/25	クリスマス
12/26	クリスマスの翌日

空港から市内へ

アムステルダム・スキポール空港（AMS）
Amsterdam Airport Schiphol
URLwww.schiphol.nl
●鉄道で市内へ
空港の地下にあるスキポール駅からアムステルダム中央駅（CS）まで約15分。片道€4.50。
●バスで市内へ
Amsterdam Airport Express（397番）
URLwww.connexxion.nl
ミュージアム広場、ライツェ広場を経由し、バスターミナルへ。ミュージアム広場まで所要約30〜40分。片道€6.50。

アプリ

アムステルダム交通局

iPhone	Android

Netherlands
アムステルダム
Amsterdam

・市外局番	020
・公式サイト	URLwww.iamsterdam.com
・市内交通	URLen.gvb.nl

アムステルダムという名前は、13世紀にアムステル川をダムでせき止めて町を築いたことに由来する。以来アムステルダムは、自由な貿易港として発展し、各地で迫害された人々を受け入れてきた。その精神は現在も引き継がれており、多くの移民を受け入れ、各国の文化が違和感なく同居している。コスモポリタンな雰囲気が漂う町、それがアムステルダムだ。

町の中心はダム広場 アムステルダムの町は、北端に**中央駅**があり、その北はアイ湾。町は南に向かって延びており、徒歩で10分ほど進むと町の中心である**ダム広場**Damに到着する。

5つの運河が町を囲む 町は5つの運河が巡らされており、中心から外に向かって、**シンゲルSingel**、**ヘーレン運河Herengracht**、**カイゼル運河Keizergracht**、**プリンセン運河Prinsengracht**、**シンゲル運河Singelgracht**の順。最初と最後の運河の名前が同じだが内側のものを単にシンゲル、外側をシンゲル運河ということで区別している。

ミュージアム広場 ほとんどの見どころはシンゲル運河の内側にあるが、ミュージアム広場のみシンゲル運河のすぐ外側に位置している。広場には**国立美術館**、**ゴッホ美術館**、**市立美術館**などが並び、音楽の殿堂コンセルトヘボウもすぐ。

アムステルダムの**市内交通**

✔ チケットはトラム、バス、地下鉄とも共通

✔ OVチップカードというチャージ式交通カードを導入している

✔ 車内購入の場合、現金購入不可。クレジットカードなどで払う

アムステルダムの市内交通はGVBが一括して運営しており、トラム、バス、地下鉄とも共通。チケットは**OVチップカードOV-chipkaart**と呼ばれるカード型乗車券。一般の旅行者が利用するのは、使い捨てタイプの紙のカードで1時間券、24時間券、48時間券、72時間券などがある。

トラム、バスの乗り方 トラム、バスともに乗車してからカードを読み取り機にタッチする。チケットを持っていない人は運転手から買うことができるが、購入できるのは1時間券と24時間券のみ。降車時にも読み取り機にタッチする。

地下鉄の乗り方 地下鉄は、駅構内の券売機で乗車券を購入し、乗降時に改札でカードをタッチする。

aarlemmerweg

NOORD

1

2

Wester Dok

Haarlemmerhouttuinen

Brouwersgracht

Lindengracht

Nassaukade

Westerstraat

Egelantiersgracht

Prinsengracht

Keizersgracht

Herengracht

Singel

Pr. Hendrikkade

Buiksloterweg

Meeuwenlaan

Adelaarsweg

Cornelis Jaclozstr

IJplein

A'DAM Toren

P.21 アダム・タワー
A'DAM Toren

アダム・タワー展望階の
アダム・ルックアウトから
の眺めは抜群 建物か
ら飛び出すブランコも

フェリー
フェリー

Het IJ

IJ Tunnel

パンケーキの老舗

P.273 Ibis Amsterdam Centre H

アムステルダム中央駅
Amsterdam
Centraal Station

De Ruijterkade

A

北教会
Noorderkerk

CENTRUM

Kimpton
De Witt

H Avenue P.273

涙の塔
Schreierstoren

科学技術センター
NEMO

北教会前の広場では、土曜
にのみの市が開かれる。食
料品の屋台もあって楽しい

Pancake
Bakery

アンネ・フランクの家
Anne Frankhuis

P.270

Spuistraat

Zuidn Voorburgwal

旧教会
Oudekerk

この周辺が「飾り窓」。
ドラッグを扱うコーヒー
ショップもあり、スリ
も多いので要注意

Oosten
dok

P.273

レンブラントが眠る
教会。広場にアンネ
の像も立っている

西教会
Westerkerk

P.270 王宮
Koninklijk Palais

De Drie
Fleschjes

新教会
Nieuwekerk

Raad Huisstraat

Paleis Str.

Oosterdok

モンテルバーンズ塔
Montelbaanstoren

オランダ海洋博物館
Het Scheepvaart-
museum

H Shelter Jordan
P.273

ヌーボースタイル
ショッピングアーケード

ダム広場 Dam

NH Grand
Krasnapolsky

Kattenburger-
plein

ハウスボート・
ミュージアム
Woonboot
Museum

バスターミナル

P.273
Pancakes
Amsterdam

アムステルダム博物館
Amsterdam
Museum

Kalverstr

Rokin

NIEUW
MARKT

レンブラントの家
Museum Het Rembrandthuis

Rwe. Uilenburger str.

Valkenburger str.

9つの通り沿いに小さなショッ
プやカフェが並ぶ話題の
エリア「9ストラーチェス」

Haesje R
Claes

ROKIN

Stayokay
Stadsdoelen

ユダヤ歴史博物館
Joods Historisch
Museum

プラネタリウム
Planetarium

動物園
Artis

ライツェ広場周辺
にはレストランや
バーなどが多い

ムント広場
Muntplein

De l'Europe P.273 市庁舎

のみの市

Muider-
straat

植物園
Hortus
Botanicus

ライツェ広場
Leideplein

花市

P.273 'Opera

Amstel

WATERLOOPLEIN

運河沿いに花の
屋台が並ぶ

レンブラント広場
Rembrandt Plein
美術品市

ヘーレン運河

エルミタージュ美術館
アムステルダム
Hermitage Amsterdam

Nieuwe Keizersgracht

P.273

B

Amsterdam
Centre
P.273

ファン・ローン博物館
Museum van Loon

カイゼル運河

マヘレのハネ橋
Magerebrug

オランダらしいハネ橋。4～
9月とクリスマスシーズンに
はイルミネーションが灯る

stayokay
delpark H
P.273

Cornelisz
P.273

ホランド・カジノ
Holland Casino

Stadhouderskade

Prinsengracht

Reguliersgracht

カレー劇場

Onder de Ooievaar P.273

M WEESPERPLEIN

Amstel

Weesperstraat

OOST

P.270 国立美術館
Rijksmuseum

VIJZELGRACHT

市立美術館
delijk Museum
Amsterdam

ミュージアム広場
Museumplein

ゴッホ美術館
Van Gogh Museum

Asterisk P.273

Singelgracht

Stadhouderskade

Mauritskade

Ruyschstraat

Blasiusstraat

Wibautstraat

Verdi H
P.273

コンセルトヘボウ
Concertgebouw

ハイネケン・エクスペリエンス P.270
Heineken Experience

日用品市

M WIBAUTSTRAAT

Albert Cuypstraat

日用品市があるアルバー
トカイプ通り周辺にセ
ンスがいい小さなショッ
プが集まり始めている

サルファティ公園
Sarphatipark

Van Woustraat

Ceintuurbaan

Amsteldijk

N

Sarphatistr.

Ceintuurbaan

DE PIJP

DE PIJP

0 400m 800m

C

南地区Zuid方面には、オ
ークラやヒルトンなど大規
模高級ホテルが多い

Roelof Hartstr.

Hobbemakade

Amstel

Kanaal

ミッフィー好きなら
行きたい専門店

H Okura

アムステルダム

Beethovenstr.

ZUID

De Winkel van Nijntje

Churchilllaan

Weesperzijde

運河ツアー観光船乗り場

1

2

Things to do in Amsterdam

アムステルダムとその周辺のおすすめ観光スポット

Rijksmuseum

国立美術館　1885年に開館したオランダ最大の美術館。世界各地からの収蔵品があるが、レンブラントの『夜警』(修復中)やフェルメールの『牛乳を注ぐ女』など豊富なオランダ絵画コレクションは特に有名。

 Map P.269B1
Data P.449
URLwww.rijksmuseum.
nl
Map Link

Koninklijk Paleis

ダム広場の王宮　もともと市庁舎として17世紀に建てられたが、19世紀初頭にナポレオンの弟ルイ・ボナパルトによって王宮として接収された。その後王家の所有となり、現在は迎賓館として使われている。

 Map P.269A1
Data P.449
URLwww.
paleisamsterdam.nl
Map Link

Anne Frankhuis

アンネ・フランクの家　第2次世界大戦の最中、アウシュヴィッツの収容所に送られるまでの2年間、アンネとその家族が住んでいた隠れ家。建物の表側とは、回転式の本棚で結ばれていた。

 Map P.269A1
Data P.449
URLwww.annefrank.
org
Map Link

Oudekerk

旧教会　その名のとおりアムステルダム最古の教会。内部の装飾は宗教改革の際にほとんど壊されてしまったが、ステンドグラスと18世紀のパイプオルガンが有名。ギャラリーやコンサート会場として使われている。

 Map P.269A2
Data P.449
URLoudekerk.nl
Map Link

Heineken Experience

ハイネケン・エクスペリエンス　ビール王国オランダで圧倒的シェアを誇るハイネケンビールのアトラクション。ビールの歴史、ビールの最新機器を使った展示が中心。ひとり2杯くらいまでの試飲も楽しめる。

 Map P.269C1
Data P.449
URLwww.heineken.
com
Map Link

Rondvaart

運河ツアー　アムステルダムは北のヴェネツィアとも呼ばれる運河沿いの美しい町。ゴンドラこそないが、いくつもの会社が運河ツアーを運行している。出発地は各社分かれているが、中央駅周辺に多い。

 Data P.450
Map Link

& its surroundings

イギリス

フランス

ベルギー

オランダ

ドイツ

オーストリア

スイス

チェコ

Kinderdijk

キンデルダイク　オランダのシンボルである風車が19基も残っており、オランダらしい風景を求める人は必見。ふたつの風車が風車博物館として公開されており、内部の見学も可能。

Data P.450
Map Link　URLwww.kinderdijk.com

Keukenhof

キューケンホフ　広さ32ヘクタール、東京ドーム約7個分の敷地に約700万株の花が植えられている花の公園。毎年3月中旬〜5月中旬の開園で、チューリップが咲くのは4月下旬から5月はじめ。

Data P.450
Map Link　URLwww.keukenhof.nl

What to eat in Netherlands

オランダ美味ガイド

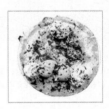

Harling

ハーリング　ニシンを軽く発酵させ塩漬けにしたもので、刻んだタマネギをのせて食べる。

Uitsmijter

アウツマイター　食パンの上にハムやチーズ、目玉焼きなどをのせたオープンサンド。

pannenkoek

パンネクック　オランダ風のパンケーキで、クレープのように薄い。直径25cmくらいある。

271

Things to do in Netherlands

オランダのおすすめ観光スポット

Mauritshuis

マウリッツハイス美術館（ハーグ）
フェルメールの『デルフトの眺望』『真
珠の耳飾りの少女』などを収蔵。ほ
かにもレンブラントの『テュルプ博士
の解剖学講義』など、フランドル・オ
ランダ絵画の傑作が多数ある。

 Data P.450
URL www.mauritshuis.
nl
Map Link

Afsluitdijk

締切大堤防　1932年に作られた全
長32kmの大堤防。堤防の完成によ
って海と遮断された部分は淡水湖の
アイセル湖となった。堤防の上は高
速道路になっており、途中、記念碑
や大堤防を見渡せる展望台もある。

 Data P.450
URL www.theafsluitdijk.
com
Map Link

Waddenzee

ワッデン海　オランダ、ドイツ、デ
ンマークにかけて広がる広大な干
潟。アザラシや渡り鳥などに代表さ
れる生物の楽園でもある。干潟を歩
く「ワドローペン」が伝統的スポーツ
になっており、ツアーも行われる。

 Data P.450
URL www.wadlopen.net
Map Link

Delft

デルフト　陶器でも有名な古都。運
河沿いに古い建物が並び、そぞろ歩
きが楽しい。フェルメールはこの町
で生まれ育った。風景画の傑作『デ
ルフトの眺望』で描かれた建物は今
もその姿を見ることができる。

 Data P.450
URL www.delft.com
Map Link

Markthal

マルクトハル　ロッテルダムにある
広大な面積をもつ屋内マーケット。
個性的過ぎる建物は、この町を拠点
にする建築家集団MVRDVの設計。
1階のフードマーケットには100を超
える屋台が出店している。

 Data P.450
URL www.markthal.nl

Utrecht

ユトレヒト　16世紀までオランダで
最も重要な町で、現在も古い町並み
が残る。旧市街に建つドム塔は高さ
112mあり、周囲にこれより高い建
築物がないため、どこからでも眺め
ることができる。

 Data P.450
URL www.visit-utrecht.
com
Map Link

ホテル

高級	キンプトン・デ・ウィット Kimpton De Witt URLwww.kimptondewitthotel.com	Map P.269A2
	ドゥ・ルロープ De l'Europe URLdeleurope.com	Map P.269B1
	NH アムステルダム・センター NH Amsterdam Centre URLwww.nh-hotels.com	Map P.269B1
中級	イビス・アムステルダム・センター Ibis Amsterdam Centre URLall.accor.com	Map P.269A2
	アベニュー Avenue URLwww.avenue-hotel.nl	Map P.269A2
	コーネリズ Cornelisz URLhotelcornelisz.nl	Map P.269B1

経済的	ベルディ Verdi URLwww.hotelverdi.nl	Map P.269C1
	アステリスク Asterisk URLwww.asteriskhotel.nl	Map P.269C1
ホステル	エステイオケイ・フォンデルパーク Stayokay Amsterdam Vondelpark URLwww.stayokay.com	Map P.269B1
	エステイオケイ・スタッズドゥーレン Stayokay Amsterdam Stadsdoelen URLwww.stayokay.com	Map P.269B2
	シェルター・ジョーダン Shelter Jordan URLwww.shelterhostelamsterdam.com	Map P.269A1

レストラン

オンダー・デ・オイエファー Map P.269B2
Onder de Ooievaar URLwww.onderdeooievaar.nl
オランダらしい食事が楽しめる。名物はミートボール。

ハーシェ・クラース Map P.269B1
Haesje Claes URLwww.haesjeclaes.nl
アンティークな雰囲気のオランダ料理店。

パンケークス・アムステルダム Map P.269B1
Pancakes Amsterdam URLpancakes.amsterdam
甘い系と塩味系の2種類の味が楽しめるパンケーキの店。

細川 Map P.269B1
Hosokawa URLwww.hosokawa.nl
日本人シェフによる本格派日本料理の店。

ド・ドゥリー・フレシェス Map P.269A1
De Drie Fleschjes URLdedriefleschjes.nl
1650年創業の老舗のブラウンカフェ。

ロペラ Map P.269B2
l'Opera URLl-opera.nl
アルコールもコーヒーも飲めるグランカフェ。

博物館&美術館

ゴッホ美術館 Map P.269C1
Van Gogh Museum URLwww.vangoghmuseum.com
後期印象派を代表するゴッホの作品を多数展示。

市立美術館 Map P.269C1
Stedelijk Museum URLwww.stedelijk.nl
19世紀から現代までの絵画、プロダクトデザインなどを展示。

オランダ海洋博物館 Map P.269B2
Het Scheepvaartmuseum
URLwww.hetscheepvaartmuseum.nl
かつて世界を席巻した海洋国家の歴史を紹介。

エルミタージュ美術館アムステルダム Map P.269B2
Hermitage Amsterdam URLhermitage.nl
ロシアにおける美の殿堂の別館。

Germany

ベルリン

Berlin

ベルリン●

・市外局番	030
・公式サイト	URL www.visitberlin.de
・市内交通	URL www.bvg.de

ドイツの基本情報

- ・国名　　ドイツ連邦共和国
- ・人口　　約8293万人
- ・首都　　ベルリン
- ・通貨　　ユーロ（€）€1≒121.17円
  （2019年12月23日現在）

　ベルリンはプロイセン王国、ドイツ帝国、ワイマール共和国、ナチス・ドイツ、東ドイツ、そして統一ドイツと、18世紀以来首都として激動するドイツ史を目撃してきた。冷戦時に町を引き裂いていたベルリンの壁が崩れ30年近くが経過した現在、負の遺産を含む歴史を抱え込みながらも、ベルリンは進歩的で自由な空気が流れ、町は常に新しく変化している。そのような気風が気鋭のアーティストを惹きつけ、国際的な見本市を頻繁に開催することにもつながり、ヨーロッパを代表する流行とイノベーションの発信地となっている。

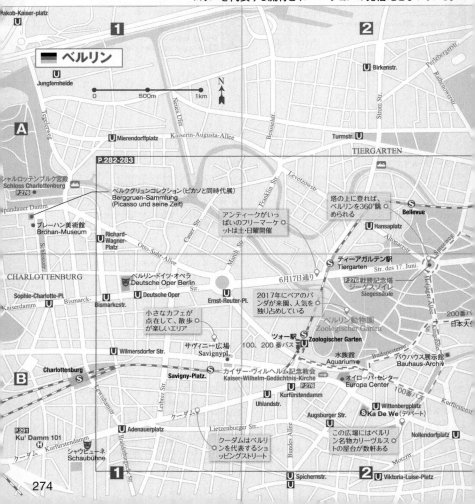

■ ベルリン

Jakob-Kaiser-platz

1　　　**2**

U Birkenstr.

Jungfernheide

0　　500m　　1km

N

A

U Mierendorffplatz

Kaiserin-Augusta-Allee

Turmstr. U

TIERGARTEN

P.282-283

シャルロッテンブルク宮殿
Schloss Charlottenburg P.276

ベルクグリューンコレクション（ピカソと同時代展）
Berggruen-Sammlung
(Picasso und seine Zeit)

塔の上に登れば、ベルリンを360°眺められる

Bellevue

・ブレーハン美術館
Bröhan-Museum

アンティークがいっぱいのフリーマーケットは土・日曜開催

U Hansaplatz

U Richard-Wagner-Platz

Otto-Suhr-Allee

ティーアガルテン駅
Tiergarten Str. des 17. Juni.

CHARLOTTENBURG

ベルリン・ドイツ・オペラ
Deutsche Oper Berlin

6月17日通り

P.276 戦勝記念塔
ジーゲスゾイレ
Siegessäule

Sophie-Charlotte-Pl.

U Deutsche Oper

Bismarck-

Bismarckstr.

U Ernst-Reuter-Pl.

2017年にペアのパンダが来園、人気を独り占めしている

Kaiserdamm

小さなカフェが点在して、散歩が楽しいエリア

ベルリン動物園
Zoologischer Garten

200バ
日本天

U Wilmersdorfer Str.

サヴィニー広場
Savignypl.

ツォー駅
100、200番バス
Zoologischer Garten

水族館
Aquarium

バウハウス展示館
Bauhaus-Archiv

B Charlottenburg

Savigny-Platz.

カイザー・ヴィルヘルム記念教会
Kaiser-Wilhelm-Gedächtnis-Kirche

オイローパ・センター
Europa Center P.276

100番バ

Kurfürstendamm

Kurfürstendamm

U Wittenbergplatz

U Uhlandstr.

S Ka De We（デパート）

P.291
Ku' Damm 101

U Adenauerplatz

Lietzenburger Str.

Augsburger Str.

この広場にはベルリン名物カリーヴルストの屋台が数軒ある

Nollendorfplatz

シャウビューネ
Schaubühne

クーダムはベルリンを代表するショッピングストリート

Motzst.

1　　　**2** Viktoria-Luise-Platz

U Spichernstr.

町の概要を把握しておこう　東西ふたつの町に分かれていたベルリン。あまりに広いので観光する場合は旧東側、旧西側、壁際の再開発地域の3つのエリアに分けると理解しやすい。

ウンター・デン・リンデンと博物館の島　ウンター・デン・リンデンとは**ブランデンブルク門**から東へ広がる大通り。旧東ドイツの中心だった地区で、ベルリン国立歌劇場やフンボルト大学など町を代表する建物が並ぶ。通りの東端は博物館の島で、**ペルガモン博物館**をはじめ5つの博物館が集中する。

ポツダム広場周辺　ベルリンの壁際にあったため、ドイツ統一後に急激に開発されたエリア。大型ショッピングセンターや文化センター、コンサートホールなどが集まる先端を行く文化地区。

クーダム周辺　クーダムは西ベルリン側の中心通りでツォー駅から西へ延びている。周囲にはカイザー・ヴェルヘルム記念教会やベルリン動物園、オイローパ・センターなどが集まっている。北側は戦勝記念塔ジーゲスゾイレが立つティーアガルテン。

イギリス
フランス
ベルギー
オランダ
ドイツ
オーストリア
スイス
チェコ

Things to do in Berlin

ベルリンのおすすめ観光スポット

Brandenburger Tor

ブランデンブルク門　1788〜1791年にプロイセン王国の凱旋門として建てられた。門の上に置かれた4頭立ての馬車カドリガは、ナポレオン戦争時にパリに持って行かれてしまったが、その後戻ってきた。

Map P.284B2
Data P.451

Map Link

Pergamonmuseum

ペルガモン博物館　ペルガモンから持ち運ばれたゼウスの大祭壇（2019年まで閉鎖）やバビロニアのイシュタール門、小アジア、ミレトスの市場門など巨大な遺跡をそのまま持ち込んだ展示は大迫力。

Map P.285A3
Data P.451
URL www.smb.museum

Map Link

Siegessäule

ジーゲスゾイレ　1865〜73年のドイツ統一の一連の戦争勝利を記念して建てられた戦争記念塔。67mの塔の頂上には黄金の女神像が立っている。映画『ベルリン天使の詩』に登場することでも有名。

Map P.283B4
Data P.451

Map Link

Kaiser-Wilhelm-Gedächtnis-Kirche

カイザー・ヴィルヘルム記念教会　19世紀末にヴィルヘルム皇帝のために建てられた教会。第2次世界大戦時の空襲で破壊され、残った塔の部分は崩れたままの形で保存されている。

Map P.283C3
Data P.451
URL www.
gedaechtniskirche-
berlin.de

Map Link

Schloss Charlottenburg

シャルロッテンブルク宮殿　初代プロイセン王妃、ゾフィー・シャルロッテの別荘。1965〜1790年に3期に分けて建設された現存するプロイセン時代最古の宮殿。ベルリン市内で最も重要な宮殿だ。

Map P.274A1
Data P.451
URL www.spsg.de

Map Link

Museum Haus am Checkpoint Charlie

壁博物館　東西ベルリンを隔てていた検問所近くに作られた博物館。ベルリンの壁が建設された当時の様子や西側への脱出を図った人々の記録が紹介されている。脱出に利用された気球や車などの展示もある。

Map P.285B3
Data P.451
URL www.
mauermuseum.de

Map Link

イギリス
フランス
ベルギー
オランダ
ドイツ
オーストリア
スイス
チェコ

Neues Museum

新博物館　戦争で破壊され、2009
年に再建された博物館。内部はエジ
プト博物館とパピルスコレクション
がメインで、エジプト・アマルナ美術
の至宝『王妃ネフェルティティの胸
像』を収蔵することで知られる。

Map P.285A3
Data P.451
URLwww.smb.museum

Berliner Dom

ベルリン大聖堂　高さ114mのドー
ムがひときわ印象的な大聖堂。ドー
ムには階段で上ることもできる。ホ
ーエンツォレルン家の墓所でもあり、
94もの棺が並ぶグルフトGruftも見
学できる。

Map P.285A3
Data P.451
URLwww.berlinerdom.
de

Fernsehturm

テレビ塔　高さ368mを誇る塔で、
ベルリンを代表するランドマーク。
1969年の東ドイツ時代に建てられ
た。展望台は203mの地点にあり、
エレベーターで一気に上ることがで
きる。

Map P.285A4
Data P.451
URLtv-turm.de

Potsdam

ポツダム　ベルリンから列車で約30分ほどにある古都。
18世紀に造られたロココ様式の傑作、サンスーシ宮殿が
ある。第2次世界大戦末期のポツダム会議
はツェツィーリエンホーフ宮殿で開かれた。

Data P.451
URLwww.potsdam-tourism.com

Things to do in Northern Germany

北ドイツのおすすめ観光スポット

Hamburg

ハンブルク　ドイツ最大の港湾都市。かつてはハンザ都市の中心的都市として栄えた。町には数多くの運河が流れており、運河沿いの倉庫群はユネスコの世界遺産にも登録されている。

Data P.451
URL www.hamburg-travel.com
Map Link

Seiffen

ザイフェン　クルミ割り人形やクリスマスピラミッドといったクリスマスのおもちゃ製作が盛んな村で、村自体もメルヘンの絵本のように美しい。おもちゃ工房は見学できるところが多く、ショップも併設している。

Data P.452
URL seiffen.de
Map Link

Meißen

マイセン　ヨーロッパで最初に磁器の生産に成功したマイセン焼きの故郷。今でも工場は町におかれ、見学やアウトレットの購入ができる。エルベ川沿いの丘に立つアルブレヒト城や大聖堂も見応えがある。

Data P.452
URL www.touristinfo-meissen.de
Map Link

Lübeck

リューベック　中世に栄えたハンザ同盟の古都。「バルト海の女王」と呼ばれるほど栄えた。近代に入り発展から取り残されたが、それが古い町並みの保存につながった。

Data P.452
Map Link　URL www.luebeck-tourism.de

Dresden

ドレスデン　ザクセン王国の首都として栄えたドレスデンは、バロック様式の建物が建ち並ぶ、ドイツ東部を代表する美しい都。旧市街はツヴィンガー宮殿とレジデンツ宮殿が隣り合うように建つ。

Data P.452
Map Link　URL www.dresden.de

One day Plan

ベルリン ワンデイ プラン

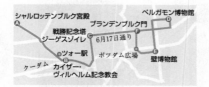

イギリス

フランス

ベルギー

オランダ

ドイツ

オーストリア

スイス

チェコ

10:00

⬇

バス109番
などで
約30分

Ⓐ シャルロッテンブルク宮殿

シャルロッテンブルク宮殿は10:00の開館。ほかの見どころより離れた場所にあり、Uバーンだとリヒャルト・ワーグナー広場駅から徒歩15分ほどかかるので、開館と同時に入場できるよう計算して向かおう。

12:30

⬇

バス100番
で約10分

Ⓑ カイザー・ヴィルヘルム記念教会

第2次世界大戦による砲火の跡がいまだに生々しく残るネオ・ロマネスク様式の教会。周辺はショッピング街になっており、レストラン、ファストフードなども多い。見学後にランチを楽しもう。

14:00

⬇

バス100番
で約12分、下車
後徒歩約8分

Ⓒ ジーゲスゾイレ

ティーアガルテンの中心に建つ戦勝記念碑ジーゲスゾイレ。塔の上からベルリンの町並みを堪能しよう。時間がない場合は、外から眺めるだけにとどめてもよい。

15:15

⬇

U6でコッホシュ
トラーセ駅Koch-
straße下車

Ⓓ ペルガモン博物館

ベルリンを代表する博物館。最大の見どころともいうべきペルガモン大祭壇は残念ながら2023年頃まで閉鎖中だが、それでも見るべきものは多くある。

17:45

⬇

徒歩で
20分

Ⓔ ベルリンの壁跡

コッホシュトラーセ駅からすぐ北はかつてベルリンの壁があった場所で、かつての国境検問所のすぐそばには壁博物館が建っている。その西はナチス時代にゲシュタポと親衛隊の本部だった場所で、テロのトポグラフィーになっている。

19:00

Ⓕ ブランデンブルク門

ベルリンの壁跡沿いに歩いていくと、途中ポツダム広場やユダヤ人犠牲者記念館などがある。ブランデンブルク門に着く頃は、時期によっては夕暮れ時や日没後かもしれないが、ライトアップがされるので、いつ訪れても美しい姿を見ることができる。

What to eat in Germany

ドイツ美味ガイド

Eisbein

アイスバイン　塩漬けした豚のすね肉をじっくりとゆでた料理。ドイツ全土で食べられるが、特にベルリンの名物として知られている。

Schweinebraten

シュヴァイネブラーテン　豚すね肉のローストに濃厚なグレイビーソースをかけた料理。付け合わせはポテトの団子など。

Sauerbraten

ザウアーブラーテン　赤ワインと酢に漬け込んで煮込んだ柔らかいビーフシチュー。ドイツの国民食ともいわれる伝統料理。

Schnitzel

シュニッツェル　豚肉を揚げたカツレツ。とんかつに比べると薄くて、サクサクしている。キノコソースやレモンをかけていただく。

Kartoffel-Lauch Suppe

カルトッフェル・ラオホ・ズッペ　ジャガイモと白ネギを煮込んだポタージュ。温かく素朴な味で、パンを浸してもおいしい。

Spargel

シュパーゲル　ドイツで人気の野菜といえば、白アスパラガス。5〜6月限定で出回る。オランデーズソースをかけて食べる。

Where to eat in Germany

ドイツ美食処

Restaurant

レストラン　本格的食事を楽しむ場所で、ワインなどアルコール類も充実している。

Gaststätte

ガストシュテッテ　庶民的な食堂。郷土料理や家庭料理が手頃な値段で食べられる。

イギリス フランス ベルギー オランダ ドイツ オーストリア スイス チェコ

Weißwurst

ヴァイスヴルスト　弾力のある白ソーセージで、ミュンヘンの名物。ゆでたものが一般的。皮をむき、甘いマスタードを付けて食べる。

Nürnberger Bratwurst

ニュルンベルガー・ブラートヴルストその名のとおりニュルンベルクで作られるソーセージ。小さなサイズで、焼かれて出される。

Currywurst

カリーヴルスト　ソーセージにカレー粉をまぶし、ケチャップをかけたもの。シンプルな料理だがベルリン・ファストフードの代表として根強い人気。

種類がたくさんドイツビール

ドイツにはおよそ1300ものビール醸造所があり、種類も豊富。注文するときに困らないように、代表的な種類を覚えておくとよい。種類がわかればビールの飲み比べがより楽しくなること間違いなし。

代表的なドイツ・ビールの種類

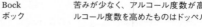

Helles ヘレス	最も一般的なビールで略してヘルHellともいわれる。明るい色をしており、ミュンヘンを中心に作られている。
Pilsner ピルスナー	略してピルスPilsともいわれる。日本で飲まれるほとんどのビールはこの種類。北ドイツで好まれている。
Wießbier ヴァイスビーア	略してヴァイツェンWiezenともいい、白ビールの意味。小麦麦芽のビールでミュンヘンで人気。
Dunkel ドゥンケル	暗いという意味の黒ビール。黒いのは製造工程で麦芽を乾燥させるときに焙煎するため。ミュンヘンが本場。
Bock ボック	苦みが少なく、アルコール度数が高めのビール。さらにアルコール度数を高めたものはドッペルボックという。

Bierhalle

ビアホール　ドイツ名物のビールが楽しめる。料理も出しており、気軽に立ち寄れる。

Café-Konditorei

カフェ・コンディトライ　自家製ケーキを出してくれるカフェ。軽食を出す店も多い。

Imbiss

インビス　屋台のこと。本場のソーセージやトルコ生まれのデナー・ケバブなどが定番。

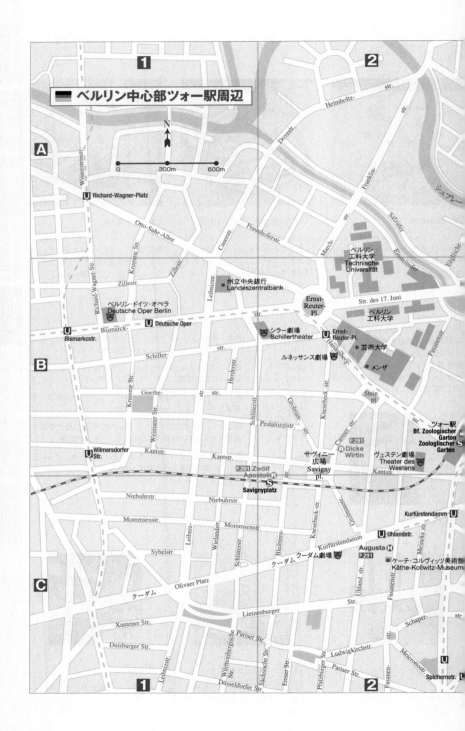

ベルリン中心部ツォー駅周辺

イギリス

フランス

ベルギー

オランダ

ドイツ

オーストリア

スイス

チェコ

3 **4**

バウムクーヘンの人
気店。おみやげに！

Buchwald **R**
P.291

S Bellevue

グリプス劇場
Grips Theater

U Hansaplatz

ハンザフィアテル
Hansaviertel

Str.

ベルビュー宮殿
（大統領官邸）
Schloss Bellevue

Str. des 17. Juni

A

S Tiergarten

6月17日通り
フリーマーケット会場

Str. des 17. Juni

戦勝記念塔ジーゲスゾイレ **P.276**
Siegessäule

Allee

ティーアガルテン
Tiergarten

パンダもいるよ！
空いてます！

H Das Stue
P.291

Hofjäger

日本大使館
Japanische
Botschaft

Hiroshimastr.

Hildebrandstr.

ベルリン動物園
Zoologischer
Garten

CDU本部

Klingenhöferstr.

国防省
BM d.Verteidigung

B

水族館
Aquarium

Str.

Lützowufer

バウハウス展示館
Bauhaus-Archiv

H 25 Hours **P.291**

Budapester Str.

Burggrafen Str.

Lützow
pl.

Wilchmannstr.

Landgrafenstr.

Berlin International **H**
P.291

Berliner Str.

カイザー・ヴィルヘルム記念教会 **P.276**
Kaiser-Wilhelm- Gedächtnis-Kirche

i オイローパ・センター
Europa Center

タウエンツィエン通り

デパートやショッ
ピングビルが建
ち並ぶ繁華街

Kurfürsten-

Ansbacher Str.

Bayreuther Str.

Landgrafen

Schiller

Schlüter

str.

Einem

str.

Kluckstr.

eles-
Pl.

Marburger Str.

sburger U
Str.

Passauer Str.

Iberge- Str.

Tauentzienstr.

Witten-
berg-
pl.

An der Urania

S KDV

カーデーヴェー
はベルリン最大
級のデパート

Kleiststr.

Kurfürstenstr. **U**

C

sburger **U**
Str.

Anspacher Str.

Welserstr.

Martin-Luther-Str.

str.

U Nollendorfplatz

Geisbergstr.

Fugger-

3 **4**

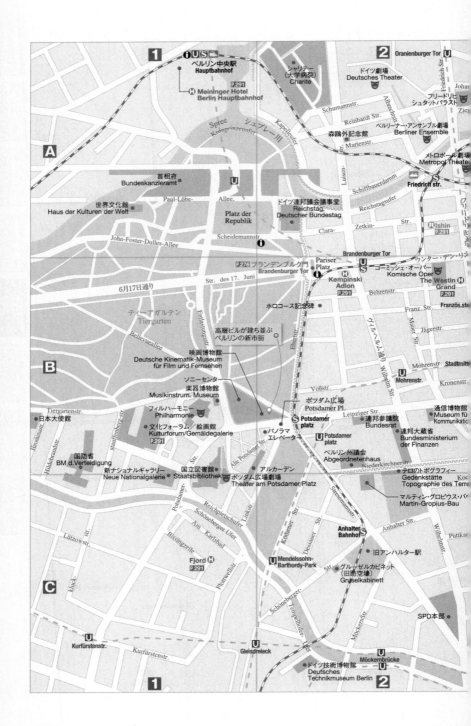

1

ベルリン中央駅
Hauptbahnhof

シャリテー
（大学病院）
Charité

ドイツ劇場
Deutsches Theater

Meininger Hotel
Berlin Hauptbahnhof

2 Oranienburger Tor

フリードリヒ
シュタットパラスト

Spree
シュプレー川
Kronprinzenufer

Kapelle ufer

Schumannstr.

Reinhardt Str.

ベルリーナー・アンサンブル劇場
Berliner Ensemble

森鷗外記念館

St. Marienstr.

メトロポール劇場
Metropol Theater

A

首相府
Bundeskanzleramt

Paul-Löbe-

Allee.

Lusen.

Schiffbauerdamm

Friedrich str.

世界文化館
Haus der Kulturen der Welt

Platz der
Republik

ドイツ連邦議会議事堂
Reichstag,
Deutscher Bundestag

Reichstagufer

Clara-　Zetkin-　Str.

Rishin

John-Foster-Dulles-Allee

Scheidemannstr.

Brandenburger Tor

ウンター・デン・リン

6月17日通り
Str. des 17. Juni

プランデンブルク門
Brandenburger Tor

Pariser
Platz

Kempinski
Adlon

ゴーミッシェ・オーパー
Komische Oper

The Westin
Grand

ティーアガルテン
Tiergarten

Bellevueallee

Behrenstr.

Franz. Str.

Französ.str

ホロコースト記念碑

高層ビルが建ち並ぶ
ベルリンの新市街

Jägerstr.

映画博物館
Deutsche Kinematik-Museum
für Film und Fernsehen

Ebertstr.

Mauer Str.

B

ソニーセンター

Vobstr.

Mohrenstr. Stadtmitt

楽器博物館
Musikinstrum. Museum

Wilhelm Str.

Mohrenstr.

Kronenstr.

Tiergartenstr.

フィルハーモニー
Philharmonie

ポツダム広場
Potsdamer Pl.

通信博物館
Museum fü
Kommunikatio

日本大使館

文化フォーラム／絵画館
Kulturforum/Gemäldegalerie

Potsdamer
platz

Leipziger Str.

連邦参議院
Bundesrat

連邦大蔵省
Bundesministerium
der Finanzen

国防省
BM d.Verteidigung

パノラマ
エレベーター

Potsdamer
platz

ベルリン州議会
Abgeordnetenhaus

新ナショナルギャラリー
Neue Nationalgalerie

国立図書館
Staatsbibliothek

アルカーデン

Niederkirchnerstr.

テロのトポグラフィー
Gedenkstätte   Koc
Topographie des Terre

ポツダム広場劇場
Theater am Potsdamer Platz

Stresemannstr.

マルティン・グロピウス・バ
Martin-Gropius-Bau

Potsdamer

Schöneberger Ufer

Linkstr.

Anhalter Str.

Anhalter
Bahnhof

Anhalter Str.

Puttkan

Lützowstr.

Klick

Am Karlsbad

Bissingzeile

Flottwellstr.

旧アンハルター駅

Wilhelm

Fjord

Mendelssohn-
Bartholdy-Park

グルーゼルカビネット
（旧防空壕）
Gruselkabinett

C

Kurfürstenstr.

Kurfürstenstr.

Schöneberger

Tempelhofer

Gleisdreieck

Möckernstr.

SPD本部

Möckernbrücke

ドイツ技術博物館
Deutsches
Technikmuseum Berlin

1

2

284

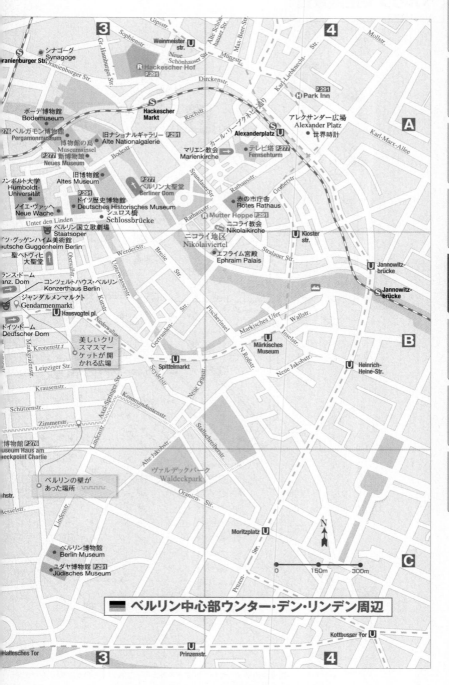

イギリス

フランス

ベルギー

オランダ

ドイツ

オーストリア

スイス

チェコ

シナゴーグ
Synagoge

ranienburger Str

Oranienburger Str.

Weinmeister
str.

Neue
Schönhauser
str.

Hackescher Hof P.291

Dirckenstr.

Park Inn

ボーデ博物館
Bodemuseum

Hackescher
Markt

アレクサンダー広場
Alexander Platz

世界時計

P.276 ベルガモン博物館
Pergamonmuseum

博物館の島
Museumsinsel

Alexanderplatz

Karl-Marx-Allee

P.277 新博物館
Neues Museum

旧ナショナルギャラリー P.291
Alte Nationalgalerie

マリエン教会
Marienkirche

テレビ塔 P.277
Fernsehturm

A

フンボルト大学
Humboldt-
Universität

旧博物館
Altes Museum

ベルリン大聖堂
Berliner Dom P.277

ノイエ・ヴァッヘ
Neue Wache

ドイツ歴史博物館 P.291
Deutsches Historisches Museum

赤の市庁舎
Rotes Rathaus

Unter den Linden

シュロス橋
Schlossbrücke

Mutter Hoppe P.291

ベルリン国立歌劇場
Staatsoper

ニコライ教会
Nikolaikirche

Kloster
str.

ツ・グッゲンハイム美術館
utsche Guggenheim Berlin

ニコライ地区
Nikolaiviertel

聖ヘドヴィヒ
大聖堂

エフライム宮殿
Ephraim Palais

Jannowitz-
brücke

ランス・ドーム
anz. Dom

コンツェルトハウス・ベルリン
Konzerthaus Berlin

Jannowitz-
brücke

ジャンダルメンマルクト
Gendarmenmarkt

Hausvogtei pl.

ドイツ・ドーム
Deutscher Dom

Märkisches
Museum

B

美しいクリ
スマスマー
ケットが開
かれる広場

Kronenstr.

Leipziger Str.

Spittelmarkt

Heinrich-
Heine-Str.

Krausenstr.

Schützenstr.

Zimmerstr.

博物館 P.276
useum Haus am
eckpoint Charlie

ベルリンの壁が
あった場所

ヴァルデックパーク
Waldeckpark

Moritzplatz

N

C

ベルリン博物館
Berlin Museum

0   150m   300m

ユダヤ博物館 P.291
Jüdisches Museum

■ ベルリン中心部ウンター・デン・リンデン周辺

Halleches Tor

Prinzenstr.

Kottbusser Tor

ベルリン交通路線図

2019年11月現在

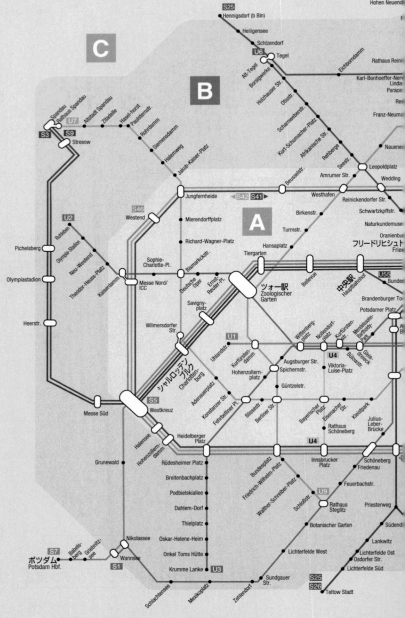

※ベルリンの交通路線網は、たびたび変更されたり、工事による運休区間があります。
現地では必ず最新の路線図を入手、確認のうえご利用ください。

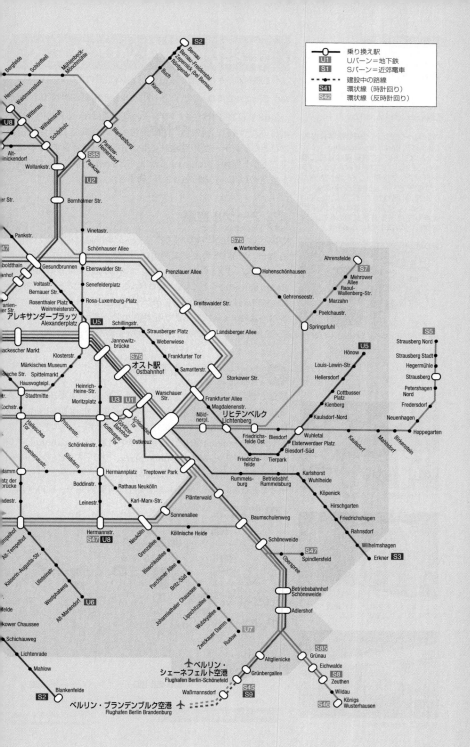

テーゲル空港（TXL）
Flughafen Berlin-Tegel
URL www.berlin-airport.de

シェーネフェルト空港（SXF）
Flughafen Berlin-Schönefeld
URL www.berlin-airport.de

ベルリン・ブランデンブルク空港（BER）
Flughafen Berlin Brandenburg
シェーネフェルト空港は現在拡張工事を行っており、完成後はベルリン・ブランデンブルク空港として、名前も新たになる予定。新空港完成後は、テーゲル空港は閉鎖されることになっている。ただし、空港の工事は遅れ気味で、幾度も完成予定日が延期されている。完成は2020年以降になる予定。

テーゲル空港と市内はTXLのバスが便利

ベルリンの玄関テーゲル空港

シェーネフェルト空港からは、鉄道とSバーンでベルリン中央駅まで行ける

空港内には❶もある

空港から市内へのアクセス

✔ 空港はテーゲル空港とシェーネフェルト空港のふたつ

✔ テーゲル空港はバス、シェーネフェルト空港は鉄道の利用が便利

　2018年現在日本からベルリンへの直行便はない。ベルリンに空港はふたつあり、国内便、国際便含めて大手航空会社の経由便はほとんどが**テーゲル空港**Flughafen Tegelに発着する。**シェーネフェルト空港**Flughafen Berlin-Schönefeldは、アエロフロート航空やLCC（格安航空会社）に利用されている。

✈ テーゲル空港
Flughafen Tegel

市内へはTXLかX9のバスで　テーゲル空港はベルリンの北西約7km。空港1階の中央玄関前にバス停があり、市内へ行くことができる。TXLのエクスプレスバスはベルリン中央駅Hauptbahnhofへ行く（終点はロベルト・コッホ・プラッツRobert-Koch-Platz）。所要約22分、チケットはA・Bゾーンで€2.90。X9番のバスはツォー駅Zooまで所要約20分、チケットはA・Bゾーンで€2.90。タクシーで中心部までは所要約25分、€20～30。

✈ シェーネフェルト空港
Flughafen Schönefeld

鉄道が便利　シェーネフェルト空港はベルリンの南東16.4kmにある。空港にはベルリン・シェーネフェルト空港駅Flughafen Berlin-Schönefeld が隣接しており、エアポート・エクスプレスAirport Expressまたは普通列車で中央駅Hauptbahnhof、アレキサンダープラッツ駅Alexanderplatz、フリードリヒ・シュトラーセ駅Friedrichstr.、ツォー駅Zooに停まる。チケットはA・B・Cゾーンで€3.60。タクシーで中心部までは所要約35分、€30～40。

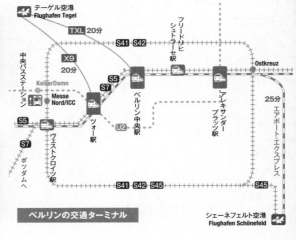
ベルリンの交通ターミナル

ベルリンの市内交通

✔ ベルリンの公共交通はすべてBVGに所属しており、チケットは共通になっている

✔ 料金はゾーン制で、A・B・C、3つのゾーンに分かれている

✔ 短い移動には短区間券が使える

　ベルリンの公共交通機関は市バス、トラム、近郊列車のSバーン、地下鉄のUバーンがある。すべての公共交通機関は、ベルリン公共交通局BVGに加盟しているので同じチケットで利用可能。

ゾーンで決まる運賃　ベルリンのチケットはゾーン制になっている。ベルリン市内はAとB、市外はCゾーン。料金は出発地と到着地がどのゾーンに含まれるかによって決まる。

チケットの種類　チケットには1回乗車券、4回乗車券、1日券、7日券などがあり、いずれも利用するゾーンによって料金が異なる。そのほか短区間券もあり、バスとトラムは6駅、SバーンとUバーンは3駅まで乗車できる。

乗車時は刻印を忘れずに　乗車前のホームやバスの車内には刻印機が設置されているので、**チケットに刻印する**ことを忘れずに。刻印がないと、いつ乗車したのかわからないので、検札のときに罰金を取られる。乗り換え時には刻印は不要。同様に1日券なども最初に刻印すれば次回以降に刻印はいらない。

中心部観光に便利な100、200番のバス　ベルリン中心部の主要な見どころをカバーしているのが、バスの100番と200番。日中は5～10分に1便と頻発しているので、利用価値が高い。

タクシー　流しのタクシーはまずつかまらないので、ホテルやレストランなどで呼んでもらうか、デパートやコンサートホール、駅などタクシー乗り場がある所から乗車する。スマートホンを持っている人はmyTaxi、Taxi.euなどタクシー配車アプリをインストールして、事前に登録しておくと便利。

アプリ

公共交通機関の時刻表&ルート検索
BVG FahrInfo Plus Berlin
ベルリン交通局の時刻表とルート検索ができる。英語にも対応。

iPhone　　　　Android

市内交通

ベルリン交通のゾーン

1回乗車券の乗り換え
1回乗車券は2時間以内であれば、一定方向内の乗り換えができる。一定方向というのはやや曖昧な言い方だが、基本的には逆戻りしなければ大丈夫。

観光パス&カード

ベルリン・ウエルカムカード
Berlin WelcomeCard
URL www.berlin-welcomecard.de

ベルリン・シティツアー・カード
Berlin City Tour Card
URL www.citytourcard.com

どちらもベルリンの交通機関が有効期間に乗り放題。さらに一部の観光地の入場や観光ツアー、ショップやレストランが割引になる。割引の対象はカードによって異なる。駅窓口や自動券売機で購入できる。

ベルリンのチケットの種類と料金		
名称	有効乗車範囲	料金
短区間券 Kurzstrecke	バス、トラムは6駅、 Sバーン、Uバーンは3駅まで乗車可	€1.90
1回乗車券 Einzelfahrkarte	A・Bゾーン　2時間有効	€2.90
	B・Cゾーン　2時間有効	€3.30
	A・B・Cゾーン　2時間有効	€3.60
4回乗車券 4-Fahrten-Karte Einzelfahrschein	A・Bゾーン　各2時間有効	€9
	A・B・Cゾーン　各2時間有効	€13.20
1日乗車券 Tageskarte	A・Bゾーン	€8.60
	B・Cゾーン	€9
	A・B・Cゾーン	€9.60
7日乗車券 7-tage-karte	A・Bゾーン	€34
	B・Cゾーン	€35.50
	A・B・Cゾーン	€41

ベルリン・ウエルカムカード		
	有効ゾーン	料金
48時間	A・B	€23
	A・B・C	€28
72時間	A・B	€33
	A・B・C	€38
5日間	A・B	€46
	A・B・C	€49

ベルリン・シティツアー・カード		
	有効ゾーン	料金
48時間	A・B	€19.90
	A・B・C	€22.90
72時間	A・B	€29.90
	A・B・C	€33.90
5日間	A・B	€42.90
	A・B・C	€46.90

イギリス

フランス

ベルギー

オランダ

ドイツ

オーストリア

スイス

チェコ

自転車でベルリンの壁を巡る

ベルリン発着ツアー

✔ ほとんどのツアーは英語とドイツ語。[みゅう]のツアーと乗り降り自由のバスツアーは日本語にも対応している

✔ ポツダムやドレスデンといった近郊へのバスツアーも催行しており、人気がある

平坦なベルリンはウオーキングツアーや自転車ツアーが充実しており、さまざまなテーマに沿ったツアーが催行されている。ボートツアーは食事ができるタイプも多い。

フェイマス・インサイダー・ウオーク
The Famous Insider Walk

毎日10:00発、4〜10月の毎日13:30発（Zoologischer Garten駅を出たマクドナルドの前集合）
毎日10:30、4〜10月の毎日14:00発（Hackescher Markt駅のAM to PM Bar/Restaurant集合）
所要4時間　料€14
ナチスや冷戦期にゆかりがある見どころを中心にベルリンの町を回るツアー。

インサイド・ツアー・ベルリンInside Tour Berlin
URLwww.insidertour.com
9種類のウオーキングツアーを催行しており、特に近代史に関するツアーに強い。

ベルリン・ハイライト・バイク・ツアー
Berlin Highlights Bike Tour

3〜11月の毎日、12〜2月の月・水・土11:00発
所要4時間30分　料€28
800年にわたるベルリンの歴史のなかで、ベストな見どころを厳選して回る自転車ツアー。

ファット・タイヤ・ツアーズ
Fat Tire Tours
URLwww.fattiretours.com
フード・ツアーやポツダム・ツアーなど、バラエティ豊かな自転車やセグウェイのツアーを扱っている。集合場所はAlexanderplatzのテレビ塔前。

ベルリン発　ベルリン探訪
よくばり午前ウォーキングツアー

月・水・金9:20発　オイローパ・センター内の水時計の前集合　所要約3時間　料€50
日本語ガイドとベルリンの主要な見どころを見て回る。交通費は含まれないので事前に公共交通の1日乗車券を購入しておくこと。

ベルリン発
世界遺産　ポツダム午前観光

火・木・日8:30発　ツォー駅構内の K Presse+Buch 前集合　所要約4時間　料€85
ベルリン郊外にあるポツダムへのツアー。サンスーシ庭園解散で、サンスーシ宮殿内は解散後個人で回る。交通費は含まれないので事前に公共交通の1日乗車券を購入しておくこと。

[みゅう] フランクフルト Myu Frankfurt
TEL(069) 29703317　URLwww.myushop.net
日本語ガイドが付くツアーを多数催行している。団体ツアー以外にプライベートツアーも扱う。

シュプレー・ツアー（1時間）
Spree Tour (1h)

4〜10月頃毎日11便（Friedrichstraße駅を出て北に進んだReichstagsufer出航）　所要1時間　料€16
1時間かけてシュプレー川を航行し、川沿いの見どころを見ていくボートツアー。

シュプレー・ツアー（3.5時間）
Spree Tour (3.5h)

4〜10月頃毎日3便（Charlottenburg近くのSchlossbrücke出航）　所要3時間30分　料€22
中数々の橋をくぐりながらシュプレー川を渡り、ベルリンの町を縦断する。途中下車も可能。

イブニング・シティ・ツアー
Evening City Tour

5〜10月中旬頃の金・土19:00発（Charlottenburg近くのSchlossbrücke出航）　所要2時間30分　料€45
3品のコースディナーを楽しみながらベルリンの町を航行する。

レーデライ・ブルーノ・ヴィンクラー
Reederei Bruno Winkler
URLwww.reedereiwinkler.de

ホップ・オン・ホップ・オフ・ベルリン
Hop on Hop off Berlin

9:15〜16:00（夏期延長）、1周約2時間で15〜30分に1便の運行　料1日€26〜
市内乗り降り自由のツアー。日本語の音声ガイドあり。2ルート25の停留所がある。

シティサイトシーイングCity Sightseeing
URLcity-sightseeing.com/en/3/berlin

ベスト・オブ・ベルリン・ツアー
Best of Berlin Tour

10:00〜17:00（夏期延長）、1周約2時間30分約10分に1便の運行　料1日€22〜　2日€26〜
おもな見どころ18ヵ所に停車しながら市内を回る乗り降り自由のバスツアー。

ベルリンの壁ツアー
Berlin Wall Tour

10:00〜17:00（夏期延長）、1周約1時間で約20分に1便の運行　料1日€16
ベルリンの壁にまつわる見どころなど8ヵ所に停車しながら市内を回る乗り降り自由のバスツアー。

シティ・ツアー・ベルリンCity Tour Berlin
URLwww.city-tour-berlin.de
日本語音声ガイドあり。車内無料Wi-Fiサービスあり。

ベルリン INDEX `Hotel` `Restaurant` `Museum`

ホテル

高級	アドロン	Map P.284B2
	Hotel Adlon Kempinski Berlin	
	URL www.hotel-adlon.de	

ダス・ストゥー Map P.283B3
Das Stue Hotel Berlin Tiergarten
URL www.das-stue.com

ザ・ウェスティン・グランド Map P.284B2
The Westin Grand Berlin
URL www.westin-berlin.com

中級

25アワーズ・ホテル・ベルリン Map P.283B3
25 Hours Hotel Berlin URL www.25hours-hotels.com

パーク・イン Map P.285A4
Park Inn by Radisson Berlin Alexanderplatz
URL www.parkinn-berlin.de

中級

クーダム101 Map P.274B1
Ku'Damm 101 URL www.kudamm101.com

フィヨルド Map P.284C1
Fjord Hotel URL lindemannhotels.de

アウグスタ Map P.282C2
Augusta URL www.hotel-augusta.de

ホステル

ユーゲントヘアベルゲ・ベルリン・インターナショナル Map P.283C4
Jugendherberge Berlin International
URL www.jugendherbergen-berlin-brandenburg.de

マイニンガー・ハウプトバーンホーフ Map P.284A1
Meininger Hotel Berlin Hauptbahnhof
URL www.meininger-hotels.com

レストラン

ムッター・ホッペ Map P.285A4
Mutter Hoppe URL mutterhoppe.de
気取らず、ボリュームたっぷりのドイツ料理が楽しめる。

ディッケ・ヴィルティン Map P.282B2
Dicke Wirtin URL dicke-wirtin.de
昔ながらの雰囲気を今に伝えるドイツ料理レストラン。

ハッケシャー・ホーフ Map P.285A3
Hackescher Hof URL www.hackescher-hof.de
ドイツとイタリアンをアレンジした料理が中心。

ツヴェルフ・アポストリ Map P.282C2
Zwölf Apostoli URL 12-apostoli.de
ピザやパスタが人気のイタリアン。

一心 Map P.284A2
Ishin URL www.ishin.de
手頃な値段で満足いく寿司が楽しめる。

ブーフヴァルト Map P.283A3
Buchwald URL www.konditorei-buchwald.de
バウムクーヘンが人気の老舗カフェ。

博物館&美術館

絵画館 Map P.284B1
Gemäldegalerie URL www.smb.museum
13〜18世紀のヨーロッパ絵画の傑作が並ぶ。

旧ナショナルギャラリー Map P.285A3
Alte Nationalgalerie URL www.smb.museum
18〜20世紀の現代絵画のコレクションが中心。

ユダヤ博物館 Map P.285C3
Jüdisches Museum Berlin URL www.jmberlin.de
ドイツにおけるユダヤ人の歴史を紹介。

ドイツ歴史博物館 Map P.285A3
Deutsches Historisches Museum URL www.dhm.de
ドイツの歴史を豊富な資料と一緒に見てゆく。

イギリス

フランス

ベルギー

オランダ

ドイツ

オーストリア

スイス

チェコ

Germany

ミュンヘン

München

・市外局番	**020**
・公式サイト	URL**www.muenchen.de**
・市内交通	URL**www.mvv-muenchen.de**

ベルリン●
ミュンヘン

ドイツの基本情報➡P.274

　ミュンヘンはバイエルン王国以来の古都。現在はドイツ南部の中心都市として博物館や美術館、オペラなど芸術文化の町として知られている。ビールの産地としても有名で、毎年9月下旬から行われるオクトーバー・フェストは世界中から多くの人が訪れる世界最大のビールの祭典。

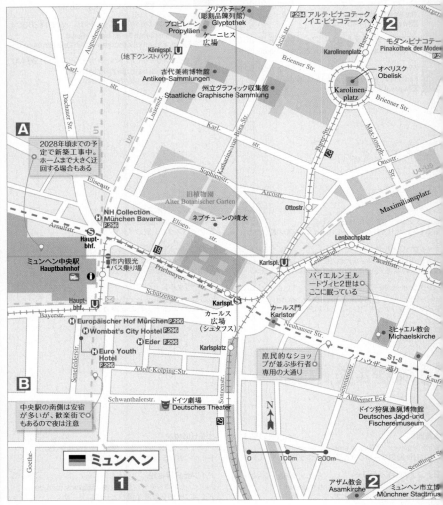

1

グリプトテーク
(彫刻品陳列館)
Glyptothek

プロピレーン
Propyläen

ケーニヒス広場

Königspl. **U**
(地下クンストバウ)

古代美術博物館 ●
Antiken-Sammlungen

州立グラフィック収集館
Staatliche Graphische Sammlung

P.294 アルテ・ピナコテーク
ノイエ・ピナコテークへ

2

モダン・ピナコテー
Pinakothek der Mode
P.2

Karolinenplatz

オベリスク
Obelisk

Karolinen-
platz

A

2028年頃までの予定で新築工事中。ホームまで大きく迂回する場合もある

旧植物園
Alter Botanischer Garten

NH Collection
München Bavaria
P.296

ネプチューンの噴水

Ottostr.

Maximiliansplatz

Lenbachplatz

S Haupt-
bhf.

ミュンヘン中央駅
Hauptbahnhof

市内観光バス乗り場

19

Karlspl. **U**

Pacellistr.

バイエルン王ルートヴィヒ2世はここに眠っている

Haupt-
bhf. **U**

Karlspl. **S**

カールス門
Karlstor

ミヒャエル教会
Michaelskirche

Bayerstr.

B

H Europäischer Hof München P.296
H Wombat's City Hostel P.296
H Eder P.296
H Euro Youth Hotel P.296

カールス広場
(シュタフス)

Karlsplatz

庶民的なショップが並ぶ歩行者●専用の大通り

ノイハウザー通り

S1-8

ドイツ劇場
Deutsches Theater

中央駅の南側は安宿が多いが、歓楽街でもあるので夜は注意

N

ドイツ狩猟漁猟博物館
Deutsches Jagd- und
Fischereimuseum

0   100m   200m

■ ミュンヘン

1

アザム教会
Asamkirche

2

ミュンヘン市立博
Münchner Stadtmus

町の中心はマリエン広場　ミュンヘンは大都市だが、町の中心部は意外とコンパクト。中心になるのは**マリエン広場**Marienplatzで、中央駅から真っすぐ東に800mほど進んだ所にある。マリエン広場の北に建つネオ・ゴシック様式の建物は**新市庁舎**で、❶もここにある。町に着いたらまずはここで情報収集するのがよいだろう。周辺には**レジデンツ**やペーター教会、バイエルン州立歌劇場など、町を代表する建物が並んでいる。滞在時間が短い人はこのエリアに絞った観光をするのがおすすめだ。

美術館エリア　中央駅の北1kmほどの所は美術館が集中しているエリア。なかでもアルテ・ピナコテーク、ノイエ・ピナコテーク、そしてモダン・ピナコテークの3館が有名。アルテ（古い）は15〜18世紀、ノイエ（新しい）は19〜20世紀、モダンは20世紀以降の作品をそれぞれ収蔵している。

ミュンヘン公式サイト専用アプリ

München App

iPhone	Android

公共交通機関の時刻表＆ルート検索

iPhone	Android

Things to do in München &

Neues Rathaus

新市庁舎　ネオ・ゴシック様式らしい細かい装飾が美しい市庁舎。ドイツ最大の仕掛け時計グロッケンシュピールがあり、11:00と12:00 (3〜10月のみ17:00も) に約10分間、32体の人形が動き出す。

Map P.293B3
Data P.452
Map Link

Residenz

レジデンツ　バイエルン王家ヴィッテルスバッハ家の居城だった建物。時間によって公開される部屋が変わるが、100以上もの肖像画が飾られたギャラリーやマイセンなどの磁器コレクションがすばらしい。

Map P.293A3
Data P.452
URL www.residenz-muenchen.de
Map Link

Pinakotheken

ピナコテーク　ミュンヘンが世界に誇る絵画館で、アルテ (旧)、ノイエ (新)、モダンの3館からなる。ホルバインやクラーナハ、デューラー、ゴッホやマネ、ゴーギャンなど、世界的巨匠の作品を揃える。

Map P.292A2
Data P.452
URL www.pinakothek.de
Map Link

Rothenburg ob der Tauber

ローテンブルク　『中世の宝石』といわれるロマンティック街道のハイライト。城壁に囲まれた町に一歩足を踏み入れれば、時の壁を乗り越えたような中世のおとぎの世界が広がっている。

Data P.453
URL www.rothenburg.de
Map Link

Schloss Neuschwanstein

ノイシュヴァンシュタイン城　バイエルン国王ルートヴィヒ2世が1869年から17年の歳月と巨額の費用を費やして建てた白亜の城。ウォルト・ディズニーのシンデレラ城のモデルになったともいわれる。

Data P.453
URL www.neuschwanstein.de
Map Link

its surroundings

必ず見てほしいスポット

イギリス
フランス
ベルギー
オランダ
ドイツ
オーストリア
スイス
チェコ

Nördlingen

ネルトリンゲン　円形をした城壁都市。オレンジ色の屋根に統一された中世の町並みは、マンガ『進撃の巨人』のモデルになったともいわれる。中心に建つダニエル塔から町を見渡すことができる。

Data P.453
URLwww.noerdlingen.
de
Map Link

Nürnberg

ニュルンベルク　レンガ造りの建物が多く、中世の面影を感じさせる町で、『ニュルンベルクのマイスタージンガー』にあるような職人の町として栄えた。ナチ戦犯に対する裁判が行われたことでも知られる。

Data P.453
URLtourismus.
nuernberg.de
Map Link

Salzburg

ザルツブルク　ミュンヘンから140km東にあるオーストリア西部の中心都市。高台には城が建ち、その下に旧市街が広がっている。周囲の自然とともに映画『サウンド・オブ・ミュージック』の舞台としても有名。

Data P.453
URLwww.salzburg.info

Oktoberfest

オクトーバーフェスト　毎年9月第3土曜か10月第1日曜にかけて開かれるビール祭り。延べ600万人もの人が訪れ、会場には8000人も収容できる巨大テントが十数帳立つなど、ミュンヘンの秋を盛り上げる一大イベントだ。初日には主催者側、2日目にはスポンサーやバイエルン地方の人が、伝統衣装に身を包みパレードを行い、祭りを盛り上げる。

観光パス&カード

シティ・ツアー・カード
City Tour Card München
URL www.citytourcard-muenchen.com

市内用 料24時間€13.90 3日€24.90
全域用 料3日€42.50

❶やMVVの交通❶などで購入可能。有効期間内の市内交通が乗り放題になるほか一部美術館が平均20%割引。

空港から市内へ

ミュンヘン空港 (MUC)
Flughafen München
URL www.munich-airport.de

●Sバーンで市内へ
空港駅地下ホームからS1とS8が運行。中央駅まで40～45分。

●空港バスで市内へ
URL www.airportbus-muenchen.de
中央駅まで約45分。

ミュンヘン交通ゾーン

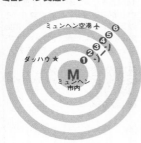

ミュンヘンの市内交通

✔ チケットはトラム、バス、Sバーン、Uバーンすべて共通

✔ チケットはゾーン制。いくつのゾーンにまたがるかで料金が異なる

✔ 利用時はチケットに刻印することを忘れずに

　ミュンヘンの市内交通はMVVが一括して運営しており、トラム、バス、Sバーン、Uバーンとも共通。

チケットのタイプ　チケットはゾーン制になっており、全部で7つのゾーンに分かれる。中心部の❶ゾーンを出たらいくつのゾーンにまたがるかによって異なる料金が設定されている。

ミュンヘンのチケットの種類と料金

移動するゾーン	1回乗車券 Einzelfahrkarte	1日乗車券 Tageskarte
❶ゾーンのみ	€3.30	€7.80
❶～1ゾーン	€5	€8.90
❶～2ゾーン	€6.60	€9.50
❶～3ゾーン	€8.30	€10.60
❶～4ゾーン	€9.90	€11.80
❶～5ゾーン	€11.50	€13
❶～6ゾーン	€12.90	€14
名称	有効乗車範囲	料金
短区間券 Kurzstrecke	バス、トラムは4駅、 Sバーン、Uバーンは2駅まで乗車可	€1.70
イーザルカード Isarcard	❶ゾーンで1週間有効	€17.10

ミュンヘン INDEX

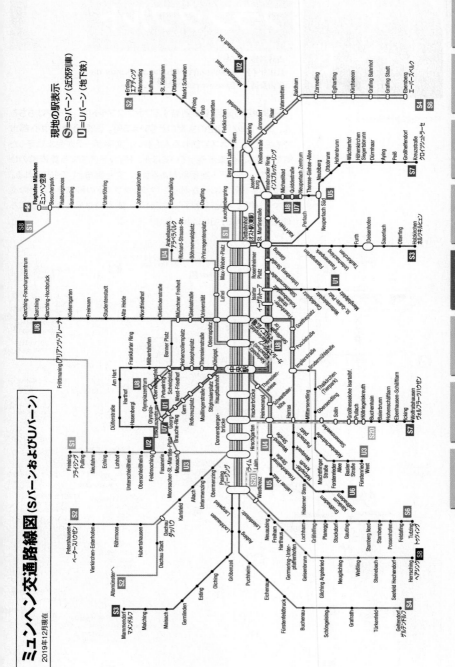

ミュンヘン交通路線図 (Sバーンおよび Uバーン)

2019年12月現在

現地の駅表示
Ⓢ=Sバーン (近郊列車)
Ⓤ=Uバーン (地下鉄)

イギリス フランス ベルギー オランダ ドイツ オーストリア スイス チェコ

297

Germany

フランクフルト

Frankfurt am Main

ベルリン●

●フランクフルト

・市外局番	069
・公式サイト	URL www.frankfurt-tourismus.de
・市内交通	URL www.rmv.de

ドイツの基本情報➡P.274

　日本からの直行便が到着するフランクフルトは、ドイツはもちろん、ヨーロッパの空の玄関口ともいえる町。国際金融の中心都市でもあり、ビジネスで訪れる人も多い。文豪ゲーテが生まれ育った町でもあり、生家が残っているほか、ドイツを代表する美術館のひとつ、シュテーデル美術館があるなど、文化都市としても知られる。

マイン川で南北に分かれる　フランクフルトの町はライン川の支流マイン川で南北に分けられている。観光の対象となる見どころは北側の旧市街Altstadtに集中している。

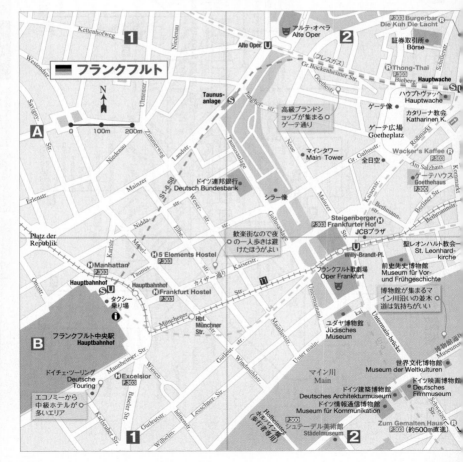

中心はレーマー広場　旧市街の中心はレーマー広場Römerberg。旧市庁舎レーマーやニコライ教会、パウルス教会などが建つ美しい広場だ。❶もここにある。フランクフルト中央駅とレーマー広場はトラムの11番で行くことができるが、1kmほどなので、徒歩でも十分回れる範囲。

空港から市内へのアクセス

✔ フランクフルト国際空港はターミナル1と2がある

✔ 市内へ行くSバーンはターミナル1の地下から出発する

　フランクフルト国際空港はターミナルがふたつあり、利用航空会社によって到着するターミナルが異なる。市内へはターミナル1の地下から近郊鉄道Sバーンが出ている。フランクフルト中央駅までS8、S9で4駅。ターミナル2に到着した人はスカイラインと呼ばれる無料の高架電車もしくは無料シャトルバスでターミナル1に移動する。タクシーなら市内へは20〜30分、€40〜45。

フランクフルトの空港

フランクフルト国際空港（FRA）
Flughafen Frankfurt am Main
URL www.frankfurt-airport.com

おもな航空会社の発着ターミナル
●ターミナル1
全日空、ルフトハンザ　ドイツ航空、アシアナ航空、オーストリア航空、エジプト航空、カタール航空、タイ航空、スカンジナビア航空、スイス・インターナショナルエアラインズ、シンガポール航空、ターキッシュ エアラインズ、ユーロウイングスなど
●ターミナル2
日本航空、アエロフロート・ロシア航空、アリタリア航空、ブリティッシュ・エアウェイズ、エールフランス、エミレーツ航空、エティハド航空、フィンランド航空、KLMオランダ航空、大韓航空など

空港長距離列車駅
ターミナル1の地下には空港ローカル駅のほか、空港長距離列車駅Fernbahnhofという駅があり、ICやICEといった長距離特急列車や国際特急列車ECが発着している。フランクフルト市内に出ず、別の都市へ向かうのに便利。ターミナル1から国際長距離列車駅へは「Fernbahhof/Long Distance Trains」の表示に従って徒歩5分ほど。

空港から市内へ向かうSバーン

市内から空港へ行く場合は、自動券売機で飛行機マークのあるチケットを購入

乗り継ぎがうまくいかないことも
フランクフルトからローテンブルグまで電車で行きました。ヴュルツブルグとシュタイナハで乗り換えましたが、それぞれの区間が1時間に1便程度です。遅延等で乗り継ぎがうまくいかないと、1時間ほど待つことになります。私は、ヴュルツブルグで足止めされましたが、小一時間の観光ができました。
（神奈川県　こち　'18夏）

イギリス

フランス

ベルギー

オランダ

ドイツ

オーストリア

スイス

チェコ

Things to do in Frankfurt

フランクフルトとその周辺のおすすめ観光スポット

Goethehaus

ゲーテハウス　文豪ゲーテの生家。名作『若きヴェルテルの悩み』や『ファウスト』もこの家で生まれた。第2次世界大戦で一度破壊されたが、市民ががれきをひろい集め復元した。北隣りにはゲーテ博物館がある。

Map P.298A2
Data P.454
URL www.goethehaus-frankfurt.de
Map Link

Dom

大聖堂　14世紀に建てられた大聖堂で、神聖ローマ皇帝の選挙、戴冠式が行われていたことから、「皇帝の大聖堂、カイザードーム」とも呼ばれる。高さ95mの塔は1415年に建築が始まり、完成したのは1877年。

Map P.299A3
Data P.454
URL www.dom-frankfurt.de
Map Link

Städelmuseum

シュテーデル美術館　フランクフルトの銀行家シュテーデルの寄付によって設立された美術館。中世から現代の幅広い絵画を収蔵しており、特にフェルメールの『地理学者』を所有していることで知られる。

Map P.298B2
Data P.454
URL www.staedelmuseum.de
Map Link

Rheinschifffahrt

ライン下り　ひっそりとたたずむ古城、穏やかな流れのなか急峻にそびえる岩山ローレライなど、ロマンティックなおとぎ話が残るライン渓谷は見どころがいっぱい。観光船に乗って移り変わる景色を楽しむことができる。

Map Link　Data P.454

Köln

ケルン　600年をかけて建てられた大聖堂が見守る町ケルン。ルール工業地帯の中核都市として知られるが、ローマ時代からの古い歴史を誇っており、ドイツの世界遺産としては最も訪問者が多い。

Data P.454
Map Link　URL www.cologne-tourism.com

& its surroundings

イギリス
フランス
ベルギー
オランダ
ドイツ
オーストリア
スイス
チェコ

Rüdesheim

リューデスハイム　ライン川流域にあり、ワインの町として有名。ブドウ畑が一面に広がり、町の中にはワイン博物館もある。町歩きに疲れたらつぐみ横丁Drosselgasseのレストランやワイン酒場で休憩しよう。

Data P.454
URL www.ruedesheim.de

Map Link

Koblenz

コブレンツ　ライン川とモーゼル川の合流点として知られる町。古くから水上交通の要衝として栄え、周囲には堅固な要塞が築かれた。エーレンブライトシュタイン城塞からの眺めがすばらしい。

Data P.454
URL www.koblenz-tourism.com

Map Link

Heidelberg

ハイデルベルク　ドイツ最古の大学がある町で、古城街道きっての人気都市。町はネッカー川沿いに広がっており、ハイデルベルク城からは町を見下ろすことができる。

Data P.454
URL www.heidelberg.de

Map Link

Burg Hohenzollern

ホーエンツォレルン城　ドイツ屈指の名城で、プロイセン王家のホーエンツォレルン家はこの地の発祥。1867年にフリードリヒ・ヴィルヘルム4世が現在見られるような姿に建設した。

Data P.455
URL burg-hohenzollern.com

Map Link

St. Stephans-Kirche

ザンクト・シュテファン教会にあるシャガールのステンドグラス　マインツにある教会で、第2次世界大戦で破壊されたが戦後再建された。シャガールのステンドグラスは1978〜1985年に製作されたもので、聖書を題材にしている。

Map Link　Data P.455

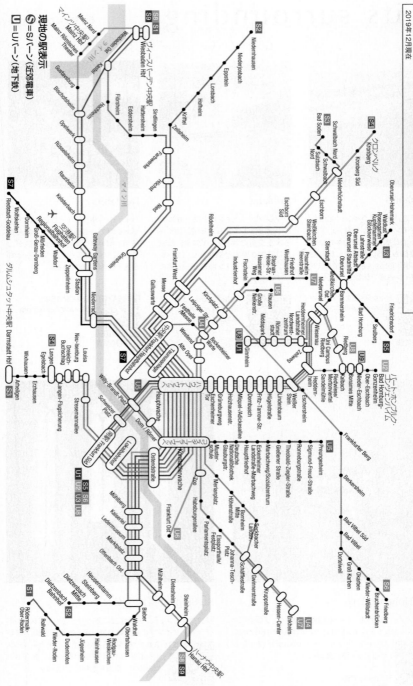

フランクフルト交通路線図 (Sバーンおよび Uバーン)

2019年12月現在

302

フランクフルトの市内交通

✔ チケットはトラム、バス、Sバーン、Uバーンすべて共通

✔ チケットはゾーン制。市内と市外で料金が異なる

✔ チケットは利用する直前に購入する。刻印は必要ない

　フランクフルトの市内交通はRMVが一括して運営しており、トラム、バス、Sバーン、Uバーンとも共通。

チケットのタイプ　チケットはゾーン制になっており、市内と市外で料金が異なる。一般的観光地は市内に入っているが、空港と市内を結ぶ便は料金が異なるので注意。乗車距離が2km以内であれば短区間券が使える。目的地が短区間に該当するかどうかは券売機の表で確認できる。

刻印は必要ない　ドイツの多くの大都市とは異なり、チケットに刻印は必要ない。これは自動券売機でチケットを購入したときに日時が印刷されるため。そのためチケットの買いだめはできない。

チケットの種類と料金

名称	有効乗車範囲	料金
短区間券 Kurzstrecke	乗車距離2km以内	€1.85
1回乗車券 Einzelfahrkarte	フランクフルト市内	€2.75
	空港〜市内間	€4.95
1日乗車券 Tageskarte	フランクフルト市内	€5.35
	空港〜市内間	€9.65

観光バス&カード
フランクフルト・カード
URL www.frankfurt-tourismus.de
1日用€11　2日用€16
空港や市内の❶で購入可。5人まで使えるグループ用もある。オンラインで購入し、プリントアウトでも使用可能。
●**乗り放題**　Sバーン（空港へも利用可）、Uバーン、市内バス、トラム
●**半額**　ゲーテハウス、シュテーデル美術館など
●**割引**　観光バス、ライン川観光船、提携ショップ、レストランなど

トラムには、リンゴ酒を飲みながら市内を巡るリンゴ酒電車もある。ツォー駅発

フランクフルト INDEX

Hotel

シュタイゲンベルガー・フランクフルター・ホーフ　Map P.298A2
Steigenberger Frankfurter Hof
URL www.steigenberger.com

ザ・ウェスティン・グランド　Map P.299A4
The Westin Grand
URL www.westingrandfrankfurt.com

マンハッタン　Map P.298B1
Manhattan　URL www.manhattan-hotel.com

エクセルシオール　Map P.298B1
Excelsior　URL www.hotelexcelsior-frankfurt.de

ミラマー　Map P.299A3
Miramar　URL www.miramar-frankfurt.de

フランクフルト・ホステル　Map P.298B1
Frankfurt Hostel　URL www.frankfurt-hostel.com

ファイヴ・エレメンツ・ホステル　Map P.298B1
5 Elements Hostel　URL 5elementshostel.de

Restaurant

ツム・ゲマールテン・ハウス　Map P.298B2外
Zum Gemalten Haus　URL www.zumgemaltenhaus.de
自家製リンゴ酒で有名。ボリュームたっぷりの肉料理も各種。

ツム・シュトルヒ　Map P.299A3
Zum Storch　URL www.zumstorch.com
1704年創業。フランクフルトの名物料理が楽しめる。

トーン・タイ　Map P.298A2
Thong-Thai　URL www.thong-thai.com
テイクアウトもできる、カジュアルなタイ料理店。

ディー・クー・ディー・ラハト　Map P.298A2
Burgerbar Die Kuh Die Lacht　URL www.diekuhdielacht.com
品質にこだわったワンランク上のバーガーショップ。

ヴァッカーズ・カフェ　Map P.298A2
Wacker's Kaffee　URL wackerskaffee.de
1914年創業。自家焙煎したコーヒーが楽しめる。

バル・セローナ　Map P.299A3
Bar Celona　URL celona.de
南欧ムードがいっぱいのカフェレストラン。

イギリス
フランス
ベルギー
オランダ
ドイツ
オーストリア
スイス
チェコ

Austria
ウィーン
Wien

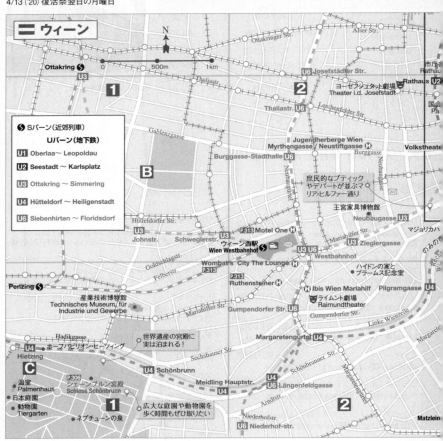

·市外局番	01
·公式サイト	URL www.wien.info
·市内交通	URL www.wienerlinien.at

━━ オーストリアの基本情報

·国名	オーストリア共和国
·人口	約880万人
·首都	ウィーン
·通貨	ユーロ (€) €1≒121.17円
	(2019年12月23日現在)

·祝祭日

1/1	新年
1/6	三王来朝
4/12 ('20)	復活祭
4/13 ('20)	復活祭翌日の月曜日

ハプスブルク帝国の都として繁栄を極めたウィーンは、芸術の都と呼ばれるにふさわしい文化の匂いが漂う町。モーツァルトやベートーヴェン、シーレやクリムトなど、この町にゆかりのある芸術家には枚挙の暇もないほど。美術館巡りや音楽鑑賞、王宮やシェーンブルン宮殿などの宮殿巡りなど、尽きることない魅力に満ちている。

リンク（環状道路）内部が観光エリア ウィーンの町を歩き出す前に必ず覚えておきたいことは**リンクRing**という環状道路。**シュテファン寺院**のあたりを中心に、直径1〜1.5kmの地域がリンクの中に収まっている。リンクの内側は旧市街になっており、ほとん

ウィーン

Ｓバーン（近郊列車）

Ｕバーン（地下鉄）

- **U1** Oberlaa〜 Leopoldau
- **U2** Seestadt 〜 Karlsplatz
- **U3** Ottakring 〜 Simmering
- **U4** Hütteldorf 〜 Heiligenstadt
- **U6** Siebenhirten 〜 Floridsdorf

Ottakring

Alser Str.

Ottakringer Str.

U6 Josefstädter Str.

市庁舎
Rathau

Thaliastr.

Rathaus U2

ヨーゼフシュタット劇場
Theater i.d. Josefstadt

国会
Pa

Thaliastr. U6

Lerchenfelder Str.

Gablenzgasse

Jugendherberge Wien
Myrthengasse / Neustiftgasse H

Burggasse

Burggasse-Stadthalle U6

Volkstheate

庶民的なブティックやデパートが並ぶマリア・ヒルファー通り

Neubaugasse U3

王宮家具博物館

マジョリカハ

Hütteldorfer Str.

U3

Johnstr.

U3
Schweglerstr.

P313 Motel One H

ウィーン西駅
Wien Westbahnhof

U3 U6

Mariahilfer Str.

U3 Zieglergasse

のみの

Westbahnhof

Penzing

Wombat's City The Lounge H
P313

Goldschlagstr.

P313
Ruthensteiner H

ハイドンの家とブラームス記念室

Felberstr.

H Ibis Wien Mariahilf

Pilgramgasse U4

ライムント劇場
Raimundtheater

産業技術博物館
Technisches Museum/ für
Industrie und Gewerbe

Mariahilfer Str.

Gumpendorfer Str. U6

Gumpendorfer Str.

Linke Wienzeile

Margaretengürtel U4

Margaret

Hadikgasse

ホーフパビリオン・ヒーツィング

U4

Hietzing

Sechshauser Str.

Schönbrunner Str.

世界遺産の宮殿に実は泊まれる！

U4 Schönbrunn

Meidling Hauptstr.

U4
U6 Längenfeldgasse

温室
Palmenhaus

P306
シェーンブルン宮殿
Schloss Schönbrunn

日本庭園

動物園
Tiergarten

広大な庭園や動物園を歩く時間もぜひ取りたい

Arndtstr.

ネプチューンの泉

Niederhofstr.

U6 Niederhof-str.

Matzlein

0　500m　1km

どの見どころはリンクの内側、もしくはリンクに沿って建っている。リンク内は徒歩で十分回ることができる。

ケルントナー通り 町の中心はシュテファン寺院前の広場と国立オペラ座。そのふたつを結ぶ**ケルントナー通りKärntner Str.**はウィーンのメインストリートで、いつもたくさんの人でにぎわう歩行者天国だ。

リンク外の見どころ シェーンブルン宮殿、ベルヴェデーレ宮殿といったウィーン必見の見どころの一部はリンク外にある。地下鉄のUバーンや路面電車のトラムで行くことができる。

5/1	メーデー
5/21 ('20)	キリスト昇天祭
5/31 ('20)	聖霊降臨祭
6/1 ('20)	聖霊降臨祭翌日の月曜日
6/11 ('20)	聖体節
8/15	マリア被昇天祭
10/26	建国記念日
11/1	諸聖人の日
12/8	聖母無垢受胎の日
12/25	クリスマス
12/26	聖シュテファンの日

イギリス
フランス
ベルギー
オランダ
ドイツ
オーストリア
スイス
チェコ

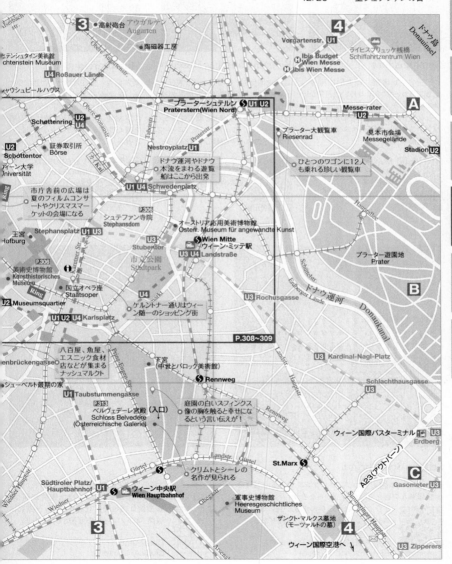

Things to do in Wien &

ウィーンとその周辺のおすすめ観光スポット

Stephansdom

シュテファン寺院　12世紀に建造
が着工され、300年の長い歳月をか
けて完成したオーストリア最大のゴ
シック教会。ふたつの塔に登ること
ができるほか、地下のカタコンベも
見学可能。

Map P.309B3
Data P.455
URL www.
stephanskirche.at
Map Link

Kunsthistorisches Museum

美術史博物館　ハプスブルク家代々
の皇帝によって収集された世界の美
術品を収蔵する博物館で、その量と
質はルーヴル、プラドと肩を並べる。
ブリューゲル、フェルメール、ルーベ
ンスなどの作品を収蔵している。

Map P.308C1·2
Data P.455
URL www.khm.at
Map Link

Musikverein

楽友協会　国立オペラ座と並ぶウィ
ーンを代表するコンサートホールで、
ウィーン・フィルハーモニー管弦楽団
の本拠地。モーツァルト時代の衣装
を着た楽団のコンサートなども行わ
れる。

Map P.309C3
Data P.455
URL www.musikverein.
at
Map Link

Schloss Schönbrunn

シェーンブルン宮殿　ハプスブルク家の栄華を象徴する
絢爛豪華な宮殿と美しい庭園からなるウィーン観光のハ
イライト。庭園の奥の小高い丘にはグロリ
エッテという戦没者慰霊の建物がある。

Map P.304C1　Data P.455
Map Link　URL www.schoenbrunn.at

Melk

メルク　ドナウ河の支流メルク川沿いにある町で、丘の
上には1000年以上の歴史をもつメルク修道院が建つ。

修道院は18世紀に壮麗なバロック様式に
改築され、バロックの宝石とも呼ばれる。

Data P.455
Map Link　URL www.stiftmelk.at

its surroundings

イギリス
フランス
ベルギー
オランダ
ドイツ
オーストリア
スイス
チェコ

Budapest

ブダペスト 「ドナウの真珠」ともいわれるハンガリーの首都。ドナウ河に沿って壮麗な建築物がその美を競うかのように建つ。市内には歴史ある温泉も多いので、温泉巡りも楽しい。

Data P.455
Map Link URLwww.budapest.com

Bratislava

ブラチスラヴァ ウィーンから列車でわずか1時間ほどにあるスロヴァキアの首都。かつてはブダペストに代わり、ハンガリーの首都だったこともあり、戴冠式が聖マルティン大聖堂で行われた。

Data P.456
Map Link URLwww.visitbratislava.com

What to eat in Austria

オーストリア美味ガイド

Wiener Schnitzel

ヴィーナーシュニッツェル
フライパンで揚げたカツレツ。
レモンを搾って食べる。

Tafelspitz

ターフェルシュピッツ ブイヨンで煮込んだ牛肉のスライス。西洋わさびをつけて食べる。

Sachertorte

ザッハートルテ ザッハーとデ
ーメルの本家争いでも知られる
チョコレートケーキ。

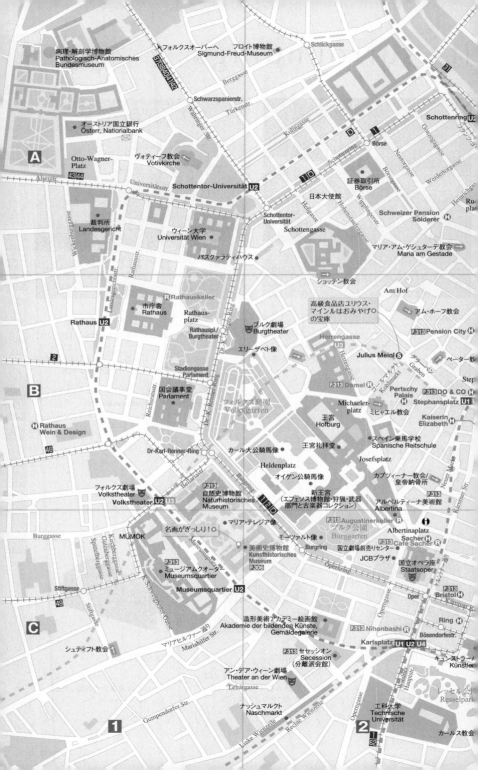

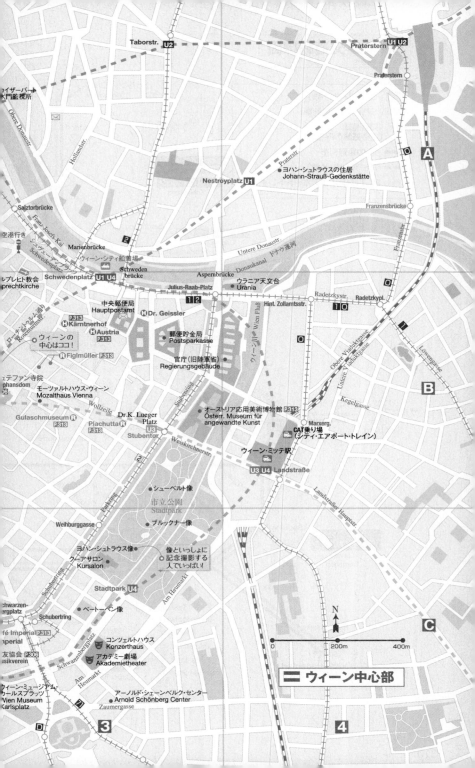

ウィーン中心部

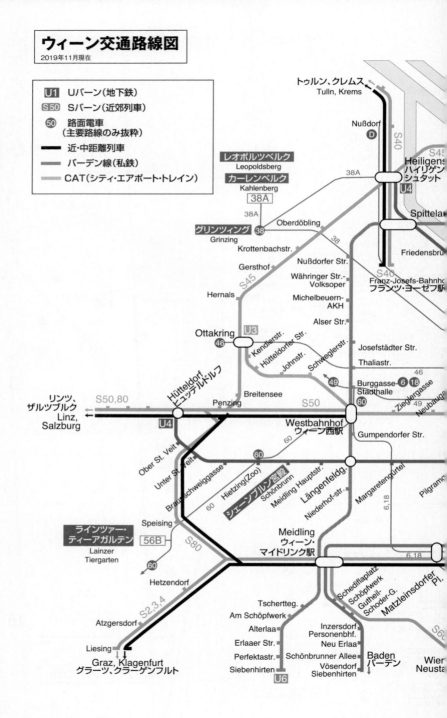

ウィーン交通路線図

2019年11月現在

- **U1** Uバーン（地下鉄）
- **S50** Sバーン（近郊列車）
- **50** 路面電車（主要路線のみ抜粋）
- ━━ 近・中距離列車
- ━━ バーデン線（私鉄）
- ━━ CAT（シティ・エアポート・トレイン）

トゥルン、クレムス
Tulln, Krems

Nußdorf **D**

レオポルツベルク
Leopoldsberg

カーレンベルク
Kahlenberg
38A

グリンツィング **38**
Grinzing

Oberdöbling

38A

Krottenbachstr.

38

Nußdorfer Str.

Gersthof

Währinger Str.-
Volksoper

Hernals

Michelbeuern-
AKH

Alser Str.

Ottakring **U3**
46

Kendlerstr.

Hütteldorfer Str.

Johnstr.

Schweglerstr.

Josefstädter Str.

Thaliastr.

46

Burggasse **6** **18**
Stadthalle

Zieglergasse

49

Neubaug

Hütteldorf
ヒュッテルドルフ

Breitensee

49

リンツ、
ザルツブルク
Linz,
Salzburg

S50,80

Penzing

U4

S50

60

Westbahnhof
ウィーン西駅

Gumpendorfer Str.

60

Ober St. Veit

Unter St. Veit

Braunschweiggasse

Hietzing(Zoo)
シェーンブルン宮殿

Schönbrunn

Meidling Hauptstr.

Längenfeldg.

Niederhof-str.

Margaretengürtel

Pilgram

6,18

Speising

56B

S80

ラインツァー・
ティーアガルテン
Lainzer
Tiergarten

60

Meidling
ウィーン・
マイドリンク駅

6,18

Hetzendorf

S2,3,4

Tschertteg.

Am Schöpfwerk

Schedlflaplatz

Schöpfwerk

Gutheil-

Schoder-G.

Matzleinsdorfer Pl.

Atzgersdorf

Alterlaa

Inzersdorf
Personenbhf.

Erlaaer Str.

Neu Erlaa

S60

Liesing

Perfektastr.

Schönbrunner Allee

Baden
バーデン

Siebenhierten

Vösendorf
Siebenhierten

Wien
Neusta

Graz, Klagenfurt
グラーツ、クラーゲンフルト

U6

Heiligens
ハイリゲン
シュタット

S40

S45

U4

Spittela

Friedensbrü

S40

Franz-Josefs-Bahnho
フランツ・ヨーゼフ駅

S45

イギリス

フランス

ベルギー

オランダ

ドイツ

オーストリア

スイス

チェコ

311

空港から市内へ

ウィーン国際空港 (VIE)
Flughafen Wien-Schwechat

URL www.viennaairport.com
●エアポートバス
URL www.viennaairportlines.at
●シティ・エアポート・トレイン
URL www.cityairporttrain.com
●オーストリア連邦鉄道
URL www.oebb.at

空港バスは、大きな荷物を預けられるのがうれしい

補足

ウィーンの長距離交通ターミナル

●ウィーン中央駅
　Wien Hauptbahnhof
プラハ、ブダペスト、ドイツ方面へのレイルジェットなど各種長距離列車が発着する。
●ウィーン西駅 Wien Westbahnhof
中距離列車やSバーンが発着。私鉄ウェストバーンのザルツブルク行きも発着する
●ウィーン・ミッテ駅 Wien Mitte
空港とを結ぶシティ・エアポート・トレインが発着。
●ウィーン国際バスターミナル
　Vienna International Busterminal
プラハ、ブダペスト、ブラチスラヴァなど周辺国へのバスが発着。Uバーン3号線Erdberg下車すぐ。

市内交通

チケットの種類と運賃
URL www.wienerlinien.at

1回券 Einzelfahrschein	€2.40
1日乗車券(モバイルチケット) 1 Tag Wien 当日から翌1:00まで乗り放題	€5.80
24時間フリーパス 24Stunden Wien-Karte	€8
48時間フリーパス 48Stunden Wien-Karte	€14.10
72時間フリーパス 72 Stunden Wien-Karte	€17.10
8日間フリーパス 8-Tage-Klimakarte	€40.80

交通機関の時刻表&ルート検索アプリ

iPhone　　　　Android

空港から市内へのアクセス

✔ 市内へはタクシーのほかエアポートバス、シティ・エアポート・トレイン、レイルジェット、Sバーンで行けるが、所要時間に大差はない

ウィーン国際空港は市の中心の南東約20kmにある。シュヴェヒャート市にあり、ウィーン・シュヴェヒャート空港ともいう。

エアポートバス　到着フロアの外に停車している。行き先はモルツィンプラッツ／シュヴェーデンプラッツ行きと、ウィーン中央駅経由ウィーン西駅行きの2路線がある。いずれも30分に1便程度の運行で片道€8。ウィーン中央駅まで約20分、西駅まで約40分、モルツィンプラッツ／シュヴェーデンプラッツまで約20分。

Sバーン　Sバーンはオーストリア連邦鉄道 (ÖBB) の近郊列車でS7がウィーン・ミッテ駅に停車する。所要約25分、€4.20。

レイルジェット　オーストリア連邦鉄道の高速列車で、日本でいう新幹線のような存在。本来特急券が必要だが、ウィーン中央駅へは2等車に限りSバーンと同じ普通のチケットで乗車可能。ウィーン中央駅まで約15分、€4.20。リンツ、ザルツブルク、グラーツ行きなどの便もあり、その場合特急料金になる。

シティ・エアポート・トレイン　空港駅の3番ホームからシティ・エアターミナル／ウィーン・ミッテ駅までノンストップで行く列車。所要約16分で片道€12。チケットを車内で購入すると€2追加。

タクシー　市の中心部まで約30分、€40程度。メーター制以外に空港のタクシー会社のオフィスで申し込める定額制もある。

ウィーンの市内交通

✔ チケットは路面電車、バス、Sバーン、Uバーンすべて共通

✔ チケットは使いはじめに刻印が必要

ウィーンの市内交通はすべてVORに属しており、路面電車、バス、Sバーン、Uバーンとも共通。

チケットのタイプ　チケットはゾーン制になっているが、空港とのアクセス以外に旅行者が行く範囲は同一ゾーン内のため、市内観光でゾーンを気にする必要はない。1回乗車券は同一方向なら乗り換えも自由で90分間有効。

フリーパス　1回乗車券のほか、24、48、72時間フリーパス、モバイルチケット限定の1日乗車券、任意の8日を利用できる8日間パスなどがある。

チケットの購入　チケット、各種フリーパスともÖBBのターミナル駅、地下鉄駅、キオスクなどで購入できる(モバイルチケットはスマートホンで購入)。自動券売機は英語にも対応。路面電車とバスの車内では1回乗車券のみ購入できるが、少し割高になる。

チケットの刻印　チケットは刻印しなければ検札時に持っていても、罰金の対象になる。路面電車、バスは乗車後、Sバーン、Uバーンはホームに入る前に刻印機にチケットを通すこと。

ウィーン INDEX [Hotel] [Restaurant] [Museum]

イギリス
フランス
ベルギー
オランダ
ドイツ
オーストリア
スイス
チェコ

ホテル

高級	ブリストル Bristol URLwww.bristolvienna.com	Map P.308C2
中級	ドー＆コー DO & CO URLwww.docohotel.com	Map P.308B2
	ケルントナーホーフ Kärntnerhof URLwww.karntnerhof.com	Map P.309B3
	オーストリア Austria URLwww.hotelaustria-wien.at	Map P.309B3

中級	ペンシオン・シティ Pension City URLwww.citypension.at	Map P.308B2
	モーテル・ワン・ヴェストバーンホーフ Motel One Wien-Westbahnhof URLwww.motel-one.com	Map P.304B2
ホステル	ホステル・ルーテンシュタイナー Hostel Ruthensteiner URLwww.hostelruthensteiner.com	Map P.304C2
	ウォンバッツ・シティ・ホステル Wombat's City Hostel URLwww.wombats-hostels.com	Map P.304C2

レストラン

フィグルミュラー Map P.309B3
Figlmüller URLwww.figlmueller.at
皿からはみ出るほど大きなヴィーナーシュニッツェルが名物。

プラフッタ Map P.309B3
Plachutta URLwww.plachutta.at
ウィーン名物ターフェルシュピッツの名店。

グーラシュムゼウム Map P.309B3
Gulaschmuseum URLwww.gulaschmuseum.at
パプリカをふんだんに使ったシチュー、グーラシュの専門店。

アウグスティーナーケラー Map P.308C2
Augustinerkeller URLwww.bitzinger.wien
かつての修道院のワイン蔵を利用したレストラン。

日本橋 Map P.308C2
Nihonbashi URLwww.nihonbashi.at
国立オペラ座に近い。幅広いメニューの本格和食料理店。

カフェ・ザッハー Map P.308C2
Café Sacher URLwww.sacher.com
ホテル・ザッハーの1階にある優雅なカフェ。

デーメル Map P.308B2
Demel URLwww.demel.at
1786年創業。ザッハー・トルテの本家争いでも有名。

カフェ・インペリアル Map P.309C3
Café Imperial URLwww.cafe-imperial.at
料理、デザートともに充実した格調高いカフェ。

博物館&美術館

ミュージアムクオーター Map P.308C1
Museumsquartier URLwww.mqw.at
MUMOK、レオポルト美術館などが集まる博物館エリア。

ベルヴェデーレ宮殿 Map P.305C3
Schloss Belvedere URLwww.belvedere.at
上宮は美術館になっている。クリムトの『接吻』を収蔵。

オーストリア応用美術館 Map P.309B3
Öst. Museum für angewandte Kunst URLwww.mak.at
ウィーン工房の家具や食器、工芸品、デザイン作品を展示。

セセッシオン Map P.308C2
Secession URLwww.secession.at
「金色のキャベツ」が印象的。クリムトの壁画は必見。

アルベルティーナ美術館 Map P.308C2
Albertina URLwww.albertina.at
ルネッサンスの巨匠の素描や、20世紀画家の作品が充実。

自然史博物館 Map P.308B1
Naturhistorisches Museum URLwww.nhm-wien.ac.at
美術史博物館の向かい。自然科学全般に関する展示。

インターラーケン

Interlaken

ベルン
インターラーケン

- 市外局番　　033
- 公式サイト　URL www.interlaken.ch

✚ スイスの基本情報

- 国名　　スイス連邦
- 人口　　約854万人
- 首都　　ベルン
- 通貨　　スイスフラン（CHF）
　　　　　CHF1≒111.27円
　　　　　（2019年12月23日現在）
- 祝祭日

1/1	新年
4/10 ('20)	聖金曜日
4/12 ('20)	復活祭
4/13('20)	復活祭翌日の月曜日
5/21('20)	キリスト昇天祭
5/31('20)	聖霊降臨祭
6/1 ('20)	聖霊降臨祭翌日の月曜日
6/11 ('20)	聖体節
8/1	建国記念日
12/25	クリスマス
12/26	ボクシングデー

インターラーケンは西のトゥーン湖、東のブリエンツ湖の間にあり、アーレ川が流れる緑濃い上品な町。アルプス観光のハイライトのひとつ、ユングフラウヨッホに上る人の基地でもある。美しい山々に囲まれていて、登山をしなくても楽しいところだ。

駅は東駅と西駅のふたつ　インターラーケンにはヴェスト（西）駅Westとオスト（東）駅Ostのふたつの鉄道駅がある。両駅は歩いても20分ぐらいだが、バスでも結ばれている。

中心通りはヘーエヴェーク　ヴェスト駅とオスト駅を結ぶ通りが、ヘーエヴェークHöhewegだ。❶や町随一の社交場だったクアザール・コングレス・センターがあるのもこの通り沿いだ。

自然を楽しもう　湖の周囲が美しいこの地方では、レンタサイクルやレンタバイクで観光するのがおすすめ。ヴェスト駅やオスト駅、市内のレンタル店で借りることができる。トゥーン湖、ブリエンツ湖への遊覧船はそれぞれヴェスト駅、オスト駅近くの船着き場から出発する。また、ケーブルカーに乗れば町のすぐ北側にあるハーダー展望台まで手軽に行くこともできる。

Things to do in Berner Oberland

ベルナーオーバーラントのおすすめ観光スポット

イギリス
フランス
ベルギー
オランダ
ドイツ
オーストリア
スイス
チェコ

Schynige Platte

シーニゲ・プラッテ　ベルナーオーバーラントの3山のみならず、ベルナーアルプス全体の豪快なパノラマをほしいままにできる展望台。広大な敷地の植物園では、さまざまなスイスアルプスの高山植物が観賞可能。

 Data P.456

Schilthorn

シルトホルン　ユングフラウヨッホと並ぶベルナーオーバーラントを代表する展望台。標高2970mで周辺に高い山がないので360度の大パノラマが楽しめる。ミューレンからロープウエイでアクセス。

 Data P.456
URL www.schilthorn.ch

Brienz

ブリエンツ　ブリエンツ湖のほとりにある木彫りの像で有名な町。ここから出るロートホルン鉄道は定期運行のSLとしては世界一の急こう配を上り、頂上の展望台からはベルナーオーバーラントの山々が一望できる。

 Data P.456
URL www.brienz.ch

Grindelwald

グリンデルワルト　ベルナーオーバーラントの中で、最も知名度の高い村。アイガー北壁をはじめ4000m級の山をいくつも仰ぎ、村の周囲にはカウベルの音が聞こえる放牧地が広がっている。

 Data P.456
Map Link　URL grindelwald.swiss

Jungfraujoch

ユングフラウヨッホ　ユングフラウ鉄道の終点で、標高3464mのヨーロッパで最も高い所にある駅。スフィンクス・テラスから見る風景は一面の銀世界。世界遺産のアレッチ氷河も見られる。

 Data P.456
Map Link　URL www.jungfrau.ch

スイストラベルパス (→P.158)

スイストラベルシステムに加盟している
バスやロープウエイなど別の交通手段も
無料で利用できる。

ベルナーオーバーラント・
リージョナルパス

URLwww.regionalpass-
berneroberland.ch
エリア内の多くの交通機関が無料。た
だし、ユングフラウ鉄道（クライネ・シ
ャイデック～ユングフラウヨッホ）は
50%引き

●パス料金
カッコ内は、スイストラベルパス保持者
の割引料金（2020年4/19～10/31）。

	1等	2等
4日間	CHF312 (235)	CHF260 (195)
6日間	CHF384 (290)	CHF320 (240)
8日間	CHF430 (325)	CHF360 (270)
10日間	CHF468 (354)	CHF390 (295)

ユングフラウ鉄道トラベルパス

ユングフラウ地区の公共交通機関が乗
り放題になる。利用できる期間は5～
10月限定。アイガグレッチャー～ユン
グフラウヨッホ間は無料ではなく50%

●パス料金
カッコ内は、スイストラベルパス保持
者の割引料金。

3日間	CHF180 (135)
4日間	CHF205 (155)
5日間	CHF230 (175)
6日間	CHF255 (190)

ベルナーオーバーラントの交通

✓ 登山鉄道やバス、ロープウエイ、ケーブルカーなど交通手段が充
実している

✓ 交通パスは、鉄道以外の交通手段も乗り放題になるものも多い。
プランに応じた最適のパスを選ぼう

　ベルナーオーバーラントは、中心都市のインターラーケンも含
め、どこも徒歩で移動できる大きさ。この地域の観光は、ハイキ
ングや展望台巡りが中心なので、登山鉄道や、バス、ロープウエ
イ、ケーブルカーをうまく使いこなすことが、観光のカギになる。

ベルナーオーバーラント交通図

インターラーケン INDEX

ツェルマット
Switzerland
Zermatt

ベルン
ツェルマット

- 市外局番　**027**
- 公式サイト　URL www.zermatt.ch
- 村内交通　URL www.e-bus.ch

　スイスが誇る世界的名峰マッターホルン。ツェルマットはその麓にある村で、山を愛する人には憧れの地といえるだろう。ぜひとも足を延ばして雰囲気を肌で味わってみたい。

マッターフィスパ川沿いの村　村を南北に貫く**マッターフィスパ川**と、ツェルマット駅から南に延びる**バーンホフ通り**Bahnhofstr. さえ覚えれば歩くのは簡単だ。ツェルマットの村には一般車（ガソリン車）は入ってこられないので、見かけるのは馬車や電動自動車のみ。バーンホフ通りはまるで歩行者天国のようになっている。❶は鉄道駅を出てすぐ右側。日本語のパンフレットも含めて情報は豊富だ。山歩きをしたい人はハイキングマップも忘れずに。

マッターホルンを眺める展望台　ツェルマットの村からもマッターホルンが眺められるが、周囲に展望台がいくつも存在するので、色々な角度からその雄姿を見比べてみるのもおもしろい。おもな展望台は、地下ケーブルカーで約3分のスネガ、そこからさらにロープウエイで約12分のロートホルン、ツェルマット駅から登山鉄道で約35分のゴルナーグラート、ツェルマットの村南端の乗り場からロープウエイを乗り継いで約40分のマッターホルン・グレッシャー・パラダイスなど。

スイスの基本情報➡P.314

アクセス

ツェルマットへの行き方
チューリヒやベルン、ジュネーヴ方面からのフィスプで乗り換える。
● **フィスプVisp**から
🚃REで約1時間5分
● **ブリークBrig**から
🚃REで約1時間15分
● **サン・モリッツSan Moritz**から
🚃グレッシャー・エクスプレス（→P.318）で約8時間8分

チューリヒ
ジュネーヴ　ベルン　アンデルマット
フィスプ　ブリーク　サン・モリッツ
ツェルマット

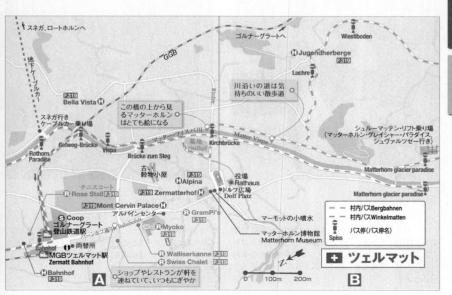

スネガ、ロートホルンへ
地下ケーブルカー
ゴルナーグラートへ
Wiestiboden
GGB
Ⓗ Jugendherberge P.319
Luchre
川沿いの道は気持ちのいい散歩道
P.319 Bella Vista Ⓗ
スネガ行きケーブルカー乗り場
この橋の上から見るマッターホルンはとても絵になる
Rothorn Paradise
Getweg-Brücke
Vispa
マッターフィスパ川
Brücke zum Steg
墓地 Friedhof
Kirchbrücke
Matter Vispa
シュルーマッテン・リフト乗り場（マッターホルン・グレイシャー・パラダイス、シュヴァルツゼー行き）
Matterhorn glacier paradise
古い穀物小屋
P.319 Ⓗ Alpina
役場 Rathaus
Matterhorn glacier paradise
テニスコート
Ⓡ Ross Stall P.319
P.319 Zermatterhof Ⓗ
ドルフ広場 Dolf Platz
P.319 Mont Cervin Palace Ⓗ
アルパインセンター
Ⓡ GramPi's P.319
マーモットの小噴水
Ⓢ Coop
ゴルナーグラート登山鉄道駅
Ⓡ Myoko
マッターホルン博物館 Matterhorn Museum
Bahnhofstr.
Ⓗ 両替所
MGBツェルマット駅 Zermatt Bahnhof
Ⓡ Walliserkanne P.319
Ⓡ Swiss Chalet P.319
－－ 村内バスBergbahnen
－－ 村内バスWinkelmatten
🚏 バス停（バス停名）
Spiss
Ⓗ Bahnhof P.319
ショップやレストランが軒を連ねていて、いつもにぎやか
0　100m　200m
✚ ツェルマット
A
B

Things to do around Zermatt

ツェルマットその周辺のおすすめ観光スポット

Sunnegga

スネガ　ツェルマットから地下ケーブルカーで3分というお手軽な展望台で標高は2288m。ゴルナーグラートほどの迫力ある姿は望めないが、左右に延びる稜線の美しさを眺めるならここが一番。

 Data P.456
Map Link

Rothhorn

ロートホルン　スネガからさらにゴンドラで上った展望台。天を突き刺すようなマッターホルンと、フィンデルン氷河の末端が望める。山上の湖を巡り、スネガ経由でツェルマットにいたるハイキングコースが人気。

 Data P.457
Map Link

Matterhorn Glacier Paradise

マッターホルン・グレッシャー・パラダイス　標高3883m、マッターホルンに最も近く、ヨーロッパ最高地点にある展望台。天候に恵まれば、フランスからオーストリアまで遮るもののない大パノラマが広がる。

 Data P.457
Map Link

Gornergrat

ゴルナーグラート　スイス随一といわれる展望台。モンテ・ローザやドーム、マッターホルンなど4000m級の名峰を一望し、モンテ・ローザを源とするゴルナー氷河など、いくつもの表情豊かな氷河の造形美が眼下に広がる。

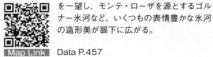 Data P.457
Map Link

Glacier Express

グレッシャー・エクスプレス　ツェルマットからサン・モリッツを結ぶ路線。ダイナミックに山を上っていくかと思えば、カーブを描きながらスロープを滑り下りるなど、登山列車の魅力が満載。

 Data P.457
Map Link URL www.glacierexpress.ch

ツェルマットの交通

✔ ツェルマットの村にはグリーンラインとレッドライン、ふたつの村内バスが巡っている

✔ 村内バス以外では電気自動車を利用したタクシーと馬車が主な交通手段

ツェルマットは、ガソリン車の利用が禁止された村。公共交通機関は村内バスが2路線あるのみ。マッターホルン・グレッシャー・パラダイス＆シュヴァルツゼー行きロープウエイ乗り場は中心部から少し離れているので、利用価値が高い。

村内交通

村内バス
URL www.e-bus.ch
●グリーンライン (Bergbahnen)
20〜35分に1便の運行
料 CHF2.50
●レッドライン (Winkelmatten)
13〜36分に1便の運行
料 CHF3.20

馬車
客車は定員4名、12〜4月と6〜10月の火〜日曜10:00〜20:00。周遊コース15分CHF50〜。行き先など条件によって料金が変わるので要相談。

タクシー
電気自動車のタクシーが走っている。ひとりCHF12〜。距離や人数、荷物の有無、時間帯によって料金が加算される。

補足

車でツェルマットへ行く場合
レンタカーなど一般的なガソリン車でツェルマットへ行く場合は、4.8km手前にあるテーシュTäschの駅前駐車場に車を停めて、電車に乗り換えなければならない。テーシュにある駐車場の料金（一般車）は、1日CHF16。テーシュ〜ツェルマット間は直通電車「ツェルマット・シャトル」が6:00〜23:00のほぼ20分ごとに運行。所要約12分、片道CHF8.20。

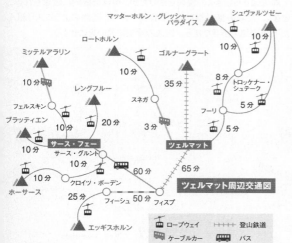

ツェルマット周辺交通図

ロープウェイ　　登山鉄道
ケーブルカー　　バス

ツェルマット INDEX

Hotel

高級	ツェルマッターホフ	Map P.317A
	Zermatterhof URL zermatterhof.ch	
	モン・セルヴァン・パラス	Map P.317A
	Mont Cervin Palace URL www.montcervinpalace.com	
中級	ベラ・ヴィスタ	Map P.317A
	Bella Vista URL www.bellavista-zermatt.ch	
	アルピナ	Map P.317A
	Alpina URL www.alpina-zermatt.ch	
ホステル	ユーゲントヘアベルゲ	Map P.317B
	Jugendherberge URL www.youthhostel.ch	
	バーンホフ	Map P.317A
	Bahnhof URL hotelbahnhofzermatt.com	

Restaurant

ロゼ・ストール Map P.317A
Ross Stall URL www.ross-stall.ch
駅近くにある、ロッジ風のスイス料理レストラン。

ヴァリサーカンネ Map P.317A
Walliserkanne URL www.walliserkanne.ch
ホテルに併設する店。トマト入りのチーズフォンデュで有名。

スイス・シャレー Map P.317A
Swiss Chalet URL www.swiss-chalet-zermatt.ch
チーズフォンデュが名物だが、それ以外の料理も豊富。

グランピス Map P.317A
GramPi's URL www.grampis.ch
バーンホフ通りにある、ピザで有名なイタリア料理店。

妙高 Map P.317A
Myoko URL www.montcervinpalace.com
鉄板焼きで知られる日本料理レストラン。

イギリス
フランス
ベルギー
オランダ
ドイツ
オーストリア
スイス
チェコ

Czech Republic
プラハ
Praha

・プラハ

・市外局番	なし
・公式サイト	URL www.prague.eu
・市内交通	URL www.dpp.cz

▶ チェコの基本情報

- ・国名　チェコ共和国
- ・人口　約1061万55人
- ・首都　プラハ
- ・通貨　チェココルナ (Kč)
    1Kč≒4.75円
    （2019年12月23日現在）

ヴルタヴァ川が豊かな流れをたたえるチェコの首都プラハ。ゴシック、バロック、アールヌーヴォーなど、様式の異なる歴史的建築物が旧市街を埋め尽くし、「百塔の都」ともいわれる。歴史を通じて周辺国から数多くの侵略を受けたが、町は奇跡的に破壊されることなく、往時の繁栄振りを今に伝えている。迷路のように入り組んだ石畳の路を歩きながら、悠久の歴史に思いをはせよう。

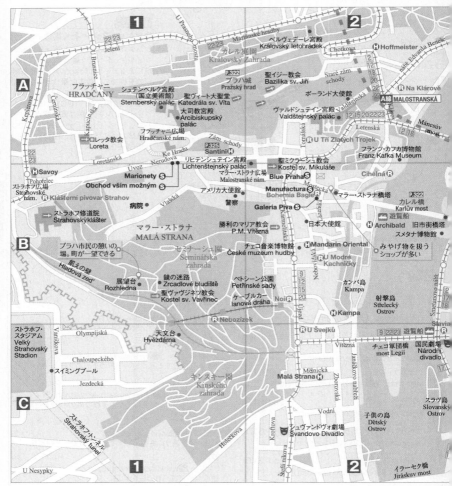

町の概要
プラハは**ヴルタヴァ川**を挟んで大きくふたつに分かれる。東岸の旧市街は平坦、西岸は丘になっており、**プラハ城**がそびえる。両岸は欄干に聖人像が並ぶ**カレル橋**によって結ばれる。

東岸の旧市街
旧市街の中心は**旧市街広場**。ヤン・フスの像や天文時計が建つ美しい広場だ。❶はここの旧市庁舎内にあるので、プラハ観光はここから始めるとよい。広場の周辺にはさまざまな建築様式の建物が並んでおり、散策が楽しい。旧市街の北はかつての**ユダヤ人地区**で、南は**ヴァーツラツ広場**を中心とする新市街になっている。

プラハ城のある西岸
プラハ最大の見どころ、**プラハ城**は西岸の北側にある。東岸から歩いても行けるが、トラムを利用すると楽。プラハ城内は聖ヴィート大聖堂や旧王宮など見どころが多いのでたっぷりと時間をとっておこう。西岸南部は**マラー・ストラナ**という地区で、市民の憩いの場ペトシーン公園がある。

・祝祭日

1/1	新年
4/12 ('20)	復活祭
4/13 ('20)	復活祭翌日の月曜日
5/1	メーデー
5/8	チェコ解放記念日
7/5	キリルとメトディウスの日
7/6	ヤン・フスの日
9/28	チェコ国体記念日
10/28	独立記念日
11/17	自由と民主主義のための闘争記念日
12/24～26	クリスマス

イギリス
フランス
ベルギー
オランダ
ドイツ
オーストリア
スイス
チェコ

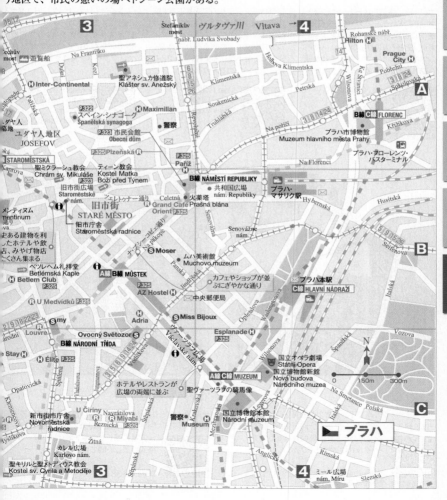

▶ プラハ

Things to do in Praha &

プラハとその周辺のおすすめ観光スポット

Karlův most

カレル橋　露店やストリートパフォーマーでにぎわう、プラハ最古の石橋。欄干には30体もの聖人像が立っており、そのうちのひとつ、ヤン・ネポムツキーのレリーフに触れると幸運が訪れるといわれている。

 Map P.320B2
Map Link

Pražský hrad

プラハ城　プラハの町を見下ろす歴代王の城。城内にある聖ヴィート大聖堂のステンドグラスの一枚はアール・ヌーヴォーの旗手ムハの作品。また、黄金小路にある青いNo.22の家はフランツ・カフカの家。

 Map P.320A1・2
Data P.457
URL www.hrad.cz
Map Link

Španělská synagoga

スペイン・シナゴーグ　旧ユダヤ人地区にあるシナゴーグのひとつ。外観がスペインのアルハンブラ宮殿に似ているためにこの呼び名が付いた。アラベスク文様や金の装飾が美しい。

 Map P.321A3
Data P.458
URL www.
jewishmuseum.cz
Map Link

Český Krumlov

チェスキー・クルムロフ　世界で最も美しい町といわれるチェコ観光のハイライト。ヴルタヴァ川沿いの崖には、ピンクがひときわ印象的な塔をもつチェスキー・クルムロフ城がそびえる。

 Data P.458
Map Link URL www.ckrumlov.info

Telč

テルチ　色とりどりのかわいらしい建物が並ぶ世界遺産の町で、「モラヴィアの真珠」と称されている。ザハリアーシュ広場に面したテルチ城は、ルネッサンス様式の美しい城で見応えがある。

 Data P.458
Map Link URL www.telc.eu

its surroundings

Staroměstské nám.

旧市街広場　プラハの心臓部ともいえる広場。歴史的な建物に囲まれた美しい広場で、とりわけ有名なのは旧市庁舎の南側にある天文時計。15世紀に作られたもので、ふたつの文字盤があり、上は天体の動き、下は黄道12宮と四季の農作業を描いている。広場の中心部に立つひときわ大きなモニュメントは15世紀に宗教改革の先駆者として活躍したヤン・フスの像。フス没後500年を記念して1915年に製作された。広場の北側にある2本の塔が印象的な教会は、14世紀に建てられたティーン教会で、その隣にはロココ様式のキンスキー宮殿が建っている。

Map P.321B3
Data P.458
Map Link

Obecní dům

市民会館　1911年に建てられたアールヌーヴォー建築の傑作。ムハなどチェコの芸術家たちによる華麗な装飾がすばらしい。内部のスメタナ・ホールは「プラハの春」国際音楽祭の会場として利用される。

Map P.321B3
Data P.458
URL www.obecnidum.cz
Map Link

What to eat in Czech Republic

チェコ美味ガイド

Vepřo knedlo zelo

ローストポーク　豚肉のローストにクネドリーキ（蒸しパン）、ザウアークラウト（酢漬けのキャベツ）の盛り合わせ。

Pečené vepřové koleno

豚ひざ肉のロースト　巨大な肉にナイフが刺さった姿は迫力満点！　ジューシーでおいしいがシェアして食べるのが無難。

Svíčková na smetaně

スヴィーチコヴァ・ナ・スメタニェ　スメタニェとは「生クリーム」の意。野菜とサワークリームを煮込んだソースを牛肉にかけた料理。

イギリス　フランス　ベルギー　オランダ　ドイツ　オーストリア　スイス　チェコ

公共交通機関の時刻表&ルート検索

PiD

時刻表とルート検索ができる。英語にも対応。

iPhone	Android

市内交通

市内交通のチケットの種類と料金

ショート Krátkodobá 30分間有効	24kč
ベーシック Základní 90分間有効	32kč
1日券 Jízdenka sit'ová na 1 den 24時間有効	110kč
3日券 Jízdenka sit'ová na 3 dny 72時間有効	310kč
荷物券 Přeprava zavazadel	16kč

自動券売機の使い方

❶購入したいチケットのボタンを押す

左の列の一番上が90分間有効（32kč）の1回券でその下のボタンが30分有効の1回券。1日券は真ん中の列の一番上のボタン。子供用チケットを買う際は右の列の一番上のボタン（Discounted）を先に押す。

❷硬貨を投入する

ボタンを押すと、液晶画面に金額が表示される。紙幣は使えないのでなるべくぴったりの小銭を用意しよう。切符とおつりは自動券売機の下にある受け口に出てくる。

空港から市内へ

ヴァーツラフ・ハヴェル空港 (PRG)

Václav Havel Airport Prague

URLwww.prg.aero

●エアポート・エクスプレス

ターミナル1→共和国広場→マサリク駅→プラハ本駅に停車。チケットは運転手から直接買う（現金のみ）。

●市内バス+地下鉄

100、119、191番のバスで最寄りの地下鉄駅まで行って乗り換え。

●深夜バス510番

23:52～翌3:56に運行している。空港へは0:00～4:18に運行。

プラハの市内交通

✔ チケットは地下鉄、トラム、バスともに共通

✔ 車内では購入できないので、乗る前に用意しておくこと

✔ 使いはじめには刻印が必要

　プラハの公共交通機関はプラハ市交通局（DPP）が一括して運営しており、地下鉄、トラム、市内バスはいずれも共通のチケットで乗ることができる。

チケットの種類　いくつか種類があるが、最も利用頻度が高いのが1回券（30分間有効のショートと90分間有効のベーシックの2種類）。刻印した時点から有効時間内なら乗り換え時に刻印をし直す必要はない。スーツケースなど大きな荷物を車内に持ち込む場合は別途16kčのチケットが必要になる。

フリーパス（1日券と3日券）　公共交通を利用して観光するなら、そのつど1回券を利用するより、1日券（24時間有効）と3日券（72時間有効）が便利。使いはじめに刻印しておけば、その後は刻印の必要はない。有料荷物を持ち込む場合は、ひとつに限って無料になる。

チケットの買い方　チケットは地下鉄駅やトラム、バスの停留所にある自動券売機、キオスク、❶などで購入できる。なお、トラム、バスでも車内ではチケットの販売はしていない。必ずチケットを準備してから乗車すること。

刻印を忘れずに　地下鉄ではホームに入る前、トラムやバスでは車内に刻印機が設置されている。プラハでは検札が頻繁にあり、刻印をし忘れていたり、正しいチケットを持っていない場合は、罰金の対象になる。特に地下鉄は、日本のようにチケットを通すとゲートが開くようなシステムではないので、うっかり刻印機を通り過ぎてしまわないように注意しよう。

刻印機。切符を差し込む方向を間違えないように

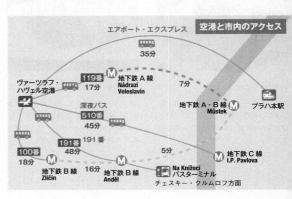

空港と市内のアクセス

エアポート・エクスプレス

35分

ヴァーツラフ・ハヴェル空港　119番 17分　地下鉄A線 Nádraží Veleslavín　7分　地下鉄A・B線 Můstek　プラハ本駅

深夜バス 510番 45分

191番

100番 18分　地下鉄B線 Zličín　191番 48分　16分　地下鉄B線 Anděl　5分　Na Knížecí バスターミナル チェスキー・クルムロフ方面　地下鉄C線 I.P. Pavlova

プラハ発着ツアー

✓ 市内はウォーキングツアーやセグウェイ・ツアーが充実。ボートクルーズが入っているものもある。ガイドはほとんどが英語

✓ 近郊の町へのバスツアーは、クトナー・ホラ、カルロヴィ・ヴァリ、チェスキー・クルムロフなど種類豊富

チェスキー・クルムロフへはプラハからバスツアーが催行されている

プラハの旧市街は入り組んでいるので、ウオーキングツアーが便利。郊外の見どころへは公共交通機関が発達しているが、場所によっては乗り換えに時間がかかることもあるので、バスツアーのほうが効率よく回ることができる。

アルティメット・ツアー
The Ultimate Tour
10:30 発　所要 6 時間　图1500Kč
旧市街やユダヤ人地区、プラハ城などをガイドと巡り、ヴルタヴァ川クルーズも楽しむ盛りだくさんのツアー。ランチ込み。

プレーガー・ツアーズ Praguer Tours
URL www.praguer.com
ヴァーツラフ広場 56 番地集合。パブ巡りツアーやゴースト・ウオークなどもある。

プラハ1周セグウェイツアー
Urban Prague Segway Tour
9:00 〜 19:00 の毎時発
所要 3 時間　图1950Kč
セグウェイに乗ってプラハを 1 周するツアー。乗り方を教えてもらってから出発するので安心。

ブラーグ・オン・セグウェイ Prague on Segway
URL pragueonsegway.com
観光スポットを巡るツアーや電動自転車ツアーなどもある。

ヴルタヴァ川クルーズ
Cruise with coffee and cake
14:00 発、夏期のみ 15:30 発もあり
所要1時間15分　图350Kč
午後発のヴルタヴァ川クルーズ。コーヒーまたは紅茶とケーキ付き。

クトナー・ホラ
Kutná Hora
火・金9:30、木・日12:30発
所要6時間　图1100Kč
かつて銀鉱の町として栄えたクトナー・ホラへ行き、世界遺産の聖バルバラ教会などを見学する。

チェスキー・クルムロフ
Český Krumlov
夏期の月曜を除く毎日、冬期の火・木・土9:00発
所要10時間　图1900Kč
チェスキー・クルムロフの町と城を巡る日帰りバスツアー。チェスキー・クルムロフ城の入場料込み。

プラーグ・サイトシーイング・ツアーズ
Prague Sightseeing Tours
URL www.pstours.cz
ウィーンやドレスデンなどへの日帰りツアーもある。

イギリス
フランス
ベルギー
オランダ
ドイツ
オーストリア
スイス
チェコ

●ザグレブ

ドゥブロヴニク

・市外局番	020
・公式サイト	URL www.visitdubrovnik.hr
・市内交通	URL www.libertasdubrovnik.hr

クロアチアの基本情報

- ・国名　クロアチア共和国
- ・人口　約409万人
- ・首都　ザグレブ
- ・通貨　クロアチア・クーナ (Kn)
  1Kn≒16.27円
  (2019年12月23日現在)
- ・祝祭日

1/1	新年
1/6	公現祭
4/12 (‘20)	復活祭
4/13 (‘20)	復活祭翌日の月曜日
5/1	メーデー
6/11 (‘20)	聖体節
6/22	反ファシスト闘争記念日
6/25	国家の日
8/5	解放の日
8/15	聖母被昇天祭
10/8	独立記念日
11/1	万聖節
12/25·26	クリスマス

空港から市内へ

ドゥブロヴニク空港 (DBV)
Dubrovnik Airport

URL www.airport-dubrovnik.hr
●バスで市内へ
URL www.atlas-croatia.com
空港は旧市街から東へ約24kmの所に
位置する。空港から市内へは飛行機の
到着に合わせて空港バスが出発して
おり、ピレ門も経由して長距離バスタ
ーミナルまで行く。
●市内から空港へ
長距離バスターミナルを出発して、旧
市街の北側、ロープウエイの駅近くを
経由して空港へと行く。詳しい時刻は
長距離バスターミナル内の発券窓口や
ピレ門の❶で教えてもらえる。

観光パス＆カード

ドゥブロヴニク・カード

URL www.dubrovnikcard.com
料 250Kn (24時間)　300Kn (3日)
350Kn (1週間)
●乗り放題　市内バス
●無料　旧市街の城壁ほか主要博物館
●割引　ツアー、提携ショップ、レス
トランなどが5～20%

　アドリア海の紺碧の海と、旧市街を埋め尽くすオレンジ色の屋
根。自然が作り出した美と人の手による美が奇跡的な調和を見せる
風景は、まさに「アドリア海の真珠」と呼ぶにふさわしい。歴史ある
旧市街の散策、ビーチでのリゾート体験、さらにショッピングやエス
テなど、ここではどんな滞在も思いのまま。最高の休日を約束して
くれる場所だ。

町の概要　観光の中心となるのは城壁に囲まれた**旧市街**。旧市
街の北は**スルジ山**がそびえ、ロープウエイで山頂まで行くことが
できる。旧市街の東と西はビーチ沿いに大型のリゾートホテルが
点在している。フェリー乗り場とバスターミナルは町の西、**グルー
ジュ地区**にあり、旧市街とはバスで結ばれている。

旧市街　城壁に囲まれた旧市街のメインの門はふたつ。西の**ピ
レ門**と東の**プロチェ門**だ。ピレ門から東に延びるのが目抜き通り
の**プラツァ通り**で**ルジャ広場**に通じている。ルジャ広場のさらに
東は旧港になっており、700mほど沖合に浮かぶリゾートアイラン
ド、**ロクルム島**へ行くボートが発着する。

ドゥブロヴニクの市内交通

✔ 公共交通はバスのみ

バスを使いこなそう　ドゥブロヴニクにはトラムも地下鉄もなく、
公共交通機関は15路線あるバスのみ。もっとも一般の旅行者が
利用するのは、宿泊しているホテルと旧市街の移動、もしくは長
距離バスターミナル、フェリーターミナルに行くときぐらいだろう。

チケットの買い方　チケットはキオスクで販売している。車内で
も購入できるが、車内での購入は少し割高。できれば事前に購
入しておきたい。

乗車方法　バスは前方のドアから乗
り込み、運転席の横にある刻印機を
切符に挿入して刻印する。切符がな
い人は運転手から切符を購入し、刻
印機に通す。降車するときは車体中
ほどにあるドアから降りる。また、チ
ケットは1時間有効で、有効時間内な
ら乗り換えもできる。バスを乗り換え
た場合、チケットは再び刻印機を通
さなくてはならない。

バスに乗車したときはチケットを刻
印機に通すこと

ドゥブロヴニク

長距離バスターミナル

バビン・クック
Babin Kuk

Dubrovnik Varamar Club
President

Ariston

Kazbek H

グルージュ港
Luka Gruž

Petka P.330

グルージュ
Gruž

Dubrovnik Kardinala Stepinca
Zagreb H

ラパッド
Lapad

Grand Hotel Park H
Splendid H

Adriatic H

H Dubrovnik Palace

病院

HI Hostel
Dubrovnik P.330

Bellevue H

ラパッド、バビン・クック地区の海岸沿いには高級リゾート・ホテルが並ぶ

長距離バスターミナルとグルージュ
港周辺は中級ホテルとプライベート・ルームが点在している

旧市街の北はホテルはないが、プライベート・ルームが多い

スルジ山
Srd P.328

Panorama P.330

ロープウェイ

登山道入口

Pera Bakića

ボニノヴォ
Boninovo

旧市街から徒歩圏で景色も抜群の高級リゾート・ホテルが点在

Hilton Imperial H P.330

Orhan R P.330

旧市街
Stari Grad P.327下

ロヴリィェナーツ要塞
Tvrđava Lovrijenac

Grand Villa H
Argentina

Villa H
Dubrovnik

バニェ・ビーチ P.328
Plaža Banje

Excelsior H P.330

トリトンの十字架
Ttitonoc Križ

ロイヤル砦
Utvrda Royal

ラザレット
Lazaret

ロクルム島
Lokrum

植物園
Botanicki vrt

ポート乗り場

ポルトク湾
Uvala Porto

修道院跡
Samostanski Kompleks

死海
Matvo More

N
0m 500m 1km

ドゥブロヴニク旧市街

ミンチェタ要塞
Tvrfava Minceta

Sv. Barbara

Sv. Lucija

レヴェリン要塞
Tvrfava Revelin

プロチェ門
Vrata od Ploca

Sv. Vid

Sv. Jakov

ブジャ門
Vrata od Buze

市内バス4・5・6・8番など

空港バス（降車のみ）

ピレ門
Gradska
vrata Pile

城壁入口 P.328

城壁チケット売り場

Nautika R
P.330

フランシスコ会修道院
Franjevački samostan

Nishtat P.330

Stari Grad P.330

ドミニコ会修道院
Dominikanski samostan

城壁入口
チケット売り場 P.328

スヴェティ・ルカ要塞
Tvrfava sv. Luke

Bačan

ユダヤ教博物館
Zidovski muzej

スポンザ宮殿
Palaca Sponza

ロクルム島、ツァヴト行きボート乗り場

旧港 Stara luka

オノフリオの大噴水
Velika Onofrijeva fontana

ルジャ広場
Trg Luža

アルセナル
Arsenal

グラスボトムボートや周辺の島々を巡るボート

Samostan
sv. Klare

セルビア正教会
Srpska pravoslavna crkva

聖ヴラホ教会 P.328
Crkva sv. Vlaha

スヴェティ・イヴァン要塞
Tvrfava sv. Ivana

市内バス
1A・1B・2・3・7・9・17番など

マリン・ドゥルジッチの家
Dom Marina Drzica

イコン博物館
Muzej ikona P.330

Pucić
Palace

総督邸
Knezev dvor

Lokanda R
Peškarija

海洋博物館
Pomorski muzej

ポカール要塞
Tvrfava Bokar

Domino R

青空市場

ポンテ門
Vrata od Ponta

城壁入口

Poljana
Marina Držića

民俗学博物館
Etnografski muzej

Pečarica

聖母被昇天大聖堂
Katedrala Uznesenja Marijna

Sv. Spasitelj

聖イグナチオ教会
Crkva sv. Ignacija

Sv. Stjepan

N
0 50m 100m

Sv. Petar

Buža

Sv. Margarita

Things to do in Dubrovnik

ドゥブロヴニクとその周辺のおすすめ観光スポット

Ulica od Placa

プラツァ通り　旧市街の入口ピレ門から中心部ルジャ広場まで続く目抜き通り。ピレ門から入ってすぐ右側にあるのはオノフリオの大噴水。1438年に作られたもので、おいしい天然の湧き水を味わうことができる。

 Map P.327C1・2

Map Link

Gradske zidne

城壁　旧市街を取り囲む城壁は全長1940mあり、高さは最高で25m。途中ミンチェタ要塞を代表に、要塞や見張り塔、陵堡が築かれている。ピレ門の脇など3ヵ所から城壁の遊歩道に上ることができる。

 Map P.327C1・2
Data P.458

Map Link

Crkva sv. Vlaha

聖ヴラホ教会　町の守護聖人、聖ヴラホにささげられた教会。1667年の大地震で崩壊したあと、1715年にバロック様式で再建された。教会の主祭壇には15世紀に作られた銀製の聖ヴラホ像が置かれている。

 Map P.327C2
Data P.458

Map Link

Plaža

ビーチ　ドゥブロヴニクはビーチがたくさんあるが、特に人気なのはプロチェ門から出てすぐにあるバニェ・ビーチ。世界遺産の旧市街を借景にしながら、目の前には群を抜く透明度のアドリア海。贅沢過ぎる眺めで海水浴が楽しめる。

 Map P.327B2

Map Link

Srđ

スルジ山　旧市街を一望することができる標高412mの山。ロープウエイが運行されているので簡単に簡単に山頂まで行くことができる。山頂のカフェレストランからの絶景は必見。

 Map P.327A2　Data P.458

Map Link　URL www.dubrovnikcablecar.com

& its surroundings

クロアチア

ギリシア

イタリア

スペイン

ポルトガル

フィンランド

デンマーク

ノルウェー

Ston

ストン　ヨーロッパ第2の長さを誇る城壁に囲まれた町。古くから塩の生産で栄え、現在はカキの養殖でもよく知られている。

Data P.458
URL www.ston.hr
Map Link

Kotor

コトル　モンテネグロにある世界遺産都市。複雑な海岸線と険しい山に囲まれており、山に沿って建てられた城壁からの眺めが美しい。

Data P.458
Map Link

Mostar

モスタル　ボスニア・ヘルツェゴヴィナ2番目の町。イスラム的な古い町並みがよく残っており、美しいアーチの石橋は世界遺産。

Data P.459
Map Link

What to eat in Croatia

クロアチア美味ガイド

Zagrebački odrezak

ザグレブ風カツレツ　ザグレブの名物。ヴィーナー・シュニッツェルによく似ているが、中にはチーズとハムが挟まっている。

Brudet

ブルデット　アドリア海沿岸で人気のトマト煮込み。季節によって使用される魚は変化する。素朴でおいしい家庭料理。

Rožata

ダルマチア風プディング　ドゥブロヴニク周辺で広く食べられる濃厚なカスタード・プディング。バラのリキュールで風味が加えられている。

ドゥブロヴニク発着ツアー

チリピ村の民族舞踊

✔ 毎日催行しているバスツアーはほとんどなく、曜日によって行き先が異なる

✔ 国境越えのツアーにはパスポートを忘れずに

✔ 冬期はツアーが著しく減る

クロアチア南端に位置するドゥブロヴニク。東はボスニア・ヘルツェゴヴィナ、南はモンテネグロ、西はアドリア海の島々があり、日帰りツアーを繰り返して、多様な場所を訪ねることができる。

ディスカバー・ドゥブロヴニク・ウオーク
The Discover, Dubrovnik Walk

4・10月の10:00、12:00、16:30、5月10:00、12:00、16:30、6〜9月の10:00、11:30、12:00、16:30、18:00発、11〜3月の12:00発
所要1時間 劉90Kn
英語の解説を聞きながら、ドゥブロヴニク旧市街を1時間かけて巡るウオーキング・ツアー。

ドゥブロヴニク・ウオーキング・ツアーズ
Dubrovnik Walking Tours
URLwww.dubrovnik-walking-tours.com
オノフリオの大噴水前集合。ユーゴ内戦や人気ドラマ『ゲーム・オブ・スローンズ』のロケ地巡りツアーなどもある。

エラフィテ・アイランズ・ツアー
Elaphite Islands Tour

4〜10月の毎日9:20〜10:00にホテルにピックアップ 所要7時間45分 劉320Kn
エラフィテ諸島の3島を巡るアイランド・ホッピング・ツアー。

アドリアティック・エクスプローラー
Adriatic Explore
URLwww.adriatic-explore.com
コトルやモスタルなど近郊へ行くツアーもある。

チリピ村フォークロア
Čilipi Folklore

4〜10月の日曜9:00発 所要4時間
劉210Kn
ドゥブロヴニク近郊のコナヴレ渓谷にあるチリピ村を訪ねるツアー。日曜市で買い物を楽しんだり、民族舞踊の見学をする。

モンテネグロ・ブルー
Montenegro Blue

4月の火、5〜10月の月・火・金、10月の火・金7:30発
所要11時間30分 劉430Kn
世界遺産のコトルやコトル湾に浮かぶゴスパ・オド・シュクルピェラ島の教会など、モンテネグロ沿岸部にある主要な観光地を巡る1日ツアー。

モスタルとクラヴィツェの滝
Mostar & Kravice waterfalls

4〜10月の火・水・木8:00発
所要13時間 劉400Kn
国境を越えボスニア・ヘルツェゴヴィナのモスタルへ行くツアー。途中、城壁都市のポチテリにも訪れる。

アトラスAtlas
URLwww.atlas-croatia.com
バスツアーはホテルへの送迎あり。

ドゥブロヴニク INDEX

Croatia
スプリット
Split

- **市外局番** 021
- **公式サイト** URL visitsplit.com
- **市内交通** URL www.promet-split.hr

クロアチアの基本情報➡P.326

　スプリットはローマ皇帝ディオクレティアヌスが引退後に住んだ宮殿をもとに発展した町。基礎部分のローマ時代の宮殿とその後中世になって加えられた部分が複雑に絡み合い、世界のどこにもない町並みを作り出している。現在のスプリットはクロアチア有数の港町。アドリア海の島々とをつなぐフェリーが発着し、多くの観光客が訪れる。

コンパクトな旧市街　スプリットの旧市街は、ディオクレティアヌス帝の宮殿だったこともあり、中心部は広くないので、徒歩で十分見て回れる。旅行者が最初に着くフェリーの港、長距離バスターミナル、空港バスの到着地も徒歩範囲内だ。❶のオフィスは大聖堂の隣や海沿いのプロムナードなどにある。

郊外の見どころは近郊バスで　サロナやトゥロギールといった郊外の見どころへは近郊バスを利用して行くことができる。バスはゾーン制になっており、行き先によって料金が異なる。

空港から市内へ
スプリット空港 (SPU)
Split Airport
URL www.split-airport.hr
●空港バスで市内へ
URL www.plesoprijevoz.hr
空港は町の西約30kmに位置している。空港バスは飛行機の到着に合わせて運行されており、長距離バスターミナルへ行く。
●近郊バス
旧市街の北約1kmにある近郊バスターミナル着なので注意。

市内交通
チケットの種類と運賃
URL www.promet-split.hr

ゾーン1 (スプリット市内)	11kn
ゾーン2 (サロナ遺跡)	13kn
ゾーン3	17kn
ゾーン4 (空港、トゥロギール)	21kn

観光パス＆カード
スプリット・カード
URL www.visitsplit.com
4〜9月にスプリット市内に5泊以上、10〜3月に2泊以上で無料進呈。海沿いのプロムナードに面した❶で申請できる。
●乗り放題　市内バス
●無料　市立博物館、民俗学博物館
●割引　レンタカー、提携レストラン＆ショップ

観光バス
グランド・ディオクレティアン・ツアー
Grand Diocletian Tour
URL visitsplitcroatia.com　料€20
サロナ遺跡やトゥロギールなど郊外の見どころを巡る乗り降り自由の観光バス。4〜10月に1日4便程度運行。市内のウオーキングツアーにも参加できる。

魚市場が立ち、近くには評判のシーフードレストランもある

城壁内には高級感あるプチホテルが点在している

サロナ遺跡行き
1番バス乗り場

中央郵便局

美術館
Galerija
Umjetnina

スプリット生活博物館
Zivi muzej
(夏期のみ)

Sv. Duh

レプブリカ広場
Trg Republike
Noštromo

Split Hostel

グルグール・ニンスキの像
Spomenik Grgura Ninskog

Sv. Arnir

ストロスマエル公園
Strossmayerov park

金の門(北)
Zlatna vrata

映画館

Mamont

ナロードニ広場
Narodni trg

鉄の門(西)
Željezna vrata

市立博物館
Muzej grada Splita

Golly±Bossy

Trg
Braće Radića

洗礼堂
Jupiterov hram

ユピテル神殿
Lvxor

銀の門(東)
Srebrna vrata

Adriana

Slavija

Vestibul Palace

Vestibul

ペリスティル
Peristil

Peristil

大聖堂 P.332
Katedrala sv. Duje

ドミニク教会
Sv. Dominik

宮殿の地下
Podrumi

民俗学博物館
Etnografski muzej

青銅の門(南)
Mjedena vrata

青空市場

Gradska luka

運がよければクラパの合唱を聴けるかも

空港行き

海岸通り沿いにはアイスクリーム屋が多い

0　100m　200m

Obala Lazareta

🚢 スプリット

長距離バスターミナル

Things to do in Split &

スプリットとその周辺のおすすめ観光スポット

Katedrala sv. Duje

大聖堂　スプリット旧市街の中心に建つ大聖堂は、もともとはローマ皇帝ディオクレティアヌスの霊廟として建てられたもの。内部は広くはないが、壮麗な装飾は必見。また、鐘楼からは町が一望できる。

Map P.331
Data P.459

Trogir

トゥロギール　スプリットの西約20kmにある町。その歴史はギリシア時代にまで遡り、古都トゥロギールとして世界遺産にも登録されている。城壁に囲まれた小さな島がそのまま旧市街になっており、本土とは橋でつながっている。旧市街はさまざまな時代の建物で埋め尽くされているが、特に有名なのが聖ロヴロ大聖堂。鐘楼は各階層が異なる建築様式になっているユニークなもので、ロマネスク様式の門は中世クロアチア美術の傑作として名高い。

Data P.459

Klapa

クラパ　クラパとはダルマチア地方の伝統的男性合唱のことで、ユネスコの無形文化遺産にも登録されている。スプリットにある宮殿の前庭は音響効果が高く、グループが合唱している姿を頻繁に目にする。

Map P.331（前庭）

Šibenik

シベニク　クルカ川の河口に開けた港町。この町を世界的に有名にしているのが世界遺産にも登録されている聖ヤコヴ大聖堂。特に洗礼室の天井彫刻の細工がすばらしく必見。

Data P.459
URL www.sibenik-tourism.hr

its surroundings

クロアチア

ギリシア

イタリア

スペイン

ポルトガル

フィンランド

デンマーク

ノルウェー

Salona

サロナ　スプリットの北約5kmにあるローマ遺跡で、ローマ皇帝ディオクレティアヌスの出身地。ローマ帝国崩壊後、サロナの市民が宮殿に逃げて住むようになったのがスプリットの起源。

Data P.459

Map Link

Zadar

ザダル　映画監督ヒッチコックが世界で最も美しい夕焼けが見られると称した町。ローマ以来の歴史をもつ町でもあり、ローマ時代の広場フォーラムでは、軽犯罪者が見せしめのために縛られたという「恥の柱」が今も残っている。また、中世以来の教会も数多く見られ、特に9世紀に建てられたプレ・ロマネスク様式の円形教会、聖ドナト教会はザダルのシンボル的存在。石材はローマ時代の円柱がそのまま土台として使われている。

Data P.459
URL www.zadar.travel

Map Link

Moreška

モレシュカ　アドリア海に浮かぶコルチュラ島伝統の剣舞。イスラム教徒の黒い王の軍とキリスト教徒の白い王（衣装は赤）の軍が7度戦い、7度とも白い王が勝つというもの。6〜9月頃に週1〜2回行われる。

Map Link　URL moreska.hr

Hvar

フヴァール島　クロアチアでも特に晴天率の高いリゾートアイランド。旧市街の北には城壁が築かれ、フヴァールの町並みはもちろん、その先に広がるパクレニ諸島も眺めることができる。

Map Link　URL www.tzhvar.hr

Data P.459

Croatia

ザグレブ

Zagreb

·市外局番	**01**
·公式サイト	URL **www.infozagreb.hr**
·市内交通	URL **www.zet.hr**

クロアチアの首都ザグレブ。高台に位置する旧市街とその下に広がる新市街からなっており、旧市街には町を見下ろす絶景ポイントがあるなど、立体的な町並みになっている。オレンジ色の屋根に統一され、細い路地が多い旧市街は、古きよきヨーロッパの薫り高く、訪れる季節を問わずロマンティックな雰囲気に包まれている。

町の中心はイェラチッチ総督広場 新市街の北端にあるのがイェラチッチ総督広場。トラムが集まり、❶もある町の中心だ。ここから北は坂になっており、旧市街が広がっている。

旧市街はふたつ ザグレブはもともとグラデツとカプトルのふたつの町から発展した。そのため旧市街も西側の**ゴルニィ・グラード**（グラデツ）と東側の**カプトル**の2地区がある。カプトルはイェラチッチ総督広場から青果市場を抜けてすぐ。ゴルニィ・グラードへはイェラチッチ総督広場から西に延びるイリツァ通りを少し進んだ先にあるケーブルカーで行くことができる。

ザグレブの長距離交通ターミナル

イェラチッチ総督広場
徒歩15分
トラム 6、13、31、34番
5分
ザグレブ中央駅
トラム 2、6、31番
5分
徒歩20分
長距離バスターミナル
空港バス
30分
ザグレブ空港

空港から市内へ

ザグレブ空港 (ZAG)
Zagreb Airport
URL www.zagreb-airport.hr
●空港バスで市内へ
URL www.plesoprijevoz.hr
町の南東約17kmに位置しており、空港バスは長距離バスターミナルへ行く。

市内交通

市内交通のチケット
URL www.zet.hr

30分券	6kn	60分券	10kn
90分券／夜間券(22:00〜翌4:00)			15kn
1日券	30kn	3日券	70kn

トラムの改札機
各ドアの近くにタッチパネル式の改札機があり、プリペイドカードのみ改札できる。
●紙チケットの刻印
紙チケットの刻印は運転手横に設置されている改札機が対応しているので、トラムの先頭のドアから乗るようにしよう。

観光バス&カード

ザグレブ・カード
URL zagrebcard.com
料24時間98Kn 48時間135Kn
イェラチッチ総督広場の❶や主要ホテルで購入可。
●乗り放題 トラム、ケーブルカー、市内バス（指定区域のみ）
●半額 考古学博物館、メシュトゥロヴィッチのアトリエ、
●割引き 提携ホテル、レストラン、ショップ、レンタカー

ザグレブの市内交通

✓ **トラムとバスのチケットは共通**

✓ **使いはじめには刻印が必要**

市内観光の主役はトラム ザグレブの公共交通機関はトラム（路面電車）とバスの2種類があるが、中心部にバスはほとんど走っておらず、市内観光の中心はトラムになる。イェラチッチ総督広場、ザグレブ中央駅、長距離バスターミナルはいずれもトラムによって結ばれている。トラムの地図は❶で手に入れることができる。なお、旧市街はトラムも含めて公共交通機関は通っておらず、徒歩での観光が基本になる。

チケットは共通 トラムとバスのチケットは共通で、キオスクで購入する。チケットは30分券、60分券と90分券があり、いずれも有効期間内なら乗り換えが可能だが、往復はできない。**チケットは乗車時に刻印**することを忘れずに。プリペイド式の交通カードもあり、乗車時にタッチパネルで希望する券種を選択してから改札機にタッチする。何も選択せずに改札機にタッチすると90分券を選択したと見なされるので、30分券を希望する人は30minutaを選択してからタッチすること。

タクシーは流しが少ない ザグレブのタクシーは流しは少ないので、確実に乗るには電話で呼ぶか、鉄道駅や大手ホテル前で客待ちしているタクシーをひろうのがよい。料金はメーター制。

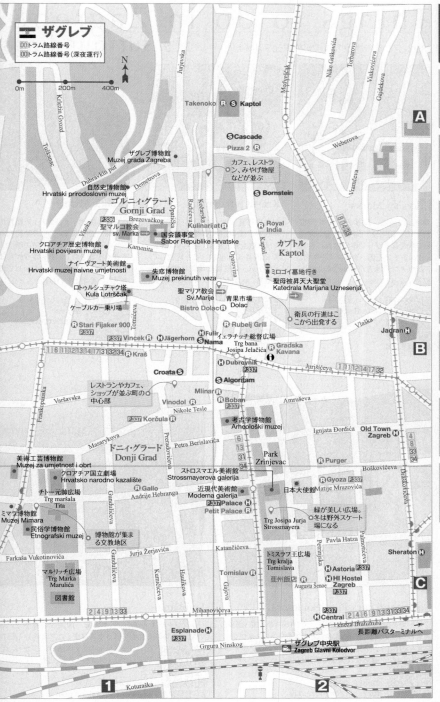

クロアチア
ギリシア
イタリア
スペイン
ポルトガル
フィンランド
デンマーク
ノルウェー

ザグレブ

⬜⬜トラム路線番号
⬜⬜トラム路線番号（深夜運行）

0m 200m 400m

N

Takenoko Ⓡ Ⓢ Kaptol

Ⓢ Cascade
Pizza 2 Ⓡ

カフェ、レストラ
ン、みやげ物屋
などが並ぶ

ザグレブ博物館
Muzej grada Zagreba

Ⓢ Bornstein

自然史博物館
Hrvatski prirodoslovni muzej

ゴルニィ・グラード
Gornji Grad

P.336 Brezovačkog

Kulinarijat Ⓡ

Ⓡ Royal
India

カプトル
Kaptol

聖マルコ教会
sv. Marka

国会議事堂
Sabor Republike Hrvatske

クロアチア歴史博物館
Hrvatski povijesni muzej

Kamenita

ナイーヴアート美術館
Hrvatski muzej naivne umjetnosti

失恋博物館
Muzej prekinutih veza

ミロゴイ墓地行き

聖母被昇天大聖堂
Katedrala Marijana Uznesenja

ロトゥルシュチャク塔
Kula Lotrščak

聖マリア教会
Sv.Marije

青果市場
Dolac

ケーブルカー乗り場

Bistro Dolac

衛兵の行進はこ
こから出発する

Ⓡ Stari Fijaker 900
P.337

Ⓡ Rubelj Grill

Vlaška

Jadran Ⓗ

P.337 Vincek Ⓡ Ⓗ Jägerhorn

Ⓗ Fuliri
Nama

イェラチッチ総督広場
Trg bana
Josipa Jelačića

Ⓡ Kraš

Ⓗ Dubrovnik
P.337

Ⓢ Gradska
Kavana

ℹ

Jurjšićeva

Croata Ⓢ

Ⓢ Algoritam

レストランやカフェ、
ショップが並ぶ町の
中心部

Vinodol

Mlinar Ⓢ

Ⓡ Boban
P.337

Nikole Tesle

P.337 Korčula Ⓡ

Amruševa

考古学博物館
Arheološki muzej

Ignjata Đorđića

Old Town
Zagreb

ドニィ・グラード
Donji Grad

Petra Berislavića

Park
Zrinjevac

Ⓡ Purger

美術工芸博物館
Muzej za umjetnost i obrt

ストロスマエル美術館
Strossmayerova galerija

Ⓡ Gyoza P.337

クロアチア国立劇場
Hrvatsko narodno kazalište

Ⓡ Gallo
Andrije Hebranga

近現代美術館
Moderna galerija

Matije Mrazovića

チトー元帥広場
Trg maršala
Tita

P.337 Palace Ⓗ
Petit Palace Ⓗ

日本大使館

緑が美しい広場。
冬は野外スケート
場になる

ミマラ博物館
Muzej Mimara

民俗学博物館
Etnografski muzej

博物館が集ま
る文教地区

Trg Josipa Jurja
Strossmayera

Pavla Hatza

Sheraton Ⓗ

マルリッチ広場
Trg Marka
Marulića

図書館

トミスラフ王広場
Trg kralja
Tomislava

Ⓗ Astoria P.337

Tomislav Ⓡ

亜州飯店 Ⓡ

Ⓗ HI Hostel
Zagreb

Augusta Šenoe

P.337

Mihanovićeva

Ⓗ Central

長距離バスターミナルへ

Esplanade Ⓗ
P.337

Grgura Ninskog

ザグレブ中央駅
Zagreb Glavni Kolodvor

Koturaška

Things to do in Zagreb&
its surroundings

ザグレブとその周辺のおすすめ観光スポット

Crkva sv. Marka

聖マルコ教会　屋根の紋章が印象的な13世紀に建てられた教会。向かって右側はザグレブ市の紋章、左側はクロアチア王国、ダルマチア地方、スラヴォニア地方が組み合わされた紋章になっている。

Map P.335A1
Data P.459
Map Link

Kravat pukovnija

衛兵の行進　4〜9月の土・日曜に行われる。11:40頃に青果市場横の聖マリア教会を出発し、聖マルコ教会、聖母被昇天大聖堂などを経由して、イェラチッチ総督広場には12:30頃に到着。行進が終了するのは14:20。

Map P.335B2
Map Link

Groblje Mirogoj

ミロゴイ墓地　イェラチッチ総督広場の北2.5kmにある。19世紀に作られた墓地で、クロアチアの著名人が多く埋葬されている。ツタが絡まる聖堂や回廊など、ヨーロッパで最も美しい墓地ともいわれる。

Data P.459
URL www.
gradskagroblja.hr
Map Link

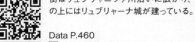

Nacionalni park Plitvička jezera

プリトゥヴィツェ湖群国立公園　大小16の湖と92ヵ所の滝をもつ国立公園。森のなかにたたずむエメラルドグリーンの湖はアドリア海と並び、クロアチアの自然を代表する景観だ。

Data P.460
URL np-plitvicka-jezera.hr
Map Link

Ljubljana

リュブリャーナ　小さいながらも、清潔かつ緑豊か。国の特徴を体現したかのようなスロヴェニアの首都。旧市街はリュブリャニツァ川沿いに広がり、丘の上にはリュブリャーナ城が建っている。

Data P.460
URL www.visitljubljana.com
Map Link

石畳の旧市街をセグウェイで巡る

クロアチア

ギリシア

イタリア

スペイン

ポルトガル

フィンランド

デンマーク

ノルウェー

ザグレブ発着ツアー

✓ ザグレブ市内はツアーが豊富。無料のウオーキング・ツアーをはじめ、テーマに沿ったツアーも多数催行されている。

✓ プリトゥヴィツェ湖群国立公園への日帰りは、公共交通では戻りのバスがつかまりづらいので、バスツアー参加がおすすめ。

ザグレブ旧市街は、トラムもバスも走っていないので、自転車やセグウェイのツアーを利用すると効率よく回ることができる。途中ガイドがおすすめのカフェやレストランを教えてくれるので、最初にツアーに参加して、あとで行ってみて。

フリー・スピリット・ウオーキング・ツアー
Free Spirit Walking Tour

11:00 発　所要 2 時間　🎫1Kn
イェラチッチ総督広場の像の前出発。英語ガイドと一緒にザグレブ必見の見どころを巡る 2 時間のツアー。無料ツアーだが税金が 1Kn かかる。

Wayoudo
🔗freespirittours.eu
無料ツアー以外にもパブ巡りやワイン・テイスティング、独立戦争に関するものなど多彩なツアーを催行している。

ザグレブ・ハイライツ・ツアー
Zagreb Highlights Tour

10:00、14:00発（夏期の午後は17:00発もあり）
所要2時間～2時間30分　🎫€29
イェラチッチ総督広場発の英語による自転車ツアーで、ザグレブの歴史的な見どころを巡る。

ブルー・バイク・ザグレブ**Blue Bike Zagreb**
🔗www.zagrebbybike.com
ニュー・ザグレブ・ツアーや近郊のスリェメ山を頂上から下りて行くツアーも催行、レンタル自転車もしている。

🛴 ザグレブ・レジャー・ツアー
Zagreb Leisure Tour

参加者に応じて 10:00 ～ 18:00 の毎時発
所要 3 時間　🎫500Kn
セグウェイに乗ってザグレブの主要な見どころを一とおり見ていくツアー。最初に乗り方の教習もある。

セグウェイ・シティ・ツアー**Segway City Tour**
🔗zagreb.segwaycitytour.hr
ホテル・エスプラナーデ正面玄関前発。

🚌 プリトゥヴィツェ湖群国立公園
Plitvice Lakes National Park

1～10月の8:00発　所要12時間
🎫€133（6～9月）、€107（4・5・9月）、€93（11～3月）
世界遺産のプリトゥヴィツェ湖群国立公園へ行く日帰りバスツアー。公園内では8kmほど歩くので、履き慣れた靴で参加すること。4名以上からの料金。

アトラス**Atlas**
🔗www.atlas-croatia.com
バスツアーはホテルの送迎あり。

ザグレブ INDEX

Greece
アテネ
Athens

- 市外局番　　　210
- 公式サイト　URL www.thisisathens.org

ギリシアの基本情報

- 国名　　ギリシア共和国
- 人口　　約1076万人
- 首都　　アテネ
- 通貨　　ユーロ (€) €1≒121.17円
　　　　　（2019年12月23日現在）

民主主義が生まれ、学問や芸術分野でも数多くの天才を輩出したアテネ。ヨーロッパ文明の発祥地として、その影響は、時代も場所も異なる私たちの生活の基本的な部分にまで及んでいる。

そんなアテネの全盛期は紀元前5世紀。アクロポリスに建つパルテノン神殿は、その頃に建てられたもので、実に2400年以上もの長い間この町を見守り続けている。

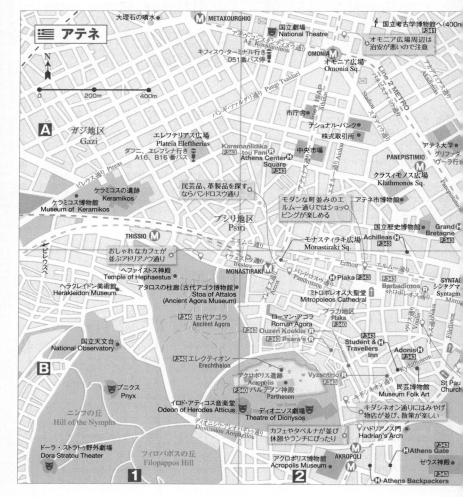

町の中心はシンタグマ広場　町の中心は**シンタグマ広場**
Syntagmaと**オモニア広場**Omonia。シンタグマ広場周辺は航空
会社、銀行などが集中している観光の中心で、地下鉄のLine 2
とLine 3の乗り換え駅でもある。スタディウStadiou通りとパネピ
スティミウ通りPanepistimiouの2本の大通りが並行して、このふ
たつの広場を結んでいる。

アテネのモンマルトル、プラカ地区　シンタグマ広場の西側に広
がるのが**プラカ地区**Plakaと呼ばれる旧市街。シンタグマ広場か
らニキス通りNikisをとおって10分ほどでぶつかるのが、プラカ地
区のメインストリートである**キダシネオン通り**Kidathineonだ。旅
行会社、みやげ物屋、大衆食堂のタベルナなどが軒を連ね、夜
に最もにぎわう。❶があるのはキダシネオン通りの西端を左折して
しばらく進んだ所。パルテノン神殿が建つ**アクロポリス**はその
西にそびえている。

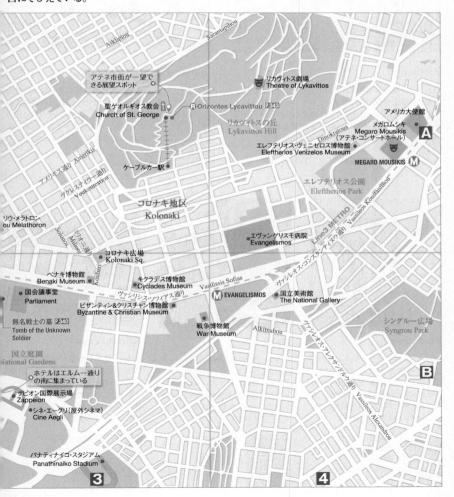

アテネとその周辺の観光スポット

Parthenon

パルテノン神殿　町の守護神アテナを祀った神殿。建立当時は柱頭と屋根の間に神話などをモチーフにしたレリーフが90枚以上飾られており、正面と裏面の屋根の破風に彫像が置かれていた。彫像は現在ロンドンの大英博物館蔵。

Map Link　Map P.338B1·B2　Data P.460

Changing Guard

衛兵交代　エヴゾナスという民族衣装に身を包んだ衛兵の交代式で、無名戦士の墓の前で行われる。1時間ごとに行われるが、特に日曜の10:50〜11:10に行われるものが大規模で見応えある。衛兵は大統領官邸前でも見ることができる。

Map Link　Map P.339B3

Erechtheion

エレクティオン　アクロポリスの丘に建つ神殿のひとつ。南側玄関に少女像の列柱6体が並ぶことで知られる。6体はいずれもレプリカで、本物は5体がアクロポリス博物館、1体がロンドンの大英博物館蔵。

Map P.338B2
Data P.460
URLwww.
theacropolismuseum.
Map Link　gr

Plaka

プラカ　19世紀以来の町並みが保存されているアテネの旧市街。細く入り組んだ路には、古い建物を利用したみやげ物屋やタベルナなどが軒を連ね、大勢の観光客が訪れる。そぞろ歩きが楽しいエリアだ。

Map P.338B2

Ancient Agora

古代アゴラ　市場や神殿が並び、古代市民の政治、宗教、文化の中心だった場所。数多くの遺跡が残っているが、なかでもヘファイストス神殿の保存状態がよい。建設時期はパルテノン神殿とほぼ同時期。

Map P.338B1
Data P.460
Map Link

surroundings

ギリシア

イタリア

スペイン

ポルトガル

フィンランド

デンマーク

ノルウェー

Achaeological Museum

国立考古学博物館　先史時代から古代末期までの主要な発掘物を収蔵している国内最大規模の博物館。ミケーネ文明の黄金のマスクやサントリーニ島の壁画など、古代ギリシア芸術の傑作の数々が並ぶ。

Map P.338A2外
Data P.460
URL www.namuseum.gr
Map Link

Cape Sounion

スニオン岬　アテネの東約70kmにある岬。古代アテネの王アイゲウスがここで身投げしたことから、エーゲ海という名前が付いたという伝説がある。岬の先端にはドーリア式のポセイドン神殿が建っている。

Data P.460
Map Link

Aegean Cruise

エーゲ海クルーズ　アテネの外港からはエーゲ海クルーズを日帰りで楽しむことができる。イドラ島、ポロス島、エギナ島とサロニコス諸島に浮かぶ3島を巡り、各島で1〜2時間滞在する。

Data P.460
URL www.onedaycruise.gr
Map Link

What to eat in Greece

ギリシア美味ガイド

Greek Salad
Χωριάτικη σαλάτα

グリークサラダ　季節の野菜にオリーブの実とフェタチーズがのっている伝統的サラダ。

Soublaki
Σουβλάκι

スブラキ　串焼きのこと。豚肉が最もポピュラーだが、牛やヒツジ、鶏肉なども使われる。

Gyro Pita
Γύρος - πίτα

ギロピタ　あぶった肉の塊をそぎ落とし、ピタパンに包んだもの。ファストフードの定番。

341

Things to do in Greece

ギリシア観光スポット

Santorini

サントリーニ島

　正式名称はティラ。キクラデス諸島の最南端にある島で、多島海とも呼ばれるエーゲ海の島々のなかでも特に人気が高く、憧れのエーゲ海を絵に描いたような場所だ。島の北側にある小さな町イアは、崖沿いに建てられた白亜の建物と紺碧のエーゲ海とのコントラストがすばらしく、ドームの部分のみ青く塗られた教会もかわいらしい。美しい夕日でもよく知られ、眺めのよいイア要塞には夕日を見に多くの観光客が押し寄せる。

Data P.460
URL www.santorini.gr

Delphi

デルフィ　神託の地として知られるデルフィは、古代世界の「ヘソ」と考えられていた。アポロン神殿の地下には「大地のヘソ（オンファロス）」とされた石があり、そこで神託が行われていた。

Data P.460

Olympia

オリンピア　オリンピック発祥の地として名高い。古代オリンピックはここで紀元前776年から西暦393年までの約1200年にわたって行われた。広大な敷地には数多くの建物の跡が残り、当時の様子を今に伝える。

Data P.460

Meteora

メテオラ　ギリシア北西部のテッサリア地方にある奇岩地帯。岩は高いものでは標高550mにもなる。頂上にはギリシア正教の修道院が建てられており、現在でも修道士たちが共同生活を送っている。

Data P.460

Rhodes

ロドス島　太陽神ヘリオス信仰が盛んだった島で、港に立っていたヘリオス像は世界七不思議のひとつ。中世には聖地を追われた聖ヨハネ騎士団が本拠地とし、当時の面影を残す旧市街は世界遺産に登録されている。

Data P.461

アテネの市内交通

✓ 地下鉄、トラム（路面電車）、市バス、トロリーバスといった交通手段がありチケットは共通だが、空港からのチケットは別体系

✓ 交通カードが導入されている

地下鉄 Line1～3まである地下鉄（METRO）はラリッサ駅や空港、シンタグマ広場、ピレウス港などを網羅している。

トラム アポロ・コースト方面へ行くには、シンタグマ駅からピレウス近くのS.E.F.駅、アスクリピオ・ヴーラ駅（グリファダ地区）を3路線で結ぶトラム（路面電車)が使える。

市内バス 市内と近郊に300以上の路線がある。キフィスウやリオシオンなど長距離バスターミナル（→P.178）へ行くときに便利。

チケットは共通 全ての交通機関の料金体系は共通なので、1枚のカードで地下鉄やトラム、バスを乗り継いで目的地へ行くことができる。読み取り部分にチケットをかざすタッチ＆ゴー方式のICカードで時間制になっており、有効期限内であれば、どの交通機関を何度でも乗り換えられる。ただし、**空港とを結ぶ便は別体系**。24時間乗り放題券、5日間乗り放題券もある。チケットの購入は地下鉄の各駅（自動券売機あり）やキオスク、バス停近くのチケット売り場で。

乗り方 地下鉄は自動改札の読み取り部分にタッチするだけ。バス、トラムは、車内に読み取り機が設置されている。複数の交通機関を乗り継ぐ場合も、乗り降りの際に機械にタッチすればいい。

空港から市内へ

アテネ国際空港（ATH）
Athens International Airport
URL www.aia.gr

●地下鉄で市内へ
ターミナル向いの空港駅から地下鉄のLine3でシンタグマ駅まで所要約1時間。6:30～23:30の約30分おきに運行。片道€10、往復€18（7日間有効）

●郊外鉄道で市内へ
空港駅はターミナルビルの向かい側にある。Bエリア側到着出口を出た所でドゥキシス・プラケンティアス駅で地下鉄Line3乗り換え。地下鉄各駅まで片道€10。

●エアポートバスで市内へ
Bエリア側到着出口を出た所にバス停があり行き先ごとに違う。24時間運行している。どの路線も片道€6。
X95 シンタグマ広場行き。所要約1時間10分。24時間運行。
X93 リオシオン・ターミナル経由、キフィスウ・ターミナル行き。所要1時間5分。
X96 ピレウス行き。所要約1時間30分

●タクシーで市内へ
市内へは一律€38。深夜の0:00～5:00は€54。

市内交通

チケットの種類と運賃

90分券	€1.40
24時間券	€4.50
5日券	€9

アテネ INDEX

Hotel

高級

グランド・ブルターニュ Map P.338B2
Grande Bretagne URL www.marriott.co.jp

アセンズ・ゲート・ホテル Map P.338B2
Athens Gate Hotel URL www.athensgate.gr

アヒレアス・ホテル Map P.338B2
Achilleas Hotel URL www.achilleashotel.gr

中級

プラカ・ホテル Map P.338B2
Plaka Hotel URL www.plakahotel.gr

アセンズ・センター・スクエア Map P.338A2
Athens Center Square
URL www.athenscentersquarehotel.gr

ホテル・アドニス Map P.338B2
Hotel Adonis URL www.hotel-adonis.gr

ホステル

アセンズ・バックパッカーズ Map P.338B2
Athens Backpackers URL www.backpackers.gr

スチューデント＆トラベラーズ・イン Map P.338B2
Student & Travellers Inn
URL www.studenttravellersinn.com

Restaurant

オリゾンテス・リカヴィトウ Map P.339A3
Orizontes Lycavittou URL www.orizonteslycabettus.gr
リカヴィトスの丘にある眺めがよい高級レストラン。

プサラ Map P.338B2
Psara's URL www.psaras-taverna.gr
1898年創業の老舗のタベルナ。

ウゼリ・ククリス Map P.338B2
Ouzeri Kouklis URL www.scholarhio.gr
メニューはなく、毎日22皿ほどギリシア料理が用意される。

ビザンティノ Map P.338B2
Vyzantino URL www.vyzantinorestaurant.gr
味に定評があるうえ、値段も良心的。日本語のメニューあり。

バルバディモス Map P.338B2
Barbadimos URL www.barbadimos.gr
多彩な肉料理が揃うトルコ系ギリシア料理店。

カラマンリディカ・トゥ・ファニ Map P.338A2
Karamanlidika tou Fani URL karamanlidika.gr
チーズ・精肉店内にある人気のタベルナ。

クロアチア
ギリシア
イタリア
スペイン
ポルトガル
フィンランド
デンマーク
ノルウェー

Italy

ローマ

Roma

- 市外局番　なし
- 公式サイト 🔗www.turismoroma.it
- 市内交通 🔗www.atac.roma.it

●ローマ

■ イタリアの基本情報

- 国名　イタリア共和国
- 人口　約6043万人
- 首都　ローマ
- 通貨　ユーロ (€) €1≒121.17円
（2019年12月23日現在）

　歴史の町ローマ。コロッセオや凱旋門など、教科書や映画で見たままの風景があふれる町。『ローマは、一日にして成らず』『すべての道はローマに通ず』……これらの格言は、かつての栄光を物語る。そしていま、旅人はローマを目指す。古代遺跡、カトリックの総本山であるヴァティカン、スペイン階段、テヴェレ川。それは古代から現代へ、ヨーロッパのルーツを探る旅になるのかもしれない。

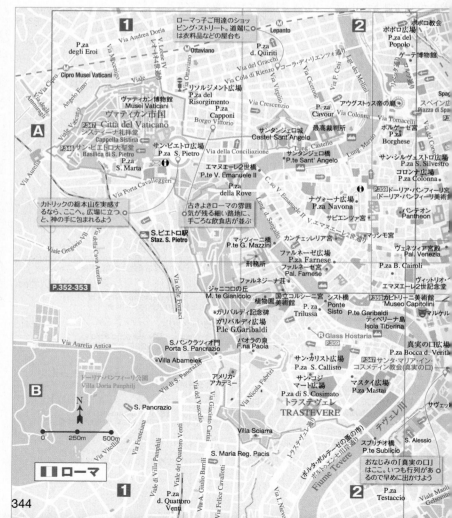

ローマっ子ご用達のショッピング・ストリート。道端には衣料品などの屋台も

カトリックの総本山を実感するなら、ここへ。広場に立つと、神の手に包まれるよう

古きよきローマの雰囲気が残る細い路地に、手ごろな飲食店が並ぶ

おなじみの「真実の口」はここ。いつも行列があるので早めに出かけよう

P.352-353

P.346　P.347　P.359

■ローマ

344

観光の中心はヴェネツィア広場　ローマはかなり大きな広がりを
もつ都市だが、観光ポイントは**ヴェネツィア広場**Piazza Venezia
を中心とした4km四方の中に、コンパクトに収まっている。
古代ローマのおもな見どころは南側　ヴェネツィア広場の南側に
は**フォロ・ロマーノ**や**コロッセオ**、カラカラ浴場といった古代ロー
マの代表的な遺跡が集中している。それぞれの見どころは少し
離れているが、徒歩でも十分に回ることができる。有名な「真実
の口」も同じエリア内にあるので、最低でも観光に半日は必要。
ヴァティカンのあるテヴェレ川西岸　世界最小の国家で、カトリ
ックの総本山である**ヴァティカン**があるのは、テヴェレ川を越え
た西岸にある。**サン・ピエトロ大聖堂**やヴァティカン美術館など、
狭いエリアに充実した見どころが集まっている。テヴェレ川に架か
るサンタンジェロ橋と、ハドリアヌス帝の霊廟として建てられたサ
ンタンジェロ城があるのもこのエリア。

・祝祭日

1/1	新年
1/6	御公現の祭日
4/12 ('20)	復活祭
4/13 ('20)	復活祭翌日の月曜日
4/25	イタリア解放記念日
5/1	メーデー
6/2	共和国建国記念日
8/15	聖母被昇天祭
11/1	諸聖人の日
12/8	聖母無原罪の御宿りの日
12/25	クリスマス
12/26	聖ステファノの日

クロアチア　ギリシア　イタリア　スペイン　ポルトガル　フィンランド　デンマーク　ノルウェー

Things to do in Roma

ローマ観光スポット

Fontana di Trevi

トレヴィの泉　後ろ向きでコインを泉に投げ入れると、再びローマを訪れることができる、という言い伝えで有名な彫刻のある泉。建築と彫刻と水が一体になった作品は、1762年にニコラ・サルヴィが完成させた。

 Map P.354B2

Foro Romano

フォロ・ロマーノ　共和政ローマの時代に政治、裁判、商取引などが行われていた市民生活の中心地。帝政に変わると存在意義が薄れ、たび重なる蛮族の侵入を経て破壊され、中世にはその姿を消してしまった。

 Map P.356A1〜B2
Data P.461

Colosseo

コロッセオ　5万人以上を収容するローマ時代の円形闘技場で、剣闘士の殺し合いや猛獣と人との戦いなどが繰り広げられた。後世に、表面の大理石が建築資材として持ち去られたため、現在のような姿となった。

 Map P.356B2
Data P.461

Basilica di San Pietro

サン・ピエトロ大聖堂　カトリックの総本山。324年に聖ペテロの墓と伝えられる場所の上に創建され、歴代の教皇が葬られている。現在の建物は、サンガッロ、ラファエッロ、ミケランジェロらの設計のもと1626年に完成された。内部の宗教的、芸術的価値もさることながら、建物自体が美しく、とりわけクーポラはイタリア・ルネッサンスを代表する建築として名高い。

Map P.352B1・2　Data P.461

クロアチア
ギリシア
イタリア
スペイン
ポルトガル
フィンランド
デンマーク
ノルウェー

Piazza di Spagna

スペイン広場　映画『ローマの休日』でアン王女がスペイン階段に座りながらジェラートを食べるシーンはあまりにも有名。バロック様式の階段は1723年に建設が始まり、上にはトリニタ・デイ・モンティ教会が建つ。

Map P.354A1·2

Bocca della Verità

真実の口　うそをつくと手が抜けなくなるという言い伝えがあり、『ローマの休日』を通じて広く知られている。サンタ・マリア・イン・コスメディン教会の一角にあり、記念撮影をする観光客が列をなしている。

Map P.356B1
Data P.461

Terme di Caracalla

カラカラ浴場　3世紀にカラカラ帝によって建てられた世界最大級の浴場で、当時は1600人が同時に入浴できた。中央に温度が違う3つの浴槽と大きなホールが配置され、その両脇には施設などがあった。

Map P.356C2
Data P.461

Cappella Sistina

システィーナ礼拝堂　ヴァティカン宮殿の最も奥にあるローマ教皇の礼拝堂で、教皇を選ぶ選挙、コンクラーベが行われる場所でもある。天井のフレスコ画は1508〜12年にミケランジェロが助手を使わずひとりで描いたものだ。西壁に描かれた『最後の審判』も同じくミケランジェロの作品で、天井画を完成させた23年後、60歳のときに描かれたもの。

Map P.352B2　Data P.461

One day Plan

ローマ ワンデイ プラン

8:00

↓

徒歩で
5分

Ⓐ サン・ピエトロ大聖堂

カトリックの総本山、サン・ピエトロ大聖堂は、ルネッサンスの巨匠が手がけた豪華な内装を見学。ミケランジェロの『ピエタ』は必見。時間があればクーポラにも上ってみて。

9:00

↓

地下鉄オッタヴィアーノ・サン・ピエトロ駅から3駅目のスパーニャ駅下車

Ⓑ ヴァティカン博物館

ヴァティカン博物館の館内は広大でまるで迷路。ミケランジェロの『最後の審判』やラファエッロの間など必見の見どころだけでもかなり時間がかかるので、コースを選んで見学。いつも入場待ちの行列ができているので、並ばずに入るなら予約必須。

11:30

↓

徒歩で
15分

Ⓒ スペイン広場

スペイン広場は世界中からの旅行者でいつも混雑。スペイン階段を上まで上がって記念撮影を忘れずに。高級ブランド店が並ぶコンドッティ通り周辺を散策しながら南へ行けばトレヴィの泉に着く。

12:15

↓

徒歩で
15分

Ⓓ トレヴィの泉

ネプチューンや海馬などダイナミックな彫刻が施された、ローマで最も優雅な噴水。ローマへの再訪を期して後ろ向きにコインを投げ入れてみてはいかがだろう。

12:40

↓

バスで
15分

Ⓔ パンテオン、ナヴォーナ広場

画家ラファエッロが眠るパンテオンからバロックの巨匠ベルニーニが手がけた噴水がある優美なナヴォーナ広場へ。この広場周辺には評判のよいトラットリアが多いので、このあたりでランチを。

14:30

↓

徒歩で
10分

Ⓕ コロッセオ

古代ローマの象徴ともいえる巨大な円形闘技場。外壁の円柱の装飾や、5万人を収容したという観客席など、当時の熱狂を想像しながら見学したい。切符はフォロ・ロマーノとの共通券。切符売り場はいつも行列がある。

15:40

地下鉄

Ⓖ フォロ・ロマーノ

古代ローマの政治や経済の中心として機能していたフォロ・ロマーノには元老院や神殿、凱旋門など数多くのモニュメントが残る。ゆっくり見て回ると2時間近くかかる。

ローマ発着ツアー

サンタンジェロ城そばの埠頭からは観光の
クルーズ船が発着する

✓ 英語やイタリア語ツアーがほとんどだが、[みゅう]では日本語ツアーも数多く取り揃えている

✓ ヴェネツィア、フィレンツェ、ナポリといった町へもローマから日帰りツアーが出ている

クロアチア

ギリシア

イタリア

スペイン

ポルトガル

フィンランド

デンマーク

ノルウェー

　市内を巡るツアーは非常に充実している。システィーナ礼拝堂やコロッセオなどの人気観光地のなかには、列に並ばず入れるツアーもあるので、待ち時間を節約することができるのもメリット。

日本語ガイドとヴァチカン美術館半日観光 システィーナ礼拝堂入場

月～土8:00　地下鉄A線Cipro駅を出たMマークの看板下集合、月～土13:50　ヴァチカン美術館前集合　所要約3時間　園€50～75
知識豊富な日本人ガイドと一緒にヴァチカン美術館を巡るツアー。膨大な展示品のなかでも特に必見の美術品に絞って案内してくれ、一つひとつのていねいに解説をしてもらえる。いつも長い行列ができるヴァチカン美術館に並ばずに入れるのもうれしい。

待たずに入場！コロッセオとフォロ・ロマーノじっくり観光 午前ウォーキングツアー

月・木・土・日8:50　コロッセオ前、コンスタンティヌスの凱旋門（コロッセオ側）集合 所要約3時間
園€65～68
フォロ・ロマーノ、コロッセオ、パラティーノの丘を巡るツアー。ローマ時代の遺跡のなかでも特に重要なものを日本語の解説を聞きながら回ることができる。コロッセオには列に並ぶことななく入場できる。

ローマ観光決定版！コロッセオ＆真実の口＆ヴァチカン美術館すべて入場 1日観光 昼食付

月～土8:05　コロッセオ前、コンスタンティヌスの凱旋門（コロッセオ側）集合
所要8時間30分　園€140～145　午前中はコロッセオや真実の口、スペイン広場、トレヴィの泉、ナヴォーナ広場などを巡り、午後はサン・ピエトロ寺院、ヴァチカン美術館を訪れる。ローマの主要な見どころを1日ですべて回るよくばりなツアー。日本語の解説付きで、コロッセオへは列に並ぶことなく入場できる。

秘儀荘も行く！ナポリ、ポンペイ1日観光

2～10月の毎日、11～1月の火・木・土7:05
ポポロ広場のポポロ門前
所要12～13時間　園€115～135
南イタリアの中心都市ナポリと、火山の噴火によって一夜にして滅びたポンペイ遺跡を訪れる日本語による日帰りツアー。ポンペイでは普段は入場できない秘儀荘にも訪れる。

カプリ島1日観光　～幻想的な青の洞窟～

3～10月の毎日、11月の火・木・土6:50　ポポロ広場のポポロ門前　所要12～13時間　園€165～185
ナポリ湾に浮かぶカプリ島へ行き、さらにボートで青の洞窟を訪れるツアー。

[みゅう] ローマ Myu Rome
住Corso d'Italia 39（ビルの3階）
TEL06-8414698　URLwww.myushop.net
日本語ガイドが付くローマ内外のツアーを多数催行しており、なかにはピザやイタリア料理作り体験ツアーなどもある。

ヴァティカン美術館とシスティーナ礼拝堂
Musei Vaticani e Cappella Sistina

月～土9:00～14:00の毎正時　サン・ピエトロ広場前のPiazza Pio ⅩⅡ,9のオフィスに15出発15分前に集合　所要約2時間　園€30
いつも長い列ができるヴァティカン博物館にガイド付きで、行列回避の優先入場ができる。また、膨大なコレクションを短時間に効率的に鑑賞できる。

O.R.P.社 (Opera Romana Pelligrinaggi)
URLwww.omniavaticanrome.org
キリスト教の巡礼地を取り扱う旅行会社。ローマ内外のキリスト教に関するツアーを取り扱っている。

ホップ・オン・ホップ・オフ・クルーズ
Hop on Hop off Cruise

4～10月11:00～18:30の30分に1便
1周約1時間　園€18
テヴェレ川にある4ヵ所の埠頭を回る乗り降り自由のボートクルーズ。

生演奏付きディナー・クルーズ
Crociera con cena e musica dal vivo

5～10月金・土20:30にサンタンジェロ埠頭集合
所要約3時間　園€68
4品のコース料理と生演奏を楽しむディナー・クルーズ。テヴェレ川沿いの夜景が堪能できる。

ローマ・ボート・エクスペリエンス
Rome Boat Experience
URLwww.romeboatexperience.com
最高裁判所横、サンタンジェロ城の向かい、シスト橋の北、ティベリーナ島の南向かいに埠頭がある。

シティ・サイトシーイング・ローマ
City Sightseeing Rome

9:00～18:00発（夏期～19:00）
1周約1時間40分
園当日€23、24時間€28、48時間€31、72時間€35
テルミニ駅近くチンクエチェント広場周辺のバス停から出発。2階建てのオープントップバスで町の眺めを楽しみながら、おもな観光名所を巡る乗り降り自由のツアー。

URLwww.city-sightseeing.it
チケットはウェブサイトで購入すると割引になる。コロッセオ入場券付きチケットもあり。

What to eat in Italy

イタリア美味ガイド

Antipasto all'italiana

イタリア風前菜盛り合わせ　生ハム、サラミ、モッツァレラチーズの盛り合わせ。イタリア人が前菜といえば真っ先に思い浮かべるひと皿。

Spaghetti al Nero di Seppie

イカ墨のスパゲッティ　見た目は悪いが、イカ墨ソースの独特な風味がやみつきになる。ヴェネツィアの代表的パスタ料理。

Pizza Margarita

ピッツァ・マルゲリータ　モッツァレラチーズ、バジリコ、トマトソースのピッツァ。シンプルながら王妃の名を冠するナポリピッツァの代表格。

Abbacchio a Scottadito

小羊のグリル　小羊をグリルした料ローマの名物料理。小羊の肉は成長した羊に比べ臭みもなく、軟らかくて食べやすい。

Zuppa di Pesce

魚介類のスープ　エビ、白身魚、イカ、貝類などが入った具だくさんのスープ。トマト風味が一般的。プリモとしてもセコンドしても通用する。

Bistecca alla Fiorenina

フィレンツェ風Tボーンステーキ　特産のキアーナ牛の大型ステーキ。塩、レモン、オリーブ油でシンプルに食すフィレンツェ名物。

Where to eat in Italy

イタリア美食処

Ristorante

リストランテ　高級レストランのこと。大衆店はトラットリア、居酒屋はオステリアという。

Tavola Calda

ターヴォラ・カルダ　カウンターに並ぶ調理された料理から選ぶシステムの店。

Cotoletta alla Milanese

ミラノ風カツレツ　薄く切った仔牛の肉をパン粉につけてフライパンで揚げた料理。ミラノ料理の定番中の定番。

Tiramisù

ティラミス　イタリアン・ドルチェの代表的存在で、日本でも人気が高い。濃厚なマスカルポーネチーズを使ったケーキ。

Panna Cotta

パンナ・コッタ　パンナはクリーム、コッタは煮るという意味。生クリームと砂糖を一緒に煮詰めて、ゼラチンで固めたデザート。

注文の流儀　正式には前菜、ひと皿目、ふた皿目、付け合わせ、デザートと注文するものだが、イタリア人でもこのような注文は特別な日にしかしない。しかしそれでもまず前菜かひと皿目を注文し、肉か魚のふた皿目とデザート（パスする人も多い）、カフェCaffèを頼むのが普通だ。イタリアで気持ちよく食事を楽しみたいなら、まずこの順序を頭に入れておこう。スパゲティとデザートだけで終わるなら、あらかじめスタッフに伝えよう。

イタリア料理用語

antipasto アンティパスト	前菜は、アンティパストといい"パスタの前"という意味。生ハムとメロンや、魚介類のサラダなどが定番。
Primo Piatto プリモ・ピアット	スパゲティなどのパスタは、ひと皿目プリモ・ピアットと呼ばれ、スープか前菜のような料理とされている。
Secondo Piatto セコンド・ピアット	メイン料理は、ふた皿目セコンド・ピアットと呼ばれる。肉はカルネCarne、魚はペッシェ Pesceという。
Contorno コントルノ	野菜の付け合わせのことで、普通、セコンド・ピアットと一緒に食す。
Dolce ドルチェ	デザートのこと。ティラミスやパンナ・コッタ、ズッパ・イングレーゼなどが伝統的イタリアン・デザート。
Coperto コペルト	席料（パンとテーブルクロス代）で、店の格によって€1〜8くらい。パン代とはいえパンに手を付けなくても請求される。

Pizzeria

ピッツェリア　ピザの店で、テーブル席のある店と立ち食い専門店の2種類がある。

Panetteria

パネッテリア　パン屋さんのこと。ガラスケースに並ぶパンを指さして注文する。

Cafe/Bar

カフェ／バール　1日に何回もコーヒーを飲むイタリア人にとって欠かせない、社交の場。

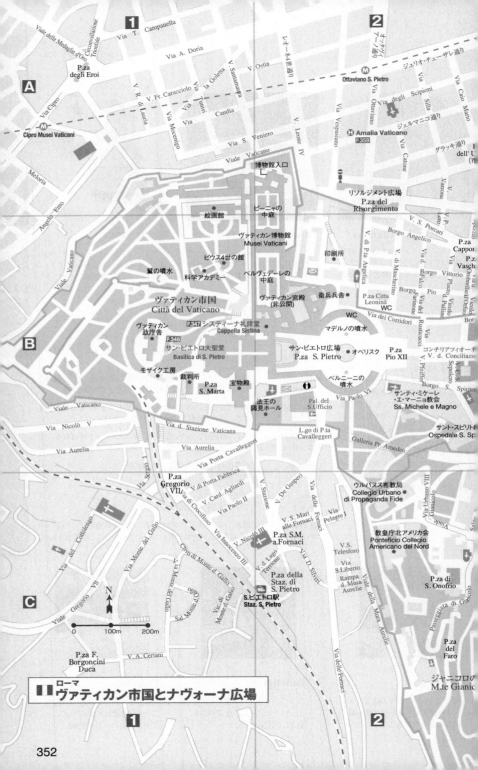

ローマ
ヴァティカン市国とナヴォーナ広場

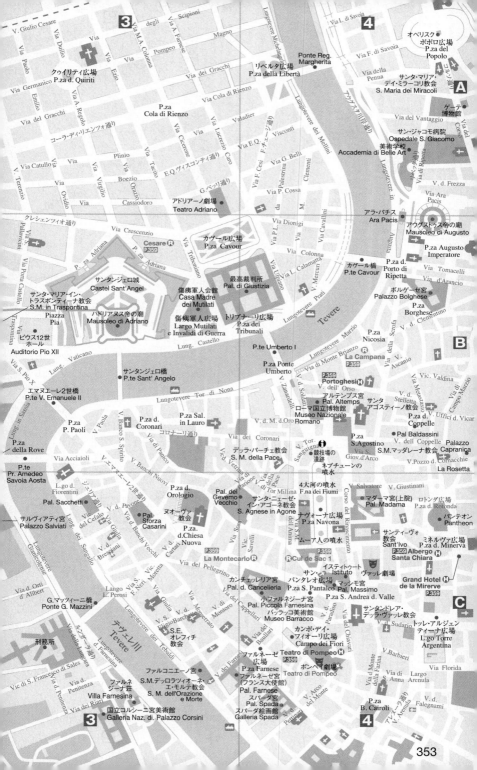

クイリナーレの丘とスペイン広場

P.za E. Sienkiewicz

Via di Setta Teresa

Via Aniene

V. Viterbo

[みゅう]ローマ

フィウーメ広場
P.za Fiume

P.za
Alessandria

Corso d'Italia

Via Bergamo

サラーリア門

Via Campania

Via Sardegna

Via Sicilia

Via Calabria

P.za d.
C. Rossa

Villa Paolina

ピア門広場
P.le di P.ta Pia

Ambasciata del
Giappone
日本大使館

ピア門
P.ta Pia
歩兵部隊歴史博物館

S. Patrizio

Via Boncompagni

V. Nerva

Via Collina

Via Flavia

Pal. Boncompagni
ボンコンパーニ宮
(アメリカ大使館)

S. Camillo
de'Lellis

農林省
Ministero
Agricoltura e Foreste

大蔵省
Ministero del Tesoro
e del Bilancio

Via Cernaia

Castro Pretorio

サンタ・マリア・デッラ・
ヴィットリア教会
S. Maria della Vittoria

フィナンツェ広場
P.za Finanze

サンタ・
スザンナ教会
S. Susanna

モーゼの
噴水

独立広場
P.za Indipendenza

サンベル
ナルド広場
P.za S.Bernardo

アウラ・オッタゴナ
Aula Ottagona

ローマ国立博物館
ディオクレティアヌスの浴場跡
Museo Naz. Romano
Terme di Diocleziano

M&J Place

国立古典絵画館
Galleria Naz.
Arte Antica

JCBプラザ

Repubblica

サンタ・マリア・デッリ・アンジェリ教会
S. Maria degli Angeli

B

陸軍省
Min. Difesa
Esercito

ナイアディ
の噴水

共和国広場
P.za della
Repubblica

Treno Scooter Rent

サン・カルロ・アッレ・
クアットロ・フォンターネ教会
S. Carlo alle Quattro Fontana

消防署
Vigile
d.Fuoco

オペラ座
Teatro dell'
Opera

ローマ国立博物館
(マッシモ宮)
Museo Nazionale Romano
(Palazzo Massimo alle Terme)

チンクエチェント広場
P.za dei
Cinquecento

テルミニ駅
Staz. Termini

中央警察
Questura
Centrale

P.za
Gigli

Termini

Italia

P.za del
Viminale

Orlanda

内務省
Min. d. Interno

サンタ・プデン
ツィアーナ教会

エスクイリーノ広場
P.za dell' Esquilino

ヴィミナーレの丘
Monte Viminale

サンタ・マリア・
マッジョーレ大聖堂
S. Maria
Maggiore

Ex Antiquario
Romano P.za M.
Fanti

Alessandro
Downtown Hostel

P.za d.
Zingari

ヴェノスタ広場
L.go V. Venosta

P.za
S. M. Maggiore

S. Antonio
Abate

Cavour

P.za
S. Martino
ai Monti

サンタ・
プラッセーデ教会
S. Prassede

L. go
Brancaccio

ヴィットリオ・
エマヌエーレ2世広場
P.za Vittorio
Emanuele II

S.ピエトロ・イン・ヴィンコリ教会
S. P. in Vincoli

国立東洋博物館
Museo Naz. dell' Arte Orientale

Vittorio
Emanuele

空港から市内へ

レオナルド・ダ・ヴィンチ空港 (FCO)
Aeroporto Leonardo da Vinci
URL www.adr.it

レオナルド・ダ・ヴィンチ空港

●**レオナルド・エクスプレス**
Leonard Express
URL www.trenitalia.com
運行:15〜30分に1便
所要:32分　運賃:€14
●**FR1線**
運行:15〜30分に1便
所要:ティブルティーナ駅まで約50分
運賃:€8
●**シャトルバス**
COTRAL
チンクエチェント広場のバス停経由
ティブルティーナ駅着
URL www.cotralspa.it
SIT BUS SHUTTLE
マルサラ通りのバス停着
URL www.sitbusshuttle.com
T.A.M. Sri
ジョリッティ通りのバス停着
URL www.tambus.it
TERRAVISION
マルサラ通りのバス停着
URL www.terravision.eu
ATRAL SCHIAFFINI
ジョリッティ通りのバス停着
URL www.romeairportbus.com
●**タクシーで市内へ**
定額料金制になっており、ローマ市中心部まで€48、ティブルティーナ駅まで€55

市内交通

チケットの種類と運賃
URL www.atac.roma.it

普通切符 BIT（100分間有効）		€1.50
24時間券 ROMA 24H		€7
48時間券 ROMA 48H		€12.50
72時間券 ROMA 72H		€18
1週間券 CIS		€24

空港から市内へのアクセス

✓ 空港から市内へは鉄道、シャトルバス、深夜バス、タクシーを使って行くことができる

✓ 鉄道は特急のレオナルド・エクスプレスと各駅停車のFR1線の2種類がある。FR1はテルミニ駅には停車しない

　レオナルド・ダ・ヴィンチ空港（またはフィウミチーノ空港）は、ローマ市街から約30km離れた所にある。

鉄道で市内へ　空港ターミナルに隣接するフィウミチーノ駅からは、テルミニ駅へのレオナルド・エクスプレス（所要30分）と、ティブルティーナ駅Tiburtinaへ行く近郊列車が出ている。乗車前に必ず乗車券を購入し、日時を刻印すること。

数社あるシャトルバス　テルミニ駅と空港を頻繁に結んでいる。数社が運営しており、出発場所、経路がやや異なる。テルミニ駅の到着は駅を挟んでマルサラ通りとジョリッティ通りのどちらかになるので、予約ホテルに近いほうに下車できるバスを選ぶといい。

最終列車後は夜間バスで　鉄道もシャトルバスも深夜は運行していないが、テルミニ駅経由ティブルティーナ駅行きの夜間バスが運行している。

タクシー　タクシーは必ず白の車体のものを利用し、無認可タクシー（いわゆる白タク）には乗らないこと。空港〜市内間は定額制が実施されているので乗車前に確認を。

ローマの市内交通

✓ ローマの公共交通機関は市バスと地下鉄、トラム、近郊鉄道があり、チケットは共通

✓ チケットは使用開始時に刻印することを忘れずに

　ローマの公共交通機関はATACによって運営されており、共通のチケットシステムを導入している。

チケットの種類　普通切符はBIT（Biglietto Intergrata Tempo）という。100分間有効で、有効期間内は市内バスとトラムの場合は何回でも乗り換え可能。一方地下鉄と近郊列車は原則として1回分。乗り換えは可能だが、一度改札を出ると、時間内でも無効になる。普通切符のBIT以外に24時間券、48時間券、72時間券、1週間券がある。

チケットの購入場所　チケットは地下鉄駅やバスターミナルに設置されている自動券売機、Biglietto ATACと表示してあるバール、タバッキ（タバコ屋）、キオスクなどで販売している。

チケットは刻印が必要　チケットは持っているだけでは不十分で、使いはじめに日時を刻印しなくてはならない。地下鉄や近郊列車は自動改札にチケットを通せばよいので、日本と変わらないが、バスやトラムは車内にある刻印機に自分でチケットを通して刻印しなくてはならない。バスの刻印機は後と前の扉近くにある。

ホテル

高級	スプレンディッド・ロワイヤル	Map P.354A2

Splendide Royal URLwww.splendideroyal.com

グランド・ホテル・デ・ラ・ミネルヴェ Map P.354C1
Grand Hotel de la Minerve URLwww.grandhoteldelaminerve.it

| 中級 | サンタ・キアーラ | Map P.354C1 |

Albergo Santa Chiara URLwww.albergosantachiara.com

アマリア・ヴァティカーノ Map P.353A2
Hotel Amalia Vaticano URLwww.hotelamalia.com

ポルトゲージ Map P.353B4
Hotel Portoghesi URLwww.hotelportoghesiroma.it

| 中級 | オルランダ | Map P.355C4 |

Hotel Orlanda URLwww.hotelorlanda.com

ティアトロ・ディ・ポンペオ Map P.353C4
Hotel Teatro di Pompeo URLwww.hotelteatrodipompeo.it

イタリア Map P.355B3
Hotel Italia URLwww.hotelitaliaroma.it

| ホステル | アレッサンドロ・ダウンタウン・ホステル | Map P.355C4 |

Alessandro Downtown Hostel URLwww.hostelalessandro.com

M&Jプレイス・ホステル&ホテル Map P.355B4
M&J Place Hostel & Hotel URLwww.mejplacehostel.com

レストラン

グラス・オスタリア Map P.344B2
Glass Hostaria URLglasshostaria.it
鉄とガラスを多用したインテリアで味わう創作料理。

ラ・カンパーナ Map P.353B4
La Campana URLwww.ristorantelacampana.com
ローマの郷土料理を中心に幅広い料理が揃う。

チェーザレ Map P.353B3
Da Cesare dal 1921 URLwww.ristorantecesare.com
サンタンジェロ城のすぐ近く。夏はテラスもオープン。

ラ・モンテカルロ Map P.353C4
La Montecarlo URLwww.lamontecarlo.it
香ばしいピッツァをはじめフリットやパスタなどを出す。

クル・デ・サック・ウーノ Map P.353C4
Cul de Sac 1 URLwww.enotecaculdesacroma.it
ワインの品揃えは1500種類、食事も充実している。

アンティコ・カフェ・グレコ Map P.354B1
Antico Caffè Greco URLwww.anticocaffegreco.eu
カサノヴァ、キーツ、シェリーなど芸術家が愛したカフェ。

博物館&美術館

カピトリーニ美術館 Map P.356A1
Musei Capitolini e Pinacoteca
URLwww.museicapitolini.org
一般市民に公開された世界最古の美術館。

マッシモ宮 Map P.355B3・4
Palazzo Massimo alle Terme
URLwww.museonazionaleromano.beniculturali.it
テルミニ駅のすぐそば。ローマ国立博物館の新館。

バルベリーニ宮 Map P.355B3
Palazzo Barberini
URLwww.barberinicorsini.org
国立古典絵画館。巨匠の傑作がずらりと並ぶ。

ドーリア・パンフィーリ美術館 Map P.354C1
Galleria Doria Pamphilj
URLwww.doriapamphilj.it
ローマで最も大きなお屋敷の一部に設けられた美術館。

イタリアの基本情報➡P.344

アプリ

フィレンツェ公式サイト専用アプリ

Firenze Turismo
観光地の解説やイベント情報はもちろん、トイレの場所まで確認できる。

iPhone

Android

空港から市内へ

フィレンツェ・ペレトラ空港 (FLR)
Aeroporto di Firenze-Peretola
🔗www.aeroporto.firenze.it
●バスで市内へ
VOLA IN BUSがS.M.ノヴェッラ駅そばのSITA社のバスターミナルまで運行している。所要20〜25分、€6。
●トラムで市内へ
サンタ・マリア・ノヴェッラ広場近くのP.za della Unita ItalianaまでトラムT2線で所要24分、€1.50。

ピサ・ガリレオ・ガリレイ空港 (PSA)
Aeroporto di Pisa
🔗www.pisa-airport.com
●モノレールでピサ中央駅へ
PISA MOVERというモノレールでピサ中央駅まで約5分。€2.70（日・祝€1.20）。ピサ中央駅からフィレンツェ S.M.N.駅までR、RVで49分〜1時間17分。
●バスでフィレンツェへ
🔗www.airportbusexpress.it
Autostradale社のバスで45分〜1時間。モンテルンゴ広場着

市内交通

チケットの種類と運賃
🔗www.ataf.net

90分券	€1.50（車内購入€2.50）
夜間券 Notturno	€5

市内交通の時刻表&ルート検索アプリ

iPhone

Android

Italy
フィレンツェ
Firenze

・市外局番	なし
・公式サイト	🔗www.firenzeturismo.it
・市内交通	🔗www.ataf.net

"花の都"フィレンツェは、町全体が美術館といわれているほど美しい町。その歴史はエトルリアの時代に遡るが、世界史の表舞台に出たのは、何といっても燦然と輝くルネッサンス時代だ。メディチ家の庇護のもと、多くの芸術家がフィレンツェで作品を残している。

町の中心はドゥオーモ広場 町の中心はドゥオーモ広場Piazza del Duomoだ。駅から歩いて10分ぐらい。**ジョットの鐘楼**（高さ82m）や**サン・ジョヴァンニ洗礼堂**がある。❶は駅前広場に面したサンタ・マリア・ノヴェッラ教会脇やドゥオーモ広場にある。

観光のハイライト 町の中心ドゥオーモ広場からどちらに歩けばいいだろうか。もし迷うようなら、まず南の**シニョリーア広場 Piazza della Signoria**のほうに行ってみてはどうだろうか。ここはかつて行政の中心だった所だ。広場沿いの**ヴェッキオ宮**と**ウッフィツィ美術館**見学のあとは、フィレンツェ最古の橋、**ヴェッキオ橋**を渡ってアルノ川の対岸へ。複数の美術館や博物館が入っている**ピッティ宮**を堪能したあとは丘の上のベルヴェデーレ要塞（催事のみの公開）と、**ミケランジェロ広場Piazzale Michelangelo**まで、町並みを眼下に眺めながら散歩を楽しもう。ゆっくり歩いても30分くらいだ。

フィレンツェの市内交通

✔ 徒歩でも十分回れる。バスは離れた場所へ行くときに便利

✔ チケットは乗車前に準備しておくこと。利用開始時に刻印が必要

フィレンツェの旧市街は端から端まで歩いても1時間かからない。徒歩だけで回ることができるし、町歩きが楽しい。バスは、ミケランジェロ広場など、中心から離れた場所へ行くときに利用する程度だ。

チケットの種類と購入方法 バスのチケットは90分有効で、時間内は途中乗り換えもできる。2回綴りや4回綴り、1日券、3日券、1週間券などもある。購入場所はATAFの表示があるバール、タバッキ（タバコ屋）、キオスク、自動券売機などで可能。チケットを持っていない場合は運転手から買うこともできるが、料金は割高で、運転手の手持ちがない場合は乗車できないこともある。チケットは乗車前に準備しておこう。

乗車時には刻印を チケットは利用開始時に刻印が必要。検札は頻繁に行われており、刻印していない場合は有効なチケットを持っていても罰金の対象になる。

Viale Filippo Strozzi
V. L. il Magnifico
P.za d. Libertà
Porta S. Gallo
V. L. il Magnifico

Viale Spartaco Lavagnini
Ospedale Militare

バッソ要塞
Fortezza da Basso
O di San Giovanini Battista

市場周辺には革製品
やみやげ物の屋台が
並び、市場2階は大
規模なフードコート

中央警察
Ouestura

P.le
Montelungo

P.za della
Indipendenza

手頃なホテルやホ
ステル、トラットリ
アが多い界隈

スカルツォ
の回廊
Corte d'assise
E d'appello

Giardino della
Gherardesca

Palazzo di Congressi

Pal. dei Congressi

Palazzo degli Affari
P.za Adua

Archi Rossi P.365

Cenacolo di
S. Apollonia

S. Marco
サン・マルコ美術館 P.365
Museo di S. Marco
サン・マルコ広場
P.za S. Marco
大学
Università

Ss アンヌンツィアータ教会
Ss. Annunziata
P.za della Ss.
Annunziata

老古学博物館
Museo Archeologico

フィレンツェ・サンタ・
マリア・ノヴェッラ駅
Staz. Centrale
(Firenze S.M.N.)

SITA
BUSITALIA

Porta
Faenza P.365

ATAF

Lombardi P.365

中央市場
Mercato Centrale

Botticelli
P.365

アカデミア美術館
Gall. dell' Accademia
P.363

捨て子養育院絵画館
Galleria dello Spedale Degli Innocenti

BLUBUS

P.za della
Stazione

Lorena

Casci P.365

メディチ・リッカルディ宮
Pal. Medici-Riccardi

最初に訪れたいNo.1の
みどころ。フィレンツェ
の歴史が凝縮した広場

S.M.ノヴェッラ教会
S. M. Novella

P.za della
Unità Italiana

Madonna d.
Aldobrandini

サン・ロレンツォ教会
S. Lorenzo

Palazzo Pucci

P.za F.
Brunelleschi

Teatro della Pergola

サンタ・マリア・
ノヴェッラ広場
P.za
S. M. Novella P.365

メディチ家礼拝堂
Cappelle Medicee

サン・ジョヴァン二
洗礼堂

ジョットの塔
P.362

ドゥオーモ広場

Arcispedale Di
Santa Maria Nuova

Santa Maria
Novella P.365

Palazzo d.
Arcivescovado

Duomo
ドゥオーモ d. Duomo

ドゥオーモ付属美術館

Museo di Firenze

Buca Mario
dal 1886 P.365

Rodo

P.za d. Oriuolo

Helvetia &
Bristol

レプッブリカ(共和国)広場
P.za d. Repubblica P.365

P.za
C. Goldoni

Il Latini P.365

ストロッツィ宮
Pal. Strozzi

Calzaiuoli
P.365

パッツィ・クァラテージ宮
Pal. Borghese

V. Pietrapiana
チョンピ市場のロッジア
Loggia d. Pesce

Pal. Corsini

S. Trinita

Pal. Davanzati

バディア教会
Badia Fiorentina
Pal. Gondi

バルジェッロ
国立博物館 P.365
Museo Naz.
d. Bargello

Teatro
Verdi

ブオナッティ邸
Casa Buonarroti

SPIRITO

Rivoire

Loggia dei Lanzi

シニョリーア広場
P.za d. Signoria

Gallery Hotel Art
P.365

S. Stefano

ヴェッキオ宮 P.362
Pal. Vecchio

All'Antico
Vinaio P.365

P.za
S. Croce

サンタ・クローチェ教会
S. Croce

Santa Monica

ヴェッキオ橋
Ponte Vecchio
P.362

ウッフィツィ美術館 P.363
Galleria d. Uffizi

Cappella de' Pazzi

サント・スピリト教会
Santo Spirito

Santa Felicita

P.za di S.
Maria Soprarno

国立図書館
Biblioteca Nazionale

P.za dei
Cavalleggeri

al. Guadagni
za S. Spirito

La Casalinga
P.365

回廊にはルネッサンス彫刻
が並び、共和国政庁舎=ヴ
ェッキオ宮の堂々とした姿

アルノ川 Arno

P.za de' Pitti

ピッティ宮
(パラティーナ美術館)
Pal. Pitti P.365

P.za de'
Mozzi

バルディーニ
Galleria Corsi
Museo Bardini

Palazzo Serristori

P.za
G. Poggi

動物学博物館
Museo Zoologico

SAN NICCOLÒ

ポッジ通り

ベルヴェデーレ要塞

Porta S. Giorgio

V. d. Belvedere

P.za
ミケランジェロ広場 P.362
P.le Michelangelo

バラ色のルネッサン
スの町並みが一望
できるスポット。徒
歩でもアクセス簡単

サン・サルヴァトーレ・アル・モンテ教会
San Salvatore al Monte

N

陶磁器博物館
Museo delle Porcellane

0   250m   500m

■■フィレンツェ

サン・ミニアート・
アル・モンテ教会
S. Miniato al Monte

Istituto d'arte

S. Leonardo

Things to do in Firenze

フィレンツェ観光スポット

Palazzo Vecchio

ヴェッキオ宮　1299年に着工され、フィレンツェ共和国の政庁として使われた。ルネッサンス様式の装飾が施された大広間や部屋には絵画や彫刻が飾られ、ミケランジェロの作品もある。

 Map P.361B1・2
Data P.462
URL musefirenze.it
Map Link

Ponte Vecchio

ヴェッキオ橋　アルノ川に架かるフィレンツェ最古の橋。彫金細工店や宝石店が橋の両側にぎっしりと並ぶ。ここからトリニタ橋を望んでの夕焼けはフィレンツェ No.1の絶対おすすめ観光ポイント。

 Map P.361B1
Map Link

Cappelle Medicee

メディチ家礼拝堂　サン・ロレンツォ教会に接続して建てられており、歴代大公家とメディチ家の人々が祀られている。内部には君主の礼拝堂と新聖具室があり、新聖具室はミケランジェロの設計。

 Map P.361B1
Data P.462
Map Link

Duomo

ドゥオーモ　"花の聖母教会" Santa Maria del Fioreとも呼ばれるフィレンツェのシンボル。1296年に着工され、175年の歳月をかけて完成された。高さ91mの大クーポラは、ブルネッレスキの設計によるもので、15世紀に取りつけられた。

 Map Link　Map P.361B1・2　Data P.462

Piazzale Michelangelo

ミケランジェロ広場　町の南東、アルノ川の南岸にある高台の広場。フィレンツェを一望できる展望台として名高い。広場にはミケランジェロの記念碑と『ダヴィデ像』のレプリカが置かれている。デートコースとしても人気がある。

 Map Link　Map P.361C2　Data P.462

クロアチア

ギリシア

イタリア

スペイン

ポルトガル

フィンランド

デンマーク

ノルウェー

Galleria degli Uffizi

ウッフィツィ美術館

　メディチ家代々の当主が力を注いだ、美術品の収集と芸術家の保護育成の成果が結集された美術館。ルネッサンス美術の集大成でもある。

　数あるコレクションのなかで必見ベスト5を挙げるとすれば、第10〜15室ボッティチェッリの『春Primavera』、『ヴィーナスの誕生Nascita di Venere』、第35室ミケランジェロの『聖家族Sacra Famiglia』、第66室ラファエッロの『ひわの聖母Madonna del Cardellino』、第83室ティツィアーノの『ウルビーノのヴィーナスVenere di Urbino』。

Map P.361B1・2
Data P.462
URL www.uffizi.it
Map Link

Galleria dell'Accademia

　アカデミア美術館　ミケランジェロの彫刻とフィレンツェ派絵画を収めた美術館。クーポラの部屋の中心に立つのは『ダヴィデ像Davide』のオリジナルで、ミケランジェロ26歳のときの作品。

Map P.361A2
Data P.462
Map Link

ルネッサンスの都フィレンツェ

　ルネッサンスとは「再生」を意味する14〜16世紀にかけてヨーロッパで興隆した芸術運動の総称。ルネッサンスが最初に興ったのはイタリアで、特にフィレンツェはメディチ家の庇護のもと多くの芸術家が活躍。絵画、彫刻、建築と多方面に芸術活動を行った。メディチ家の美術コレクションはウッフィツィ美術館に収蔵されているが、建築なども含めると、フィレンツェという町自体が、ルネッサンス博物館ともいえる。

フィレンツェで活躍した代表的芸術家

レオナルド・ダ・ヴィンチ Leonard da Vinci (1452〜1519年)	フィレンツェ郊外のダ・ヴィンチ村生まれ。30歳でミラノに移るまでフィレンツェで活躍した。初期の先品である『受胎告知』、『キリストの洗礼』、『東方三博士の礼拝』がウッフィツィ美術館所蔵。
ミケランジェロ Michelangelo (1475〜1564年)	フィレンツェ共和国カプレーゼ生まれ。『ダヴィデ』像はあまりにも有名。ラウレンツィアーナ図書館とメディチ家礼拝堂の新聖具室の設計も行っている。ウッフィツィ美術館には絵画『聖家族』が収蔵されている。
ラファエッロ Raffaello (1483〜1520年)	ウルビーノ公国生まれ。1504〜1508年にかけて頻繁にフィレンツェに滞在しており、ウッフィツィ美術館の「ひわの聖母」、ピッティ宮のパラティーナ美術館の『大公の聖母』はその頃の作品。
ボッティチェッリ Botticchelli (1444年頃〜1510年)	フィレンツェ生まれ。『春』、『ヴィーナスの誕生』など、神話に題材をとった最盛期の作品はルネッサンスを代表する絵画として有名。
ブルネッレスキ Brunelleschi (1337〜1446年)	町のシンボルともいえるドゥオーモのクーポラをはじめ、サン・ロレンツォ教会、ヨーロッパ最初の孤児院である捨て子養育院などを設計した。

北イタリア観光スポット

Pisa

ピサ　最盛期にはヴェネツィア、ジェノアなどと並ぶ海洋国家として地中海に君臨した町。12世紀にはピサ様式という建築様式が生まれ、町は多くの繊細かつ壮麗な建築物で彩られている。"斜塔"はあまりにも有名。

 Data P.462
URL www.turismo.pisa.it

Map Link

Siena

シエナ　フィレンツェと並び称されるトスカーナの古都。美しい扇状のカンポ広場に建つプッブリコ宮はゴシックの公共建築の代表作。2階にある市立美術館では、シモーネ・マルティーニなどシエナ派の傑作を展示。

 Data P.462
URL www.comune.siena.it

Map Link

Lago di Como

コモ湖　北イタリアの湖水地方を代表する湖。古くはカエサルやアウグストゥスといったローマ皇帝に愛され、18〜19世紀には貴族が競って瀟洒なヴィラを建てたイタリアきっての避暑地として知られている。

 Data P.463
URL www.lakecomo.eu

Map Link

Duomo di Milano

ミラノのドゥオーモ　イタリア最大のゴシック建築。135本の尖塔と2245体の彫刻は、繊細なレース細工のよう。屋上からの眺めはすばらしく、ミラノの町やロンバルディアの平野まで見渡すことができる。

 Data P.463
URL www.duomomilano.it

Map Link

Cenacolo Vinciano

最後の晩餐　ミラノのサンタ・マリア・デッレ・グラツィエ教会内に描かれたダ・ヴィンチの傑作。「汝らのうちのひとり我を裏切らん」と言ったイエスの言葉によって動揺している弟子たちの様子を鮮やかに描いている。

 Data P.463
URL legraziemilano.it

Map Link

Aosta

アオスタ　四方を4000m級の山々に囲まれた町。初代ローマ皇帝アウグストゥスにより作られた町で、保存状態のよいローマ遺跡が数多く残っている。遺跡巡りとアルプスの絶景を同時に楽しむことができる。

 Data P.463
URL www.lovevda.it

Map Link

フィレンツェ INDEX [Hotel] [Restaurant] [Museum]

ホテル

<table>
<tr><td>高級</td><td>ヘルヴェティア&ブリストル　Map P.361B1
Hotel Helvetia & Bristol
URL www.starhotelscollezione.com</td></tr>
<tr><td></td><td>ギャラリー・ホテル・アート　Map P.361B1
Gallery Hotel Art　URL www.lungarnohotels.com</td></tr>
<tr><td></td><td>サンタ・マリア・ノヴェッラ　Map P.361B1
Santa Maria Novella
URL www.hotelsantamarianovella.it</td></tr>
<tr><td></td><td>カルツァイウォーリ　Map P.361B1
Hotel Calzaiuoli　URL www.calzaiuoli.it</td></tr>
<tr><td>中級</td><td>ロド・ホテル　Map P.361B1
Rodo Hotel Fashion Delight　URL www.rodohotel.com</td></tr>
<tr><td></td><td>ポルタ・ファエンツァ　Map P.361A1
Porta Faenza　URL www.hotelportafaenza.it</td></tr>
</table>

<table>
<tr><td>中級</td><td>ボッティチェッリ　Map P.361A1
Hotel Botticelli　URL www.hotelbotticelli.it</td></tr>
<tr><td></td><td>ロレーナ　Map P.361B1
Hotel Lorena　URL www.hotellorena.com</td></tr>
<tr><td></td><td>ロンバルディ　Map P.361A1
Hotel Lombardi　URL www.hotel-lombardi.net</td></tr>
<tr><td></td><td>カッシ　Map P.361B1
Hotel Casci　URL www.hotelcasci.com</td></tr>
<tr><td>ホステル</td><td>アルキ・ロッシ　Map P.361A1
Hostel Archi Rossi
URL www.hostelarchirossi.com</td></tr>
<tr><td></td><td>サンタ・モナカ　Map P.361B1
Ostello Santa Monaca
URL www.ostellosantamonaca.com</td></tr>
</table>

レストラン

イル・ラティーニ　Map P.361B1
Il Latini　URL www.illatini.com
開店前から行列ができる人気トスカーナ料理店。

ブーカ・マリオ　Map P.361B1
Buca Mario dal 1886　URL www.bucamario.com
典型的トラットリア。気取らなくておいしいと評判。

カーザリンガ　Map P.361C1
La Casalinga　URL www.trattorialacasalinga.it
1963年創業。イタリア版おふくろの味が楽しめる。

アランティコ・ヴィナイオ　Map P.361B2
All'Antico Vinaio　URL www.allanticovinaio.com
軒先に生ハムやサラミが下がったパニーニの店。

リヴォワール　Map P.361B1
Rivoire　URL www.rivoire.it
シニョリーア広場に面した老舗のカフェ。

ヴィヴォリ　Map P.361B2
Vivoli　URL vivoli.it
伝統的な作り方を残す、カップのみのジェラテリア。

博物館&美術館

ドゥオーモ付属美術館　Map P.361B2
Museo dell' Opera de Duomo
URL operaduomo.firenze.it
過去の遺産を尊重した斬新な展示が楽しい。

サン・マルコ美術館　Map P.361A2
Museo di San Marco
修道院を利用した、フラ・アンジェリコの美術館。

バルジェッロ国立博物館　Map P.361B2
Museo Nazionale del Bargello
URL www.museodelbargello.it
ルネッサンス彫刻の名品を数多く展示。

パラティーナ美術館　Map P.361C1
Galleria Palatina
ラファエッロとティツィアーノの作品が充実。

イタリアの基本情報➡P.344

・市外局番	なし
・公式サイト	URL www.turismovenezia.it
・市内交通	URL actv.avmspa.it

　"世界中で最も美しい都"という表現が誇張ではない町、ヴェネツィア。ヴェネツィアを訪れた者は、その静けさに驚くだろう。車がないということが、車にじゃまされずに歩けるということが、こんなにも心地よいものかと……。心の向くままに細く薄暗い路地に迷い込んでも、危険を感ずることがないのも、ヴェネツィアの誇りだ。治安のよさは、かつてヴェネツィア共和国として、16世紀のヨーロッパの列強のひとつであったヴェネツィア人の子孫であることの誇りがなせるワザかもしれない。

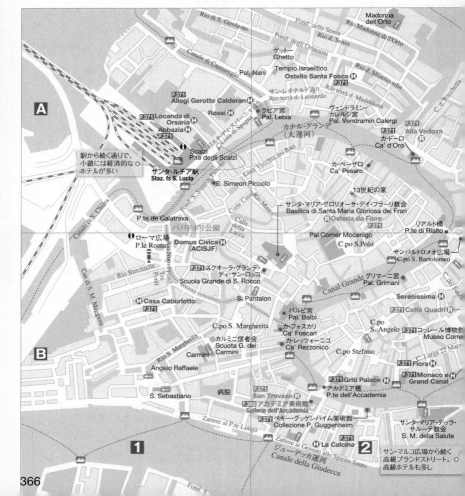

町の玄関サンタ・ルチア駅　ヴェネツィアは周囲約11kmの小さな島。サンタ・ルチア駅には❶、銀行、カフェなどがある。

観光の中心サン・マルコ広場　サン・マルコ広場Piazza San Marcoはヴェネツィアのシンボル、**サン・マルコ寺院**がある美しい広場。サンタ・ルチア駅からヴァポレットNo.1で行くことができる。この路線はヴェネツィアのメインストリート（メイン運河かな？）ともいえる逆S字型をした**大運河（カナル・グランデCanal Grande）**を、すべての船着場に停まりながらゆっくりとサン・マルコ広場まで走っている。

大運河沿いには見どころがたくさん　大運河沿いにはヴェネツィア・ゴシックの最高建築といわれる**カ・ドーロ**Ca' d'Oroをはじめとする優雅な歴史的建築物の数々、アーチ形の美しい**リアルト橋**などのいくつかの橋、活気にあふれる魚市場などがある。

周辺の島々へも足を延ばそう　時間があれば、ムラーノ島や、リド島にも足を延ばしてみたい。ヴァポレットで簡単に行ける。

■■ヴェネツィア

テクニック

降りる駅に注意！

ヴェネツィア行きの列車は、まずヴェネツィア・メストレ駅Venezia Mestreに停まる。でもここで降りてはいけない。目指すはさらに数km先にある島。列車は両側が海の絶景のなかを約10分ほど進んだあと、ヴェネツィア・サンタ・ルチア駅Stazione Venezia Santa Lucia(S. L.)に着く。

用語

荷物運び屋

ポルタバガーリPortabagali

階段が多いヴェネツィアでの重い荷物の運搬はたいへん。サンタ・ルチア駅前やローマ広場、サン・マルコ広場で待機しているポルタバガーリは、ホテルなど希望の場所まで荷物を運んでくれる。基本料金はヴェネツィア本島内で1～2個圏€25。荷物の大きさやそのほかの島は別料金になるので、まずは値段を確認してから利用しよう。ただし、ヴァポレットの停留所は各所にあり、降りる場所によっては経済的なホテルでもそう歩かなくて済む場合も多い。

イベント

仮装で盛り上がるカルネヴァーレ

毎年1～3月に行われるヴェネツィアのカーニバル（イタリア語でカルネヴァーレ）。ヨーロッパのお祭りのなかでもヴェネツィアのカーニバルは、大規模かつ華やかなことで知られている。サン・マルコ広場は思いおもいの趣向を凝らした仮装をした人々でいっぱい。中世からの伝統を引き継いで、貴族の衣装を身に着けた人や、道化師の格好をしておどける人、歴史上の人物に扮する人などが目を引くが、観光客も負けじとみやげ物屋で買った仮面や貸衣装で即席の仮装をし、歌と踊りの渦に参加している。クライマックスは最終日。深夜までにぎやかな音楽と人々の笑い声が街角に響きわたる。

観光パス＆カード

ヴェネツィア・ウニカ・シティ・パス

Venezia Unica City Pass

URLwww.veneziaunica.it

上記ウェブサイトでオンライン購入し、ヴァポレットの券売機で発券可能。❶でも購入可能。入場できる見どころの数や受けられるサービスにより料金が異なる。ゴールドパスはヴァポレットなどの交通機関が72時間乗り放題。

●シルバーパス

料29歳以下€21.90～
　30歳以上€28.90～

●ゴールドパス

料29歳以下€58.90～
　30歳以上€70.90～

Things to do in Venezia &

Palazzo Ducale

ドゥカーレ宮殿　ヴェネツィア共和国総督の宮殿で、国会、行政、裁判をつかさどる政庁がおかれていた。2階の大評議の間にあるティントレットの『天国Paradiso』は7m×22mあり、世界最大の油絵といわれる。

Map P.367B3
Data P.463
URLpalazzoducale.
visitmuve.it
Map Link

Gallerie dell'Accademia

アカデミア美術館　ティントレット、ヴェロネーゼ、ティツィアーノなどヴェネツィア派の傑作を多数収蔵している美術館。宗教画以外に、ヴェネツィアの風景を題材として書かれた作品も多い。

Map P.366B2
Data P.463
URLwww.
gallerieaccademia.it
Map Link

Murano

ムラーノ島　ヴェネツィア共和国の経済を支えたヴェネツィアン・グラスの生産地。技術流出と火事を防ぐため、ガラス職人はこの島に住むことを強制された。そのため多くのガラス工房がこの島に集中していた。

Map P.367A3外
Data P.463
Map Link

Basilica di San Marco

サン・マルコ寺院　ヴェネツィアのシンボル。9世紀にエジプトから運ばれてきた聖マルコの遺体を祀るために建てられた。主祭壇の裏側にある祭壇画、パラ・ドーロは寺院最大の宝物。

Map P.367B3　Data P.463
Map Link　URLwww.basilicasanmarco.it

Gondola

ゴンドラ　ヴェネツィア名物の細長い手こぎボートがゴンドラ。以前は重要な市民の足だったが、今では観光用が主流。クラシックなスタイルに身を固めたこぎ手（ゴンドリエーリGondolieri）が、見事なオールさばきでゆったりと運河巡りをしてくれる。

Data P.464

its surroundings

クロアチア

ギリシア

イタリア

スペイン

ポルトガル

フィンランド

デンマーク

ノルウェー

Ravenna

ラヴェンナ ビザンツ美術の花開いた町。世界遺産にも登録されている「ラヴェンナの初期キリスト教建築群」はいずれも内部を荘厳なモザイクで装飾された教会で、その美しさに圧倒させられる。

Data P.464
URL www.turismo.ra.it
Map Link

Verona

ヴェローナ シェイクスピアの悲劇『ロミオとジュリエット』の舞台となった町。ローマ以来の歴史を誇り、1世紀に建てられた円形闘技場、アレーナは毎年夏に野外オペラ祭が開かれることでも有名。

Data P.464
URL www.
turismoverona.eu
Map Link

La Dolomiti

ドロミテ山塊 岩肌がむき出した3000m級の山々が続く山群。山の荒々しさとは対照的に、周囲の自然は緑豊かで穏やか。そのコントラストが織りなす景観美に惹きつけられ、世界中から人々が集まる。

Data P.464
URL www.infodolomiti.it
Map Link

What to eat
in Venezia

ヴェネツィア美味ガイド

ヴェネツィアのワインバー

　ヴェネツィアの食事でぜひ試してもらいたいのがバカリBacari。立ち飲みの居酒屋とでもいった店で、仕事を終えた会社員や学生が気軽に寄って一杯ひっかけながら、友人たちと楽しく時を過ごす場だ。伝統的なおつまみはチケットといい、小皿に盛られた魚介類を中心にしたさまざまな料理が並んでいる。テーブル席がある店も多く、本格的な料理も楽しめる。

Polpetto

肉団子 小さく作ったハンバーグのトマト煮。平らにして油で揚げたものもある。

Insalata di Polpo

タコのサラダ ヴェネツィア近海で取れたタコやトマトなどを使ったサラダ。

空港から市内へ

マルコ・ポーロ空港（VCE）
Aeroporto di Malco Polo

URL www.veniceairport.it
ヴェネツィアの北約8kmに位置している

●バスで市内へ
市営バス（ACTV）5番　ローマ広場まで20分～40分に1便の運行。所要20～25分。
エアポートシャトルバス（ATVO社）
URL www.atvo.it
5:20～翌1:20に運行。ローマ広場まで所要20～25分。

●船で市内へ
URL www.alilaguna.it
アリラグーナ社Alilagunaの船が空港からサン・マルコ広場などを結ぶ。

ヴェネツィアの主要交通手段はヴァポレット

市内交通

ヴァポレットのチケットと運賃
URL actv.avmspa.it

1回券Biglietto Corsa Semplice（60分間有効）	€7.50
24時間券 Biglietto 24 Ore	€20
48時間券 Biglietto 48 Ore	€30
72時間券 Biglietto 72 Ore	€40
7日券 7 giorni	€60

市内交通の時刻表＆ルート検索アプリ

iPhone　　　　Android

トラゲット Traghetto
橋のない場所で対岸に渡りたいときに便利なトラゲット。手軽にゴンドラ気分を味わえるのもよい。おすすめは大運河からカ・ドーロに向かって右隣のソフィア広場Campo St. Sofiaから、対岸の魚市場までのルートで、まさに大運河横断のゴンドラ。ほかにもグッゲンハイム美術館の近くなどにもある。料金は1回€2。

ヴェネツィアの市内交通

✓ ゴンドラは観光用、移動の主役は水上バスのヴァポレット

✓ ヴァポレットのチケットは利用開始時に刻印が必要

ヴェネツィアの最大の特徴は、自動車が1台も走っていないこと。交通機関はすべて水上に浮かんでおり、ほかのイタリアの都市と比べてずいぶんと静か。船は、ヴァポレットと呼ばれる水上バス、モーターボートの水上タクシー、それにゴンドラがある。

水上バス　ヴァポレット Vaporetto

サンタ・ルチア駅から観光の中心地、サン・マルコ広場まではNo.1、2のヴァポレットで行ける。サンタ・ルチア駅の乗船所はフェッローヴィア・サンタ・ルチアFerrovia S. Luciaと書かれている。

No.1だと逆S字形の大運河のすべての船着場に停まっていくので（約40分）、ゆっくり観光できる。No.2はサン・ザッカリア（サン・マルコ広場東側）から外回りでローマ広場へ向かい、大運河（リアルト橋、アカデミアなど）を通る。

観光　ゴンドラ Gondola

ヴェネツィアを代表する乗り物だが、今では観光専用と言っても過言ではない。乗り場はサン・マルコ広場をはじめ、観光客が利用することの多い船着場。客引きのお兄さんと値段交渉をしてから乗り込もう。6人まで30分€80くらい。以降15分ごとに€40というのが❶で公表している相場。19:00～翌8:00は割増になる。

モーターボート　水上タクシー Taxi Acqueri

料金は高いが、運河沿いのホテルならすぐ横まで行くことができる。また、専用の船着場をもっている高級ホテルも多い。料金目安は、サンタ・ルチア駅から、サン・マルコ広場まで約€80ほど。これに荷物や祝日、深夜料金などが加算されることもある。

ヴェネツィア交通図

ホテル

高級	グリッティ・パラス Map P.366B2 Hotel Gritti Palace URLwww.marriott.co.jp	
	ダニエリ Map P.367B3 Hotel Danieli URLwww.marriott.co.jp	
	メトロポール Map P.367B3 Metropole URLwww.hotelmetropole.com	
	モナコ・エ・グランド・カナル Map P.366B2 Monaco e Grand Canal URLwww.hotelmonaco.it	
中級	アバッツィア Map P.366A1 Hotel Abbazia URLwww.abbaziahotel.com	
	フローラ Map P.366B2 Hotel Flora URLwww.hotelflora.it	

中級	ラ・カルチーナ Map P.366B2 Pensione La Calcina URLwww.lacalcina.com
	ロカンダ・シルヴァ Map P.367B3 Locanda Silva URLwww.locandasilva.it
	ロカンダ・ディ・オルサリア Map P.366A1 Locanda di Orsaria URLwww.locandaorsaria.com
ホステル	アロッジ・ジェロット・カルデラン Map P.366A1·2 Alloggi Gerotto Calderan URLwww.283.it
	カーサ・カブルロット Map P.366B1 Casa Caburlotto URLwww.monasterystays.com
	オステッロ・サンタ・フォスカ Map P.366A2 Ostello Santa Fosca URLwww.ostellosantafosca.it

レストラン

オステリア・ダ・フィオーレ Map P.366A2
Osteria da Fiore URLwww.dafiore.net
季節の素材とアドリア海の魚介類との調和がすばらしい。

タヴェルナ・サン・トロヴァーゾ Map P.366B2
Taveran San Trovaso URLwww.tavernasantrovaso.it
地元ではよく知られた人気店。開店直後から満席になる。

オステリア・ダ・アルベルト Map P.367A3
Osteria da Alberto URLwww.osteriadaalberto.it
1920年代から続くオステリア兼トラットリア。

アッラ・ヴェドーヴァ Map P.366A2
Alla Vedova URLwww.allavedova.it
魚介類とミートボールが名物のバカリ兼トラットリア。

カフェ・クアードリ Map P.367B3
Caffè Quadri URLwww.alajmo.it
サン・マルコ広場に面した老舗カフェ&バー。

カフェ・フローリアン Map P.367B3
Caffè Florian URLwww.caffeflorian.com
1720年創業。多くの文人に愛されたカフェ。

博物館&美術館

コッレール博物館 Map P.366B2
Museo Cicico Correr URLcorrer.visitmuve.it
14～18世紀の町の歴史と人々の暮らしを伝える作品が多い。

ベギー・グッゲンハイム美術館 Map P.366B2
Collezione Peggy Guggenheim
URLwww.guggenheim-venice.it
ピカソ、カンディンスキーなど近代、現代美術を展示。

スクオーラ・グランデ・ディ・サン・ロッコ Map P.366B2
Scuola Grande di San Rocco
URLwww.scuolagrandesanrocco.org
ティントレットの作品を多数展示。

カ・ドーロ Map P.366A2
Ca' d' Oro
大運河沿いの優雅な建物。内部はフランケッティ美術館。

クロアチア

ギリシア

イタリア

スペイン

ポルトガル

フィンランド

デンマーク

ノルウェー

Italy
ナポリ
Napoli

・市外局番	なし
・公式サイト	URL www.visitnaples.eu
・市内交通	URL www.anm.it

● ローマ
● ナポリ

イタリアの基本情報 ➡ P.344

　輝く太陽、紺碧の海。ヴェスヴィオ山を望む雄大な景観のなかに広がる大海原、咲き乱れる花々は、その明るさとともに、一瞬息を止めるほどの美しさである。美しい景観においしい食事、そして陽気な人々「ナポリを見て死ね」という格言があるように、ナポリの町は旅人を惹きつけて止まない魅力にあふれている。

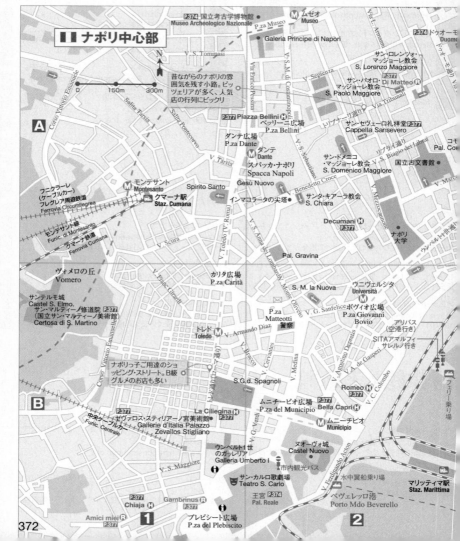

■■ ナポリ中心部

P.374 国立考古学博物館
Museo Archeologico Nazionale

ムゼオ
Museo

Galeria Principe di Napori

P.374 ドゥオーモ
Duomo

サン・ロレンツォ・マッジョーレ教会
S. Lorenzo Maggiore

P.377 Di Matteo
サン・パオロ・マッジョーレ教会
S. Paolo Maggiore

150m　300m

昔ながらのナポリの雰囲気を残す小路に、ピッツェリアが多く、人気店の行列にビックリ

P.377 Piazza Bellini
ベッリーニ広場
P.za Bellini

トリブナーリ通り
サン・セヴェーロ礼拝堂 P.377
Cappella Sansevero

コモ
Pal. Co

ダンテ広場
P.za Dante
ダンテ
Dante

スパッカ・ナポリ
Spacca Napoli

サン・ドメニコ・マッジョーレ教会
S. Domenico Maggiore

国立古文書館

モンテサント
Montesanto
クマーナ駅
Staz. Cumana

Spirito Santo

Gesù Nuovo

フニクラーレ
(ケーブルカー)
フレグレア周遊鉄道
Ferrovia Circumflegres

モンテサント線
Func. di Montesanto
クマーナ鉄道
Ferrovia Cumana

インマコラータの尖塔 ●

サンタ・キアーラ教会
S. Chiara

Decumani
P.377

ナポリ大学

Pal. Gravina

ウォメロの丘
Vomero

V. Scura

カリタ広場
P.za Carità

S. M. la Nuova

ウニヴェルシタ
Università

サンテルモ城
Castel S. Elmo
サン・マルティーノ修道院 P.377
(国立サン・マルティーノ美術館)
Certosa di S. Martino

P.za
Matteotti
警察

ボヴィオ広場
P.za Giovanni
Bovio

アリバス
(空港行き)

SITAアマルフィ
サレルノ行き

トレド
Toledo

ナポリっ子ご用達のショッピング・ストリート。B級グルメのお店も多い

S.G.d. Spagnoli

Romeo
P.377

ムニーチーピオ広場
P.za del Municipio

Bella Capri
P.377

P.377
La Cliegina
P.377

中央ケーブルカー
Func. Centrale

ゼヴァロス・スティリアーノ宮美術館
Gallerie d'Italia Palazzo
Zevallos Stigliano

ムニーチーピオ
Municipio

ヌオーヴォ城
Castel Nuovo

ウンベルト1世
のガッレリア
Galleria Umberto I

市内観光バス

サン・カルロ歌劇場
Teatro S. Carlo

王宮 P.374
Pal. Reale

水中翼船乗り場

マリッティマ駅
Staz. Marittima

Chiaja
P.377

Gambrinus
P.377

ベヴェレッロ港
Porto Mdo Beverello

Amici miei
P.377

プレビシート広場
P.za del Plebiscito

1

2

町の中心ムニチーピオ広場　ムニチーピオ広場Piazza del Municipio周辺にはヌオーヴォ城、王宮、サン・カルロ歌劇場といった見どころが集まっている。松並木の坂道を下りていくと、**サンタ・ルチア港**があり、ここからメルジェッリーナ港までの2kmはすばらしい散歩道。海越しにヴェスヴィオ火山や卵城を眺めながらナポリの美しさに酔いしれたい。

ナポリの下町スパッカ・ナポリ　町の北側に目を向けると、下町風情あふれるスパッカ・ナポリSpacca Napoliという地区が広がる。見応えある教会が多く、世界屈指のギリシア・ローマ美術コレクションを誇る**国立考古学博物館**があるのもこの近くだ。その1km北にはファルネーゼ家の王宮を利用した国立カポディモンテ美術館がある。

補足

ナポリの鉄道駅

ナポリの鉄道駅は複数ある。海に近いほうがメルジェッリーナ駅Napoli Mergellina（中央駅から4つ目）、東にあるのが中央駅Napoli Centraleで、地下鉄2号線で結ばれている。どの駅に停車するか確認しておこう。

観光バス

シティ・サイトシーイング
City sightseeing Napoli
URL www.city-sightseeing.it
料€23（24時間有効）
乗り降り自由の観光バスで日本語オーディオガイド付き。ヌオーヴォ城の前を出発し、ルートはA、B、C（4～10月のみ運行）の3種類あり、バス停は36ヵ所。ルートAは国立考古学博物館、カポディモンテ方面、ルートBは卵城など海沿いの展望コース、ルートCはサン・マルティーノの丘方面。

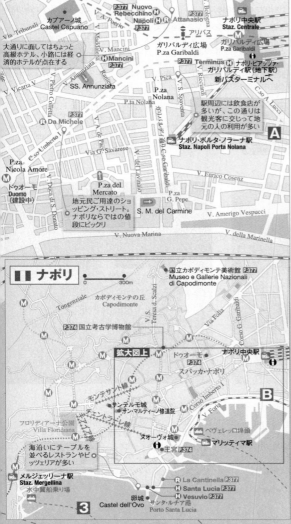

本場ナポリのピザを味わおう

サンタ・ルチアにある卵城

ナポリ市民の客間、美しいガッレリア

Things to do in Napoli &

ナポリとその周辺の観光スポット

Duomo

ドゥオーモ　ナポリの守護聖人、聖ジェンナーロが祀られている大聖堂。毎年5月の第1土曜と9月19日に小さな壺に入れられた聖ジェンナーロの血液が液体化するという奇蹟でも知られている。

Map P.372A2
Data P.464
Map Link

Palazzo Reale

王宮　17世紀にスペインの王を迎えるために着工されたが、王が住むことなく、ブルボン家の王宮として改築、拡張工事が行われた。内部は王宮歴史的住居博物館として豪華な室内装飾を見ることができる。

Map P.372B1・2
Data P.464
URL www.coopculture.
it
Map Link

Museo Archeologico Nazionale

国立考古学博物館　ギリシア・ローマ時代の美術品を収集した世界屈指の博物館。特にポンペイ出土の『踊る牧神像』やカラカラ浴場出土の『ファルネーゼのヘラクレス』、『ファルネーゼの牡牛』は見逃せない。

Map P.372A2
Data P.464
URL www.museoarche
ologiconapoli.it
Map Link

Costiera Amalfitana

アマルフィ海岸　ソレントからサレルノにわたる約40kmの海岸で、美しい景観は世界遺産にも登録されている。入り組んだ海岸線の切り立った断崖に別荘やリゾートホテルが点在する保養地で、王侯貴族や著名人がこぞってバカンスを過ごす。

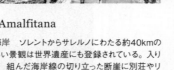

Map Link　Data P.464

Grotta Azzurra

青の洞窟　カプリ島随一の観光名所。手こぎのボートで狭い入口から入ると、青く神秘的な光に包まれた空間が広がっている。天候や潮の状況によってはボートが欠航するなど、見られない日もあるが、それでも訪れる人は絶えない。

Map Link　Data P.464

its surroundings

クロアチア

ギリシア

イタリア

スペイン

ポルトガル

フィンランド

デンマーク

ノルウェー

Pompei

ポンペイ　西暦79年のヴェスヴィオ火山大噴火により埋没したローマ時代の古代都市遺跡。1748年に発掘が始められるまでずっと地下に埋まっていた。

想像以上にいろいろと残っており、その規模の大きさにも驚かされる。しかし、まだ3分の1は発掘されずに残されていて、現在もなお発掘中だ。考古学館、フォロ、バジリカ、ヴェッティの家、スタビアーネ浴場、円形劇場などを見学しながら廃墟を歩いていると、1900年も前の古代都市がいかに進んだ文明生活を営んでいたかがよくわかる。

Data P.464
URL www.pompeiisites.
org

Map Link

Scavi di Ercolano

エルコラーノの遺跡　ポンペイと同様ヴェスヴィオ火山の噴火で滅びた町。ポンペイよりも規模は小さいものの、ローマ貴族の別荘地、保養地だったため、贅を尽くした瀟洒な邸宅が数多く残っている。

Data P.464
URL www.pompeiisites.
org
Map Link

Alberobello

アルベロベッロ　白壁に灰色のとんがり屋根が印象的な民家が続く町。民家はトゥルッロ（複数形はトゥルッリ）といい、キノコのような家が建ち並ぶ様子は、おとぎの国のようでかわいらしい。

Map Link　Data P.465

Lecce

レッチェ　ギリシア・ローマ時代からの歴史を誇るが、この町をとりわけ有名にしているのは、数多く残るバロック様式の建築群。レッチェ石と呼ばれる地元産の薄黄色の石灰石を使い、非常に凝った装飾が施されている。

Map Link　Data P.465

ナポリ・カボディキーノ空港 (NAP)
Aeroporto di Napoli-Capodichino

URL www.aeroportodinapoli.it
●バスで市内へ
URL www.anm.it

空港バスのアリバスAlibusが運行している。中央駅前（ガリバルディ広場）を経由してベヴェレッロ港（フェリー乗り場）へ行く。15〜20分に1便の運行で、中央駅前までの所要時間は15〜20分。切符は車内で購入できる。

市内交通

市内交通のチケットと運賃
URL www.anm.it

1回券 Corsa Semplice（乗り換え不可）	€1.10
1日券 Biglietto Giornaliero（当日24:00まで）	€3.50
1週間券 Abbonamento Settimanale（日曜24:00まで）	€12.50

市内交通の時刻表&ルート検索アプリ

iPhone 　Android

市内バスではスリに注意

混雑するナポリのバスの車内ではスリも出没する。財布や貴重品はなるべく持ち歩かない。あらかじめバスのチケットなどは購入しておき、小銭とカードくらいの身軽さで町歩きに出かけよう。座っていれば被害はかなり防げる。乗降時も注意しよう。

ケーブルカーは市民の足

ナポリの市内交通

✔ ヴェスヴィオ周遊鉄道以外の市内交通のチケットは共通

✔ チケットは利用開始時に刻印が必要

ナポリはかなり大きい町。おまけに見どころが点在しているので、市内バス、地下鉄、フニコラーレと呼ばれるケーブルカーなど交通機関をフル活用しなくてはならない。交通渋滞はハンパじゃなく、しかもバスは旅行者には使いづらいので覚悟しておこう。

チケットは共通　公共交通機関はANMが運営し、バス、トラム、ケーブルカー、地下鉄などは共通のチケットが利用できる。90分券は有効時間内なら何度でも乗り換え可能なので観光に便利。駅構内の自動券売機、キオスク、タバコ屋などで販売している。

刻印を忘れずに　チケットは必ず乗車時に打刻し、下車するまで持っておくこと。車内の検札は頻繁にあり、適切なチケットを持っていない場合は罰金の対象になる。

アウトブス　市内バス Autobus

おもな乗り場は中央駅前のガリバルディ広場やメルジェッリーナ駅など。ガリバルディ広場とムニチーピオ広場を結ぶR2やメルジェッリーナ駅とムニチーピオ広場を結ぶR3などが便利。

メトロポリターナ　地下鉄 Metropolitana

観光で利用するなら1線（黄）、2線（水色）、6線（ピンク色）の3つ。1線は旧市街を1周し、町の北側の郊外が終点。2線は町を東西に横断しており、中央駅（ガリバルディ広場駅）とメルジェッリーナ駅の間を移動するときに便利。

フニコラーレ　ケーブルカー Funicolare

急な斜面と坂道が多いナポリでは、丘の上の住宅地と下町を結ぶフニコラーレが活躍。ただし、トンネル内を走るので眺望は望めない。眺めのよいレストランや、ヴォメロの丘に行くときに便利。

私鉄　ヴェスヴィオ周遊鉄道 Circumvesuviana

中央駅（正面右にエスカレーターあり）地下から出発している私鉄。ポンペイやソレントに出かけるときに便利。私鉄なので、ANMのチケットやユーレイルグローバルパスも使えない。

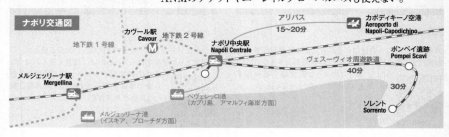
ナポリ交通図

アリバス 15〜20分
カボディキーノ空港 Aeroporto di Napoli-Capodichino
カヴール駅 Cavour
地下鉄2号線
ナポリ中央駅 Napoli Centrale
地下鉄1号線
ポンペイ遺跡 Pompei Scavi
ヴェスーヴィオ周遊鉄道 40分
メルジェッリーナ駅 Mergellina
ベヴェレッロ港（カプリ島、アマルフィ海岸方面）
30分
ソレント Sorrento
メルジェッリーナ港（イスキア、プローチダ方面）

ナポリ INDEX [Hotel] [Restaurant] [Museum]

クロアチア
ギリシア
イタリア
スペイン
ポルトガル
フィンランド
デンマーク
ノルウェー

ホテル

高級

ロメオ Map P.372 B2
Romeo URLwww.romeohotel.it

グランド・ホテル・ヴェスーヴィオ Map P.373B3
Grand Hotel Vesuvio URLwww.vesuvio.it

サンタ・ルチア Map P.373B3
Grand Hotel Santa Lucia URLwww.santalucia.it

ラ・チリエジーナ Map P.372B1
La Ciliegina URLwww.cilieginahotel.it

中級

デクマーニ Map P.372A2
Decumani Hotel de Charme
URLwww.decumani.com

キアイア Map P.372B1
Chiaja Hotel de Charme URLwww.chiaiahotel.com

中級

ピアッツァ・ベッリーニ Map P.372 A2
Piazza Bellini URLwww.hotelpiazzabellini.com

B&B ホテル・ナポリ Map P.373A3
B&B Hotel Napoli URLwww.hotel-bb.com

ヌオーヴォ・レベッキーノ Map P.373A3
Hotel Nuovo Rebecchino
URLwww.nuovorebecchino.it

スターホテルズ・テルミヌス Map P.372A3
Starhotels Terminus URLwww.starhotels.com

ホステル

ベッラ・カプリ Map P.372B2
Hostel & Hotel Bella Capri URLwww.bellacapri.it

マンチーニ Map P.373A3
Hostel Mancini
URLwww.hostelmancininaples.com

レストラン

ラ・カンティネッラ Map P.373B3
La Cantinella URLwww.lacantinella.it
新鮮な魚介類と自家製パスタがおいしい高級店。

アミチ・ミエイ Map P.372B1
Amici miei URLwww.ristoranteamicimiei.com
質の高い肉料理で地元の人にも人気のレストラン。

ディ・マッテオ Map P.372A2
Di Matteo URLwww.pizzeriadimatteo.com
ピッツァとナポリ名物の揚げ物の店。

ダ・ミケーレ Map P.373A3
Da Michele URLwww.damichele.net
130年前から続くスタイルを変えない老舗ピッツェリア。

ガンブリヌス Map P.372B1
Gambrinus URLgrancaffegambrinus.com
1890年創業のナポリでいちばん有名なカフェ。

アッタナーシオ Map P.373A3
Attanasio Sfogliate Calde URLsfogliatelleattanasio.it
ナポリのお菓子、スフォリアテッラの人気店。

博物館&美術館

国立カポディモンテ美術館 Map P.373B3
Museo e Gallerie Nazionali di Capodimonte
URLwww.museocapodimonte.beniculturali.it
ファルネーゼ・コレクションを中心にした広大な美術館。

サンセヴェーロ礼拝堂 Map P.372A2
Cappella Sansevero URLwww.museosansevero.it
礼拝堂を利用。「ヴェールに包まれたキリスト」は必見。

国立サン・マルティーノ美術館 Map P.372B1
Museo Nazionale di San Martino
かつてのカルトジオ会修道院を利用した美術館。

ゼヴァロス・スティリアーノ宮美術館 Map P.372B1
Gallerie d'Italia Palazzo Zevallos Stigliano
URLwww.gallerieditalia.com
ナポリ派中心の展示、晩年のカラヴァッジョの作品もある。

377

マドリード

Madrid

・市外局番	なし
・公式サイト	URL www.esmadrid.com
・市内交通	URL www.crtm.es

スペインの首都マドリードは、ほかのヨーロッパの首都より物価は安く、人々は陽気ですこぶる気前がいい。だから、マドリードは外国人にとって本当に過ごしやすい町のひとつだ。ここでは、シエスタをしながら、ゆっくりと町を歩いてみたい。

町のヘソ「ソル」　プエルタ・デル・ソルPuerta del Solが町の中心だ。プラド美術館、レティーロ公園、マヨール広場、王宮、スペイン広場、グラン・ビアなど、たいていの見どころには歩いて行ける。宿はソルの近くに取ると観光もしやすく、便利だ。

町を南北に分かつグラン・ビア　グラン・ビアGran Víaは市内を東西に走る目抜き通り。**スペイン広場**Plaza de Españaから、東は噴水のある**シベーレス広場**Plaza de la Cibelesまで高級商店やホテルなどが並んでいる。町はここを境に北は新市街、南側全体と**マヨール広場**Plaza Mayorにかけてが旧市街になっている。

スペインの基本情報

・国名	エスパーニャ王国
・人口	約4693万人
・首都	マドリード
・通貨	ユーロ (€) €1≒121.17円 （2019年12月23日現在）

・祝祭日

1/1	新年
1/6	主顕節の日
3/19 ★	サン・ホセの日
4/9 ('20)	聖木曜日（カタルーニャ、バレンシア州等を除く）
4/10 ('20)	聖金曜日
4/13 ('20)	復活祭翌日の月曜日（カタルーニャ等、バレンシア州等のみ）
5/1	メーデー
5/2 ★	マドリード自治州の日
6/1 ('20) ●	セグンダ・パスクア
6/24 ('20) ●	サン・フアンの日
8/15	聖母被昇天祭
9/11 ●	カタルーニャ自治州の日
9/24 ●	聖母メルセの日
10/12	イスパニアデー
11/1	諸聖人の日
12/6	憲法の日
12/8	無原罪の御宿り
12/25	クリスマス
12/26 ●	サン・エステバンの日

★はマドリード、
●はバルセロナのローカルホリデー

空港から市内へ

マドリード・バラハス空港 (MAD)
Aeropuerto Madrid-Barajas

URL www.aena.es
●地下鉄で市内へ
地下鉄8号線で市内へ行ける。駅はAeropuerto T1-T2-T3とAeropuerto T4の2駅がある。チケットは通常の地下鉄料金€2に加えて€4の追加料金が必要。
●Renfe近郊線で市内
アトーチャ駅まで約12分、チャマルティン駅まで約25分。料金は€2.60。
●空港バスで市内へ
ターミナル4を出発し、ターミナル2、1と経由してアトーチャ駅まで行く。所要約40分、€5。

マドリードの市内交通

✔ 町は地下鉄が網羅しており、移動はほぼこれでまかなえる

✔ タルヘタ・ムルティという交通カードを使用する

地下鉄のほか、近郊列車のセルカニアスCercanías、市内バスがある。**タルヘタ・ムルティ Tarjeta Multi**というカードをチャージして使用する。カードの料金は€2.50（返金不可）。同時に3人まで使用可能で、ひとりが改札を通ったあと次の人にカードを手渡せばOK。
利用方法　地下鉄は緑の矢印が点灯している改札機へ。機械上部にある読み取り部にカードをタッチし、回転バーを押して中に入る。市内バスは運転手に現金で支払うか、カードをタッチして乗る。

市内交通のチケットと料金

地下鉄		セルカニアス	市内バス
1回券 Billete Sensillo	10回券 10 Viajes	1回券	1回券
图€1.50(5駅まで)6駅目以降ひと駅ごとに€0.10追加、10駅以上は€2	图€12.20 (10回分)同時に複数人でも利用可能。市内バスにも乗車可能。	图€1.70～8.70アトーチャ駅とチャマルティン駅が起点。料金はゾーン制。	图€1.50(均一)現金でも支払い可能。地下鉄回数券も使える。

ツーリスト・トラベルパス
Abono Turístico
图€8.40（ゾーンAの1日券）
地下鉄、市内バス、セルカニアス（近郊線）が乗り放題になるパス。1日券、2日券、3日券、5日券、7日券があり、ゾーンによって料金が異なる。

市内交通アプリ
iPhone

Things to do in Madrid

マドリードとその周辺のおすすめ観光スポット

Palacio Real

王宮　ブルボン王朝初代国王フェリペ5世の命により1764年に完成したフランス・イタリア風の華麗な宮殿。150m四方の建物の中には、2700を数える部屋があり、同じ家具調度を使った部屋はひとつもない。

Map P.386A2
Data P.465
URL entradas.
patrimonionacional.
es
Map Link

Parque del Retiro

レティーロ公園　19世紀初頭にナポレオン戦争で破壊されるまで、フェリペ4世の宮殿と庭園があった場所。現在は市民の憩いの場となっている。緑豊かな120haの敷地にはガラスの宮殿、ベラスケス宮殿がある。

Map P.388A2〜 B3
Map Link

Guernica

ゲルニカ　1937年にスペイン内戦の最中に無差別爆撃されたゲルニカの町を描いたパブロ・ピカソの傑作。縦3.5m、横7.8mの大作で、現在はソフィア王妃芸術センターで展示されている。

Map P.388B1・2
Data P.465
URL www.
museoreinasofia.es
Map Link

Museo Nacional del Prado

プラド美術館　スペイン美術の殿堂。エル・グレコ、ベラスケス、ゴヤ、スルバラン、ムリーリョなどスペインを代表する巨匠たちの作品や、ルーベンスの一大コレクションなどの一流絵画を集める。

Map P.388B2　Data P.465
URL www.museodelprado.es
Map Link

Flamenco

フラメンコ　歌と踊りとギターが渾然一体となり、人間の悲しみや喜びを表現するフラメンコ。マドリードのほか、セビーリャなどでも見られる。フラメンコのショーはタブラオTablaoと呼ばれる、飲食店を兼ね備えた劇場のような所で行われる。

Data P.391

& its surroundings

Toledo

トレド　ギリシア出身の画家、エル・グレコの心をとらえて放さなかった中世の町のたたずまいが、今もそのまま残る町。エル・グレコの傑作「トレド風景」は、タホ川を渡って町を南側から眺めた景色を描いたものだ。

Data P.465
URL turismo.toledo.es
Map Link

Segovia

セゴビア　ローマ時代の見事な水道橋が残る古都。中世においてはカスティーリャ王国の中心都市として発展し、のちにレコンキスタを完成させ、コロンブスの航海へ資金援助を行ったイサベル女王はこの町で戴冠を受けている。断崖の上にそびえるアルカサルはその優美な姿がひときわ印象的な名城。ディズニーの『白雪姫』の城のモデルとしても有名だ。また、セゴビアの名物料理は生後間もない乳飲み豚をオーブンで焼いたコチニーリョ・アサード。多くのレストランで食べられる。

Data P.465
URL www.
turismodesegovia.
com
Map Link

Valencia

バレンシア　マドリード、バルセロナに次ぐスペイン第3の都市。毎年3月15〜19日にかけて行われるサン・ホセの火祭りで有名な町だ。サン・ホセとはイエスの父である聖ヨセフのスペイン語名。大工であったサン・ホセは、大工職人の守護聖人でもあり、彼の記念日に古い木材を燃やしたことが祭りの由来となっている。

　地中海岸の港町として栄えたバレンシアは商取引きも盛んに行われ、15世紀に絹取引所として建てられたラ・ロンハ・デ・ラ・セダは世界遺産にも登録されている。また、バレンシア周辺は稲作が盛んな土地としても知られる、パエリャの本場だ。

Data P.466
URL www.visitvalencia.
com
Map Link

Salamanca

サラマンカ　1218年創立、スペイン最古のサラマンカ大学がある町。大学の入口の装飾をはじめ、町にあるさまざまな教会に施されたプラテレスコ様式の装飾はすばらしく、旧市街が世界遺産に登録されている。

Data P.466
URL www.salamanca.
es
Map Link

クロアチア
ギリシア
イタリア
スペイン
ポルトガル
フィンランド
デンマーク
ノルウェー

What to eat in Spain

スペイン美味ガイド

Melón con Jamón

メロン・コン・ハモン　甘いメロンと
生ハムの塩味が絶妙。さっぱりとし
ている。

Gazpacho

ガスパチョ　トマトベースの冷たい
スープ。夏バテに効果があるといわ
れている。

Sopa de Castellana

ソパ・デ・カステリャーナ　ニンニク
をオリーブ油で炒め、乾燥したパン
を煮込んで最後に卵を落とす。

Paella de Mariscos

パエリャ・デ・マリスコス　数種類の
エビのほか、イカ、アサリ、ムール
貝などが入ったパエリャ。

Fideua

フィデウア　お米の代わりに、フィ
デオという細いパスタを使ったパエ
リャ。

Zarzuela

サルスエラ　何種類もの魚介類を
煮込んだ、カタルーニャ版ブイヤベ
ース。

Chuletón

チュレトン　骨付き肉のステーキ。子
牛はテルネーラ、ヒレ肉はソロミーリ
ョ、リブロースはエントレコットという。

Cordero Asado

コルデーロ・アサード　小羊のロー
スト。まだ草をはんでいない小羊を
使うため、臭みがなく食べやすい。

Cochinillo Asado

コチニーリョ・アサード　生後15〜
20日の子豚をオーブンで焼いた、セ
ゴビアの名物料理。

クロアチア
ギリシア
イタリア
スペイン
ポルトガル
フィンランド
デンマーク
ノルウェー

バルで食べられる代表的タパス

Gambas al Ajillo

ガンバス・アル・アヒージョ
小エビをニンニク風味のピリ辛オイルで煮たもの。

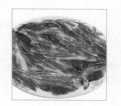

Jamón Serrano

ハモン・セラーノ　生ハム。ハモン・イベリコ・ベジョータは最高級品。

Boquerones en Vinagre

ボケロネス・コン・ビナグレ　カタクチイワシの酢漬け。ほどよい酸味がワインやビールに合う。

Tortilla Española

トルティーヤ・エスパニョーラ
ジャガイモに卵を混ぜて焼いたスペイン風オムレツ。

Croqueta

クロケッタ　ホワイトソースに生ハム、タラ、鶏肉などの具を混ぜたクリームコロッケ。

Pulpo Gallego

プルポ・ガリェーゴ　軟らかくゆでたタコに、パプリカとオリーブオイルをかける。

Where to eat in Spain

スペイン食事処

バルを使いこなそう　スペインのレストランは店舗にもよるが、ランチは12:00〜15:00、ディナーは21:00〜23:30頃で、それ以外の時間は閉まっていることが多い。観光や移動でランチのタイミングが遅れたときや、早めのディナーを取りたいときは、ファストフードを利用するか、バルを利用するとよい。特にバルは朝から深夜までやっている店もあり、小皿料理のタパスが注文できる。店によっては1ドリンク注文するとタパスがひと皿付いてくる場合もある。

スペイン各地料理の特徴

Castilla カスティーリャ	マドリードを中心とした中部。肉の生産が盛んで、イベリコ豚を使った生ハムやアサードと呼ばれる焼き料理の本場。
Cataluña カタルーニャ	バルセロナを中心とした北東の沿岸部。サルスエラに代表されるシーフードに定評があり、斬新な創作料理のレストランも多い。スパークリング・ワイン、カバの産地でもある。
Valencia バレンシア	稲作が盛んな地域らしく、米を使った料理で知られる。パエリャはバレンシアが最もおいしいと評判。
Vasco バスク	テキテオというバル巡りの習慣がある。タパスの一種で、ピンチョスというつまようじに刺さったおつまみが有名。
Galicia ガリシア	北西部。海に囲まれているイベリア半島だが、魚介本来のおいしさが楽しめるのはガリシア料理が一番といわれる。ゆでダコで作る、タコのガリシア風が名物料理。
Andalcía アンダルシア	グラナダ、コルドバなどがある南部地方。揚げ物料理が特徴的といわれる。タパス料理はスペイン中にあるが、アンダルシアは本場といわれ種類も豊富。

One day Plan

マドリード ワンデイ プラン

スペイン広場 Ⓕ
Ⓖ ラ・ボラ
ラ・バラッカ Ⓖ
王宮 Ⓔ
プエルタ・デル・ソル
アルムデナ大聖堂 Ⓐ プラド美術館
Ⓓ
サン・ミゲル市場 Ⓒ Ⓑ マヨール広場
Ⓒ ボティン

8:45

⬇

地下鉄と徒歩で
30分

Ⓐ プラド美術館

朝はチケット売り場が混むので少し早めに行って並ぼう。膨大なコレクションで館内も広いので、主要な名画を見るだけでも時間がかかる。館内図をよく見ながら効率的に回ろう。

12:45

⬇

徒歩で
1分

Ⓑ マヨール広場

地下鉄2号線バンコ・デ・エスパーニャ駅からふた駅目のソルで下車。マドリードの中心であるソル広場からマヨール広場へ。カルロス3世やフェリペ3世の騎馬像にも注目。

13:30

⬇

徒歩で
10分

Ⓒ サン・ミゲル市場

スペイン中のグルメが揃うサン・ミゲル広場でタパスやワインを片手にランチを満喫。マヨール広場からクチリェロの階段を抜けて南へ行った左側にあるボティン（→P.391）は世界最古のレストランで、豚の丸焼きが名物。

14:30

⬇

徒歩で
2分

Ⓓ アルムデナ大聖堂

マヨール通りを西へ行くと左側にハプスブルク時代の面影を色濃く残すビリャ広場がある。マヨール通りの突き当たりに見えるのがアルムデナ大聖堂。マドリードの守護聖母アルムデナを祀っている壮麗な教会だ。

14:45

⬇

徒歩で
10分

Ⓔ 王宮

18世紀に完成し、1931年まで歴代の国王が住んでいた王宮。大階段や列柱の間、玉座の間など、ため息が出るほど美しい装飾の部屋の数々を見学。

17:00

Ⓕ スペイン広場

ドン・キホーテの像が中央に建つ広場。記念撮影で人気のスポット。このあとはホテルへ戻って休憩。

20:00

Ⓖ ディナー＆フラメンコ鑑賞

郷土料理で有名なラ・ボラ（→P.391）がおすすめ。その後タクシーでタブラオに行って22:00頃からフラメンコ鑑賞を楽しむ。

マドリード交通路線図

2019年12月現在

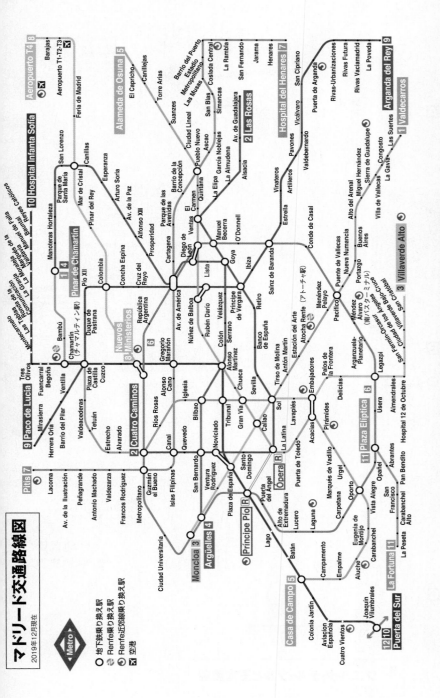

▲Metro▶

○ 地下鉄乗り換え駅
🚊 Renfe乗り換え駅
Ⓡ Renfe近郊線乗り換え駅
🛪 空港

9 Paco de Lucía　7 Pitis　10 Hospital Infanta Sofía　8 Aeropuerto T4

1 4 Pinar de Chamartín　5 Alameda de Osuna　7 Hospital del Henares　9 Arganda del Rey

2 Cuatro Caminos　8 Ministerios　6 Nuevos　2 Las Rosas　1 Valdecarros

3 Moncloa　4 Argüelles　R Príncipe Pío　R Opera　6 Plaza Elíptica　3 Villaverde Alto

5 Casa de Campo　11 La Fortuna　10 12 Puerta del Sur　11 Plaza Elíptica

A

B

C

1

2

Calle de la Florida

Río Manzanares
マンサナーレス川

Paseo de Anieto Marinas
Calle de Anieto Marinas

駅舎がショッピングモールになっており、スーパーもある

H **Florida Norte** P.391

プリンシペ・ピオ駅
Estación de Principe Pío

プリンシペ・ピオ
Principe Pío M

サン・ビセンテ坂

スペイン広場
Plaza
Espa

広場中央にドン・キホーテとサンチョ・パンサ、セルバンテスの像が立つ。現在工事のため中に入れない。工事終了は2020年7月末の予定

Cuesta de San Vicente

地下鉄R線

サバティーニ庭
Jardines de Sa

王宮 P.380
Palacio Real

地下鉄10号線

Avenida de Portugal

カンポ・デル・モーロ
Campo del Moro

クジャクもいる美しい庭園。ここから見る王宮も美しい。入場は無料

毎月第1水曜の12:00から約40分間、衛兵交代式が行われる（7～9月と公式行事開催時、悪天候時を除く）

アルマス広場
Plaza de
la Armas

← 動物園/遊園地へ

地下鉄6号線

Puerto del

1993年に完成した、マドリードの聖母アルムデナを祀る

アルムデナ大聖堂
Catedral de Ntra. Sra.
de la Almudena

Cuesta de la Vega

B

プエルタ・デル・アンヘル
M **Puerta del Ángel**

Puente de Segovia

Calle de la Virgen del Puerto

セゴビア通り
Calle de Segovia

Calle del Limoco

Duque

Calle del Manzanares

Calle de Beatriz Galindo

P.391
**Corral de la
Moreria**

Calle de Moreno Nieto

Calle de Juan

Calle de Don P

C

Calle de Pable Casals

Paseo de la Ermita del Santos

Calle de los Metancoficos

Calle de los

Paseo

アッシジの聖フランシスコゆかりの教会。マドリード最大のドーム屋根をもち、美しい天井画やゴヤの作品もある

サン・フランシスコ・エル・グランデ教会
Real Basílica de San Francisco
el Grande

Ronda de Segovia

Gran Vía de

Paseo Imperial

N

0 100m 200m

1

2

マドリード
プエルタ・デル・ソルと王宮周辺

タブラオ

3 市場

4

プラサ・デ・エスパーニャ
Plaza de España

フエンカラル通りには、若者に人気のおしゃれなブティックやバルが並ぶ

上院
Palacio de Senado

地下鉄2号線

地下鉄1号線

グランビア
地下鉄3号線

地下鉄5号線

Café de Chinitas P.391
サント・ドミンゴ
Santo Domingo

カリャオ広場
Plaza del Callao

20世紀初めに造られた大通りグラン・ビアには、ファストファッション店やレストランが多い

Petit Palace Chuec P.391

La Barraca **A**

La Bola P.391

カリャオ
Callao

Regente P.391

グラン・ビア
Gran Via

エンカルナシオン修道院
Convento de la Encarnación

16世紀に創設された女子修道院。見学はガイドツアーで所要約1時間

Calle de Preciados

王立サン・フェルナンド美術アカデミー
Real Academia de Bellas Artes de San Fernando

オリエンテ広場
Plaza de Oriente

王立劇場
Teatro Real

デスカルサス・レアレス修道院
Monasterio de las Descalzas Reales

セビーリャ
Sevilla

オペラ
Opera

マドリードの中心で、スペインの0km地点

ラマーレス広場
Plaza de Ramales

Los Amigos P.391

El Corte Inglés **S**

プエルタ・デル・ソル
Puerta del Sol

Plaza de Canalejas

Las Fuentes P.391

サン・ヒネス教会
Ig. de San Ginés

ソル
Sol

Museo del Jamón P.391

観光客に大人気のグルメ市場。その場で食べられるタパスやスイーツが売られている

Chocolatería
San Ginés
P.391

マドリード自治政府庁
Comunidad de Madrid

ラ・セントラル(闘牛チケット販売所)
La Central

サン・ニコラス教会
Ig. de San Nicolás

アルベニス劇場
Teatro Albéniz

Barbieri Sol P.391

Donzoko P.391

サン・ミゲル市場
Mercado de San Miguel

Mesón del Champiñón P.391

マヨール広場
Plaza Mayor

Villa-Rosa P.391
サンタ・アナ広場
Plaza de Santa Ana **B**

ビリャ広場
Plaza de la Villa

旧市庁舎
Ayuntamiento

マドリードを象徴する広場。四方を囲む建物の1階はレストランやみやげ物店になっている

サン・ペドロ教会
Ig. de San Pedro

クチレロス門
Arco de Cuchilleros

Botin P.391

The Hat P.391

パッハ広場
Plaza de la Paja

カバ・デ・サン・ミゲル通りには、昔ながらのメソン(居酒屋)が並ぶ

Árbol del Japón P.391

Casa Patas P.391

マドリードの守護聖人サン・イシドロを祀る

ン・アンドレス教会
g. de San Andrés

サン・イシドロ教会
Sta. Ig. de San Isidro

ティルソ・デ・モリーナ
Tirso de Molina

アントン・マルティン
Antón Martín

プエルタ・デ・モロス広場
Plaza de Puerta de Moros

ラ・ラティーナ
La Latina

新アポロ劇場
Teatro Nuevo Apolo

セバーダ市場
Mercado de la Cebada

カスコロ広場
Plaza de Cascorro

昔ながらの雰囲気を残す、庶民的な市場。毎週土曜の11:00〜18:00に、魚介売り場が即席バルになる

日曜・祝日の10:00〜15:00に、カスコロ広場とその周辺で、ラストロと呼ばれるのみの市が開催される

ラバピエス
Lavapiés **C**

ラ・コラーラ劇場
Teatro de la Corralla

プエルタ・デ・トレド
Puerta de Toledo

市場

プエルタ・デ・トレド広場
Glorieta de Puerta de Toledo

地下鉄3号線

3

エンバハドーレス
Embajadores **4**

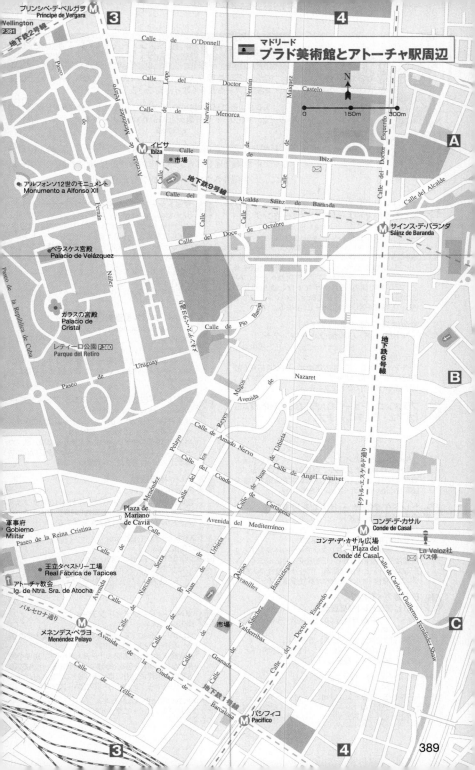

マドリード発着ツアー

✓ ほとんどが英語かスペイン語によるツアーになる。[みゅう]では日本語ツアーも数多く取り揃えている

✓ トレド、セゴビアは日帰りツアーの人気都市。特にトレドは近いので、マドリード半日観光と絡めた1日ツアーが多い

マドリード・シティ・ツアーの観光バス。2階席からの眺めがよい

日帰りで行ける町が多いので、宿はマドリードに定めて、日帰りツアーを繰り返してもよい。市内ツアーは通常の観光ツアー以外に、バル巡りのウオーキングツアーが充実している。

マドリードの散策とプラド美術館をたっぷり楽しもう！ マドリード午前ウォーキング

水～月9:00　プエルタ・デル・ソル広場のアップルストア（Apple Store）前　所要約2時間30分
圏€45～55　マドリードの中心プエルタ・デル・ソル広場をスタートし、シベーレス広場、スペイン銀行、陸軍省、リナーレス宮殿、シベーレス宮殿などの壮麗な眺めを楽しみながら、約50分かけてプラド美術館へと歩くコース。プラド美術館内も日本語ガイドが付く。追加料金で、日本語ガイドがソフィア王妃芸術センターの入口まで案内し、入場券を渡してくれるサービスもある。

今夜はスペインバル☆ナイト ～マドリード・バル街ウォーキング～

火・金・土19:50　地下鉄オペラ駅改札を出た構内集合
所要約2時間　圏€59～66（参加は2名以上）
ライトアップされたマヨール広場やサン・ミゲル市場を散策しながら、3軒のバルをはしごするウオーキングツアー。日本語ガイドが付くので注文も安心。

フラメンコ・ショー　CAFE DE CHINITAS（カフェ・デ・チニータス）

月～土20:00　カフェ・デ・チニータス集合　所要ディナープラン約2時間、ドリンクプラン約1時間30分
圏ディナープラン€80、ドリンクプラン€36
フラメンコ・ショーの名店カフェ・デ・チニータスで本場のフラメンコを鑑賞するプラン。座席が予約してあるので、満席で断られることもなく安心。よい席を希望する場合は舞台に近いディナープランがおすすめ。

トレド午後観光 ～壮大なる城塞都市・中世の面影古都トレド～

14:50　オリエンテ広場のフェリペ4世像前
所要4時間30分　圏€42～62
トレドを午後に観光するバスツアー。トレドを見下ろす展望台で全景を見てから、旧市街の入り組んだ町並みを日本語ガイドと一緒に見学。サント・トメ教会ではエル・グレコの傑作『オルガス伯の埋葬』も鑑賞する。

日本語ガイドと行く セゴビアとトレド1日観光

7:45　プラド美術館近くのカノバス・デル・カスティーリョ広場
所要約12時間40分　圏€125～336
午前中にセゴビア、午後にトレドを日本語ガイドといっしょに観光する。昼食はトレドで各自。

[みゅう] マドリード Myu Madrid
値Princessa 24, Bajo D
TEL917589825　URLwww.myushop.net
日本語ガイドが付くマドリード内外のツアーを多数催行している。団体ツアー以外にプライベートツアーも扱う。

サイトシーイング・セグウェイ・ツアー
Sightseeing Segway Tour

10:00～18:00の毎時発（ふたり以上で催行）サン・ミゲル広場集合　所要1時間～　圏€25～
セグウェイに乗ってマドリードの主要な見どころを見て回る。

セグウェイ・トリップ Segway Trip
URLsegwaytrip.com
ナイトツアーやセグウェイのレンタルもしている。

グルメ・タパス&歴史観光ツアー
Gourmet Tapas and History Tour

月・水・金・土11:45　地下鉄オペラ駅、イサベル2世広場前集合　所要約3時間　圏€75
マドリードの町を徒歩で観光しながら、途中いろいろなタパスやワインを試すという、グルメと観光が一体になったツアー。

マドリード&ベルナベウ・スタジアム・ツアー
Madrid & Bernabéu Stadium Tour

試合日を除く9:00　サン・ベルナルド通りのトラプサトゥール・ターミナル発　圏€60
バスで2時間のマドリード観光を楽しんだ後、サッカーチーム、レアル・マドリードのホームスタジアムを訪れる。ツアーはスタジアムで解散となる。

トレド半日観光
Toledo Half Day

8:45、15:00　サン・ベルナルド通りのトラプサトゥール・ターミナル発　所要約5時間　圏€48
カテドラル、アルカサルなどを見学する。

トラプサトゥール Trapsatur
値San Bernardo 7
TEL915426666　URLtrapsatur.com
スペインを代表する大手旅行会社。ウオーキングツアー、バスツアー、鉄道ツアーなど、幅広いツアーを扱う。

マドリード・シティ・ツアー
Madrid City Tour

10:00～18:00（夏期延長）の8～15分に1便の運行　圏1日€22、2日€26
日本語を含む16ヵ国語のオーディオガイドで説明を聞きながら、市内を巡る2階建てバスツアー。市内約30ヵ所のバス停で自由に乗り降りできる。ヒストリカル・マドリードとモダン・マドリードの2コースがある。

URLwww.madrid.city-tour.com
チケットはウェブサイトで購入すると10%安くなる。車内でも購入可能。

ホテル

<table>
<tr><td rowspan="2">高級</td><td>ウエスティン・パレス</td><td>Map P.388B1</td></tr>
</table>

高級

ウエスティン・パレス　　　Map P.388B1
Westin Palace URL www.marriott.co.jp

ウエリントン　　　Map P.389A3
Wellington
URL www.hotel-wellington.com

フロリダ・ノルテ　　　Map P.386A1
Florida Norte
URL www.hotelfloridanorte.com

中級

バセオ・デル・アルテ　　　Map P.388B2
Paseo del Arte
URL www.hotelpaseodelartemadrid.com

プチ・パレス・チュエカ　　　Map P.387A4
Petit Palace Chueca
URL www.petitpalacechueca.com

レヘンテ　　　Map P.387A4
Regente URL www.hotelregente.com

経済的

ラス・フエンテス　　　Map P.387B3
Hostal Las Fuentes
URL www.hostallasfuentes.com

アルボル・デル・ハポン　　　Map P.387B4
Pensión Árbol del Japón URL arboldeljapon.com

ベンシオン・モーリョ　　　Map P.388B1
Pensión Mollo URL www.pensionmollo.es

ホステル

ザ・ハット　　　Map P.387B3
The Hat URL thehatmadrid.com

ロス・アミーゴス　　　Map P.387A3
Los Amigos Backpacker's Hostel
URL www.losamigoshostel.es

バルビエリ・ソル　　　Map P.387B4
Barbieri Sol Hostel URL www.barbierihostel.com

レストラン

ボティン　　　Map P.387B3
Botín URL www.botin.es
1725年創業、ヘミングウェイの作品にも登場する。

ラ・ボラ　　　Map P.387A3
La Bola URL labola.es
郷土料理コシード・マドリレーニョで有名。

どん底　　　Map P.387B4
Donzoko URL www.donzoko.co.jp
1975年創業。マドリードにおける日本料理の老舗。

ムセオ・デル・ハモン　　　Map P.387B4
Museo del Jamón URL museodeljamon.es
ハムの博物館という名のバル。2階はレストラン。

メソン・デル・チャンピニオン　　　Map P.387B3
Mesón del Champiñón URL mesondelchampinon.com
マッシュルームの鉄板焼きが名物のバル。

チョコラテリア・サン・ヒネス　　　Map P.387B3
Chocolatería San Ginés URL chocolateriasangines.com
チューロス（揚げ菓子）とチョコラーテ（ホットチョコ）で有名。

フラメンコの見られるラブラオ

コラール・デ・ラ・モレリア　　　Map P.386B2
Corral de la Morería URL www.corraldelamoreria.com
1956年創業で、伝統と格式を感じさせる。

カフェ・デ・チニータス　　　Map P.387A3
Café de Chinitas URL www.chinitas.com
ギタリストの質が高く、フラメンコを音楽としても楽しめる。

カサ・パタス　　　Map P.387B4
Casa Patas URL www.casapatas.com
週ごとに出演者が変わり、週末は有名アーティストが登場。

ビリャ・ロサ　　　Map P.387B4
Villa-Rosa URL www.tablaoflamencovillarosa.com
建物は歴史が古く、ステージと客席の距離が近い。

スペインの基本情報➡P.378

Spain
バルセロナ
Barcelona

·市外局番	なし
·公式サイト	URLwww.barcelonaturisme.com
·市内交通	URLwww.tmb.cat

バルセロナはカタルーニャ地方の中心都市。19世紀にモデルニスモという芸術運動が起き、ガウディに代表される芸術家の作品が町に彩りが添えられたこの町は、世界のどこにもない、独自の美しさが備わっている。

空港から市内へ

バルセロナ・プラット空港 (MAD)
Aeropuerto de Barcelona-El Prat
URLwww.aena.es
町の中心から南西へ約18km。T-1とT-2のふたつのターミナルに分かれており、両ターミナル間は無料の巡回バスで所要約10分。

●Renfe近郊線で市内へ
T-2と連絡橋でつながっているアエロポルト駅Aeroportから、R-2NordがR-2Nordが5:42〜23:38の30分おきに運行。サンツ駅まで所要20分、パセジ・ダ・グラシア駅まで所要25分、料金はゾーン4の€4.60。

●地下鉄で市内へ
URLwww.tmb.cat
S9番線がT1、T2それぞれに駅がある。ソナ・ウ二ベルシタリア駅ZonaUniversitàriaまで所要約30分、€5.15。

●空港バスで市内へ
URLwww.aerobusbcn.com
シャトルバスAerobusはT-1行きの「A1」、T-2行きの「A2」があり、いずれも6:00〜深夜1:00の5〜20分おきに運行。カタルーニャ広場まで所要約30分、料金は片道€5.90、往復€10.20(9日間有効)。

●タクシーで市内へ
道路状況にもよるが、所要約30分。メーター制で€30〜40。これに空港送迎料金€4.30、スーツケースなど大きな荷物がある場合は€1が加算される。

補足

バルセロナの長距離交通ターミナル

●サンツ駅Estació Sants
マドリードやバレンシア方面からの長距離列車のほか近郊列車が6路線発着するターミナル駅。カタルーニャ広場へは近郊線R1、R3、R4で約5分。地下鉄3号線で約15分。

●フランサ駅Estació de França
近郊線R2-Sや一部長距離列車が発着する。

●北バスターミナル
Estació de Autobusos Barcelona Nord
地下鉄1号線または近郊線R1、R3、R4のArc de Trionf駅下車徒歩1分。スペイン各地への長距離バスのほか、フランス、ポルトガル、モロッコなど周辺国の国際バスも発着。

バルセロナは「ひとつの都市にふたつの町がある」とよくいわれる。**ゴシック地区**と呼ばれる地域を含む旧市街と、それを囲む整然と区画された**新市街**である。町の西**モンジュイック**の丘は町を見下ろす絶景ポイントで、美術館も多い。

ゴシック地区 ローマ時代に起源をもつ、バルセロナで最も古いエリア。**サン・ジャウマ広場**を中心として、カテドラルや**レイアール広場**など、歴史を感じさせる建造物が密集している。

メインストリートはランブラス通り コロンブスの塔のある**ポルタル・デ・ラ・パウ広場**から始まり、**カタルーニャ広場**で終わる大通り。通りの中央にはプラタナスの並木が続き、その合間に、キオスク、花屋などが何軒も並んでいる。両脇には、みやげ物屋、ホテル、両替所も多い。

Things to do in Barcelona

バルセロナとその周辺のおすすめ観光スポット

Montanya de Montjuïc

モンジュイックの丘　バルセロナの南西一帯を占める、標高173mの広大な岩山で、バルセロナ・オリンピックのメイン会場にもなった。カタルーニャ美術館、スペイン村、ミロ美術館、モンジュイック城などがある。

Map P.392B1〜C2
Data P.466
Map Link

Hospital de Sant Pau

サン・パウ病院　ドメネク・イ・モンタネールにより1902年に着工。「芸術には人を癒やす力がある」という信念のもと、建物全体が花や天使をあしらったステンドグラス、タイル、モザイクで飾られている。

Map P.393A·B4
Data P.466
URL www.
santpaubarcelona.
org
Map Link

Parc Güell

グエル公園　町の中心から離れた所にある静かな公園。ガウディの作品がいたるところにある。ベンチのモザイク、小さな家、でこぼこした妙な壁など、風変わりなものはみな彼の作品。

Map P.393A3·4
Data P.466
Map Link

Basílica de la Sagrada Família

サグラダ・ファミリア聖堂　1882年にビリャールによって着工されたが、翌1883年、ガウディが建築を引き継ぎ、死してなお完成をみなかった教会。生前に完成したのは、東側の「御生誕の正面」のみ。

Map P.393B4　Data P.466
URL www.sagradafamilia.org
Map Link

Palau de la Música Catalana

カタルーニャ音楽堂　ドメネク・イ・モンタネールによって、1908年にオルフェオ・カタラン合唱団の本拠地として建設された。モデルニスモを代表する建物で、世界遺産に登録されている。

Map P.396A2　Data P.466
Map Link　URL www.palaumusica.org

& its surroundings

必ず見てほしいスポット

Montserrat

モンセラート　円筒形の大きな岩山がいくつもそびえ立つモンセラット山。中腹にある修道院は黒いマリア像で有名。さらに上へはケーブルカーで上ることができ、すばらしい景色を見ることができる。

Data P.467
URL www.
montserratvisita.com

Map Link

Figueres

フィゲラス　シュールレアリスムの奇才サルバドール・ダリの生誕地で、ダリ美術館があることで知られる町。美術館はダリが70歳のときに開館したもので、ダリ芸術の集大成として名高い。

Data P.467
URL es.visitfigueres.cat

Map Link

Sitges

シッチェス　バルセロナから列車で30分にあるリゾート地で、夏には多くの海水浴客でにぎわう。19世紀末には、多くの芸術家が集り、サンティアゴ・ルシニョールがアトリエにしていた家は美術館になっている。

Data P.467
URL www.visitsitges.
com

Map Link

Antoni Gaudí

アントニ・ガウディ

　数多くの独創的な建築物を造り出した、アントニ・ガウディ（1852〜1926年）。曲線を多用し、遊び心のある装飾が施された彼の作品は人々の心を引きつけてやまない。バルセロナには数多くの彼の作品が残されており、なかでも特に重要な作品は「アントニ・ガウディの作品群」として、ユネスコの世界遺産にも登録されている。世界遺産登録物件はバルセロナではサグラダ・ファミリア聖堂とグエル公園に加えて右の4点。そのほかバルセロナの郊外コロニア・グエルColònia Güellにあるコロニア・グエル教会Cripta de la Colònia Güellを加えた計7点。コロニア・グエルへはバルセロナからカタルーニャ鉄道で約20分なので、1日でガウディの世界遺産作品をすべて回ることも可能だ。

Casa Milà
カサ・ミラ
Map P.393B3
Data P.466

Map Link

Casa Batlló
カサ・バトリョ
Map P.393B3
Data P.467

Map Link

Palau Güell
グエル邸
Map P.396B1
Data P.467

Map Link

Casa Vicens
カサ・ビセンス
Map P.393A3
Data P.467

Map Link

クロアチア

ギリシア

イタリア

スペイン

ポルトガル

フィンランド

デンマーク

ノルウェー

395

M ウルジェイ
Urgell

1 Puchi Chiquito
P.401

ウニベルシタット
Universitat

P.401 Jazz
P.401 Pelayo

グラン・ビア・ダ・ラス・コルツ・カタラナス

2 パセジ・ダ・グラシア
Passeig de Gràcia

M 地下鉄3号線

Ronda de la Universitat

バルセロナの中
心広場。ここから
南側が旧市街

地下鉄3号線

M カタルーニャ
Catalunya

A

M サン・アントニ
Sant Antoni

サン・アントニ市場
Mercat de St. Antoni

Ronda de Sant Antoni

Carrer de Joaquín Costa

バルセロナ最大規模の市場。
約200店舗が並び、その場で
食べられるタバスなども売ら
れているほか、気軽に食事が
できるバルもある

Carrer dels Tallers

バルセロナ現代美術館
Museu d'Art
Contemporani
de Barcelona ✉

P.401

カタルーニャ
Catalunya

カタルーニャ広場
Plaça de Catalunya

S El Triangle

空港バス発着所

S El Corte Inglés

ウルキナ
Urquinao

スペイン最大のデ
パートチェーン。地
下のスーパーはお
みやげ探しに便利

Av. del Portal de l'Angel

4 Gats ℝ
P.401

カタルーニャ音楽
Palau de la
Música Catalana

地下鉄2号線

Ronda de Sant Pau

Carrer de l'Hospital

ラバル地区
El Raval

サン・ジュセップ市場
Mercat de Sant Josep

リセウ
Liceu

Las Ramblas

15世紀に完成した大聖堂。
バルセロナの守護聖人サン
タ・エウラリアの墓がある

カテドラル
Catedral

サンタ・カタリーナ市
Mercat Sta. Cater

フレデリク・マレー美
Museu Frederic M

ガウディがデザイン
した街灯がある。日
曜の午前中は切手と
古銭の市が立つ

Carrer de Sant Pau

P.401
España H
リセウ劇場
Gran Teatre del Liceu

ゴシック地区
Barri Gòtic

王の広場
Plaça del Rei

ジャウマ
Jaume
P.401
Jaume
Carrer

M パラ・レル
Paral·lel

サン・パウ・ダル・カンプ教会
Sant Pau del Camp

Carrer de Sant Pau

Carrer de Ferran

サン・ジャウマ広場
Pl. de Sant Jaume

ビクトリア劇場
Teatro Victoria

Carrer Nou de la Rambla

P.401
Gaudí H
P.395 グエル邸
Palau Güell

レイアール広場
Pl. Reial

市庁舎とカタルーニャ自治政
府方が向かい合って建つ、
旧市街の中心広場

B

アポロ劇場
Teatro Apolo

Avinguda del Paral·lel

地下鉄3号線

Avinguda de Les Drassanes

市場

ローマ時代に築かれた、
バルセロナで最も古い地区

ドラサナス
Drassanes

M

ろう人形館
Museu de Cera

7 Porte
P.40

海洋博物館
Museu Maritim

ポルタル・デ・ラ・パウ広場
Plaça Portal de La Pau

Passeig de Colom

コロンブスの像が頂に
立つ高さ約60mの塔。
エレベーターで展望台
(€6)に上れる

コロンブスの塔
Monument a Colom

カタルー二
歴史博物
Museu d'Histò
de Catalu

プラサ・デル・アルマダ
Pl. de l' Armada

Pg. de Josep Carner

コロンドリーナ号
乗り場

Telefèric del Puerto

フェリー乗り場
Estació Marítima

フェリー乗り場
Estació Marítima

港を巡る遊覧船。
所要約40分、€7.70

ポルト・ベイ
Port Vell

マレマグナム
Maremagnum

水族館
L' Aquàrium

Passeig Joan de

C

バルセロナの町と地中
海のパノラマを見ながら
空中散歩が楽しめる。
片道€11

トーレ・ダ・ジャウマ・プリメ
Torre de Jaume I

約50のショップ、レストラン
やバルが入ったショッピン
グモール。日曜も営業して
いるので便利

ヨーロッパ屈指の規模を
誇る。巨大水槽を歩く歩道
に乗って見学する水中ト
ンネルもある

C. del Almirall A

0 100m 200m

ワールド・トレード・センター
World Trade Center

C. del Judici

1

トーレ・ダ・サン・セバスティア
Torre de St. Sebastià

2

ウディ初期の作品。
階はチョコレートショ
になっている

サ・カルベ
Casa Calvet
●[みゅう]バルセロナ

Carrer d'Ausiàs Marc

la de Sant Pere

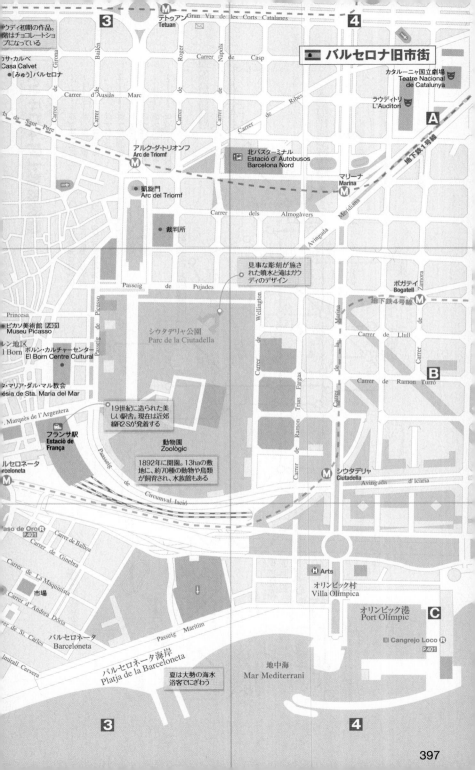

Bailén

de Girona

Carrer

Carrer

de Roger

Carrer Nàpols

de

Casp

de

Gran Via de les Corts Catalanes

テトゥアン
Tetuan

Carrer

Carrer

Carrer de Ribes

バルセロナ旧市街

カタルーニャ国立劇場
Teatre Nacional
de Catalunya

ラウディトリ
L'Auditori

アルク・ダ・トリオンフ
Arc de Triomf

凱旋門
Arc del Triomf

裁判所

北バスターミナル
Estació d'Autobusos
Barcelona Nord

Carrer dels Almogàvers

マリーナ
Marina

地下鉄1号線

A

Meridiana

Avinguda

見事な彫刻が施さ
れた噴水と滝はガウ
ディのデザイン

Passeig de Pujades

Princesa

ピカソ美術館 P.401
Museu Picasso

ルン地区
l Born

ボルン・カルチャーセンター
El Born Centre Cultural

ァ・マリア・ダル・マル教会
ésia de Sta. Maria del Mar

. Marquès de l'Argentera

フランサ駅
Estació de
França

ルセロネータ
rceloneta

M

Passeig de Picasso

Passeig de

シウタデリャ公園
Parc de la Ciutadella

19世紀に造られた美
しい駅舎。現在は近郊
線R2-Sが発着する

動物園
Zoològic

1892年に開園。13haの敷
地に、約70種の動物や鳥類
が飼育され、水族館もある

Cireumval. Iació

Wellington

Carrer

Carrer Trias Fargas

Carrer de Ramon Trias

Marina

de

Carrer de Llull

Carrer de Ramon Turró

ボガテリ
Bogatell

地下鉄4号線

de Zamora

M

B

シウタデリャ
Ciutadella

M

Avinguda d'Icària

Paso de Oro R
P.401

Carrer de Balboa

Carrer de Ginebra

Carrer de La Maquinista

市場

Carrer d'Andrea Dória

rer de St. Carles

inirall Cervera

バルセロネータ
Barceloneta

Passeig Marítim

バルセロネータ海岸
Platja de la Barceloneta

夏は大勢の海水
浴客でにぎわう

H Arts

オリンピック村
Villa Olímpica

オリンピック港
Port Olímpic

C

El Cangrejo Loco R
P.401

地中海
Mar Mediterrani

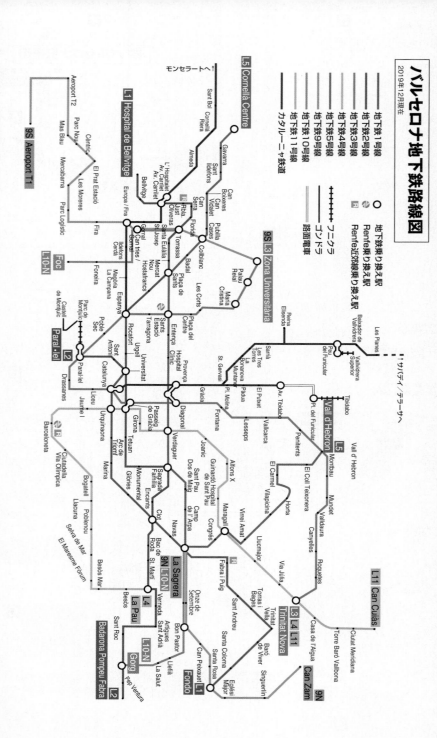

バルセロナ地下鉄路線図

2019年12月現在

バルセロナの市内交通

✓ 地下鉄と市内バスが発達している。バルセロナ郊外へは行くには近郊列車が便利

✓ ロープウエイ以外の市内交通のチケットは共通している

　旧市街だけの観光なら徒歩で十分だが、新市街に点在するそのほかの見どころもおさえておきたいのなら、地下鉄（メトロ）や市バスなどの市内交通を乗りこなしたい。

　市バスと地下鉄はバルセロナ市交通局（TMB）が運行しており、それ以外の公共交通機関も会社は異なるが、市内の移動は**ロープウエイ以外は共通料金**。T-Casualという10回分の回数券もあり、1時間15分以内なら別の交通機関にも乗り継ぐことができる。そのほか、有効期限内乗り放題になる2〜5日券もある。

アウトブス　市内バス Autobus

　ワンマンカーで、番号で整理されている。路線図はサンツ駅などにあるTMBのオフィスでもらえるが、それでも知らない町は、降りる場所がわかりにくい。運転手に行きたい地名、見どころの名前などを告げて、降りるバス停を教えてもらおう。

　チケットは1回券のみ車内で運転手から購入できるが、おつりをもっていない場合もあるので、ぴったりの小銭を準備しておくこと。チケットがあれば、どのドアからも乗車することができる。乗車した際は刻印機でチケットの刻印をしなくてはならない。

メトロ　地下鉄 Metro

　1〜5号線と9〜11号線の8路線ある。駅構内に入ると路線ごとに色ではっきり区別されていて、初めてでも直感的に乗れる。日本の地下鉄と同じくホームの手前に改札機にチケットを通して入場、出るときも改札にチケットを通して抜ける。地下鉄の路線図は切符売り場の窓口でもらえる。

フェロカリルス　近郊列車 Ferocarrils

　スペイン鉄道の**レンフェ近郊線**Rodalies Barcelonaと私鉄の**カタルーニャ鉄道**Ferrocarrils de la Generalitat de Catalunya（FGC）の2種類があり、バルセロナ郊外と結んでいる。地下鉄との乗り継ぎもよい。市内移動に関しては他の公共港交通機関と同じ料金で、回数券も使えるが、郊外へ行く場合はゾーン制になっており、それぞれのゾーンに応じたチケットが必要になる。

フニクラ　ケーブルカー Fuciular

　フニクラと呼ばれるケーブルカーは地下鉄のパラ・レル駅とモンジュイックの丘と麓を3分で結んでいる。地下鉄駅直結なので改札を通らずに乗り換え可能。モンジュイック・パルク駅近くから頂上へ行くロープウェイは別料金で、回数券も使えない。

市内交通

チケットの種類と運賃
URL www.tmb.cat

1回券 Bilette Senzill	€2.40
10回券 T-Casual	€11.350
2日券 Hola BCN! 48h	€16.30
3日券 Hola BCN! 72h	€23.70
4日券 Hola BCN! 96h	€30.80
5日券 Hola BCN! 120h	€38

市内交通の時刻表&ルート検索アプリ

iPhone　　　Android

観光バス

バス・トゥリスティック
Bus Turístic
URL www.barcelonabusturistic.cat
料 1日券€30　1日券€40
45ヵ所のバス停があり北方面の青ルートと南方面の赤ルートがある。

バルセロナ・シティツアー
Barcelona City Tour
URL barcelona.city-tour.com
料 1日券€30　1日券€40
東方面と西方面の2つのルートがあり、バス停は35ヵ所。

主要スポットを巡る乗り降り自由の観光バス

近郊列車

レンフェ近郊線
URL rodalies.gencat.cat
●ゾーンと料金

ゾーン1	€2.40	ゾーン4	€4.60
ゾーン2	€2.80	ゾーン5	€5.50
ゾーン3	€3.85	ゾーン6	€6.95

カタルーニャ鉄道
URL www.fgc.cat
●ゾーンと料金

ゾーン1	€2.40	ゾーン4	€5.75
ゾーン2	€3.40	ゾーン5	€7.35
ゾーン3	€4.50	ゾーン6	€8.55

DATA

ロープウェイ
料 片道€8.90　往復€13.50

クロアチア

ギリシア

イタリア

スペイン

ポルトガル

フィンランド

デンマーク

ノルウェー

One day Plan

バルセロナ ワンデイ プラン

グエル公園Ｆ
サグラダ・ファミリア聖堂
カサ・ミラ
ランブラス通り
Ｃクアトラ・ガッツ
ゴシック地区
Ｇセッテ・ポルタス

10:00

↓
徒歩で
20分

Ａランブラス通り

全長約1.5kmあるバルセロナの目抜き通り。カタルーニャ広場からスタートしてプラタナスが植えられた並木道を、サンジュセップ市場などに寄り道しながら南へ散歩。

12:45

↓
徒歩で
10分

Ｂゴシック地区

バルセロナの旧市街、ゴシック地区は見どころが満載のエリア。カテドラルや王の広場、ピカソ美術館などを見学。

13:30

↓
地下鉄3号線パ
セジ・ダ・グラシ
ア駅下車

Ｃクアトラ・ガッツ

ピカソをはじめ、多くの芸術家が通ったカフェレストラン。19世紀末のたたずまいを残す店内でランチのセットメニューを。

14:30

↓
地下鉄5号線
サグラダ・ファミ
リア駅下車

Ｄカサ・ミラ

ガウディの代表作のひとつで「石切り場」の異名をもつ。最上階はガウディの作品を紹介する博物館になっている。屋上テラスの造形にも注目したい。時間がなければ外観だけでも見ておきたい。

15:30

↓
地下鉄5号線
と4号線を乗り
継いでアルフォン
ス・デシモ駅へ

Ｅサグラダ・ファミリア聖堂

バルセロナで最も有名なモニュメントのひとつで、ガウディの生涯をかけ、いまだに完成を見ない大作。塔に上ってバルセロナの町を見下ろしてみよう。

17:00

↓
地下鉄4号線バ
ルセロネータ駅
下車、徒歩3分

Ｆグエル公園

ガウディが設計した宅地が公園になっている。有名なモザイクタイルのベンチに座って記念撮影。回廊や噴水、ガウディの家博物館なども見学したい。ここまで見学したらホテルへ戻って休憩。

20:00

Ｇセッテ・ポルタス

歴史的建造物に指定されている老舗レストランで、店名のとおり7つの扉がある。タイムスリップしたような店内でフィデウアやサルスエラ、イカ墨ご飯など伝統的なカタルーニャ料理のディナーをどうぞ。

ホテル

	名称	Map
高級	カサ・フステル Casa Fuster　URLwww.hotelcasafuster.com	Map P.393B3
高級	エスパーニャ España　URLwww.hotelespanya.com	Map P.396B1
高級	カタロニア・バルセロナ・プラザ Catalonia Barcelona Plaza URLwww.cataloniahotels.com	Map P.392B2
中級	ジャズ Jazz　URLwww.hoteljazz.com	Map P.396A2
中級	エウロパルク Europark　URLwww.hoteleuropark.com	Map P.393B3
中級	ガウディ Gaudí　URLwww.hotelgaudibarcelona.com	Map P.396B1

	名称	Map
経済的	クロノス Hostal Khronos　URLwww.hostalkhronos.es	Map P.393B3
経済的	ペラヨ Hotel Pelayo　URLwww.hotelpelayo.com	Map P.396A2
経済的	プチ・チキート Pensión Puchi Chiquito URLpuchichiquito.wordpress.com	Map P.396A1
ホステル	イクイティ・ポイント・セントリック Equity Point Centric　URLwww.equity-point.com	Map P.393B3
ホステル	ビー・サウンド Be Sound Hostel　URLbehostels.com/sound	Map P.396B1
ホステル	ペレ・タレス Pere Tarrés　URLwww.peretarres.org	Map P.392A2

レストラン

エル・カングレホ・ロコ　Map P.397C4
El Cangrejo Loco　URLwww.elcangrejoloco.com
オリンピック港にある、シーフード料理の有名店。

クアトラ・ガッツ　Map P.396A2
4 Gats　URLwww.4gats.com
若き日のピカソも通ったカフェレストラン。

セッテ・ポルタス　Map P.396B2
7 Portes　URL7portes.com
国の歴史建造物を利用。ピカソやダリも利用した名店。

文七　Map P.393B3
Bunshichi　URLwww.bunsichi.com
幅広いメニューが揃う和食店。特に寿司と刺身が自慢。

エル・バソ・デ・オロ　Map P.397C3
El Vaso de Oro　URLwww.vasodeoro.com
おいしいビールとタパスで、人であふれる人気店。

カフェ・デ・ラ・ペドレラ　Map P.393B3
Café de la Pedrera　URLwww.lapedrera.com
ガウディ建築の世界遺産、カサ・ミラの2階にあるカフェ。

博物館&美術館

ピカソ美術館　Map P.397B3
Museu Picasso　URLwww.museupicasso.bcn.cat
ピカソの少年期から初期の作品が充実。

カタルーニャ美術館　Map P.392C2
Museu Nacional d'Art de Catalunya
URLwww.museunacional.cat
カタルーニャにおける美の殿堂。ロマネスク美術が秀逸。

ミロ美術館　Map P.392C2
Fundació Jona Miró　URLwww.fmirobcn.org
独特な世界感の作品を1万点以上収蔵。

バルセロナ現代美術館　Map P.396A1
Museu d'Art Conteporani de Barcelona(MACBA)
URLwww.macba.cat
リチャード・マイヤーによる建物に現代芸術を多数展示。

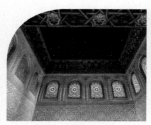

スペインの基本情報➡P.378

空港から市内へ

FGLグラナダ・ハエン空港 (GRX)
Aeropuerto Granada-Jaén

URLwww.aena.es
町の西約17kmにある。

●バスで市内へ
URLwww.alsa.es
飛行機の到着に合わせてバスが運行されており、バスターミナル、カテドラル前プエルタ・レアルなどを経由して町の南へ行く。市の中心部まで所要約40分、€3。空港へ行く際、グラン・ビアの乗り場はカテドラル向かいにある「Sabadell銀行」の前。

●タクシーで市内へ
町の中心まで€27。

交通ターミナル

鉄道駅から市内へ

鉄道駅は町の北西に位置している。中心部へは駅を出た正面のアンダルセス通りAv. Andalucesを真っすぐ進み、大通りで右折したバス停から4番の市内バスに乗る。グラナダカードでも乗れるが、車内で払う場合は€1.40。カテドラルやイサベル・ラ・カトリカ広場、プエルタ・レアルなどを経由して、町の東へと行く。

バスターミナルから市内へ

バスターミナルは町の北西に位置している。中心部へは33番の市内バスに乗り約20分。宿泊するホテルの場所にもよるが、カテドラル前かプエルタ・レアルで下車すると便利

観光バス＆カード

グラナダ・カード

URLen.granadatur.com/granada-card
グラナダ観光に便利な旅行者向けパス。❶やヌエバ広場のキオスクで購入できる。
アルハンブラ宮殿（要予約）、王室礼拝堂、カテドラル、カルトゥハ修道院など12ヵ所の見どころ入場料に加え、市内バス9回分と観光バスの乗車券1回分付き。このほかにもさまざまなタイプのカードがあるので、詳細は公式サイトで確認を。
圏€40（5日間有効）

Spain
グラナダ
Granada

マドリード●
グラナダ

・市外局番	なし
・公式サイト	URLwww.granadatur.com
・市内交通	URLwww.transportesrober.com

　1492年、イスラム最後の拠点グラナダを陥落させたスペインは、イベリア半島からイスラム勢力を一掃した。奇しくも同年、コロンブスはアメリカ大陸に到達、大航海時代のスペインの栄光が始まる。そのなかでイスラム勢最後の砦となったアルハンブラ宮殿は、神秘的な異国情緒と、追われる者の悲哀をたたえている。

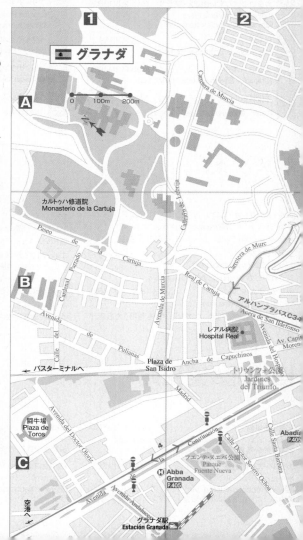

イサベル・ラ・カトリカ広場からアルハンブラ宮殿　町を南北に
走る**グラン・ビア・デ・コロン**と東西に走る**レイジェス・カトリコ
ス通り**、その交わる所にあるのが、**イサベル・ラ・カトリカ広場**だ。
周囲にはカテドラルや❶のある市庁舎がある。観光の目玉である
アルハンブラ宮殿は、広場を200mほど北に行ったゴメレス坂を登
った先にある。**アルハンブラ宮殿内にあるナスル宮殿は時間制**
なので、予約して、見学時間にあったプランニングをしよう。
グラナダ最古のアルバイシン地区　アルハンブラ宮殿の北に広
がるのは、グラナダで最も古い地区アルバイシン。タイルや窓辺の
花に飾られた家並みに沿って、サン・ニコラス教会まで歩いてみよ
う。シエラ・ネバダ山脈を背にしたアルハンブラ宮殿は、一見の
価値あり。

イサベル・ラ・カトリカ広場に立つイサベル
2世とコロンブスの像

クロアチア
ギリシア
イタリア
スペイン
ポルトガル
フィンランド
デンマーク
ノルウェー

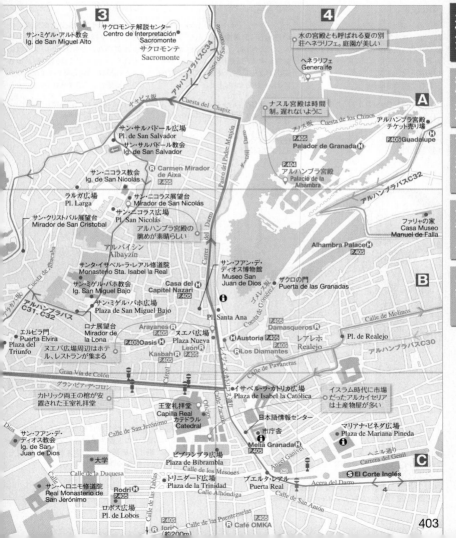

3

サン・ミゲル・アルト教会
Ig. de San Miguel Alto

サクロモンテ解説センター
Centro de Interpretación
Sacromonte
サクロモンテ
Sacromonte

アルハンブラバスC34

Campo del Sacromonte

Cuesta del Chapiz

4

水の宮殿とも呼ばれる夏の別
荘ヘネラリフェ。庭園が美しい

ヘネラリフェ
Generalife

ナスル宮殿は時間
制。遅れないように

P.405　チノス坂　Cuesta de los Chinos

A

アルハンブラ宮殿
チケット売り場

P.405 Guadalupe

チニョス坂

Palador de Granada ⑪

サン・サルバドール広場
Pl. de San Salvador

サン・サルバドール教会
Ig. de San Salvador

Paseo del Padre Manjón

Rio Darro

P.404
アルハンブラ宮殿
Palacio de la
Alhambra

アルハンブラバスC32

サン・ニコラス教会
Ig. de San Nicolás

Carmen Mirador
de Aixa
P.405

ラルガ広場
Pl. Larga

サン・ニコラス展望台
Mirador de San Nicolás

サン・クリストバル展望台
Mirador de San Cristobal

サン・ニコラス広場
Pl. San Nicolás

アルハンブラ宮殿の
眺めが素晴らしい

Carrera del Darro

ファリャの家
Casa Museo
Manuel de Falla

アルバイシン
Albayzin

サンタ・イサベル・ラ・レアル修道院
Monasterio Sta. Isabel la Real

サン・ミゲル・バホ教会
Ig. San Miguel Bajo

Casa del
Capitel Nazari
P.405

サン・ファン・デ・
ディオス博物館
Museo San
Juan de Dios

Alhambra Palace ⑪
P.405

ザクロの門
Puerta de las Granadas

B

Cuesta de Alhacaba

サン・ミゲル・バホ広場
Plaza de San Miguel Bajo

❶

Pl. Santa Ana

ゴメレス坂 Cuesta de Gomérez

Calle de Molinos

エルビラ門
Puerta Elvira
Plaza del
Triunfo

アルハンブラバス
C31, C32

ロナ展望台
Mirador de
la Lona

Arayanes ⑰

ヌエバ広場
P.405 Oasis

León ⑰

Plaza Nueva

Kasbah ⑰
P.405

ヌエバ広場周辺はホテ
ル、レストランが集まる

Damasqueros ⑰
P.405

Austoria ⑪ P.405

Los Diamantes ⑰

レアレホ
Realejo

Pl. de Realejo

アルハンブラバスC30

Gran Vía de Colón

Calle del Carcel

Calle de Pavaneras

グラン・ビア・デ・コロン

イサベル・ラ・カトリカ広場
Plaza de Isabel la Católica

イスラム時代に市場
だったアルカイセリア
は土産物屋が多い

カトリック両王の棺が安
置された王室礼拝堂

王室礼拝堂
Capilla Real
カテドラル
Catedral

日本語情報センター

市庁舎

Melía Granada ⑪
P.405

マリアナ・ピネダ広場
Plaza de Mariana Pineda

❶

サン・ファン・デ・
ディオス教会
Ig. de San
Juan de Dios

大学

Calle de San Jerónimo

ビブランブラ広場
Plaza de Bibrambla
Calle de los Mesones

プエルタ・レアル
Puerta Real

ヘニル通り
Carrera del Genil

C

Acera del Darro

⑤ El Corte Inglés

Calle de la Duquesa

サン・ヘロニモ修道院
Real Monasterio de
San Jerónimo

Rodri ⑰
P.405

トリニダード広場
Plaza de la Trinidad

Calle Alhóndiga

ロボス広場
Pl. de Lobos

Calle de las Tablas

Calle de las Puentezuelas

P.405 Calle de San Antón

P.405

Iori ❶

Café OMKA

⇩ 200m

Things to do in Andalucía

アンダルシアのおすすめ観光スポット

Málaga

マラガ　フェニキア人によって築かれ、ローマやアラブなど幾度か支配者が代わった歴史ある町。現在では世界的リゾート地、コスタ・デル・ソルの中心として知られる。ピカソの生まれた町でもある。

Data P.467
URLwww.
malagaturismo.com
Map Link

Sevilla

セビーリャ　『カルメン』、『セビーリャの理髪師』の舞台となった、アンダルシアの州都。人々は陽気、町には活気、そして街路樹のオレンジの木。南国的な町には、見応えのある観光スポットがたくさんある。

Data P.468
URLwww.visitasevilla.
es
Map Link

Córdoba

コルドバ　イスラム文化が華開いた後ウマイヤ朝の首都。数あるイスラム建築のなかでもメスキータは特にすばらしい。イスラム的装飾が施された内部は、中心部のみカトリックの大聖堂として改築されている。

Data P.468
URLwww.
turismodecordoba.
org
Map Link

Palacio de la Alhambra

アルハンブラ宮殿　スペイン＝イスラム期最後の王朝、ナスル朝歴代王の居城。宮殿は13世紀に初代王アル・アフマール王によって着工され、完成したのは7代王ユースフ1世のときで、当時城内にはモーロ人貴族を中心に2000人以上の人々が暮らし、住宅、官庁、軍隊、厩舎、モスク、学校、浴場、墓地、庭園など、さまざまな施設が整っていた。豪華な宮殿はイスラム芸術の頂点をきわめ、イスラム文化の最高傑作ともいわれる。

Map P.403A・B4　Data P.467
URLwww.alhambra-patronato.es
Map Link

グラナダの市内交通

✔ グラナダの町は坂が多いので、バスを利用したほうが楽

市内バスの種類　観光客にとって利用価値が高いのは、2両連結式で、町を東西に移動する4番の市内バスと、観光に便利な4路線にある巡回ミニバスの**アルハンブラバス**。

　4番の市内バスはグラナダ駅と町の中心イサベル・ラ・カトリカ広場間の移動に便利。4路線あるアルハンブラバスは、C31とC32（アルバイシン）、C34（サクロモンテやサン・クリストバル展望台）、C30とC32はアルハンブラ宮殿のチケット売り場など、観光に便利な路線ばかり。

市内交通

市内バスのチケットと料金
URL www.transportesrober.com
料 €1.40（1回券）
アルハンブラバス、そのほかの市内バスも共通で1時間以内なら乗り換え自由。

クロアチア
ギリシア
イタリア
スペイン
ポルトガル
フィンランド
デンマーク
ノルウェー

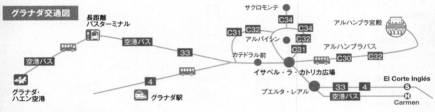

グラナダ交通図

グラナダ INDEX

Hotel

Restaurant

Portugal

リスボン

Lisboa

- **市外局番** なし
- **公式サイト** URL www.visitlisboa.com
- **市内交通** URL www.carris.pt URL www.metrolisboa.pt

リスボン

ヨーロッパの最西端に位置するリスボンは、かつて大西洋を渡って新大陸を目指した冒険家たちの出発点。毎日続く紺碧の空と白い町並みは、"太陽の国"の名にふさわしい一方、民俗歌謡ファドの音色や旧式の市電はどこか郷愁を誘い、懐かしさを覚える。

ポルトガルの基本情報

- **国名** ポルトガル共和国
- **人口** 約1028万人
- **首都** リスボン
- **通貨** ユーロ (€) €1≒121.17円
  （2019年12月23日現在）
- **祝祭日**

1/1	新年
2/25('20)	謝肉祭
4/10('20)	聖金曜日
4/12('20)	聖日曜日
4/25	自由記念日
5/1	メーデー
6/10	ポルトガルの日
6/11 ('20)	聖体節
6/13 ●	聖アントニオ祭り
6/24 ★	聖ジョアン祭り
8/15	聖母被昇天祭
10/5	共和制樹立記念日
11/1	万聖節
12/1	独立回復記念日
12/8	聖母受胎日
12/25	クリスマス

●はリスボン、★はポルトのローカルホリデー

空港から市内へ

リスボン空港 (LIS)
Aeroporto de Lisboa

URL aeroportolisboa.pt

●地下鉄で市内へ
ヴェルメーリャ（赤）ラインが6:30～深夜1:00まで運行。ヴェルデ（緑）ライン乗り換えのAlameda駅まで約20分。

●空港バスで市内へ
URL www.aerobus.pt
2路線あり、どちらも片道€4、往復€6
Linha1　7:30～23:00まで20～25分に1便の運行。フィゲイラ広場、コメルシオ広場、カイス・デ・ソドレ広場、ロシオ広場、レスタウラドーレス広場、リベルダーデ通り、ポンバル侯爵広場などの順に停車する。
Linha2　7:40～22:45の25分に1便の運行で、地下鉄のサルダーニャ駅、ピコアス駅、ポンバル侯爵広場、セッテ・リオス駅（セッテ・リオス・バスターミナル）の順に停車する。

●タクシーでで市内へ
市内中心部までは所要20～30分、€7～10。

ロシオ広場～エドゥアルド7世公園　「7つの丘」の町リスボンは、坂道が多く、町はかなり広範囲にわたっている。旧市街の中心は**ロシオ広場Praça de Rossio**で、❶のあるレスタウラドーレス広場はこのすぐ北。さらにここから北西にはリスボンのシャンゼリゼと呼ばれる**リベルダーデ大通りAv. da Liberdade**が通っており、**ポンバル侯爵広場Praça Marquês de Pombal**まで続いている。その北に広がるのはエドゥアルド7世公園だ。

バイシャ地区　ロシオ通りから南へ向かうと、バイシャ地区と呼ばれる商店街が広がっており、ウインドーショッピングが楽しい。

ベレン地区　カイス・ド・ソドレ駅からはベレン地区への鉄道が出ている。世界遺産のジェロニモス修道院をはじめ、**発見のモニュメント**や**ベレンの塔**など、観光の見どころが集中している。

アプリ
市内交通＆ルート検索
iPhone　　　Android

クロアチア

ギリシア

イタリア

スペイン

ポルトガル

フィンランド

デンマーク

ノルウェー

リスボン空港
Aeroporto de Lisboa　Aeroporto

オリエンテ駅
Oriente
オリエンテ・
バスターミナル
Oriente

3

4

アトランティック・パビリオン
Pavilhão Atlântico

Quinta das Conchas

ジョゼ・アルヴァラーデ・スタジアム（スポルティング）
Estádio José Alvalade

新市街には中級～高
級ホテルが点在する

Cabo Ruivo

リスボン水族館
Oceanário de Lisboa

Av. Mal Craveiro Lopes

Campo
Grande

ボルダロ・ピニェイロ美術館
Museu Bordalo Pinheiro

Olivais

A

市立博物館
Museu da Cidade

do Brasil

Chelas

リスボン万博の跡地。
ショッピングセンター
やホテルもある

ポルトガル各地へのバ
スが発着する、リスボン
最大のバスターミナル

Roma

Entre
Campos

ローマ・アレエイロ駅
Roma-Areeiro

Bela Vista

ブラソ・デ・プラタ
Braço de Prata

リオス・バスターミナル
Rodoviário de Sete-Rios

エントレカンポス駅
Entrecampos
Campo Pequeno

Areeiro

リオス駅
ios

Praça de Espanha

Alameda

Olaias

グルベンキアン美術館
Museu Gulbenkian

Saldanha

Arroios

São Sebastião
Miraparque
P.415

Lisboa P.415

Picoas

ポンバル侯爵広場
Pr. Marquês de Pombal

Anjos

国立アズレージョ美術館
Museu Nacional do Azulejo

B

Parque
エドゥアルド
7世公園
r. Eduardo VII
Marquês de Pombal

Central P.415

P.412~413

Rato

Intendente

リスボンで最も古いエリア。
ファドハウスも点在する

Avenida

Martim-Moniz

ロシオ広場
Praça de Rossio

Resauradores

ロシオ駅
Rossio

Rossio

サンタ・アポローニア駅
Santa Apolónia

Baixa Chiado

バイシャ
Baixa

Santa Apolónia

apa Palace
415

Cais do Sodré

Terreiro do Paço

テージョ川
Rio Tejo

N

C

カイス・ド・ソドレ駅
Cais do Sodré

サントス駅
Santos

リスボン随一の繁華街。
レストランやホテルも多い

0　　1km　　2km

国立古美術館
Museu Nacional
de Arte Antiga

🏛 **リスボン**

Things to do in Lisboa &

リスボンとその周辺のおすすめ観光スポット

Torre de Belém

ベレンの塔　テージョ川の河口にある、16世紀初めに建設された石造りの塔。マヌエル1世により、船の出入りを監視する塔として建てられた。3階は王族の居室、2階は砲台、1階は水牢だったという。

 Map P.406C1
Data P.468
URL www.torrebelem.
gov.pt
Map Link

Ascensor

ケーブルカー　7つの丘の街リスボンの高いところと低いところを短距離で結ぶ。3路線あり、なかでもレスタウラドーレス広場とバイロ・アルトへ上るフォス宮脇のグロリア線は観光に便利で重宝する。

 Data P.414

Padrão dos Descobrimentos

発見のモニュメント　1960年にエンリケ航海王子の500回忌を記念して建てられたモニュメント。帆船をモチーフとし、レリーフにはエンリケ航海王子を先頭に、大航海時代の第一線で活躍した人々が並ぶ。

 Map P.406C1
Data P.468
URL www.padraodosde
scobrimentos.pt
Map Link

Mosteiro dos Jerónimos

ジェロニモス修道院　16世紀にマヌエル1世がエンリケ航海王子の業績をたたえ、ヴァスコ・ダ・ガマのインド航路開拓を記念して建造させた修道院。ヴァスコ・ダ・ガマの墓もある。

 Map P.406C1　Data P.468
URL www.mosteirojeronimos.gov.pt

Miradouro de São Pedro de Alcântara

サン・ペドロ・デ・アルカンタラ展望台　ケーブルカーのグロリア線終点から徒歩1分。小さな公園になっており、下はちょっと色あせたオレンジ色の屋根の波が、正面には堅固なサン・ジョルジェ城が見渡せる。特に夕暮れ時が美しい。

 Map P.412B2

its surroundings

クロアチア
ギリシア
イタリア
スペイン
ポルトガル
フィンランド
デンマーク
ノルウェー

Sintra

シントラ　風光明媚な避暑地で、城館や貴族の別荘が建ち並ぶ。リスボンからは西に28kmとアクセスがよく、日帰りで訪れることができる。数ある宮殿のなかでも特に見逃せないのが、ポルトガル王家の夏の離宮であった王宮と、標高529mの山頂に建つペーナ宮殿。王宮はもともとイスラム教徒が残した建物を14世紀にジョアン1世が増改築したもので、ペーナ宮殿は、19世紀後半に、フェルディナント2世が建てたもの。時代がまったく異なるので、比較してみるのもおもしろい。そのほかムーアの城跡、レガレイラ宮殿など数多くの見どころがある。

Data P.468
URL www.parquesdesintra.pt

Map Link

Óbidos

オビドス　13世紀から18世紀半ばまでポルトガル王妃の直轄地であった町。城壁に囲まれたかわいらしい町で、「谷間の真珠」と呼ばれている。城壁内には中世の建物が数多く残っている。

Data P.469
URL www.obidos.pt

Map Link

リスボン近郊にある世界遺産の修道院

リスボンのベレン地区にあるジェロニモス修道院も含めて、ポルトガルでは2020年2月現在、5つの修道院が世界遺産に登録されている。いずれもリスボンから日帰りできる範囲内にあり、内部の装飾はすばらしいものばかりだ。アルコバサ修道院とバターリャ修道院の間はバスで30分と近いので、両方合わせて1日で見学することも可能。トマールのキリスト修道院はもともとテンプル騎士団のポルトガルにおける拠点で、ポルトガル最大の修道院。

Mosteiro de Batalha
バターリャ修道院

Data P.469
URL www.mosteirobatalha.gov.pt

Map Link

Mosteiro de Alcobaça
アルコバサ修道院

Data P.469
URL www.mosteiroalcobaca.gov.pt

Map Link

Convento de Cristo
トマールのキリスト修道院

Data P.469
URL www.conventocristo.gov.pt

Map Link

Things to do in Portugal

ポルトガルのおすすめ観光スポット

Coimbra

コインブラ　ポルトガル最古の大
学、コインブラ大学がある町。大学
の建物は丘の上にあり、学位の授与
式が行われた帽子の間や金泥細工
が美しいジョアニア図書館など、見
どころが多い。

Data P.469
URLwww.cm-coimbra.
pt/areas/visitar
Map Link

Évora

エヴォラ　ポルトガル南西部のアレ
ンテージョ州の中心都市。水道橋
や神殿など古代ローマの遺跡が残っ
ており、カテドラルには天正遣欧使
節団ゆかりのオルガンもあるなど、
重層な歴史を感じさせる古都だ。

Data P.469
URLwww.cm-evora.pt
Map Link

Guimarães

ギマラインス　ブルゴーニュ王朝を
開いた初代ポルトガル国王、アルフ
ォンソ・エンリケスが生まれた町。城
や教会など史跡も多く、町並みは中
世のたたずまいを色濃く残しており、
散策が楽しい。

Data P.469
URLwww.
guimaraesturismo.
com
Map Link

Porto

ポルト　ドウロ川の河口に築かれたポルトガル第2の都
市。市庁舎からドウロ川にかけて広がる旧市街は、歴史
ある建物が並び、世界遺産にも登録されて
いる。ポートワインの本場としても有名だ。

Data P.469
Map Link　URLwww.visitporto.travel

Ilha da Madeira

マデイラ島　リスボンの南西約1000kmの大西洋上に浮
かぶ、緑豊かな島。年間を通じて温暖なため、夏はバカ
ンス、冬は避寒地として、北ヨーロッパを
中心に世界中から人々が集まる。

Data P.469
Map Link　URLwww.visitmadeira.pt

What to eat in Portugal

ポルトガル美味ガイド

クロアチア
ギリシア
イタリア
スペイン
ポルトガル
フィンランド
デンマーク
ノルウェー

Caldo Verde

カルド・ヴェルデ　ポテトスープをベースに千切りのチリメンキャベツを煮込んだもの。

Açorda Alentejana

アソルダ・アレンテジャーナ　生のコリアンダーとニンニクをすりつぶし、パンとポーチドエッグを加えたもの。

Saldinhas Assadas

サルディーニャス・アサーダス　イワシの塩焼き。庶民的なレストランでは、店の外の炭焼き器で焼いてくれる。

Bacalhau à Brás

バカリャウ・ア・ブラス　干しダラとタマネギを炒め、千切りのフライドポテトを合わせ、卵でとじたもの。

Pastéis de Bacalhau

パシュテイス・デ・バカリャウ　干しダラのコロッケ。レストランでは前菜で出てくることが多い。

Cogido à Portuguesa

コジード・ア・ポルトゲーザ　ソーセージ、肉、野菜、豆を煮込んで、米を付け合わせた、ポルトガル風ポトフ。

Chanfana

シャンファーナ　子ヤギ肉をワインと香草と一緒に煮込んだ、コインブラの郷土料理。

Pudin Fran

プディン・フラン　最もポピュラーなデザート。ねっとりした味わいのプリンはどこで食べてもおいしい。

Pastel de Nata

パステル・デ・ナタ　エッグタルト。ポルトガル中どこでも見かけるポピュラーなお菓子。

411

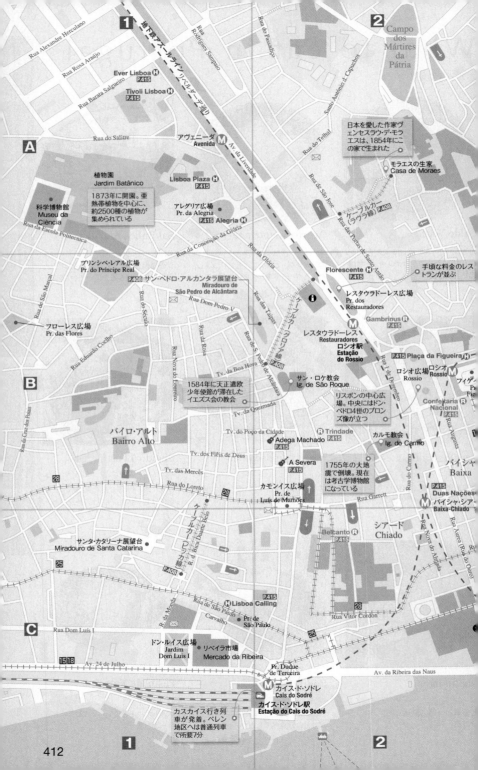

市内交通

市内交通の種類と料金

URL www.metrolisboa.pt（地下鉄）
URL www.carris.pt（バス、市電など）

		現金払い	交通カード
1回乗車	地下鉄	不可	€1.50
	バス	€2	€1.35
	市電	€3	€1.35
	ケーブルカー	€3.80（往復）	€1.35（片道）
24時間券		不可	€6.40
24時間券（近郊鉄道含む）		不可	€10.60

交通カードは改札を忘れずに

交通カードで乗車する際には、そのつど、読み取り機にタッチする必要がある。たとえ乗り放題券であっても同様。無賃乗車とみなされた場合は、運賃の約100倍の罰金が科せられる。

タクシー

駅や主要広場にあるタクシー乗り場のほか、流しのタクシーもひろえる。料金はメーター制だが、まれにメーターを操作して高い料金を請求したり、おつりを渡さないで、走り去る悪質なドライバーも増えているので、注意しよう。

観光バス＆カード

リスボン・カード

URL www.lisboacard.org
料金 24時間€20　48時間€34　72時間€42
空港や市内の❶で購入可。
●乗り放題　地下鉄、バス、市電、ケーブルカー、エレベーター、ポルトガル鉄道のシントラ線とカスカイス線
●無料　リスボンと周辺の見どころ
●割引　空港バス、観光バス

補足

リスボンの長距離交通ターミナル

●サンタ・アポローニア駅
　Estação de Santa Apolónia
ポルトなど北部への長距離列車や国際列車が発着。地下鉄駅と接続
●オリエンテ駅 Estação do Oriente
サンタ・アポローニア駅発の列車が停車するほか、ファーロやエヴォラなど南部へ向かう列車の発着駅。地下鉄と接続。
●ロシオ駅 Estação do Rossio
ケルース、シントラ方面への列車が発着。地下鉄Restauradores駅と接続。
●セッテ・リオス・バスターミナル
　Terminal Rodoviário de Sete Rios
国内主要都市を網羅するRE社のバスのほかスペイン行き国際バスが発着。地下鉄Jardim Zoológico駅からすぐ。
●カンポ・グランデ Campo Grande
オビドス、マフラなどリスボン近郊へのバスが発着。地下鉄Campo Grande駅下車。

リスボンの市内交通

✓ 現金での支払いは割高なので、交通カード（ヴィヴァ・ヴィアージェンまたはセッテ・コリーナシュ）を利用しよう

✓ 市電、ケーブルカーは、交通手段というよりそれ自体が観光

公共交通機関は、地下鉄や市内バスのほか、リスボン名物の市電、坂の多い町ならではのケーブルカーなどが市民の重要な足になっている。

チケットはICカード型の交通カード　市内交通は、地下鉄はメトロポリタナ・デ・リスボン社Metlopolitana de Lisboaが、それ以外はカリス社Carrisが運営している。それぞれ**ヴィヴァ・ヴィアージェンViva Viagem、セッテ・コリーナシュ7 Colinas**という別々の交通カードを発行しているが、**互換性がある**ので、どちらを利用しても、すべての公共交通機関で利用できる。プリペイド式なので、必要な分だけチャージして使用する。24時間券として使うこともできる。交通カードの発行には別途€0.50かかるが、現金払いよりも交通カードを使うほうが安いので、1〜2回使うだけでもとが取れる。

アウトカロ　市内バス Autocarro

いろいろな場所を走っている市民の足だが、ポルトガル語ができないと利用しにくい。心配な人は目的地を書いた紙を示して、降りる場所を教えてもらうほうが安心だ。バスは前のドアから乗り込み、後ろのドアから降りる。交通カードを利用する際は乗車時に読み取り機にタッチすることを忘れずに。

メトロポリターノ　地下鉄 Metropolitano

略してメトロ。アズール（青）、アマレーラ（黄色）、ヴェルデ（緑）、ヴェルメーリャ（赤）の4つの路線がある。チケットは中心部のCoroa Lと中心部から外れたCoroa 1というゾーン制になっているが、料金は同じ。乗り方は日本の地下鉄と変わらない。

エレクトリコ　市電 Eléctorico

石畳の狭い道路をきしみながらゴトゴト走る市電は、ポルトガル情緒満点。計5路線あるが、特に利用価値の高い路線は、アルファマを1周する12番、フィゲイラ広場からベレン地区へ行く15番、バイロ・アルト、バイシャ地区、アルファマをぬって走る28番だ。乗り方はバスと同じだが、2両編成の新型車両は、どのドアからでも乗り降りできるようになっている。

アセンソール　ケーブルカー Ascensor

ほんの200〜300mくらいを往復しているだけだが、急な坂道が多いリスボンならではの乗り物で、けっこう助かる。レスタウラドーレス広場のフォス宮近くのグロリア線に乗ってみよう。

414

リスボン INDEX (Hotel) (Restaurant) (Fado)

ホテル

| 高級 | ラパ・パレス | Map P.407C3 |
| | Hotel Lapa Palace URLwww.lapapalace.com |

| | ティヴォリ・リスボン | Map P.412A1 |
| | Hotel Tivoli Lisboa URLwww.tivolihotels.com |

| | リスボン・プラザ | Map P.412A1 |
| | Hotel Lisboa Plaza URLwww.heritage.pt |

| 中級 | ミラパルケ | Map P.407B3 |
| | Hotel Miraparque URLwww.miraparque.com |

| | テージョ | Map P.413B3 |
| | Hotel Lisboa Tejo URLwww.mystoryhotels.com |

| | ドゥアス・ナソンエス | Map P.412B2 |
| | Hotel Duas Nações URLwww.duasnacoes.com |

| | エヴァー | Map P.413A1 |
| | Eva Lisboa URLwww.everlisboahotel.com |

| 経済的 | アレグリア | Map P.412A1 |
| | Hotel Alegria URLwww.hotelalegria.pt |

| | フロレセンテ | Map P.412B2 |
| | Residencial Florescente URLwww.residencialflorescente.com |

| | プラサ・ダ・フィゲイラ | Map P.412B2 |
| | Pensão Plaça da Figueira URLwww.pensaopracadafigueira.com |

| ホステル | リスボン・ユースホステル | Map P.407B3 |
| | Pousada de Juventude Lisboa URLwww.pousadasjuventude.pt |

| | セントラル | Map P.407B3 |
| | Central Hostel URLwww.lisboacentralhostel.com |

| | リスボン・コーリング | Map P.412C1 |
| | Lisboa Calling Hostel URLwww.lisboncalling.net |

レストラン

ベルカント　Map P.412C2
Belcanto URLbelcanto.pt
創作ポルトガル料理が人気の高級レストラン。

ガンブリーヌス　Map P.412B2
Gambrinus URLwww.gambrinuslisboa.com
リスボンのシーフードレストランの最高峰ともいわれる。

トリンダーデ　Map P.412B2
Cervejaria da Trindade URLwww.cervejariatrindade.pt
修道院を改装したビールメーカーが経営するレストラン。

オ・ピテウ　Map P.413A3
O Piteu URLwww.restauranteopiteu.pt
グラサ展望台近くにある、家庭的な雰囲気の店。

コンフェイタリア・ナシオナル　Map P.412B2
Confeitaria Nacional URLconfeitarianacional.com
1829年創業の老舗カフェ。2階では食事もできる。

シャビトー　Map P.413B3
Chapitô URLchapito.org
サーカス養成所内にある景色がよいカフェ。

ファドが聴けるカーザ・ド・ファド

ア・セヴェーラ　Map P.412B2
A Severa URLwww.asevera.com
伝説のファドシンガーに由来する店名をもつ老舗。

アデガ・マシャード　Map P.412B2
Adega Machado URLwww.adegamachado.pt
料理やサービスも一流の有名ファドハウス。

クルベ・デ・ファド　Map P.413C3
Clube de Fado URLwww.clube-de-fado.com
有名ギタリスト、マリオ・パシェーコがオーナーを務める。

タベルナ・デル・レイ　Map P.413B4
Taverna D'el Rey URLwww.tavernadelrey.pt
ファド博物館近く。規模が大きく、食事メニューも充実。

クロアチア

ギリシア

イタリア

スペイン

ポルトガル

フィンランド

デンマーク

ノルウェー

Finland
ヘルシンキ
Helsinki

市外局番	09
公式サイト	URL www.myhelsinki.fi
市内交通	URL www.hsl.fi

ヘルシンキはバルト海に面した半島の先にあるコンパクトな町で、首都につきものの慌ただしさはなく、リラックスした空気が流れる。憧れの北欧文化の流行発信地として、町にはかわいい雑貨店や、おしゃれなカフェであふれ、独創的な建築物も多く見かける。

■ フィンランドの基本情報

- **国名** フィンランド共和国
- **人口** 約552万人
- **首都** ヘルシンキ
- **通貨** ユーロ (€) €1≒121.17円
  （2019年12月23日現在）
- **祝祭日**

1/1	新年
1/6	公現祭
4/10('20)	聖金曜日
4/12('20)	復活祭
4/13('20)	復活祭翌日の月曜日
5/1	メーデー
5/21('20)	昇天祭
5/31('20)	聖霊降臨祭
6/19('20)	夏至祭前日
6/20('20)	夏至祭
11/1('20)	諸聖人の日
12/6	独立記念日
12/24	クリスマスイブ
12/25	クリスマス
12/26	ボクシングデー

観光パス&カード

ヘルシンキ・カード

URL www.helsinkicard.com
料 24時間€49 48時間€61
72時間€71
空港や❶、主要フェリーターミナルで購入可。
●**乗り放題** 地下鉄、市内バス、トラム、市営フェリー
●**無料** 50ヵ所以上の博物館や美術館、ヘルシンキ・エキスパートの観光バス
●**割引** フィンエアー・シティ・バス、コンサート、オペラ、提携レストラン

フィンランドの昔の建物が並ぶ屋外博物館

セウラサーリ野外博物館
Seurasaaren ulkomuseo

セウラサーリ
Seurasaari

P.418 アアルト自邸へ
The Aalto House
（約2.5km）

オリンピック競技場
Olympiastadion

Linnakoskenk.

シベリウス公園
Sibeliuksen puisto
P.425 Cafe Regatta

国立オペラ
Suomen Kansallisoop

岩をくり抜いて造られた"岩の教会"

テンペリアウキオ教会
Temppeliaukion kirkko

Helsenienkatu

フリーマーケットが行われている広場。夏の土曜は規模も大きく必見

Länsiväylä

Ruohalahti

Lanttasaarentie

Lauttasaari
ラウッタサーリ
Lauttasaari

ヤッカサーリ
Jätkäsaari

Vattuniemenkj

N

0   500m   1km

＋ ヘルシンキ

1

メインはエスプラナーディ公園　ヘルシンキは人口約63万人、首都としては小さく、中心部は徒歩でも十分回れる広さだ。中心部は**ヘルシンキ中央駅**から**エテラ港**にかけてのエリアで、ここにおもな観光スポットやホテル、デパート、レストランなどが集中している。中央駅方面から町を東西に貫くエスプラナーディ公園 Esplanadin puistoまでは徒歩5分ほど。通りを東に10分ほど歩くと、港に面した**マーケット広場Kauppatori**に到着する。

マーケット広場周辺　マーケット広場の端には、ヘルシンキの沖に浮かぶ世界遺産の**スオメンリンナ島**行き市営フェリーの発着場がある。また、広場の北1ブロックの所には**元老院広場 Senaatintori**があり、そのすぐ北には**ヘルシンキ大聖堂**がそびえるように建っている。

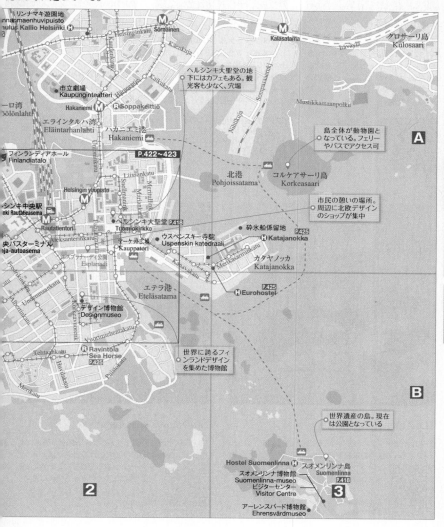

クロアチア

ギリシア

イタリア

スペイン

ポルトガル

フィンランド

デンマーク

ノルウェー

417

Things to do in Finland

フィンランドのおすすめ観光スポット

Tuomiokirkko

ヘルシンキ大聖堂　1852年にカール・エンゲルの設計によって建てられたルーテル派の大聖堂。元老院広場に面したネオ・クラシック様式の教会で、白い外観に緑のドームがひときわ印象的。

Map P.423B3
Data P.470
Map Link

Suomenlinna

スオメンリンナ島　1748年に造られた城塞。スウェーデン・ロシア戦争、クリミア戦争、フィンランド国内戦争で重要な舞台となったが、現在は公園として整備され、博物館やカフェ、クラフトショップなどがある。

Map P.417B3
Data P.470
URL www.suomenlinna.fi
Map Link

Tampere

タンペレ　フィンランド第2の都市で、市内にあるムーミン美術館は2017年6月にリニューアルされた。周囲は湖水地方と呼ばれる湖が多いエリアで、「森と湖の国」のフィンランドらしい美しい自然が見られる。

Data P.470
URL visittampere.fi
Map Link

The Aalto House

アアルト自邸　フィンランドが誇る世界的建築家、アルヴァ・アアルトの自宅兼事務所。現在は博物館になっており、ガイドツアーで見学が可能。アアルトのデザイン美学を体験できる人気スポット。

Data P.470
URL www.alvaraalto.fi
Map Link

Nuuksion Kansallispuisto

ヌークシオ国立公園　ヘルシンキの西約35kmにある国立公園。面積45km²の園内には森と湖が広がり、フィンランドらしい風景を楽しむことができる。湖畔のピクニックやハイキングが人気。

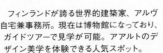
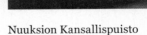

Data P.470
URL www.luontoon.fi
Map Link

クロアチア

ギリシア

イタリア

スペイン

ポルトガル

フィンランド

デンマーク

ノルウェー

Naantali

ナーンタリ　トゥルクの西約13km
にある小さな港町で、トゥルクから
日帰りで行ける観光地として人気が
高い。港の南東に広がる旧市街は
パステルカラーの木造家屋が並んで
おり、そぞろ歩きが楽しい。町の北
西に浮かぶカイロ島は、ムーミンワ
ールドとして島全体がテーマパーク
になっており、ナーンタリ最大の見ど
ころになっている。町はスパ施設の
充実した保養地としても知られてお
り、特に町の北の外れにあるナーン
タリ・スパ・ホテルが規模の大きさと
質の高さから評価が高い。

Turku

トゥルク　1812年ヘルシンキに遷
都されるまで、フィンランドの首都と
して栄えた古都。バルト海に面する
港湾都市として、スウェーデンの影
響を強く感じさせる文化や町並みが
広がっている。

Data P.470
URL www.visitturku.fi

Map Link

Data P.470
URL www.visitnaantali.
com

Map Link

Rovaniemi

ロヴァニエミ　フィンランド北部の中心地で、北極圏まで
はわずか8km。夏は白夜、冬はオーロラが楽しめ、郊外
のサンタクロース村ではサンタさんに会っ
たり、北極圏到達証明書がもらえる。

Map Link

Data P.471
URL www.visitrovaniemi.fi

Tallinn

タリン　エストニアの首都タリンは、ヘルシンキとフィン
ランド湾を挟んで向かい合っており、日帰りも可能。旧市
街はヨーロッパでも屈指の保存状態のよさ
で、世界遺産にも登録されている。

Map Link

Data P.471
URL www.visittallinn.ee

What to eat in Finland

フィンランド美味ガイド

Lohikeitto

サーモンのクリームスープ　サーモンとジャガイモがたくさん入った、シンプルでおいしい定番スープ。

Lihapullat

ミートボール　軟らかくて食べやすく、万人の口に合う。カジュアルなフィンランド料理を代表する一品。

Pyttipannu

ピュッティパンヌ　小さく切ったジャガイモやソーセージなどを生クリームと炒めた家庭料理。

Kaalikääryleet

ロールキャベツ　肉や米をキャベツで包んだ料理。日本のように煮込まず、オーブンで焼くのがフィンランド風。

Paistettuja Silakoita

ニシンのフライ　バルト海で取れたニシンのフライ。外はカリッとして中はふんわり。骨まで食べられる。

Pariloitua lohta

サーモンのグリル　北の海で育った厚切りサーモンをフライパンでグリルしたボリューム満点の料理。

Paahdettua Poronvasan Paistia

トナカイ肉のロースト　ラップランド地方の定番料理。トナカイ肉はクセは少なく、軟らか。

Poronkäristys

トナカイ肉のソテー　野趣あふれるトナカイ肉をソテーしたもの。甘酸っぱいベリーソースをかけて食べる。

Korvapuusti

シナモンロール　菓子パンの代表格。フィンランド語のコルヴァプースティは「パンチされた耳」という意味。

One day Plan

ヘルシンキ ワンデイ プラン

クロアチア
ギリシア
イタリア
スペイン
ポルトガル
フィンランド
デンマーク
ノルウェー

10:00

⬇
フェリーで
約15分

Ⓐスオメンリンナ島

昼頃は混み合うので、オープンに合わせて見学。島内には散策路が整備されているので、海をにらむ大砲や砲台、停泊している潜水艦ヴェシッコ号などを1時間くらいかけて回ったら、フェリーで本土に戻る。

11:30

⬇
徒歩で
約7分

Ⓑマーケット広場

マーケット広場では食料品や民芸品などが売られているので、みやげ物探しにぴったり。軽食の屋台もあり、ここで昼食を食べるのもいい。近くにはロシア正教のウスペンスキー寺院もあるので、一緒に見学しよう。

13:00

⬇
徒歩で
約7分

Ⓒヘルシンキ大聖堂

元老院広場のすぐ隣にそびえる大聖堂で、シンメトリーなデザインが目を引く。ヘルシンキを代表するランドマークだ。内部の装飾はシンプルなので、見学にはそれほど時間はかからない。

13:30

⬇
トラム4番で約
20分、
Laajalahden
aukio下車
徒歩約5分

Ⓓアテネウム美術館

ヘルシンキを代表する美術館で、国内外の秀作が集まっている。特に民族叙事詩『カレワラ』を題材としたアクセリ・ガッレン=カッレラの作品は必見。美術館の南側にあるYlioppilastalo駅からトラムで移動。

15:30

⬇
Laajalahden
aukio駅から
トラム4番で約8
分、Töölön Halli
下車、徒歩
約5分

Ⓔアアルト自邸

ヘルシンキ市内の高級住宅街に佇むのはフィンランドを代表するデザイナー、アルヴァ・アアルトの手がけた自宅兼事務所。センスと機能美を細部にまで感じることのできる内装はガイドツアーで見学できる。

16:30

Ⓕシベリウス公園

フィンランドを代表する作曲家、ジャン（ヤン）・シベリウスを記念した公園。パイプオルガンをイメージしたステンレスパイプのモニュメントや、シベリウスの肖像のオブジェなどがある。

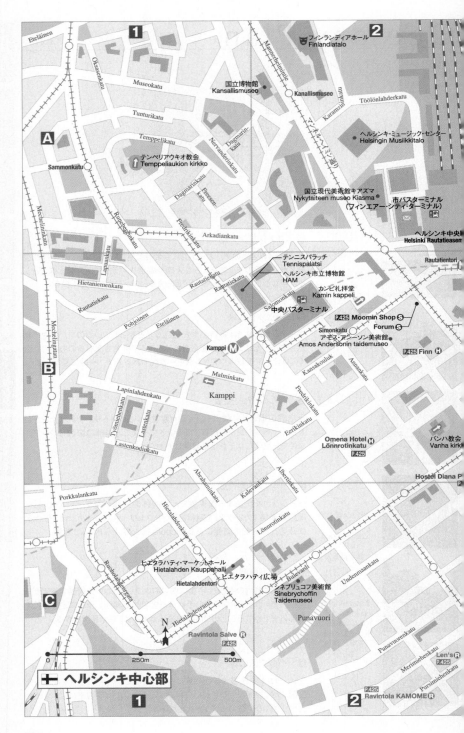

フィンランディアホール
Finlandiatalo

国立博物館
Kansallismuseo

Kanallismuseo

ヘルシンキ・ミュージック・センター
Helsingin Musiikkitalo

テンペリアウキオ教会
Temppeliaukion kirkko

国立現代美術館キアズマ
Nykytaiteen museo Kiasma

市バスターミナル
(フィンエアー・シティ・ターミナル)

ヘルシンキ中央駅
Helsinki Rautatieasem

Rautatientori

テンニスパラッチ
Tennispalatsi

ヘルシンキ市立博物館
HAM

カンピ礼拝堂
Kamin kappeli

中央バスターミナル

P.425 Moomin Shop S

Forum S

Simonkatu
アモス・アンーソン美術館
Amos Andersonin taidemuseo

P.425 Finn H

Kamppi M

Kansakoulu

Malminkatu

Kamppi

Lapinlahdenkatu

Omena Hotel
Lönnrotinkatu
P.425

バンハ教会
Vanha kirkl

Hostel Diana P

Porkkalankatu

ヒエタラハティ・マーケットホール
Hietalahden Kauppahalli

ヒエタラハティ広場

Hietalahdentori

シネブリュコフ美術館
Sinebrychoffin
Taidemuseoi

Punavuori

N

Ravintola Salve R
P.425

Len's R
P.425

0   250m   500m

✚ ヘルシンキ中心部

Ravintola KAMOME R

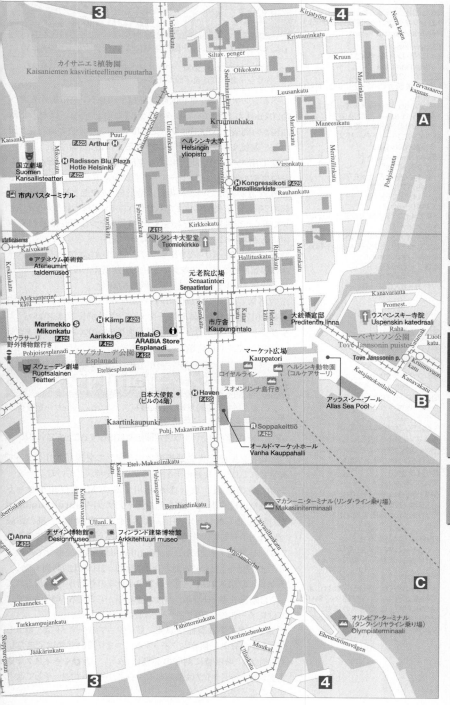

クロアチア

ギリシア

イタリア

スペイン

ポルトガル

フィンランド

デンマーク

ノルウェー

A

B

C

Kirjatyönt. k.

Norra kajen

Kristianinkatu

Kruun

Maununkatu

Tervasaaren kannas

Siltav. penger

Olikokatu

Luusankatu

Maneesikatu

Pohjoisranta

カイサニエミ植物園
Kaisaniemen kasvitieteellinen puutarha

Kruununhaka

Mariankatu

Mertullinkatu

Unioninkatu

Vironkatu

ヘルシンキ大学
Helsingin
yliopisto

Snellmanninkatu

Kaisanki

Puut.

Kaisaniemenranta

Mikonkatu

P.425 Arthur H

国立劇場
Suomen
Kansallisteatteri

Radisson Blu Plaza
Hotle Helsinki
P.425

市内バスターミナル

Fabianinkatu

Unioninkatu

Snellmaninkatu

H Kongressikoti P.425
Kansallisarkisto

Rauhankatu

Riankatu

Mariankatu

Kirkkokatu

Kanavaranta

utatieasema

Kaivokatu

Vuorikatu

P.418
ヘルシンキ大聖堂
Tuomiokirkko

Hallituskatu

Kataja

アテネウム美術館
Ateneumin
taidemuseo

Keskuskatu

Aleksanterin^
katu

元老院広場
Senaatintori
Senaatintori

Sofiankatu

Katar. katu.

Helen.

大統領宮邸
Preditentin linna

ウスペンスキー寺院
Uspenskin katedraali

Promest.

Raha.

Luots
katu

Marimekko S
Mikonkatu
P.425

H Kämp P.425

Aarikka S
P.425

Iittala S
ARABIA Store
Esplanadi
P.425

市庁舎
Kaupungintalo

トーベ・ヤンソン公園
Tove Janssonin puisto

Kruunuvuori

Katajanokanlaituri

Kanavakatu

Luot
katu

セウラサーリ
野外博物館行き

Pohjoisesplanadi エスプラナーデ公園
Esplanadi

Eteläesplanadi

マーケット広場
Kauppatori

ヘルシンキ動物園
(コルケアサーリ)

Tove Janssonin p.

スウェーデン劇場
Ruotsalainen
Teatteri

ロイヤルライン

H Haven
P.425

アッラス・シー・プール
Allas Sea Pool

Kaartinkaupunki

Pohj. Makasiinikatu

スオメンリンナ島行き

R Soppakeittiö
P.425

オールド・マーケットホール
Vanha Kauppahalli

Etel. Makasiinikatu

Fabiansgatan

Kasarmi-
katu

Kasarmi-
katu

Korkeavuoren
katu

Bernhardinkatu

Länsisattankatu

マカシーニ・ターミナル(リンダ・ライン乗り場)
Makasiiniterminaali

obertinkatu

H Anna
P.425

デザイン博物館
Designmuseo

フィンランド建築博物館
Arkkitehtuuri museo

Ullanl. k.

Argelandcrht.

Johanneks. t

Tarkkampujankatu

Tähittorninkatu

Vuorimiehenkatu

Muukal.

Uilankatu

Ehrenströmsvägen

オリンピア・ターミナル
(タンク・シリヤライン乗り場)
Olympiaterminaali

Skepparegatan

Jääkärinkatu

ヘルシンキ・ヴァンター国際空港（HEL)
Helsinki-Vantaa Airport
URL www.finavia.fi
●リング・レール・ライン
Ring Rail Line
運行:10～30分に1便
所要:中央駅までP線は約29分、I線は約34分。
運賃:€4.60（車内購入の場合€6.50)
チケットはホームや空港通路にあるHSLやVRの券売機で購入する。
●フィンエアー・シティ・バス
Finair City Bus
URL www.finnair.com
運行:20分に1便
所要:約30分　運賃:€6.70
●市内バス（615番）
運行:1時間に1～4便
所要:40～50分
運賃:€4.60（車内購入の場合€6.50)
●タクシー
運賃:空港から市内の目安は€50～
●エアポート・タクシー Airport Taxi
URL www.airporttaxi.fi
運賃:1～2人€39.50
　　　3～4人€49.50
　　　5～6人€59.50

市内交通

チケットの種類と料金
URL www.hsl.fi
●シングルチケット
ヘルシンキ市内のみ有効
運 €2.80（券売機から購入）
　€4（運転手から購入）
　トラム専用チケット
　€2.50（券売機から購入）
ヘルシンキおよび周辺地域で有効
運 €4.60（運転手から購入）
　€6.50（券売機から購入）
●デイチケット
ヘルシンキ市内のみ有効
運 1日券（24時間有効）€8
　3日券（72時間有効）€16
　7日券（168時間有効）€32
ヘルシンキおよび周辺地域で有効
運 1日券（24時間有効）€12
　3日券（72時間有効）€24
　7日券（168時間有効）€48

タクシー
メーター制だが、タクシー会社によって料金が異なる。一般的な初乗り料金は€3.90。空港発着の場合、初乗り€9.90。そのほか曜日や時間帯により変動する。

空港から市内へのアクセス

✔ ヘルシンキ・ヴァンター国際空港にはターミナルがふたつある

✔ 市内へは鉄道が2路線、空港バス、市バス、エアポート・タクシー、タクシーなどの交通手段がある

　ヘルシンキ・ヴァンター国際空港は、ヘルシンキ市街から北へ約20km離れた所にある。ターミナルはふたつあり、ほかの北欧諸国から到着する**SAS**は**ターミナル1**に、日本からの直行便と国内線を運航する**フィンエアー**は**ターミナル2**に到着する。

鉄道で市内へ　空港地下にある空港駅Lentoasemaとヘルシンキ中央駅の間をリング・レール・ラインRing Rail Lineと呼ばれる郊外鉄道が結んでいる。運行は時計回りのP線と反時計回りのI線の2系統。中央駅にはどちらでも行けるがP線のほうが5分ほど早く着く。空港駅のホームへはターミナルをつなぐ連絡通路の途中にあるエスカレーターでアクセスできる。

空港バス　ターミナル2を出てすぐ右側にフィンエアー・シティ・バスの停留所がある。ヘルシンキ中央駅西横にあるフィンエアー・シティ・ターミナルまで20分に1便、所要約30分。

市内バス　415、615番の市内バスがヘルシンキ中央駅付近まで運行。617番はハカニエミ・マーケットまで行くが便数は少ない。

タクシー　タクシーはメーター制。乗り合いのエアポート・タクシーもあり、こちらは定額になっている。

ヘルシンキの市内交通

✔ ヘルシンキ交通局が地下鉄、市バス、トラム、フェリーを運行している。チケットは共通

✔ ICカード型のチケットは使用開始時に刻印することを忘れずに

　ヘルシンキの公共交通機関はヘルシンキ交通局HSLによって運営されており、共通のチケットシステムを導入している。

チケットの種類　旅行者が利用するのは**シングルチケットKertaliput**と期間内全線有効の**デイチケットVuorokausiliput**の2種類。シングルチケットは、刻印されてから1時間（一部の路線では80分）有効で、有効時間内なら乗り換え自由。トラムにのみ使えるトラム専用チケットRaitiovaunulippuは自動券売機でのみ購入可。デイチケットは1～7日間の合計7種類。1日券は24時間有効。

チケットの購入場所　地下鉄駅やトラムの停留所に設置されている自動券売機やトラム、バスの運転手から買える。❶やキオスクではICカードタイプのデイチケットを販売している。

ICカードタイプは改札が必要　紙のタイプのチケットは、購入したときから有効期限がスタートする。つまり**買いだめはできない**ので注意。乗車時に刻印の必要はない。一方❶やキオスクで購入するICカードタイプは乗車時にカードリーダーにタッチして改札する必要がある。

ホテル

高級	カンプ　　Map P.423B3 Kämp URLwww.hotelkamp.com	
	ラディソン・ブル・プラザ・ヘルシンキ　Map P.423A3 Radisson Blu Plaza Hotle Helsinki URLwww.radissonblu.com	
	ハヴン　　Map P.423B3 Hotel Haven URLwww.hotelhaven.fi	
	カタヤノッカ　　Map P.417A2 Hotel Katajanokka URLwww.hotelkatajanokka.fi	
中級	アルトゥル　　Map P.423A3 Hotel Arthur URLwww.hotelarthur.fi	
	アンナ　　Map P.423C3 Hotel Anna URLwww.hotelanna.fi	

中級

オメナ・ホテル・ロンラティンカツ　Map P.422B2
Omena Hotel Lönnrotinkatu
URLwww.omenahotels.com

クムルス・カッリオ・ヘルシンキ　Map P.417A2
Cumulus Kallio Helsinki URLwww.cumulus.fi

経済的

フィン　Map P.422B2
Hotel Finn URLwww.hotellifinn.fi

コングレシコティ　Map P.423A4
Kongressikoti Hotel URLkongressikoti.fi

ホステル

ホステル・ディアナ・パーク　Map P.422B2
Hostel Diana Park URLwww.dianapark.fi

ユーロホステル　Map P.417A3
Eurohostel URLwww.eurohostel.eu

レストラン

ラヴィントラ・シーホース　Map P.417B2
Ravintola Sea Horse URLwww.seahorse.fi
1934年創業の老舗。タツノオトシゴがシンボルマーク。

ラヴィントラ・サルヴェ　Map P.422C1
Ravintola Salve
海の男に長年愛されてきた店。ニシンのフライが名物。

ソッパケイッティオ　Map P.423B4
Soppakeittiö URLwww.katijafille.fi/soppakeittio
オールド・マーケットホール内にあるスープ専門店。

ラヴィントラかもめ　Map P.422C2
Ravintola KAMOME URLwww.kamome.fi
映画『かもめ食堂』のロケ地。映画と同じ水色と白の内装。

蓮　Map P.422C2
Len's
日本人経営の日本食食堂。メニューは定食が中心。

カフェ・レガッタ　Map P.416A1
Cafe Regatta URLcaferegatta.fi
シベリウス公園に面した、漁師小屋を利用したカフェ。

ショップ

イッタラ・アラビア・ストア・エスプラナーディ　Map P.423B3
Iittala ARABIA Store Esplanadi URLwww.iittala.com
イッタラとアラビアの旗艦店。2店舗が中でつながっている。

マリメッコ・ミコンカツ本店　Map P.423B3
Marimekko Mikonkatu URLwww.marimekko.com
フィンランドを代表するテキスタイルブランド。

アーリッカ　Map P.423B3
Aarikka URLwww.aarikka.com
木のぬくもりを生かしたアクセサリーや小物などを扱う。

ムーミン・ショップ　Map P.422B2
Moomin Shop URLwww.moomin.com
ムーミングッズを探している人はぜひとも訪れたい。

コペンハーゲン

København

コペンハーゲン

・市外局番	なし
・公式サイト	URL www.visitcopenhagen.com
・市内交通	URL dinoffentligetransport.dk

デンマークの首都コペンハーゲン。105mの市庁舎よりも高い建物が禁止されているため、高層ビルはなく、歴史的建物が多く残っている。カラフルな色使いの家々が目に楽しいニューハウンや数々の宮殿、人魚の像などがあり、おとぎの国のように楽しい町だ。

✚ デンマークの基本情報

・国名	デンマーク王国
・人口	約580万人
・首都	コペンハーゲン
・通貨	クローネ (DKK)
	1DKK≒16.21円
	(2019年12月23日現在)

・祝祭日

1/1	新年
1/6	公現祭
4/9 ('20)	洗足木曜日
4/10 ('20)	聖金曜日
4/12 ('20)	復活祭
4/13 ('20)	復活祭翌日の月曜日
5/8 ('20)	祈祷日
5/21 ('20)	昇天祭
5/31 ('20)	聖霊降臨祭
6/1 ('20)	ウィットマンデー
6/5	憲法記念日
12/24	クリスマスイブ
12/25	クリスマス
12/26	ボクシングデー
12/31	大晦日

観光パス＆カード

コペンハーゲン・カード

URL copenhagencard.com
图 24時間399DKK　48時間569DKK
72時間689DKK　120時間899DKK
空港や❶、駅、主要ホテルで購入可。
●乗り放題　市内の公共交通機関
●無料　博物館、美術館、チボリ公園、ローゼンボー離宮、アメリエンボー宮殿、クリスチャンスボー城、運河ツアーなど
●割引　観光ツアー、レンタカー、ロスキレのヴァイキング船博物館など

●公式アプリ

iPhone

Android

町の中心はコンゲンス・ニュートーゥ　町の中心になるのはコンゲンス・ニュートーゥ（王様の新広場）Kongres Nytorv。ここから西の市庁舎広場Råthus Pladsenまで延びる通りが**ストロイエ** Strøgetと呼ばれる歩行者道路。世界の一流ブランドをはじめ、ロイヤル・コペンハーゲンの本店なども並ぶ、北欧を代表するショッピングストリートだ。**チボリ公園やクリスチャンスボー城**など、町のおもな見どころはこの通りから500m以内に集中している。

町の北東　コンゲンス・ニュートーゥから北東へは、ブレドゲード通りBredgadeとストア・コンゲンスゲード通りStore Kongensgadeというふたつの通りが延びており、カステレット要塞まで続いている。途中左右の道に入ると、ローゼンボー離宮、アメリエンボー宮殿へと通じている。

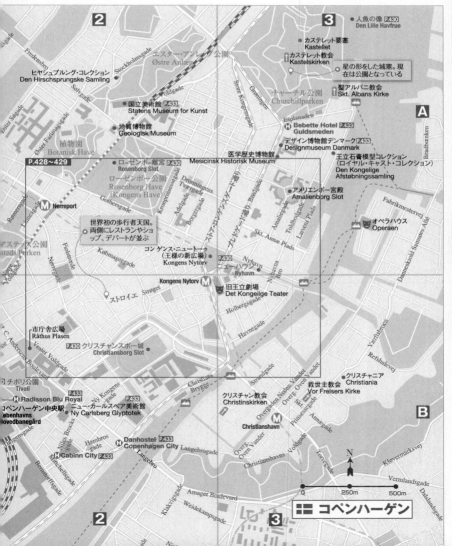

クロアチア

ギリシア

イタリア

スペイン

ポルトガル

フィンランド

デンマーク

ノルウェー

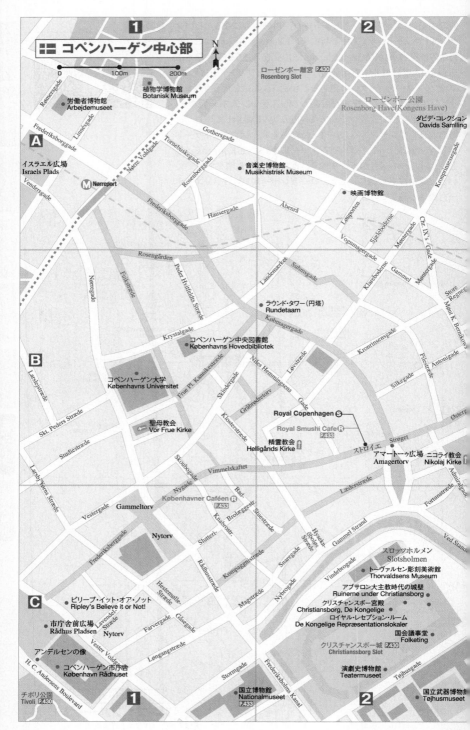

コペンハーゲン中心部

0　100m　200m

N

植物学博物館
Botanisk Museum

ローゼンボー離宮 P.430
Rosenborg Slot

ローゼンボー公園
Rosenborg Have(Kongens Have)

労働者博物館
Arbejdemuseet

ダビデ・コレクション
Davids Samlling

イスラエル広場
Israels Plads

音楽史博物館
Musikhistrisk Museum

映画博物館

M Nørreport

ラウンド・タワー（円塔）
Rundetaarn

コペンハーゲン中央図書館
Københavns Hovedbibliotek

コペンハーゲン大学
Københavns Universitet

聖母教会
Vor Frue Kirke

Royal Copenhagen S

Royal Smushi Cafe R P.433

精霊教会
Helligånds Kirke

ストロイエ
アマートーゥ広場　ニコライ教会
Amagertorv　Nikolaj Kirke

Strøget

Københavner Caféen R P.433

Gammeltorv

Nytorv

スロッツホルメン
Slotsholmen

トーヴァルセン彫刻美術館
Thorvaldsens Museum

ビリーブ・イット・オア・ノット！
Ripley's Believe it or Not!

アブサロン大主教時代の城壁
Ruinerne under Christiansborg

クリスチャンスボー宮殿
Christiansborg, De Kongelige

ロイヤル・レセプション・ルーム
De Kongelige Repræsentationslokaler

市庁舎前広場
Rådhus Pladsen

Nytorv

国会議事堂
Folketing

クリスチャンスボー城 P.430
Christiansborg Slot

アンデルセンの像

コペンハーゲン市庁舎
København Rådhuset

演劇史博物館
Teatermuseet

チボリ公園
Tivoli P.430

国立博物館
Nationalmuseet P.433

国立武器博物館
Tøjhusmuseet

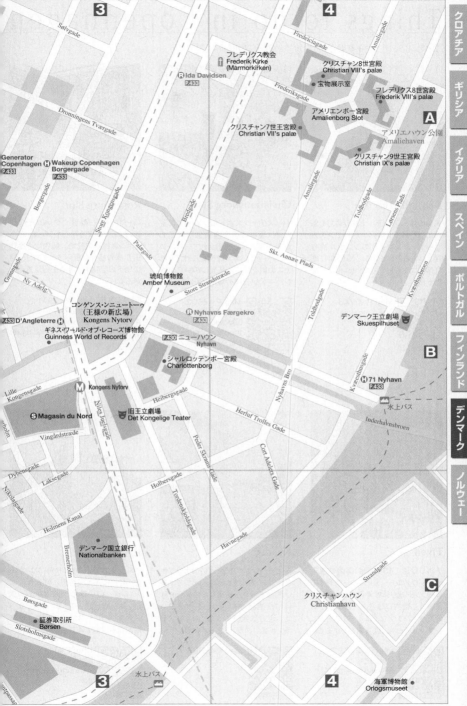

3

Sølvgade

4

Fredeiciagade

Amaliegade

フレデリクス教会
Frederik Kirke
(Marmorkirken)

クリスチャン8世宮殿
Christian VIII's palæ

Frederiksgade

● 宝物展示室

フレデリクス8世宮殿
Frederik VIII's palæ

Ⓡ Ida Davidsen
P.433

アメリエンボー宮殿
Amalienborg Slot

A

Dronningens Tværgade

クリスチャン7世王宮殿
Christian VII's palæ

アマリエハウン公園
Amaliehaven

Amaliegade

クリスチャン9世王宮殿
Christian IX's palæ

Generator
Copenhagen Ⓗ Wakeup Copenhagen
P.433   Borgergade
P.433

Borgergade

Store Kongensgade

Bredgade

Toldbodgade

Larsens Plads

Palægade

Skt. Annæe Plads

Grønnegade

Ny Adelg.

琥珀博物館
Amber Museum

Store Strandstræde

Toldbodgade

Kvæsthusbroen

P.433 D'Angleterre Ⓗ

コンゲンス・ニュートーゥ
（王様の新広場）
Kongens Nytorv

Ⓡ Nyhavns Færgekro
P.433

デンマーク王立劇場
Skuespilhuset

ギネス・ワールド・オブ・レコーズ博物館
Guinness World of Records

P.430 ニューハウン
Nyhavn

Nyhavns Bro

B

Kvæsthusgade

シャルロッテンボー宮殿
Charlottenborg

Ⓗ 71 Nyhavn
P.433

Lille
Kongensgade

Ⓜ Kongens Nytorv

Heibergsgade

水上バス

Niels Juels Gade

Inderhavnsbroen

Ⓢ Magasin du Nord

旧王立劇場
Det Kongelige Teater

Herluf Trolles Gade

Vingårdstræde

Peder Skrams Gade

Cort Adelers Gade

Dybensgade

Laksegade

Holbergsgade

Nikolajgade

Tordenskjoldsgade

Holmens Kanal

Havnegade

デンマーク国立銀行
Nationalbanken

Bremerholm

Strandgade

C

Børsgade

クリスチャンハウン
Christianhavn

証券取引所
Børsen

Slotsholmsgade

3   水上バス

4

海軍博物館
Orlogsmuseet

クロアチア

ギリシア

イタリア

スペイン

ポルトガル

フィンランド

デンマーク

ノルウェー

Things to do in Copenhagen

コペンハーゲンとその周辺のおすすめ観光スポット

Den Lille Havfrue

人魚の像　アンデルセンの童話を題材にした像で、コペンハーゲンのみならず、デンマークのシンボル的存在として知られている。1913年に彫刻家のエドワード・エッセンによって作られた。

 Map P.427A3

Map Link

Christiansborg Slot

クリスチャンスボー城　かつての王宮で、現在は国会議事堂や女王の謁見の間として利用されている。コペンハーゲンは、12世紀に建てられたこの城を中心に発展しており、コペンハーゲン発祥の場所ともいえる。

 Map P.428C2
Data P.471
URL www.
thedanishparliament.
dk

Map Link

Rosenborg Slot

ローゼンボー離宮　クリスチャン4世によって建てられたオランダ・ルネッサンス様式の建物。城内は、歴代王所有の品々が展示されており、特に地下の宝物館にある王冠は見応えがある。

 Map P.428A1・2
Data P.471
URL www.
kongernessamling.dk

Map Link

Tivoli

チボリ公園　1843年の開園の遊園地で、ウォルト・ディズニーがディズニーランド造りに参考にしたといわれている。園内にはさまざまな乗り物のほか、パントマイム・シアターやコンサートホール、飲食店などがある。

 Map P.427B2
Data P.471
URL www.tivoli.dk

Map Link

Nyhavn

ニューハウン　運河沿いのカラフルな家並みが広がる地区。かつては長い航海を終えた船乗りたちが羽を伸ばす居酒屋がにぎわいをみせていた。現在は観光客をもてなすレストランが並ぶスポットとして有名。

 Map P.429B3・4

Map Link

Helsingør

ヘルシンオア　コペンハーゲンの北約44kmにある港町で、町外れには『ハムレット』の舞台として知られるクロンボー城が建っている。ルネッサンスおよびバロック様式の城で、世界遺産にも登録されている。

 Data P.471
URL www.
visitnorthsealand.
com

Map Link

& its surroundings

クロアチア

ギリシア

イタリア

スペイン

ポルトガル

フィンランド

デンマーク

ノルウェー

Roskilde

ロスキレ　コペンハーゲンに遷都されるまでデンマークの首都だった町。ロスキレ大聖堂は、北欧を代表する教会として知られ、40人にもおよぶデンマーク王族の墓がある。ヴァイキング船を展示する博物館もある。

Data P.471
URLwww.visitroskilde.com
Map Link

Odense

オーデンセ　フュン島中心部にあるデンマーク第4の町。町の歴史は古く、名前は北欧神話のオーディーンに由来している。アンデルセンが生まれ育ったことで知られ、アンデルセンの生家や博物館がある。

Data P.471
URLwww.visitodense.com
Map Link

Legoland

レゴランド　レゴ本社のあるBillundの郊外にあるテーマパークで、世界に8つあるレゴランドのなかでも最初にオープンしたもの。レゴで町を再現したり、さまざまな乗り物があるなど、遊び心にあふれている。

Data P.472
URLwww.legoland.dk
Map Link

What to eat in Denmark

デンマーク美味ガイド

Flæskesteg

フレスケスタイ　皮付きの豚肉をローストしたデンマークの家庭料理。豚もも肉に塩とコショウをすり込んで焼き上げる。

Frikadeller

フリッカデーラ　デンマーク風のハンバーグ。豚や牛のひき肉以外に、白身魚を使うことも。ブラウンソースで召し上がれ。

Wienerbrød

ウィナーブロード　デニッシュ・ペストリーのことで、デンマーク語で「ウィーンのパン」という意味。いくつか種類があり、こちらはロムスネイルRomsnegl。

**コペンハーゲン・
カストロップ国際空港 (CPH)**
Copenhagen Kastrup Airport
URL www.cph.dk
●デンマーク国鉄DSB
URL www.dsb.dk
運行:約10分に1便
所要:中央駅まで約14分
運賃:36DKK
チケットはDSBの切符売り場か自動券
売機で購入できる。
●地下鉄
URL www.m.dk
運行:4～20分に1便
所要:コンゲンス・ニュートーゥ駅まで約
17分
運賃:36DKK
●市内バス (5C番)
URL dinoffentligetransport.dk
運行:約10分に1便
所要:中央駅まで約30分
運賃:36DKK
チケットはDSBの券売機で購入できる。
●タクシー
運賃:空港から市内へは260DKK程度

チケットの種類と料金
URL dinoffentligetransport.dk
●シングルチケット
料 24DKK (1～2ゾーン分)
　 36DKK (3ゾーン分)
　 48DKK (4ゾーン分)
　 60DKK (5ゾーン分)
●シティ・パス
料 24時間　80DKK (4ゾーン分まで)
　 72時間　200DKK (4ゾーン分まで)
●24時間チケット
料 160DKK (全ゾーン共通)

タクシー料金

タクシーはメーター制。初乗り料金は
は37DKKで、1kmごとに15.25DKK
ずつ加算される。祝日と金・土曜の夜間
(23:00～ 翌7:00) は 基 本 料 金 が
50DKKで1kmごとに19.15DKKずつ
加算される。メーターの料金には付加
価値税とチップを含む。

空港から市内へのアクセス

✓ コペンハーゲン・カストロップ国際空港にはターミナルがふたつある

✓ 市内への交通手段は鉄道、地下鉄、市内バス、タクシーなど

　コペンハーゲン・カストロップ国際空港は、コペンハーゲン市街
から約10km南に位置する。現在ターミナル2と3が利用されてお
り、SASはターミナル3を利用している。日本からの直行便もター
ミナル3に到着する。

鉄道、地下鉄　デンマーク国鉄DSBの列車が、空港とコペンハ
ーゲン中央駅を結んでいる。路線は何種類あり、行き先が同じ
でも、中央駅に停車しない列車もある。列車は2番線から発車し、
3つ目の駅が中央駅。また、地下鉄も空港に直結しているが、中
央駅は経由せず、クリスチャンハウン駅、コンゲンス・ニュートー
ゥ駅、ノアポート駅などに停車する。

市内バス　5Cのバスが空港とコペンハーゲン中央駅を結んでい
る。バス停はターミナル3のタクシー乗り場の方向へ出て、線路を
越えたところにある。

タクシー　ターミナル3の出口にタクシー乗り場がある。料金はメ
ーター制で、市内まで約20分。

コペンハーゲンの市内交通

✓ 市内交通のチケットは共通

✓ 市内はいくつかのゾーンに分かれており、いくつのゾーンにまたが
って移動するかによって料金が異なる

　市内の公共交通は、エストー S-togと呼ばれる近郊列車、市バ
ス、地下鉄の3種類がある。それぞれ運行会社は別だが、チケッ
トは共通のものが採用されている。

町はゾーン分けされている　コペンハーゲンを含むシェラン島の
ほぼ全域はいくつかのゾーンに分割されている。出発地から目的
地までいくつのゾーンを通るかによって、料金は異なる。駅やバ
ス停にはゾーン分けの表示があるので、ゾーンの数を確認してお
こう。コペンハーゲン市内の移動ならほとんどゾーンふたつ分で
収まる。また、デンマーク国鉄の普通列車Reも、ゾーン内なら同
じチケットで利用できる。

チケットの有効期限　シングルチケットは、制限時間内なら乗り
換え自由。制限時間はゾーンによって異なっており、1～2ゾーン
分のチケットなら1時間15分、3ゾーン分なら1時間30分で、以降
ゾーンひとつ分につき15分ずつ追加される。チケットは購入した
ときの日時があらかじめ刻印されているので、あらためて刻印す
る必要はない。駅などで見かける読み取り機は、在住者向けの
交通カード用のものなので、旅行者は無視していい。

チケットの購入　チケットの購入は、駅の自動券売機などででき
る。市バスの場合は、ドライバーからも購入可能。

コペンハーゲンINDEX Hotel Restaurant Museum

クロアチア
ギリシア
イタリア
スペイン
ポルトガル
フィンランド
デンマーク
ノルウェー

ホテル

高級	ダングレテール　　　　　　Map P.429B3 Hotel D'Angleterre URLwww.dangleterre.com	シティ・ホテル・ネボ　　　　Map P.426B1 City Hotel Nebo URLwww.nebo.dk
	ラディソン・ブル・ロイヤル　　Map P.427B2 Radisson Blu Royal URLwww.radissonblu.com	サガ　　　　　　　　　　　Map P.426B1 Saga Hotel URLsagahotel.dk
	71ニューハウン　　　　　　Map P.429B4 71 Nyhavn Hotel URLwww.71nyhavnhotel.com	キャビン・シティ　　　　　　Map P.427B2 Cabinn City URLwww.cabinn.com
中級	アブサロン　　　　　　　　Map P.426B1 Absalon Hotel URLwww.absalon-hotel.dk	ウェイクアップ・コペンハーゲン　Map P.429A3 Wakeup Copenhagen Borgergade URLwww.wakeupcopenhagen.dk
	アンデルセン・ブティック・ホテル　Map P.426B1 Andersen Boutique Hotel Copenhagen URLwww.andersen-hotel.dk	ダンホステル・コペンハーゲン・シティ　Map P.427B2 Danhostel Copenhagen City URLwww.danhostelcopenhagencity.dk
	ベベット・ホテル・グルズメデン　Map P.427A3 Bebette Hotel Guldsmeden URLwww.guldsmedenhotels.com	ジェネレーター・コペンハーゲン　Map P.429A3 Generator Copenhagen URLstaygenerator.com

(左欄: 高級／中級、右欄: 経済的／ホステル)

レストラン

ニューハウン・ファーゲクロ　　　Map P.429B3
Nyhavns Færgekro URLwww.nyhavnsfaergekro.dk
1765年建造の建物を利用した老舗レストラン。

イダ・ダヴィッドセン　　　　　　Map P.429A3
Ida Davidsen URLidadavidsen.dk
カジュアルなスタイルのスモーブロー専門店。

コペンハブナー・カフェーン　　　Map P.428C1
Københavner Caféen URLkøbenhavnercafeen.dk
コペンハーゲンプレート（2人前）が人気のデンマーク料理店。

東京　　　　　　　　　　　　　Map P.426B1
Restaurant Tokyo URLwww.tokyorestaurant.dk
北欧で最初にできた日本料理のレストラン。

ロイヤル・スムーシ・カフェ　　　Map P.428B2
Royal Smushi Cafe URLwww.royalsmushicafe.dk
ロイヤル・コペンハーゲン本店の中庭にあるカフェ。

グラノラ　　　　　　　　　　　Map P.426B1
Granola URLwww.granola.dk
1930年代をイメージしたレトロな内装が魅力のカフェ。

博物館&美術館

国立博物館　　　　　　　　Map P.428C1·2
Nationalmuseet URLnatmus.dk
先史時代から現代まで幅広い収蔵品を展示。

国立美術館　　　　　　　　Map P.427A2
Statens Museum for Kunst URLwww.smk.dk
デンマークとオランダの絵画と彫刻が充実。

ニュー・カールスベア美術館　　Map P.427B2
Ny Carlsberg Glyptotek URLwww.glyptoteket.dk
カールスバーグ創始者一族のコレクションを展示。

デザイン博物館デンマーク　　Map P.427A3
Designmuseum Danmark URLwww.designmuseum.dk
デンマークデザインの魅力と歴史に触れる。

- **市外局番** なし
- **公式サイト** URL www.visitbergen.com
- **市内交通** URL www.skyss.no

デンマークの基本情報

国名	ノルウェー王国
人口	約532万人
首都	オスロ
通貨	クローネ (NOK) 1NOK≒11.98円 (2019年8月6日現在)

祝祭日

1/1	新年
4/5 ('20)	しゅろの主日
4/9 ('20)	洗足木曜日
4/10 ('20)	聖金曜日
4/12 ('20)	復活祭
4/13 ('20)	復活祭翌日の月曜日
5/1	メーデー
5/21 ('20)	昇天祭
5/17	憲法記念日
5/31 ('20)	聖霊降臨祭
6/1 ('20)	ウィットマンデー
12/25	クリスマス
12/26	ボクシングデー
12/31	大晦日

空港から市内へ

ベルゲン空港 (BGO)
Bergen Airport
URL avinor.no
●**ベルゲン・ライト・レール**
　Bergen Light Rail
URL www.skyss.no
運行:5〜20分に1便
所要:市民公園Byparkenまで約45分
運賃:38NOK(事前購入)
●**空港バスFlybussen**
URL www.flybussen.no
運行:15分に1便
所要:ベルゲン駅近くのバスターミナル
まで所要約30分
運賃:115NOK

アプリ

ベルゲンと周辺の交通アプリ

iPhone　　　　Android

ノルウェーの西部海岸線、フィヨルド地方にあるノルウェー第2の都市。中世にはハンザ同盟都市として栄え、名産の干しダラの輸出によって興隆を極めた。当時の木造の建築物がよく保存されていることから世界遺産にも登録されている。フィヨルド観光の拠点としても知られており、雄大な景色を求めて世界中からの観光客を集めている。

港周辺 町は港周辺と駅周辺の大きくふたつのエリアに分かれている。港周辺は木造建築が並び、世界遺産にもなっている**ブリッゲン**をはじめとした観光の中心。港沿いにはホテルやシーフードレストランが林立しており、❶もここにある。

鉄道駅周辺 駅は港の南に位置しており、徒歩で約20分。ベルゲン観光よりもフィヨルドツアーに重点をおいているなら、駅のそばに宿を取るのもいいだろう。駅の西側、人造湖Smålungerenを中心としたあたりは広い公園になっている。空港と結ぶ路面電車のベルゲン・ライトレイルBybanenはここに発着する。

ベルゲンの市内交通

✔ 公共交通はバスとライトレイルの2種類があるが、町なかの観光は徒歩で十分

✔ チケットはバス、ライトレイルとも共通。運転手から直接購入できるが、事前に購入するより割高になる

　町はコンパクトにまとまっているので、ベルゲン市内の観光なら、公共交通機関は特に必要ない。公共交通は市内バスのほか、ベルゲン・ライトレイルという路面電車がある。ただし、ライトレイルは空港や郊外の見どころに行くときには利用できるが、町なかを走っているわけではない。

チケットの種類 公共交通機関のチケットは、市内バス、ライトレイルともに共通。チケットはゾーン制になっているが、空港を含めて観光客の利用するのは1〜2ゾーン内に収まっている。

チケットの購入 チケットの購入は、停留所の自動券売機やキオスクでできるほか、車内でも購入できる。ただし運転手から購入する場合は、現金しか使えず、さらに割高になるので、できるだけ事前に購入しておいたほうがよい。1〜2ゾーンの料金は、事前購入で、38NOK。チケットは乗車時に車内に設置されている刻印機に挿入して、日時を刻印すること。刻印を忘れると検札時に罰金の対象になる。

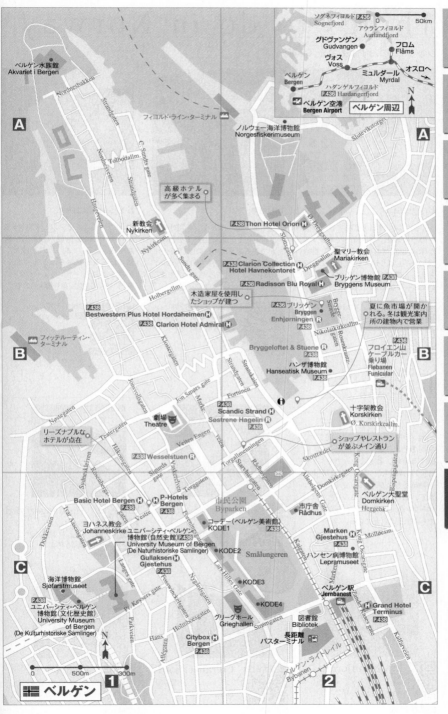

クロアチア
ギリシア
イタリア
スペイン
ポルトガル
フィンランド
デンマーク
ノルウェー

ベルゲン周辺

ソグネフィヨルド P.436
Sognefjord

50km

グドヴァンゲン
Gudvangen

アウランフィヨルド
Aurlandfjord

ヴォス
Voss

フロム
Flåms

ベルゲン
Bergen

ミュルダール
Myrdal

オスロへ

ベルゲン空港 P.436
Bergen Airport

ハダンゲルフィヨルド P.436 Hardangerfjord

N

ベルゲン水族館
Akvariet i Bergen

フィヨルド・ライン・ターミナル

ノルウェー海洋博物館
Norgesfiskerimuseum

A

高級ホテル
が多く集まる

P.438 Thon Hotel Orion H

新教会
Nykirken

聖マリー教会
Mariakirken

P.438 Clarion Collection
Hotel Havnekontoret

ブリッゲン博物館 P.438
Bryggens Museum

P.438 Radisson Blu Royal H

木造家屋を使用し
たショップが建つ

ブリッゲン P.436
Bryggen

夏に魚市場が開か
れる。冬は観光案内
所の建物内で営業

Bestwestern Plus Hotel Hordaheimen H

エンヨーニンゲン
Enhjørningen
P.438

P.438 Clarion Hotel Admiral H

フィッテルーティン・
ターミナル

Bryggeloftet & Stuene R
P.438

フロイエン山
ケーブルカー
乗り場
Fløibanen
Funicular

ハンザ博物館
Hanseatisk Museum P.438

B

リーズナブルな
ホテルが点在

劇場
Theatre

Scandic Strand H
Søstrene Hagelin R
P.438

十字架教会
Korskirken

P.438 Wesselstuen R

ショップやレストラン
が並ぶメイン通り

Basic Hotel Bergen H
P.438

P-Hotels
Bergen
P.438

市民公園
Byparken

市庁舎
Rådhus

ベルゲン大聖堂
Domkirken

ヨハネス教会
Johanneskirke

ユニバーシティ・ベルゲン
博物館（自然史館）P.438
University Museum of Bergen
(De Naturhistoriske Samlinger)

コーデー（ベルゲン美術館）
KODE1

KODE2

Smålungeren

Marken H
Gjestehus
P.438

ハンセン病博物館
Lepramuseet

Gullaksen H
Gjestehus
P.438

海洋博物館
Sjøfartsmuseet

KODE3

ベルゲン駅
Jernbanest.

P.438
ユニバーシティ・ベルゲン
博物館（文化歴史館）
University Museum
of Bergen
(De Kulturhistoriske Samlinger)

KODE4

H Grand Hotel
Terminus
P.438

N

グリーグホール
Grieghallen

図書館
Bibliotek

Citybox
Bergen
P.438

長距離
バスターミナル

ベルゲン・ライトレイル
Bybanen

500m

300m

ベルゲン

1

2

Things to do in Norway

ノルウェーのおすすめ観光スポット

Bryggen

ブリッゲン　埠頭を意味するベルゲンの歴史地区。港に沿ってカラフルな木造倉庫が並び、ハンザ同盟時代には干しダラの一大集積所として栄えた。現在はショップや工房も多いおしゃれなエリアになっている。

Map P.435B2
Data P.472
Map Link

Fløyen

フロイエン山　ベルゲンの町からケーブルカーで一気に山頂まで行くことができる高さ320mの山。頂上にはレストランやカフェがあり、ベルゲンの町全体を見下ろすことができる景勝スポットとして人気。

Map P.435B2外
Data P.472
URL floyen.no
Map Link

Bergen Express

ベルゲン急行　オスロとベルゲンを結ぶ471.2km、所要7時間の路線。森や湖、氷河、フィヨルドと変化に富んだ風景が眺められるヨーロッパ屈指の景勝ルート。ミュールダール駅でフロム鉄道に乗り換えられる。

Data P.472
URL www.vy.no
Map Link

Fjord

フィヨルド巡り

　西ノルウェーのフィヨルド地方は、名前のとおり無数のフィヨルドが連続する地域。数あるなかでもダイナミックな風景と、アクセスのしやすさを兼ねたものが5大フィヨルドと呼ばれている。ソグネフィヨルドとハダンゲルフィヨルドはベルゲンから日帰りでも訪れることができる。

Sognefjord
ソグネフィヨルド
Map P.435A2
Data P.472
Map Link

Hardangerfjord
ハダンゲルフィヨルド
Map P.435A2
Data P.472
Map Link

Nordfjord
ノールフィヨルド
Data P.472
Map Link

Geirangerfjord
ガイランゲルフィヨルド
Data P.472
Map Link

Lysefjod
リーセフィヨルド
Data P.473
Map Link

クロアチア / ギリシア / イタリア / スペイン / ポルトガル / フィンランド / デンマーク / ノルウェー

Oslo

オスロ　オスロフィヨルドの最北端にあるノルウェーの首都。オスロ市市庁舎で行われるノーベル平和賞の授賞式でも有名だ。町は1050年にヴァイキング王ハーラル・ホールローデによって作られたが、その後火事で焼失したため、17世紀にデンマーク王クリスチャン4世が新たに作り直した。

ノルウェーが生んだ巨匠ムンクの『叫び』を収蔵する国立美術館のほか、ムンク作の絵画や版画を集めたムンク美術館は必見。発掘された実物の船が見られるヴァイキング船博物館やユニークな彫刻が並ぶヴィーゲラン公園など郊外にも見どころは多い。

Data P.473
URL www.visitoslo.com
Map Link

Tromsø

トロムソ　ほぼ北緯70度に位置する北極圏最大の町。高緯度のわりには暖流の影響で温暖なため、北極探検や極地研究の場として重要な役割を担ってきた。冬はオーロラウオッチングの拠点としてもにぎわいを見せる。

Data P.473
URL www.visittromso.no
Map Link

What to eat in Norway

ノルウェー美味ガイド

Bacalao

バカラオ　塩漬けにして干したタラを、たっぷりの野菜と一緒にトマトで煮込んだもの。トマトの酸味と干しダラのしょっぱみがよく合う。

Tarsketunger

タシュケトンガ　タラの舌を油でカラリと揚げたもの。中はもちっとした食感。軽くレモンを搾り、ソースを付けて食べよう。

Fårikål

フォーリコール　ヒツジ肉とキャベツをコンソメスープで煮込んだ料理。あっさりした味わいは日本人の口にも合う。

437

ホテル

高級	ラディソン・ブル・ロイヤル　Map P.435B2 Radisson Blu Royal　URLwww.radissonhotels.com	
	クラリオン・コレクション・ハブネコントレ　Map P.435B2 Clarion Collection Hotel Havnekontoret URLwww.nordicchoicehotels.no	
	クラリオン・ホテル・アドミラル　Map P.435B2 Clarion Hotel Admiral URLwww.nordicchoicehotels.no	
	グランド・ホテル・テルミヌス　Map P.435C2 Grand Hotel Terminus URLwww.grandterminus.no	
中級	トーン・ホテル・オリオン　Map P.435A2 Thon Hotel Orion URLwww.thonhotels.no	
	シティボックス・ベルゲン　Map P.435C1 Citybox Bergen　URLcitybox.no	

中級	スカンディック・ストランド　Map P.435B2 Scandic Strand　URLwww.scandichotels.com
	ベストウエスタン・ホルダヘイメン　Map P.435B1 Bestwestern Plus Hotel Hordaheimen URLwww.hordaheimen.no
	マルケン・ギュステヒュース　Map P.435C2 Marken Gjestehus URLwww.marken-gjestehus.com
	ピー・ホテルズ・ベルゲン　Map P.435C1 P-Hotels Bergen　URLp-hotels.no
	ベーシック・ホテル・ベルゲン　Map P.435C1 Basic Hotel Bergen　URLwww.basichotels.no
経済的	グラクセン・ゲステヒュース　Map P.435C1 Gullaksen Gjestehus URLwww.gullaksen-gjestehus.no

レストラン

エンヨーニンゲン　Map P.435B2
Enhjørningen　URLwww.enhjorningen.no
14世紀建造の建物を利用したシーフードレストラン。

ソーステレネ・ハーゲリン　Map P.435B2
Søstrene Hagelin　URLwww.sostrenehagelin.no
ホームメイドの魚料理が評判で料金も手頃。

ブリッゲロフテ＆ステューエナ　Map P.435B2
Bryggeloftet & Stuene　URLbryggeloftet.no
1910年創業の老舗。近海の魚類を使ったメニューが評判。

ウェッセルステューエン　Map P.435B1
Wesselstuen　URLwww.wesselstuen.no
トナカイ肉やタラ料理など、ノルウェー伝統料理が人気。

博物館＆美術館

コーデー（ベルゲン美術館）　Map P.435C1・2
KODE　URLkodebergen.no
4館からなる美術館で、多彩なコレクションを誇る。

ユニバーシティ・ベルゲン博物館　Map P.435C1
University Museum of Bergen
URLwww.uib.no/en/universitymuseum
自然史館と文化歴史館からなる総合博物館。

ハンザ博物館　Map P.435B2
Hanseatiske Museum
URLhanseatiskemuseum.museumvest.no
1704年築の商館を利用し、ハンザ商人の暮らしを再現。

ブリッゲン博物館　Map P.435B2
Bryggens Museum　URLwww.bymuseet.no
模型や発掘物で、ブリッゲンやベルゲンの歴史を学べる。

イギリス P.182〜223

ロンドン London
リヴァプールから
🚉ライム・ストリート駅から所要約2時間20分

大英博物館 The British Museum
🚇地下鉄トテナム・コート・ロード駅Tottenham Court Road下車
🏠Great Russell St., WC1B 3DG
☎(020) 73238000 URL www.britishmuseum.org
🕐ギャラリー10:00〜17:30（金〜20:30）
（特定の時間にしか開かないところもある）
グレートコート9:00〜18:00（金〜20:30）
休1/1、12/24〜26 料寄付歓迎 特別展は有料
オーディオガイド（日本語あり）£7 学生£6
オーディオガイドの貸出は閉館の1時間前まで

ロンドン塔 Tower of London
🚇地下鉄タワー・ヒル駅Tower Hill下車
🏠Tower Hill, EC3N 4AB
☎(020) 31666000 URL www.hrp.org.uk
🕐3〜10月9:00〜17:30（日・月10:00〜17:30）
11〜2月9:00〜16:30（日・月10:00〜16:30）
※最終入場は閉館の30分前
ビーフィーター（塔の守衛）によるガイドツアーは夏期15:30
（冬期14:30）まで
休1/1、12/24〜26 料£27.50 学生£21.50

ロンドン・アイ London Eye
🚇地下鉄ウォータールー駅Waterloo下車
🏠Westminster Bridge Rd., SE1 7PB
URL www.londoneye.com
🕐9〜5月11:00〜18:00 6〜8月10:00〜20:30
4月上旬、年末等は時間延長あり
休12/25、1月中旬〜下旬 料£27〜40
■ロンドン・アイ公式ガイドアプリ（英語）
iphone　　　　　Android

バッキンガム宮殿 The Buckingham Palace
🚇地下鉄ヴィクトリア駅Victoria下車
🏠Buckingham Palace Rd., SW1A 1AA
URL www.rct.uk
■衛兵交代式
🕐11:00〜（月により異なるが、月・水・金・日に行われる
ことが多い。夏期は毎日開催）
王室関係や国賓の滞在中、天候などの諸事情により変更
になることもある
休火・木・土（月によって異なる） 料無料
■宮殿の内部見学
🕐7/20〜8/31 9:30〜19:30（最終入場17:15）
9/1〜29 9:30〜18:30（最終入場16:15）
料£26.50 学生£24
チケットの予約は上記ウェブサイトへ

ビッグ・ベンと国会議事堂
Big Ben & The Palace of Westminster
🚇地下鉄ウェストミンスター駅Westminster下車

🏠Victoria Embankment, SW1A 2LW
☎(020) 72194114 URL www.parliament.uk
■チケットオフィス
🕐10:00〜16:00（土8:45〜16:45） 休日・祝
■ガイドツアー
毎週土曜（夏期は平日に行われる日も）。チケット購入時
に出発時間を指定 休日〜金 料£26.50
■オーディオツアー
音声ガイド（日本語はない）を聞きながら回る
休日〜金 料£19.50
チケット予約は上記のチケット・オフィスかウェブサイト

ウェストミンスター寺院
Westminster Abbey
🚇地下鉄ウェストミンスター駅Westminster下車
🏠20 Dean's Yard, SW1P 3PA
☎(020) 72225152 URL www.westminster-abbey.org
🕐9:30〜16:30（水〜19:00）
※最終入場は閉館の1時間前。日によって頻繁に開館時
間が変わるので要確認
休日、不定休 料£24 学生£21 ガイドツアー£18
クイーンズ・ダイヤモンド・ジュビリー・ギャラリーズ£5

セント・ポール大聖堂 St Paul's Cathedral
🚇地下鉄セント・ポールズ駅St Paul's下車
🏠St Paul's Churchyard, EC4M 8AD
☎(020) 72468350 URL www.stpauls.co.uk
🕐8:30〜16:30 ※最終入場16:30 休日
料£20 学生£17.50（ガイドツアーやオーディオガイドも
料金に含まれる）

ビュー・フロム・ザ・シャード
The View from the Shard
🚇地下鉄ロンドン・ブリッジ駅London Bridge下車
🏠Joiner St., SE1 9QU ☎03444997222
URL www.theviewfromtheshard.com
🕐3月下旬〜11/2 10:00〜22:00
11/3〜3月下旬10:00〜19:00（木〜土10:00〜22:00）
※最終入場は1時間前 休12/25 料£24〜39

タワー・ブリッジ Tower Bridge
🚇地下鉄タワー・ヒル駅Tower Hill下車
🏠Tower Bridge Rd., SE1 2UP
☎(020) 74033761 URL www.towerbridge.org.uk
🕐9:30〜17:30
休12/24〜26 料£9.80 学生£6.80

ナショナル・ギャラリー National Gallery
🚇地下鉄チャリング・クロス駅Charing Cross下車
🏠Trafalgar Sq., WC2N 5DN
☎(020) 77472885 URL www.nationalgallery.org.uk
🕐10:00〜18:00（金〜21:00）
休1/1、12/24〜26 料無料、特別展は有料
オーディオガイド（日本語あり）£5 学生4.50
■絵画解説アプリ（英語）
iphone　　　　　Android

カンタベリー Canterbury
ロンドンから
🚃セント・パンクラス駅から所要約1時間、チャリング・クロス駅から所要約1時間40分

カンタベリー大聖堂 Canterbury Cathedral
🏠The Precincts, CT1 2EH　☎(01227) 762862
🔗www.canterbury-cathedral.org
🕐夏期9:00～17:30（日→16:30）
　冬期9:00～17:00（日10:00～16:30）
※最終入場は閉館の30分前
🚫基本的には無休だが、儀式などで入場不可になる時間帯もある。上記電話番号で確認を
💷£12.50　学生£10.50

ストーンヘンジ Stonehenge
ロンドン・ウォータールー駅発
🚃1時間に1便程度。所要約1時間30分
ソールズベリSalisbury
🚌駅前からストーンヘンジ・ツアー・バスに乗り、所要約33分
ストーンヘンジ・ビジターセンター前着
ストーンヘンジの遺跡まではシャトルトレインが運行
🏠Nr Amesbury, Wiltshire, SP4 7DE
☎03703331181　🔗www.english-heritage.org.uk
🕐4・5月、9/1～10/16 9:30～19:00
　6～8月9:00～20:00
　10/17～3/29 9:30～17:00
🚫12/24・25　💷£21.10　学生£19
■ストーンヘンジ音声ガイドアプリ（英語）
iphone　　　　　Android

■ストーンヘンジ・ツアーバス
🔗www.thestonehengetour.info
6/2～8/31 9:30～17:00の30分～1時間に1便
4/7～6/1・9/1～10/12 10:00～16:00の毎正時
10/13～4/6 10:00～14:00の毎正時
所要：約33分　運賃：£31.50（ストーンヘンジとオールド・セーラムの入場料込）

バース Bath
ロンドンから　🚃パディントン駅から約1時間30分
■バースの観光案内所❶
🏠Bridgwater House, 2 Terrace Walk, BA1 1LN
☎(01225) 614420　🔗visitbath.co.uk
🕐9:30～17:30（日10:00～16:00）
🚫12/25・26、1/1、冬期の日曜

ローマン・バス The Roman Baths
🏠Stall St., BA1 1LZ　☎(01225) 477785
🔗www.romanbaths.co.uk
🕐3～6月下旬・9・10月9:00～18:00
　6月下旬～8月9:00～22:00
　11～2月9:30～18:00　※最終入場は閉館の1時間前
🚫12/25・26　💷£18～20　学生£16.50～18.50

コッツウォルズ Cotswolds
公共交通機関で回るなら北部の起点はチェルトナム、南部の起点はサイレンセスターやバース。コッツウォルズ域内のバス路線は限られているので、ロンドン発の1日ツアー（→P.211）を利用するのが便利
ロンドンからチェルトナムへ
🚃パディントン駅から約2時間15分

■チェルトナムの観光案内所❶
🏠The Wilson, Clarence St., GL50 3JT
☎(01242) 387492
🔗www.visitcheltenham.com
🕐9:30～17:15（木9:30～19:45、日11:00～16:00）
🚫12/24～26・31、1/1、イースター
チェルトナム美術館&博物館内にある。

ロンドンからサイレンセスターへ
🚌ヴィクトリア・コーチ・ステーションから7:30 10:00 12:30 15:00 16:30 17:30 18:00 19:30 20:30など所要2時間5分～3時間10分。町の東側のロンドン・ロードLondon Rd.に到着

■サイレンセスターの観光案内所❶
🏠Park St., GL7 2BX　☎(01285) 654180
🕐4～10月10:00～17:00（日14:00～17:00）
　11～3月10:00～16:00（日14:00～16:00）
🚫12/23～26、1/1

オックスフォード Oxford
ロンドンから
🚃パディントン駅から所要約1時間10分
🚌ヴィクトリア駅からX40、Oxford Tubeが24時間運行。所要約1時間40分

■オックスフォードの観光案内所❶
🏠15-16 Broad St., OX1 3AS
☎(01865) 686430
🔗www.experienceoxfordshire.org
🕐9～6月9:30～17:00（日9:30～16:30）
　7・8月9:00～17:30（日9:30～16:00）　🚫12/25
大学巡りのウオーキングツアー
❶の前から出発
夏期10:45、11:15、13:00、14:00発（6～8月は14:30も）
冬期10:45、13:00発
所要：2時間　💷£17　学生£15（カレッジの入場料含む）

セブン・シスターズ Seven Sisters
ロンドン・ヴィクトリア駅発
🚃所要約1時間30分
イーストボーンEastbourne
🚌駅前から12/12A/12Xで約20分。6月中旬～8月のみ13Xも運行しており所要約30分
セブン・シスターズ・カントリー・パーク着
駐車場から断崖までは徒歩で約30分
■セブン・シスターズ・カントリー・パーク・ビジターセンター
🔗www.sevensisters.org.uk
🕐4～9月10:30～16:30
　2・3・11月の土・日、10月11:00～16:00
🚫2・3・11月の月～金、1・12月

ストラトフォード・アポン・エイヴォン
Stratford upon Avon
ロンドンから
🚃マリルボン駅から約2時間10分。レミントン・スパLeamington SpaまたはドリッジDorridge乗り換えもある
■ストラトフォード・アポン・エイヴォンの観光案内所❶
🏠Bridgefoot, CV37 6GW　☎(01789) 264293
🌐www.shakespeare-country.co.uk
🕐9:00～17:00 (日10:00～16:00)　休12/25・26、1/1

シェイクスピアの生家 Shakespeare's Birthplace
🏠Henley St., CV37 6QW
☎(01789) 204016　🌐www.shakespeare.org.uk
🕐4/1～10/27 9:00～17:00
　10/30～3月下旬10:00～16:00
休12/25　料£18　学生£17

ケンブリッジ Cambridge
ロンドンから
🚃キングズ・クロス駅から46分～1時間32分
🚃リヴァプール・ストリート駅から1時間10分～1時間24分

■ケンブリッジの観光案内所❶
🏠The Guildhall, Peas Hill, CB2 3AD
☎(01223) 791500　🌐www.visitcambridge.org
🕐9:30～17:00 (日10:00～16:00)
休11～3月の日曜、12/25・26
大学巡りのウオーキングツアー
❶の前から出発。キングズ・カレッジなど、ケンブリッジ観光のハイライトを公認ガイドと一緒に訪れる
月～土11:00発　所要：2時間　料£25　学生£23

■ケム川下りツアー
スクダモアズ・パンティング Scudamore's Punting
☎(01223) 359750　🌐www.scudamores.com
🕐9:00～日没　休無休
料45分のこぎ手付きツアー£22　学生£20.50

ヨーク York
ロンドンから
🚃キングズ・クロス駅から1時間50分～2時間20分
エディンバラから
🚃ウェイヴァリー駅から約2時間30分

■ヨークの観光案内所❶
🏠1 Museum St., YO1 7DT
☎(01904) 555670　🌐www.visityork.org
🕐9:00～17:00 (日10:00～16:00) 休12/25・26、1/1

ヨーク・ミンスター York Minster
🏠Deangate, YO1 7OH
☎(01904) 557200　🌐yorkminster.org
🕐9:00～16:30 (日12:30～15:00)
休12/25　料£11.50　学生£9
塔　休12/25　料£16.50　学生£14
※不定期のツアーでのみ入場可。大聖堂の入場料込み

カーディフ Cardiff
ロンドンから
🚃パディントン駅から約2時間10分

■カーディフの観光案内所❶
🏠Cardiff Castle, Castle St., CF10 1BH
☎(029) 20878101　🌐www.visitcardiff.com
🕐9:00～17:00　休12/25・26、1/1

カーディフ城 Cardiff Castle
🏠Castle St., CF10 3RB
☎(029) 20878100　🌐www.cardiffcastle.com
🕐3～10月9:00～18:00　11～2月9:00～17:00
※最終入場は1時間前　休12/25・26、1/1
料£13.50　学生£11.50
　日本語のオーディオガイド付き
■ハウス・ツアー
通常の見学ルートより多くの部屋を見学できる
🕐3～10月10:00～17:00の毎正時発
　11～2月10:00～16:00の毎正時発
料£17.25　学生£14.50 (入場料込)

セント・マイケルズ・マウント
St Michael's Mount
ロンドン・パディントン駅発
🚆➡所要約3時間40分
プリマスPlymouth
🚆➡所要約2時間
ペンザンスPenzance
🚆➡ヘルストンHelston行き2番のバスで約10分。マラザイアン・スクエアで下車
マラザイアンMarazion
🚆➡満潮時のみボートが運航。干潮時は歩いて島まで渡れる
セント・マイケルズ・マウント着
☎(01736) 710265
🌐www.stmichaelsmount.co.uk
料城と庭園の共通券£16
城
🕐3/22～6/26、8/30～10/30 10:30～17:00
　6/28～8/28 10:30～17:30
休土、11/1～3/17　料£10.50
庭園
🕐4/15～6/23の月～金・9/3～25の木・金10:30～17:00
　7/4～8/30 10:30～17:30
休4/15～6/28の土・日、7/4～9/27の土～水、
　9/28～4月上旬　料£8

リヴァプール Liverpool
ロンドンから
🚃ユーストン駅から約2時間15分。ライム・ストリート駅Lime Street着

ビートルズ・ストーリー The Beatles Story
🏠Britannia Vaults - Albert Dock, L3 4AD
🌐www.beatlesstory.com
🕐11～3月10:00～18:00　4・5・10月9:00～19:00
6～9月9:00～20:00 (月～水9:00～19:00)
※最終入場は1時間前　休12/25・26　料£17　学生£13

チェスター Chester
ロンドンから
🚄ユーストン駅から約2時間5分
リヴァプールから
🚄ライム・ストリート駅から約45分
カーディフから
🚄約3時間

■チェスターの観光案内所❶
🏠Town Hall, CH1 2HJ　📞(01244) 405340
URLwww.visitchester.com
🕐9:00〜17:30（日10:00〜17:00）　休無休

ウィンダミア湖（湖水地方）Windermere
リヴァプールからウィンダミアへ
リヴァプール・ライム・ストリート駅発
↓🚄所要30〜45分
ウィガン・ノース・ウェスタンWigan North Western
↓🚄所要40〜45分
オクセンホルム・レイク・ディストリクト
Oxenholme Lake District
↓🚄所要約20分
ウィンダミア駅着

■ウィンダミアの観光案内所❶
🏠Victoria St., LA23 1AD　📞(015394) 46499
URLwww.windermereinfo.co.uk
🕐夏期8:30〜18:00　冬期9:00〜16:00
休12/25・26、1/1
ウィンダミア鉄道駅から徒歩3分。道なりに進んだ左側

ヒル・トップ Hill Top
ウィンダミア発
↓🚌599番のバスでウィンダミア湖の埠頭があるボウネス・ピアへ（徒歩だと約30〜45分）
ボウネス・ピアBowness Pier
↓⛴3番埠頭から約10分
フェリー・ハウスFerry House
↓🚌525番のバスに乗り換えヒル・トップ下車。525番のバスは夏期のみの運行。徒歩なら約1時間
ヒル・トップ着Hill Top
🏠Near Sawrey, LA22 0LF
📞(015394) 36269　URLwww.nationaltrust.org.uk
🕐4/15〜28、5/25〜9/1 10:00〜17:00
　3月下旬〜4/14、4/29〜5/24、9/2〜11/3 10:30〜16:30
　2月中旬〜3月下旬10:30〜15:30
休2月中旬〜3月下旬と9/6〜10/8の金曜、11/4〜2月中旬
料£12.60（内部保存のため入場制限あり）

エディンバラ Edinburgh
ロンドンから
✈ヒースロー空港をはじめ、ロンドンの各空港から所要約1時間10分〜1時間25分
🚄ユーストン駅から約4時間30分
グラスゴーから
🚄クイーン・ストリート駅から50分〜1時間
🚌ブキャナン・バス・ステーションから1時間10分

カールトン・ヒル Carlton Hill
ウェイヴァリー駅から徒歩10分
■ネルソン・モニュメント
🏠32 Carton Hill, EH75AA　📞(0131) 5562716

URLwww.edinburghmuseums.org.uk
🕐10:00〜17:00　※最終入場16:30　休12/25　料£6

聖ジャイルズ大聖堂 St Gile's Cathedral
ウェイヴァリー駅から徒歩15分
🏠The Royal Mile, EH1 1RE
📞(0131) 2260674
URLwww.stgilescathedral.org.uk
🕐5〜10月9:00〜19:00（土〜17:00、日13:00〜17:00）
　11〜4月9:00〜17:00（日13:00〜17:00）
休12/25・26　料寄付歓迎　写真撮影£2

ホリルードハウス宮殿
The Palace of Holyroodhouse
ウェイヴァリー駅から徒歩10分
🏠The Palace of Holyroodhouse, EH8 8DX
📞(0131) 5565100　URLwww.rct.uk
🕐4〜10月9:30〜18:00（最終入場16:30）
　11〜3月9:30〜16:30（最終入場15:15）
休12/25・26　英国王室の所有する宮殿のため、王族のスコットランド滞在時などで不定期に閉まることがある
料£16.50、学生£14.90

エディンバラ城 Edinburgh Castle
ウェイヴァリー駅から徒歩18分
🏠Castle Hill, EH1 2NG　📞(0131) 2259846
URLwww.edinburghcastle.scot
🕐3〜9月9:30〜18:00　10〜2月9:30〜17:00
※最終入場は閉館の1時間前
休12/25・26　料£19.50　オーディオガイド£3.50

フォース鉄橋 Forth Bridge
エディンバラから
🚌市内中心部からロジアン・バスX43または43番に乗り、Queensferry Police Station（警察署前）で下車

ロスリン礼拝堂 Roslin Chapel
エディンバラから
🚌ノース・ブリッジからロジアン・バス37番でOriginal Rosslyn Hotelのバス停で下車。所要約40分
🏠Chapel Loan, Roslin, Midlothian, EH25 9PU
URLwww.rosslynchapel.com
🕐9〜5月9:30〜17:00（日12:00〜16:45）
　6〜8月9:30〜18:00（日12:00〜16:45）
※最終入場は閉館の30分前
休12/24・25・31、1/1　料£9　学生£7

グラスゴー Glasgow
エディンバラから
🚄ウェイヴァリー駅から約1時間。クイーン・ストリート駅着
湖水地方から
🚄オクセンホルム・レイク・ディストリクト駅からグラスゴー・セントラル駅まで1時間42分〜2時間

■グラスゴーの観光案内所❶
🏠156a/158 Buchanan St., G1 2LL
📞(0141) 566 4083　URLpeoplemakeglasgow.com
🕐11〜4月9:00〜17:00（日10:00〜16:00）
　5・6・9・10月9:00〜18:00（日10:00〜16:00）
　7・8月9:00〜19:00（日10:00〜17:00）
休12/25、1/1

フランス P.224~261

パリ Paris
ロンドン（イギリス）から
✈ヒースロー空港をはじめ、ロンドンの各空港から所要
約1時間15分～1時間20分
🚄セント・パンクラス駅からユーロスターで約2時間20分
ブリュッセル（ベルギー）から
🚄ミディ駅からタリスで約1時間20分
ケルン（ドイツ）から
🚄タリスで約3時間20分

ノートルダム大聖堂
Cathédrale Notre-Dame de Paris
🚇4 Cité
URLwww.notredamedeparis.fr
2019年11月現在、修復のため見学不可。

凱旋門 Arc de Triomphe
🚇1/2/6、RER A線 Charles de Gaulle Etoile
URLwww.paris-arc-de-triomphe.fr
開4～9月10:00～23:00　10～3月10:00～22:30
休一部祝日　料€13　18～25歳€10　18歳未満無料
ミュージアムパス使用可、パリ・ヴィジット提示で€2割引

サクレ・クール聖堂
Basilique du Sacré Cœur
🚇2 Anvers、🚇12 Abbesses
URLwww.sacre-coeur-montmartre.com
開6:00～22:30　休無休　料無料
■聖堂のドーム
開5～9月8:30～20:00　10～4月9:00～17:00　料€7

パレ・ガルニエ Palais Garnier
🚇3/7/8 Opéra
URLwww.operadeparis.fr
開10:00～16:30（公演日～13:00、夏期～18:15）
休1/1、5/1、12/25、特別公演の日
料€14　12～25歳€10　日本語オーディオガイド€5

ルーヴル美術館 Musée du Louvre
🚇1/7 Palais Royal Musée du Louvre
住Musée du Louvre 1er　URLwww.louvre.fr
開9:00～18:00（水・金・第1土曜～21:45）
休火、1/1、5/1、12/25
料€15（ウェブサイトで入場時間を指定すると€17）
18歳未満無料、第1土曜18:00以降と7/14は無料
日本語オーディオガイド€5
■入場予約
混雑時は予約が必要になることもあるので、確実に入場
するためにはウェブサイトからの予約がおすすめ。ミュー
ジアムパスを使って入る場合は時間指定が必須になる。

エッフェル塔 Tour Eiffel
🚇6 Bir Hakeim、🚇6/9 Trocadéro
　🚇8 Ecole militaire
　RER C線 Champ de Mars Tour Eiffel
URLwww.toureiffel.paris
■エレベーターを利用
開9:30～23:45
※最終入場23:00、最上階へのアクセスは22:30まで。
10月下旬は延長　休無休
料2階まで　€16.30　4～11歳€4.10　12～24歳€8.10
　最上階　€25.50　4～11歳€6.40　12～24歳€12.70
■階段を利用（2階まで）
開9:30～18:30　※最終入場18:00、10月下旬は延長
休無休　料€10.20　4～11歳€2.50　12～24歳€5.10

オルセー美術館 Musée d'Orsay
TEL🚇12 Solférino、RER C線 Musée d'Orsay
URLwww.musee-orsay.fr
開9:30～18:00（木～21:45）
※最終入場17:00（木21:00）　休月、5/1、12/25
料€14　18歳未満無料　第1日曜無料
ミュージアムパス使用可

ポンピドゥー・センター Centre Pompidou
🚇11 Rambuteau、
🚇1/4/7/11/14 Châtelet、🚇1/11 Hôtel de Ville
RER A・B・D線 Châtelet Les Halles
URLwww.centrepompidou.fr
開11:00～21:00　※最終入場20:00
木曜は企画展のみ11:00～23:00　※最終入場22:00
休火、5/1　料€14　18～25歳€11　18歳未満無料
第1日曜常設展無料

サント・シャペル Ste-Chapelle
🚇4 Cité
URLwww.sainte-chapelle.fr
開4～9月9:00～19:00　10～3月9:00～17:00
※最終入場は閉館の30分前
休1/1、5/1、12/25
料€10　コンシェルジュリーとの共通券€15
日本語オーディオガイド€3、ミュージアムパス使用可

ジヴェルニー Giverny
パリ・サン・ラザール駅発
⬇🚄IntercitéまたはTERで約45分
ヴェルノンVernon
⬇🚌ジヴェルニー行きのシャトルバス（Navette）で約20分
ジヴェルニー着

モネの家と庭園
Maison et Jardins de Claude Monet
TEL02.32.51.28.21　URLfondation-monet.com
開3月下旬～11月上旬 9:30～18:00
※最終入場17:30
休11月上旬～3月下旬　料€9.50　学生€5.50

シャルトル Chartres
パリから
🚄モンパルナス駅からTERで1時間15分

シャルトル大聖堂 Cathédrale Notre-Dame de Chartres

URLwww.cathedrale-chartres.org
開8:30～19:30（7・8月の火・金・日～22:00）
料無料
大聖堂の塔（ガイド付きツアー）
開10:00～12:30 14:15～17:00（5～8月15:30～18:00）
　　日15:30～17:30（5～8月14:00～18:00）
休1/1、5/1　料€6　18～25歳€5　18歳未満無料
クリプト（地下祭室）のツアー（フランス語のみ）
開11:00、14:15、15:30、16:30、夏期のみ17:15発
※11～3月は催行回数が減る
休日・祝の午前、1/1、12/25
料€4　学生€3　7歳未満無料

オヴェール・シュル・オワーズ
Auvers sur Oise

パリから
北駅またはサン・ラザール駅からTransilienで所要約1時間。
どちらから乗っても乗り換えが必要。乗り換え駅は列車
によって異なるので乗車時に確認のこと。4～10月の土・日
・祝は北駅から直通列車が運行される。

ゴッホの家（ラヴー亭）
Maison de Van Gogh - Auberge Ravoux

URLwww.maisondevangogh.fr
開3月上旬～11月下旬10:00～18:00
休月・火、11月下旬～2月下旬　料€6

ヴェルサイユ宮殿 Château de Versailles

パリから
[RER] C線の各駅から終点、Versailles Château Rive
Gauche（ヴェルサイユ・シャトー・リヴ・ゴーシュ）下車。
所要30～40分。宮殿入口まで徒歩10分
🚃モンパルナス駅からTransilienでVersailles Chantiers（
ヴェルサイユ・シャンティエ）下車。所要12分。宮殿入口
まで徒歩約18分
🚃サン・ラザール駅からTransilienでVersailles Rive
Droite（ヴェルサイユ・リヴ・ドロワト）下車。所要約40
分。宮殿入口まで徒歩約17分
Ⓜ9終点 Pont de Séversから171番のバスで20～40分。
Château de Versailles下車。宮殿の前に着く
URLwww.chateauversailles.fr
開4～10月9:00～18:30　11～3月9:00～17:30
※最終入場は閉館の30分前
休月、1/1、5/1、公式行事のある日
料€18（日本語オーディオガイド込み）　18歳未満無料
11～3月の第1日曜無料　パリミュージアムパス使用可
パスポート
宮殿本館、庭園、ドメーヌ・ド・トリアノンに入場可能
料1日券€20　2日券€25
■庭園
開4～10月8:00～20:30　11～3月8:00～18:00
休無休（悪天候の場合休園）
料無料（大噴水ショー、音楽の庭園開催日を除く）
■大噴水ショー
開4～10月の土・日・一部祝、5月下旬～6月下旬の火
　9:00～19:00　料€10.50　6～17歳€9
■夜の大噴水ショー
開6月中旬～9月中旬の土
　噴水20:30～22:45　花火22:50～23:05
ウェブサイトから購入料€26　6～17歳€22

■ドメーヌ・ド・トリアノン
開4～10月12:00～18:30　11～3月12:00～17:30
休月、1/1、5/1、12/25、公式行事のある日
料€12　18歳未満無料　11～3月の第1日曜無料
パリミュージアムパス使用可
■プチ・トラン
ヴェルサイユ宮殿本館とトリアノン宮殿を結ぶ観光列車
URLwww.train-versailles.com　料€8
■ヴェルサイユ宮殿ガイドアプリ（英語）
iphone　　　　　Android

モン・サン・ミッシェル Mont-Saint-Michel
パリ・モンパルナス駅発

🚆🚌レンヌ駅発のバスに接続するTGVは7:35、9:52、
10:52、14:52発
レンヌRennes
🚆🚌レンヌ駅に隣接するバスターミナル（Gare Routière）
から9:45、11:45、12:45、16:45発（片道€15）
モン・サン・ミッシェル駐車場
🚆🚌無料のシャトルバスで修道院の島まで所要12分
モン・サン・ミッシェル修道院着

🚆モンパルナス駅発8:09、土・日・祝9:56発のTGVで
ドル・ド・ブルターニュDol-de-Bretagneまで行きモン・
サン・ミッシェル行きバス（10:55、土・日・祝12:25発、
片道€8）に乗り換えても行ける
URLwww.abbaye-mont-saint-michel.fr
開9～4月9:30～18:00　5～8月9:00～19:00
※最終入場は閉館の1時間前
休1/1、5/1、12/25　料€10　18～25歳€8
日本語オーディオガイド€3

■モン・サン・ミッシェル駐車場発レンヌ行きのバス
URLwww.keolis-armor.com

トゥール Tours（ロワール地方）
パリから
🚆モンパルナス駅からTGVで約1時間15分、オステルリッ
ツ駅からIntercitésで約2時間

■トゥールの観光案内所ⓘ
住78-82, rue Bernard Palissy
URLwww.tours-tourisme.fr
開4～9月8:30～19:00
　（日・祝10:00～12:30 14:30～17:00）
　10～3月9:00～12:30 13:30～18:00
　（日・祝10:00～13:00）

シュノンソー城 Château de Chenonceau
トゥールから
🚆TERで約30分のシュノンソーChenonceaux下車。駅
から城まで徒歩約5分
URLwww.chenonceau.com
開1/1～2/8 9:30～16:30　2/9～4/5 9:30～17:00
4/6～5/29 9:00～18:00　5/30～7/5 9:00～19:00
7/6～8/18 9:00～19:30　8/19～9/29 9:00～19:00
9/30～11/11 9:00～18:00　11/12～12/20 9:30～16:30
12/21～31 9:30～17:30　※最終入場は閉館の30分前
休無休　料€14.50　27歳以下の学生€11.50

日本語オーディオガイド付き€18.50
27歳以下の学生€15

ミヨー橋 Viaduc de Millau
パリ・リヨン駅発
🚄TGVで約3時間30分。モンペリエ・サン・ロック駅着
モンペリエ・サン・ロック駅Montpellier St-Roch
🚗車で約1時間15分
ミヨー橋着
■ミヨー橋サービスエリア
URLwww.leviaducdemillau.com
⏰10:00〜18:00（季節により異なる）

リヨン Lyon
パリから
🚄リヨン駅からTGVで約2時間。リヨン・パール・デュー
Lyon Part Dieu駅またはリヨン・ペラーシュLyon Perrache
駅着
✈シャルル・ド・ゴール空港、オルリー空港からリヨン・サ
ンテグジュペリLyon St-Exupéry空港まで約1時間。空港
からリヨン・パール・デュー駅までトラム（Rhônexpress）
で約30分

■リヨンの観光案内所❶
🏠Pl. Bellecour 2e URLwww.lyon-france.com
⏰9:00〜18:00 休1/1、12/25

ボルドー Bordeaux
パリから
🚄モンパルナス駅からTGVで約2時間〜3時間。ボルドー
・サン・ジャンBordeaux St-Jean駅着
✈シャルル・ド・ゴール空港、オルリー空港からボルドー
・メリニャックBordeaux-Mérignac空港まで約1時間。
空港からサン・ジャン駅までシャトルバスで約30分

■ボルドーの観光案内所❶
🏠12, Cours du 30 Juillet
URLwww.bordeaux-tourisme.com
⏰9:00〜18:30（日・祝9:30〜17:00） 休1/1、12/25
サン・ジャン駅前にもある

ボーヌ Beaune
パリから
🚄ベルシー駅からTERで約3時間30分

■ボーヌの観光案内所❶
🏠6, bd, Perpreuil URLwww.beaune-tourisme.fr
⏰4・5・10月9:30〜18:30（日・祝〜18:00）
　6〜9月9:00〜19:00（日・祝〜18:00）
　11〜3月9:30〜12:30 13:30〜18:00
　（日・祝10:00〜12:30 13:30〜17:00）
　※栄光の3日間は9:00〜18:00
休1/1、12/25

ワイン市場 Marché aux Vins
URLwww.marcheauxvins.com
⏰4〜11月10:00〜19:00（栄光の3日間は9:30〜19:00）
　12〜3月10:00〜12:00 14:00〜19:00
休1/1、1月中旬〜2月上旬、12/24・25
料試飲5種€12　試飲7種€17　試飲10種€25

ストラスブール Strasbourg
パリから
🚄東駅からTGVで約1時間50分
リヨンから
🚄TGVで約3時間30分〜4時間
シュトゥットガルト（ドイツ）から
🚄TGVで約1時間20分

ノートルダム大聖堂 Cathédrale Notre-Dame
URLwww.cathedrale-strasbourg.fr
⏰8:30〜11:15 12:45〜17:45（日・祝13:30〜17:30）
展望台
⏰4〜9月9:30〜20:00　10〜3月10:00〜18:00
※最終入場は閉館の45分前
休1/1、5/1、12/25　料€8
天文時計
⏰ビデオ上映12:00〜、からくり人形12:30〜
休日　料€3（チケットは9:30〜11:00は聖堂内キオスク、
11:20以降は聖堂南口で販売）

ランス Reims
パリから
🚄東駅からTGVで約45分
ストラスブールから
🚄TGV、TERで約1時間40分
ナンシーから
🚄TERで約2時間40分

■ランス駅前の観光案内所❶
URLwww.reims-tourisme.com
⏰8:30〜12:30 13:30〜18:00
※季節、曜日により変動あり
休日・祝

ノートルダム大聖堂 Cathédrale Notre-Dame
URLwww.cathedrale-reims.com
⏰7:30〜19:30（日・祝〜19:15）　料無料

トー宮殿 Palais du Tau
URLwww.palais-du-tau.fr
⏰5月上旬〜9月上旬9:30〜18:30
　9月上旬〜5月上旬9:30〜12:30 14:00〜17:30
※最終入場は閉館の30分前
休月、1/1、5/1、11/1・11、12/25　料€8

フジタ礼拝堂 Chapelle Foujita
⏰5/2〜9/30 10:00〜12:00 14:00〜18:00
休火、10/1〜5/1　料€5　18〜25歳と65歳以上€3

コルマール Colmar
パリから
🚄東駅からTGVで約2時間30分〜3時間
ストラスブールから
🚄TERで30〜40分

■コルマールの観光案内所❶
🏠Pl. Unterlinden
TEL03.89.20.68.92 URLwww.tourisme-colmar.com
⏰9:00〜18:00（1〜3月〜17:00、日・祝10:00〜13:00）
　クリスマス市のシーズンの日曜
　10:00〜13:00 14:00〜17:00
　12/25 14:00〜17:00　休1/1

ナンシー Nancy
パリから
🚄東駅からTGVで約1時間30分
ストラスブールから
🚄TERで約1時間30分
■ナンシーの観光案内所❶
🏠Pl. Stanislas
📞03.83.35.80.10　🌐www.nancy-tourisme.fr
🕐9:30～18:30（月13:00～18:30）
🚫12/24～3/31の日曜、1/1、12/25

ナンシー派美術館 Musée de l'École de Nancy
🌐musee-ecole-de-nancy.nancy.fr
🕐10:00～18:00　🚫月・火、1/1、5/1、7/14、11/1、
12/25　💰€6　第1日曜無料

ノートルダム・デュ・オー礼拝堂
Chapelle Notre-Dame du Haut
パリ・リヨン駅発
⬇🚄TGVで約2時間30分
ブザンソン・ヴィオットBesançon Viotte駅
⬇🚄TERで約1時間15分
ベルフォール・ヴィルBelfort Ville駅
⬇🚄TERで約20分
ロンシャンRonchamp駅
⬇徒歩約2km
ノートルダム・デュ・オー礼拝堂着
🌐www.collinenotredameduhaut.com
🕐5月～10月中旬9:00～19:00
　10月中旬～4月10:00～17:00
　※最終入場は閉館の30分前
🚫1/1　💰€8

シャモニ Chamonix
パリ・リヨン駅発
⬇🚄TGVで約2時間
アヌシーAnnecy
⬇🚄TERで約1時間30分
サン・ジェルヴェ・レ・バン・ル・ファイエ
St-Gervais les Bains le Fayet
⬇🚄TERで約40分
シャモニ・モン・ブランChamonix-Mont-Blancまたは
シャモニ・エギーユ・デュ・ミディChamonix Aiguille du Midi着

ジュネーヴ（スイス）から
🚌ジュネーヴ空港からバスで約2時間30分。バス会社に
より時間、停留所が異なる。

■シャモニの観光案内所❶
🏠85, pl. du Triangle de l'Amitié
📞04.50.53.00.24　🌐www.chamonix.com
🕐6月中旬～9月中旬9:00～19:00
　クリスマス休暇～4月中旬8:30～19:00
　4月中旬～6月中旬・9月中旬～クリスマス休暇
　9:00～12:30 14:00～18:00　🚫10・11月の一部日曜

ニース Nice
パリから
✈シャルル・ド・ゴール空港、オルリー空港から約1時間
30分。エールフランス航空やイージージェットが運航
🚄リヨン駅からTGVで約5時間50分

マルセイユから
🚄TGV、TERで約2時間40分
ミラノ（イタリア）から
🚄中央駅発7:10 11:10 15:05のThelloで約4時間50分

シャガール美術館
Musée National Marc Chagall
🚌市内バス5番でMusée Chagall下車
🌐www.musees-nationaux-alpesmaritimes.fr
🕐5～10月10:00～18:00　11～4月10:00～17:00
🚫火、1/1、5/1、12/25
💰€8（日本語オーディオガイド込み）　第1日曜無料

マティス美術館 Musée Matisse
🚌市内バス5、33番でArènes/Musée Matisse下車
🌐www.musee-matisse-nice.org
🕐5～10月10:00～18:00　11～4月10:00～17:00
🚫火、1/1、復活祭の日曜、5/1、12/25
💰€10（マセナ美術館などと共通、24時間有効）
　18歳未満と学生無料

マントン Menton
ニースから
🚄TERで約35分
🚌マントン行き100番のバスで約1時間20分

■マントンの観光案内所❶
🏠8 av. Boyer　📞04.92.41.76.76
🌐www.menton.fr
🕐7～9月9:00～19:00
　10～6月9:00～12:30 14:00～18:00
🚫10～6月の日・祝

ジャン・コクトー美術館と要塞美術館
Musée Jean Cocteau et Musée du Bastion
🌐www.museecocteaumenton.fr
※2019年11月現在、改修工事のため閉館中

モナコ Monaco
ニースから
🚄TERで約20分
🚌100番のバスで約50分

■モナコの観光案内所❶
🏠2a, bd. des Moulins
📞92.16.61.66　🌐www.visitmonaco.com
🕐9:00～18:30（土・日短縮）
🚫1/11～6/14と10/1～12/22の日・祝

エズ Eze
ニースから
🚌長距離バスターミナルから82、112番のバスで約30分。
Eze Village下車

■エズの観光案内所❶
🏠Pl. du Général de Gaulle
📞04.93.41.26.00　🌐www.eze-tourisme.com
🕐11～1・3月9:00～16:00　6～9月9:00～19:00
　2・4・5・10月9:00～18:00
🚫11～1・3月の日曜

サン・ポール・ド・ヴァンス St-Paul de Vence

ニースから
🚋トラム2線のParc Phœnixから400番のバスで50分

■サン・ポール・ド・ヴァンスの観光案内所❶
🏠2, rue Grande
☎04.93.32.86.95 📠www.saint-pauldevence.com
🕐10〜5月10:00〜18:00
（土・日・祝10:00〜13:00 14:00〜18:00）
6〜9月10:00〜19:00
（土・日・祝10:00〜13:00 14:00〜19:00）　🈲無休

マーグ財団美術館 Fondation Maeght

🚋トラム2線のParc Phœnixから400番のバスでFondation
Maeght下車
📠www.fondation-maeght.com
🕐9〜6月10:00〜18:00　7・8月10:00〜19:00
🈲12〜2月の月曜（学校休暇と祝日を除く）
🈯€16　学生€11

マルセイユ Marseille

パリから
✈シャルル・ド・ゴール空港、オルリー空港から約1時間
20分
🚄リヨン駅からTGVで約3時間20分
ニースから
🚄TER、TGVで約2時間40分

■マルセイユの観光案内所❶
🏠11, La Canebière 1er
☎08.26.50.05.00 📠www.marseille-tourisme.com
🕐9:00〜18:00（7・8月〜19:00）
🈲1/1、12/25

ノートルダム・ド・ラ・ギャルド・
バジリカ聖堂 Basilique Notre-Dame de la Garde
📠www.notredamedelagarde.com
🕐7:00〜18:30（ミサ、セレモニーなどにより変更の可能
性あり）　🈯無料

ル・コルビュジエのユニテ・ダビタシオン
Unité d'Habitation
🚇メトロ2号線のRond Point du Prado駅からB1番のバ
スでLe Corbusier下車
📠www.fondationlecorbusier.fr

アルル Arles
マルセイユから　🚄TERで約50分
パリから
🚄リヨン駅から直通のTGVは1日1〜2本で、所要約4時間。
アヴィニョンAvignon乗り換えの便が多い
アヴィニョンから　🚄サントル駅からTERで20分

■アルルの観光案内所❶
🏠Bd. des Lices
☎04.90.18.41.20 📠www.arlestourisme.com
🕐4〜9月9:00〜18:45
10月9:00〜17:45（日・祝10:00〜13:00）
11〜3月9:00〜16:45（日・祝10:00〜13:00）
🈲1/1、12/25

円形闘技場 Amphithéâtre
🕐5〜9月9:00〜19:00　11〜2月10:00〜17:00
3・4・10月9:00〜18:00
🈲1/1、5/1、11/1、12/25、イベント開催時
🈯€9　学生€7（古代劇場と共通）

ポン・デュ・ガール Pont du Gard
アルル発
↓🚄TERで約30分
ニームNîmes
↓🚄駅隣接のバスターミナルからEdgard社のB21番で約
40分。Vers-Pont-du-Gard下車
ポン・デュ・ガール着
アヴィニョンから
🚌バスターミナルからEdgard社のA15番のバスで約40分
。Vers-Pont-du-Gard下車
📠www.edgard-transport.fr
📠pontdugard.fr
🕐1〜3・11・12月9:00〜18:00　4・10月9:00〜20:00
6・9月9:00〜22:00　5月9:00〜21:00
7・8月9:00〜23:00　🈲無休　🈯€9.50
■ポン・デュ・ガールのガイドアプリ（英語）
iphone　　　　　Android

コルシカ島 La Corse
ニースから
🚢アジャクシオ港まで約6時間、バスティア港まで約5時
間。冬期はほとんど運休
コルシカ・フェリーズ　📠www.corsica-ferries.fr
パリから
✈オルリー空港からコルシカ島のアジャクシオまたはバス
ティアへ所要約1時間35分

ナポレオンの生家 Maison Bonaparte
🏠Rue Saint-Charles, Ajaccio　☎04.95.21.43.89
📠musees-nationaux-malmaison.fr
🕐4〜9月10:00〜12:30 13:15〜17:30
10〜3月10:30〜12:30 13:15〜16:30
※最終入場は閉館の30分前（午前、午後とも）
🈯€7　18〜25歳€5　🈲月

スカンドラ保護区 Réserve de Scandola
ポルトPortoやアジャクシオAjaccioから観光船のツアー
が出ている
📠www.visite-scandola.com

ラベンダー街道 Route de Lavande
6〜7月のラベンダーのシーズン中はアヴィニョンやエクス
・アン・プロヴァンスからツアーが出ている
■アエヴァツアー
📠www.aevatours.com

カルカソンヌ Carcassonne

パリから
🚃オステルリッツ駅から夜行列車のIntercités de Nuit（全席指定制）。所要約9時間30分
🚃モンパルナス駅からTGVで約5時間22分～5時間39分。トゥールーズまたはボルドーBordeaux乗り換え
トゥールーズから
🚃TER、Intercités（要予約）で約1時間
■カルカッソンヌの観光案内所❶
🏠28 rue de Verdun
☎04.68.10.24.30 URLwww.tourisme-carcassonne.fr
🕐4～6・9・10月9:00～18:00（日・祝10:00～13:00）
　7・8月9:00～19:00
　11～3月9:30～12:30 13:30～17:30
🚫10～3月の日・祝　シテにもある
■カルカッソンヌ公式観光ガイドアプリ（英語）
Android

城壁（コンタル城）Château Comtal

URLwww.remparts-carcassonne.fr
🕐4～9月10:00～18:30（最終入場17:45）
　10～3月9:30～17:00（最終入場16:30）
🚫1/1、5/1、7/14、12/25
💶€9.50　18歳未満無料

ベルギー P.262～267

ブリュッセル

Bruxelles / Brussels
ロンドン（イギリス）から
🚃セント・パンクラス駅からユーロスターで約2時間
パリ（フランス）から
🚃北駅からタリスで約1時間30分
アムステルダム（オランダ）から
🚃中央駅からタリスで約1時間50分

王の家（市立博物館）

Maison du Roi (Musée de la Ville de Bruxelles)
URLwww.brusselscitymuseum.brussels
🕐10:00～17:00
　12/24・31 10:00～14:00
🚫月、1/1、5/1、11/1・11、12/25
💶€8（小便小僧の衣装博物館と共通）

古典美術館

Musée Oldmasters Museum
URLwww.fine-arts-museum.be
🕐10:00～17:00（土・日11:00～18:00）
※入口で厳しい荷物チェックが行われており、行列になっていることも多い。
🚫月、1/1、1月第2木曜、5/1、11/1、12/25
💶€10（常設展のみ。世紀末美術館との共通券）
第1水曜の13:00以降は入場無料
世紀末美術館、マグリット美術館との共通券🕐15

マグリット美術館 Musée Magritte Museum

URLwww.musee-magritte-museum.be
🕐10:00～17:00（土・日11:00～18:00）
🚫月、1/1、1月第2木曜、5/1、11/1、12/25
💶€10　第1水曜の13:00以降は入場無料

楽器博物館 Musée des instruments de musique

URLwww.mim.be
🕐9:30～17:00（土・日11:00～17:00）
🚫月、1/1、5/1、11/1・11、12/25
💶€10　第1水曜の13:00以降は常設展入場無料

オルタ美術館 Musée Horta

　ルイーズ広場からトラム92、97番で3つ目のJanson下車
URLwww.hortamuseum.be
🕐14:00～17:30（最終入場17:00）🚫月、1/1、復活祭、5/1、キリスト昇天祭、7/21、9/15、11/1・11、12/25　💶€10

マンガ博物館 Centre Belge de la Bande Dessinée

URLwww.cbbd.be
🕐10:00～18:00　🚫1/1、12/25　💶€10

ブルージュ Brugge

ブリュッセルから
🚃ミディ駅からICで約1時間
アントワープから
🚃中央駅からICで約1時間30分
ゲントから
🚃セント・ピーターズ駅からICで25～40分

■ブルージュの観光案内所❶
URLwww.visitbruges.be
駅構内　🕐10:00～17:00　🚫1/1、12/25
ザンド広場　🕐10:00～17:00
（日、6/10、7/21、8/15、11/1・1～14:00）
🚫1/1、12/25
マルクト広場　🕐10:00～17:00　🚫1/1、12/25
■ブルージュ公式観光ガイドアプリ（英語）
iphone　　　　　Android

■ブルージュの運河クルーズ
3～11月中旬の10:00～18:00に出発。冬期は天候により週末のみ運航される場合も。所要35分　💶€10

鐘楼 Belfort

🕐9:30～18:00（最終入場17:00、12/24・31～16:00）
🚫1/1、キリスト昇天祭の午後、12/25　💶€12

聖血礼拝堂 Basiliek van het Heilig Bloed

URLwww.holyblood.com
🕐9:30～12:30 14:00～17:30
🚫1/1・13～18（'20）　💶無料　博物館€2.50
■聖血の遺物開帳
ミサ終了後（11:30頃）～12:00と14:00～16:00。階段を上がり司祭壇の横にある寄付箱に寄付金を入れてから見る。

アントワープ Antwerpen

ブリュッセルから
🚆ミディ駅からICで約1時間
ブルージュから
🚆ICで約1時間30分
ゲントから
🚆セント・ピーターズ駅からICで約1時間
■アントワープの観光案内所❶
🏠Grote Markt 13　URLwww.visitantwerpen.be
🕐10:00～17:00 (12/24・31～16:00)　🗓1/1、12/25
中央駅構内にもある

ノートルダム大聖堂
Onze-Lieve-Vrouwekathedraal
URLwww.dekathedraal.be
🕐10:00～17:00 (土～15:00、日・祝13:00～17:00)
🗓1/1　💶€6　英語の無料ガイドツアーは7月中旬～8月
末の月～土の1日2～3回

ゲント Gent

ブリュッセルから
🚆ミディ駅からICで約40分
ブルージュから
🚆ICで約25～40分
アントワープから
🚆中央駅からICで約1時間

■ゲントの観光案内所❶
🏠Sint-Veerleplein 5　URLvisit.gent.be
🕐10:00～18:00　🗓1/1、12/25

聖バーフ大聖堂 Sint-Baafskathedraal
🕐8:30～18:00 (11～3月～17:00)
🗓1/1、日・祝の午前　💶無料
■神秘の子羊
🕐夏期9:30 (日10:00) ～17:30
冬期10:30 (日10:00) ～16:00
※12:00～13:00はパネルが閉められる　💶€4

デュルビュイ Durbuy

ブリュッセル発
⬇🚆ミディ駅からICで約1時間
リエージュLiége
⬇🚆ICで約50分
バルボー Barvaux
⬇🚆6～9月はシャトルバスが運行されているが便数が少
ない (6・9月は週末のみ)。デュルビュイまで徒歩だと約
5km。タクシーを呼ぶなら下記へ
デュルビュイ着
■Taxi Durbuy　☎0495-327385

■デュルビュイの観光案内所❶
🏠Pl. aux Foires, 25　URLdurbuytourisme.be
🕐9:00～12:30 13:00～17:00
(土・日・祝10:00～18:00)

アルデンヌの古城 Les Châteaux des Ardennes
ブリュッセルからナミュールへ
🚆ミディ駅からICで約1時間

古城は公共交通機関が少ないのでナミュールまたはリエ
ージュなどでレンタカーを借りて回るのが現実的。
■Avisナミュール支店
URLwww.avis.be
🕐8:00～12:00 13:00～17:30　🗓土・日
ナミュール駅北口のロータリー近くにある。

オランダ　P.268～273

アムステルダム Amsterdam

ロンドン (イギリス) から
✈ヒースロー空港など主要空港から約1時間25分
🚆セント・パンクラス駅からユーロスターで3時間55分
ブリュッセル (ベルギー) から
🚆ミディ駅からタリスで1時間50分
パリ (フランス) から
🚆北駅からタリスで4時間20分

国立美術館 Rijksmuseum
🚊トラム2、5でRijksmuseum下車。
🏠Museumstr. 1　☎(020) 6747000
URLwww.rijksmuseum.nl
🕐9:00～17:00　🗓無休　💶€20

■国立美術館ガイドアプリ (英語)
iphone　　　　　Android

ダム広場の王宮 Koninklijk Paleis
アムステルダム中央駅から徒歩10分。
🏠Dam Sq.
☎(020) 5226161　URLwww.paleisamsterdam.nl
🕐10:00～17:00　🗓不定期に開館するので詳細はウェ
ブサイトなどで確認　💶€10

アンネ・フランクの家 Anne Frankhuis
🚊トラム13、14、17でWestermakt下車。
🏠Westermarkt 20　☎(020) 5567105
URLwww.annefrank.org
🕐11～3月9:00～19:00 (土～22:00)
4～10月9:00～22:00
※一部例外あり　🗓9/28 ('20予定)　💶€10.50
※オンラインチケットでの入場のみ

旧教会 Oudekerk
アムステルダム中央駅から徒歩8分。
🏠Oudekerksplein 23　☎(020) 6258284
URLoudekerk.nl
🕐10:00～18:00
(日13:00～17:30、12/31 10:00～16:00)
🗓王の日、12/25
💶教会€15 (企画展により異なる) 現金不可

ハイネケン・エクスペリエンス
Heineken Experience
🚊トラム24でMarie Heinekenplein下車。

住Stadhouderskade 78　TEL(020) 7215300
URLwww.heineken.com
開10:30〜19:30
　（金〜日と7・8月〜21:00、12/24〜31 〜16:00)
休無休　料€21、オンライン購入€18

運河ツアー Rondvaart
アムステルダムの運河ツアーはいくつもの運行会社が催行している。下記の運行会社は日本語のオーディガイドがあり、中央駅前から出発する
ストロマ Stromma
URLwww.stromma.nl
ラバーズ Lovers
URLwww.lovers.nl

キンデルダイク Kinderdijk
アムステルダム発
↓🚉中央駅からICで約1時間20分
ドルドレヒトDordrecht
↓🚌316番のバスで約40分
キンデルダイク着
■風車博物館
住Nederwaard 1　TEL(078) 6912830
URLwww.kinderdijk.com
開3〜10月9:00〜17:30　11〜2月10:00〜16:30
休12/25、1〜2月中旬は一部施設は休館　料€8

キューケンホフ Keukenhof
アムステルダム発
↓🚉中央駅からメトロ52 Station Zuid行きで約8分
エウローパプレイン(RAI)駅
↓🚌852番のバスで約35分
キューケンホフ着
住Stationsweg 166A
TEL(0252) 465555　URLkeukenhof.nl
開3/21〜5/10 8:00〜19:30 ('20)
休5/11〜3月中旬 ('20)　料€17.50

マウリッツハイス美術館 Mauritshuis
アムステルダムから
🚉中央駅からICでデン・ハーグ中央駅Den Haag Centraalまで約50分。下車後徒歩で約8分
住Plein 29　TEL(070) 3023456
URLwww.mauritshuis.nl
開10:00〜18:00 (月13:00〜18:00、木10:00〜20:00)
※一部例外あり　休1/1、12/25　料€15.50

■マウリッツハイス美術館ガイドアプリ (英語)
iphone　　　Android

締切大堤防 Afsluitdijk
アムステルダム発
↓🚉中央駅からICで約40分
アルクマールAlkmaar
↓🚌350番のバスで約1時間、 Monument, Den Oever下車
展望台着

ワッデン海 Waddenzee
ワッデン海はオランダ北部のフリースランド州 (州都レーワルデンLeeuwarden) とフローニンゲン州 (州都フローニンゲンGroningen) の北岸に面している
アムステルダムからレーワルデンへ
🚉中央駅からアルメーレAlmere乗り換えで約2時間10分
アムステルダムからフローニンゲンへ
🚉中央駅からアルメーレAlmere乗り換えで約2時間5分。
アルメーレとズヴォレZwolleで乗り換える便もある
世界遺産の干潟を歩く「ワドローペン」のツアーは下記ウェブサイトから予約できる
URLwww.wadlopen.net

デルフト Delft
アムステルダムから
🚉中央駅からICで約1時間

■デルフトの観光案内所❶
住Kerkstraat 3 (Marktplein)
TEL(015) 2154052　URLwww.delft.com
開10〜3月10:00〜16:00 (日・月11:00〜15:00)
　4〜9月10:00〜17:00 (日・月10:00〜16:00)
休1/1、12/25・26
新教会の北側にある

ユトレヒト Utrecht
アムステルダムから
🚉中央駅からICで約30分。ユトレヒト中央駅Utrecht Centraal着。

■ユトレヒトの観光案内所❶
住Domplein 9　TEL(030) 2360004
URLwww.visit-utrecht.com
開10:00〜17:00
休1/1、12/25・26・31
旧市街の中心ドム広場にある

マルクトハル Markthal
アムステルダムから
🚉中央駅からロッテルダム・ブラーク駅Rotterdam Blaakまで約1時間25分。下車して徒歩4分
住Ds. Jan Scharpstraat 298
TEL(030) 2346464　URLmarkthal.klepierre.nl
開マーケット10:00〜20:00
　(金10:00〜21:00、日12:00〜18:00) ※一部例外あり
休1/1、12/25

ベルリン Berlin
ケルンから
🚆ICEで約4時間35分
パリ（フランス）から
✈シャルル・ド・ゴール空港から約1時間40分
フランクフルトから
🚆ICEで約3時間55分

ブランデンブルク門 Brandenburger Tor
🚌100番でBrandenburger Tor下車。徒歩約1分

ジーゲスゾイレ Siegessäule
🚌100番でGroßer Stern下車。徒歩約2分
🕐4~10月9:30~18:30　11~3月9:30~17:30
🈹12/24、荒天、降雪、凍結時は閉鎖
💴€3　学生€2.50

ペルガモン博物館 Pergamonmuseum
🚇Ⓢ Ⓤ Friedrichstr下車。徒歩約10分
🏠Bodestr. 1-3　URLwww.smb.museum
🕐10:00~18:00（木~20:00）
※最終入場は閉館の30分前
🈹12/24　💴€19　学生€9.50

カイザー・ヴィルヘルム記念教会
Kaiser-Wilhelm-Gadächchtnis-Kirche
🚇Ⓢ Ⓤ Zoologischer Garten下車。徒歩約5分
🏠Breitschelplatz
URLwww.gedaechtniskirche-berlin.de
■ホール
🕐10:00~18:00（土~17:00、日12:00~17:30）
💴無料
■新教会　🕐9:00~19:00　💴無料

シャルロッテンブルク宮殿
Schloss Charlottenburg
🚆Richard-Wagner-Platzから徒歩15分
🚌309、M45でSchloss Charlottenburg下車
🏠Spandauer Damm 10-22
URLwww.spsg.de
🕐4~10月10:00~17:30　11~3月10:00~16:30
※最終入場は閉館30分前
🈹月、12/24、クリスマス~新年は短縮あり
💴本棟€12
　1日券（他の棟も含む）€17　写真撮影料€3

壁博物館
Museum Haus am Checkpoint Charlie
🚇Ⓢ Ⓤ ZKochstr.下車すぐ
🏠Friedrichstr. 43-45　URLwww.mauermuseum.de
🕐9:00~22:00（最終入場21:00）
💴€14.50　学生€9.50　写真撮影料€5

新博物館 Neues Museum
🚇Ⓢ FriedrichstrまたはHackeschermarkt下車徒歩約10分
🏠Bodestr. 1-3　URLwww.smb.museum
🕐10:00~18:00（木~20:00）
※最終入場は閉館の30分前

🈹12/24、3/23~25　💴€12　学生€6

ベルリン大聖堂 Berliner Dom
🚇Ⓢ Ⓤ Alexanderplatz下車。徒歩約10分
🏠Am Lustgarten
URLwww.berlinerdom.de
🕐4~10月9:00~20:00（日・祝12:00~20:00）
　11~3月9:00~20:00（日・祝12:00~19:00）
※礼拝、催事の間は上記の時間内でも入場不可
💴€7　学生€5　オーディオガイド€4

テレビ塔 Fernsehturm
🚇Ⓢ Ⓤ Alexanderplatz下車。徒歩約5分
🏠Panoramastr. 1a
URLtv-turm.de
🕐3~10月9:00~24:00　11~2月10:00~24:00
※最終入場は閉館の30分前、レストランのラストオーダーは22:30
💴€16.50、インターネット予約（日時指定可）€21.50

ポツダム Potsdam
ベルリンから
🚆中央駅からREで約25分。ポツダム中央駅着

サンスーシ宮殿 Schloss Sanssouci
🚌ポツダム中央駅から695番、4~10月の土・日のみX15番でSchloss Sanssouci下車
URLwww.spsg.de
🕐4~10月10:00~17:30　11~3月10:00~16:30
※最終入場は閉館30分前
🈹月、12/24・25
💴€12　学生€8　写真撮影料€3

ツェツィーリエンホーフ宮殿
Schloss Cecilienhof
ポツダム発
🚋🚌ポツダム中央駅から92、96番の市電
アインハイト広場Platz der Einheit/West
🚋🚌603番で終点ひとつ手前のSchloss Cecilienhof下車。サンスーシ宮殿からは695番でアインハイト広場へ
ツェツィーリエンホーフ宮殿着
URLwww.spsg.de
🕐4~10月10:00~17:30　11~3月10:00~16:30
※最終入場は閉館30分前
🈹月、12/24・25　💴€8　学生€6

ハンブルク Hamburg
ベルリンから
🚆中央駅からICEで1時間45分
フランクフルトから
🚆中央駅からICEで約4時間
コペンハーゲン（デンマーク）から
🚆中央駅からECで約5時間
■ハンブルクの観光案内所❶
URLwww.hamburg-tourism.de
🕐9:00~19:00（日10:00~18:00）
中央駅構内Kirchenallee出口近く

ザイフェン Seiffen

ベルリン発
↓🚄中央駅からECで約2時間10分
ドレスデンDresden
↓🚄RBで所要約1時間5分のFlöhaで乗り換え、さらに約55分のOlbernhau-Grünthalで下車
↓🚌452番のバスで所要約30分のKurort Seiffen Mitte下車
ザイフェン着

おもちゃ博物館 Spielzeugmuseum
🏠Hauptstr. 73
URLwww.spielzeugmuseum-seiffen.de
🕐10:00〜17:00 休12/24
料€7 学生€5

マイセン Meißen

ベルリン発
↓🚄中央駅からECで約2時間10分
ドレスデンDresden
↓🚄Ⓢ1マイセン行きで所要約35分
マイセン・アルトシュタット駅Meißen-Altstadt着
■マイセンの観光案内所ℹ️
🏠Markt 3 TEL(03521) 41940
URLwww.touristinfo-meissen.de
🕐4〜10月10:00〜18:00（土・日〜15:00）
　11〜3月10:00〜17:00（土〜15:00）休1月の土

マイセン磁器工場
Porzellan-Manufaktur Meissen
🏠Talstr. 9 URLwww.erlebniswelt-meissen.com
🕐5〜10月9:00〜18:00（最終ツアー17:15）
　11〜4月9:00〜17:00（最終ツアー16:20）
休12/24〜26
料€10 学生€6（磁器博物館にも入場可）

リューベック Lübeck

ハンブルクから
🚄中央駅からREで約45分

■リューベックの観光案内所ℹ️
🏠Holstentorplatz TEL(0451) 8899700
URLwww.luebeck-tourismus.de
🕐6〜8月9:00〜19:00（土10:00〜16:00、日10:00〜15:00）
他の時期は短縮営業あり
休11〜3月の日曜、1/1、12/24・25

ドレスデン Dresden

ベルリンから
🚄中央駅からECで約2時間10分

■ドレスデンの観光案内所ℹ️
🏠Wienner Platz 4 TEL(0351) 501501
URLwww.dresden.de 🕐9:00〜19:00
中央駅構内にある

レジデンツ宮殿 Residenzschloss
🏠Kleiner Schlosshof URLwww.skd.museum
🕐10:00〜18:00 休火、1〜2月に閉館期間あり
歴史的緑の丸天井
見学は完全予約制で時間指定の入場券が必要。上記サイトでクレジットカード払い。当日券は10:00から窓口で販売される

料€14（予約手数料、オーディオガイド込み）　当日券€12
新しい緑の丸天井・武器展示室　料€12　学生€9
予約不要。歴史的緑の丸天井以外のレジデンツ宮殿の他の展示にも入場可

ツヴィンガー宮殿 Zwinger
アルテ・マイスター絵画館
URLwww.skd.museum
🕐10:00〜18:00 休月、1〜2月頃に休業期間あり
料€12 学生€9（陶磁器コレクション、数学物理学博物館にも入場可）

ミュンヘン München

ウィーン（オーストリア）から
🚄中央駅からRJで約4時間10分
ザルツブルク（オーストリア）から
🚄中央駅からRJで約1時間30分
チューリヒ（スイス）から
🚄中央駅からECで約4時間45分
フランクフルトから
🚄中央駅からICEで3時間10分

新市庁舎 Neues Rathaus
🚇ⓈⓊMarienplatz下車
🏠Marienplatz 8
■新市庁舎の塔
🕐10:00〜19:00（日・祝〜17:00）
休10〜4月の土・日・祝、1/1・6、カーニバルの火曜、5/1、11/1、12/25・26 料€4

レジデンツ Residenz
🚇ⓈⓊMarienplatz下車。徒歩約5分
🚋トラム19番Nationaltheater下車すぐ
🏠Residenzstr. 1
URLwww.residenz-muenchen.de
🕐4/1〜10/18 9:00〜18:00
　10/19〜3/31 10:00〜17:00
休1/1、カーニバルの火曜、12/24・25・31
料レジデンツ博物館€7 学生€6
　宝物館€7 学生€6　2ヵ所共通券€11 学生€9

ピナコテーク Pinakotheken
🚇Ⓤ2 Theresienstr.下車徒歩約10分
🚋トラム27番Pinakotheken下車
URLwww.pinakothek.de
料€12（下記3ヵ所共通入場1日券。特別展は別途必要）
アルテ・ピナコテーク Alte Pinakothek
🕐10:00〜18:00（火・水〜20:30）
休月、1/6、カーニバルの火曜、5/1、12/24・25・31
料€7 学生€5 日曜€1
ノイエ・ピナコテーク Neue Pinakothek
※2025年頃まで改修工事のため閉館中
モダン・ピナコテーク Modern Pinakothek
🕐10:00〜18:00（木〜20:00）
休月、1/6、カーニバルの火曜、5/1、12/24・25・31
料€10 学生€7 日曜€1

ローテンブルク Rothenburg ob der Tauber
ミュンヘン発
↓🚊中央駅からICEで約1時間10分
ニュルンベルク Nürnberg
↓🚊REで約30分
アンスバッハ Ansbach
↓🚊RBで約22分
シュタイナハ Ansbach
↓🚊RBで約14分
ローテンブルク着
アウクスブルクAugsburg、トロイヒトリンゲンTreuchtlingen
経由の便もある。

■ローテンブルクの観光案内所❶
🏠Marktplatz 2　☎(09861) 404800
URL www.rothenburg-tourismus.de
開5～9月9:00～18:00（土・日・祝10:00～17:00）
　11・1～4月9:00～17:00（土10:00～13:00）
　10・12月9:00～17:00（土・日10:00～17:00）

ノイシュヴァンシュタイン城
Schloss Neuschwanstein
ミュンヘン中央駅発
↓🚊REで約2時間
フュッセン Füssen
↓🚊駅前から72、73、78のバスでHohenschwangau下車
ホーエンシュヴァンガウHohenschwangau
↓徒歩だと約40分、みやげ物店ミュラー前から馬車
↓🚊みやげ物店ミュラーの先の駐車場からシャトルバス
　（冬期運行）
ノイシュヴァンシュタイン城着
URL www.neuschwanstein.de
開4/1～10/15 9:00～18:00
　10/16～3/31 10:00～16:00
休1/1、12/24・25・31　料€13　学生€12
■ノイシュヴァンシュタイン城のチケットセンター
URL www.hohenschwangau.de/ticketcenter.0.html
開4/1～10/15 7:30～17:00
　10/16～3/31 8:30～15:00
料予約料金€2.50
ノイシュヴァンシュタイン城とホーエンシュヴァンガウ城の
入場チケットは、みやげ物店ミュラー手前にある
チケット売り場で購入する。チケットには入場時間が指定
されているので、時間に合わせて城に向かおう。30人ほ
どのガイドツアーで、オーディオガイドを聞きながら回る。
自由見学はできない。城に上がってしまってからはチケッ
トを購入したり、時間を変更することはできない

ネルトリンゲン Nördlingen
ミュンヘンから
🚊中央駅からICEと普通列車で約1時間45分～。ドナウヴェ
ルトDonauwört乗り換え

■ネルトリンゲンの観光案内所❶
🏠Marktplatz 2　☎(09081) 84116
URL www.noerdlingen.de
開夏期9:00～18:00（金～16:30、土・祝10:00～14:00）
　7・8月の日曜10:00～14:00
　冬期9:00～17:00（金9:00～15:30）　休9～6月の日曜

ニュルンベルク Nürnberg
ミュンヘンから
🚊中央駅からICEで約1時間5分

■ニュルンベルクの観光案内所❶
URL tourismus.nuernberg.de
中央駅前
🏠Königstr 93　☎(0911) 23360
開10:00～18:00（日～14:00）
中央広場
🏠Hauptmarkt 18　☎(0911) 2336135
開9:00～18:00（日10:00～16:00）
クリスマスマーケット期間は時間延長あり

ザルツブルク Salzburg （オーストリア）
ミュンヘンから
🚊中央駅からRJで約1時間30分
ウィーン（オーストリア）から
🚊中央駅からRJで約2時間25分

■ザルツブルクの観光案内所❶
🏠Südtiroler Platz 1　☎(0662) 88987340
URL www.salzburg.info
開10～5月9:00～18:00　9月9:00～19:00
　6月8:30～19:00　7・8月8:30～19:30

モーツァルトの生家
Mozarts Geburthaus
🏠Getreidegasse 9　URL www.mozarteum.at
開9～6月9:00～17:30　7・8月8:30～19:00
※最終入場は閉館の30分前
料€11　学生€9

ホーエンザルツブルク城塞
Festung Hohensalzburg
🏠Mönchsberg 34　URL www.salzburg-burgen.at
開5～9月9:00～19:00　10～4月9:30～17:00
※最終入場は閉館の30分前
料€12.40（ケーブルカーに乗らず徒歩で往復する場合）
FestungsCard All Inclusive
ケーブルカー往復、ガイドツアー、博物館込みの入場券
料€16.30
FestungsCard Basic
ケーブルカー往復、博物館込みの入場券料€12.90

レジデンツ Residenz
🏠Residenzplatz 1　URL www.salzburg-burgen.at
開9～6月10:00～17:00
　7・8月10:00～18:00（水～20:00）
休9～6月の火、12/24
※最終入場は閉館の1時間前
料€13（レジデンツギャラリー、ドーム博物館も入場可）

フランクフルト Frankfurt am Main
ベルリンから
🚊中央駅からICEで3時間55分
ミュンヘンから
🚊中央駅からICEで3時間10分
パリ（フランス）から
🚊東駅からTGVで3時間55分

ゲーテハウス Goethehaus
🚇**S**🚇**U**HauptwacheまたはWilly-Brandt-Platz下車
🏠Großer Hirschgraben 23-25
🔗www.goethehaus-frankfurt.de
🕐10:00〜18:00（日〜17:30）
最終入場は閉館の30分前
📅1/1、聖金曜、12/24・25・31
💶€7　学生€3　オーディオガイド€3
ゲーテ博物館（入場券共通）から入場する

大聖堂 Dom
🚇**U**4、5 Römer下車
🏠Domplatz 1　🔗www.dom-frankfurt.de
🕐9:00〜20:00（金13:00〜20:00）
📅日曜午前など礼拝中は見学不可　💶無料
■大聖堂の塔
🕐10:00〜17:00　💶€3
■大聖堂内のドーム博物館
🕐10:00〜17:00（土・日・祝11:00〜17:00）
📅月　💶€2　学生€1

シュテーデル美術館 Städelmuseum
🚇**U**1、2、3、8 Schweizer Platz下車
🚌中央駅正面出口を出て右側のバス停から46番で3つ目で下車
🏠Schaumainkai 63
🔗www.staedelmuseum.de
🕐10:00〜19:00（木・金〜21:00）
📅月、12/24・31、年末年始は時間短縮あり
💶平日€16　学生€14（土・日・祝€18　学生€16）

ライン下り Rheinschifffahrt
⛴ライン下りの船旅はおもにボッパルトBoppard〜リューデスハイムRüdesheim間で運航されている。時間がない場合はリューデスハイム〜ザンクト・ゴアール間またはビンゲン〜ザンクト・ゴアール（所要1時間30分〜2時間）がおすすめ。4月上旬〜10月中旬は1日5便運行。冬期は区間限定で運航されることもあるのでウェブサイト（🔗www.k-d.com）で確認を

ケルン Köln
フランクフルトから
🚉中央駅からICEで1時間5分（高速新線経由）
ベルリンから
🚉中央駅からICEで4時間35分
パリ（フランス）から
🚉北駅からタリスで3時間22分
ブリュッセル（ベルギー）から
🚉ミディ駅からタリスで約1時間50分
アムステルダム（オランダ）から
🚉中央駅からICEで約2時間47分

■ケルンの観光案内所❶
🏠Kardinal-Höffner-Platz 1　☎(0221) 346430
🔗www.koelntourismus.de
🕐9:00〜20:00（日・祝10:00〜17:00）

大聖堂 Dom
🏠Domkloster 4
🔗www.koelner-dom.de
大聖堂内
🕐5〜10月6:00〜21:00（日・祝13:00〜16:30）
　11〜4月6:00〜19:30（日・祝13:00〜16:30）

※祭壇周囲、ステンドグラス下のエリアは入場制限の場合あり　💶無料
南塔
🕐3・4・10月9:00〜17:00
　5〜9月9:00〜18:00　11〜2月9:00〜16:00
※最終入場は閉館の1時間前
💶€5　学生€2
宝物館　🕐10:00〜18:00　💶€6　学生€3
塔と宝物館の共通券💶€8　学生€4

リューデスハイム Rüdesheim
フランクフルトから
🚉中央駅からVIA社（鉄道パス類有効）の列車で約1時間10分

■リューデスハイムの観光案内所❶
🏠Rheinstr. 29a　☎(06722) 906150
🔗www.ruedesheim.de
🕐4〜10月8:30〜18:30（土・日10:00〜16:00）
　11〜3月10:00〜16:00　📅11〜3月の土・日

ワイン博物館 Weinmuseum
🏠Rheinstr. 2
🔗rheingauer-weinmuseum.de
改修工事のため2020年頃まで閉館

コブレンツ Koblenz
フランクフルトから
🚉中央駅からICで約1時間33分

■コブレンツの観光案内所❶
🏠Zentralpl. 1
Forum Confeluentesというショッピングビル内
☎(0261) 129610
🔗www.koblenz-touristik.de
🕐10:00〜18:00
📅1/1・5、2/24、11/22、12/25・26

エーレンブライトシュタイン城塞
Festung Ehrenbreitstein
🚌中央駅から9、10、460番のバスで15分のEhrenbreitstein Festungsaufzug/DJH下車。城塞までは斜めのエレベーターで行く
🕐4〜10月10:00〜18:00　11〜3月10:00〜17:00
💶€7

ハイデルベルク Heidelberg
フランクフルトから
🚉中央駅からICで約50分

■ハイデルベルクの観光案内所❶
🏠Willy-Brandt-Platz 1 am Hauptbahnhof
☎(06221) 5844444
🔗www.heidelberg-marketing.de
🕐4〜10月9:00〜19:00（日・祝10:00〜18:00）
　11〜3月9:00〜18:00　📅11〜3月の日曜

ホーエンツォレルン城 Burg Hohenzollern
フランクフルト中央駅発
↓🚃ICEで約1時間20分
シュトゥットガルト Stuttgart
↓🚃REで約45分、REで約1時間
テュービンゲン Tübingen
↓🚃REで約20分、私鉄HZLで約25分
ヘッヒンゲン Hechingen
↓🚌4~10月はバスが1日2往復（冬期は1往復）
　 または往復のタクシー（☎07476-6900）を手配
ホーエンツォレルン城駐車場着
城の入口までは有料のシャトルバスが運行
☎(07471) 2428　URLwww.burg-hohenzollern.com
開3/16~10/31 10:00~17:30
　 11/1~3/15 10:00~16:30
休12/24 (12/31、1/1は短縮)
料€12 (城内はガイドツアーでの見学)

ザンクト・シュテファン教会にある
シャガールのステンドグラス
St. Stephans-Kirche
フランクフルト中央駅発
↓🚃ICEで約33分
マインツ Mainz
↓🚃中央駅前から50、52、53番のトラムでAm Gautor
で下車し、少し戻る
ザンクト・シュテファン教会着
開夏期10:00~17:00 (日12:00~17:00)
　 冬期10:00~16:30 (日12:00~16:30)
料無料 (礼拝中の見学は不可)

オーストリア P.304~313

ウィーン Wien
ザルツブルクから
🚃RJで2時間25分
ミュンヘン (ドイツ) から
🚃中央駅からRJで4時間10分

シュテファン寺院 Stephansdom
🚇U1、3 Stephansplatz
URLwww.stephansdom.at
開6:00~22:00 (日・祝7:00~22:00)
身廊中央部の見学
開8:30~11:30、13:00~16:30 (日・祝は午後のみ)
料€6.50 (日本語オーディオガイド付き)
カタコンベのガイドツアー
開10:00~11:30、13:30~16:30 (日・祝は午後のみ)
15~30分おき、5人以上で出発　料€6
北塔へのエレベーター
開9:00~17:30　料€6
南塔の階段
開9:00~17:30 (最終入場16:30)　料€5
宝物館
開10:00~17:00 (日・祝13:00~17:00)
※最終入場16:00　料€6
オールインクルーシブチケット
身廊中央部、カタコンベ、宝物館、北塔、南塔に有効
料€14.90

美術史博物館 Kunsthistorisches Museum
🚇U2 Museumquartier、U3 Volkstheater
🚃トラム1、2、D番Burgring
URLwww.khm.at
開10:00~18:00 (絵画部門のみ木~21:00)
休9~5月の月曜　料€16　学生・65歳以上€11
日本語オーディオガイド€5

楽友協会 Musikverein
🚇U1、2、4 Karlsplatz
URLwww.musikverein.at
ガイドツアー
英語：月~土13:00発　ドイツ語：月~土13:45発
※夏期は変更あり　所要約45分　料€9
Bösendorferstr.側入口集合

シェーンブルン宮殿 Schloss Schönbrunn
🚇U4 SchönbrunnまたはHeitzing
🚃トラム10、60番Schloss Schönbrunn
🚌10A Schloss Schönbrunn
URLwww.schoenbrunn.at
宮殿内部の見学
開4~6月8:00~17:30　7・8月8:00~18:30
　 9・10月8:00~17:30　11~3月8:00~17:00
※最終入場は閉館の30分前
■宮殿見学のチケット
グランドツアーGrand Tour
見学可能な40室全てを見学できる
日本語オーディオガイド付き料€20　学生€18
ガイド付きツアー料€24　学生€22
インペリアルツアーImperial Tour
東翼を除く部屋をオーディオガイドで見学
料€16　学生€14.60
シシィ・チケットSisi Ticket
ファストレーンを利用して待ち時間なしで入場可能。グラン
ドツアーで見学可。ほかに王宮や王宮家具博物館にも
入場可能。購入日から1年間有効
料€34　学生€31

メルク Melk
ウィーン中央駅発
↓🚃ICまたはRJで約30~35分
ザンクト・ペルテン St. Pölten
↓🚃REXで約15~20分
メルク着

メルク修道院 Stift Melk
URLwww.stiftmelk.at
開4~10月9:00~17:30 (最終入場17:00)
　 11~3月11:00、14:00発のガイドツアーでのみ見学可
料€12.50 (ガイドツアー付き€14.50)
学生€6.50 (ガイドツアー付き€8.50)

ブダペスト Budapest (ハンガリー)
ウィーン中央駅から
🚃RJで約2時間40分。ケレティ駅Keleti着
プラハから
🚃ECで約6時間30分。ニュガティNyugati駅着

■ブダペストの観光案内所❶
📞(1) 5761401
🌐www.budapestinfo.hu　🕐7:00〜19:00
デアーク広場にある

ブラチスラヴァ Bratislava（スロヴァキア）
ウィーンから
🚌Ⓤ3 Erdberg駅近くの国際バスターミナルからFlixbus、
Eurolinesで約1時間
プラハから
🚌Flixbus社のバスで4時間10分

■ブラチスラヴァの観光案内所❶
🏠Klobučnícka 2　📞(02) 16186
🌐www.visitbratislava.com
🕐4〜10月9:00〜19:00　11〜3月9:00〜18:00
■ブラチスラヴァ公式ガイドアプリ（英語）
iphone　　　　　　　Android

スイス　P.314〜319

インターラーケン Interlaken
チューリヒ空港から
🚆ベルンBern経由で約2時間
ジュネーヴから
🚆ベルンBern経由で約2時間45分

■インターラーケンの観光案内所❶
🏠Höheweg 37
📞(033) 8265300　🌐www.interlaken.ch
🕐5・6・9・10月8:00〜18:00（土9:00〜17:00）
　7・8月8:00〜19:00（土・日9:00〜17:00）
　11〜4月8:00〜12:00 13:30〜18:00
　（土10:00〜14:00）　🈺9〜5月の日曜
郵便局と同じ建物内にある

シーニゲ・プラッテ Schynige Platte
インターラーケン・オスト駅発
⬇🚆Rで約4分
ヴィルダースヴィールWilderdwil
⬇🚆登山鉄道で約52分
シーニゲプラッテ着
インターラーケン・ヴェスト駅からヴィルダースヴィールへ
はポストバスが30分に1便出ている
●登山鉄道
ヴィルダースヴィール発7:25〜16:45のほぼ40分ごと。
戻りの最終は17:53（11〜5月は運休）

シルトホルン Schilthorn
インターラーケン・オスト駅発
⬇🚆登山鉄道の前より車両に乗り約20分
ラウターブルンネンLauterbrunnen
⬇🚌シュテッヘルベルクStechelberg行きのポストバスで
終点まで行き、ロープウエイに乗り換え約30分
ミューレンMürren
⬇🚡別のロープウエイに乗り換え約17分

シルトホルン着
🌐www.schilthorn.ch
🎫CHF105（シュテッヘルベルク往復）
スイストラベルパスで50%割引

ブリエンツ Brienz
インターラーケン・オスト駅から
🚆ルツェルン行きRで21〜23分

■ブリエンツの観光案内所❶
🏠Hauptstr. 143
📞(033) 9528080　🌐www.interlaken.ch
🕐6月中旬〜9月8:00〜18:00（土9:00〜12:00 13:30
　〜18:00、日9:00〜12:00 13:00〜17:00）
　10月8:00〜12:00 14:00〜17:00
　（土・日9:00〜12:00 13:00〜17:00）
　11〜4月8:00〜12:00 14:00〜17:00
　5〜6月中旬8:00〜12:00 14:00〜18:00
　（土9:00〜12:00 13:00〜17:00）
　🈺11〜4月の土・日、5・6月中旬の日曜

ロートホルン鉄道 Rothornbahn
🌐brienz-rothorn-bahn.ch
運行期間（'20）6/6〜10/25
ブリエンツ発7:36* 8:36 9:40 10:45 11:45 12:58
13:58 14:58 16:36
ロートホルン・クルム発9:06* 9:38 11:15 12:20 13:28
14:28 15:28 16:28 17:40*7〜9月の日曜日のみ運行
🎫片道CHF59　往復CHF92
スイストラベルパスで50%割引

グリンデルワルト Grindelwald
インターラーケン・オスト駅から
🚆登山鉄道で約34分

■グリンデルワルトの観光案内所❶
🏠Sportzentrum Dorfstrasse 110
📞(033) 8541212　🌐grindelwald.swiss
🕐8:00〜18:00（土・日9:00〜18:00）

フィルスト Filst
グリンデルワルトからロープウエイで約25分
8:30〜16:30に運行（季節により変動あり）
冬期は天候により運行
🎫片道CHF30　往復CHF60
スイストラベルパスで50%割引、ユーレイルグローバル
パスで25%割引

ユングフラウヨッホ Jungfraujoch
インターラーケン・オスト駅発
⬇🚆登山鉄道で約34分
グリンデルワルトGrindelwald
⬇🚆登山鉄道で約32分
クライネ・シャイデックKleine Scheidegg
⬇🚆登山鉄道で約35分
ユングフラウヨッホ着
■ユングフラウ鉄道　🌐www.jungfrau.ch
ユングフラウからインターラーケンへの終発は18:43

スネガ Sunnegga
ツェルマットから
🚆ケーブルカーで約3分
🌐www.matterhornparadise.ch

■ケーブルカーの運行時刻
6/27〜9/6 8:00〜18:00
5/30〜6/26、9/7〜10/11 8:30〜17:20
图片道CHF16 往復CHF24
スイストラベルパスで50%割引

ロートホルン Rothhorn
スネガから
🚡ロープウエイで約15分
■ロープウエイの運行時刻
6/27〜9/6 8:10〜17:00
5/30〜6/26、9/7〜10/11 8:40〜16:30
图片道CHF44 往復CHF67（ツェルマットからの料金）
スイストラベルパスで50%割引

マッターホルン・グレッシャー・
パラダイス Matterhorn Glacier Paradise
ツェルマット発
↓🚡ロープウエイで約5分
フーリFuri
↓🚡ロープウエイで約8分
トロッケナー・シュテークTrockner Steg
↓🚡ロープウエイで約10分
マッターホルン・グレッシャー・パラダイス着
フーリからシュヴァルツゼーを経由して行くルートもある
■ロープウエイの運行時刻
ツェルマット発フーリ行き
6/27〜9/6 6:30〜17:50
5/4〜6/26、9/7〜10/11 8:30〜16:50
フーリ発トロッケナー・シュテーク行き
6/27〜9/6 6:45〜18:00
5/4〜6/21（6/22〜6/26は運休）8:45〜16:15
9/7〜10/11 8:50〜16:30
トロッケナー・シュテーク発
マッターホルン・グレッシャー・パラダイス行き
6/27〜9/6 7:00〜16:15
5/4〜6/26 9:00〜16:00
9/7〜10/11 9:00〜16:15
图往復CHF100、スイストラベルパスで50%割引

ゴルナーグラート Gornergrat
ツェルマットから
🚞登山鉄道で約35分
■ゴルナーグラート鉄道
URLwww.gornergratbahn.ch
圏ツェルマット発7:00〜18:24
图片道CHF51 往復CHF102（'20年5・6・9・10月）
スイストラベルパスで50%割引

グレッシャー・エクスプレスGlacier Express
URLwww.glacierexpress.ch
ふたつの私鉄を走るが、相互に乗り入れているので乗り
換えの必要はない。全席指定制のため、別途座席指定
券が必要となる
12/10〜5/8（'20）
　ツェルマット8:52発→サン・モリッツ16:38着
5/9〜10/11（'20）
　ツェルマット7:52発→クール13:24着
　ツェルマット8:52発→サン・モリッツ16:38着
　ツェルマット9:52発→サン・モリッツ17:38着
　ブリーク14:18発→サン・モリッツ20:58着
所要：7時間30分〜8時間
图ツェルマット〜サン・モリッツ
片道1等CHF268 2等CHF152

チェコ P.320〜325

プラハ Prague
ブダペスト（ハンガリー）から
🚄ニュガティ駅からECで約6時間30分
ウィーン（オーストリア）から
🚇U3 Erdeberg駅近くの国際バスターミナルからFlixbus
で3時間55分〜4時間30分
ミュンヘン（ドイツ）から
🚌alex社の特急で約5時間36分
ニュルンベルク（ドイツ）から
🚌DB社／ČD社のICバス（全席指定制）で3時間35分〜3
時間45分。ユーロラインズ社のバスも運行
ベルリン（ドイツ）から
🚄中央駅からECで約4時間27分

プラハ城 Pražský hrad
🚇地下鉄A線Malostranská
🚋トラム22、23番Pražský hrad
URLwww.hrad.cz
■プラハ城の入場チケット
入場できる場所によってチケットが異なり、A〜Cなどのコ
ースがある。チケットは購入日と翌日の2日間有効
コースA 图350Kč 学生175Kč
聖ヴィート大聖堂、旧王宮、プラハ城についての展示、
聖イジー教会、黄金小路、ダリボルカ、ロジュンベルク
宮殿（王宮美術館の場合あり）
コースB 图250Kč 学生125Kč
聖ヴィート大聖堂、旧王宮、聖イジー教会、黄金小路、
ダリボルカ
コースC 图350Kč 学生175Kč
聖ヴィート大聖堂の宝物展、王宮美術館
■プラハ城の見どころ
聖ヴィート大聖堂（コースA＆B）
圏4〜10月9:00〜17:00（日12:00〜17:00）
　11〜3月9:00〜16:00（日12:00〜16:00）
※最終入場は閉館20分前 图一部無料
聖ヴィート大聖堂の宝物展（コースC）
圏4〜10月9:00〜18:00 11〜3月9:00〜17:00
图単独入場券250Kč 学生125Kč
聖ヴィート大聖堂の南塔
圏4〜10月10:00〜18:00 11〜3月10:00〜17:00
※最終入場は閉館30分前 图150Kč
旧王宮（コースA＆B）
圏4〜10月9:00〜17:00 11〜3月9:00〜16:00
プラハ城の展示（コースA）
圏4〜10月9:00〜17:00 11〜3月9:00〜16:00
图単独入場券140Kč 学生70Kč
聖イジー教会（コースA＆B）
圏4〜10月9:00〜17:00 11〜3月9:00〜16:00
黄金小路＆ダリボルカ（コースA＆B）
圏4〜10月9:00〜17:00 11〜3月9:00〜16:00
王宮美術館（コースC）
圏4〜10月9:00〜17:00 11〜3月9:00〜16:00
图単独入場券100Kč 学生50Kč
ロジュンベルク宮殿（コースA）
圏4〜10月9:00〜17:00 11〜3月9:00〜16:00
图企画展は別途入場料が必要
火薬塔
URLwww.vhu.cz
圏4〜10月9:00〜17:00 11〜3月9:00〜16:00
图単独入場券70Kč 学生40Kč

スペイン・シナゴーグ

Španělská synagoga
URLwww.jewishmuseum.cz
開3月下旬～10月下旬9:00～18:00
10月下旬～3月下旬9:00～16:30
休土、ユダヤ教の祝日　料350Kč　学生250Kč

旧市街広場 Staroměstské nám.

旧市庁舎の塔　開9:00～22:00 (月11:00～22:00)
休無休　料250Kč　学生150Kč

市民会館 Obecní dům

URLwww.obecnidum.cz
開10:00～20:00 (インフォメーション)
休無休　料290Kč　学生240Kč　写真撮影55Kč
ガイドツアーは不定期に催行 (11:00、13:00など1日1～
4回)。ウェブサイトで確認できる

チェスキー・クルムロフ Český Krumlov

プラハ市内発
↓🚇地下鉄B線アンディエルAnděl下車
プラハ・ナ・クニーゼツィ・バスターミナルNa Knížecí
↓🚌Student Agency社のバスで約3時間
チェスキー・クルムロフ着
終点1つ手前のČeský Krumlov, Špičákで下車すると旧
市街が近い
プラハ本駅から
🚉8:01発のExで約2時間54分。ほかにチェスケー・ブデ
ィェヨヴィツェ České Budějovice乗り換えの便もある。
チェスケー・ブディェヨヴィツェ～チェスキー・クルムロフ
間のローカル列車は鉄道パス利用不可。鉄道駅から旧市
街へは市内バスが頻発している

■チェスキー・クルムロフの観光案内所❶

住Náměstí Svornosti 2　TEL380-704-622
URLwww.ckrumlov.info
開4・5・9・10月9:00～18:00　6～8月9:00～19:00
11～3月9:00～17:00　休無休 (土・日は昼休みあり)

チェスキー・クルムロフ城

Zámek Český Krumlov
URLwww.zamek-ceskykrumlov.cz
開4・5・9・10月9:00～17:00　6～8月9:00～18:00
休月、11～3月
料ルートⅠ (英語ガイド) 320Kč　学生220Kč
ルートⅡ (英語ガイド) 240Kč　学生170Kč
城の塔と博物館
開4・5・9・10月9:00～17:00　6～8月9:00～18:00
11～3月9:00～16:00
休11～3月の月曜　料150Kč　学生110Kč
チェスキー・クルムロフ城の劇場ツアー
開10:00～15:00の毎正時
休月、11～4月　料350Kč　学生250Kč

テルチ Telč

プラハ本駅発
↓🚉ブルノBrno行きで約2時間
ハブリーチクーフ・ブロートHavlickuv Brod
↓🚉スラヴォニツェSlavonice行きで約1時間30分
テルチ着
旧市街までは駅から徒歩10分ほど

■テルチの観光案内所❶

住Náměstí Zachariáše z Hradce 10
TEL567-112-407　URLwww.telc.eu
開4～10月8:00～17:00 (時期により短縮、延長あり)
11～3月7:30～17:00 (火・木・金8:00～16:00)
休11～3月の土・日

テルチ城 Zámek Telč

URLwww.zamek-telc.eu
開3月下旬～4月・10月10:00～15:00
5・6・9月10:00～16:00　7・8月9:00～16:30
12:00～13:00は昼休み　休月、11～3月下旬
料ツアー① (チェコ語ガイド) 150Kč　学生110Kč
ツアー① (英語ガイド) 300Kč　学生220Kč
ツアー② (チェコ語ガイド) 100Kč　学生70Kč
アンダーグラウンドツアー　60Kč　学生40Kč
※ツアー②は10～4月は休み、アンダーグラウンドツアー
は5～9月下旬のみ催行。

クロアチア P.326～337

ドゥブロヴニク Dubrovnik

ザグレブから
✈11:40、22:20など1日2～3便程度。夏期増便。所要50分
🚌昼 行6:00～12:00、16:00、　夜 行21:00～22:30、
0:30など。所要約10時間
スプリットから
🚌1～2時間おきに1便程度。所要4～6時間

城壁 Gradske zidne

URLcitywallsdubrovnik.hr
開4・5・8・9月8:00～18:30　6・7月9:00～19:30
10月8:00～17:30　11～3月9:00～15:00
料200Kn

聖ヴラホ教会 Crkva sv. Vlaha

観光客は礼拝の前後に入場可

スルジ山 Srđ

■スルジ山のロープウエイ

URLwww.dubrovnikcablecar.com
開4・10月9:00～20:00　5月9:00～21:00
6～8月9:00～24:00　9月9:00～22:00
11・2・3月9:00～17:00　12・1月9:00～16:00
料片道90Kn　往復170Kn

ストン Ston

ドゥブロヴニクから
🚌8:00、10:00、14:15、15:30、18:00発など。所要
約50分

■ストンの観光案内所❶

住Pelješki put bb
TEL (020) 754452　URLwww.ston.hr
開夏期8:00～19:00　冬期8:00～14:00
休冬期の土・日

コトル Kotor (モンテネグロ)

ドゥブロヴニクから
🚌11:00、15:00、17:30発。国境を越えるのでパスポー
ト必須。所要約2時間 (国境手続きによる)

■コトルの観光案内所❶
開夏期8:00～20:00　冬期8:00～18:00
旧市街の正門の前にある

城壁 Zidine grada
開8:00～20:00　料€3

モスタル Mostar（ボスニア・ヘルツェゴヴィナ）
ドゥブロヴニクから
🚌8:00 、16:00 、17:15発など1日3便程度。国境を越えるのでパスポート必須。所要約3時間（国境手続きによる）。夏期はドゥブロヴニク発の日帰りツアーも出ている

■モスタルの観光案内所❶
住Rage Bitange 5　TEL (036) 580275
URLwww.hercegovina.ba
開9:00～12:00　休11～4月

スプリット Split
ザグレブから
🚃15:20発→21:23着、22:56発→翌6:47着
🚌所要4時間30分～8時間

大聖堂 Katedrala sv. Duje
開4・5・10月8:00～17:00　6～9月8:00～19:00
休11～3月　料共通券（大聖堂＋地下室＋洗礼室）25Kn
共通券（大聖堂＋鐘楼＋地下室＋宝物室＋洗礼室）45Kn

トゥロギール Trogir
スプリットから
🚌長距離バスターミナル発の便が所要30～40分。近郊バスターミナル発37番で所要約50分

■トゥロギールの観光案内所❶
住Trg Ivana Pavla II 2　TEL (021) 885628
URLwww.tztrogir.hr
開夏期8:00～21:00（日9:00～14:00）
冬期8:00～16:00（土9:00～13:00）　休冬期の日曜

聖ロヴロ大聖堂 Katedrala sv. Lovre
開4～6・9・10月8:00～18:00（日12:00～18:00）
7・8月8:00～20:00（日12:00～18:00）
11～4月9:00～12:00　休11～4月の日曜　料25Kn

シベニク Šibenik
スプリットから
🚌所要約1時間30分～1時間45分
トゥロギールから
🚌所要約1時間

■シベニクの観光案内所❶
住Obala Palih Omladinaca 3
TEL (022) 214411　URLwww.sibenik-tourism.hr
開2～5・11月8:00～20:00（土・日～14:00）
6～8月8:00～22:00　9月8:00～21:00
10月8:00～20:00　休祝、1・12月

聖ヤコブ大聖堂 Katedrala sv. Jakova
開11～5月8:30～18:30（日12:00～18:30）
6～8月8:00～22:00（日12:00～19:00）
休不定休　料20Kn　学生10Kn

サロナ Salona
スプリットから
🚌市内バス1番で所要約25分。帰りは遺跡西側にある広い道路沿いから37番のバスで帰ることもできる
開4・5・9月7:00～19:00（土8:00～19:00、日9:00～13:00）
6～8月7:00～20:00（土8:00～20:00、日9:00～16:00）
11～3月7:00～18:00（土9:00～16:00）
休11～3月の日曜　料30Kn

ザダル Zadar
ザグレブから
🚌所要3時間～5時間10分

■ザダルの観光案内所❶
住Jurja Barakovića 5
TEL (023) 316166　URLwww.zadar.travel
開4・10月8:00～21:00（土・日・祝9:00～21:00）
5・6・9月8:00～22:00（土・日・祝9:00～22:00）
7・8月9:00～24:00
11～3月8:00～20:00（土・日・祝9:00～14:00）
休無休

大聖堂 Katedrala sv. Stošije
開8:00～19:30　休無休　料無料

フヴァール島 Hvar
スプリットから
⛴14:00、16:00など1日2～6便、所要1時間5分。フヴァール港着

■フヴァールの観光案内所❶
TEL (021) 742182　URLwww.tzhvar.hr
開6～9月8:00～21:00（日9:00～13:00 16:00～20:00）
4・5・10月8:00～20:00（日9:00～13:00 16:00～19:00）
11～3月8:00～12:00　休祝、11～3月の日曜

ザグレブ Zagreb
ザダルから
🚌所要3時間～5時間10分
ウィーン（オーストリア）から
🚌U3 Erdeberg駅近くの国際バスターミナルから8:00 13:00 15:00 17:00など。所要4時間25分～6時間
リュブリャーナ（スロヴェニア）から
🚃6:20 8:25 14:45 18:36など、所要約2時間20分。ECは全席指定制
🚌所要2～3時間

聖マルコ教会 Crkva sv. Marka
住Trg sv. Marka
開ミサの開始時間（月～土18:00、日11:00、18:00）に見学可能　料無料

ミロゴイ墓地 Groblje Mirogoj
🚌聖母被昇天大聖堂前のバス停から106番で約10分のミロゴイMirogoj下車
開夏期6:00～20:00　冬期7:30～18:00　料無料

プリトゥヴィツェ湖群国立公園
Nacionalni park Plitvačka jezera

ザグレブから
🚌5:45 7:30 10:30 11:30 12:30 14:15 14:30 16:30
など1日9〜11便。所要2時間〜2時間30分
☎(053) 751015
🔗np-plitvicka-jezera.hr
🕐夏期8:00〜20:00
　　冬期8:00〜16:00
※季節による変動あり　🈳無休（積雪が多い日は閉園）
💴6〜9月250Kn　4・5・10月100Kn　11〜3月60Kn

リュブリャーナ Ljubljana（スロヴェニア）

ザグレブから
🚌所要2〜3時間
グラーツ（オーストリア）から
🚌5:40、11:20 1:55など1日数便。所要約3時間10分

■リュブリャーナの観光案内所❶
🏠Adamič-Lundrovo nabrežje 2
☎(01) 3061215
🔗www.visitljubljana.com
🕐6〜9月8:00〜21:00
　　10〜5月8:00〜19:00

ギリシア　P.338〜343

※ギリシアの各遺跡の営業時間は季節や天候により、予告なしに変動することがあります

アテネ Athens
ロンドン（イギリス）から
✈ブリティッシュ エアウェイズ、イージージェット、ライアンエア、エーゲ航空など3時間50分〜4時間10分
イスタンブール（トルコ）から
✈ターキッシュ エアラインズ、ペガサス航空、エーゲ航空など、所要約1時間25分
フランクフルト（ドイツ）から
✈ルフトハンザ航空、ライアンエア、エーゲ航空など、所要約3時間〜3時間15分

パルテノン神殿 Parthenon（アクロポリス遺跡）
☎(210) 3214172
🕐夏期8:00〜20:00頃　冬期8:00〜17:00頃
※夏期は熱中症対策のため43℃ぐらいまで気温が上昇すると閉場することもある。
💴アクロポリス遺跡のみ€20
ディオニソス劇場、ゼウス神殿、古代アゴラ、ハドリアノス図書館、ケラミコス遺跡などとの共通券€30

エレクティオン Erechtheion
パルテノン神殿と共通

古代アゴラ Ancient Agora
☎(210) 3210185
🕐夏期8:00〜20:00頃　冬期8:00〜17:00頃
🈳無休　💴€8（冬期€4）

国立考古学博物館 Archaeological Museum
☎(213) 2144800　🔗www.namuseum.gr
夏期8:00（火12:30）〜20:00
冬期9:00（火13:00）〜16:00　🈳無休
💴€12（冬期€6）

スニオン岬 Cape Sounion
アテネから
🚌国立考古学博物館の北側にあるバス停から7:05〜15:30の2時間に1便程度。海側と陸側を走る2つのルートがあるが、どちらも所要約2時間。スニオン岬からの最終バスは19:00

エーゲ海クルーズ Agean Cruise
アテネから
🚢アテネ市内の旅行会社やホテルのフロントで港までの送迎付きのクルーズツアーが申し込める。イドラ島、ポロス島、エギナ島などを巡るコースが一般的。8:00頃に出発し、19:00頃に港に帰着

サントリーニ島 Santorini
アテネから
✈毎日3〜16便。所要約45分。空港から島の中心フィラまではバスが30分〜1時間毎に運行
🚢ピレウス港からミコノス、ナクソス島経由で約8時間、高速船は約5時間30分。サントリーニ島のアティニオス港からフィラへはバスで約30分。タクシーなら€20程度

デルフィ Delphi
アテネから
🚌リオシオン・バスターミナルから7:30 10:30 15:00 17:30 金・日のみ20:00も増発、所要2時間30分
☎(22650) 82313
🕐夏期8:00〜19:00頃　冬期8:30〜15:30頃
💴€12（冬期€6）　※デルフィ博物館と共通

オリンピア Olympia
アテネのキフィスウ・バスターミナル発
⬇🚌7:30〜21:30の1〜2時間に1便、所要約5時間
ピルゴスPirgos
⬇🚌6:00〜21:45の1〜2時間に1便（土・日減便）
　所要約45分
オリンピア着

オリンピア遺跡 Ancient Olympia
☎(26240) 22517　🔗www.olympia-greece.org
🕐夏期8:00〜19:00頃　冬期8:30〜15:00頃
💴€12（冬期€6）　※オリンピア考古学博物館と共通

メテオラ Meteora
アテネのリオシオン・バスターミナル発
⬇🚌7:30 10:30 15:30 18:00発
　所要約4時間30分
トリカラTrikala
⬇🚌5:05〜22:45の1時間に1便、所要約45分
カランバカKalambaka
⬇🚌メテオラのタウンホール前発、メガロ・メテオロン修道院行き
メテオラの各修道院

カランバカからメテオラへ
🚖タクシーをチャーターすると1時間あたり€20
■アテネ発のツアー
主要旅行会社がメテオラ日帰りツアー、メテオラ＆デルフィ1泊2日ツアーを催行している。8:30頃シンタグマ広場発、19:00頃帰着

メガロ・メテオロン修道院
Megaro Meteoron
TEL (24320) 22278
開 夏期9:00〜15:00　冬期9:00〜14:00
休 火、冬期の火・木　料€3

ヴァルラーム修道院 Varlaam
TEL (24320) 22277
開 夏期9:00〜16:00　冬期9:00〜15:00
休 金、冬期の木　料€3

アギア・トリアダ修道院 Agia Triada
TEL (24320) 22220
開 夏期9:00〜17:00　冬期10:00〜16:00
休 木　料€3

アギオス・ステファノス修道院
Agios Stefanos
TEL (24320) 22279
開 夏期9:00〜13:30 15:30〜17:30
　　冬期9:30〜13:00 15:00〜17:00　休 月　料€3

ロドス島 Rhodes
アテネから
✈毎日4〜7便。所要約1時間。空港近くのバス停から市内へ行ける。タクシーなら€25が相場
🚢ピレウス港から約13時間

イタリア　P.344〜377

ローマ Roma
ミラノから
🚄FRで2時間55分〜3時間20分
フィレンツェから
🚄FR、FAで1時間16分〜1時間31分

フォロ・ロマーノ Foro Romano
TEL 06-39967700
開 3/16〜3月最終土曜8:30〜17:30
　　3月最終日曜〜8月8:30〜19:15
　　9月8:00〜19:00
　　10/1〜10月最終土曜8:30〜19:00
　　10月最終日曜〜2/15 8:30〜18:30
　　2/16〜3/15 8:30〜17:00
休 1/1、12/25　料€16（コロッセオ、パラティーノの丘と共通券、2日間有効）
※フォロ・ロマーノとパラティーノの丘は2ヵ所で1ヵ所にカウント。続けて見学を

コロッセオ Colosseo
TEL 06-39967700（予約）
開 3/16〜3月最終土曜8:30〜17:30
　　3月最終日曜〜8月8:30〜19:15
　　9月8:30〜19:00

　　10/1〜10月最終土曜8:30〜18:30
　　10月最終日曜〜2/15 8:30〜16:30
　　2/16〜3/15 8:30〜17:00
※最終入場は1時間前
休 12/25、1/1　料€16（コロッセオ、パラティーノの丘、フォロ・ロマーノと共通券、2日間有効）

サン・ピエトロ大聖堂 Basilica di San Pietro
TEL 06-69883731
開 4〜9月7:00〜19:00　10〜3月7:00〜18:30
休 1/1
クーポラと屋上
開 4〜9月8:00〜18:00　10〜3月8:00〜17:00
料 エレベーター€10　階段€8

真実の口 Bocca della Verità
🚌テルミニ駅から40、170番で約15分
TEL 06-6787759
開 夏期9:30〜17:50　冬期9:30〜16:50　料 寄付歓迎

カラカラ浴場 Terme di Caracalla
🚇地下鉄B線Circo Massimoから約500m
🚌テルミニ駅から714番
TEL 06-39967700（予約）
開 3/16〜3月最終土曜9:00〜17:30
　　3月最終日曜〜8月9:00〜19:15　9月9:00〜19:00
　　10/1〜10月最終土曜9:00〜18:30
　　10月最終日曜〜2/15 9:00〜16:30
　　2/16〜3/15 9:00〜17:00（月〜14:00）
※最終入場は1時間前
休 1/1、5/1、12/25　料€8

システィーナ礼拝堂 Cappella Sistina
ヴァティカン宮殿（博物館）
🚇地下鉄A線Ottaviano
TEL 06-69884947
開 9:00〜16:00（閉館18:00、展示室より退出17:30）
　　4/17〜10/30の金曜19:00〜21:30（要予約）
入口で荷物検査とボディチェックあり
休 日（最終日曜を除く）、1/1、2/11、復活祭の日曜と翌月曜、5/1、6/29、8/15・16、11/1、12/25・26、そのほか宗教祭日
料€17　学生€8　最終日曜と9/27無料
日本語オーディオガイド€8
■ヴァティカン宮殿（博物館）の入場予約
URL biglietteriamusei.vatican.va
上記ウェブサイトのトップページから「ENTER」→「Admission tickets」→「Vatican Museums and Sistine Chapel」と進む。
訪問日時を決定し、一般チケットの場合は「Full price ticket」の枚数を選択する。クレジットカードで支払手続きを終えれば予約完了

フィレンツェ Firenze
ローマから
🚄FR、FAで1時間16分〜1時間31分
ミラノから
🚄FRで1時間40分、italoで1時間50分
ヴェネツィアから
🚄FRで2時間5分、italoで2時間5分

ヴェッキオ宮 Palazzo Vecchio
TEL055-2768325
開4～9月9:00～23:00 (木～14:00)
　　10～3月9:00～19:00 (木～14:00)
休無休　**料**€12.50 (特別展の場合別料金、アルノルフォの塔との共通券€17.50)

メディチ家礼拝堂 Cappelle Medicee
TEL055-2388602
開8:15～13:50 (最終入場13:20)
休第1・3・5月曜、第2・4日曜、1/1、5/1、12/25
料€9 (特別展は別料金)

ドゥオーモ Duomo
TEL055-2302885　**URL**www.ilgrandemuseodelduomo.it
開10:00～16:30 (土～16:30、日13:30～16:30)
料無料
■ドゥオーモ関連見どころのチケット
URLwww.museumflorence.com
洗礼堂入口の道を挟んだ向かい側奥にある。共通券(€18)はドゥオーモ付属美術館、鐘楼、洗礼堂、クリプタ、クーポラに入場可。48時間有効
クーポラ
開8:30～19:00 (土～17:00、日13:00～16:00)
チケット売り場の窓口横にあるタッチパネル式端末で入場時間を予約する。時刻がプリントされた紙が端末から出てくるので入場時に提示する
料€18 (共通券)
洗礼堂
開8:15～10:15、11:15～19:30
　　(日曜・第1土曜8:30～14:00)
料€18 (共通券)
ジョットの鐘楼　**開**8:30～19:20 (最終入場18:50)
休1/1、復活祭の日曜、9/8、12/25
料€18 (共通券)
ドゥオーモ付属美術館
開9:00～19:00　**休**第1火曜　**料**€18 (共通券)

ミケランジェロ広場 Piazzale Michelangelo
駅前から12番のバスで所要20～30分

ウッフィツィ美術館 Galleria degli Uffizi
TEL055-2388651　**URL**www.uffizi.it
開8:15～18:50　**休**月、1/1、5/1、12/25
料3～10月€20　11～2月€12
　　オーディオガイド€6
ウェブサイトで予約する場合は手数料€4が必要
■ウッフィツィ美術館など人気見どころの前売り券
オルサンミケーレ教会、アカデミア美術館のブックショップにあるチケットブースではウッフィツィ美術館などフィレンツェの人気見どころの前売り券が買える。予約手数料はウッフィツィ美術館やアカデミア美術館は€4

アカデミア美術館 Galleria dell'Accademia
TEL055-2388609
URLwww.galleriaaccademiafirenze.beniculturali.it
開8:15～18:50　**休**月、1/1、5/1、12/25
料€6.50 (常設展＋特別展€12.50)

ピサ Pisa
フィレンツェから
R、RVで49分～1時間17分。中央駅着

■ピサの観光案内所❶
TEL055-550100　**URL**www.opapisa.it
開9:30～17:30　ドゥオーモ広場にある。荷物預かり(有料)のほか、各種市内ツアーも催行

ドゥオーモとピサの斜塔
Duomo e Torre Pendente
駅前のバスターミナルからLAM ROSSAのTorre-S. Jacopo行きでVia Cameo/Piazza Manin下車。
TEL050-560547
■ドゥオーモ周辺の見どころチケット売り場
斜塔北側にあり、洗礼堂、カンポサント(納骨堂)、シノピエ美術館のチケットを販売している。ドゥオーモへの入場もいずれかのチケットの提示が必要
開夏期9:00～19:30　冬期9:00～17:30
料1ヵ所券€5　2ヵ所券€7　3ヵ所券€8
ドゥオーモ
開夏期10:00～20:00　冬期10:00～19:00
料無料だが見どころ入場券(1～3ヵ所券または斜塔のチケット)の提示が必要
ピサの斜塔
見学は1回40人までのガイド付きツアーのみで所要約35分。入場予約は下記ウェブサイトで可能。当日券は斜塔近くにあるOpera Primazale Pisanaでも販売している
URLwww.opapisa.it
開夏期9:00～20:00　冬期9:00～18:00
※最終入場は閉館の30分前　**料**€18 (予約料込み)

シエナ Siena
フィレンツェから
Rで約1時間30分。駅から町の中心までは約2km。駅前のエスカレーターで町の中心まで行ける
**BUSITALIA/SITA社の快速バス(日中1時間に2便程度)で約1時間15分。グラムシ広場着。カンポ広場までは徒歩10分ほど

■シエナの観光案内所❶
TEL0577-280551　**URL**www.discovertuscany.com
開9:30～18:00
休1/1、12/25　ドゥオーモ広場にある

プップリコ宮 (市庁舎) Palazzo Pubblico
TEL0577-292615
※共通券で入場する場合は最初にマンジャの塔から入場。
市立美術館 (プップリコ宮)
開3/16～10/31 10:00～19:00
　　11/1～3/15 10:00～18:00 (1/1 12:00～18:00)
休12/25　**料**€9 (マンジャの塔、S.M.スカラ救済院との共通券€20)
マンジャの塔
開3/1～10/15 10:00～19:00
　　10/16～2/28 10:00～16:00 (1/1 12:00～16:00)
※最終入場は閉館の45分前
休8/16、12/25、雨天、荒天時
料€10 (市立美術館、S.M.スカラ救済院との共通券€20)

コモ湖 Lago di Como
ミラノからコモへ
🚃中央駅からバーゼルBasel、チューリヒZürich行きの
ECまたはRで約45分。コモ・サンジョヴァンニ駅Como
San Giovanni着
🚃ポルタ・ガリバルディ駅からキアッソChiasso行きの
S11で約1時間。コモ・サンジョヴァンニ駅Como San
Giovanni着
🚃地下鉄1線、2線カドルナCadorna F.N.M.駅から出て
いる私鉄ノルド線で約1時間。コモ湖岸のコモ・ノルド・
ラーゴ駅Como Nord Lago着

■コモの観光案内所❶
📞031-304137　🌐www.visitcomo.eu
🕐9:00～13:00　14:00～17:00　🛑土・日
カヴール広場にある

ミラノ Milano
フィレンツェから
🚃FRで1時間40分、italoで1時間50分
ヴェネツィアから
🚃FRで2時間35分
ジュネーヴ（スイス）から
🚃ECで約4時間

■ミラノの観光案内所❶
📞02-884555550　🌐www.turismo.milano.it
🕐9:00～19:00（土・日・祝10:00～13:00）
🛑1/1、12/25
ガッレリアのスカラ座出口にある

ミラノのドゥオーモ Duomo di Milano
🚃地下鉄1線、3線ドゥオーモDuomo駅
🌐www.duomomilano.it　🕐8:00～19:00
💶€3（博物館と共通、72時間有効）
服装チェックあり。ショートパンツ、ミニスカート、ノース
リーブでは入場できない場合がある
屋上テラス　🕐9:00～19:00（最終入場18:00）
💶階段€10　エレベーター€14

最後の晩餐 Cenacolo Vinciano
サンタ・マリア・デッレ・グラツィエ教会
Chiesa di Santa Maria delle Grazie
🕐7:00～12:00 15:30～19:30
（日・祝7:30～12:30 16:00～21:00）
最後の晩餐
見学は完全予約制。指定時刻の20分前に教会脇にある
窓口でチケットを受け取る
🕐8:15～18:45　🛑月、一部祝　💶€12（予約料込み）
■最後の晩餐のチケット予約
電話予約　📞02-92800360　🕐8:15～18:45　🛑日
ウェブサイト🌐www.vivaticket.it
専用サイトではなく各種イベントチケットのサイトなので、
英語表示（ENG）にして左上の「MENU」→「Art」→「
Museum」の順に進んで最後の方にある「CENACOLO
VINCIANO」を探す

アオスタ Aosta
ミラノ中央駅発
⬇🚃FRで約1時間、RVで約1時間52分
トリノ・ポルタ・ヌオーヴァ駅Torino Porta Nuova
⬇🚃Pre Saint Didier行きR、RVで約1時間
イヴレアIvrea
⬇🚃Rで約1時間
アオスタ着

ミラノから
🚌ミラノの地下鉄1線ランプニャーノLampugnano駅近く
からSAVDA社（🌐www.savda.it）のバスでアオスタま
で約2時間15分

■アオスタの観光案内所❶
📞0165-236627　🌐www.lovevda.it
🕐9:00～19:00（1/1、12/25 15:00～19:00）
🛑一部祝
シャノー広場とポルタ・プレトリア広場にある

ヴェネツィア Venezia
フィレンツェから
🚃FRで2時間5分、italoで2時間5分
ミラノから　🚃FRで2時間35分
パリ（フランス）から
🚃リヨン駅19:10発の夜行Thello（全席指定制）で約14
時間30分
リュブリャーナ（スロヴェニア）から
🚌Flixbusが23:00、0:50、4:30発。所要約4時間

ドゥカーレ宮殿 Palazzo Ducale
📞041-2715911　🌐palazzoducale.visitmuve.it
🕐4～10月8:30～21:00（金・土～23:00）
　　11～3月8:30～19:00
※最終入場は閉館の1時間前
🛑1/1、12/25　💶€25または€35

アカデミア美術館 Gallerie dell' Accademia
⛴ヴァポレット1、2番Accademiaで下船
📞041-5200345　🌐www.galleriaccademia.it
🕐8:15～19:15（月～14:00）
※最終入場は閉館の30分前
🛑1/1、5/1、12/25
💶€12（特別展変更あり）　日本語オーディオガイド€6

ムラーノ島 Murano
⛴サン・マルコ広場東側のサン・ザッカリア埠頭からヴァ
ポレット41、42番で約50分
⛴ローマ広場からヴァポレット3番で約28分
■ガラス博物館
⛴ヴァポレットでMurano-Museo下船
📞041-739586　🌐museovetro.visitmuve.it
🕐4～10月10:30～18:00　11～3月10:30～16:30
※最終入場は閉館の1時間前
🛑水、1/1、12/25　💶€14

サン・マルコ寺院 Basilica di San Marco
📞041-5225205
🌐www.basilicasanmarco.it
🕐4～11月9:30～17:00（日・祝14:00～17:00）
　　12～3月9:30～17:00（日・祝14:00～16:30）
💶パラ・ドーロ€2　宝物庫€3　博物館€5

ゴンドラ Gondola

■ゴンドラ・セレナーデ
春〜秋の夕方に出ているツアー。ゴンドリエーレ（ゴンドラ漕ぎ）の歌を聞きながら大運河をゴンドラで進む。6人の乗り合い。所要約30分
URL www.gondolaserenade.com 料€41〜

ラヴェンナ Ravenna

ヴェネツィア・サンタ・ルチア駅発
↓🚆FAで約1時間20分、RV
ボローニャ中央駅 Bologna Centrale
↓🚆R、RVで約1時間〜1時間25分
ラヴェンナ着

サン・ヴィターレ聖堂 Basilica di San Vitale
TEL 0554-215193
開 9:00〜19:30
日曜10:00〜12:00はミサのため見学不可
休 1/1、12/25
料 €9.50（ガッラ・プラチーディア廟との共通券）
※3/1〜6/15はガッラ・プラチーディア廟を共通券で見学する場合€2の追加料金が必要

ヴェローナ Verona

ヴェネツィアから
🚆FRで1時間10分、Rで約2時間20分
ミラノから
🚆FBで1時間23分、Rで約1時間55分
ミュンヘン（ドイツ）から
🚆ECで約5時間22分

■ヴェローナの観光案内所❶
TEL 045-8068680 URL www.veronatouristoffice.it
開 9:00〜19:00（日・祝〜17:00）ブラ広場にある

アレーナ Arena
TEL 045-8003204
開 8:30（月13:30）〜19:30（最終入場18:30）
夏期のオペラシーズンは変更の可能性あり
料 €10（10〜5月の第1日曜€1）

ジュリエッタの家 Casa di Giulietta
TEL 045-80344303
開 8:30〜19:30（月13:30〜19:30）
※最終入場18:45
夏期のオペラシーズンは変更の可能性あり
料 €6（ジュリエッタの墓との共通券€7）

ドロミテ山塊 La Dolomiti

西側の拠点はボルツァーノ Bolzano、東側の拠点はコルティナ・ダンペッツォ Cortina d'Ampezzo
ヴェローナからボルツァーノへ
🚆ポルタ・ヌオーヴァ駅からFAまたはECで1時間40分、RV、Rで1時間40分〜2時間13分
ヴェネツィアからコルティナ・ダンペッツォへ
🚌メストレ駅（本土側）からATVO社のバスが8:05 10:40 15:30、コルティナ・エクスプレス社のバスが14:00 15:00 17:00発。チケットはヴェネツィアのローマ広場でも買える。
ATVO URL www.atvo.it
コルティナ・エクスプレス URL www.cortinaexpress.it

ナポリ Napoli

ローマから
🚆FR、FAで約1時間10分、ICで約2時間
ミラノから
🚆FRで4時間15分〜4時間40分

ドゥオーモ Duomo
TEL 081-449097
開 8:30〜13:30 14:30〜19:30
（日8:00〜13:00 17:00〜19:30）

王宮 Palazzo Reale
🚇地下鉄M1線 Municipio 下車
TEL 081-5808111
開 9:00〜20:00 休 水、1/1、12/25 料 €6

国立考古学博物館
Museo Archeologico Nazionale
🚇地下鉄M1線 Museo 下車
TEL 081-4422149
URL www.museoarcheologiconapoli.it
開 9:00〜19:30（最終入場18:30）
日・祝は一部展示室の閉鎖あり
休 火、1/1、12/25
料 €15 第1日曜は無料

アマルフィ海岸 Costeria Amarfitana

ナポリからアマルフィへ
🚌地下鉄M1線 Municipio 駅近く、アゴスティーノ・デプレティス通り Via Agostino Depretis のバス停から SITA 社のバスで約1時間
ナポリからサレルノへ
🚆中央駅からFB、FRで34〜37分、ICで31〜40分、RVで40分〜1時間

青の洞窟 Grotta Azzurra

ナポリからカプリ島へ
🚢地下鉄M1線 Municipio 駅近くのベヴェレッロ港 Molo Beverello からフェリーで1時間20分、高速船で約1時間、水中翼船で約50分。マリーナ・グランデ着
青の洞窟のボートツアー
青の洞窟まで€15〜18、洞窟入場料€13。6〜9月のハイシーズンは9:00〜15:00頃、冬期は9:00〜13:00頃に行くと洞窟に入れる可能性が高い

ポンペイ Pompei

🚆ナポリ中央駅地下から出発する私鉄ヴェスーヴィオ周遊鉄道 Ferrovia Circumvesuviana（鉄道バス利用不可）のソレント Sorento 行きで約40分。Pompei Scavi Villa dei Misteri 下車
TEL 081-8575347 URL www.pompeiisites.org
開 4〜10月9:00〜19:30（最終入場18:00）
　11〜3月9:00〜17:00（最終入場15:30）
休 1/1、5/1、12/25
料 €15、エルコラーノなど周辺の遺跡との共通券€20

エルコラーノの遺跡 Scavi di Ercolano

🚆ヴェスーヴィオ周遊鉄道で Ercolano Scavi 下車。ナポリから約20分
TEL 081-7324315
開 4〜10月8:30〜19:30（最終入場18:00）

11～3月8:30～17:00（最終入場15:30）
休1/1、5/1、12/25
料€13、ポンペイなど周辺の遺跡との共通券€20、
第1日曜は無料

アルベロベッロ Alberobello
ナポリ中央駅発
🚃📶Rで約50分
カゼルタCaserta
🚃📶FAで2時間40分、ICで約3時間50分
バーリBari
🚃📶私鉄スド・エスト鉄道Sud-estで1時間28分～1時間
47分（日・祝はバスによる代替輸送）
アルベロベッロ着
ナポリ～バーリ間はSITA社のバスが1日6便ほど運行。所要
約3時間。バーリ空港へはイタリア主要都市からの便がある。

レッチェ Lecce
ローマから
🚃FAで約5時間20分～5時間30分
バーリから
🚃FAで約1時間20分、Rで1時間30分～1時間50分

■レッチェの観光案内所❶
TEL0832-246517 URLwww.pugliaturismo.com
開7・8月9:00～23:00（土・日・祝9:30～23:00）
　9～6月9:00～21:00（土・日・祝9:30～21:00）
カルロ5世城内にある

サンタ・クローチェ聖堂 Santa Croce
TEL0832-241957 開9:00～12:00 17:00～20:00

スペイン P.378～405

マドリード Madrid
バルセロナから
✈所要約1時間
🚃サンツ駅からAVEで2時間30分～3時間
🚌北バスターミナルからAlsa社のバスで約8時間
セビーリャから
🚃AVEで約2時間30分
🚌Socibus社のバスで約6時間。南バスターミナル着

王宮 Palacio Real
🚇地下鉄2・5号線Opera
TEL914 548 800 URLentradas.patrimonionacional.es
開4～9月10:00～20:00 10～3月10:00～18:00
※最終入場は閉館の1時間前
休1/1・6、5/1・15、10/12、11/9、12/24・25・31、
ほかに公式行事が行われる時も休館 料€13 学生€7

ゲルニカ Guernica
ソフィア王妃芸術センター
Museo Nacional Centro de Arte Reina Sofía
🚇地下鉄1号線Atocha
TEL914 741 000 URLwww.museoreinasofia.es
開10:00～21:00（日～19:00）
休火、1/1・6、5/1・15、11/9、12/24・25・31
料€10（常設展＋特別展€15） 学生と65歳以上無料

プラド美術館 Museo Nacional del Prado
🚇地下鉄2号線Banco de EspañaまたはI号線Atocha
TEL902 107 077 URLwww.museodelprado.es
開10:00～20:00
　（日・祝～19:00、1/4・12/24・31～14:00）
※最終入場は閉館の30分前
休1/1、5/1、12/25
料€15 学生無料 日本語オーディオガイド€4
月～土18:00以降、日・祝17:00以降無料
5/18と11/19は無料

トレド Toledo
マドリードから
🚃アトーチャ駅からAvantで約30分
🚌エリプティカ広場バスターミナルからAlsa社のバスで所
要1時間～1時間30分

■トレドの観光案内所❶
URLturismo.toledo.es
ソコドベール広場 開9:00～17:00（日10:00～15:00）
休1/1、12/25
トリニダード通り 開10:00～18:00 休1/1、12/24・25

セゴビア Segovia
マドリードから
🚃チャマルティン駅からAVE、Avantで約30分。セゴビア
AV（ギオマールGuiomar）駅着。11番のバスで旧市街の
ローマ水道橋まで行ける。普通列車で約2時間、セゴビ
ア駅着。11、12番のバスで旧市街のローマ水道へ行ける
🚌モンクロア・バスターミナルからAvanza社のバスで1時
間20分～1時間45分

■セゴビアの観光案内所❶
アソゲホ広場
URLwww.turismodesegovia.com
開10:00～19:00
マヨール広場
URLwww.turismocastillayleon.com
開7～9月9:00～14:00 17:00～20:00
　（日9:00～17:00）
　10～6月9:30～14:00 16:00～19:00
　（日9:30～17:00）

■セゴビア公式ガイドアプリ（英語）
iphone　　Android

アルカサル Alcázar
TEL921 460 759 URLwww.alcazardesegovia.com
開4～10月10:00～20:00 11～3月10:00～18:00
休1/1・6、12/25
料€5.50 学生€3.50 塔は別途€2.50

バレンシア Valencia

マドリードから

🚄 アトーチャ駅からAVEで約1時間42分～1時間54分。ホアキン・ソローリャ駅からJoaquín Sorolla着

🚌 南バスターミナルからAuto Res社のバスで約4時間15分

バルセロナから

🚄 Euromedで3時間10分～3時間20分、Talgoで3時間30分～3時間38分。ホアキン・ソローリャ駅Joaquín Sorolla着

🚌 北バスターミナルからAlsa社のバスで約4時間～4時間30分

■バレンシアの観光案内所❶

URL www.visitvalencia.com

ホアキン・ソローリャ駅

開 10:00～17:50（土・日・祝～14:50）

休 1/1・6、12/25

市庁舎

開 9:00～18:50（日・祝10:00～13:50）

休 1/1・6、10/9、12/25

■バレンシア公式ガイドアプリ（英語）

iphone   Android

ラ・ロンハ・デ・ラ・セダ
La Lonja de la Seda

TEL 962 084 153　開 9:30～19:00（日・祝～15:00）

休 1/1、12/25　料 €2　学生€1

サラマンカ Salamanca

マドリードから

🚄 チャマルティン駅からAlivaで1時間36分～1時間41分。MDで2時間39分～3時間3分

🚌 南バスターミナルからAuto Res社の急行バスで約2時間30分

■サラマンカの観光案内所❶

URL www.salamanca.es

開 9:00～19:00（土10:00～19:00、日・祝10:00～14:00）

マヨール広場にある

サラマンカ大学 Universidad de Salamanca

TEL 923 294 400

開 4/1～9/15 10:00～20:00（日～14:00）

　9/16～3/31 10:00～19:00（日～14:00）

料 €10　学生€5

バルセロナ Barcelona

マドリードから

✈ 所要約1時間10分

🚄 アトーチャ駅からAVEで2時間30分～3時間

🚌 アベニーダ・デ・アメリカのバスターミナルからAlsa社のバスで約8時間

モンジュイックの丘 Montanya de Montjuïc

🚇 地下鉄2・3号線Paral·lel駅からフニクラ（ケーブルカー）で約3分。モンジュイック城まではゴンドラで約10分

ロープウェイ Teleférico del Puerto

海岸エリアのバルセロネータとモンジュイックの丘を結ぶ。風が強い時は運休することも

6/3～9/11 11:00～20:00

9/12～10/27・3/1～6/2 11:00～19:00

10/28～2/28 10:00～17:30

休 12/25　料 片道€11　往復€16.50

サン・パウ病院 Hospital de Sant Pau

🚇 地下鉄5号線San Pau / Dos de Maig

TEL 935 537 801　URL www.santpaubarcelona.org

開 4～10月10:00～19:00（日・祝～15:00）

　11～3月10:00～17:00（日・祝～15:00）

休 1/1・6、12/25・26

料 €15　ガイドツアー€20（所要1時間）

グエル公園 Parc Güell

🚇 地下鉄4号線Alfons Xからシャトルバス

🚌 24・74・92番

TEL 934 091 831　URL parkguell.barcelona

開 5月上旬～8月下旬8:00～21:30

　3月下旬～5月上旬・8月下旬～10月中旬8:00～20:30

　10月下旬～3月下旬8:30～18:15

休 無休　料 €10（シャトルバス代込み）

人数制限があり、シーズン中はすぐ売り切れてしまうので早めにウェブサイトで事前購入をしておこう。

サグラダ・ファミリア聖堂
Basílica de la Sagrada Família

🚇 地下鉄2・5号線Sagrada Família

🚌 24・74・92番

TEL 935 132 060　URL www.sagradafamilia.org

開 4～9月9:00～20:00　3・10月9:00～19:00

　11～2月9:00～18:00

　（12/25・26・1/1・2 9:00～14:00）

料 教会€17

教会＋塔＋オーディオガイド€33

当日券は売り切れていることも多いので、公式サイトから早めの事前購入が必須。予約した期日に生誕のファサードにある専用窓口で予約確認書のプリントアウト、またはQRコード画面を提示する

カタルーニャ音楽堂
Palau de la Música Catalana

🚇 地下鉄1・4号線Urquinaona

TEL 932 957 200　URL www.palaumusica.cat

開 9～6月10:00～15:30（イースターの週～18:00）

　7月10:00～18:00　8月9:00～18:00

料 €20　学生€11

見学は30分おきのガイドツアー（英語・スペイン語・カタルーニャ語）で所要約55分。チケットは9:30から発売開始。人数制限があるのでオンライン購入が望ましい

カサ・ミラ Casa Mira

🚇 地下鉄3・5号線Diagonal

TEL 932 142 576　URL www.lapedrera.com

開 9:00～20:30（11月上旬～2月下旬～18:30）

※最終入場は閉館の30分前

休 1月の1週間、12/25　料 €22　学生€16.50

ナイトツアー

開 19:00～21:00（2月下旬～11月上旬・年末年始21:00～23:00）　料 €34（日中の見学も含めると€41）

グエル邸 Palau Güell
🚇地下鉄3号線Liceu
☎934 725 775　URLwww.palauguell.cat
🕐4〜10月10:00〜20:00　11〜3月10:00〜17:30
※最終入場は閉館の1時間前
🈺月、1/1・6、1月第3週、12/25・26
💶€12　学生€9

カサ・バトリョ Casa Batlló
🚇地下鉄2・3・4号線Passeig da Gràcia
☎932 160 306　URLwww.casabatllo.es
🕐9:00〜21:00（最終入場20:00）
🈺14:00閉館の日があるが公式サイトで確認できる
💶€25　学生と65歳以上€22

カサ・ビセンス Casa Vicens
🚇地下鉄3号線Fontana
☎935 475 980　URLcasavicens.org
🕐10:00〜20:00　🈺1/1・6、12/25　💶€16

モンセラート Montserrat
バルセロナからスペイン広場発（ロープウエイ）
⬇🚃カタルーニャ鉄道でR5号線マンレザManresa行きで
所要61分
モンセラート・アエリMonserat-Aeri
⬇🚠ロープウエイで山頂まで約5分
モンセラート着

バルセロナのスペイン広場発（登山鉄道）
⬇🚃カタルーニャ鉄道でR5号線マンレザManresa行きで
所要65分
モニストル・デ・モンセラートMonistol de Monserat
⬇🚃登山鉄道で山頂まで約20分
モンセラート着

フィゲラス Figueres
バルセロナから
🚆サンツ駅からAVE、Avantで約55分。フィゲラスの西
約1kmにあるビラファント駅Vilafantで下車
🚆サンツ駅からMDで1時間50分。Rで2時間10分〜2時
間46分。フィゲラス駅着

■フィゲラスの観光案内所❶
☎972 503 155　URLen.visitfigueres.cat
🕐9:00〜20:00（日10:00〜15:00）　🈺祝

ダリ劇場美術館 Teatre-Museu Dalí
☎972 677 500　URLwww.salvador-dali.org
🕐3・10月9:30〜18:00　4〜9月9:00〜20:00
　11〜2月10:30〜18:00
※最終入場は閉館の45分前
🈺10〜3月の月曜、1/1、12/25
💶€15　学生と65歳以上€11

シッチェス Sitges
バルセロナから
🚆サンツ駅、またはパセジ・ダ・グラシア駅から近郊線
R-2 SudのSt. Vicenç de Caldas行きで所要約30分
■シッチェスの観光案内所❶
☎938 944 251　URLwww.sitgestur.cat
🕐10/16〜6/9 10:00〜14:00 16:00〜18:30

（日10:00〜14:00）
　6/10〜10/15 10:00〜14:00 16:00〜20:00
　（日10:00〜14:00）
鉄道駅の横にある

グラナダ Granada
マドリードから
🚆アトーチャ駅からAVEで3時間5分
🚌南バスターミナルから4時間30分〜5時間
バルセロナから
🚆サンツ駅からAVEで6時間25分（1日1便）
🚌北バスターミナルから12時間45分〜15時間30分
セビーリャから
🚆サンタ・フスタ駅から6:35 11:45 15:55 17:56発の
MDで3時間19分〜3時間27分

アルハンブラ宮殿 Palacio de la Alhambra
☎902 441 221
URLwww.alhambra-patronato.es
🕐3/15〜10/14 8:30〜20:00
　10/15〜3/14 8:30〜18:00
🈺1/1、12/25　💶€14　庭園のみ€7
チケットが必要なのは、アルカサバ、ナスル宮殿、ヘネラ
リフェの3ヵ所。このうちナスル宮殿のみ30分ごとの入場
制限があり、指定された時間内に入場しないと無効にな
るので注意すること。なお上記3ヵ所以外は、チケットが
なくても自由に入場できる
夜間の入場
ナスル宮殿とヘネラリフェ宮殿が見学できる
🕐3/15〜10/14の火〜土22:00〜23:30
　10/15〜3/14の金・土20:00〜21:00
🈺6〜8月（ヘネラリフェのみ）
💶ナスル宮殿€8　ヘネラリフェ€5
■アルハンブラ宮殿のチケット予約
URLtickets.alhambra-patronato.es
入場制限があり、チケットが売りきれることも多いので
、必ずネットで事前購入しておこう。見学の3ヵ月前から2
時間前まで可能で、手数料は€0.85。予約が完了すると
QRコード付きのチケットが発券されるので、印刷したも
のかスマートフォンなどの画面を入口で提示する。または、
アルハンブラ宮殿のチケット売り場にある機械でも発券
できる（購入時に使用したクレジットカードが必要）。予約
の変更や払い戻しは不可
アルハンブラ宮殿の当日券
チケットが残っている場合のみ、当日の0:00からオンライ
ンで販売される
■アルハンブラ宮殿公式ガイドアプリ（英語、有料）
Android

マラガ Málaga
マドリードから
🚆アトーチャ駅からAVEで2時間40分〜3時間
セビーリャから
🚆Avantで1時間55分、MDで2時間35分〜2時間44分
コルドバから
🚆AVE、Avantで49分〜1時間5分

TEL951 926 020　**URL**www.malagaturismo.com
圖4～10月9:00～20:00　11～3月9:00～18:00
マリーナ広場にある

セビーリャ Sevilla
マドリードから
🚄アトーチャ駅からAVEで約2時間30分
🚌南バスターミナルから約6時間
バルセロナから
✈1時間45分～1時間55分。Vueling、Ryanairなどが運行
グラナダから
🚌7:00 8:00 10:00 12:00 15:30 16:30 18:30など1
日9便。所要約3時間
コルドバから
🚄AVEで47分、MDで1時間18分～1時間26分

■セビーリャの観光案内所❶
URLwww.andalucia.org
サンタ・フスタ駅
TEL954 782 002
圖9:00～19:30（土9:30～19:00、日・祝9:30～15:00）
カテドラル東側
TEL954 210 005
圖9:00～19:30（土・日・祝9:30～19:30）

カテドラルとヒラルダの塔
Catedral y Giralda
TEL954 214 971　**URL**www.catedraldesevilla.es
圖11:00～17:00（月～15:30、日14:30～18:00）
圏€10　学生€5

コルドバ Córdoba
マドリードから
🚄アトーチャ駅からAVEで1時間40分～2時間
セビーリャから
🚄AVEで47分、MDで1時間18分～1時間26分
グラナダから
🚌Alsa社のバスで約2時間30分～4時間

■コルドバの観光案内所❶
URLwww.turismodecordoba.org
コルドバ駅
TEL902 201 774
圖9:00～14:00 16:30～19:00
メスキータ南側
TEL957 355 179
圖9:00～19:00（土・日・祝9:30～14:00）

メスキータ Mezquita
TEL957 470 512
URLmezquita-catedraldecordoba.es
圖3～10月10:00～19:00
　　（日・祝8:30～11:30 15:00～19:00）
　　11～2月10:00～18:00
　　（日・祝8:30～11:30 15:00～18:00）
※最終入場は閉館30分前　圏€11
ミナレット
圖3～10月9:30～13:30 16:00～18:30
　　11～2月9:30～13:30 16:00～17:30　圏€2

リスボン Lisboa
ポルトから
🚄APまたはICで2時間45分～3時間10分
マドリード（スペイン）から
✈イベリア航空、イージージェットなど1時間15分～1時間
20分
🚄夜行列車Trenhotelがチャマルティン駅21:43発、翌
7:20リスボン・オリエンテ駅着
セビーリャ（スペイン）から
🚌Eurolines、Alsa共同運行便が13:30 14:00 23:30発、
所要7～8時間

ベレンの塔 Torre de Belém
🚃市電15番Largo de Princessaから徒歩5分
TEL213 620 034
URLwww.torrebelem.gov.pt
圖10～4月10:00～17:30　5～9月10:00～18:30
※最終入場17:00
休月、1/1、聖金曜、イースターの日曜、5/1、6/13、
12/25　圏€6

発見のモニュメント
Padrão dos Descobrimentos
🚃市電15番Mosteiro Jerónimosから徒歩5分
TEL213 031 950
URLwww.padraodosdescobrimentos.pt
圖3～9月10:00～19:00　10～2月10:00～18:00
休10～2月の月曜、1/1、12/25　圏€6

ジェロニモス修道院 Mosteiro dos Jerónimos
🚃市電15番Mosteiro Jerónimosから徒歩1分。
TEL213 620 034　**URL**www.mosteirojeronimos.gov.pt
圖5～9月10:00～18:30　10～4月10:30～17:30
休月、1/1、聖金曜、6/13、12/25
圏€10　国立考古学博物館との共通券€12

シントラ Sintra
リスボンから
🚄ロシオ駅、またはオリエンテ駅から頻発。所要40分

王宮 Palácio Nacional de Sintra
TEL219 237 300　**URL**www.parquesdesintra.pt
圖3月最終日曜～10月最終土曜9:30～19:00
　　10月最終日曜～3月第4土曜9:30～18:00
※最終入場は閉館30分前
休1/1、イースターの日曜、5/1、12/25
圏€10

ペーナ宮殿 Palácio Nacional de Pena
🚌434番のバスはペーナ宮殿の入場券売場前で停車。宮
殿の入口からさらに500mほどの坂を上がっていく。この区
間を乗車する場合は往復€3（入場券と一緒に購入する）
TEL219 237 300　**URL**www.parquesdesintra.pt
圖3月最終日曜～10月最終土曜9:45～19:00
　　10月最終日曜～3月第4土曜10:00～18:00
※最終入場は閉館45分前
休1/1、12/25　圏€14

オビドス Obidos
リスボン発
🚌セッテ・リオス駅から6:57 8:05 8:51 11:00発
所要約2時間
セッテ・リオス・バスターミナル
⬇️所要約1時間10分
カルダス・ダ・ライーニャ
⬇️ペニシェPeniche行きバスで約10分（タクシーで行く
なら€8〜10）
オビドス着

バターリャ修道院 Mosteiro de Batalha
リスボンから
🚌セッテ・リオス・バスターミナルから7:00、12:00、
14:30、17:30、19:00発。所要2時間
アルコバサから
🚌30分〜1時間毎の運行、所要約30分
TEL244 765 497
URLwww.mosteirobatalha.gov.pt
開4/1〜10/15 9:00〜18:30
　10/16〜3/31 9:00〜18:00
休1/1、イースターの日曜、5/1、12/25
料€6（アルコバサ修道院、トマール修道院との共通券
€15）

アルコバサ修道院 Mosteiro de Alcobaça
リスボン発
🚌セッテ・リオス・バスターミナルから9:30 11:00 12:00
15:00 16:30 19:00など1日3〜7便、所要2時間
セッテ・リオス駅
⬇️約2〜3時間（直通1日4便、alca cacem、Mira
Sintra-Mececasで乗り換えるほうが便が多い）
カルダス・ダ・ライーニャ駅
⬇️フィゲイラ・ダ・フォス方面で所要約20分
ヴァラード駅Valado
⬇️所要約10分
アルコバサ着

バターリャからアルコバサへ
🚌1日4〜9便、所要約30分
TEL262 505 120 URLwww.mosteiroalcobaca.gov.pt
開4〜9月9:00〜19:00　10〜3月9:00〜18:00
※最終入場は閉館30分前
休1/1、イースターの日曜、5/1、12/25
料€6（バターリャ修道院、トマール修道院との共通券€15）

トマールのキリスト修道院
Convento de Cristo
リスボンから
🚌サンタ・アポローニア駅、オリエンテ駅からほぼ1時間
に1便、所要1時間50分〜2時間10分
TEL249 313 089
URLwww.conventocristo.gov.pt
開6〜9月9:00〜18:30　10〜5月9:00〜17:30
※最終入場は閉館30分前
休1/1、3/1、イースターの日曜、5/1、12/24・25
料€6（バターリャ修道院、アルコバサ修道院との共通券€15）

コインブラ Coimbra
リスボンから
🚌サンタ・アポローニア駅からAPかICで所要2時間〜2
時間30分
🚌セッテ・リオス・バスターミナルから約2時間30分

旧大学 Velha Universidade
TEL239 859 900 URLvisit.uc.pt
開3/16〜10/31 9:00〜19:30
　11/1〜3/15 9:30〜18:30
※最終入場は閉館30分前、ジョアニナ図書館はチケット
に記された時刻に見学する
休1/1、12/24・25・31
料€12.50（帽子の間、ジョアニナ図書館）、時計塔€2

エヴォラ Évora
リスボンから
🚌オリエンテ駅発7:02 9:02 9:52 17:02 19:02
所要約1時間40分
🚌セッテ・リオス・バスターミナルから約1時間30分

大聖堂 Sé
TEL266 759 930　開9:00〜1700
休月（宝物館のみ）、1/1、12/24の午後、12/25
料大聖堂・回廊€2.50　大聖堂・回廊・塔€3.50
　大聖堂・回廊・塔・宝物館€4.50

ギマラインス Guimarães
リスボン発
🚌サンタ・アポローニア駅からAPまたはICで2時間45分
〜3時間10分
ポルト
⬇️近郊列車で1時間〜1時間20分
ギマラインス着

リスボンからギマラインスへ
🚌セッテ・リオス・バスターミナルから7:00 14:00 15:00
発、所要約5時間

■ギマラインスの観光案内所❶
URLvisitportoandnorth.travel
開9:30〜18:00
（土10:00〜14:00 15:00〜18:00、日13:00〜17:00）

ポルト Porto
リスボンから
✈1日10便、所要55分。空港から市内へはメトロE線
で所要約30分
🚌サンタ・アポローニア駅からAPまたはICで2時間45分
〜3時間10分、カンパニャン駅着
🚌セッテ・リオス・バスターミナル発、所要約3時間30分

■ポルトの観光案内所❶
市庁舎の西側やカテドラルの脇にある
URLwww.visitporto.travel
開5〜10月9:00〜20:00（8月〜21:00）
　11〜4月9:00〜19:00

マデイラ島 Ilha da Madeira
リスボンから
✈1日12便、所要約1時間45分。空港から島の主要都市
フンシャルへはバスで約35〜50分

■フンシャルの観光案内所❶
URLwww.visitmadeira.pt
開9:00〜19:00（土・日〜15:30）

ヘルシンキ Helsinki

コペンハーゲン（デンマーク）から
✈フィンエアー、スカンジナビア航空、ノルウェジアンなどで約1時間35分~1時間40分
ストックホルム（スウェーデン）か
✈フィンエアー、スカンジナビア航空などで約55分
🚢1日1~2便。タリンクシリヤ、バイキングラインが運航。所要約16時間15分

ヘルシンキ大聖堂 Tuomiokirkko

☎(09) 2340-6120
🕐6~8月9:00~24:00　9~5月9:00~18:00
休無休　料無料

スオメンリンナ島 Suomenlinna

ヘルシンキから
マーケット広場にあるフェリー乗り場からヘルシンキ交通局の公共フェリーとJTライン社の私営フェリーが運航
🚢ヘルシンキ交通局の公共フェリー 6:20~翌2:20の1時間に1~4便。所要約15分。スオメンリンナ島北端のメインポートに到着
🚢JTライン社のフェリー 夏期の8:00~23:00（土9:00~23:00、日9:00~20:00 ※時期によって変更あり）に運航。スオメンリンナ島のビジターセンター・キーとキングズ・ゲート・キーに寄港する。冬期は運休

■スオメンリンナ島ビジターセンター
☎0295-338300　URLwww.suomenlinna.fi
🕐5~9月10:00~18:00　10~4月10:30~16:30
■スオメンリンナ島ガイドツアー（英語）
6~8月11:00 13:00 14:30発
9~4月の土・日13:30発　料€11

アアルト自邸 The Aalto House

ヘルシンキから
🚋4番のトラムでLaajalahden aukio下車。徒歩10分
☎(09) 481-350　URLwww.alvaraalto.fi
■ガイドツアー（毎正時発）
2~4・10・11月の火~日13:00~15:00
5~9月の火~日12:00~16:00（8月は月曜も催行）
1・12月13:00発（土・日13:00~15:00）
休9~7月の日曜　休無休　料€20

タンペレ Tampere

ヘルシンキから
🚆中央駅からIC、Pendolinoで1時間32分~1時間48分。普通列車で2時間8分
🚌地下鉄Kamppi駅地下の中央バスターミナルから20番または29番乗り場から所要2時間20分~2時間40分

■タンペレの観光案内所❶
☎(03) 5656-6800　URLvisittampere.fi
🕐月・火10:00~17:00　水~金10:00~15:45
休土・日
有人対応の観光案内所はない。資料配布のみ

■タンペレ公式ガイドアプリ（英語）
iphone　　　Android

ムーミン美術館 Muumimuseo

☎(03) 243-4111　URLmuumimuseo.fi
🕐火・水9:00~17:00　木・金9:00~19:00
　土・日10:00~17:00　休月　料€12
■ムーミン美術館公式ガイドアプリ（日本語あり）
iphone　　　Android

ヌークシオ国立公園 Nuuksion Kansallispuisto

ヘルシンキ中央駅発
🚆🚇近郊列車E、L、U、Yのいずれかで約30分
エスポーEspoo
🚆🚇駅前のバス停Espoon Keskusから245、245Kで約30分。便数も少なく時刻表もないため、事前にヘルシンキの観光案内所で時間を確認しておくこと。
ハウカラメンティーHaukkalammentie
🚌バス停の道を挟んで反対側の枝道を徒歩約25分
国立公園入口着
URLwww.luontoon.fi

トゥルク Turku

ヘルシンキから
🚆中央駅からIC、Pendolinoで1時間44分~1時間59分
🚌中央バスターミナルから2時間10分~2時間50分

■トゥルクの観光案内所❶
☎(03) 262-7444　URLwww.visitturku.fi
🕐4~9月8:30~18:00（土・日9:00~16:00）
　10~3月8:30~18:00（土・日10:00~15:00）
LinankatuとAurakatuの交差点にある

ナーンタリ Naantali

トゥルクから
🚌マーケット広場から6、7番のバスで約50分

ムーミンワールド Muumimaailma

☎(02) 511-1111　URLwww.muumimaailma.fi
🕐6/8~8/11 10:00~18:00
　8/12~25 12:00~18:00
料1日券€31　2日券€39
休8/26~6/7　※上記期間以外は閉園しているが、敷地内へは自由に入ることができる。毎年2月中旬~下旬には期間限定でオープンするウインター・マジックを開催。
■ムーミンワールド公式ガイドアプリ（英語）
iphone　　　Android

ロヴァニエミ Rovaniemi

ヘルシンキから

✈フィンエアー、ノルウェジアンで約1時間20分。

🚃中央駅から15:24発のICで23:18着。ほかの便（6:24、9：24、12:24発）はオウルOuluで乗り換え。18:49発7:13着と23:13発9:45着の夜行は全席指定制

🚌中央バスターミナルから夜行が1:20発。翌14:35着

サンタクロース村 Santa Claus Village

🚌鉄道駅やバスターミナルから市内バス8番で約30分。Arctic Circle下車。

☎ (018) 356-2096　URLwww.santaclausvillage.info

🕐1/7～5/31 10:00～17:00

　　6～8月9:00～18:00　9～11月10:00～17:00

　　12/1～1/6 9:00～19:00

※復活祭、クリスマス、年末年始は時間短縮あり

タリン Talinn（エストニア）

ヘルシンキから

🚢所要2時間～3時間30分おもに3社が運航している。タリンク・シリヤライン（ラシン・ターミナル発）

URLwww.tallinksilja.com

リンダ・ライン（マカシーニ・ターミナル発）

URLwww.lindaline.fi

バイキングライン（カヤノッカ・ターミナル発）

URLwww.vikingline.com

■タリンの観光案内所❶

☎ (372) 645-7777　URLwww.visittallinn.ee

🕐4・5・9月9:00～18:00（日9:00～16:00）

　　6～8月9:00～19:00（日9:00～18:00）

　　10～3月9:00～17:00（土・日10:00～15:00）

🚫1/1、12/25・26

聖ニコラス教会の北側にある

デンマーク　P.426～433

コペンハーゲン Copenhagen

ストックホルム（スウェーデン）から

✈スカンジナビア航空、ノルウェジアンで1時間10分

🚃Snabbtågで約4時間52分～5時間12分

ハンブルク（ドイツ）から

🚃中央駅8:53 12:53 16:53発のECで所要4時間40分

ベルリン（ドイツ）から

🚌Flixbusで所要7時間20分～9時間5分

クリスチャンスボー城 Christiansborg Slot

URLkongeligeslotte.dk

ロイヤル・レセプション・ルーム

🕐4～10月9:00～17:00　11～3月10:00～17:00

🚫11～3月の月曜　💰95DKK

ロイヤル・レセプション・ルームのガイドツアー（英語）

🕐5～9月12:00　10～4月15:00

アブサロン大主教時代の城跡

🕐4～10月9:00～17:00　11～3月10:00～17:00

🚫11～3月の月曜　💰60DKK

ローゼンボー離宮 Rosenborg Slot

🚃エストーのA、B、Bx、C、E、H、線および地下鉄のノアポート駅Nørreport下車

☎33-153286　URLwww.kongernessamling.dk

🕐1/2～2/8、2/25～4/12、11/1～12/22、12/31 10:00～17:00

　　2/9～24 10:00～15:00

　　4/13～28、4/30～5/31、9・10月、12/26～30 10:00～16:00

　　6～8月9:00～17:00

🚫1/2～2/8・2/25～4/12・11/1～12/22の 月曜、1/1、4/29、12/23～25

💰115DKK　手荷物はコインロッカーへ

チボリ公園 Tivoli

☎33-151001　URLwww.tivoli.dk

🕐4/4～9/22 11:00～23:00（金・土～24:00）

🚫9/23～4/3（ハロウィン、クリスマス期間を除く）

💰130DKK　乗り物乗り放題チケット230DKK

ヘルシンオア Helsingør

コペンハーゲンから

🚃普通列車Reで所要約45分

■ヘルシンオアの観光案内所❶

☎49-211333　URLwww.visitnorthsealand.com

🕐10:00～19:00（火～20:00、土・日～16:00）

🚫無休

町の中心からクロンボー城へ行く途中にある

クロンボー城 Kronborg Slot

URLkongeligeslotte.dk

🕐10～5月11:00～16:00　6～9月10:00～17:30

🚫11～3月の月曜

💰95DKK（6～8月145DKK）

ロスキレ Roskilde

コペンハーゲンから

🚃IC、Reで約25分

■ロスキレの観光案内所❶

☎46-316565　URLwww.visitroskilde.dk

🕐4～9月10:00～17:00（土～13:00）

　　10～3月10:00～16:00（土～13:00）　🚫日

ステンダー広場にある

ロスキレ大聖堂 Roskilde Domkirke

URLwww.roskildedomkirke.dk

🕐5・9月10:00～17:00（日13:00～16:00）

　　6～8月10:00～18:00（日13:00～16:00）

　　10～4月10:00～16:00（日13:00～16:00）　🚫無休

💰60DKK

オーデンセ Odense

コペンハーゲンから

🚃ICLで約1時間15分、ICで約1時間35分

■オーデンセの観光案内所❶

☎63-757520　URLwww.visitodense.com

🕐7・8月9:30～18:00

　　（土10:00～15:00、日11:00～14:00）

　　9～6月10:00～16:30（土10:00～13:00）

🚫9～6月の日曜

アンデルセン博物館 H.C. Andersens Hus

URL museum.odense.dk
※リニューアルのためクローズ中。一部の展示はオーデンセ・コンサート・ホテル隣の建物で公開している

アンデルセンの子供時代の家
H.C. Andersens Barndomshjem

URL museum.odense.dk
開11:00〜16:00　休月
料9/16〜6/14 110DKK　6/15〜9/15 125DKK

レゴランド Legoland
コペンハーゲン中央駅発
↓🚃ICLで約2時間、ICで2時間〜2時間30分
ヴァイレVejle
↓🚌43、143番のバスで約40分
レゴランド着
TEL75-331333　URL www.legoland.dk
開3/28〜4/30 ('19) 10:00〜18:00 (4/6〜11 〜20:00)
　5月10:00〜18:00 (土〜20:00)
　5/8・21・31 10:00〜20:00、5/2210:00〜21:00
　6/1〜12 10:00〜18:00　6/13〜7/5 10:00〜20:00
　7/6〜30 10:00〜21:00 (土・日〜20:00)
　7/31〜8/15 10:00〜20:00
　8/16〜31 10:00〜18:00 (8/22・29〜20:00)
　9月の月・金・日10:00〜18:00
　9月の土10:00〜20:00
　10/2・4〜9・18・19・23・25・26・30・31、11/1
　10:00〜18:00
　10/3・10〜17・24 10:00〜21:00
※乗り物は閉園1〜4時間前まで
休9月の火〜木、10/1・20〜22・27〜29、11/2〜3月
下旬 ('21)　料359DKK
■レゴランド公式アプリ (英語)
iphone　　　　　Android

ノルウェー P.434〜438

ベルゲン Bergen
オスロから
✈スカンジナビア航空、ノルウェジアンなどで50〜55分
🚃中央駅発8:25 12:03 15:43 23:25 (夜行)、所要6時間32分〜7時間23分

ブリッゲン Bryggen
ブリッゲン博物館Bryggens Museum
TEL55-308032　URL www.bymuseet.no
開9/1〜12/30 11:00〜15:00
　5/15〜8/31 10:00〜16:00
休無休　料100NOK

フロイエン山 Fløyen
フロイエン山のケーブルカー
TEL55-336800　URL floyen.no
7:30〜23:00 (土・日8:00〜23:00)
料5〜8月片道65NOK　往復125NOK
　9〜4月片道50NOK　往復95NOK

ベルゲン急行 Bergen Express
URL www.vy.no
8:25 12:03 15:43 23:25 (夜行)、所要6時間30分〜7時間30分。人気路線なので予約は必須。ヨーロッパ鉄道を扱う日本の旅行会社でも予約可能

ソグネフィヨルド Sognefjord
ベルゲン駅発日帰りコース
↓🚃8:39発の各駅停車で10:51着
ミュールダールMyrdal
↓🚃フロム線に移動し10:58発。所要約1時間
フロムFlåm
↓⛴13:30発のフェリーでフィヨルドを観光。所要2時間
グドヴァンゲンGudvangen
↓🚌15:40発のNorway in a Nutshellのバスで所要1時間15分
ヴォスVos
↓🚃17:40発の各駅停車で所要1時間20分
ベルゲン着

ハダンゲルフィヨルド Hardangerfjord
ベルゲン駅発日帰りコース
↓🚃8:39駅の各駅停車で所要1時間13分
ヴォス
↓🚌10:05発のバスで所要1時間5分
ウルヴィクUlvik
↓⛴11:15発のフェリーで所要約30分
アイフィヨルドEidfjord
↓🚌11:45発のバスで所要1時間40分
ヴォーリングフォッセンVøringfossen
↓🚌14:10発のバスで所要25分
アイフィヨルド
↓⛴14:40発のフェリーで所要2時間50分
ノールハイムスンNørheimsund
↓🚌17:45発のバスで約1時間25分
ベルゲン着

ノールフィヨルド Nordfjord
オーレスンへの行き方
起点となるオーレスンÅlesundはベルゲンの北にあるがバスの便は8:00発17:45着の便のみ。オスロからはオーレスン行きのフライトが1日数便、所要約1時間
オーレスン発1泊2日コース
↓🚌11:00発のバスで所要3時間15分。ストリーンで1泊し、翌日のバスに乗る
ストリーンStryn
↓🚌9:45発のバスで所要約1時間
ブリクスダーレンBriksdalen
↓🚌13:30発のバスで所要約30分
ストリーンStryn
↓🚌15:30発のバスで所要約6時間
ベルゲン着

ガイランゲルフィヨルド Geirangerfjord
オーレスン発日帰りコース
↓🚌11:00発のバスで所要2時間50分
ヘレシルトHellesylt
↓⛴14:00発のフェリーで所要約1時間5分
ガイランゲルGeiranger
↓🚌15:40発のバスで所要3時間5分
オーレスン着

リーセフィヨルド Lysefjod

スタヴァンゲルへの行き方
起点となるスタヴァンゲルStavangerはベルゲンからバスで約5時間。1～2時間に1便運行。オスロから飛行機で約55分

スタヴァンゲル発日帰りコース
↓🚢8:15発のフェリーで約45分
タウTau
↓🚌9:30発のバスで約35分
プレーケストール・ヒュッテPreikestolhytta
↓🚌17:35発のバスで約30分
タウ
↓🚢18:10発のフェリーで約45分
スタヴァンゲル着

オスロ Oslo

コペンハーゲン（デンマーク）から
✈スカンジナビア航空、ノルウェジアンなどで約1時間10分
🚢毎日16:30発。所要17時間15分

ストックホルム（スウェーデン）から
✈スカンジナビア航空、ノルウェジアンなどで約1時間
🚆中央駅9:10、15:08発SJ2000で5時間59分～6時間16分

■オスロの観光案内所❶
TEL23-106200　URLwww.visitoslo.com
圏1～3月9:00～17:00（日10:00～16:00）
　4月9:00～18:00（日10:00～16:00）
　5・6月9:00～18:00
　7・8月8:00～19:00（日9:00～18:00）
　9～12月は上記ウェブサイトで要確認
休無休
■オスロ公式ガイドアプリ（英語）
iphone　　　　　Android

オスロ市庁舎 Rådhuset i Oslo

🚇地下鉄1～5番でNationaltheatret下車
TEL23-461200　URLwww.oslo.kommune.no
圏9:00～18:00
休無休　料無料

国立美術館 Nasjonalgalleriet

URLwww.nasjonalmuseet.no
※2019年11月現在、移転のため閉鎖中

ムンク美術館 Munch-museet

🚇地下鉄1～5番でTøyen下車
🚌20番でTøyen下車
TEL23-493500　URLmunchmuseet.no
圏5/11～9/8 10:00～17:00
　9/9～5/10 10:00～16:00
休無休　料120NOK
※移転のため規模を縮小してオープン中

ヴァイキング船博物館 Vikingskiphuset

🚌30番でVikingskipene下車
TEL22-135280　URLwww.khm.uio.no
圏5～9月9:00～18:00　10～4月10:00～16:00
休無休　料100NOK

ヴィーゲラン公園 Vigelandsparken

🚇地下鉄1～5番でMajorstuen下車Kirkeveienを南へ進み徒歩10分ほどで正門に出る
🚌12、15番でVigelandsparken下車
■ヴィーゲラン美術館
TEL23-493700　URLwww.vigeland.museum.no
圏5～8月10:00～17:00　9～4月12:00～16:00
休月　料80NOK

トロムソ Tromso

オスロから
✈スカンジナビア航空、ノルウェジアンなどで約1時間55分
ベルゲンから
✈ヴィデロー航空などで約1時間55分～2時間

■トロムソの観光案内所❶
TEL77-610000　URLwww.visittromso.no
圏1～3月9:00～19:00（土・日10:00～18:00）
　4・5・9・10月9:00～16:00（土10:00～16:00）
　6～8月9:00～18:00（土～18:00）
　11・12月9:00～16:00（土・日10:00～16:00）
休4・5・9・10月の日曜
アムンゼン像が立つ広場にある。オーロラ観賞ツアーの手配も可能

私の教会とっておき 巻頭P.12~13

ヴィースの巡礼教会 Wieskirche
ミュンヘン中央駅発（ドイツ）
→🚃REで約2時間
フュッセン
→🚌73、9606、9651でWieskirche, Steingaden下車
ヴィースの巡礼教会着
🌐wieskirche.de
🕐8:00~20:00（冬期~17:00）
※日曜午前などミサの時間の見学はできない

モンレアーレ大聖堂 Duomo di Monreale
シチリア島のパレルモから（イタリア）
🚌中央駅前Via LincolnからモンレアーレまでAST社のバスで約1時間。バス停から大聖堂まで徒歩約10分
☎091-6402424　🌐www.monrealeduomo.it
🕐8:30~12:30 14:30~16:45
　（日・祝8:00~9:15 14:30~17:00）
💶屋上テラスと礼拝堂€4

夜を彩る光の祭典 巻頭P.14~15

ベルリン光の祭典 Festival of Lights, Berlin
🌐festival-of-lights.de

グランプラス・音と光のショー
Son et Lumière sur la Grand-Place
🌐www.brussels.be

グロウ・アイントホーフェン
GLOW Eindhoven
🌐www.gloweindhoven.nl

アムステルダム・ライト・フェスティバル
Amsterdam Light Festival
🌐amsterdamlightfestival.com

リヨン光の祭典 Fête des Lumières, Lyon
🌐www.fetedeslumieres.lyon.fr

高いところからの絶景 巻頭P.20~21

モンパルナス・タワー Tour Montparnasse
🚇Ⓜ4/6/12/13 Montparnasse-Bienvenüe
☎01.45.38.52.56
🌐www.tourmontparnasse56.com
🕐4~9月9:30~23:30
　10~3月9:30~22:30（金・土~23:00）
※最終入場は閉館30分前
💤無休　💶€18　学生€15

アダム・タワー A'DAM Toren
⛴アムステルダム中央駅の裏からアイ湾を渡るIJ-Zijdeの表示がある無料フェリーで約2分
■アダム・ルックアウト A'DAM Lookout
☎020.2420100　🌐www.adamlookout.com

🕐10:00~22:00　※最終入場21:00
12/24~26・31 10:00~19:00　※最終入場18:00
💤無休　💶€13.50
　　ブランコ（スイング・オーバー・ザ・エッジ）€5
※現金払い不可。オンライン購入で€1割引

見逃せないヨーロッパの祭り
巻頭P.22~23

サン・フェルミン祭 Fiesta de San Fermín
マドリードからパンプローナへ（スペイン）
🚃アトーチャ駅からAlviaで約3時間
🚌アベニーダ・デ・アメリカ・バスターミナルからAlsa社のバスで約5~7時間
バルセロナからパンプローナへ（スペイン）
🚃サンツ駅からAlviaで約3時間45分
🚌北バスターミナルから約6時間30分

■パンプローナの観光案内所❶
☎948 420 700　🌐www.pamplona.es
🕐7~9月 9:00~14:00 15:00~20:00
　10~6月 10:00~14:00 15:00~19:00
市庁舎近くにある

トマト祭 La Tomatina
バレンシアからブニョールBuñolへ（スペイン）
🚃ノルド駅から近郊線C-3で所要約1時間

■ブニョールの観光案内所❶
🌐turismolahoya.buñol.es

セント・パトリックス・デイ
St Patrick's Day
ロンドンからダブリン（アイルランド）へ
✈ヒースロー空港をはじめ、ロンドンの各空港から所要約1時間15分
🚌ヴィクトリア・コーチ・ステーション18:00発、所要12時間30分
ベルファスト（イギリス領北アイルランド）から
ダブリン（アイルランド）へ
🚃特急エンタープライズEnterpriseで2時間10分
🚌バス・エーランBus Éireann、ゴールドラインGoldlineの共同運行便で2時間25分

■ダブリンの観光案内所❶
🌐www.visitdublin.com
🕐9:00~17:30（日・祝10:30~15:00）
サフォーク・ストリートSuffolk St.沿いにある

地球の歩き方 シリーズ一覧

2024年8月現在

*地球の歩き方ガイドブックは、改訂時に価格が変わることがあります。 *表示価格は定価（税込）です。 *最新情報は、ホームページをご覧ください。www.arukikata.co.jp/guidebook/

地球の歩き方 ガイドブック

A ヨーロッパ

A01	ヨーロッパ	¥1870
A02	イギリス	¥2530
A03	ロンドン	¥1980
A04	湖水地方＆スコットランド	¥1870
A05	アイルランド	¥2310
A06	フランス	¥2420
A07	パリ＆近郊の町	¥2200
A08	南仏プロヴァンス コート・ダジュール＆モナコ	¥1760
A09	イタリア	¥2530
A10	ローマ	¥1760
A11	ミラノ ヴェネツィアと湖水地方	¥1870
A12	フィレンツェとトスカーナ	¥1870
A13	南イタリアとシチリア	¥1870
A14	ドイツ	¥2420
A15	南ドイツ フランクフルト ミュンヘン ロマンチック街道 古城街道	¥2090
A16	ベルリンと北ドイツ ハンブルク ドレスデン ライプツィヒ	¥1870
A17	ウィーンとオーストリア	¥2090
A18	スイス	¥2200
A19	オランダ ベルギー ルクセンブルク	¥2420
A20	スペイン	¥2420
A21	マドリードとアンダルシア	¥1760
A22	バルセロナ＆近郊の町 イビサ島／マヨルカ島	¥1980
A23	ポルトガル	¥2200
A24	ギリシアとエーゲ海の島々＆キプロス	¥1870
A25	中欧	¥1980
A26	チェコ ポーランド スロヴァキア	¥2420
A27	ハンガリー	¥1870
A28	ブルガリア ルーマニア	¥1980
A29	北欧 デンマーク ノルウェー スウェーデン フィンランド	¥2640
A30	バルトの国々 エストニア ラトヴィア リトアニア	¥1870
A31	ロシア ベラルーシ ウクライナ モルドヴァ コーカサスの国々	¥2090
A32	極東ロシア シベリア サハリン	¥1980
A34	クロアチア スロヴェニア	¥2200

B 南北アメリカ

B01	アメリカ	¥2090
B02	アメリカ西海岸	¥2200
B03	ロスアンゼルス	¥2090
B04	サンフランシスコとシリコンバレー	¥1870
B05	シアトル ポートランド	¥2420
B06	ニューヨーク マンハッタン＆ブルックリン	¥2200
B07	ボストン	¥1980
B08	ワシントンDC	¥2420
B09	ラスベガス セドナ＆グランドキャニオンと大西部	¥2090
B10	フロリダ	¥2310
B11	シカゴ	¥1870
B12	アメリカ南部	¥1980
B13	アメリカの国立公園	¥2640
B14	ダラス ヒューストン デンバー グランドサークル フェニックス サンタフェ	¥1980
B15	アラスカ	¥1980
B16	カナダ	¥2420
B17	カナダ西部 カナディアン・ロッキーとバンクーバー	¥2090
B18	カナダ東部 ナイアガラ・フォールズ メープル街道 プリンスエドワード島 トロント オタワ モントリオール ケベック・シティ	¥2090
B19	メキシコ	¥1980
B20	中米	¥2090
B21	ブラジル ベネズエラ	¥2200
B22	アルゼンチン チリ パラグアイ ウルグアイ	¥2200
B23	ペルー ボリビア エクアドル コロンビア	¥2200
B24	キューバ バハマ ジャマイカ カリブの島々	¥2035
B25	アメリカ・ドライブ	¥1980

C 太平洋 / インド洋島々

C01	ハワイ オアフ島＆ホノルル	¥2200
C02	ハワイ島	¥2200
C03	サイパン ロタ＆テニアン	¥1540
C04	グアム	¥1980
C05	タヒチ イースター島	¥1870
C06	フィジー	¥1650
C07	ニューカレドニア	¥1870
C08	モルディブ	¥1870
C10	ニュージーランド	¥2200
C11	オーストラリア	¥2750
C12	ゴールドコースト＆ケアンズ	¥2420
C13	シドニー＆メルボルン	¥1760

D アジア

D01	中国	¥2090
D02	上海 杭州 蘇州	¥1870
D03	北京	¥1760
D04	大連 瀋陽 ハルビン 中国東北部の自然と文化	¥1980
D05	広州 アモイ 桂林 珠江デルタと華南地方	¥1980
D06	成都 重慶 九寨溝 麗江 四川 雲南	¥1980
D07	西安 敦煌 ウルムチ シルクロードと中国北西部	¥2090
D08	チベット	¥2090
D09	香港 マカオ 深圳	¥2420
D10	台湾	¥2090
D11	台北	¥1980
D13	台南 高雄 屏東＆南台湾の町	¥1980
D14	モンゴル	¥2420
D15	中央アジア サマルカンドとシルクロードの国々	¥2090
D16	東南アジア	¥1870
D17	タイ	¥2200
D18	バンコク	¥1980
D19	マレーシア ブルネイ	¥2090
D20	シンガポール	¥2200
D21	ベトナム	¥2090
D22	アンコール・ワットとカンボジア	¥2200
D23	ラオス	¥2
D24	ミャンマー（ビルマ）	¥2
D25	インドネシア	¥2
D26	バリ島	¥2
D27	フィリピン マニラ セブ ボラカイ ボホール エルニド	¥2
D28	インド	¥2
D29	ネパールとヒマラヤトレッキング	¥2
D30	スリランカ	¥1
D31	ブータン	¥1
D33	マカオ	¥1
D34	釜山 慶州	¥1
D35	バングラデシュ	¥1
D37	韓国	¥2
D38	ソウル	¥1

E 中近東 アフリカ

E01	ドバイとアラビア半島の国々	¥2
E02	エジプト	¥2
E03	イスタンブールとトルコの大地	¥2
E04	ペトラ遺跡とヨルダン レバノン	¥2
E05	イスラエル	¥2
E06	イラン ペルシアの旅	¥2
E07	モロッコ	¥2
E08	チュニジア	¥2
E09	東アフリカ ウガンダ エチオピア ケニア タンザニア ルワンダ	¥2
E10	南アフリカ	¥2
E11	リビア	¥2
E12	マダガスカル	¥1

J 国内版

J00	日本	¥3
J01	東京 23区	¥2
J02	東京 多摩地域	¥2
J03	京都	¥2
J04	沖縄	¥2
J05	北海道	¥2
J06	神奈川	¥2
J07	埼玉	¥2
J08	千葉	¥2
J09	札幌・小樽	¥2
J10	愛知	¥2
J11	世田谷区	¥2
J12	四国	¥2
J13	北九州市	¥2
J14	東京の島々	¥2
J15	広島	¥2
J16	横浜市	¥2

地球の歩き方 aruco

●海外

1	パリ	¥1650
2	ソウル	¥1650
3	台北	¥1650
4	トルコ	¥1430
5	インド	¥1540
6	ロンドン	¥1650
7	香港	¥1650
9	ニューヨーク	¥1650
10	ホーチミン ダナン ホイアン	¥1650
11	ホノルル	¥1650
12	バリ島	¥1650
13	上海	¥1320
14	モロッコ	¥1540
15	チェコ	¥1320
16	ベルギー	¥1430
17	ウィーン ブダペスト	¥1320
18	イタリア	¥1760
19	スリランカ	¥1540
20	クロアチア スロヴェニア	¥1430
21	スペイン	¥1320
22	シンガポール	¥1650
23	バンコク	¥1650
24	グアム	¥1320
25	オーストラリア	¥1760
26	フィンランド エストニア	¥1430
27	アンコール・ワット	¥1430
28	ドイツ	¥1760
29	ハノイ	¥1650
30	台湾	¥1320
31	カナダ	¥1320
33	サイパン テニアン ロタ	¥1320
34	セブ ボホール エルニド	¥1320
35	ロスアンゼルス	¥1320
36	フランス	¥1430
37	ポルトガル	¥1650
38	ダナン ホイアン フエ	¥1430

●国内

	北海道	¥1760
	京都	¥1760
	沖縄	¥1760
	東京	¥1540
	東京で楽しむフランス	¥1430
	東京で楽しむ韓国	¥1430
	東京で楽しむ台湾	¥1430
	東京の手みやげ	¥1430
	東京おやつさんぽ	¥1430
	東京のパン屋さん	¥1430
	東京で楽しむ北欧	¥1430
	東京のカフェめぐり	¥1480
	東京で楽しむハワイ	¥1480
	nyaruco 東京ねこさんぽ	¥1480
	東京で楽しむイタリア＆スペイン	¥1480
	東京で楽しむアジアの国々	¥1480
	東京ひとりさんぽ	¥1480
	東京パワースポットさんぽ	¥1599
	東京で楽しむ英国	¥1599

地球の歩き方 Plat

1	パリ	¥1320
2	ニューヨーク	¥1650
3	台北	¥1100
4	ロンドン	¥1650
6	ドイツ	¥1320
7	ホーチミン／ハノイ／ダナン／ホイアン	¥1540
8	スペイン	¥1320
9	バンコク	¥1540
10	シンガポール	¥1540
11	アイスランド	¥1540
13	マニラ セブ	¥1650
14	マルタ	¥1540
15	フィンランド	¥1320
16	クアラルンプール マラッカ	¥1650
17	ウラジオストク／ハバロフスク	¥1430
18	サンクトペテルブルク／モスクワ	¥1540
19	エジプト	¥1320
20	香港	¥1100
22	ブルネイ	¥1430
23	ウズベキスタン サマルカンド ブハラ ヒヴァ タシケント	¥1
24	ドバイ	¥1
25	サンフランシスコ	¥1
26	パース／西オーストラリア	¥1
27	ジョージア	¥1
28	台南	¥1

地球の歩き方 リゾートスタイル

R02	ハワイ島	¥1
R03	マウイ島	¥1
R04	カウアイ島	¥1
R05	こどもと行くハワイ	¥1
R06	ハワイ ドライブ・マップ	¥1
R07	ハワイ バスの旅	¥1
R08	グアム	¥1
R09	こどもと行くグアム	¥1
R10	パラオ	¥1
R12	ブーケット サムイ島 ピピ島	¥1
R13	ペナン ランカウイ クアラルンプール	¥1
R14	バリ島	¥1
R15	セブ＆ボラカイ ボホール シキホール	¥1
R16	テーマパーク in オーランド	¥1
R17	カンクン コスメル イスラ・ムヘーレス	¥1
R20	ダナン ホイアン ホーチミン ハノイ	¥1

制　作：今井　歩	Producer：Ayumu Imai
編　集：どんぐり・はうす	Editors：Donguri House
大和田聡子	Akiko Ohwada
黄木克哲	Yoshinori Ogi
岩崎歩	Ayumu Iwasaki
平田功	Isao Hirata
柏木孝文	Takafumi Kashiwagi
表　紙：日出嶋昭男	Cover Design：Akio Hidejima
デザイン：シー・パラダイス	Editorial Design：Sea Paradise
地　図：どんぐり・はうす	Editorial Design：Donguri House
校　正：三品秀徳	Proofreading：Hidenori Mishina

協　力：[データ調査　地図提供　写真提供]	
イギリス／クロアチア	どんぐり・はうす
フランス	オフィス・ギア（坂井彰代、山田理恵、瀧田佳奈恵）
オランダ／ベルギー	カース（平林加奈子）
ドイツ／オーストリア	アルニカ（鈴木眞弓）
スイス	オフィス・ポストイット（永岡邦彦、五箇貴子）
スペイン／ポルトガル	シエスタ（中田瑞穂、さかぐちとおる、有賀正博）
イタリア	レ・グラツィエ（飯島千鶴子、飯島操、林桃子）
ギリシア	アナパ・パシフィック（井脇直希）
チェコ／フィンランド／デンマーク／ノルウェー	グルーポ・ピコ（田中健作、武居台三）

写真提供・協力：岩間幸司、豊島正直、ドイツ観光局、iStock、坂本卓、スタジオフログ、オランダ政府観光局URLwww.holland.com
地図提供：タンク（凸版）、平凡社地図出版、辻野良晃、東京印書館、ピーマン、ムネプロ、ジェオ
イラスト：一志敦子

本書の内容について、ご意見・ご感想はこちらまで
〒141-8425 東京都品川区西五反田2-11-8
株式会社地球の歩き方
地球の歩き方サービスデスク「ヨーロッパ編」投稿係
URLhttps://www.arukikata.co.jp/guidebook/toukou.html
地球の歩き方ホームページ（海外・国内旅行の総合情報）　URLhttps://www.arukikata.co.jp/
ガイドブック『地球の歩き方』公式サイト
URLhttps://www.arukikata.co.jp/guidebook/

地球の歩き方 A01 ヨーロッパ
初めてでも自分流の旅が 実現できる詳細マニュアル
2020〜2021年版
2023年7月14日　改訂第40版第1刷発行
2024年8月23日　改訂第40版第2刷発行

Published by Arukikata. Co.,Ltd.
2-11-8 Nishigotanda, Shinagawa-ku, Tokyo, 141-8425

著作編集	地球の歩き方編集室		
発行人	新井邦弘	発売元	株式会社Gakken
編集人	由良暁世		〒141-8416　東京都品川区西五反田2-11-8
発行所	株式会社地球の歩き方	印刷製本	TOPPAN株式会社
	〒141-8425　東京都品川区西五反田2-11-8		

※本書は基本的に2019年9月〜12月の調査に基づいて作られています。
　発行後に料金、営業時間、定休日などが変更になる場合がありますのでご了承ください。
更新・訂正情報：https://www.arukikata.co.jp/travel-support/

●この本に関する各種お問い合わせ先
・本の内容については、下記サイトのお問い合わせフォームよりお願いします。
　URL▶https://www.arukikata.co.jp/guidebook/contact.html
・広告については、下記サイトのお問い合わせフォームよりお願いします。
　URL▶https://www.arukikata.co.jp/ad_contact/
・在庫については　Tel 03-6431-1250（販売部）
・不良品（乱丁、落丁）については　Tel 0570-000577
学研業務センター　〒354-0045　埼玉県入間郡三芳町上富279-1
・上記以外のお問い合わせ　Tel 0570-056-710（学研グループ総合案内）

学研グループの書籍・雑誌についての新刊情報・詳細情報は、下記をご覧ください。
学研出版サイト https://hon.gakken.jp/